重庆文物考古报告系列

钓鱼城遗址考古报告集

重庆市文物考古研究院
钓鱼城古战场遗址博物馆 编著

科学出版社
北京

内 容 简 介

本书为钓鱼城遗址第一部田野考古报告集,全面介绍了2004~2019年钓鱼城遗址田野考古发现、收获和认识,收录遗址概述1篇、调查报告2篇、发掘简报5篇、研究论文4篇和考古大事记1篇等共计13篇文章。本书作为钓鱼城遗址田野考古的阶段性成果和总结,相信对于钓鱼城历史文化、宋元(蒙)战争史、古代城址考古、古代建筑考古、科学技术史研究以及文化遗产保护展示利用会起到重要推动作用,为钓鱼城大遗址保护、国家考古遗址公园建设和世界文化遗产申报工作提供有力支撑。

本书可供考古学、历史学等学科研究者,以及高等院校相关专业师生和广大历史文物爱好者阅读、参考。

图书在版编目(CIP)数据

钓鱼城遗址考古报告集/重庆市文物考古研究院,钓鱼城古战场遗址博物馆编著.—北京:科学出版社,2021.12

(重庆文物考古报告系列)

ISBN 978-7-03-070879-3

Ⅰ.①钓… Ⅱ.①重… ②钓… Ⅲ.①古战场–文化遗址–研究报告–合川区 Ⅳ.①K878.34

中国版本图书馆CIP数据核字(2021)第254681号

责任编辑:王光明/责任校对:邹慧卿

责任印制:肖 兴/封面设计:陈 敬

科学出版社 出版

北京东黄城根北街16号

邮政编码:100717

http://www.sciencep.com

中国科学院印刷厂 印刷

科学出版社发行 各地新华书店经销

*

2021年12月第 一 版　开本:787×1092　1/16

2021年12月第一次印刷　印张:24 1/4　插页:48

字数:717 000

定价:328.00元

(如有印装质量问题,我社负责调换)

"重庆文物考古报告系列"编委会

主　　任：白九江

副 主 任：周大庆　袁东山　方　刚　沈祖全

《钓鱼城遗址考古报告集》编　委　会

主　　编：袁东山

副 主 编：胡立敏

编　　委：李大地　綦业林　马晓娇　刘远坚
　　　　　赵振江　王胜利

目　录

钓鱼城遗址概述 ……………………………………………………………（1）

东城半岛文物调查报告 ……………………………………………………（11）

钓鱼城外城园路工程项目文物调查报告 …………………………………（58）

古地道遗址发掘简报 ………………………………………………………（86）

石照县衙遗址试掘简报 ……………………………………………………（91）

南一字城遗址发掘简报 ……………………………………………………（96）

九口锅遗址发掘简报 ………………………………………………………（200）

范家堰遗址发掘简报 ………………………………………………………（249）

范家堰遗址2017年出土植物遗存初步分析 ……………………………（322）

重庆出土南宋球形火雷的初步研究 ………………………………………（338）

以考古为支撑的文物保护与展示利用
　　——钓鱼城范家堰南宋衙署遗址的实践经验 …………………（348）

合川钓鱼城城防设施的考古学观察 ………………………………………（362）

钓鱼城遗址考古大事记 ……………………………………………………（377）

后记 …………………………………………………………………………（380）

钓鱼城遗址概述

重庆市文物考古研究院[①]

钓鱼城遗址位于重庆市合川区东城半岛的钓鱼山上，西距合川城区约5千米，南距重庆主城区约56千米，地理坐标为东经106°17′32″~106°19′22″，北纬29°59′30″~30°01′15″，海拔186~391米，总面积约2.5平方千米，隶属钓鱼城街道，管理机构为重庆市合川区钓鱼城风景名胜区事务中心，是第一批"中国国家级风景名胜区"、第四批"全国重点文物保护单位"、第二批"国家考古遗址公园"、"国家AAAA级旅游景区"，先后列入《中国世界文化遗产预备名单》、《大遗址保护"十二五"专项规划》150处重要大遗址名单和《大遗址保护"十三五"专项规划》150处重要大遗址名单，2016年5月被评选为"重庆十大文化符号"。

钓鱼山顶部平坦开阔，四周壁立千仞，又有嘉陵江、涪江、渠江三江环绕，集山水之形胜，为兵家必争之地。在13世纪宋元（蒙）战争中，钓鱼城为宋廷川渝山城防御体系的重要支柱之一，雄关高峙、地势险要、易守难攻，又扼嘉陵江、渠江、涪江之口，居高临下、凭山控江，实为巴蜀要冲；合城军民"婴城固守，百战弥厉"[②]三十六载，竟"以鱼台一柱支半壁"[③]河山，创造了以山城设防击败蒙古铁骑的奇迹[④]，对宋、元（蒙）及欧亚大陆的战争与时局产生了极为重要的影响。

[①] 重庆市文物考古研究院，前身重庆市文物考古所成立于2000年，2011年更名为重庆市文化遗产研究院，2021年更名为重庆市文物考古研究院。

[②] 脱脱等：《宋史》卷四十四《本纪第四十四·理宗四》，中华书局，1977年，第865页。

[③] 唐唯目：《钓鱼城志》，重庆出版社，1983年，第110页；刘基灿：《钓鱼城碑刻初探》，《西南师范大学学报（哲学社会科学版）》1997年第4期，第34~38页。王坚纪功碑右侧残存文字："□□□□□□跨开达□/□不□□□□□逆丑元主/王公坚以鱼台一柱支半壁/□签书□□□□□□□/相吕公□□□□□□。"

[④] 陈世松、匡裕彻、朱清泽、李鹏贵：《宋元战争史》，四川省社会科学院出版社，1988年，第154页。

一、地理环境

合川区因嘉陵江、涪江、渠江三江汇流而得名,位于四川盆地东部,华蓥山南段西北麓,是重庆市北大门。东接渝北区、华蓥市,南邻北碚区、璧山区,西南靠铜梁区,西北毗邻蓬溪县、潼南区,北界武胜县,东北与岳池县接壤(图一)。

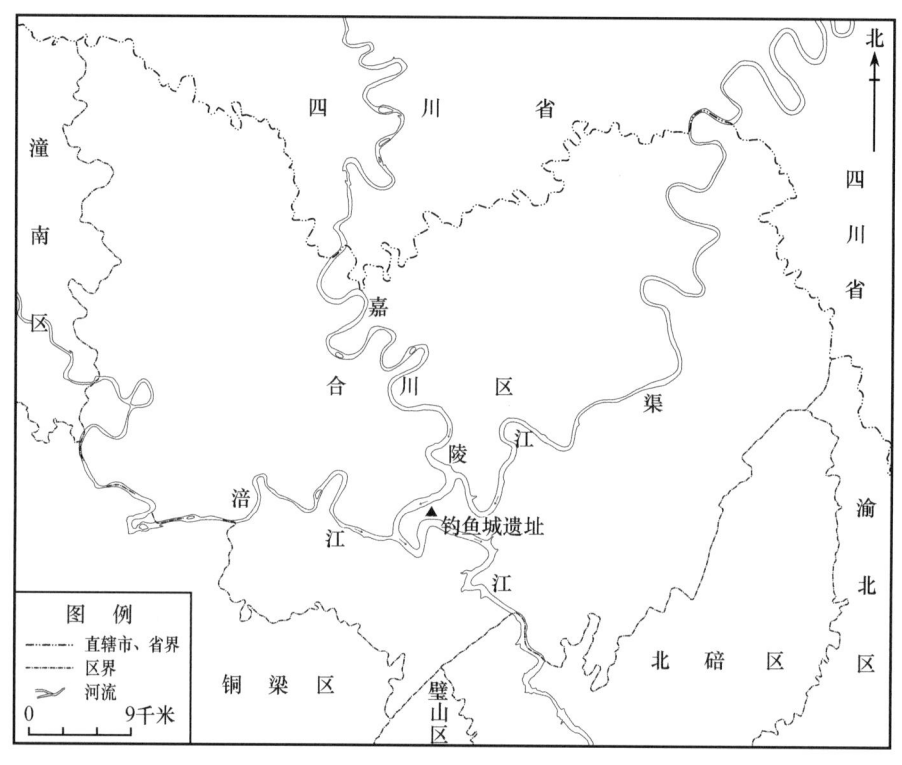

图一 合川区区位图

地处川中丘陵和川东平行岭谷的交接地带,丘陵呈台阶方山状,其间台坡层叠,冲田连绵,占区域面积的84.5%;平行岭谷在县境东南边缘,地形以丘陵为主,沿江岸多平坝;余为低山,兼具中山,二者占区域面积的15.5%。东、北、西三面地势比较高,南面地势比较低,最高点是康佳乡的白岩头,海拔1284.2米;次高点在西北部的龙多山,海拔619.7米;最低点在南面的草街街道嘉陵江边,海拔185米,大部分地区海拔在250~400米。

气候受东亚季风环流影响,具有亚热带季风气候特征,气温、降水、日照、风力均有明显的季节性变化。其特点是冬暖夏热,春早秋短,无霜期长,云雾多,日照少,春有连阴雨,夏常有伏旱,秋多绵雨,冬少寒潮。日平均气温18℃,年平均降水量1131.3毫米，平均日照数每年为1288.7小时。

水系以嘉陵江、涪江、渠江为骨干，属长江上游主要支流嘉陵江水系，渠江在渠河嘴汇入嘉陵江，涪江在城北鸭嘴汇入嘉陵江。另外，区境内还有长度在2.5千米以上大小溪河234条，总流长1647千米，这些溪河呈扇形向心水道网，分别注入三条大江。水系形状呈树枝状，在华蓥山区则呈格子状，三江蛇曲发育，切割较浅，扬程较低，有利开发利用。钓鱼城北、西、南三面环嘉陵江，多年平均流量为879.78立方米/秒，最高洪水位为海拔216.6米。山上有大小水塘10多个，可供灌溉和人畜饮用。

农业耕地土壤有机质含量较低，以土壤肥力特征划分为水稻土类、潮土类、紫色土类、黄壤土类等4个土类，土壤质地分级为壤土类、砾石土类、黏土类、沙土类等4种类型，中性土壤面积最大、微酸性土壤次之、微碱性土壤最少。非农业耕地为森林黄壤土类。

钓鱼山属于川东平行岭谷的一部分，地处华蓥山弧形褶皱群的西南支脉，整个山体海拔186～391米。山顶东、西部地势倾斜，西南角、西北角和中部地区山地隆起，形成薄刀岭、马鞍山等平顶山岳，砂岩盖顶，四周俱陡岩，岩层近乎水平，属坪状中丘地形。钓鱼城地形极富台地特色，分3级台地，每台间高差在30～50米，悬崖高耸。台地在狭窄处仅2米左右，仅可供人行通过，两侧悬崖陡壁，深不可望。钓鱼城三面环水，仅东面与陆地相连，形似半岛。由北而来的嘉陵江，在山北面纳东北而来的渠江水，沿山脚西泻，再于西南的鸭嘴与涪江汇合，绕经钓鱼山南，滔滔东去，形成了一个巨大的钳形江流，俨然一道不可逾越的天堑（图二；图版一）。

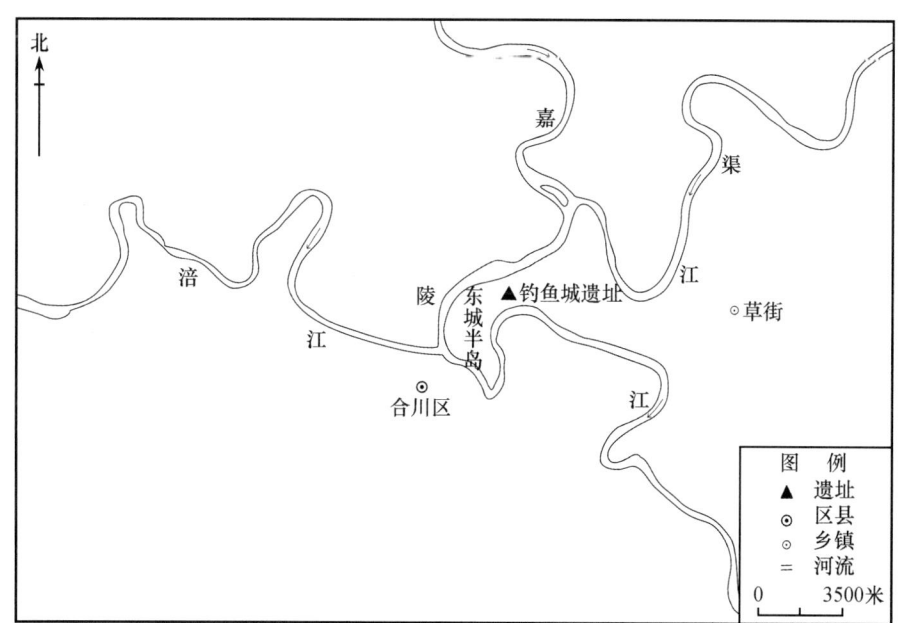

图二　钓鱼城遗址位置示意图

二、历史沿革

1. 合川区

《禹贡》梁州之域。周武王伐商，封支庶于巴，故名巴子国，又名濮国。古为濮人重要居住地，商周时期巴人入川后，成为巴人领地，古城邑巴子城（今城区铜梁山下）曾是巴国的别都。

周慎靓王五年（公元前316年）秦国灭巴国，周赧王元年、秦惠文王更元十一年（公元前314年）置垫江县，治所今合川，属巴郡辖。垫江原名为墊江，取嘉、涪二江在城北鸭嘴汇合之水如衣重叠之意，《汉书·地理志》误记为垫江并沿袭至今。

汉属巴郡之垫江，建安六年（201年）刘璋分巴郡为巴东、巴西二郡，属巴西郡。蜀汉建兴十五年（237年）属巴郡。东晋义熙元年（405年）属巴州、义熙八年（412年）属巴郡。垫江县建置一直保留。

元嘉年间（424~453年），升垫江县置东宕渠郡，属梁州。西魏恭帝三年（556年），以涪、宕、嘉陵三江合，更名合州。

隋开皇十八年（598年），改合州为涪州。大业三年（607年），更名为涪陵郡。

唐武德元年（618年），涪陵郡改为合州，贞观中隶剑南道。天宝元年（742年）改为巴川郡。乾元元年（758年）复为合州，二年（759年）改隶潼川。

五代时，前蜀王建、后蜀孟知祥继有其地。

宋乾德三年（965年），属梓州路，后为潼川府路，统汉初、赤水、铜梁、石照、巴川五县。淳祐三年（1243年）制置使余玠用冉琎、冉璞谋，徙城钓鱼山。

元初复旧治，隶重庆府，属川南道，革汉初、赤水二县，分汉初地更置定远县，并巴川入铜梁与石照为属县。至正二十二年（1362年），"明玉珍省县入焉"，撤销石照县，其地归州直管。

明洪武四年（1371年），仍为合州，隶重庆府，统石照、铜梁、大足、定远四县，五年（1372年）革石照县，七年（1374年）改大足县隶重庆府，唯铜梁、定远属焉，称名曰合阳、巴川、垫江。

清仍为合州，统铜梁、定远、安居三县，裁三县尹，州牧兼摄。康熙六十年（1721年）并安居入铜梁，设县令一员，隶重庆府。雍正八年（1730年）设定远县令一员，隶重庆府。宣统三年（1911年）十月初二，重庆独立，成立蜀军政府，合州由蜀军政府辖。

民国元年（1912年），四川军政府成立，合州属重庆府辖。民国二年（1913

年），改合州为合川县，属川东道。

1949年12月3日，合川解放，合川县人民政府成立。1950年，合川属川东行署璧山专员公署辖。1952年4月14日，分合川县城关区增设合川市，为丁等市，属江津专区管辖。1958年1月，经国务院批复，合川市建置撤销，原合川市所辖地域改为合川县城关镇。1992年8月4日，撤销合川县，设立合川市。2006年10月22日，撤销合川市，设立重庆市合川区。

2. 钓鱼城

钓鱼山自"（州治）渡江十里至其下，山高千仞，峰峦岌岌，耸然可观"①。关于其得名有三种说法，流传较广的为"山南大石砥平，有巨人迹，相传异人坐其上，投钓江中，山以是名"②，故名钓鱼山。有人则认为山巅与江面"相去险远，钓可施乎？"③并从山水形势推断"此山三面据江……往古水患之际，势必怀抱此山，则钓鱼之名必自始矣"④。此外，还有一种说法是因其"远望呈鱼形"⑤而得名。

开山祖僧石头和尚，在钓鱼山上自造以"二十四片斫成"⑥的石庵，留传一首《草庵歌》，"山又高，路又陡，来往行人罕相偶"⑦，可见当时钓鱼山路远山高，人迹罕至。此外，又陆续开凿了卧佛、千佛等佛教摩崖造像。这一时期钓鱼山主要以佛教僧侣及摩崖造像等宗教活动为主。

南宋绍兴年间，思南宣慰田少卿于峰顶建护国寺，"堂殿廊庑，百有余间"⑧，成

---

① 《重修合州志》卷一，日本藏中国罕见地方志丛刊：（隆庆）《楚雄府志》、（万历）《铜仁府志》、（万历）《合州志》、（康熙）《涪州志》，书目文献出版社，1992年，第279页。

② 王象之：《舆地纪胜》，伍氏粤雅堂清咸丰十年（1860年）刻本，卷一百五十九《潼川府路六》。

③ 《重修合州志》卷一，日本藏中国罕见地方志丛刊：（隆庆）《楚雄府志》、（万历）《铜仁府志》、（万历）《合州志》、（康熙）《涪州志》，书目文献出版社，1992年，第279页。

④ 《重修合州志》卷一，日本藏中国罕见地方志丛刊：（隆庆）《楚雄府志》、（万历）《铜仁府志》、（万历）《合州志》、（康熙）《涪州志》，书目文献出版社，1992年，第279页。

⑤ 唐唯目：《钓鱼城志》，重庆出版社，1983年，第1页。

⑥ 《重修合州志》卷一，日本藏中国罕见地方志丛刊：（隆庆）《楚雄府志》、（万历）《铜仁府志》、（万历）《合州志》、（康熙）《涪州志》，书目文献出版社，1992年，第279页。

⑦ 张文耀修，邹廷彦纂：《重庆府志》万历三十四年刻本，上海图书馆藏稀见方志丛刊（第209～213册），国家图书馆出版社，2011年。

⑧ 《重修合州志》卷一，日本藏中国罕见地方志丛刊：（隆庆）《楚雄府志》、（万历）《铜仁府志》、（万历）《合州志》、（康熙）《涪州志》，书目文献出版社，1992年，第279页。

为合州"大刹","岁二月八日,郡守率僚属置宴,郡人毕至"①,成为交游宴饮胜地。乾道七年(1171年),石照知县杜定建飞鸟楼,李开作《飞鸟楼赋》:"坏山出云,架天为梁,渺三江之合流,瞰万井之耕桑。"②景色阔远壮丽,自是钓鱼山上游人不绝,游记题刻与诗词歌赋等蔚为大观。

南宋晚期,宋元(蒙)战争爆发。嘉熙四年(1240年),四川制置副使彭大雅"令郡县图险保民"③,其部将大尉甘闰"观此山形势可以据守,故城之"④。淳祐三年(1243年),四川制置使兼知重庆府余玠,采纳播州(今贵州遵义)人冉琎、冉璞兄弟建议,迁合州州治于其上⑤,后又以兴元戎司"移守钓鱼"⑥,"贤于十万师远矣,巴蜀不足守也"⑦。钓鱼城之名,实始于此。

宝祐二年(1254年),王坚为兴元都统兼知合州。他征发合州所属石照、铜梁、巴川、汉初、赤水五县民丁十七万人,加固城防工事,"以完其城",兵、粮、水、薪皆备,又兼"池地之利",遂"秦、巩、利、沔之民,皆避兵至此"⑧。开庆元年(1259年),蒙古大汗蒙哥(元宪宗)率军亲征,势如破竹,直抵钓鱼城下,然围攻半载不破,兵损将折,"崩于钓鱼山"⑨,元(蒙)军遂退。景定元年(1260年),王坚入朝,马千接任钓鱼城主帅。景定四年(1263年),"四川虎将"张珏代马千守钓鱼城,垦田积粟,厉兵秣马,尤善奇谋,打破元(蒙)军"扼三江"合围钓鱼城的计谋,扭转战局恶化的局面。

德祐元年(1275年),部将王立接替张珏为钓鱼城主帅,"益守严备,兵民相为腹心"⑩。景炎二年(1277年),元军急攻钓鱼城,加之连年大旱,民众易子而食,

---

① 王象之:《舆地纪胜》,伍氏粤雅堂清咸丰十年(1860年)刻本,卷一百五十九《潼川府路六》。

② 唐唯目:《钓鱼城志》,重庆出版社,1983年,第152页。

③ 《重修合州志》卷一,日本藏中国罕见地方志丛刊:(隆庆)《楚雄府志》、(万历)《铜仁府志》、(万历)《合州志》、(康熙)《涪州志》,书目文献出版社,1992年,第279页。

④ 《重修合州志》卷一,日本藏中国罕见地方志丛刊:(隆庆)《楚雄府志》、(万历)《铜仁府志》、(万历)《合州志》、(康熙)《涪州志》,书目文献出版社,1992年,第279页。

⑤ 脱脱等:《宋史》卷八十九《志第四十二·地理五》,中华书局,1977年,第2219页。

⑥ 脱脱等:《宋史》卷四百一十六《列传第一七五·余玠传》,中华书局,1977年,第12470页。

⑦ 脱脱等:《宋史》卷四百一十六《列传第一七五·余玠传》,中华书局,1977年,第12470页。

⑧ 《重修合州志》卷一,日本藏中国罕见地方志丛刊:(隆庆)《楚雄府志》、(万历)《铜仁府志》、(万历)《合州志》、(康熙)《涪州志》,书目文献出版社,1992年,第279页。

⑨ 宋濂:《元史》卷三《本纪第三·宪宗》,中华书局,1976年,第43页。

⑩ 《重修合州志》卷一,日本藏中国罕见地方志丛刊:(隆庆)《楚雄府志》、(万历)《铜仁府志》、(万历)《合州志》、(康熙)《涪州志》,书目文献出版社,1992年,第280页。

"王命不通三年矣"①，重庆城破后，钓鱼城孤立无援，形势愈加紧迫。祥兴二年（1279年），西川行枢密院副使兼安西王相李德辉"从五百骑至钓鱼山……单舸济江"②，进至钓鱼城下，守将王立举城出降，城中之民迁回合州旧治所，"士农工商，各复其业"③。

元代罕有人至钓鱼城，但仍有人登临怀古观今，留有《登钓鱼山》诗三首，慨叹"遗庵故傍唐僧塔，荒垒犹余宋战场"④。

明弘治七年（1494年），知州金祺奉旨在钓鱼城为王坚、张珏"立庙设位，春秋祭焉"⑤，后任知州加修完备，并伐石作记。

清代晚期，为避白莲教、太平天国农民起义大军的进攻，合州达官贵人先后于嘉庆元年（1796年）、咸丰四年（1854年）、同治十年（1871年），多次加修城垣，以避战祸。

民国时期，战火不断，动荡不安，郭沫若等多位学者对钓鱼城进行过初步的调查研究。

中华人民共和国成立后，钓鱼城于1961年被列为四川省重点文物保护单位，后在"文化大革命"中，钓鱼城的部分文物古迹遭到严重破坏。

改革开放后，文物保护工作得以恢复。1980年，钓鱼城被重新公布为四川省文物保护单位。1996年，列入国务院公布的第四批全国重点文物保护单位，文物保护工作进入新阶段。

三、考古工作

钓鱼城遗址考古工作开展较早，但较为零散。20世纪60年代，重庆市博物馆对钓鱼城进行了初步调查；1995年，又对皇洞遗址进行了考古勘探、发掘，发现礌石、箭镞等遗物，认为皇洞是一处兼有军事暗道功能的水门遗迹。

21世纪以来，重庆市文物考古研究院开始对钓鱼城遗址开展大规模的考古调查、

---

① 《重修合州志》卷一，日本藏中国罕见地方志丛刊：（隆庆）《楚雄府志》、（万历）《铜仁府志》、（万历）《合州志》、（康熙）《涪州志》，书目文献出版社，1992年，第280页。
② 宋濂：《元史》卷一百六十三《列传第五十·李德辉》，中华书局，1976年，第3818页。
③ 《重修合州志》卷一，日本藏中国罕见地方志丛刊：（隆庆）《楚雄府志》、（万历）《铜仁府志》、（万历）《合州志》、（康熙）《涪州志》，书目文献出版社，1992年，第280页。
④ 秦立：《钓鱼城诗选》，四川人民出版社，1988年，第14页。
⑤ 唐唯目：《钓鱼城志》，重庆出版社，1983年，第116页。

勘探、发掘和保护工作，取得了丰硕成果，逐渐揭开了钓鱼城的神秘面纱。先后对东城半岛、钓鱼城山顶环城、内城及周边的虎头寨遗址开展大规模文物调查勘探工作，摸清上述区域内遗存基本情况，同时发掘了古地道、石照县衙、南一字城、九口锅及范家堰等城内遗址（图三；图版二），基本掌握了钓鱼城遗址的范围、时代、分期及遗存分布等基本情况，并积极开展南水军码头及南一字城墙遗址、范家堰遗址文物保护与展示利用工作。

2004年，配合嘉陵江草街航电枢纽工程建设进行全面文物调查，将钓鱼城遗址确认为库区地面文物重点保护项目。2007年，对钓鱼城所在东城半岛进行重点调查，发现了遗址、墓葬、古建筑等重要遗迹41处，初步掌握了遗址的历史环境。2009年，对钓鱼城山顶环城进行了调查，发现了遗址、墓葬、摩崖造像、题刻等重要遗存，并探明了钓鱼城山顶环城城墙、城门的结构和布局。2014年，对钓鱼城西北嘉陵江、渠江交汇处的虎头寨遗址开展调查，掌握了城墙分布情况，发现城门6座、城内遗址3处。2015年，对钓鱼城内城进行了考古调查，主要发现了内城东城墙。

2006年4~5月，发掘古地道遗址，清理部分主道及支道，总长约27.6米，是目前国内发现的唯一元（蒙）军攻城地道，具有重要意义。出土铁火砲残片80余枚，是钓鱼城遗址乃至整个宋元（蒙）战争山城遗址中首次发现初级火器创制阶段的爆炸性武器。

2006年12月，对石照县衙遗址进行了试掘，清理宋末元初、明清时期房址各1座。

2008~2012年，持续在南一字城遗址开展考古发掘工作。2008年10月至2009年11月，发掘南水军码头、南一字城东城墙遗址，发掘面积12416.5平方米；2011年3~4月，对南一字城遗址东、西城墙中段进行主动发掘，发掘面积2570平方米；2012年3~5月，对南一字城遗址西城墙北段进行主动发掘，发掘面积1608平方米。清理发掘水军码头、东西城墙、东西城门、炮台、道路等重要城防设施，基本廓清了南一字城遗址的遗存分布、功能格局及兴建演变，对宋代山地城池设计思想和营造技术有了更加深入的认识。南水军码头及南一字城墙遗址荣获2009~2010年度国家文物局"田野考古奖三等奖"。

2011年4~6月，为配合国家考古遗址公园申报，对九口锅遗址进行发掘，发掘清理面积4408平方米。共清理揭露四组遗存，其中第三组遗存中大型"凸"字形建筑群建造于宋元（蒙）战争时期，根据所处位置及周边地理环境推测，该建筑群应与宋元（蒙）战争军事指挥系统密切相关。

2013年至今，连续在范家堰遗址开展考古工作。2013~2019年，范家堰遗址先后开展四次主动性考古发掘，总布方13601平方米，实际发掘面积10501平方米。明确了

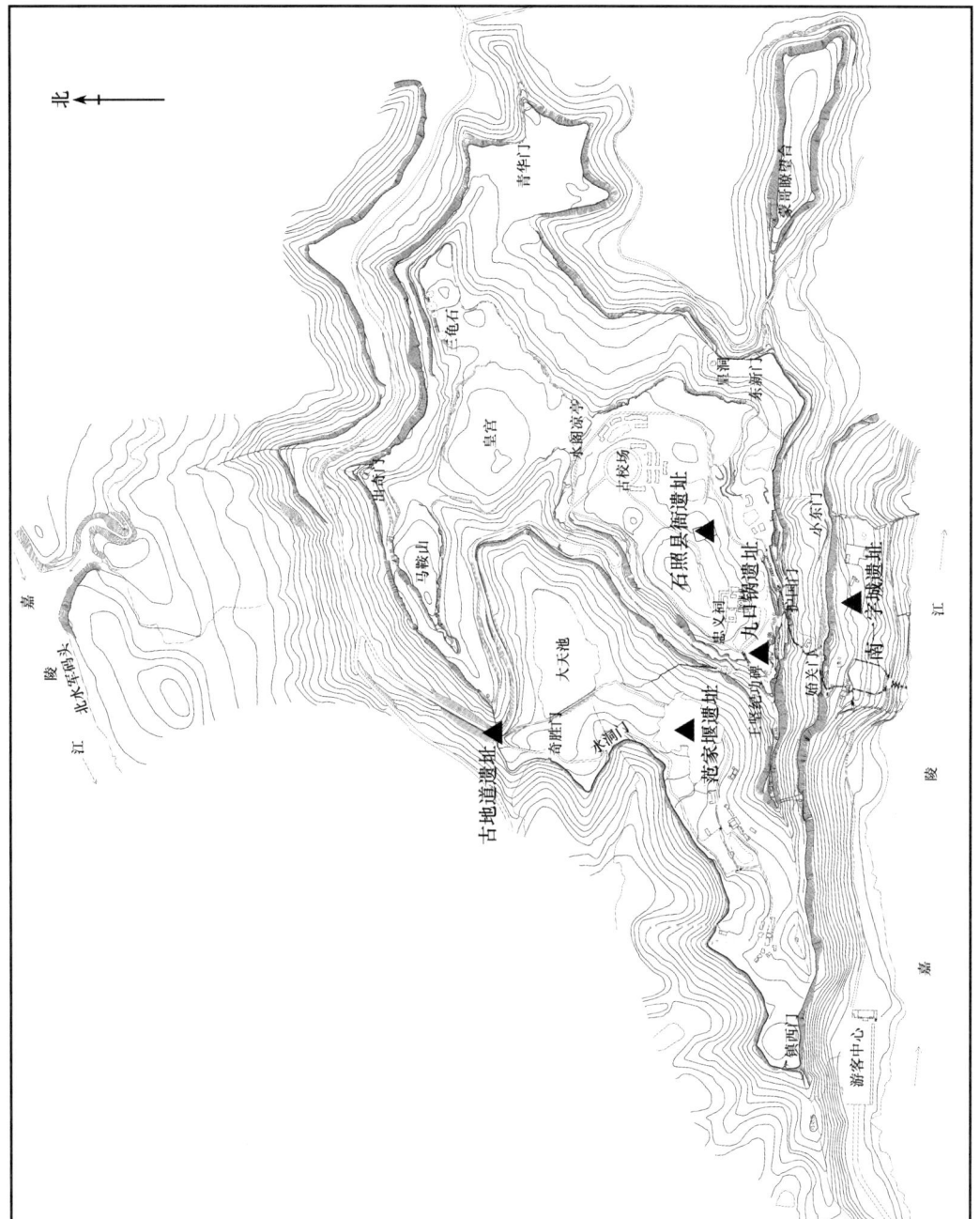

图三 钓鱼城考古发掘遗址分布示意图

范家堰遗址的时代和性质，其规模宏大、布局规整、轴线清晰、性质明确、年代精准，是目前国内唯一全面发掘揭露、保存较为完整的宋代衙署遗址。范家堰遗址荣获2016~2017年度国家文物局"田野考古奖三等奖"，并入选"2018年度全国十大考古新发现"。

在考古发掘的同时，高度重视文物保护与展示利用工作。2009年，与北京大学、河北省古代建筑保护研究所联合编制《钓鱼城遗址南水军码头及南一字城墙文物保护方案》。2010年，南水军码头及南一字城墙文物保护工作结束，顺利通过市文物局验收，该项目将考古发掘和文物保护工作有机结合起来，对钓鱼城遗址的研究、保护和利用具有重要意义。

2019年8月，范家堰遗址本体加固与保护展示项目正式动工，积极践行以考古为支撑的文物保护与展示利用理念，探索设计施工一体化道路，为钓鱼城大遗址保护利用、国家考古遗址公园建设和世界文化遗产申报提供重要支撑。此外，古地道、始关门、九口锅、东内城墙遗址文物保护与展示利用项目已正式立项，方案编制与设计工作基本完成，将陆续实施以考古为支撑的研究性保护工程。

《钓鱼城遗址考古报告集》在历年考古工作基础上编纂而成，主要包括《钓鱼城遗址概述》，《东城半岛文物调查报告》《钓鱼城外城园路工程项目文物调查报告》等2篇调查报告，《古地道遗址发掘简报》《石照县衙遗址试掘简报》《南一字城遗址发掘简报》《九口锅遗址发掘简报》《范家堰遗址发掘简报》等5篇发掘简报，《范家堰遗址2017年出土植物遗存初步分析》《重庆出土南宋球形火雷的初步研究》《以考古为支撑的文物保护与展示利用——钓鱼城范家堰南宋衙署遗址的实践经验》《合川钓鱼城城防设施的考古学观察》等4篇研究文章及《钓鱼城遗址考古大事记》。

执笔：袁东山　胡立敏

东城半岛文物调查报告

重庆市文物考古研究院

受重庆市文物局委托，重庆市文物考古研究院分别于2007年8月、2016年11～12月，对合川东城半岛（图一）拟开发建设项目征地范围和合川钓鱼城大道至渠口坝景观大桥连接道工程项目所涉区域进行了考古调查。现将两次调查结果报告如下。

一、考古工作概况

（一）既往文物工作概况

合川作为在中国历史上具有重要地位的地区，文物考古工作者曾多次在此开展工作。

1980～1985年，合川县人大常委会、县政治协商委员会、县文物保护管理所联合组成文物普查队对全县文物进行了选择性调查。

1986年12月至1987年1月，重庆市博物馆组织进行了嘉陵江、涪江、渠江三江流域重庆段的田野考古调查，行程150余千米，发现了大批地面文物和地下古代文化遗存。

1987年全县文物普查，历时7个月，共查明县境内文物点1400余处（点），其后，载入当时《四川省文物地图集》的文物点有320处，基本涵盖地面文物的全部种类，是重庆市文物遗存较多的地区。

1988年冬及1990年春，重庆市博物馆、合川县文物保护管理所两次联合对沙梁子商周遗址进行发掘，共开探方16个，总面积400平方米。出土了一批文物及标本资料。

1998年、1999年、2003年，重庆市博物馆考古队为配合合川工业大道建设项目，对建设项目涉及的南屏墓群、白鹿山汉墓、黄荆堡等处的墓地进行了发掘，涉及汉墓封土堆9座，清理汉至六朝砖、石室墓15座，出土了大批文物资料。

2003年5月，合川市文物保护管理所从嘉陵江合川金子镇河段的江底打捞起5吨古代钱币，总计约90万枚。该批钱币下限为南宋末年，以北宋钱币为大宗。

2004～2005年，为配合草街航电枢纽建设，重庆市文物考古所对嘉陵江、涪江、渠江三江沿岸进行了调查，获得了一批地面文物及地下遗存的调查资料。

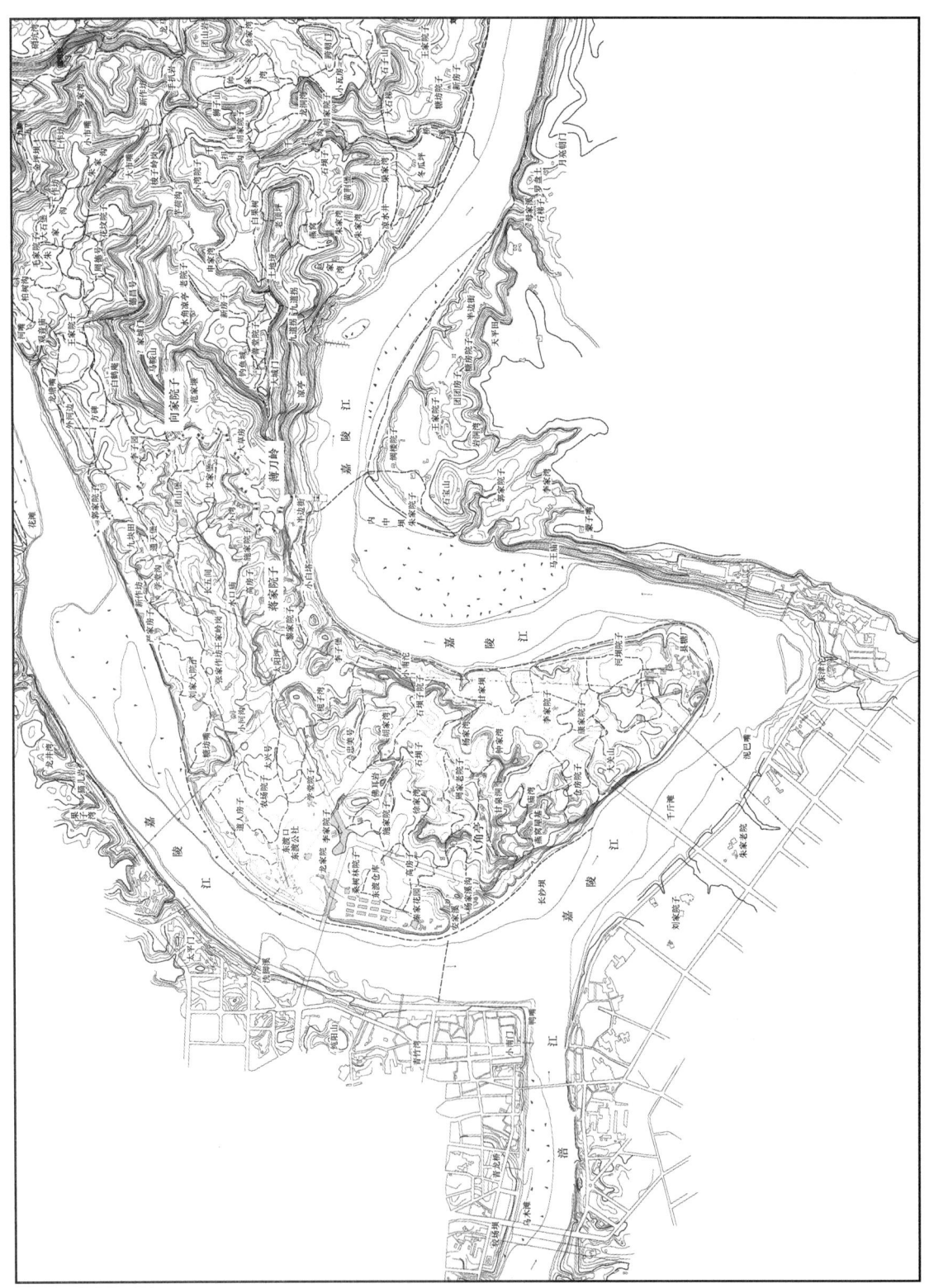

图一 东城半岛位置示意图

（二）东城半岛文物调查概况

在长江三峡区域综合开发和西部大开发的趋势带动下，合川区也开始寻找自己发展的位置。通过多方考察论证，合川东城半岛将被开发利用，成为生态环境良好，以钓鱼城古战场为旅游特征，集旅游、生态、休闲、商务和居住为一体的合川新城区。同时，各级政府非常重视文物保护工作，合川区政府认真贯彻经济建设与文物保护双有利原则，在开发项目的科研、立项阶段主动与市文物部门联系，并于2007年委托重庆市文物考古所（现重庆市文物考古研究院）对拟开发的合川东城半岛（仅为整个半岛的一部分）进行考古调查。

2007年8月，重庆市文物考古所组建了以副所长袁东山为领队、考古队副队长李大地为执行领队，本所业务人员为主体，合川区钓鱼城风景名胜区事务中心、合川区文物保护管理所参与的文物考古工作队，奔赴现场开展文物调查勘探工作。发现文物点共41处，其中，地面文物14处，包括古街区、古建筑、石刻造像、碑刻、古桥、古井等几类；地下文物27处，其中古遗址9处、古墓葬18处，时代跨商周至明清时期（表一；图二）。

表一　东城半岛开发项目考古调查文物一览表（2007年）

序号	文物名称	地理位置	类别	时代	占地面积/平方米	建筑（埋藏）面积/平方米	文物保护单位级别	备注
地面文物								
1	东渡老街	合川区钓鱼城街道佛耳村15社	历史街区	清	45000	40000		
2	八角亭	合川东郊嘉陵江左岸的学士山上	古建筑	清	157.3	216.1	重庆市级文物保护单位	
3	小白塔	合川区钓鱼城街道小塔村2社	古建筑	清	11.4	20		
4	施家祠堂	合川区钓鱼城街道佛耳村1社	古建筑	清	2000	2000		
5	熊兴发老宅	合川区钓鱼城街道佛耳村15社	古建筑	清	870	635		
6	杨仁虎老宅	合川区钓鱼城街道佛耳村17社	古建筑	清	400	260		
7	颜家老宅	合川区钓鱼城街道小塔村6社	古建筑	清	2000	1168		
8	秦氏老宅	合川区钓鱼城街道佛耳村1社	古建筑	清	500	460		

续表

序号	文物名称	地理位置	类别	时代	占地面积/平方米	建筑（埋藏）面积/平方米	文物保护单位级别	备注
9	小河沟古桥	合川区钓鱼城街道佛耳村1社与3社之间的小河上	古桥梁	清	20	20		
10	龙洞湾古井	合川区钓鱼城街道小塔村1社	古井	清	5			
11	箩筐田古井	合川区钓鱼城街道佛耳村12社	古井	清	4			
12	大井坎古井	合川区钓鱼城街道佛耳村4社	古井	清	4			
13	艾家大院石碾盘	合川区钓鱼城街道小塔村1社	传统民具	清	10.9	10.9		
14	中山堡石刻	合川区钓鱼城街道佛耳村10社	石窟寺及石刻	清	5			
地下文物								
15	黄泥嘴遗址	合川区钓鱼城街道佛耳村8社	古遗址	商周		15000		
16	河坝院子遗址	合川区钓鱼城街道佛耳村11社	古遗址	商周		2500		
17	小南沱遗址	合川区钓鱼城街道佛耳村9社	古遗址	商周		2500		
18	围子湾遗址	合川区钓鱼城街道佛耳村10社	古遗址	汉		4000		
19	甘泉食府遗址	合川区钓鱼城街道佛耳村10社	古遗址	汉		5000		
20	甘家坝遗址	合川区钓鱼城街道佛耳村10社	古遗址	宋		1500		
21	邱家嘴遗址	合川区钓鱼城街道佛耳村10社	古遗址	宋		1500		
22	小白塔遗址	合川区钓鱼城街道小塔村2社	古遗址	宋元		1500		
23	天泉洞洞穴遗址	合川区钓鱼城街道小塔村1社	古遗址	宋		600		
24	飞蛾坪墓群	合川区钓鱼城街道小塔村5社	古墓葬	汉—六朝		20000		
25	王家岭岗墓地	合川区钓鱼城街道小塔村5社	古墓葬	汉—六朝		10000		

续表

序号	文物名称	地理位置	类别	时代	占地面积/平方米	建筑（埋藏）面积/平方米	文物保护单位级别	备注
26	黄家溪沟崖墓群	合川区钓鱼城街道小塔村4社	古墓葬	汉—六朝		2000		
27	芝麻树土崖墓	合川区钓鱼城街道佛耳村12社	古墓葬	汉—六朝		600		
28	大溪沟崖墓	合川区钓鱼城街道佛耳村3社	古墓葬	汉—六朝		20		
29	东渡仓库墓群	合川区钓鱼城街道佛耳村1社	古墓葬	汉—六朝		1000		
30	李家堡墓群	合川区钓鱼城街道佛耳村3社	古墓葬	宋		2500		
31	艾家大湾墓群	合川区钓鱼城街道小塔村1社	古墓葬	明		5000		
32	艾家小湾墓群	合川区钓鱼城街道小塔村1社	古墓葬	明		5000		
33	糖坊嘴墓群	合川区钓鱼城街道小塔村3社	古墓葬	明		3000		
34	莲鱼渠墓群	合川区钓鱼城街道佛耳村3社	古墓葬	明		2000		
35	生基嘴墓群	合川区钓鱼城街道佛耳村10社	古墓葬	明		2000		
36	杨家湾墓群	合川区钓鱼城街道佛耳村9社	古墓葬	明		1500		
37	黄岩坪墓地	合川区钓鱼城街道佛耳村10社	古墓葬	明		400		
38	李家院子墓群	合川区钓鱼城街道佛耳村10社	古墓葬	明		500		
39	半边街墓群	合川区钓鱼城街道小塔村10社	古墓葬	清		1000		
40	邓家坟墓地	合川区钓鱼城街道小塔村1社	古墓葬	清		200		
41	艾家小湾墓地	合川区钓鱼城街道小塔村1社	古墓葬	清		250		

2016年11~12月，受重庆市文物局委托，重庆市文化遗产研究院组织了以袁东山研究员为领队的工作队，对合川钓鱼城大道至渠口坝景观大桥连接道工程项目所涉区域进

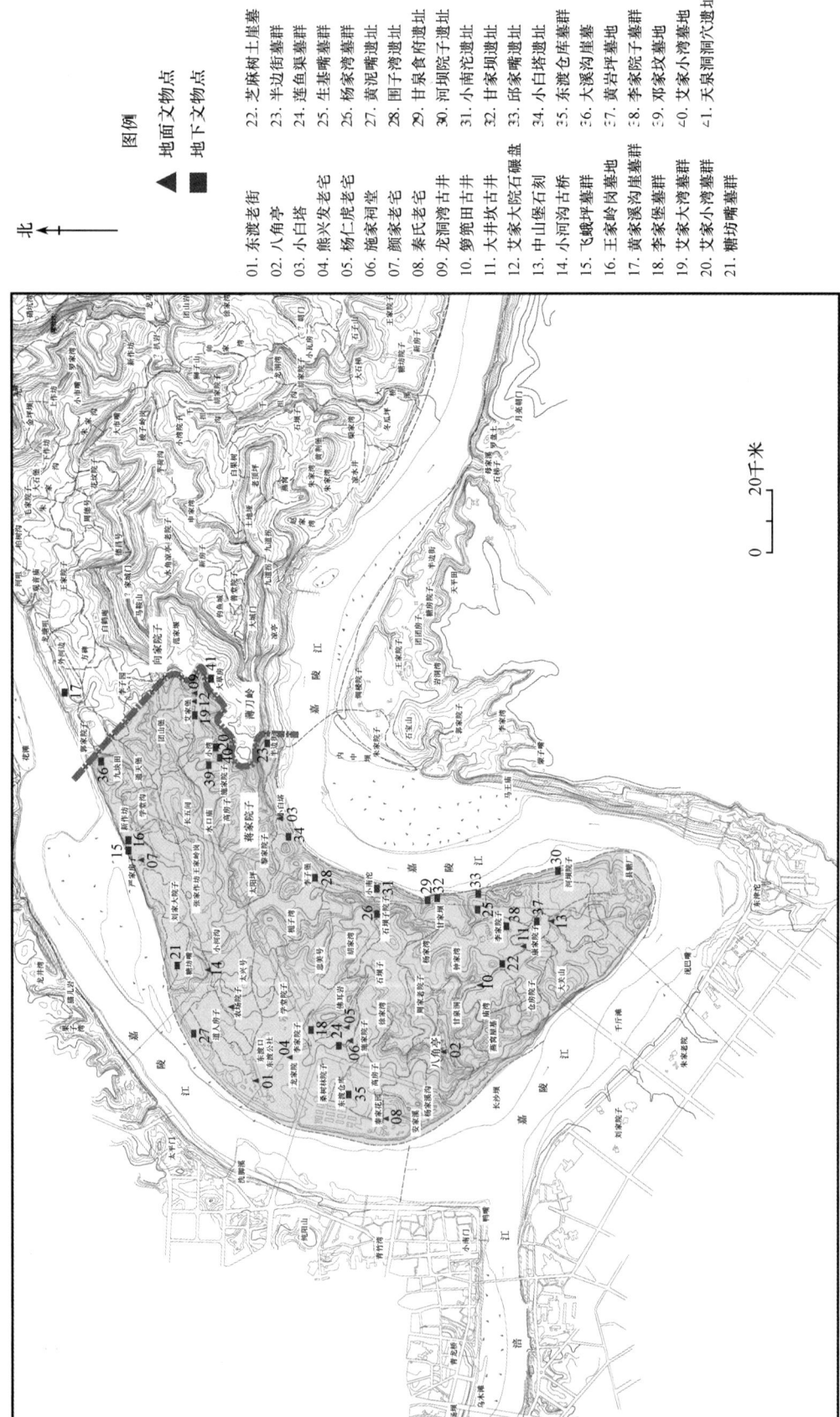

图二 东城半岛开发项目文物点分布示意图

行了文物调查勘探工作。调查区域位于合川钓鱼城东北部,起于其北面游客服务中心处的钓鱼城大道,止于渠口坝景观大桥南桥头引桥处,全长3.6千米。调查发现文物点20处,其中地面文物11处,主要为城墙、马面、涵洞、古井几类,时代皆为宋元时期。地下文物9处,包括古遗址2处,时代为商周、宋元时期;古墓葬7处,主要为汉至宋元时期。本次发现的文物点涉及钓鱼城古战场遗址保护范围内的文物点有8处(图三;表二)。

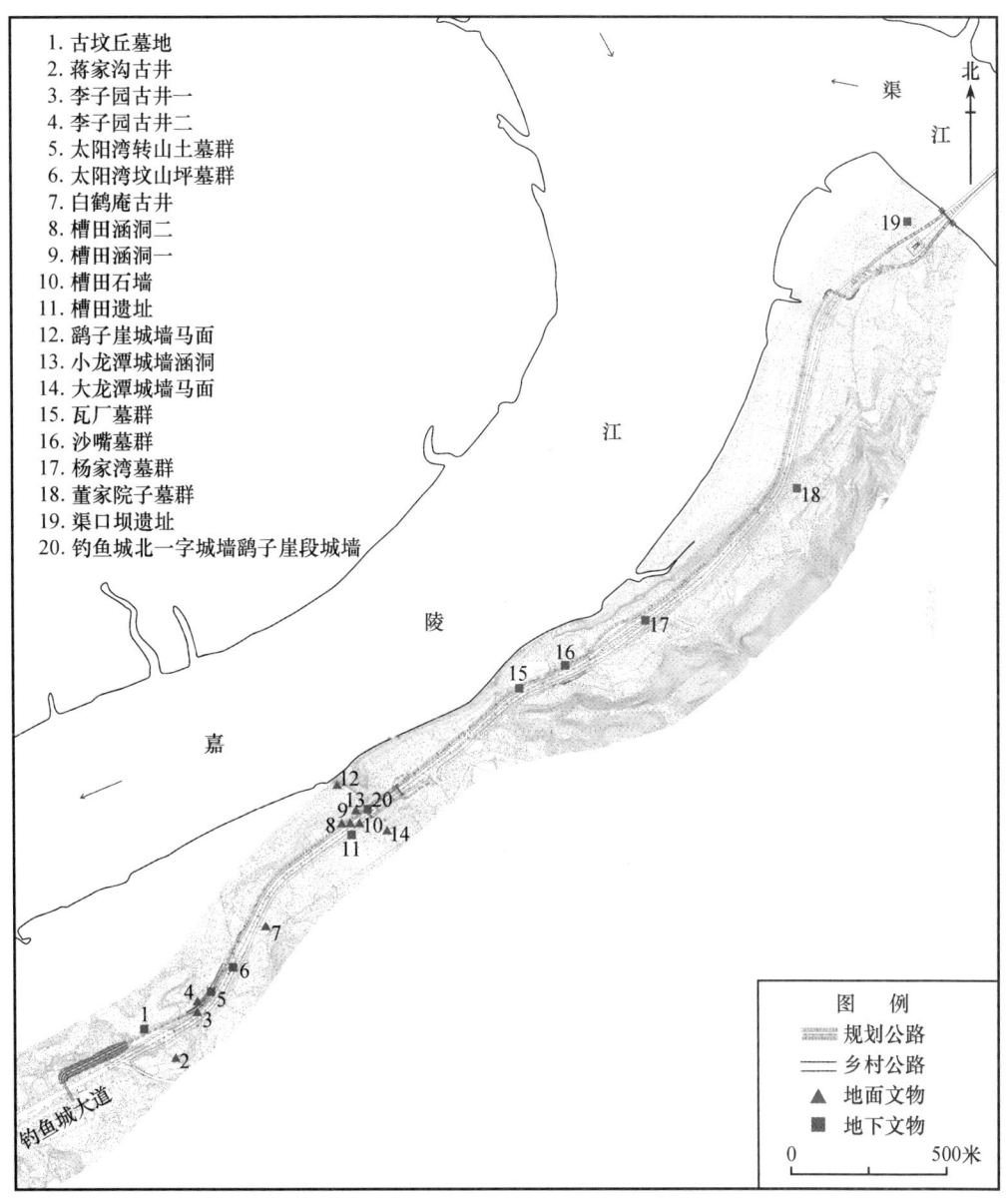

图三　钓鱼城大道至渠口坝景观大桥连接道工程项目文物点分布示意图

表二　钓鱼城大道至渠口坝景观大桥连接道工程项目考古调查文物一览表（2016年）

序号	文物名称	地埋位置	类别	时代	占地面积/平方米	建筑（埋藏）面积/平方米	文物保护单位级别	备注
地面文物								
1	钓鱼城北一字城墙鹞子崖段城墙	合川区钓鱼城街道渠口村8社	军事防御设施	宋元	1200	950		
2	槽田石墙	合川区钓鱼城街道渠口村8社	军事防御设施	宋元	200	120		
3	小龙潭城墙涵洞	合川区钓鱼城街道渠口村8社	军事防御设施	宋元	1.62			
4	槽田涵洞一	合川区钓鱼城街道渠口村8社	军事防御设施	宋元	1.13	0.73		
5	槽田涵洞二	合川区钓鱼城街道渠口村8社	军事防御设施	宋元	0.84	0.39		
6	鹞子崖城墙马面	合川区钓鱼城街道渠口村9社	军事防御设施	宋元	5.91	3.6		
7	大龙潭城墙马面	合川区钓鱼城街道渠口村8社	军事防御设施	宋元	53.8	35.04		
8	蒋家沟古井	合川区钓鱼城街道渠口村9社	古井	宋	1.38			
9	李子园古井一	合川区钓鱼城街道渠口村9社	古井	宋	1.5			
10	李子园古井二	合川区钓鱼城街道渠口村9社	古井	宋	1.6			
11	白鹤庵古井	合川区钓鱼城街道渠口村9社	古井	宋	2.33			
地下文物								
12	渠口坝遗址	合川区钓鱼城街道渠口村4社	古遗址	商周		60000		
13	槽田遗址	合川区钓鱼城街道渠口村8社	古遗址	宋元		7000		
14	瓦厂墓群	合川区钓鱼城街道渠口村6社	古墓葬	汉—六朝		1200		
15	沙嘴墓群	合川区钓鱼城街道渠口村6社	古墓葬	汉—六朝		5000		
16	杨家湾墓群	合川区钓鱼城街道渠口村6社	古墓葬	汉—六朝		7000		
17	董家院子墓群	合川区钓鱼城街道渠口村5社	古墓葬	汉—六朝		6000		

续表

序号	文物名称	地理位置	类别	时代	占地面积/平方米	建筑（埋藏）面积/平方米	文物保护单位级别	备注
18	古坟丘墓地	合川区钓鱼城街道渠口村9社	古墓葬	宋		800		
19	太阳湾转山土墓群	合川区钓鱼城街道渠口村9社	古墓葬	宋		600		
20	太阳湾坟山坪墓群	合川区钓鱼城街道渠口村9社	古墓葬	宋		800		

通过以上工作，共发现文物点61处，其中地面25处、地下36处，时代包含商周、汉代、宋元、明清各个时期（表三；图四；图版三、图版四）。

表三 东城半岛考古调查文物一览表（2007年、2016年调查）

序号	文物名称	地理位置	类别	时代	占地面积/平方米	建筑（埋藏）面积/平方米	文物保护单位级别	备注
地面文物								
1	东渡老街	合川区钓鱼城街道佛耳村15社	历史街区	清	45000	40000		
2	钓鱼城北一字城墙鹞子崖段城墙	合川区钓鱼城街道渠口村8社	军事防御设施	宋元	1200	950		
3	槽田石墙	合川区钓鱼城街道渠口村8社	军事防御设施	宋元	200	120		
4	小龙潭城墙涵洞	合川区钓鱼城街道渠口村8社	军事防御设施	宋元	1.62			
5	槽田涵洞一	合川区钓鱼城街道渠口村8社	军事防御设施	宋元	1.13	0.73		
6	槽田涵洞二	合川区钓鱼城街道渠口村8社	军事防御设施	宋元	0.84	0.39		
7	鹞子崖城墙马面	合川区钓鱼城街道渠口村9社	军事防御设施	宋元	5.91	3.6		
8	大龙潭城墙马面	合川区钓鱼城街道渠口村8社	军事防御设施	宋元	53.8	35.04		
9	八角亭	合川东郊嘉陵江左岸的学士山上	古建筑	清	157.3	216.1	重庆市级文物保护单位	
10	小白塔	合川区钓鱼城街道小塔村2社	古建筑	清	11.4	20		

续表

序号	文物名称	地理位置	类别	时代	占地面积/平方米	建筑（埋藏）面积/平方米	文物保护单位级别	备注
11	施家祠堂	合川区钓鱼城街道佛耳村1社	古建筑	清	2000	2000		
12	熊兴发老宅	合川区钓鱼城街道佛耳村15社	古建筑	清	870	635		
13	杨仁虎老宅	合川区钓鱼城街道佛耳村17社	古建筑	清	400	260		
14	颜家老宅	合川区钓鱼城街道小塔村6社	古建筑	清	2000	1168		
15	秦氏老宅	合川区钓鱼城街道佛耳村1社	古建筑	清	500	460		
16	小河沟古桥	合川区钓鱼城街道佛耳村1社与3社之间的小河上	古桥梁	清	20	20		
17	蒋家沟古井	合川区钓鱼城街道渠口村9社	古井	宋	1.38			
18	李子园古井一	合川区钓鱼城街道渠口村9社	古井	宋	1.5			
19	李子园古井二	合川区钓鱼城街道渠口村9社	古井	宋	1.6			
20	白鹤庵古井	合川区钓鱼城街道渠口村9社	古井	宋	2.33			
21	龙洞湾古井	合川区钓鱼城街道小塔村1社	古井	清	5			
22	箩筐田古井	合川区钓鱼城街道佛耳村12社	古井	清	4			
23	大井坎古井	合川区钓鱼城街道佛耳村4社	古井	清	4			
24	艾家大院石碾盘	合川区钓鱼城街道小塔村1社	传统民具	清	10.9	10.9		
25	中山堡石刻	合川区钓鱼城街道佛耳村10社	石窟寺及石刻	清	5			
地下文物								
26	渠口坝遗址	合川区钓鱼城街道渠口村4社	古遗址	商周		60000		

续表

序号	文物名称	地理位置	类别	时代	占地面积/平方米	建筑（埋藏）面积/平方米	文物保护单位级别	备注
27	黄泥嘴遗址	合川区钓鱼城街道佛耳村8社	古遗址	商周		15000		
28	河坝院子遗址	合川区钓鱼城街道佛耳村11社	古遗址	商周		2500		
29	小南沱遗址	合川区钓鱼城街道佛耳村9社	古遗址	商周		2500		
30	围子湾遗址	合川区钓鱼城街道佛耳村10社	古遗址	汉		4000		
31	甘泉食府遗址	合川区钓鱼城街道佛耳村10社	古遗址	汉		5000		
32	槽田遗址	合川区钓鱼城街道渠口村8社	古遗址	宋元		7000		
33	甘家坝遗址	合川区钓鱼城街道佛耳村10社	古遗址	宋		1500		
34	邱家嘴遗址	合川区钓鱼城街道佛耳村10社	古遗址	宋		1500		
35	小白塔遗址	合川区钓鱼城街道小塔村2社	古遗址	宋元		1500		
36	天泉洞洞穴遗址	合川区钓鱼城街道小塔村1社	古遗址	宋		600		
37	瓦厂墓群	合川区钓鱼城街道渠口村6社	古墓葬	汉—六朝		1200		
38	沙嘴墓群	合川区钓鱼城街道渠口村6社	古墓葬	汉—六朝		5000		
39	杨家湾墓群	合川区钓鱼城街道渠口村6社	古墓葬	汉—六朝		7000		
40	董家院子墓群	合川区钓鱼城街道渠口村5社	古墓葬	汉—六朝		6000		
41	飞蛾坪墓群	合川区钓鱼城街道小塔村5社	古墓葬	汉—六朝		20000		
42	王家岭岗墓地	合川区钓鱼城街道小塔村5社	古墓葬	汉—六朝		10000		
43	黄家溪沟崖墓群	合川区钓鱼城街道小塔村4社	古墓葬	汉—六朝		2000		

续表

序号	文物名称	地理位置	类别	时代	占地面积/平方米	建筑（埋藏）面积/平方米	文物保护单位级别	备注
44	芝麻树土崖墓	合川区钓鱼城街道佛耳村12社	古墓葬	汉—六朝		600		
45	大溪沟崖墓	合川区钓鱼城街道佛耳村3社	古墓葬	汉—六朝		20		
46	东渡仓库墓群	合川区钓鱼城街道佛耳村1社	古墓葬	汉—六朝		1000		
47	古坟丘墓地	合川区钓鱼城街道渠口村9社	古墓葬	宋		800		
48	太阳湾转山土墓群	合川区钓鱼城街道渠口村9社	古墓葬	宋		600		
49	太阳湾坟山坪墓群	合川区钓鱼城街道渠口村9社	古墓葬	宋		800		
50	李家堡墓群	合川区钓鱼城街道佛耳村3社	古墓葬	宋		2500		
51	艾家大湾墓群	合川区钓鱼城街道小塔村1社	古墓葬	明		5000		
52	艾家小湾墓群	合川区钓鱼城街道小塔村1社	古墓葬	明		5000		
53	糖坊嘴墓群	合川区钓鱼城街道小塔村3社	古墓葬	明		3000		
54	莲鱼渠墓群	合川区钓鱼城街道佛耳村3社	古墓葬	明		2000		
55	生基嘴墓群	合川区钓鱼城街道佛耳村10社	古墓葬	明		2000		
56	杨家湾墓群	合川区钓鱼城街道佛耳村9社	古墓葬	明		1500		
57	黄岩坪墓地	合川区钓鱼城街道佛耳村10社	古墓葬	明		400		
58	李家院子墓群	合川区钓鱼城街道佛耳村10社	古墓葬	明		500		
59	半边街墓群	合川区钓鱼城街道小塔村10社	古墓葬	清		1000		
60	邓家坟墓地	合川区钓鱼城街道小塔村1社	古墓葬	清		200		
61	艾家小湾墓地	合川区钓鱼城街道小塔村1社	古墓葬	清		250		

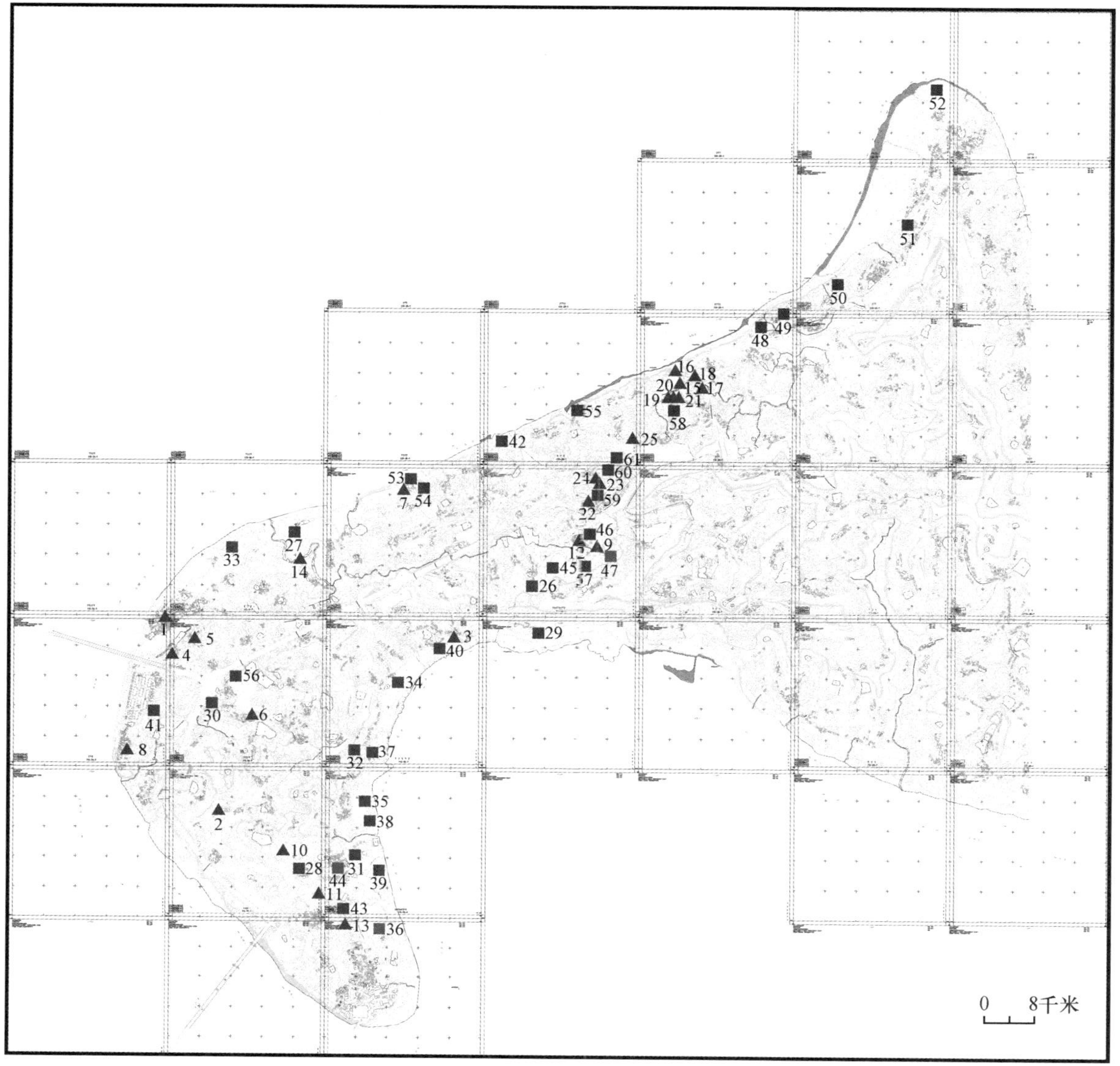

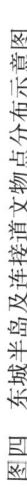

图四 东城半岛及连接道文物点分布示意图

二、主要文物点介绍

（一）地面文物

地面文物25处，主要有历史街区、军事防御设施、古建筑、石窟寺及石刻等几类，时代由宋元至明清时期。

1. 历史街区

东渡老街

东渡老街位于合川区钓鱼城街道办事处佛耳村15社，地处合川区东北嘉陵江左岸，隔江与楼子坎相望，距合阳嘉陵江大桥约1千米，中心地理坐标：北纬30°00′13.3″，东经106°16′36.7″，海拔223米。老街整体呈东西走向，全长约600米，宽5~8米，由码头、城门洞、庄园、作坊、店铺及民居等建筑组成，总占地面积约4.5万平方米（图版五）。

1）东渡码头

老街由东渡码头而兴起。东渡码头自古以来就是下川东的要津，合渝五条通道之一，由东渡口经龙洞沱、王家湾，到河溪对岸太平石、草街（或经滩子坎、保合、清平），北碚区静观场，渝北区复兴场、悦来场、鸳鸯桥、溉澜溪渡江入朝天门，同时，又是狮滩、滩子等6个乡乡民入城的必经之路。该渡于清乾隆时兴办义渡，历经民国时期，至2003年合川合阳嘉陵江大桥建成通车而废弃（图五、图六；图版六，1、2；图版七，2）。

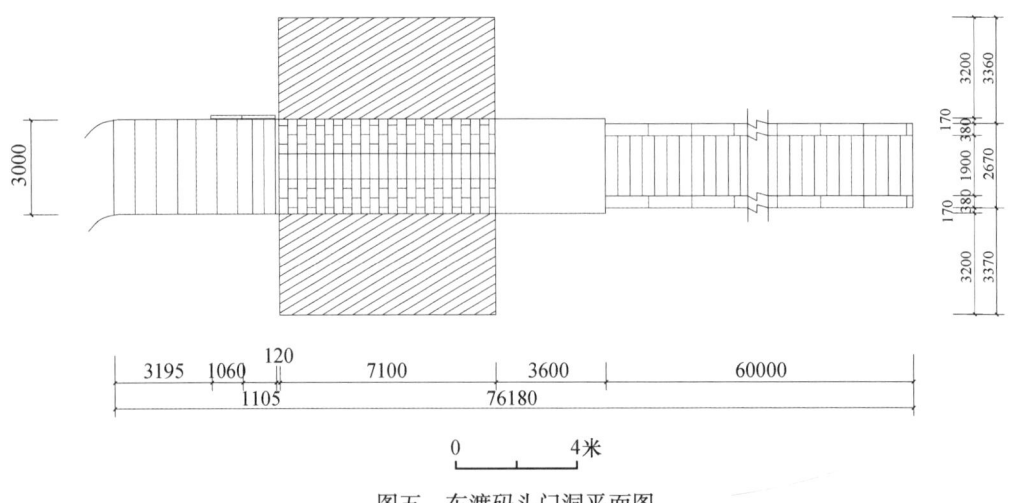

图五 东渡码头门洞平面图

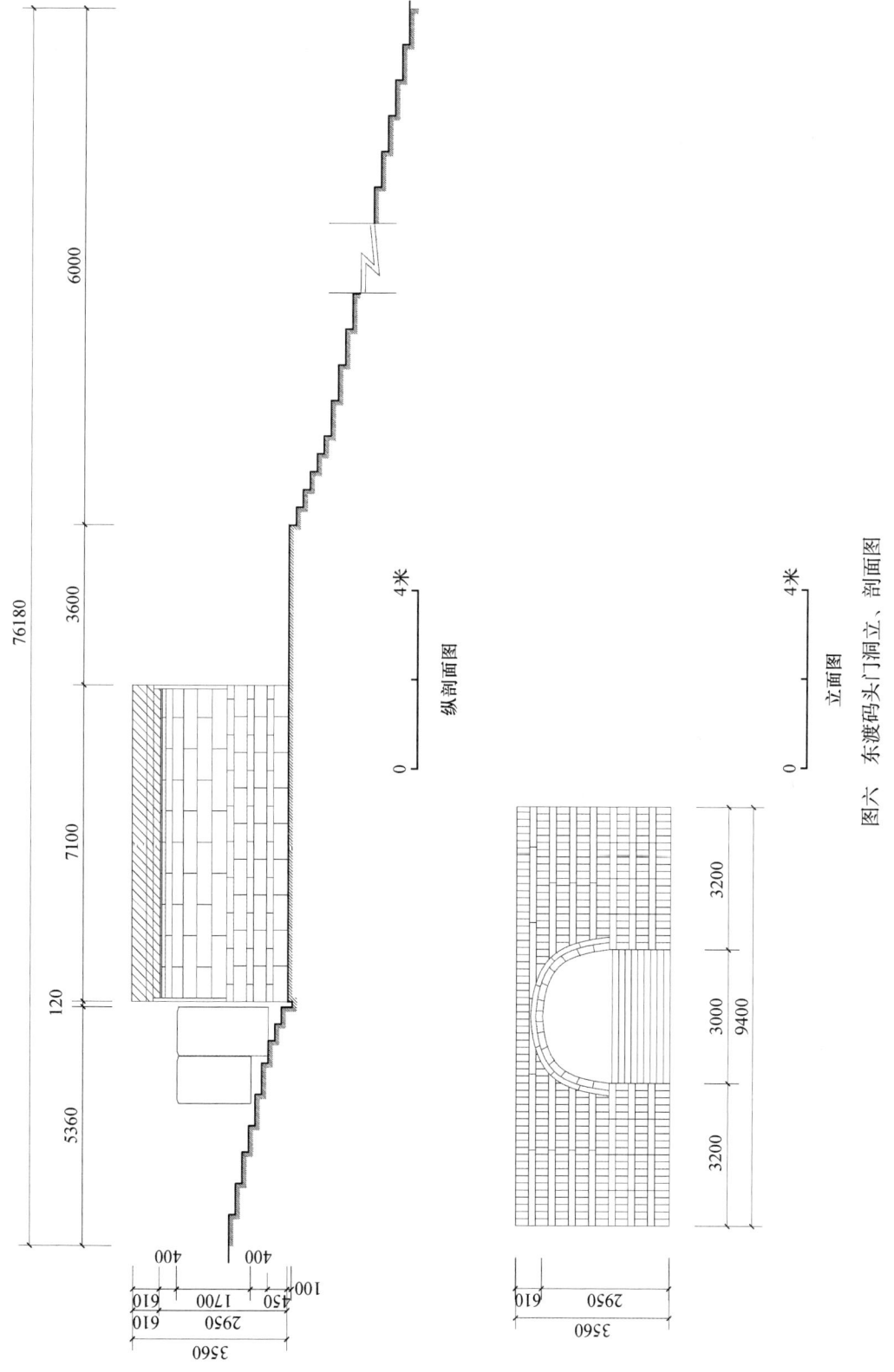

图六 东渡码头头门洞立、剖面图

2）老街

渡口为原东渡乡镇进城的一条必经之道，故而老街也就是一条穿境过街，在商贸往来的促进下，形成一个白日场镇，无大的商家店铺，只有铁匠铺、豆芽豆腐作坊、老菜馆、制酒作坊及一些小商货栈和客栈。现老街仍保存大量的民居、青石板街道，街区格局依然存在，能够体现合川乃至整个渝西北地区临江古镇的布局风貌、建筑特色及发展历程，具有较高的研究价值。老街现存清末、民国时期民居建筑众多，主要以饶白凯老宅、彭氏民居等为典型代表。

3）饶白凯老宅

位于整条老街的中部，于老街的北侧，系抬梁、穿斗相结合的土木结构合院式建筑，现存两栋，建筑占地面积约1500平方米。该庄园为民国时期当地乡绅饶白凯修建，中华人民共和国成立后，被收作东渡完小的校舍，并与供销社共用，其间还被用作酿酒作坊。后东渡完小搬迁，临街的八开间房屋被典卖给当地的居民。现保存较好的临街建筑面阔8间34.8米，通进深13.9米，通高7.2米，穿斗木结构，小青瓦悬山屋面，鹅卵石铺作地面；后院的建筑改作粮仓，系杆栏式建筑，为避免粮谷受潮，做架空地板，面阔4间14.8米，进深6.8米，通高7.1米，穿斗木结构，小青瓦悬山屋面（图七~图一○；图版六，3、4）。

4）彭氏民居

俗称"八间屋"，位于老街的中部地带，与饶白凯老宅相距约100米，为清末民初当地彭姓寡妇所修建，因正面开间为八间，故而得名"八间屋"。该建筑为一穿斗木结构建筑，小青瓦悬山屋面，面阔8间31.4米，通进深15.8米，通高6.9米（图一一~图一三；图版七，1）。

2. 军事防御设施

7处，包含城墙、涵洞、城墙马面等，时代均为宋元时期。

（1）钓鱼城北一字城墙鹞子崖段城墙

位于合川区钓鱼城街道渠口村8社（原小塔村3社）的一处竹林杂草丛中。中心地理坐标：北纬30°01′03″，东经106°18′37″，海拔210~221米。

该段城墙北起鹞子崖城墙马面，沿嘉陵江左岸溪沟（朱家沟）左侧峭壁鹞子崖蜿蜒向南延伸，经小龙潭城墙涵洞至大龙潭城墙马面。全长约237米，已暴露的高度为0.3~3.1米，占地面积约1200平方米，建筑面积950余平方米。城墙以条石丁砌构筑，由下至上层层叠涩，逐层内收，斜壁，整体保存较好，局部护坡墙被扰毁（图版七，3）。

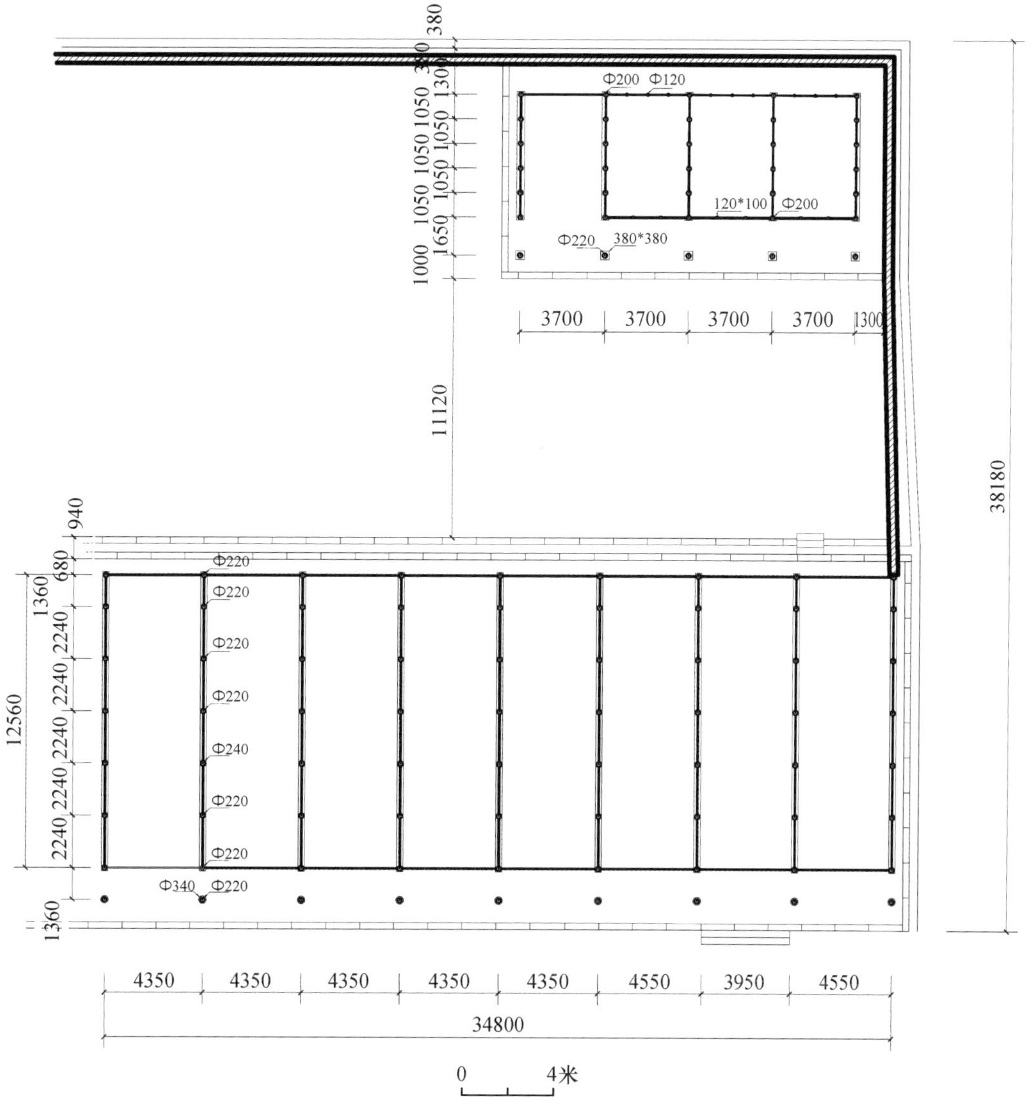

图七　东渡老街饶白凯老宅平面图

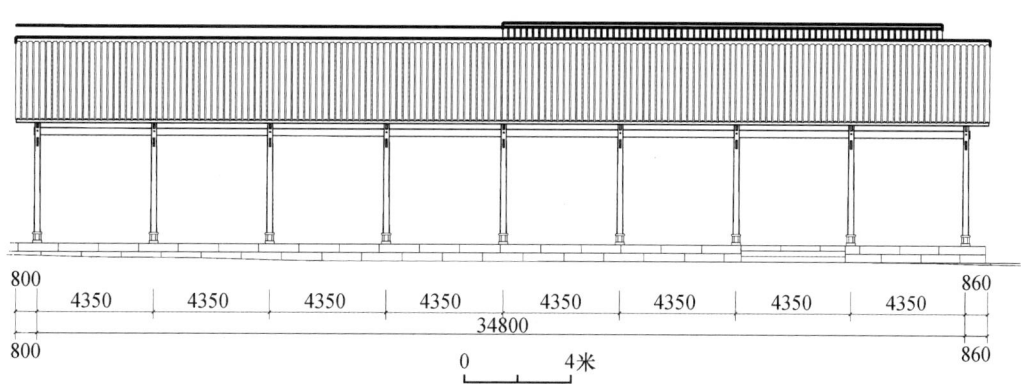

图八　东渡老街饶白凯老宅临街正立面图

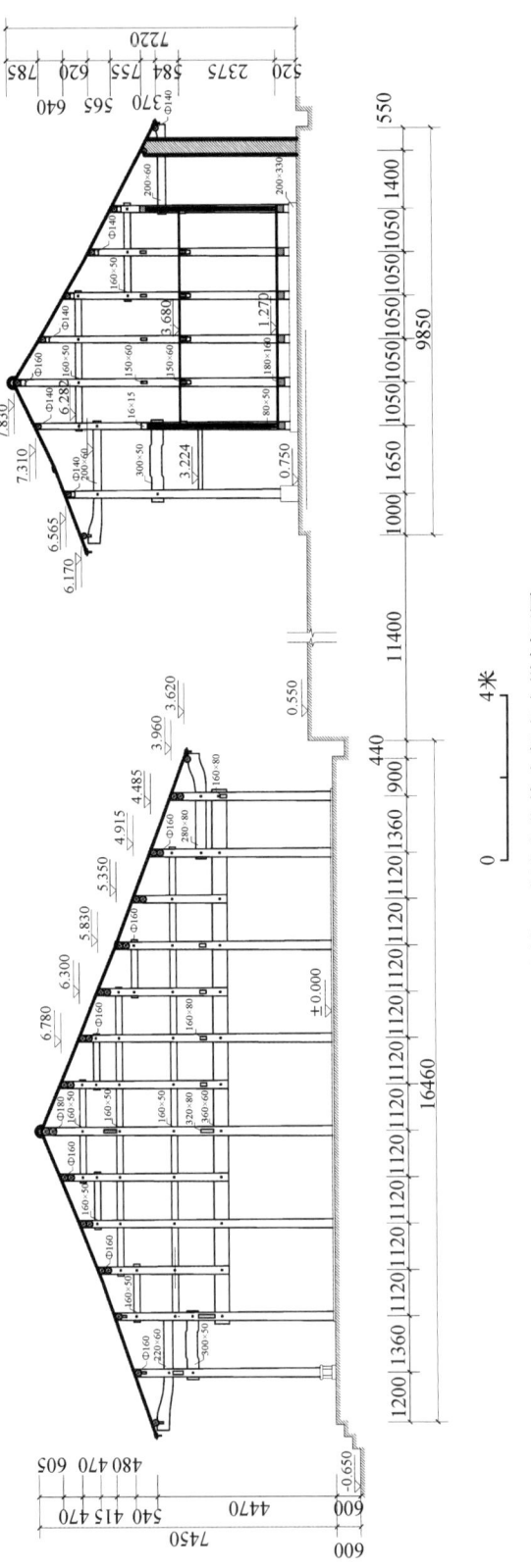

图九 东渡老街饶白凯老宅纵剖面图

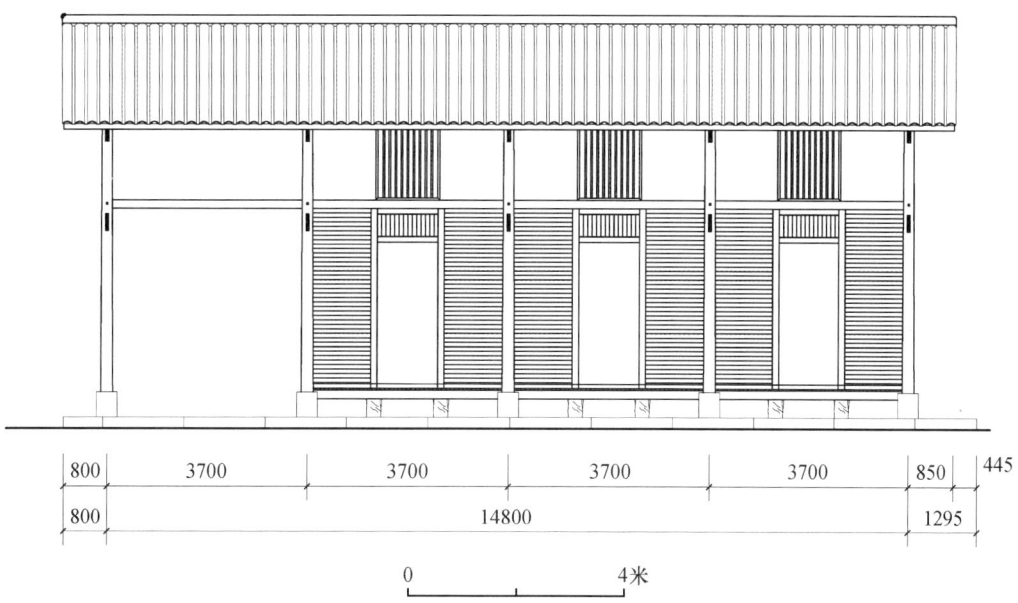

图一〇　东渡老街饶白凯老宅后院粮仓正立面图

（2）槽田石墙

位于合川区钓鱼城街道渠口村8社（原小塔村3社）的一处杂草树丛中，北为排水沟，西北与青杠岭相邻，东北距钓鱼城北一字城墙100余米。中心地理坐标：北纬30°01′02″，东经106°19′35″，海拔211～214米。

该石墙平面呈长条形，方向90°。两侧以錾凿规整的条石构筑挡土墙，内以黄褐色黏土、石块层层夯筑而成；墙体条石以丁顺之方式构筑，丁砌为主，直壁，壁面修凿平整；西段两涵洞（槽田涵洞一、二）穿过此墙。墙体长60、宽2米，已暴露的高度为0.6～2.6米，占地面积200余平方米，建筑面积120平方米（图版八，1）。

（3）小龙潭城墙涵洞

位于合川区钓鱼城街道渠口村8社（原小塔村3社）的一处竹林杂草丛中，前为小龙潭，两侧接城墙。中心地理坐标：北纬30°01′04″，东经106°18′37″，海拔205米。

涵洞平面近长条形，方向95°。涵洞两侧及上部建筑被扰毁，仅錾凿于山崖上的痕迹尚存，长3.35、宽1.35米，高度不详（图一四；图版八，3）。

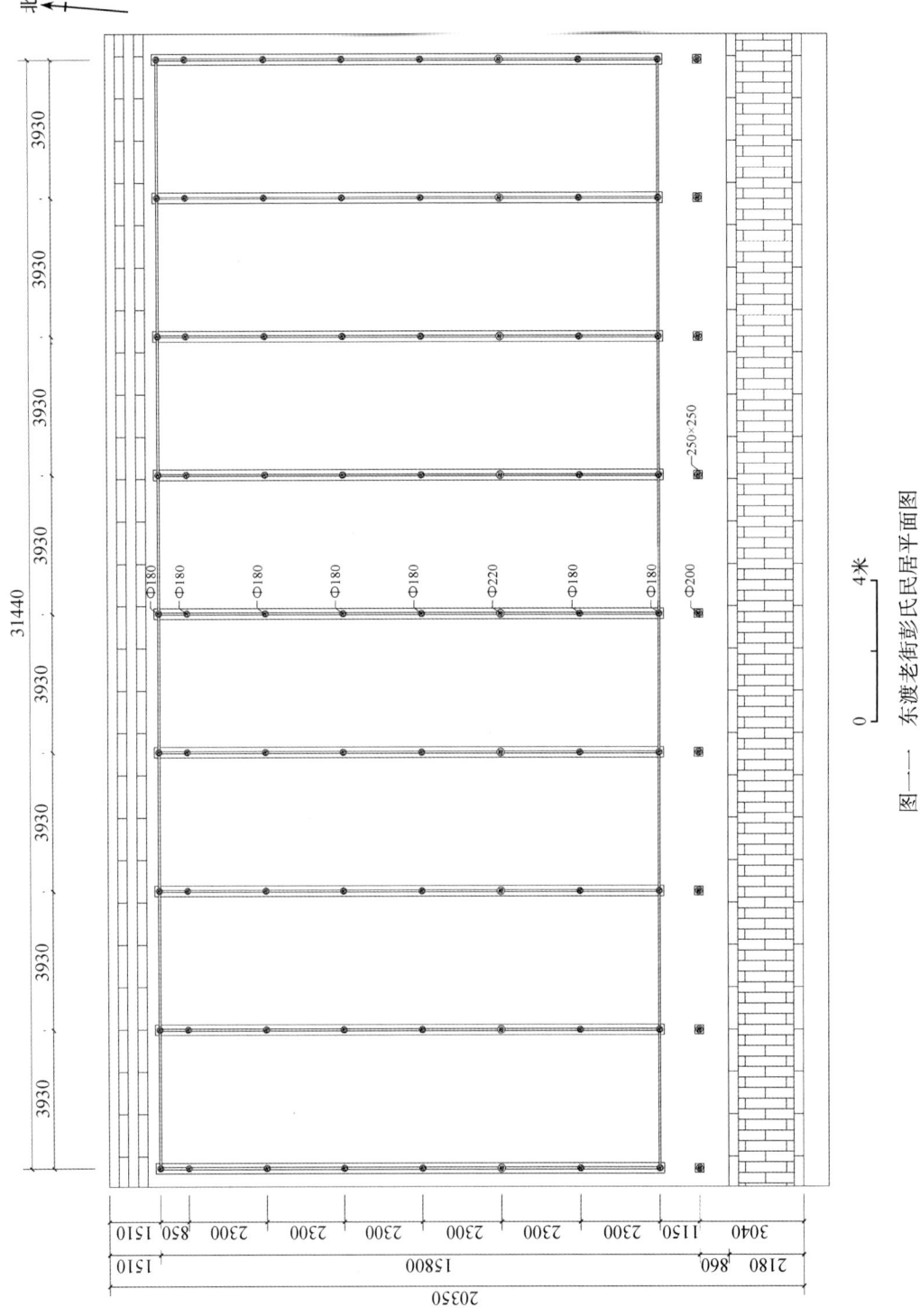

图一 东渡老街彭氏民居平面图

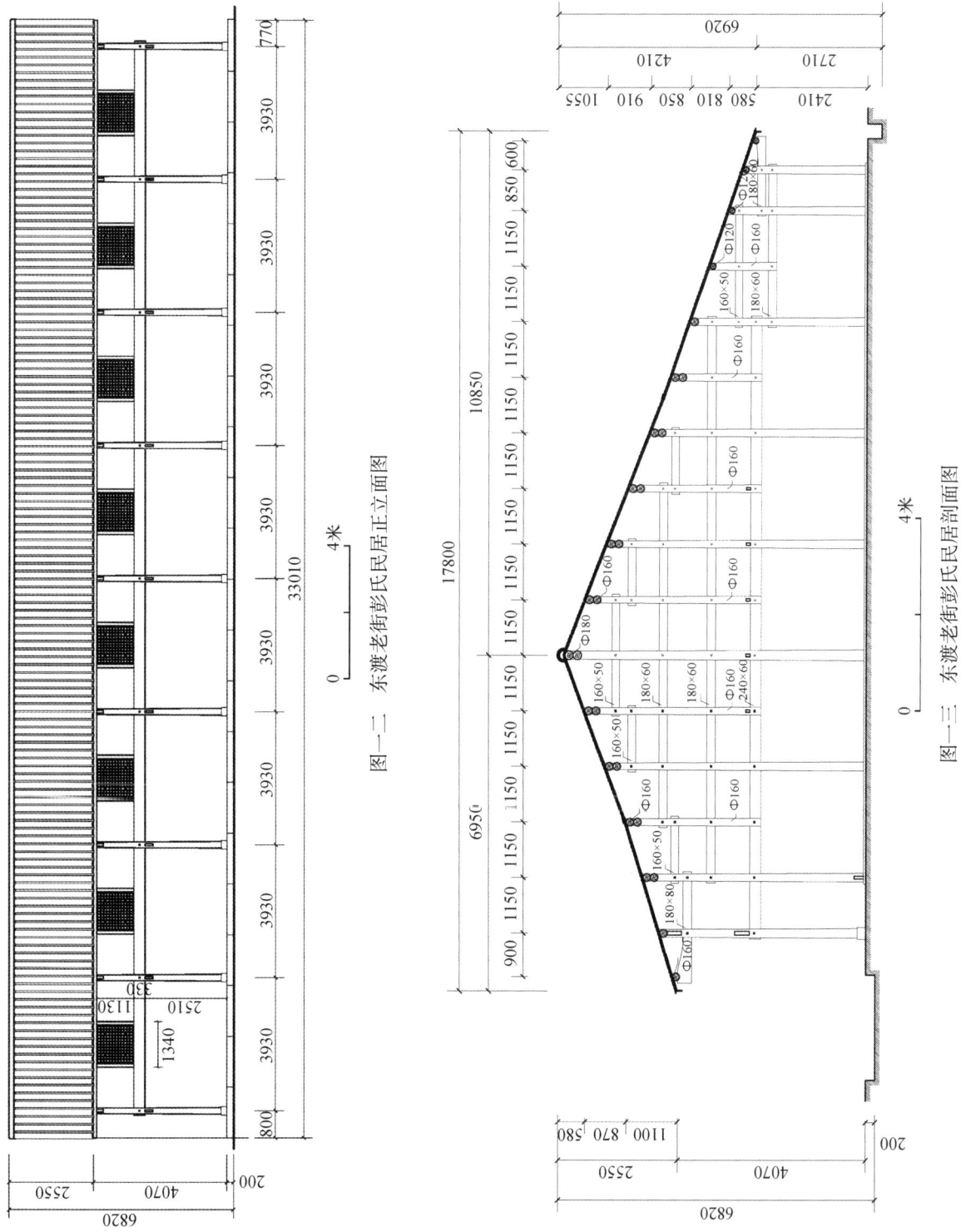

图一二 东渡老街彭氏民居正立面图

图一三 东渡老街彭氏民居剖面图

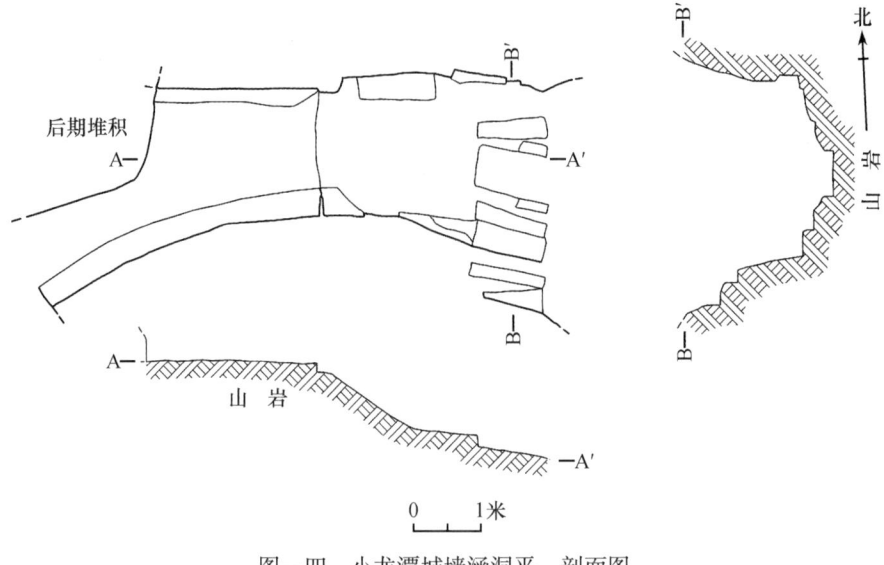

图一四 小龙潭城墙涵洞平、剖面图

（4）槽田涵洞一

位于合川区钓鱼城街道渠口村8社（原小塔村3社），北为排水沟，西北与青杠岭相邻，东北距钓鱼城北一字城墙约110米，西距槽田涵洞二8.6米。中心地理坐标：北纬30°01′01″，东经106°19′35″，海拔213米。

涵洞平面呈长条形，方向3°。单孔石涵洞，直壁，两侧与石墙相接，左侧坍塌，右侧上部凿2排方孔，每排2个，孔宽、高0.13~0.15、深0.25米；底部阶梯状，以规整条石并排顺向铺就，上部被现代双孔涵洞叠压，结构不明。宽1.9、残高3.25、进深2.33米，占地面积1.13平方米，建筑面积0.73平方米（图一五；图版八，2）。

（5）槽田涵洞二

位于合川区钓鱼城街道渠口村8社（原小塔村3社），北为排水沟，西北与青杠岭相邻，东北距钓鱼城北一字城墙约110米，东距槽田涵洞一8.6米。中心地理坐标：北纬30°01′02″，东经106°19′35″，海拔213米。

涵洞平面呈长条形，方向1°。单孔石涵洞，直壁，两侧与石墙相接，右侧坍塌，左侧上部凿2排方孔，每排2个，孔宽、高0.13~0.15、深0.25~0.38米；底部被沙石淤埋，顶部坍塌，结构不明。宽1.13、可见高1.48、进深2.45米，占地面积0.84平方米，建筑面积0.39平方米（图一六）。

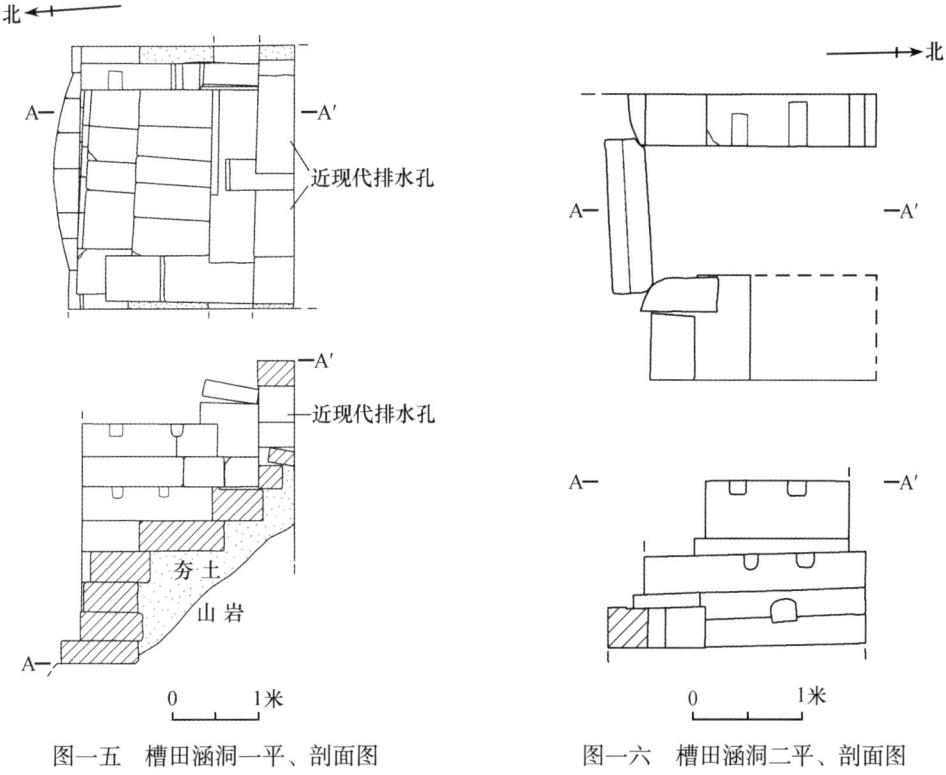

图一五 槽田涵洞一平、剖面图　　　图一六 槽田涵洞二平、剖面图

（6）鹞子崖城墙马面

位于合川区钓鱼城街道渠口村9社（原小塔村3社）的一处杂草灌木丛中，北邻嘉陵江，东为江岸小溪朱家沟，南毗小龙潭，西距青杠岭80余米。中心地理坐标：北纬30°01′06″，东经106°18′36″，海拔221米。

城墙马面平面呈长条形，剖面呈梯形，方向10°。夯土包石马面，凸出于城墙外构筑，周边以条石包边，内以黄褐色黏土夹石块层层夯筑而成。下宽上窄，由下至上层层叠涩，逐层内收，斜直壁，壁面錾凿平整。底长7.15、宽3米，顶长5.3、宽2.9米，高2.9米，占地面积5.91平方米，建筑面积3.6平方米（图一七；图版七，4）。

（7）大龙潭城墙马面

位于合川区钓鱼城街道渠口村8社（原小塔村6社）的一处竹林杂草丛中，北邻大龙潭，东、西接城墙，南距朱萍民宅约25米。中心地理坐标：北纬30°01′01″，东经106°18′41″，海拔205米。

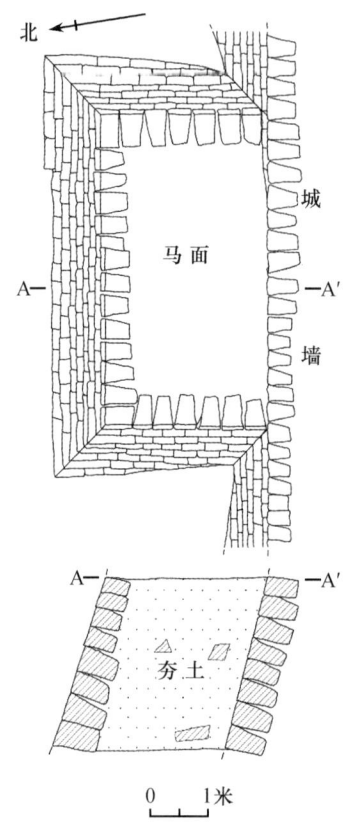

图一七 鹞子崖城墙马面平、剖面图

城墙马面平、剖面近梯形，方向350°。夯土包石马面，凸出于城墙外构筑，周边以条石包边，内以黄褐色黏土夹石块层层夯筑而成。下宽上窄，由下至上层层叠涩，逐层内收，斜直壁，壁面錾凿平整。绝大部分包边石墙被扰毁不存，仅夯土台基保存较好。东西长5.5~14.7、南北宽8、高1.6~3.15米，占地面积53.8平方米，建筑面积35.04平方米（图一八；图版八，4）。

3. 古建筑

16处，主要有亭阁、古塔、祠堂及民居、古桥梁、古井、传统民具。

（1）亭阁

八角亭 位于合川东郊嘉陵江左岸的学士山上，原名养心亭，系北宋嘉祐元年（1056年）合川人张宗范所建，理学家周敦颐书题其名为"养心亭"，并于亭内著书立说。宋元之年，亭毁于兵火。明成化三年（1467年）合川知州唐珣循旧址重建，并以亭为祠，绘周敦颐、张宗范像于壁。又于亭旁建房三间，名曰"养心堂"，以后历

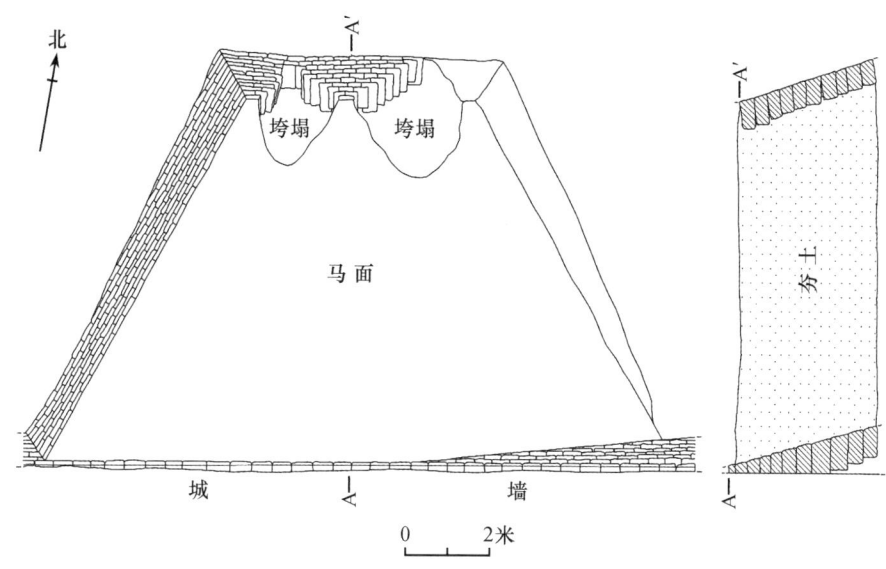

图一八 大龙潭城墙马面平、剖面图

代均有培修，现存的大架结构为清代重建。1983年11月，合川县文物保护管理所对八角亭进行了局部维修，并将清末著名的史学家张森楷先生故居遗下的《六十寿辰》木刻碑14幅安装至亭内，以供游人观览。

该亭为八角三重檐盔顶式石木结构建筑，占地面积157.3平方米，建筑面积216.1平方米。台基为八边形，用条石砌筑，高1、边长4.5米。亭身呈八边形，层层上收，上下檐角参差错落，别具一格，亭内中空，楼层之间有木梯连接。亭顶置塔制式宝瓶，重压亭身，通高17.4米。亭中存有民国七年所刻的张石亲寿屏。寿屏是由18块木板壁组成的楷书木刻碑。1980年，八角亭被县人民政府公布为合川县文物保护单位；2009年，被重庆市人民政府公布为重庆市第二批市级文物保护单位（图版一〇，1）。

（2）古塔

小白塔　位于合川区钓鱼城街道小塔村2社，在通往钓鱼城水军码头的公路边，北面为钓鱼城古战场遗址，现整个塔被竹林所包围。中心地理坐标为：北纬30°00′10.5″，东经106°17′44.5″，海拔191米。

该塔坐南朝北，占地约11.4平方米，通高7米。为四边、中空楼阁式石塔，五级素面台基，塔身逐层上收，宝瓶式塔刹。台基边长分别为3米和3.8米；第一层底部为正方形，北面设弧形门，高1.87、宽0.82米，东、西两面各开一小窗，其余各层均于北面开窗。

该塔建于明代，清、民国曾加以维修，在"文革"期间塔内观音石像被毁，现塔内供奉一尊当地村民近年重塑的菩萨造像（图版一〇，2）。

（3）祠堂及民居

5处。

1）施家祠堂　位于合川区钓鱼城街道佛耳村1社，处于佛耳崖崖脚下，西距东渡小学200米，旁邻一大水塘，北面为钓鱼城大道，西到学士大道。中心地理坐标：北纬29°59′51.6″，东经106°16′54.3″，海拔233米。

该建筑占地面积约2000平方米，坐北朝南，清代晚期修建，为一复合四合院悬山式砖石木结构建筑。东西两侧设有侧院，整个建筑依地势所建，层次分明，错落有致，因后期改动较大，原建筑的布局被彻底打破，山门、戏楼牌坊、东厢房及东侧院和西侧院已毁。现存正殿为悬山式穿斗举架，立柱硕大，穿枋宽厚，驼峰承脊，勾头、滴水饰有图案，正脊宝顶上雕饰人物及缠枝等纹饰（图版九）。

2）熊兴发老宅　位于合川区钓鱼城街道佛耳村15社，处于半岛东部、嘉陵江左岸、合阳嘉陵江大桥的北面，与嘉陵江大桥相距150米左右，西北距东渡老街约400米。中心地理坐标：北纬30°00′08.5″，东经106°16′41.0″，海拔261米。

该建筑为清末地主熊兴发所建，占地面积870平方米，建筑面积635平方米。坐南朝北，为悬山式穿斗木结构合院式建筑，院内分布有厢房、谷仓、正房等。正房为悬山式穿斗举架，面阔5间25.8、通进深9.4、通高6.95米，小青瓦屋面，檐口布设勾头、滴水（图一九~图二一；图版一〇，3、4）。

3）杨仁虎老宅　位于合川区钓鱼城街道佛耳村17社，处于半岛东北部、嘉陵江左岸的农场院子中间。中心地理坐标：北纬30°00′19.8″，东经106°16′57.6″，海拔223米。

该建筑为清末修建，坐南朝北，占地面积400平方米，建筑面积约260平方米。原为一四合院悬山式砖石木结构建筑，现仅存正房。正房为小青瓦悬山屋面，穿斗式架构，面阔3间15.4、进深6.7、通高7.2米；墙体主要为木桩板墙，一穿以上为竹笆夹壁墙，室内为三合土地面，院内青条石铺地。

4）颜家老宅　位于合川区钓鱼城街道小塔村6社，处于半岛北部，东距钓鱼城大道约1千米。中心地理坐标：北纬30°00′40.8″，东经106°17′32.1″，海拔271米。

该建筑为清代修建，坐北朝南，为一四合院悬山式石木结构建筑，穿斗与抬梁混合架构，中轴对称。现存过厅、左右厢房及正房，以及谷仓、侧房等，占地面积2000平方米，建筑面积1168平方米。建筑通面阔45.1、通进深34.3米。过厅面阔5间21.7、进深6.9、通高5.4米，抬梁与穿斗混合举架，驼峰替代瓜柱支撑；过厅东西两侧设侧天井、侧房，北面与厢房相连，厢房面阔3间6.9、进深4.2、通高4.6米；北侧正房为穿斗结构，面阔5间21.7、进深9.5、通高7.2米，小青瓦悬山屋面，灰塑脊饰，檐口设勾头、滴水，木装板墙体，简易直棂窗（图二二、图二三；图版一一，1、2；图版一二）。

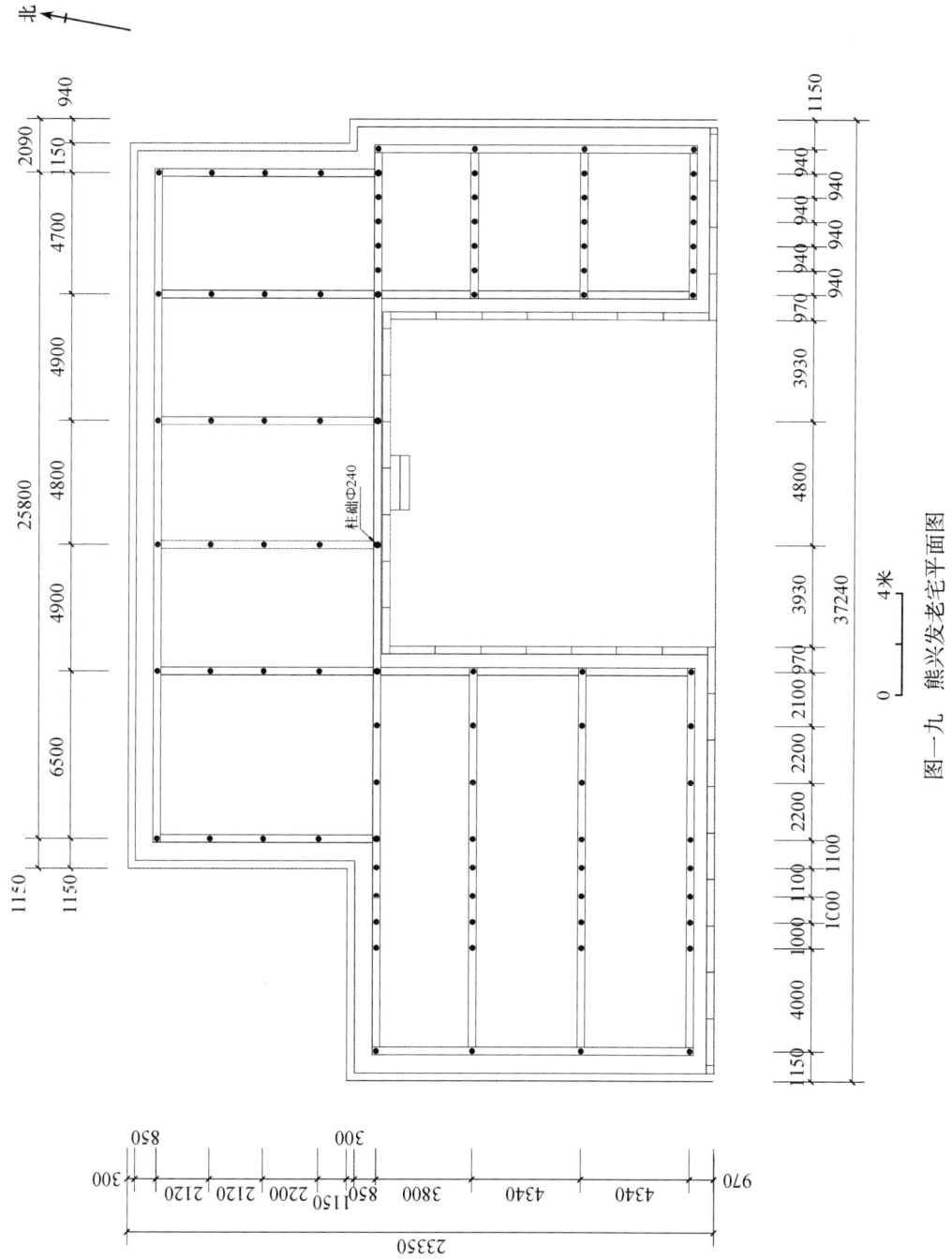

图一九 熊兴发老宅平面图

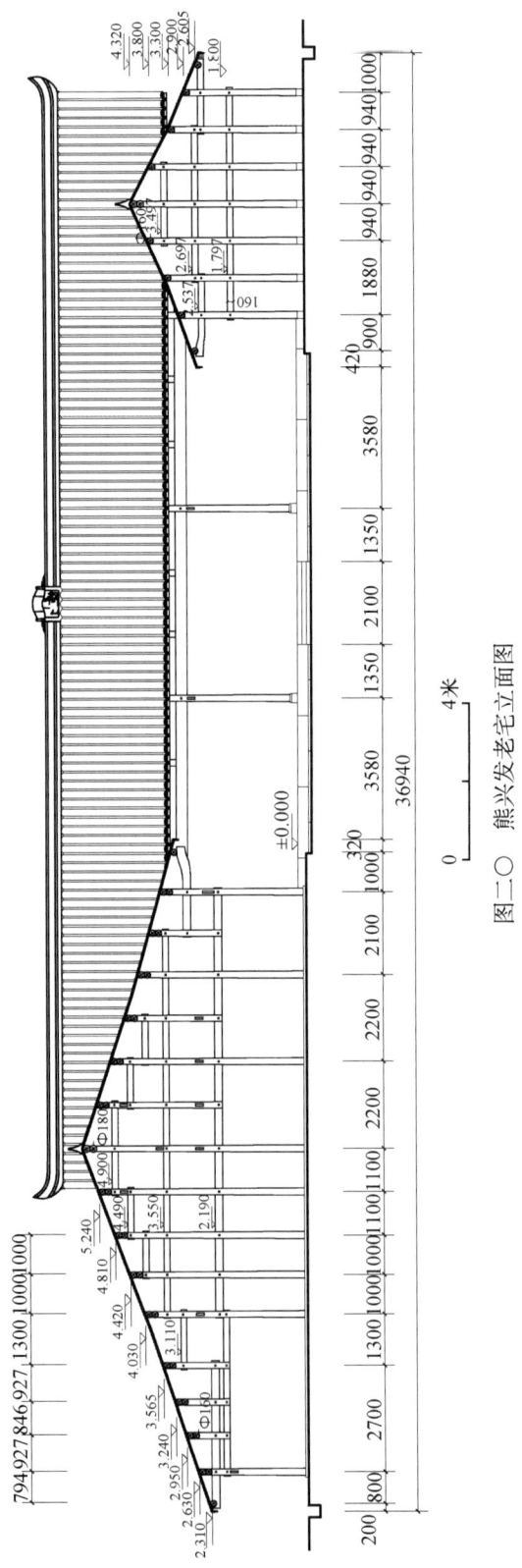

图二〇 熊兴发老宅立面图

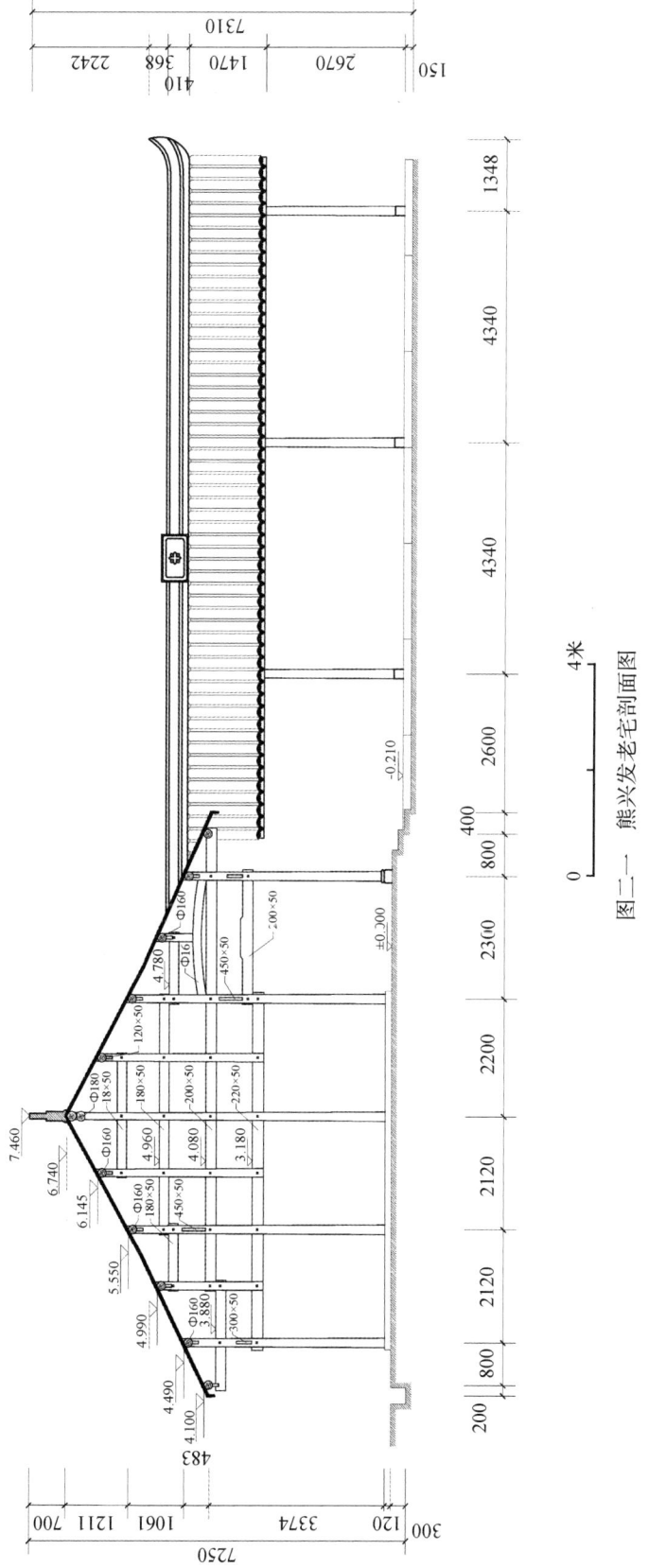

图二一 熊兴发老宅剖面图

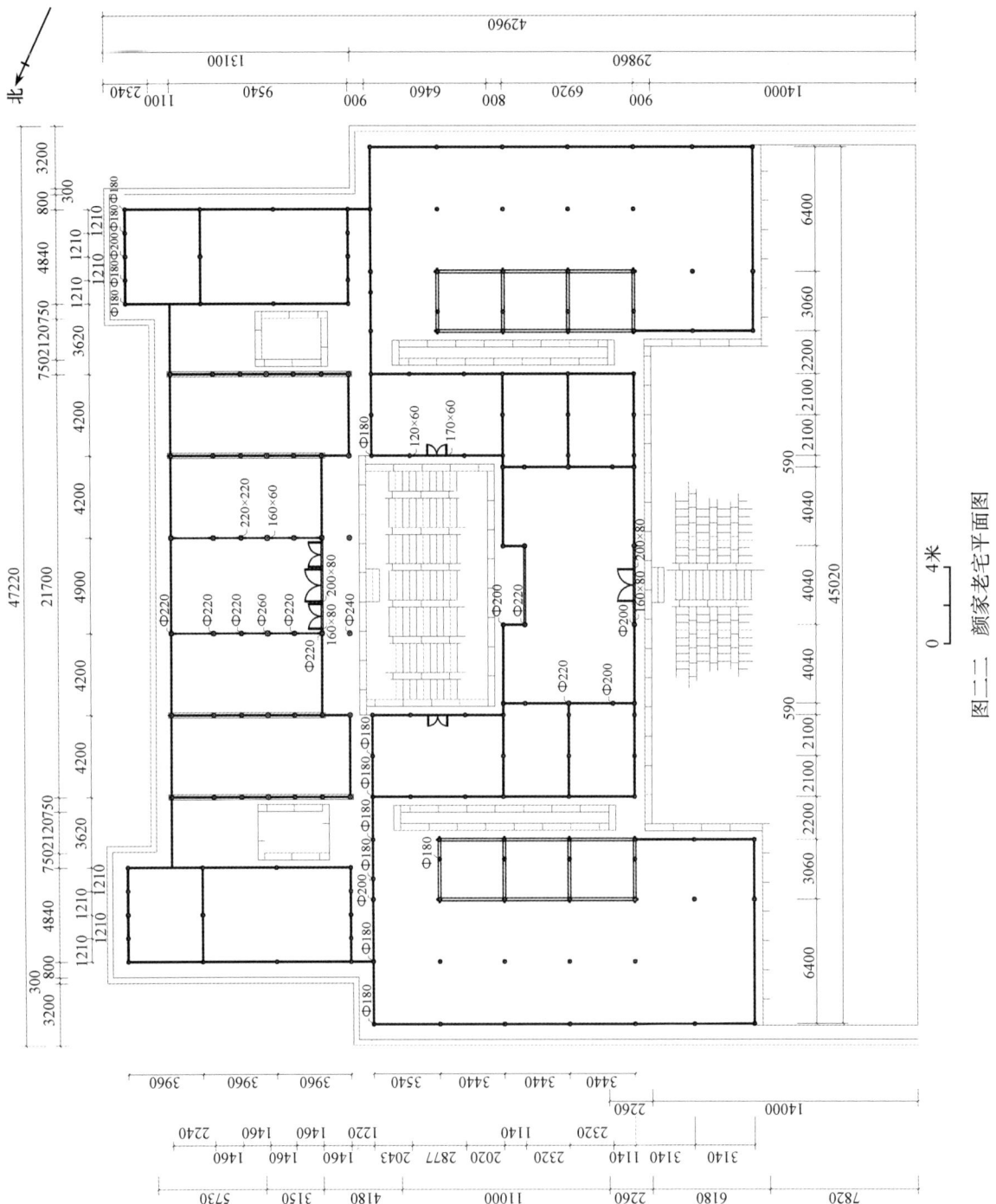

图二二 颜家老宅平面图

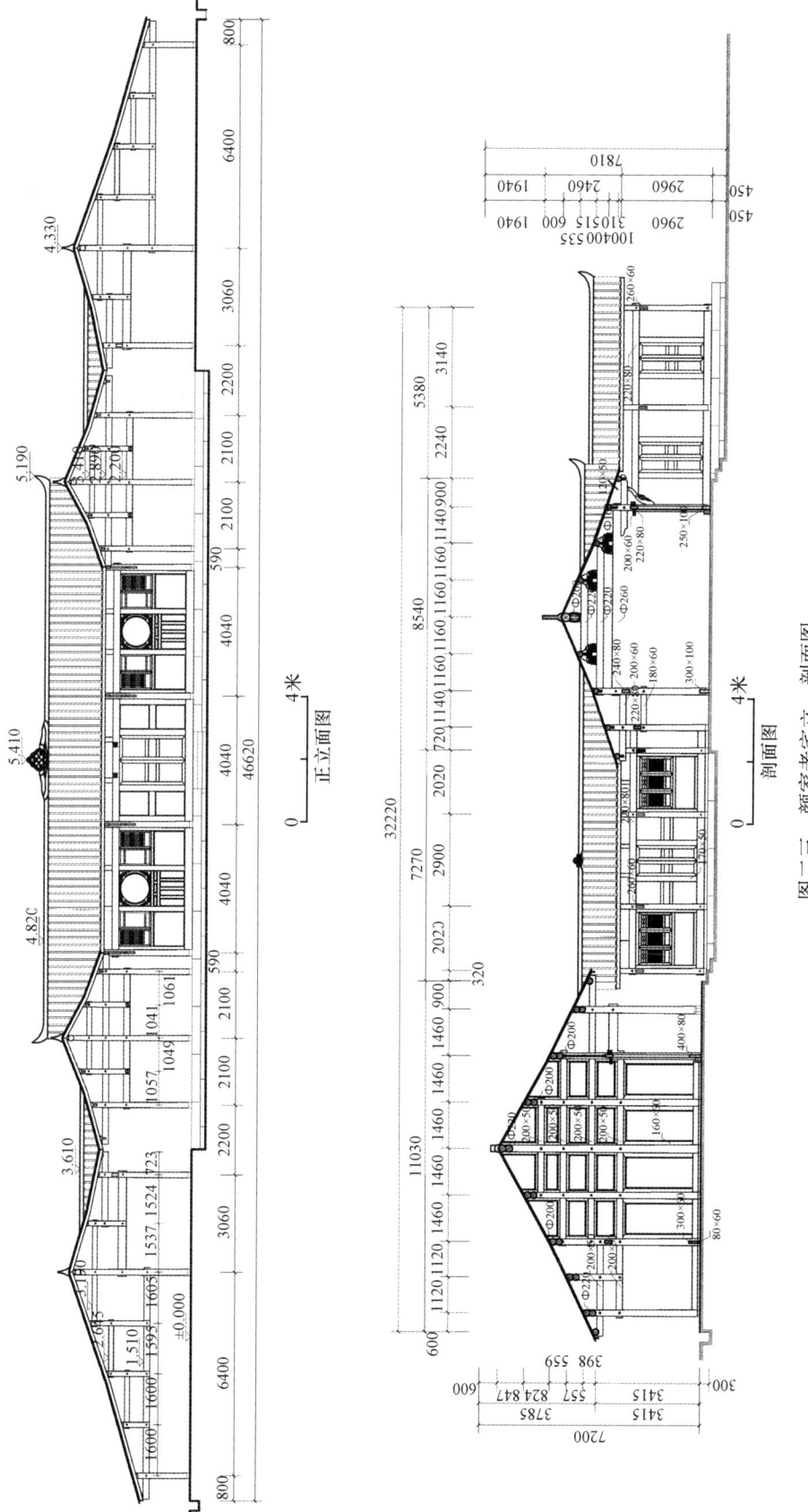

图二三 颜家老宅立、剖面图

5）秦氏老宅　位于合川区钓鱼城街道佛耳村1社、嘉陵江左岸，东距学士大道400米，北距东渡仓库400米，周边地势较为平坦。中心地理坐标：北纬29°59′45.1″，东经106°16′24.7″，海拔226米。

该建筑为清末秦氏家族修建，是一处典型的四合院式悬山石木结构建筑，占地面积约500平方米，建筑面积约460平方米。穿斗式举架，院落布局改动不大，但房屋建筑垮塌严重，现仅存部分木构架。

（4）古桥梁

小河沟石桥　位于合川区钓鱼城街道佛耳村1社与3社之间的小河上，西南距一农场院子约1千米，北距糖坊嘴约500米。中心地理坐标：北纬30°00′26.2″，东经106°17′10.2″，海拔223米。

该桥占地面积20平方米，方向260°。青条石砌筑，三礅两洞，桥面青石板平铺，为典型的清代石板桥，中部石礅设有龙头，长9.5、宽1.25、高2.3米（图版一一，3）。

（5）古井

7处。

1）蒋家沟古井　位于合川区钓鱼城街道渠口村9社（原小塔村2社），地处山坡北面与梯田交接处，周边为梯田，北、东邻石砌田间阶梯小道。中心地理坐标：北纬30°00′01″，东经106°18′16″，海拔230米。

该井为宋代修筑，占地面积1.38平方米。以青石条围砌而成，方形井台，圆形井口，井身以条石围成方形构筑，层间条石围成方形交错叠角构成八边形。井口外径0.56、内径0.43、深3.46米（图二四）。

2）李子园古井一　位于合川区钓鱼城街道渠口村9社（原小塔村2社），地处钓鱼山北面缓坡地带，周边为梯田，北距李子园古井二20余米，东邻田埂，西邻田间小道。中心地理坐标：北纬30°00′43″，东经106°18′19″，海拔242米。

该井为宋代修筑，占地面积1.5平方米。长条形井台，圆形井口，井身以条石围成方形构筑，层间条石围成方形交错叠角构成八边形。井口外径0.63、内径0.37、深2.56米（图二五）。

3）李子园古井二　位于合川区钓鱼城街道渠口村9社（原小塔村2社），地处钓鱼山北面缓坡地带，周边为梯田，南距李子园古井一20余米，西邻田间小道。中心地理坐标：北纬30°07′20″，东经106°18′18″，海拔242米。

此井为宋代修筑，占地面积1.6平方米。以青石条围砌而成，近年维修，井台、井口近方形，井身以条石围成方形构筑，层间条石围成方形交错叠角构成八边形，井壁严重挤压变形。井口外径0.8~1.02、内径0.48~0.64、深2.76米（图二六；图版

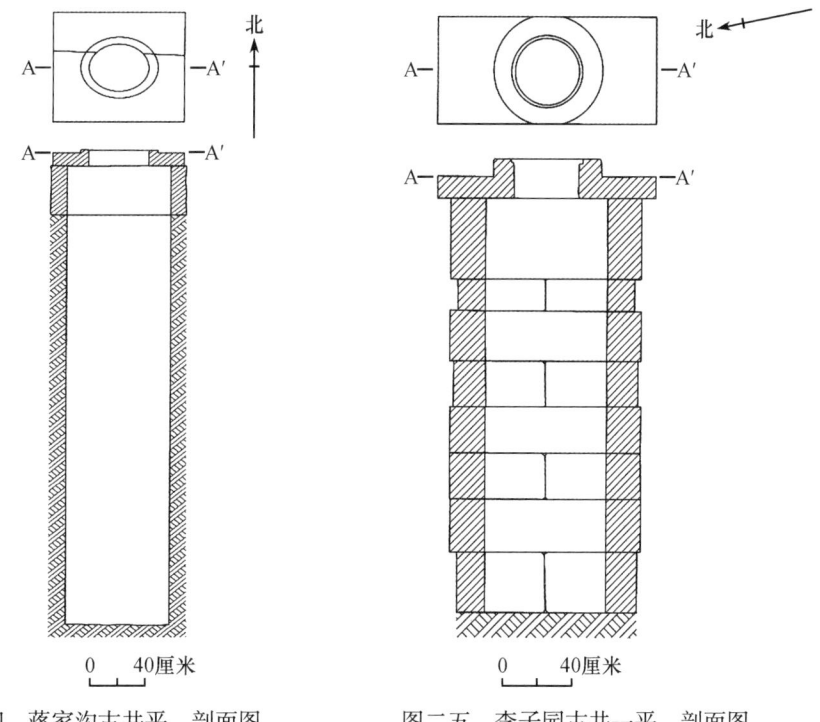

图二四　蒋家沟古井平、剖面图　　　图二五　李子园古井一平、剖面图

一三，2）。

4）白鹤庵古井　位于合川区钓鱼城街道渠口村9社（原小塔村3社），地处钓鱼山北面缓坡地带，周边为梯田，东距村民周红宅约15米，南距钓渠路20余米。中心地理坐标：北纬30°00′51″，东经106°18′26″，海拔192米。

此井为宋代修筑，占地面积2.33平方米。以条石围砌而成，近年维修，方形井台，圆形井口，井身以条石围成方形构筑，上部被现代改建呈直壁方形，下部层间条石围成方形交错叠角构成八边形。井口外径0.73、内径0.59、深2.85米（图二七）。

5）龙洞湾古井　位于合川区钓鱼城街道小塔村1社，地处钓鱼城西侧古城墙下的平缓地带，北倚缓坡，东距钓鱼城东水门约100米，南濒临小水渠，西南距村民艾万世宅约25米，为清代修筑。

该井占地面积约5平方米。井口平面呈圆形，井身呈六边形，条石构筑围成方形，层间条石围成方形交错叠角构成六边形，环状井圈。井口外径0.7、内径0.55米（图版一三，1）。

6）箩筐田古井　位于合川区钓鱼城街道佛耳村12社，处于地名为"燕窝屋基"的山湾，系小地名叫"箩筐田"的田角处，后为村机耕道，前临水田。中心地理坐标：北纬29°59′17.6″，东经106°16′46.6″，海拔232米。

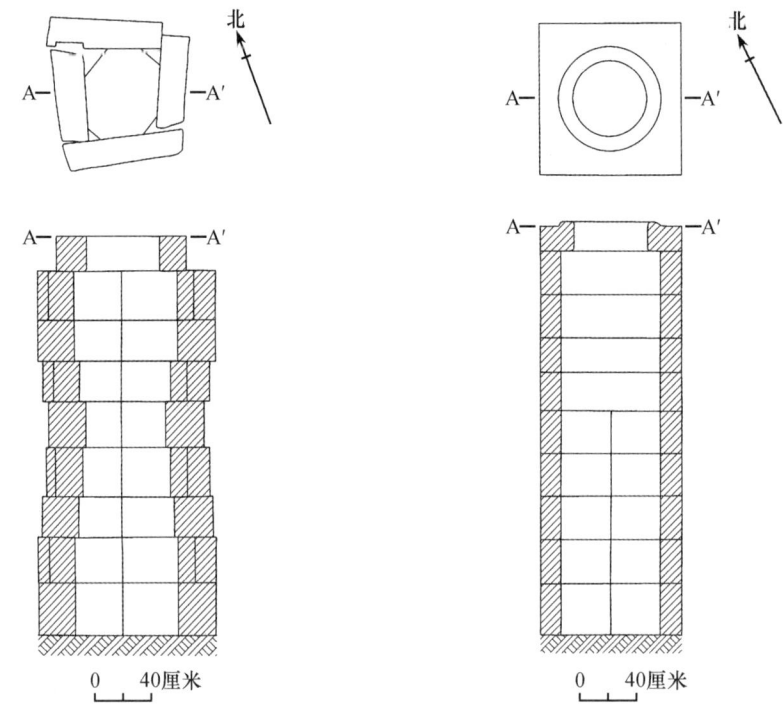

图二六　李子园古井二平、剖面图　　　图二七　白鹤庵古井平、剖面图

该井为清代修筑，占地面积4平方米。以青条石围砌而成，近年维修，井面已全无原貌（以水泥维修而成），大致为方形井台，圆形井口。井口内径0.72、外径0.94米，厚0.12米，井深约1.5米。

7）大井坎古井　位于合川钓鱼城街道佛耳村4社，处于整个半岛的南部。中心地理坐标：北纬29°59′08.5″，东经106°16′57.4″，海拔226米。

该井为清代修筑，占地面积4平方米。以青条石围砌而成，井台（盖）为方形，圆形井口，井沿略高出台面。井口内径0.64、外径0.88米，厚0.14米，井深约1.5米。

（6）传统民具

艾家大院石碾盘　位于合川区钓鱼城街道小塔村1社（原1社），处于嘉陵江左岸，北邻艾家大院，东邻艾家万民宅。

该碾盘为清代典型民具，占地面积10.9平方米。平面呈圆形，由内外两部分组成，外围用15块近扇形的石板拼铺而成，内部平铺整块圆形石板，中部凿方孔，盘面修凿平整。外径3.72、内径1.03米，方孔边长0.15米，石板厚0.1米（图版一一，4）。

4. 石窟寺及石刻

中山堡石刻　位于合川区钓鱼城街道佛耳村10社，处于半岛的南部，东西两面邻嘉陵江，北为康家院子，相距约150米。中心地理坐标：北纬29°59′07.5″，东经106°17′16.9″，海拔213米。

该处石刻为俗称土地庙内的清代石刻造像，占地面积5平方米。庙为现世修建，内置浮雕土地公婆神像，土地公左手着腰间，右手执拐杖而立，衣着官服，头戴官帽，脚穿官鞋；土地婆双手环抱而立，身着绸衣。现造像表面风化严重，面部已无从分辨。

（二）地下文物

东城半岛二次调查发现地下文物36处，分古遗址和古墓葬两类，时代商周至明清时期。

1. 古遗址

发现古遗址11处，其中商周时期4处、汉代2处、宋元遗址5处。

（1）渠口坝遗址（商周）

位于合川区钓鱼城街道渠口村4社（原1社），地处嘉陵江、渠江两江左岸交汇处的一级阶地上，南倚簸箕崖，东北与云门寨、西北与虎头寨隔江相望，地势平缓，地表种植蔬菜，中心地理坐标：东经106°19′40″，北纬30°01′55″，海拔206~220米。

文化堆积分为十层（图二八）。

第1层：耕土层。厚0.3~0.35米。灰褐色黏土，疏松，含植物根系、瓦砾、青花瓷片、缸胎陶片等。

第2层：近现代江洪淤积层。厚0~0.13米。青色粉砂土，疏松，纯净。

第3层：近现代江洪淤积层。厚0.05~0.4米。浅青色粉砂土，略泛红，疏松，

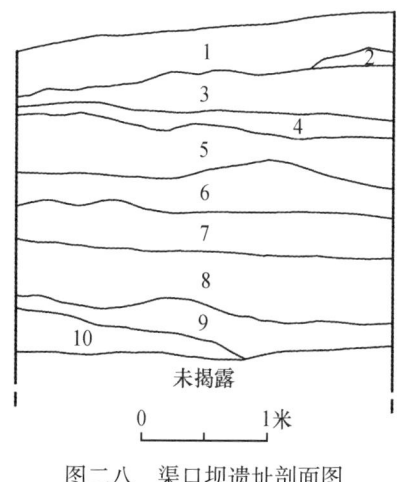

图二八　渠口坝遗址剖面图

纯净。

第4层：明清层。厚0.05~0.18米。浅红褐色黏土，略泛青，较致密，含青花瓷片、缸胎陶片、红烧土颗粒、炭屑等。

第5层：明清层。厚0.2~0.43米。浅青色粉砂土，略泛红，较疏松，含碎石颗粒、酱釉陶片、炭屑等。

第6层：唐宋层。厚0.2~0.38米。浅灰褐色黏土，较致密，含鹅卵石、炭屑、红烧土粒、酱釉陶片、泥质灰陶片等。

第7层：商周层。厚0.25~0.35米。浅红褐色黏土，较致密，含红烧土粒、夹砂红陶片、石片等。

第8层：商周层。厚0.35~0.5米。浅青色黏土，略泛红，较致密，含炭屑、红烧土粒、夹砂红陶片、泥质灰陶片等。

第9层：商周层。厚0.1~0.6米。青色粉砂土，疏松，含夹砂红陶片。

第10层：商周层。厚0~0.3米。浅红褐色黏土，较致密，含炭屑、碎石颗粒、夹砂红陶片等。

遗址由渠口坝上坝和下坝组成，分布面积约60000平方米，经勘探，发现遗址堆积主要分布于渠口坝上坝临江区域，遗存丰富，包括商周、唐宋、明清各个时期文化遗存，保存状况较好（图版一八，1）。

（2）黄泥嘴遗址（商周）

位于合川区钓鱼城街道佛耳村8社（原14社）、嘉陵江左岸的一级阶地上，北端面邻嘉陵江（江水由东向西从遗址北边流过），对岸为合川县城，东接自然冲沟，南邻农场院子，西接合川嘉陵江大桥。中心地理坐标：东经106°16′49.6″，北纬30°00′27.6″（图版一三，3）。

遗址文化堆积较厚，由上至下，依次可分六层，以T2探沟为例（图二九）。

第1层：耕土层。厚20~30厘米。灰褐色粉砂土，疏松，含植物根茎。

第2层：明清文化层。厚36~39厘米。浅黄灰色黏土，较紧密，含大量炉渣、灰

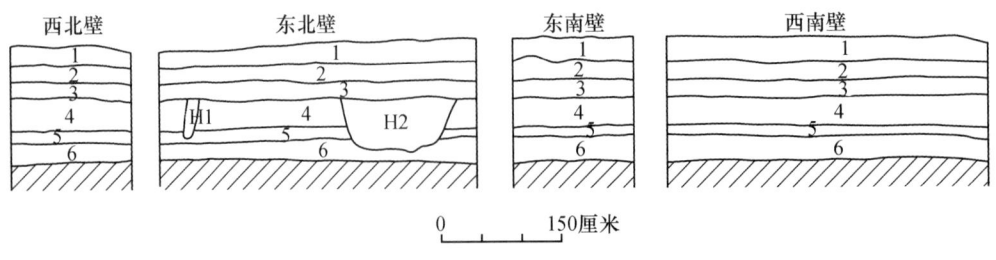

图二九　黄泥嘴遗址T2四壁剖面图

烬、石子和较多的青花瓷片。

第3层：宋代文化层。厚26~35厘米。深灰褐色黏土，紧密，含较多烧土颗粒和青、黑釉瓷片。

第4层：商周文化层。厚38~40厘米。浅灰褐色黏土，紧密，含较多泥质磨光陶和烧土、灰烬。

第5层：商周文化层。厚50~63厘米。深灰褐色黏土，致密，含较多灰烬、烧土颗粒和零星陶片。

第6层：商周文化层。厚58~65厘米。浅灰褐色黏土，较致密，含少量灰烬、烧土颗粒和零星陶片。

遗址保存状况较好，分布面积约15000平方米（东西长约300、南北宽约50米）（图版一八，2）。

（3）河坝院子遗址（商周）

位于合川区钓鱼城街道佛耳村11社，俗称河坝院子，地处嘉陵江左岸（东城半岛东岸）的一级阶地上，遗址地势平坦，地表为农田，散落有民居。中心地理坐标：东经106°17′28.7″，北纬29°59′05.6″（图版一三，4）。

文化堆积分为四层（图三〇）。

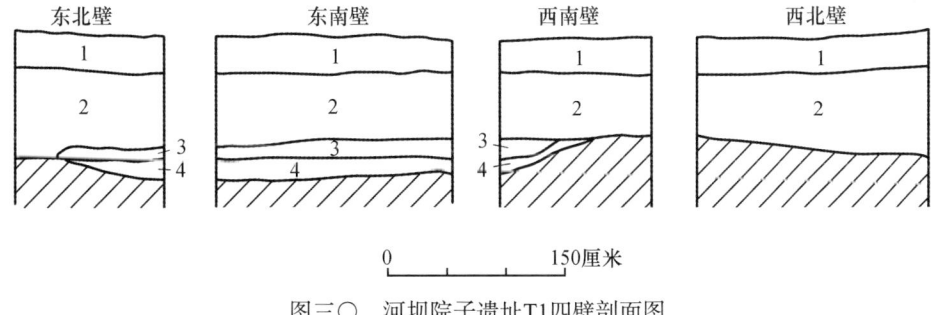

图三〇　河坝院子遗址T1四壁剖面图

第1层：现代耕土层。厚2厘米。灰褐色粉砂土，疏松，含植物根茎。

第2层：明清层。厚24厘米。灰色粉砂土（砂性重），疏松，含较多的青花瓷片。

第3层：商周层。厚45厘米。黄褐色黏土，夹杂卵石、砂石块，含泥质红陶片、磨光褐陶片及红烧土块。

第4层：商周层。厚40厘米。黄褐色粉砂土，含细绳纹陶片和红烧土颗粒。

遗址保存状况一般，分布面积约2500平方米。

（4）小南沱遗址（商周）

位于合川区钓鱼城街道佛耳村9社，地处嘉陵江左岸一级地台上，东邻嘉陵江，西隔一公路（通往盐化工厂）与杨家湾墓群相邻，左为冲沟，右隔一冲沟与河坝院子遗址相望，地面种植蔬菜、农作物等。中心地理坐标：东经106°17′23.3″，北纬29°59′33.3″（图版一四，1）。

文化堆积可分为四层。

第1层：耕土层。厚20~25厘米。灰褐色粉砂土，疏松。

第2层：洪水淤积层。厚80~100厘米。黄色砂，纯净。

第3层：明清文化层。厚40~60厘米。灰黑色粉砂土，土质较软，含大量炭屑、煤渣和少量青花瓷片。

第4层：商周文化层。浅黄色粉砂土，含较多的夹砂褐陶片、炭屑等。

遗址保存状况一般，分布面积约2500平方米。

（5）围子湾遗址（汉）

位于合川区钓鱼城街道佛耳村10社，位于嘉陵江左岸，东邻嘉陵江，西部有一条通往盐化工厂的公路，台地左、右两侧各有冲沟。遗址较为平坦，地表种植蔬菜、玉米、果树等。中心地理坐标：东经106°17′27.6″，北纬29°59′55.8″（图版一四，2）。

遗址文化堆积较丰富，由上至下可分五层堆积（图三一）。

第1层：耕土层。厚36~40厘米。灰褐色粉砂土，包含大量植物根茎。

第2层：明清文化层。厚40厘米。黄褐色粉砂土，较紧密，包含炭屑、煤渣和青花瓷片。

第3层：宋代文化层。厚30~32厘米。浅灰褐色粉砂土，包含青、白瓷片和灰陶片。

第4层：洪水淤积层。厚15厘米。浅灰色砂土，纯净。

第5层：汉代文化层。厚38~42厘米。浅红褐色粉砂土（略带黏性），包含较多的灰陶片，可辨器形有罐、盆、钵等。

遗址保存状况较好，分布面积约4000平方米，时代为汉代（图版一八，3）。

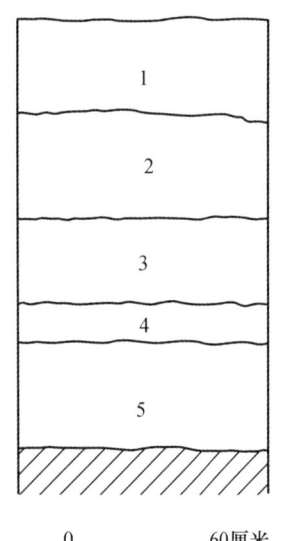

图三一 围子湾遗址剖面图

（6）甘泉食府遗址（汉）

位于合川区钓鱼城街道佛耳村10社，地处嘉陵江左岸的一级台地面，东面临江，西靠通往盐化工厂的公路，左侧为冲沟，右邻甘家坝遗址。遗址地势平坦，地表为草坪、苗圃和"甘泉食府"房子。中心地理坐标：东经106°17′22.8″，北纬29°59′23.1″

（图版一四，3）。

文化堆积分四层。

第1层：耕土层。厚20～30厘米。灰褐色粉砂土，土质疏松。

第2层：明清文化层。厚25～35厘米。褐色粉砂土，较疏松，含青花瓷片。

第3层：宋代文化层。厚20～30厘米。黄褐色粉砂土，含青、白瓷片和灰陶瓦片。

第4层：汉代文化层。厚25～30厘米。灰褐色粉砂土，紧密，含较多的灰陶片和炭屑。

该遗址与甘家坝遗址、邱家嘴遗址处于同一台地上。保存状况较好，分布面积约5000平方米。时代为汉代（图版一八，4）。

（7）槽田遗址（宋元）

位于合川区钓鱼城街道渠口村8社（原小塔村3社），地处东城半岛东北部，钓鱼城北一字城墙内侧，东距城墙100余米，地势较为平缓，多为梯田，种植水稻、蔬菜、红薯等作物，中心地理坐标：东经106°18′5″，北纬30°01′01″，海拔212～216米。

该遗址系全国重点文物保护单位——钓鱼城古战场遗址的一部分，暴露有石墙、涵洞、排水沟等宋元时期建筑遗存，经勘探，发现堆积主要分布于遗址北部地势低洼地带，分布面积约7000平方米，保存状况较好。

（8）甘家坝遗址（宋）

位于合川区钓鱼城街道佛耳村10社，地处嘉陵江左岸一级阶地上，东邻嘉陵江，西靠一条通往盐化工厂的公路，左邻甘泉食府遗址，右邻丘家嘴遗址。地势平坦，地表种植蔬菜、苗圃。中心地理坐标：东经106°17′22.4″，北纬29°59′20.5″（图版一四，4）。

文化层分五层（图三二）。

第1层：耕土层。厚60厘米。灰褐色粉砂土。

第2层：洪水淤积层。厚12厘米。浅灰色粉砂土，含水锈。

第3层：厚15厘米。灰黄褐色粉砂土，土质较紧密，含炭屑。

第4层：宋代文化层。厚40厘米。黄褐色粉砂土，含黑釉瓷片。

第5层：宋代文化层。厚15厘米。浅红褐色黏土，含炭屑、烧土及黑釉瓷、酱釉瓷片。

该遗址分布面积约1500平方米，保存状况一般。时

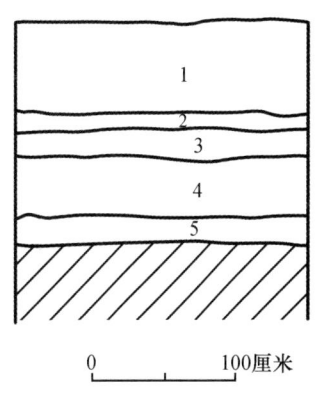

图三二 甘家坝遗址剖面图

代为宋代（图版一五，2；图版一八，5）。

（9）邱家嘴遗址（宋）

位于合川区钓鱼城街道佛耳村10社、嘉陵江左岸，小地名"邱家嘴"邻江凸出部分，东与河坝院子遗址隔沟相望，西靠通往盐化工厂的公路，该遗址与甘家坝遗址、甘泉食府遗址位于同一台地，可归为一个遗址。中心地理坐标：东经106°17′24.0″，北纬29°59′13.6″。遗址分布面积约1500平方米，保存状况一般。时代为宋代（图版一五，1）。

文化堆积五层（图三三）。

第1层：耕土层。厚约45厘米。灰褐色粉砂土，疏松，含植物根茎。

第2层：厚约30厘米。灰色粉砂土，较疏松，含炭屑。

第3层：宋代文化层。厚约16厘米。黄褐色粉砂土，较紧密，含黑釉瓷片。

第4层：宋代文化层。厚约20厘米。灰褐色粉砂土，含炭屑、黑釉瓷片（图版一八，6）。

第5层：宋代文化层。厚约20厘米。深灰色粉砂土，含较少炭屑、黑釉瓷片。

（10）小白塔遗址（宋元）

位于合川区钓鱼城街道小塔村2社、嘉陵江左岸的台地上，后靠通往钓鱼城水军码头的公路。地表种植蔬菜、玉米等农作物。中心地理坐标：东经106°17′43.2″，北纬30°00′08.7″（图版一五，3）。

文化堆积三层（图三四）。

第1层：耕土层。厚约35厘米。灰褐色粉砂土。

第2层：厚10~15厘米。青灰色粉砂土，包含大量炭屑。

第3层：宋元文化层。厚30~35厘米。浅红褐色粉砂土，含硬陶片、酱釉瓷片。

遗址分布面积约1500平方米，保存状况一般。时代为宋元时期（图版一八，7）。

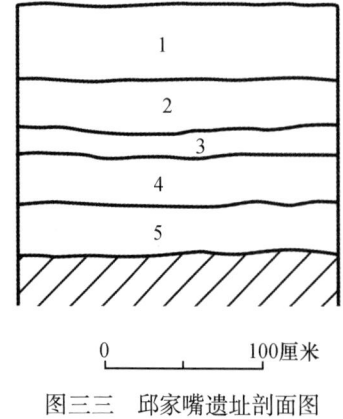

图三三　邱家嘴遗址剖面图

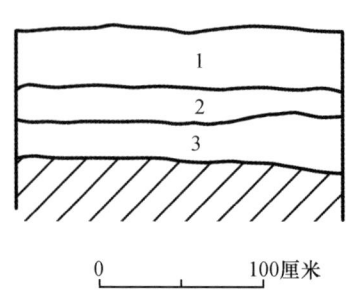

图三四　小白塔遗址剖面图

（11）天泉洞洞穴遗址（宋）

位于合川区钓鱼城街道小塔村1社、钓鱼城东北门西侧的崖脚下，俗称"飞檐洞"，前面为一长满竹子的缓坡，右侧距东北门约20米。

洞口向里逐渐宽敞，后壁近弧形，洞内有较多青瓷、影青瓷、黑釉瓷残片及瓦砾，可辨器形有碗、盏、板瓦。纹饰主要有刻花、印花、绳纹。洞内遗物分布面积约600平方米。洞口已坍塌，崖壁有较宽断缝，洞内保存状况较好。时代为宋代（图版一六，1、2）。

2. 古墓葬

25处，其中汉至六朝时期10处、宋代4处、明代8处、清代3处。

（1）瓦厂墓群（汉至六朝）

位于合川区钓鱼城街道渠口村6社（原小塔村9社），背倚观山顶山梁，面朝嘉陵江，西邻20世纪农业学大寨时期的高架抽水管道。地表种植蔬菜、红薯等作物。中心地理坐标：东经106°18′57″，北纬30°01′15″，海拔229～238米。

地表散落较多汉砖，经勘探，发现墓葬主要为砖室墓，分布于台地北部，分布面积约1200平方米，保存状况一般。

（2）沙嘴墓群（汉至六朝）

位于合川区钓鱼城街道渠口村6社（原小塔村9社），背倚观山顶山梁，面朝嘉陵江，西邻瓦厂墓群，东距杨家湾墓群200余米。地表种植蔬菜、红薯、柚子等作物。中心地理坐标：东经106°19′01″，北纬30°01′16″，海拔219～243米。

经勘探，发现墓葬主要为砖室墓，分布于台地中部，面积约5000平方米，保存状况较好。

（3）杨家湾墓群（汉至六朝）

位于合川区钓鱼城街道渠口村6社（原5社），背倚簸箕崖，面朝嘉陵江，西邻沙嘴墓群，东为周家院子。墓地现为梯田，地表种植水稻、莲藕、蔬菜等作物。中心地理坐标：东经106°19′14″，北纬30°01′24″，海拔214～240米。

暴露墓葬1座，坐东南朝西北，方向293°，土坑竖穴砖室墓，暴露长1.5、宽1.9、深0.27米，墓砖饰菱形几何纹，长0.4、宽0.2、厚0.09米。经勘探，发现主要为砖室墓，分布于墓地北部邻江区域，分布面积约7000平方米，保存状况较好。

（4）董家院子墓群（汉至六朝）

位于合川区钓鱼城街道渠口村5社，背倚簸箕崖，面朝嘉陵江，西与周家院子隔沟相望，东邻董家院子。现为梯田，地表种植水稻、蔬菜、红薯等作物。中心地理坐标：东经106°19′31″，北纬30°01′37″，海拔230～239米。

经勘探，发现主要为砖室墓，分布于墓地北部，分布面积约6000平方米，保存状况较好。

（5）飞蛾坪墓群（汉至六朝）

位于合川区钓鱼城街道小塔村5社、嘉陵江左岸的台地上，北距嘉陵江约50米，西邻小塔村5社44号（郑远义）房屋。墓地分布面积约20000平方米，保存状况较好。

从暴露的墓葬看，墓葬坐南朝北，砖室墓、券顶、几何纹砖，其形制为典型的东汉至六朝时期墓葬（图版一五，4）。

（6）王家岭岗墓地（汉至六朝）

位于合川区钓鱼城街道小塔村5社、嘉陵江左岸的台地上，北距嘉陵江岸50米。墓地分布面积约10000平方米，保存状况较好。

从已暴露的墓葬看，砖室墓、券顶、几何纹砖，形制为典型的东汉至六朝时期墓葬。

（7）黄家溪沟崖墓群（汉至六朝）

位于合川区钓鱼城街道小塔村4社、嘉陵江左岸的悬崖上，东邻嘉陵江，西南约20米为民居，南北两侧与冲沟相接。

在南北长500、宽2.5米，面积约2000平方米的崖壁上，已暴露崖墓4座（俗称"蛮子洞"），墓群坐西朝东，墓向280°。崖墓均为双重门楣、弧形顶。据当地村民介绍，在开采石头时，曾劈开了一座墓，在墓室内发现有俑、罐、碗等器物。从墓葬形制看，为东汉至六朝时期的墓葬（图版一六，3）。

（8）芝麻树土崖墓（汉至六朝）

位于合川区钓鱼城街道佛耳村12社、一小地名"芝麻树土"的山包上，俗称"老坟山"。墓前为村机耕道，山下是嘉陵江与碚江交汇段。中心地理坐标：东经106°16′49.9″，北纬29°59′14.6″。

目前发现墓葬1座，在岩壁上开凿而成，单室，墓门已开，从墓葬形制看，为东汉至六朝时期的墓葬。

（9）大溪沟崖墓（汉至六朝）

位于合川区钓鱼城街道佛耳村3社、嘉陵江左岸与大溪沟交汇处左侧的断崖上，俗称"蛮子洞"，四周杂草丛生。

墓葬保存状况较差，墓室前部被取石时扰毁，仅存后半部，顶部略呈弧形。墓室残长260、宽277、高145厘米。时代为东汉至六朝时期（图版一六，4）。

（10）东渡仓库墓群（汉至六朝）

位于合川区钓鱼城街道佛耳村1社、嘉陵江左岸。北距合阳嘉陵江大桥约500米，南距秦家花园约600米，东距学士大道约500米，现被东渡仓库所覆盖。中心地理坐标：东经106°16′24.7″，北纬29°59′45.1″（图版一七，1）。

在秦氏老宅处发现大量的汉至六朝时期墓砖，这些墓砖是在建东渡仓库时发现的，现被村民用来砌墙、盖猪圈、鸡舍等。据村民讲当时搞农田建设时，曾在该区域多处地点挖到汉砖并就地掩埋。

从地形、地貌观察，该区域应为汉代至六朝时期墓葬分布区，由于未开展进一步的勘探工作，分布面积不详。

（11）古坟丘墓地（宋）

位于合川区钓鱼城街道渠口村9社（原小塔村2社），地处山谷南面舌形台地西北部，周边为稻田。中心地理坐标：东经106°18′12″，北纬30°00′41″，海拔242米。

暴露墓葬1座，坐东南朝西北，方向328°，土坑竖穴石室墓，暴露部分长0.66、宽0.34、深0.3米，保存状况一般。

（12）太阳湾转山土墓群（宋）

位于合川区钓鱼城街道渠口村9社（原小塔村2社），地处钓鱼山北面缓坡地带。现为农田，种植蔬菜、红薯等作物，南面为苗圃。中心地理坐标：东经106°18′20″，北纬30°00′45″，海拔244～247米。

墓地坐东南朝西北，分布面积约600平方米，部分墓葬石料在20世纪六七十年代被当地村民柳富明建造房屋拆毁，保存状况一般。

（13）太阳湾坟山坪墓群（宋）

位于合川区钓鱼城街道渠口村9社（原小塔村2社），地处钓鱼山北面缓坡地带。现为农田，种植蔬菜、红薯等作物，南面为苗圃。中心地理坐标：东经106°18′23″，北纬30°00′39″，海拔242～245米。

暴露墓葬1座，坐南朝北，方向350°，土坑竖穴石室墓，暴露部分长0.3、宽0.68、深0.79米。部分墓葬石料在20世纪90年代被当地村民何开银拆毁用以修建鱼塘，保存状况一般。

（14）李家堡墓群（宋）

位于合川区钓鱼城街道佛耳村3社、钓鱼城大道的南侧田坎上，南距东渡小学300米，西南距钓鱼城大道转盘约150米，中心地理坐标：北纬30°00′01.4″，东经106°16′50.5″。

地坎上已露头的墓葬2座，均为石室墓，同坟异穴，墓室进深210、宽90、高116厘米，所用石料厚20、宽76厘米。经调查，在面积约2500平方米区域还有墓葬分布。

（15）艾家大湾墓群（明）

位于合川区钓鱼城街道小塔村1社（原8社）、钓鱼城山脚的陡坡地带，北邻陈友国、东邻陈友江、南邻罗万志、西邻艾树山的农舍。地表生长竹子、芭蕉等作物。

暴露墓葬3座，墓向270°，均为土坑竖穴石室墓，墓室用修凿规整的石板建造而成。该区域约5000平方米范围内，多处发现明代墓砖，据村民介绍，这些墓砖是修筑房屋挖基槽时发现的，从石室墓形制及散落的墓砖看，该处为明代墓群（图版一七，2）。

（16）艾家小湾墓群（明）

位于合川区钓鱼城街道小塔村1社（原8社）、钓鱼城山脚陡坡地带。北邻艾家小湾院子，南倚钓鱼城古城墙。地表为茂密的竹林。

暴露的20座墓葬呈东西向一字排列，墓向340°，均为土坑竖穴石室墓。墓室用修凿规整的石板建造而成。分布面积约5000平方米（图版一七，2）。

（17）糖坊嘴墓群（明）

位于合川区钓鱼城街道小塔村3社（原7社），北临嘉陵江，东部有一村级公路穿过，西、南为民居。地表为旱地、稻田、竹林。

墓葬坐南朝北，为土坑竖穴石室墓，用修凿规整的条石建造而成，由于墓葬多埋藏于封土堆下，墓室规格不详。分布面积约3000平方米（图版一七，3）。

（18）莲鱼渠墓群（明）

位于合川区钓鱼城街道佛耳村3社，后靠东渡小学，前临学士大道，紧邻莲鱼渠，周围地势较为平坦。中心地理坐标：北纬30°00′52.5″，东经106°16′58.4″。

该区域沿"莲鱼渠"一线已露头墓葬多座，均为土坑竖穴石室墓。墓室宽、高约1米，长度不详，所用石料厚0.25米。分布面积约2000平方米。

（19）生基嘴墓群（明）

位于合川区钓鱼城街道佛耳村10社的一处小丘上，东临通往盐化工厂的公路，西靠水田，左后侧为民居，左前侧为钓鱼城文体中心。中心地理坐标：北纬29°59′14.8″，东经106°17′17.1″。

墓葬多为土坑竖穴石室墓，另有部分砖室墓。分布面积约2000平方米。

（20）杨家湾墓群（明）

位于合川区钓鱼城街道佛耳村9社的一缓坡上，东临通往盐化工厂的公路，后靠缓坡，前面为小南沱遗址，周围为民居，地表生长竹林、杂草等。中心地理坐标：北纬29°59′32.0″，东经106°17′16.5″。

已露头多座土坑竖穴石室墓，分布面积约1500平方米。

（21）李家院子墓群（明）

位于合川区钓鱼城街道佛耳村10社的一处圆形山包上，东临通往盐化工厂的公路。地势较为平坦，密布大量民居。中心地理坐标：北纬29°59′22.6″，东经106°17′16.3″。

露头有土坑竖穴石室墓、砖室墓。分布面积500平方米。

（22）黄岩坪墓地（明）

位于合川区钓鱼城街道佛耳村10社的一处山包上，东临通往盐化工厂的公路。地势较为平坦，密布大量民居。

暴露少量砖室墓，墓砖为青灰色小砖，白灰勾缝，为重庆地区较为典型的明代墓葬。另在该区域发现散落的类似小砖，分布面积约400平方米，保存状况较差。

（23）半边街墓群（清）

位于合川区钓鱼城街道小塔村10社，地处"半边街"到钓鱼城之间的大道旁，依山面江（距嘉陵江约500米），西邻半边街，东邻钓鱼城水军码头。地理坐标：东经106°18′05.4″，北纬30°00′11.7″。

调查发现两座墓葬暴露于路边，呈东西向并排。墓葬为石室、两室合葬，东、西各有吉语对联，封门有碑文。墓宽3米，暴露地面高约60厘米。墓地面积约1000平方米。

（24）邓家坟墓地（清）

位于合川区钓鱼城街道小塔村1社（原8社）的一处小丘上，前为村民艾万顺农舍，左右两侧及后面为旱地，西北部分与艾家小湾墓地相距约100米。墓地杂草丛生，种植玉米、红薯等作物。

墓葬1座，为石围土冢墓，方向360°，分布面积约200平方米。年代为清代（图版一七，4）。

（25）艾家小湾墓地（清）

位于合川区钓鱼城街道小塔村1社（原8社），墓地周边为农舍，东、北分别与艾万顺、艾万胜农舍相邻，南邻唐明农舍，西邻艾万全、文朝荣农舍。墓地生长茂盛的竹子。

墓葬为石围土冢墓，方向310°。墓葬被严重扰乱，墓门及封土前部不存，分布面积约250平方米。

三、结　　语

合川地处川中丘陵和川东平行岭谷的交接地带，嘉陵江、渠江、涪江汇流境内，三江及支流两岸多为发育良好的黄土阶地，宜人的气候、发达的水系以及便利的水陆交通，非常适于人类生栖，自古以来素称"川东大邑"。嘉陵江流域对于研究四川盆地古代文化的对外交流具有十分重要的作用。渠江和涪江是四川盆地内的两条重要河流，分别横穿川东北和川西北，使嘉陵江流域覆盖了整个四川盆地北部，对于四川盆地区域文化的研究具有典型意义。

合川东城半岛被嘉陵江所环抱，著名的抗元（蒙）山城——钓鱼城就坐落在半岛上，该区域一面依山，三面环水，半岛沿江地带多分布发育较好的土质台地，自然条件十分优越，适于人类生存。

商周时期。台地外侧临江区域发现的渠口坝、黄泥嘴、小南沱等一批商周遗址，文化面貌总体上与此前发掘的合川沙溪庙"沙梁子遗址"文化面貌相近，主体属于成都十二桥文化范畴。嘉陵江流域若干年来的考古发现（如20世纪50年代在嘉陵江上游昭化宝轮院发掘的大规模船棺墓葬，以及近年来在渠江支流后河所发现的大型贵族墓葬），使我们确信嘉陵江流域是研究古代濮人、巴人、板楯蛮等民族历史的关键地区。本次商周遗址的发现对研究巴人文化的兴起、发展和消亡的历史进程提供了重要材料，在这个区域的考古活动，必将对巴人西迁、巴人灭国及板楯蛮与巴人关系等问题的探讨具有重要作用，同时，也必将对湮没无闻的古代濮人物质文化的研究产生推动作用，这对研究巴蜀关系、巴蜀与境内少数民族的关系具有深远意义。

汉代。该区域发现的遗存较为丰富。台地内侧发现围子湾、甘泉食府等汉代遗址，台地靠后缓坡上分布飞蛾坪墓群、王家岭岗墓地等一批汉—六朝时期的墓群，说明该时期就有人类长期定居于此并形成了一定规模，表明这一时期合川地区的人口增多，社会经济得到较大发展，可能已经形成了村落，甚至不排除有城址的出现，这对研究嘉陵江流域汉代的历史提供了珍贵的实物资料。

宋元时期。整个东城半岛得到了较大的开发。甘家坝、邱家嘴、小白塔、天泉洞等一大批宋元时期的遗址，李家堡墓群、太阳湾坟山坪墓群等宋代墓地以及蒋家沟古井、白鹤庵古井等地面遗存的发现就是最好的说明。该时期的遗址，不仅分布面积大、文化堆积厚，而且包含物十分丰富，既有青白瓷、黑釉瓷、硬陶等生活用器，又有青灰色板瓦、筒瓦等建筑构件，表明该时期东城半岛已大量开发。同时该区域作为钓鱼城宋元（蒙）战争双方争夺的主战场，本次发现了钓鱼城北一字城墙鹞子崖段及附属建筑、相关守城遗址等宋元遗存，进一步丰富了钓鱼城遗址内涵，对研究钓鱼城的布局结构、城防体系、功能分区等问题具有重要作用。

明清时期。有艾家大湾、艾家小湾、糖坊嘴等一大批明代墓群，墓地面积大、墓葬往往多排分布。明代墓葬多为石室，单个墓室体量一般不大，以平顶、澡井为主，墓内盛行雕刻，分布在后龛和左右壁龛，以人物、花绘、神兽为主；从早期的双室并穴演变到中、晚期的多室合葬墓，体现出宋明理学在逐渐深入民间社会后，大家族制度的日益盛行。随着大规模移民的到来，清代墓葬形制出现重大变化，墓葬雕刻风格大变。雕刻从以前的墓内移至墓外，内容更加庞杂，题材更加生活化，地表建筑盛行。同时，从地面文物调查的情况看，清代东城半岛得到了极度开发，以东渡老街为代表的民居建筑群的发现，反映出清末民初的社会形态、城镇规划和城镇建设水平，在空间形态、街道形式、建筑布局与交通网络和局部造型等方面都呈现出丰富的山地形态特色，对了解该时期渝西地区集镇的布局、建筑风格以及民俗、民风等具有重要意义，为研究该地区集镇形成、发展、变迁提供了丰富的实证资料。调查发现的传统建筑多整体尺度小、构造简单，横向比例和谐，配以轻盈的悬虚造型和对称构图，使建筑保持传统而不失自由灵动，呈现出清新飘逸且生动质朴的格调，尤其是依山而建的建筑，不仅把单体建筑轻盈、活泼的造型轮廓展露出来，而且利用山势增加了建筑视觉上的体量，与周边环境协调互补，自然和谐；装饰构件丰富，如屋脊、挑檐、门窗等，多用精致美观的灰塑（陶瓷饰物）、木雕、石雕等制成，工艺精湛，其中所反映的内容或传统典故，也是本土文化的生动展示，对研究巴渝建筑特色及营造技法具有重要意义。

需要说明的是，以上两次考古调查，均是配合基本建设开展的，由于调查范围局限在建设项目征地区域，而非半岛全境，因此调查发现的文物仅是半岛遗存的一部分。此外，配合东城半岛开发项目开展的考古工作，基于文物初步摸底而非正式调查勘探，加之时间紧、任务重，考古工作的深度、资料留取的全面性均存在诸多不足，请予谅解。

领　　队：袁东山
执行领队：李大地
工作人员：刘远坚　王胜利　孙少伟
　　　　　王　银　黄坤海　王　励
执　　笔：袁东山　李大地　刘远坚

钓鱼城外城园路工程项目文物调查报告

重庆市文物考古研究院

一、工程概况

钓鱼城为南宋末年的古战场遗址,现已公布为"全国重点文物保护单位""国家级风景名胜区",隶属重庆市合川区钓鱼城街道。2009年,为深入挖掘钓鱼城的历史内涵,合理开发古遗址的现实价值,合川区旅游发展公司开展钓鱼城外城园路工程建设,对古战场遗址城墙及跑马道进行修缮,拟修缮内容包括南、北两线,北线为奇胜门经出奇门、青华门至皇洞一段外城园路及城墙,南线为飞檐洞经小东门、始关门至镇西门一段外城园路及城墙。该工程对进一步保护钓鱼城文物古迹,全面展示其历史价值有重要作用(图一)。

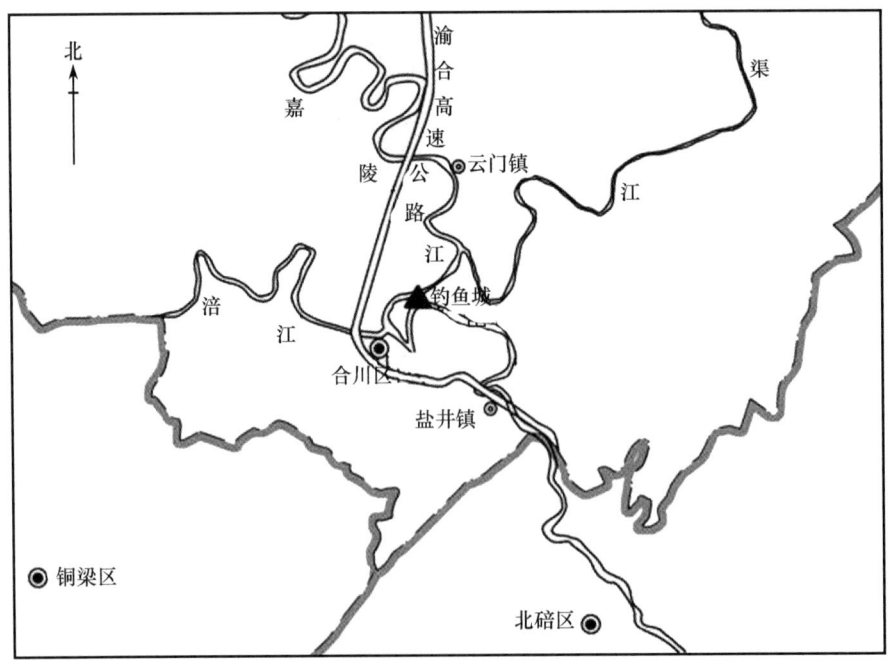

图一 城址位置示意图

二、地理环境与历史沿革

（一）地理环境

钓鱼城地处重庆市合川区东城半岛的钓鱼山上，地理坐标处于东经106°17′32″～106°19′22″，北纬29°59′30″～30°01′15″，海拔186～391米，四周为悬崖峭壁，山脚周回20余千米。其地扼川北水陆交通咽喉，长江重要支流嘉陵江、渠江、涪江在山下交汇萦绕。钓鱼城所在合川区地处川中丘陵和川东岭谷的交接地带，出露地层从老至新有古生界二叠系、中生界三叠系和侏罗系、新生界第四系。地质构造属新华夏系构造体系，全境有两种地质构造类型：境东及东南部属川东平行岭谷区华蓥山复式背斜褶断带，其余大部分地区属川中褶带龙女寺半环状构造区。钓鱼山为华蓥山弧形皱褶群的西南支脉，因受地质构造和岩性的制约，呈现出地势较高的平行岭谷地貌。

（二）历史沿革

合川古名垫江，在巴人入川前是濮族人主要居住地。公元前314年始设垫江县，县域辖今合川、武胜、铜梁、安岳、岳池县地，隶属巴郡，治所在今合川。南朝元嘉年间升垫江县为宕渠郡，西魏恭帝三年（556年）改为合州，辖四郡七县。隋开皇十八年（598）年，合州更名涪州，大业三年（607年）又改名涪陵郡，唐武德元年（618年）复名合州。宋淳祐三年（1243年）为抗蒙兵，在州城之东5千米的钓鱼山筑新城，州治所迁居钓鱼城，其后宝祐二年（1254年）、景定四年（1263年）两次加修。元至元二十年（1283）年返回原址。以后，合州辖县陆续划出，至清雍正六年（1728年）成为不再辖县的单州，属重庆府管辖。明清以来，围绕山上寺庙及抗拒白莲教、太平天国起义曾多次对钓鱼城进行培修。民国二年（1913年），合州改名合川县。1992年，撤销合川县，设立合川市。2006年，国务院批准撤销合川市，设立重庆市合川区，以原合川市的行政区域为合川区的行政区域。

三、既往工作及本次调查主要收获

针对钓鱼城的文化遗产保护，重庆市文物考古研究院近年来配合基本建设，曾做过多次调查、勘探及试掘工作。

2004年，配合草街电站的建设，开展了钓鱼城一字城墙的调查工作。

2006年，配合钓鱼城上山公路的建设，发现并清理了古地道遗址。

2006年，配合钓鱼城石照县衙维修保护及环境整治工程，对钓鱼城石照县衙遗址进行了试掘。

2007年，配合合川东城半岛开发建设，对钓鱼城及周围的部分相关遗址进行了考古调查。

2008年10月至2009年3月，受重庆市文化局委托，重庆市文物考古所组织了袁东山副所长领队的工作组，对钓鱼城外城园路项目工程影响范围进行了考古调查、勘探工作。通过三个多月的实地勘察，取得了以下几点收获。

1）通过对南一字城、北一字城墙的全面勘察，基本掌握了城墙的布局及保存情况，并进一步了解了遗存的构造特点及建筑过程。

2）通过对环山城墙的全面勘察，基本探明了钓鱼城外城城墙的布局现状，掌握了其依山就势、据险设防的手段、方法，以及不同时期遗存的保存情况。

3）通过对工程影响范围内城墙周边的全面勘察，发现各类文物点共45处，基本掌握了相关守城遗址、城墙附属建筑等遗存的具体分布和建筑特点。

四、城墙本体概况

钓鱼城外城主要由南一字城、北一字城墙、环山城墙及水军码头城墙组成，其中北一字城墙位于钓鱼城北部出奇门至嘉陵江段，不属于工程影响范围，其余各段总长约6470米。现存城墙面貌较为复杂，主要有宋代城墙、清代城墙、现代城墙及依山为墙几种形式，其中南一字城、水军码头城墙主要为宋代修筑，钓鱼山南部、西部及北部中段悬崖高耸之处，主要以天然山岩的自然屏障为城墙，其余险要地段及东部山势相对较为平缓处现存有宋、清及现代各时期城墙（图二；图版一九）。现将南一字城、水军码头城墙与环山城墙分别介绍如下。

（一）南一字城

俗名横城墙，起筑于飞檐洞以东40余米的峭壁之下，顺山势而下，止于嘉陵江边，全长约400米。现存城墙平均高5米，基宽14.3米，内、外墙壁皆用条石砌筑，中部填土以黏土夹杂石块夯筑而成。由北向南依钓鱼山南部二级山崖及南一字城城门可分三段。

1. 北段

自飞檐洞东侧峭壁之下至钓鱼山南部二级山崖的小东门处。因山体滑坡及历代拆

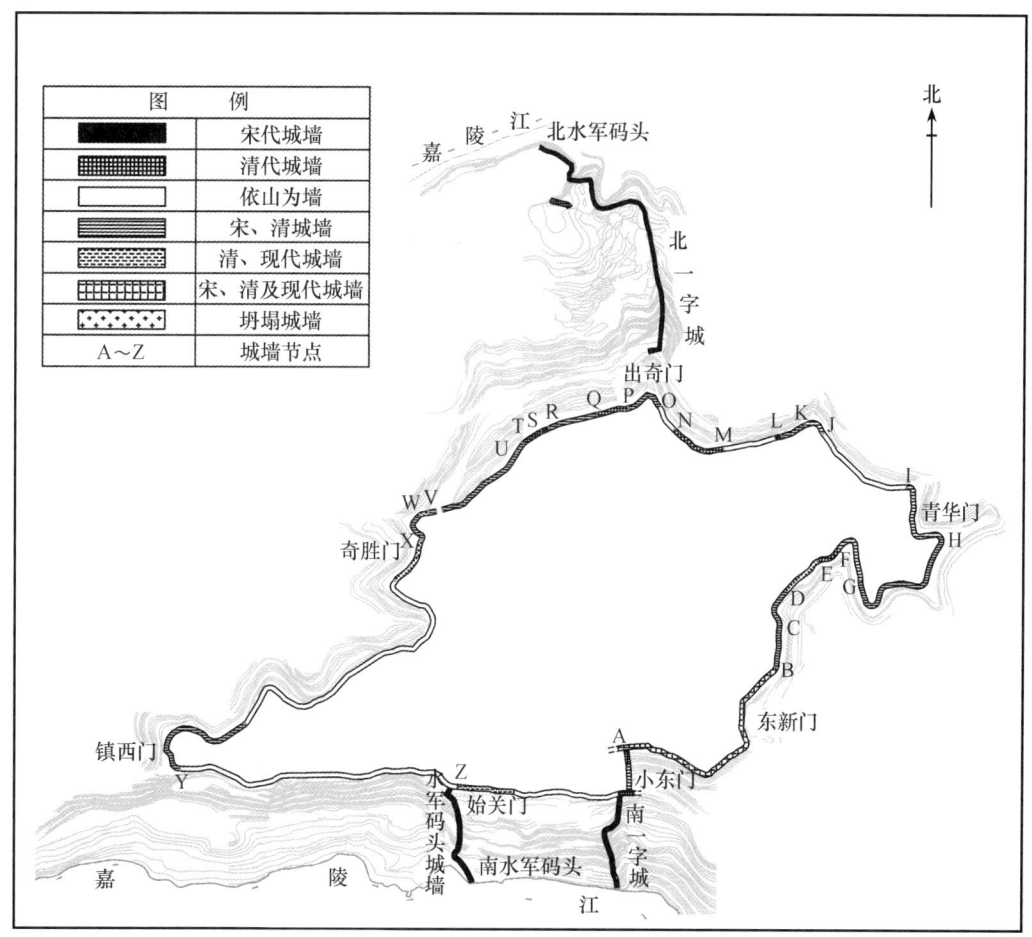

图二 城墙分布图

取，多处损毁坍塌，保存状况较差。现存城墙长约100、宽3.55~5.5米，平均高度约7.2米。其外墙用规整条石砌筑，修凿平整，一般为直壁，局部下部为斜壁墙，上部为直壁；内墙以规整条石砌筑为主，多为直壁墙，仅北部以杂乱石块砌筑，略呈斜坡状。其北端自岩壁向南约30米，仅见清代墙体，其余为宋代墙基基础上清代修建。

2. 中段

自小东门西侧约30米的山崖下至南一字城城门处。该段北端而下顺山势转折，略呈"S"形，其转折部分亦损毁坍塌严重。现存城墙长约180、宽12.5米，平均高度约4米。其外墙用规整条石砌筑，修凿平整，局部下部为斜壁墙，上部为直壁，内墙以杂乱石块构筑，层层叠涩呈阶梯状。

3. 南段

自南一字城城门至嘉陵江边。该段顺山势直下,较为规整。现存城墙长约120、宽14.3米,平均高度约8米。外墙用规整大条石砌筑,修凿平整,墙壁斜直,墙体随山势在局部向内折收约0.6米,内墙结构同中段,城墙顶部先有阶梯状石道,石阶宽0.25~0.45、高0.17米。

据南一字城城门处剖面观察,内、外砌墙条石可分三次堆积,据此分析城墙墙体当有数次加固扩修过程。

(二)水军码头城墙

东距南一字城近500米,起筑于始关门西侧90余米的峭壁之下,顺山势而下,向南与嘉陵江边的水军码头相接,全长约260米。现存城墙平均高度3.8米,基宽约5米。依山势而建,在地势陡直的山脊部分,城墙直接砌于山脊外侧,仅存外墙而无内墙;山势较缓的部分内外均用石墙砌筑。外墙基本以大型条石筑起,墙面修凿平整,斜直墙壁,内墙以不甚规整的石块垒筑,层层叠涩呈阶梯状。由北向南依水军码头城墙城门及水军码头西北山崖可分三段。

1. 北段

自始关门西侧峭壁之下至水军码头城墙城门处。该段由悬崖脚下起筑后向西南方向前行数米即向东南折转,而后依山势而下,南行至水军码头城墙城门处。现存城墙长约90、宽5.3米,平均高度约4.2米。其外墙用规整大条石砌筑,修凿平整,墙面斜直,内墙仅见于北端数米,以不甚规整的石块垒筑。

2. 中段

自水军码头城墙城门至水军码头西北悬崖处。该段由水军码头城墙城门处依山势直下,仅中部形状随山脊略向东偏。现存城墙长约80、宽4.8米,平均高度约3.6米。其外墙用规整大条石砌筑,修凿平整,墙面斜直,因东侧山势较高,基本不见内墙。与南一字城相似,该段中部墙体有两处随山势在局部向内折收0.6米左右。

3. 南段

自水军码头西北悬崖处至嘉陵江边。该段接上部城墙沿悬崖下与水军码头相接,随山体走势略向西弯折,长约90米。北端城墙因山体滑坡及近代拆取,坍塌损毁严重,中部主要以山岩峭壁为自然屏障,南端接水军码头,外墙用规整条石砌筑,修凿平整,墙壁斜直,内墙以杂乱石块垒砌,层层叠涩呈阶梯状。

(三)环山城墙

环山城墙主要为沿钓鱼山顶部外缘,连接镇西门、始关门、小东门、东新门、青华门、出奇门、奇胜门一周的山顶环城,全长约5810米。如上所述,现存面貌较为复杂,依悬崖峭壁为天然屏障和各时期城墙交替共存,现依城门将其分为六段介绍如下。

1. 镇西门—始关门

此段城墙长约860米。主要以钓鱼山南部相对高度约30米的悬崖为天然屏障,其中镇西门向南至山体转弯处有宋代及清代修筑城墙,清代直壁墙体叠压于宋代斜壁墙基之上,平均高度约4米,其中宋代墙基露于地表之外约0.5米,清代墙体高约3.5米。始关门西侧90余米处出现现代及清代墙体,系20世纪80年代复修。

2. 始关门—小东门

此段城墙长约380米。亦主要以钓鱼山南部相对高度约22米的悬崖为天然屏障,仅始关门以东存20世纪80年代复修的清代墙体,接上段前行约100米;小东门有长约30米的清代复修城墙,外壁较竖直,其余部分均依山就势,据险为防。

3. 小东门—东新门

此段城墙长约480米。主要以经现代复修的宋代、清代墙体为主。其中小东门至飞檐洞东侧100米左右(A点)属南一字城墙北段,系宋代修建,具体结构如前所述;东新门及其南部约5米城墙全为现在复建;其余375米结构均为下部宋代墙基、中部清代墙体、上部现代墙体及垛口。城墙依山势略有不同,南段城墙因临悬崖墙体较低,东部东新门处因山势相对较缓故墙体较高,暴露于地表部分总高度在7~12米,其中宋代墙体高1.2~4.7、清代墙体高2.1~4.5、现代墙体高2.5~3.75米。

4. 东新门—青华门

此段城墙长约1160米。因山势较缓不见依山为墙的情况,主要以宋代、清代叠压墙体为主。其中东新门北部约17米全为现代复修;皇洞向北约200米(B点)为现代复修城墙叠压清代及宋代墙体,具体结构如小东门至东新门段。

B点以北不见现代墙体，多为清代墙体叠压于宋代墙体之上，因山势城墙高度不一，暴露于地表部分总高度在1.5～5.8米，其中宋代墙体高0.4～2.5、清代墙体高2.5～4米；从B点向北约100米处（C点），城墙高3.2米，宋墙高0.4、清墙高2.8米，清代墙体与宋代墙基略有错位，宋墙在清墙外约1.5米，向前延伸约100米（D点）；D点向北约110米（E点），因山体滑坡或人为采取城墙坍塌损毁严重，仅见杂乱砌墙石条散布于城墙沿线及下部山坡之上；E点向北约50米（F点），地表仅见清代墙体，高3.8米，F点处城墙高2.9米，其中清代墙体高2.5米，宋代墙体重新出现，高0.4米；F点向北直至青华门均为清代城墙与宋代城墙叠压共存，其中在F点向南约160米处（G点），城墙较低，总高约1.5米，其中宋墙高0.4、清墙高1.1米；G点向北约360米至山体转弯处（H点），城墙有10米左右的坍塌，现墙体上为上山小路，H点向青华门方向城墙较高，约5.8米，其中宋墙高1.5、清墙高4.3米左右。青华门东侧约40米墙体条石风化、脱落严重，保存状况较差。

5. 青华门—出奇门

此段城墙长约910米。主要以钓鱼山北部相对高度近30米的悬崖为天然屏障，中间有数段宋、清时期城墙。其中，青华门向北约80米（I点）为清代城墙叠压于宋代城墙之上，I点高约2.3米，宋墙高0.3、清墙高1.9米；I点向西约280米（J点）依峭壁天险为城墙，未发现人工筑墙痕迹；J点向西约120米（L点）为清代城墙叠压于宋代城墙之上，总高约3.65米，其中宋墙高0.4、清墙高3.25米，其中L点向东约60米（K点）有10米左右坍塌段，仅见筑墙条石散布于城墙沿线及下部山坡。

L点向西约17米仅见宋代墙体，高约1.2米，清代墙体已完全坍塌，其后向西约140米（M点）以悬崖峭壁为天然屏障，未见人工筑墙痕迹；M点向西约135米（N点）均有城墙，高1.2～4.5米，但仅为清代墙体，不见宋代墙基；N点向西约75米（O点）为悬崖峭壁，山势险要为天然屏障，未见人工筑墙痕迹；O点向西北至出奇门处为清代墙体叠压于宋代墙基之上，出奇门及其东南侧3米左右城墙为清代所建，地表以上不见宋代墙基。

6. 出奇门—奇胜门

此段城墙长约790米。主要以宋、清时期城墙为主，仅数段山势险要之处据险设防，未筑城墙。出奇门向西约33米与出奇门一同建造，均为清代，其后再向西约35米（P点）下部又见高约0.5米的宋代墙基。

P点向西约85米（Q点）均为清代城墙，高2～3.4米，地表以上未见宋代墙体；Q

点以西125米（R点）为清代城墙叠压于宋代城墙之上，其中宋墙高0.7、清墙高2.6米左右；R点向西27米（S点）清代墙体完全坍塌仅见宋代墙基，高约1.2米；S点向西约55米（T点）均为清代墙体，不见宋代墙体，其间有10米左右坍塌段。T点以下直至奇胜门均为清代城墙叠压于宋代城墙之上，其中V至W点有20米左右、奇胜门北有40米左右坍塌段，其余部分宋墙高0.4~1.2、清墙高1.9~3.35米。

奇胜门至镇西门段不属于工程影响范围，故不再赘述。

五、文物点概况

本次调查共发现各类文物点45处（图三）。

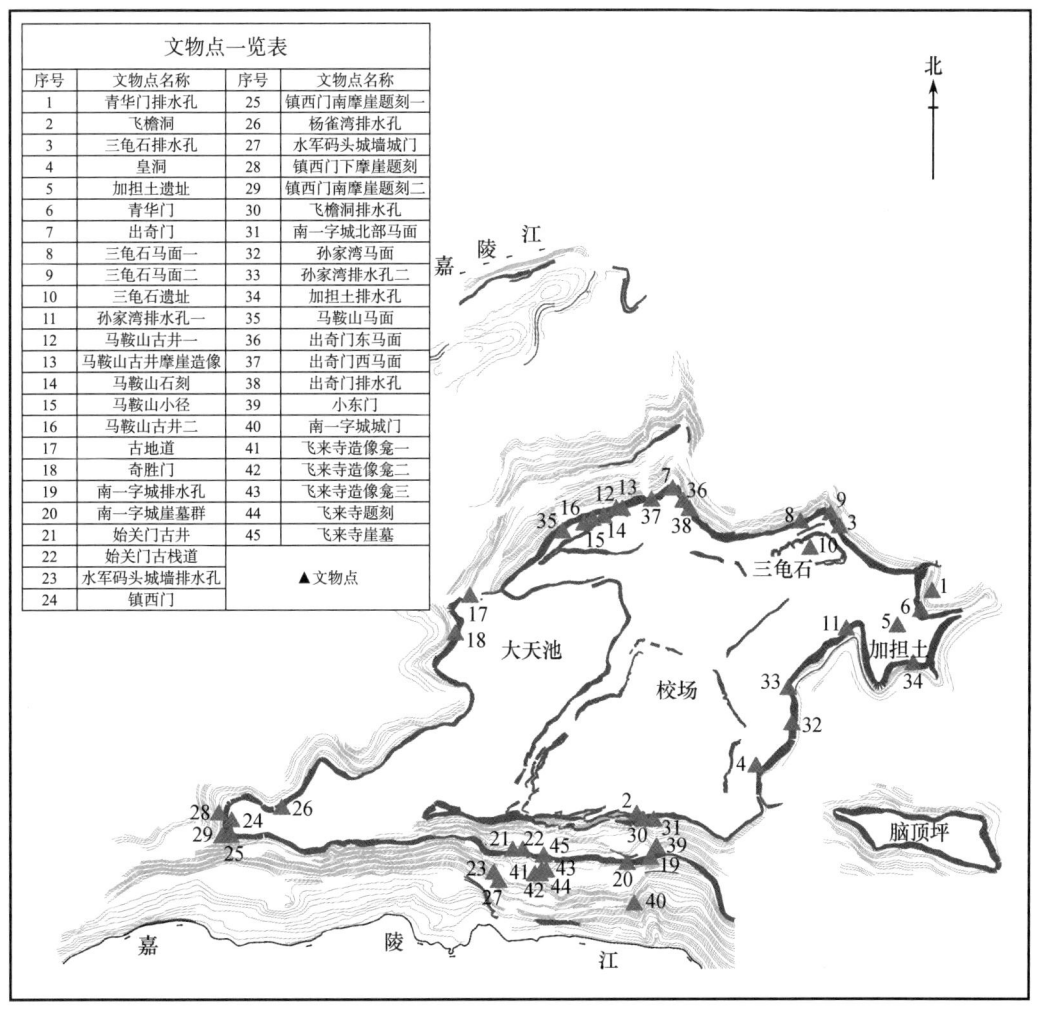

图三　文物点分布示意图

其中地下文物点4处,分别为崖墓(群)2处、遗址2处;地面文物点41处,分别为城门7处,城墙附属建筑20处(马面7处、排水孔10处、隧道3处),摩崖造像、题刻9处,其他守城设施5处(水井3处,栈道、上山小径各1处)。现将本次调查工作的主要收获分类介绍如下(表一)。

表一　钓鱼城外城园路工程项目文物点一览表

总号	分类号	名称	位置(经纬度)	高程/米	方向/(°)	面积/平方米	时代	保存状况	备注
1	C1	青华门排水孔	N:30°00′34.6″;E:106°19′09.9″	307	50		清	较好	青华门外约5米,单孔
2	C2	飞檐洞	N:30°00′17.1″;E:106°18′40.3″	345	62		宋	较好	
3	C3	三龟石排水孔	N:30°00′43.0″;E:106°19′00.4″	331	48		清	较好	单孔
4	C4	皇洞	N:30°00′21.1″;E:106°18′53.0″	323	121		宋	较好	进深17米
5	A1	加担土遗址	N:30°00′33.8″;E:106°19′09.9″	317	—	30000	宋—清	较好	发现有宋清地层
6	C5	青华门	N:30°00′34.6″;E:106°19′09.9″	307	71		清	较差	
7	C6	出奇门	N:30°00′45.7″;E:106°18′44.4″	327	22		清	较好	
8	C7	三龟石马面一	N:30°00′42.4″;E:106°18′57.7″	331	330		清	较差	
9	C8	三龟石马面二	N:30°00′43.0″;E:106°19′00.4″	331	48		清	较好	位于C7东部
10	A2	三龟石遗址	N:30°00′43.2″;E:106°18′59.8″	360	—	30000	宋—清	较好	发现多处建筑遗迹
11	C9	孙家湾排水孔一	N:30°00′34.0″;E:106°19′03.3″	357	146		清	较好	四孔
12	C10	马鞍山古井一	N:30°00′44.1″;E:106°18′38.5″	362			宋	一般	方形,326°
13	D1	马鞍山古井摩崖造像	N:30°00′44.1″;E:106°18′38.5″	362	326		宋	较差	位于古井东侧
14	D2	马鞍山石刻	N:30°00′43.8″;E:106°18′38.0″	362	298		—	较差	
15	C11	马鞍山小径	N:30°00′43.7″;E:106°18′37.5″	365	80		宋	一般	发现上山脚踏坑5个

续表

总号	分类号	名称	位置（经纬度）	高程/米	方向/（°）	面积/平方米	时代	保存状况	备注
16	C12	马鞍山古井二	N：30°00′43.6″；E：106°18′37.0″	361	—		宋	一般	方形，20°
17	C13	古地道	N：30°00′37.0″；E：106°18′24.0″	290	340		宋	较好	进深不详
18	C14	奇胜门	N：30°00′33.2″；E：106°18′22.0″	279	295		清	较差	仅见内部城门遗存
19	C15	南一字城排水孔	N：30°00′13.5″；E：106°18′41.0″	269	187		清	较好	三孔
20	B1	南一字城崖墓群	N：30°00′12.4″；E：106°18′39.4″	230	180	100	汉	较好	可见4座
21	C16	始关门古井	N：30°00′14.4″；E：106°18′27.6″	252	—		宋	较好	圆形
22	C17	始关门古栈道	N：30°00′14.4″；E：106°18′27.6″	254	80		宋	一般	阶梯状，坡度20°
23	C18	水军码头城墙排水孔	N：30°00′42.1″；E：106°18′25.5″	249	245		宋	较好	单孔
24	C19	镇西门	N：30°00′16.9″；E：106°17′58.1″	281	289		清	较好	
25	D3	镇西门南摩崖题刻一	N：30°00′15.8″；E：106°17′57.7″	279	230		明	较差	
26	C20	杨雀湾排水孔	N：30°00′18.2″；E：106°18′02.1″	285	335		清	一般	单孔
27	C21	水军码头城墙城门	N：30°00′10.7″；E：106°18′39.9″	251	20		宋	较差	已坍塌
28	D4	镇西门下摩崖题刻	N：30°00′17.7″；E：106°17′57.5″	270	325		明	一般	嘉靖辛亥（1551年）
29	D5	镇西门南摩崖题刻二	N：30°00′15.8″；E：106°17′57.7″	279	275		宋	一般	在D3北侧，上部损毁
30	C22	飞檐洞排水孔	N：30°00′17.6″；E：106°18′41.2″	332	184		清	一般	位于飞檐洞东，双孔
31	C23	南一字城北部马面	N：30°00′17.2″；E：106°18′41.8″	325	172		清	较差	
32	C24	孙家湾马面	N：30°00′25.0″；E：106°18′56.8″	332	100		清	较差	

续表

总号	分类号	名称	位置（经纬度）	高程/米	方向/(°)	面积/平方米	时代	保存状况	备注
33	C25	孙家湾排水孔二	N：30°00′28.1″；E：106°18′55.9″	323	88		清	一般	四孔
34	C26	加担土排水孔	N：30°00′30.7″；E：106°19′08.5″	334	190		清	一般	双孔
35	C27	马鞍山马面	N：30°00′42.1″；E：106°18′32.5″	371	320		清	较好	
36	C28	出奇门东马面	N：30°00′44.5″；E：106°18′45.3″	333	45		清	较好	西距出奇门约22米
37	C29	出奇门西马面	N：30°00′44.5″；E：106°18′41.6″	341	349		清	较好	东距出奇门约77米
38	C30	出奇门排水孔	N：30°00′44.5″；E：106°18′45.5″	332	45		清	较好	西距C28约13米，四孔
39	C31	小东门	N：30°00′10.7″；E：106°18′39.9″	261	45		清	较差	已发掘
40	C32	南一字城城门	N：30°00′12.1″；E：106°18′25.5″	209	20		宋	较差	已塌毁
41	D6	飞来寺造像龛一	N：30°00′12.4″；E：106°18′29.9″	264	206		–	较差	仅见石龛，无造像
42	D7	飞来寺造像龛二	N：30°00′12.4″；E：106°18′29.9″	264	205		清	一般	仅见石龛及碑记，无造像
43	D8	飞来寺造像龛三	N：30°00′12.4″；E：106°18′29.9″	264	300		–	较差	仅见石龛，无造像
44	D9	飞来寺题刻	N：30°00′12.4″；E：106°18′29.9″	264	310		–	较差	题文"天下太平"
45	B2	飞来寺崖墓	N：30°00′13.4″；E：106°18′30.6″	282	180	10	汉	较好	西距飞来寺约50米

注：所有文物点均隶属钓鱼城街道鱼城村1社

（一）地下文物

本次调查发现地下文物点4处，分古墓群及古遗址两类，具体为汉代崖墓（群）2处、宋至清代遗址2处。

（1）飞来寺崖墓

位于钓鱼城南部飞来寺东部约50米的悬崖峭壁之上，中心地理坐标为北纬30°00′13.4″，东经106°18′30.6″，高程约282米，面积约10平方米，方向180°。已发现崖墓1座，开凿于悬崖岩石之中，周围有杂草掩盖，前方（南）30米处为飞来寺造像龛。形制为长方形墓道弧顶单室崖墓，岩面开口为三重门，略呈方形，外宽1.69、高1.8米，次宽1.27、高1.5米，内宽1、高1.22米；长方形墓道宽0.86、长1米；弧顶长方形墓室宽2.25、长2.36米；竖直墓壁高1.3米；弧顶高1.68米。墓室有接两壁岩缝的"人"字形排水沟槽，长约2.5、宽0.04～0.2、深0.03～0.1米（图四；图版二一，3）。

（2）南一字城崖墓群

位于钓鱼城南一字城墙西部约50米的悬崖峭壁之上，中心地理坐标为北纬30°00′12.4″，东经106°18′39.4″，高程约230米，面积约100平方米，方向180°。已发现崖墓4座，开凿于悬崖岩石之中，周围有杂草掩盖，前方（南）30米处有数座近代墓。各墓间距2～5米。墓口有两重、三重之分，大小相当，高约1.5、宽约1.2米，部分墓室上方开凿有"人"字形排水孔道（图版二一，1、2）。

（3）加担土遗址

位于钓鱼城东北部加担土附近，中心地理坐标为北纬30°00′33.8″，东经106°19′09.9″，高程约317米，面积约30000平方米。遗址中心为一平坦高地，西至该地的一处废弃民宅，东、南、北面均至钓鱼城城墙边缘，遗址北部青华门附近有一鱼塘，现地表为农田及果林（图版二〇，1～3）。

据遗址东部勘探剖面观察，其堆积可分五层（图五）。

第1层：耕土层。厚0.35米。灰褐色，质疏松，包含宋、清代陶片及现代生活垃圾。

第2层：近代层。厚0.25米。棕褐色，质较疏松，较为纯净。

第3层：清代城墙填土层。厚0.35米。红褐色，质硬密，较纯净，包含大量碎

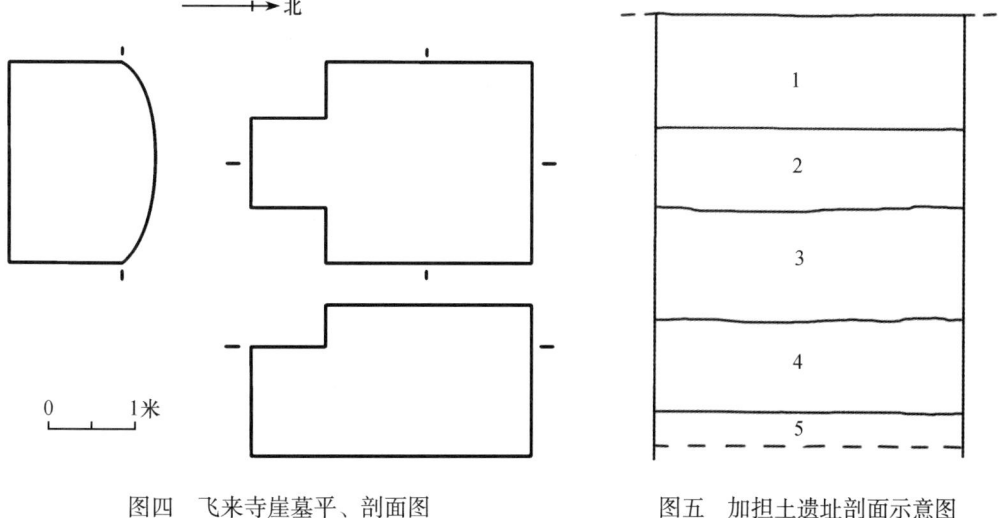

图四　飞来寺崖墓平、剖面图　　图五　加担土遗址剖面示意图

石块。

第4层：清代生活层。厚0.28米。深褐色，较疏松，包含泥质灰陶片、青花瓷片。

第5层：宋代层。已暴露0.1米。红褐色，致密，包含少量宋代青白瓷片。

该遗址为宋代钓鱼城建筑、生活所形成的堆积，历明、清一直使用至今。另外因未进行正式发掘，不排除第5层以下有早期遗存的可能。

（4）三龟石遗址

位于钓鱼城北部三龟石附近，中心地理坐标为北纬30°00′43.2″，东经106°18′59.8″，高程约360米，面积约30000平方米，遗址中心为三龟石平坦高地，南至三龟石台地边缘，东、西、北至城墙边缘，周围为坡地，地表现有农田、树木及杂草等，农田田坎处可见少量宋代黑釉、青白瓷片及明清青花瓷片（图版二〇，4～6）。

调查发现该遗址上有宋代以来多处建筑遗迹，其中两个区域分布较为集中。

1）遗址中心三龟石高地。在三龟石东、西两边的巨石上有人工凿刻的圆形柱洞30多个，大小不一，直径0.1～0.25米，排列整齐有序，整体布局近圆角梯形，西边巨石上还发现有直径约3米的碾盘状圆形凹槽（图六）。

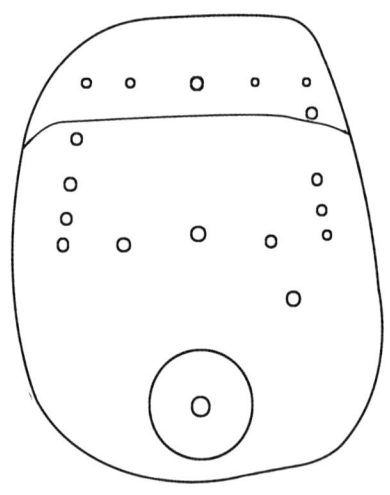

图六　三龟石遗址西侧巨石柱洞分布示意图

2）遗址北部悬崖边缘。三龟石城墙处发现有条形石质建筑墙基，坐南朝北，方向330°，宽0.2～0.4、长6.85米，一直抵至城墙与其相接，其东、西两侧各有一处马面。

该遗址为宋代钓鱼城建筑、生活所形成的堆积，历明、清一直使用至今。以上两处建筑遗迹分布较为集中区域，居高临下，地势险要，其上发现的建筑遗迹当为宋代重要军事防守设施。

（二）地面文物

本次调查发现的地上文物共41处，分别为城门7处，城墙附属建筑（马面、排水孔、隧道）20处，其他守城设施（水井、栈道、上山小径）5处，摩崖造像、题刻9处。

1. 城门

钓鱼城原有城门8处，分别为出奇门、青华门、奇胜门、镇西门、小东门、始关门、护国门、东新门，另外调查发现水军码头城墙城门、南一字城城门两道，可能为原宋代南一字城西城门、东城门，因始关门、护国门、东新门为现代仿建，故不再列入文物点，现将其余7处城门分别介绍如下。

（1）出奇门

位于钓鱼城北部，中心地理坐标为北纬30°00′45.7″，东经106°18′44.4″，高程约327米，方向22°。城门左右亦为悬崖峭壁，城门内有上山小路通往城中。城门内外接有外"八"字形城墙，用长条石砌筑，条石表面经修凿，留有竖向平行錾凿纹，砌筑紧密，缝隙细小，均用白石灰黏接，现存状况较好（图版二二，1~4）。

该门形制为双重券顶门洞，中间有长条石铺盖平顶间隔门道，过道前有石质门槛。门洞高2.9、宽1.85、进深4.4米，由地面向上1.81米开始起券，起券用楔形条石13块。内、外门洞进深分别为1.4、1.72米，中间过道进深1.28、宽2.25米。门槛长1.85、宽0.2、高0.2米，门槛后有长方形门枢槽，长0.12、宽0.13、深0.03米，在东侧门枢槽边凿有排水孔，宽0.06、深0.07米。在距外门洞内侧0.19~0.65米的过道左右壁上，由上至下排列3个门杠柱洞，间隔约0.7、柱洞孔径0.11~0.12、深约0.15米（图七）。

（2）青华门

位于钓鱼城东北部，中心地理坐标为北纬30°00′34.6″，东经106°19′09.9″，高程约307米，方向71°。该门左右均临悬崖，前有上山小路，西北部约10米有一排水孔道，因其南部有一鱼塘，门洞内现已被条石封堵。门洞左侧大部分已坍塌，门拱一半暴露在外，条石风化、损毁较严重（图版二三，5、6）。

该门形制为双重券顶门洞，中间有平顶间隔门道，系用长条石铺盖。门洞上距城墙顶部1.85米，高2.5、宽1.9、进深4.4米，门拱由地面向上1.4米开始起券，起券所用楔形条石共13块。内、外门洞进深分别为1.7、1.3米，中间过道进深1.4、宽2.22米。

（3）奇胜门

位于钓鱼城西部，中心地理坐标为北纬30°00′33.2″，东经106°18′22.0″，高程约279

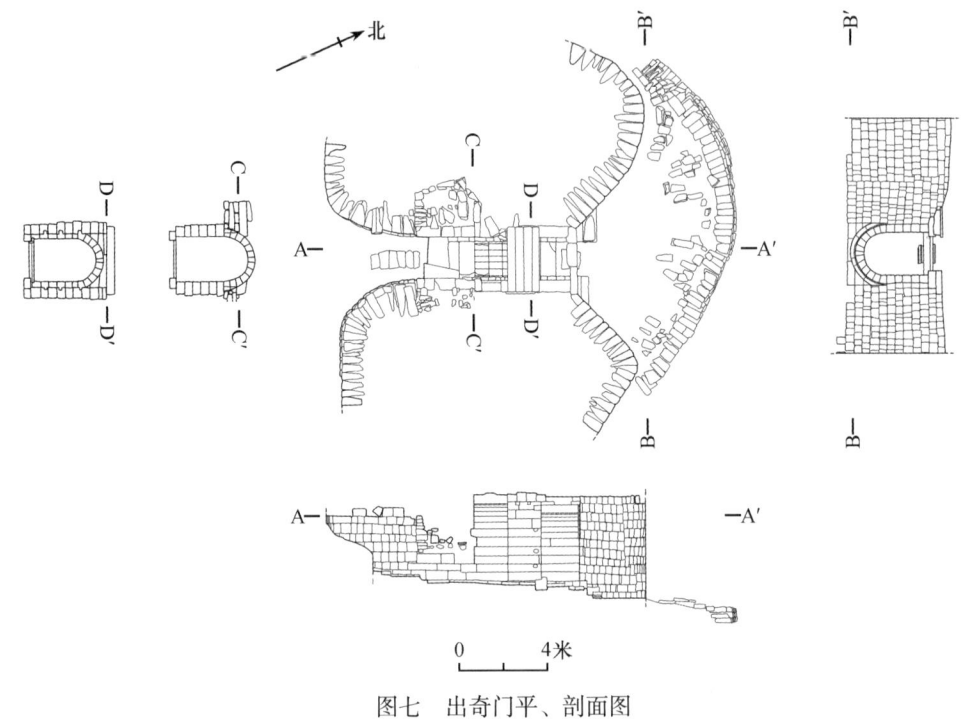

图七 出奇门平、剖面图

米,方向295°。城门后方为农田,前对下山的石板小路。城门损毁严重,顶部及外门石拱已坍塌,现为荒草覆盖,保存状况较差(图版二二,6)。

该门形制为双重券顶门洞,中间有长条石铺盖平顶间隔门道。现存内门洞高2.95、宽1.93、进深4.65米,由地面向上1.72米处(5层)开始起券,起券用楔形条石13块,内、外门洞进深分别为1.72、1.7米。

(4)镇西门

位于钓鱼城西南部,中心地理坐标为北纬30°00′16.9″,东经106°17′58.1″,高程约281米,方向289°。该门左右亦紧邻悬崖,上部坡地已开垦为农田,城门内有上山小路通往薄刀岭。门外接有外"八"字形城墙,用长条石砌筑,条石表面经修凿,留有竖向平行錾凿纹,砌筑紧密,缝隙细小,均用白石灰黏接,现存状况较好(图版二三,1~4)。

该门形制为双重券顶门洞,中间有长条石铺盖平顶间隔门道,过道前有石质门槛。门洞高3.1、宽1.81、进深4.71米,由地面向上2.06米处开始起券,起券用楔形条石13块。内、外门洞进深分别为1.68、1.71米,中间过道进深1.32、宽2.2米。门槛长1.81、宽0.2、高0.2米,门槛后左右两侧过道壁上各有一个门杠柱洞(图八)。

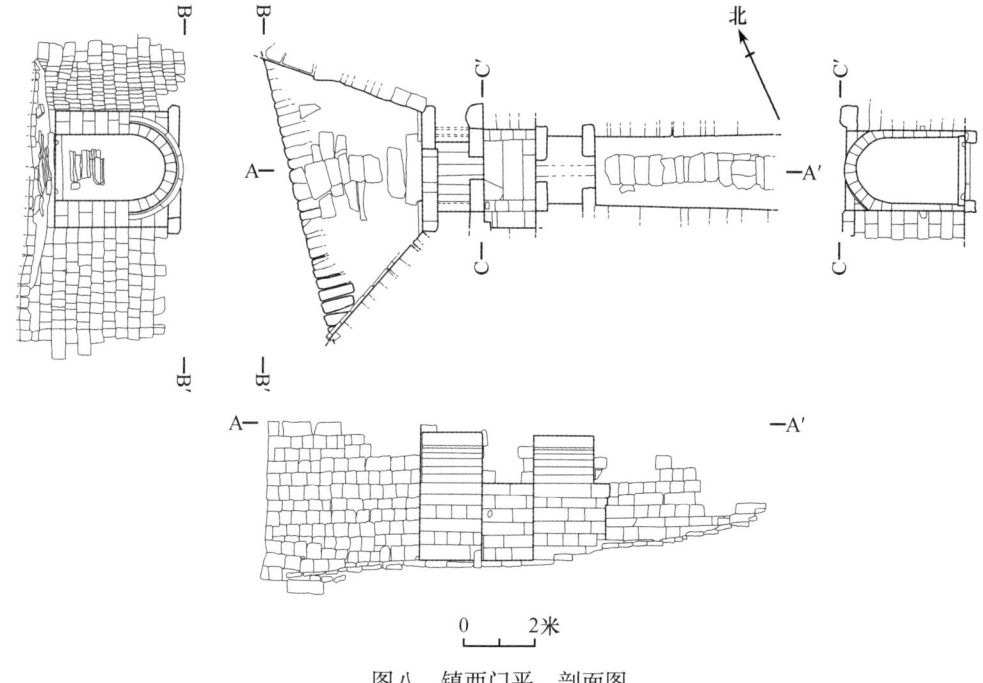

图八 镇西门平、剖面图

（5）小东门

位于钓鱼城南一字城墙北段，中心地理坐标为北纬30°00′10.7″，东经106°18′39.9″，高程约261米。坐西向东，北接城墙，西临悬崖峭壁，顶已坍塌，残高1.4、宽2.23、进深3.55米（图版二二，5）。

以上5处城门，形制较为统一，据其特征及与宋代城墙叠压关系分析，时代当均为清代。

（6）水军码头城墙城门

位于水军码头城墙与旅游步行道交会处，东北距飞来寺约100米，中心地理坐标为北纬30°00′10.7″，东经106°18′39.9″，高程约251米。现已为旅游步行道所覆盖，具体结构不明，面积约20平方米，时代当为宋代。

（7）南一字城城门

位于南一字城墙与旅游步行道交会处，南距嘉陵江约122米，中心地理坐标为北纬30°00′12.1″，东经106°18′25.5″，高程约209米。现已为旅游步行道所覆盖，具体结构不明，面积约20平方米，时代当为宋代。

2. 城墙附属建筑

共发现20处，分别为马面7处、排水孔10处、隧道3处。

（1）马面

7处，分别为三龟石马面一、二，南一字城北部马面，孙家湾马面，马鞍山马面，出奇门东马面，出奇门西马面。

1）三龟石马面一。位于钓鱼城北部，三龟石遗址北部城墙西段，中心地理坐标为北纬30°00′42.4″，东经106°18′57.7″，高程约331米，方向330°。前临悬崖，周围遍布树木、荒草。平面近长方形，上窄下宽，系利用打制较好的长条石砌筑而成。上部长1.9、宽2.3米，下部长4、宽2.7米，与城墙相接处宽3.3、高1.9~3.3米（图版二四，1）。

2）三龟石马面二。位于钓鱼城北部，三龟石遗址北部城墙东段，中心地理坐标为北纬30°00′43.0″，东经106°19′00.4″，高程约331米，方向48°。前临悬崖，周围遍布树木、荒草。平面呈长方形，在城墙东北端伸出，系利用打制规整的长条石砌筑而成。长2.8、宽3.4~3.8米，其东部与一平台相接，高出平台1.2米，西部距地表约6米（图九；图版二四，2）。

3）南一字城北部马面。位于钓鱼城南部城墙中段，其下正对南一字城，中心地理坐标为北纬30°00′17.2″，东经106°18′41.8″，高程约325米，方向172°。前临悬崖，其上先有棵一棕榈树，其下为竹林、荒草。平面呈长方形，长2.55、宽1米，上部已残，现存高度2.2米（图版二四，5）。

4）孙家湾马面。位于钓鱼城东部城墙中段，东部即为孙家湾水库，中心地理坐标为北纬30°00′25.0″，东经106°18′56.8″，高程约332米，方向100°。前临悬崖，东北方为现代民居，周围遍布树木、荒草。平面呈长方形，系利用打制规整的长条石砌筑而成。长2.8、宽2.5、高1.6~2米，上部距城墙顶部1米左右已坍塌。

5）马鞍山马面。位于钓鱼城东北部，马鞍山脚下城墙中段，中心地理坐标为北纬30°00′42.1″，东经106°18′32.5″，高程约371米，方向320°。前临悬崖，后为马鞍山，周围遍布荒草。平面呈长方形，利用打制规整的长条石砌筑而成。顶部长1.25、宽1.1、高3~3.32米（图版二四，6）。

6）出奇门东马面。位于钓鱼城北部，西距出奇门约22米，中心地理坐标为北纬30°00′44.5″，东经106°18′45.3″，高程约333米，方向45°。下临长有竹林的陡坡，周围遍布荒草。平面呈长方形，系利用打制规整的长条石砌筑而成。顶部长2.95、宽1.17、高2.6~4.65米（图一〇；图版二四，3）。

7）出奇门西马面。位于钓鱼城东北部，东距出奇门约77米，中心地理坐标为北纬30°00′44.5″，东经106°18′41.6″，高程约341米，方向349°。下临陡坡，周围遍布荒草。平面呈长方形，系利用打制规整的长条石砌筑而成。长3.35、宽1.5、高2.5~4.9米（图

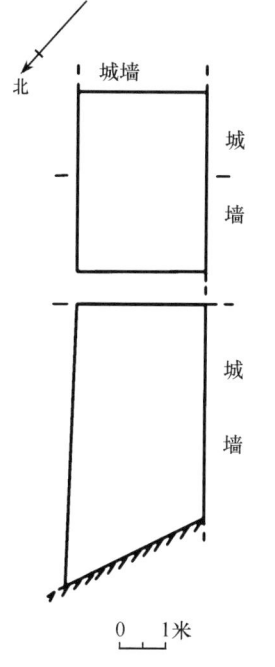 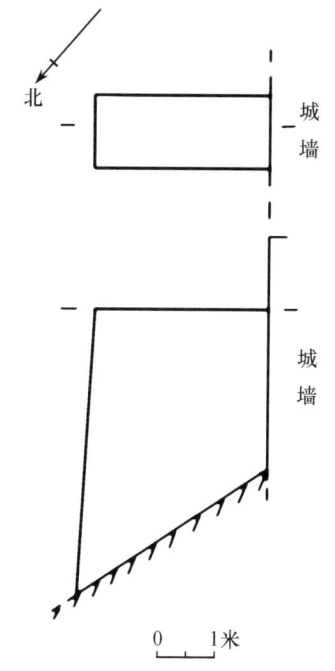

图九　三龟石马面二平、剖面示意图　　　图一〇　出奇门东马面平、剖面示意图

版二四，4）。

各处马面形制较为统一，据其构造特点以及与宋、清城墙叠压打破关系分析，时代均属清代。

（2）排水孔

10处，分别为青华门排水孔，三龟石排水孔，孙家湾排水孔一、二，南一字城排水孔，水军码头城墙排水孔，杨雀湾排水孔，飞檐洞排水孔，加担土排水孔，出奇门排水孔。

1）青华门排水孔。位于钓鱼城东北部，青华门外斜坡下城墙中，中心地理坐标为北纬30°00′34.6″，东经106°19′09.9″，高程约307米，方向50°。北部数米处即为悬崖，周围长满荒草，表面遍布苔藓。该排水孔至今仍在发挥排水作用。形制为单孔，平面呈长方形，由长条形石块平砌。孔宽0.43、高0.65米，上距现存城墙顶部1.2米，下临地表（图版二五，2）。

2）三龟石排水孔。位于钓鱼城北部，三龟石下的城墙中，中心地理坐标为北纬30°00′43.0″，东经106°19′00.4″，高程约331米，其方向为48°。东距三龟石马面二5.45米，前面即为悬崖。形制为单孔，平面呈方形，由长条形石块平砌。孔宽0.4、高0.35米，上距现存城墙顶部约0.4米，下距地表9.25米。

3）孙家湾排水孔一。位于钓鱼城东北部，东新门以北城墙由西北向东南转弯处，中心地理坐标为北纬30°00′34.0″，东经106°19′03.3″，高程约357米，方向146°。前临陡坡，周围有树木、杂草等。形制为四孔，由细长条石垒砌于城墙之中，总长度2.6米。单孔呈长方形，宽0.3~0.32、高0.26米，下铺垫一层厚0.15米的石板，上距现存城墙顶部2.4米，下距地面1.55米（图版二五，3）。

4）孙家湾排水孔二。位于钓鱼城东部，东新门以北、孙家湾排水孔一以南的城墙中段，中心地理坐标为北纬30°00′28.1″，东经106°18′55.9″，高程约323米，方向88°。前临陡坡，坡下为孙家湾民宅，周围有树木、杂草等。形制为四孔，由细长条石垒砌于城墙之中，总长度3.15米。单孔呈长方形，宽0.35、高0.45米，下铺垫一层厚0.15米石板，上距现存城墙顶部1.8米，下距地面3.6米（图版二五，4）。

5）南一字城排水孔。位于钓鱼城南部，其下正对南一字城城墙，中心地理坐标为北纬30°00′13.5″，东经106°18′41.0″，高程约269米，方向187°。前临悬崖，周围有树木、杂草等。形制为三孔，由细长条石垒砌于城墙之中，下铺垫一层石板。因其位置险要，具体数据未能测量，但据在南一字城上观察，其长、宽应与孙家湾排水孔二较为接近（图版二五，6）。

6）水军码头城墙排水孔。位于钓鱼城南部，水军码头北段城墙中，中心地理坐标为北纬30°00′42.1″，东经106°18′25.5″，高程约249米，方向245°。前方为现代排水沟和至始关门的上山石板路，周围长满荒草，表面遍布苔藓。形制为单孔，平面呈长方形，由上下两块、左右两块条石围砌而成，砌筑于宋代城墙之中，砌法较为粗放。孔高0.48、宽0.37米，上距现存城墙顶部1.4米，下距地表2米（图一一；图版二五，1）。

图一一　水军码头城墙排水孔正视示意图

7）杨雀湾排水孔。位于钓鱼城西部，镇西门东山体转弯处城墙之中，中心地理坐标为北纬30°00′18.2″，东经106°18′02.1″，高程约285米，方向335°。前临悬崖，生长有竹林、杂草，上为农田。形制为单孔，由细长条石垒砌于城墙之中，上距现存城墙顶部约1.8米，因其位置险要，具体数据未能测量。

8）飞檐洞排水孔。位于钓鱼城东南部，飞檐洞外东部城墙中，中心地理坐标为北纬30°00′17.6″，东经106°18′41.2″，高程约332米，方向184°。前临悬崖，生长有竹林、杂草等植被。形制为双孔，总长度1米，由细长条石垒砌于城墙之中。单孔呈方形，高0.3、宽0.35米，下铺有一层石板，上距现存城墙顶部5米，下距地表1.2米。

9）加担土排水孔。位于钓鱼城东北部，加担土遗址以东城墙中，中心地理坐标为北纬30°00′30.7″，东经106°19′08.5″，高程约334米，方向190°。上部为农田，下临悬崖，生长有竹林、杂草等植被。形制为双孔，总长度0.8米，由细长条石垒砌于城墙之中。单孔呈方形，高0.27、宽0.3、下铺有一层厚0.2米的石板，上距现存城墙顶部1.75米，下距地表1.4米。

10）出奇门排水孔。位于钓鱼城西北部，出奇门以东的城墙中，中心地理坐标为北纬30°00′44.5″，东经106°18′45.5″，高程约332米，方向45°。前临悬崖，周围有树木、杂草等。形制为四孔，由细长条石垒砌于城墙之中，总长2.75米。单孔呈长方形，宽0.25～0.3、高0.38米。上距现存城墙顶部0.36米，下距地面0.85米。该排水孔所用条石面打制成68°的斜面，上部所盖石板厚0.3米，向外一面亦打成61°的斜面，下铺垫一层厚0.16米的石板，形制较为规整（图一二；图版二五，5）。

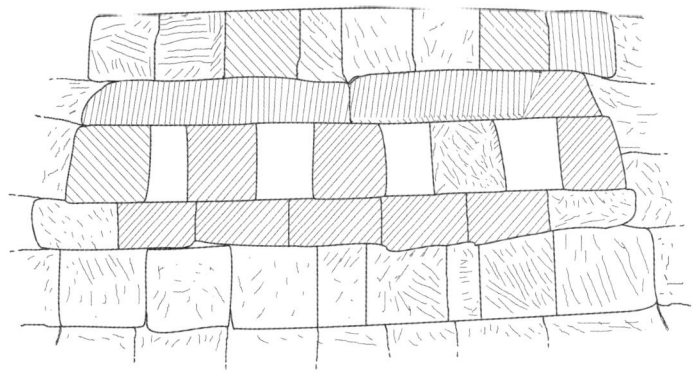

图一二　出奇门排水孔正视示意图

以上各处排水孔中，青华门排水孔与水军码头城墙排水孔形制为单孔，且筑砌方法略显粗犷，其余排水孔形制则较为一致，据其构造特点及与宋、清城墙叠压打破关系分析，除以上两者为宋代修筑外，其余排水孔时代均属清代。

（3）隧道

3处，分别为飞檐洞、皇洞及古地道。

1）飞檐洞。位于钓鱼城南部，护国门东100余米处的城墙墙基下，中心地理坐标为北纬30°00′17.1″，东经106°18′40.3″，高程约345米，方向62°。上接跑马道，下临城墙外悬崖。原属山顶岩石上一处天然裂缝，因其上筑城墙，形成一巨石夹峙的石洞，洞进深10余米，最窄处约0.5米，仅容单人通过。该洞幽深、隐蔽，依山就势，军事防御价值较为突出（图版二六，1）。

2）皇洞。位于钓鱼城东部，东新门以东数十米处的城墙墙基下，中心地理坐标为北纬30°00′21.1″，东经106°18′53.0″，高程约323米，方向121°。系利用原有山石砌筑而成，内通城中、外口前即为高坎。外口平面呈一涵洞状，券顶，起券楔形条石共7块，洞口宽1、高1.3、进深约17米，内有天然狭窄隘口（图版二六，3、4）。

3）古地道。位于钓鱼城西北部，通往停车场的环山公路拐角处城墙墙基下，中心地理坐标为北纬30°00′37.0″，东经106°18′24.0″，高程约290米，方向340°。其上现为公路，前面为坡地、农田。洞口平面呈圆弧状，高1.1、宽0.8米，进深情况据以往发掘资料显示应在33米以上（图版二六，2）。

3. 其他守城设施

5处，分别为水井3处（马鞍山古井一、二，始关门古井）、始关门古栈道1处、马鞍山小径1处。

（1）马鞍山古井一

位于钓鱼城西北部，出奇门以东的马鞍山脚下，中心地理坐标为北纬30°00′44.1″，东经106°18′38.5″，高程约362米。该井俗称"方井"，现已废弃，周围遍布荒草。北距城墙8.4米，西、南两侧皆依山体岩石为壁，其南部山岩上可见4个人工开凿的梯槽，自上而下排列，当为洗井清污而设。井口平面呈不规则的长方形，宽0.93~1.6、深约2米（图版二一，5）。

（2）马鞍山古井二

位于钓鱼城西北部，马鞍山古井一西南约50米的马鞍山脚下，中心地理坐标为北纬30°00′43.6″，东经106°18′37.0″，高程约361米。该井现已废弃，前为一平缓坡地，周围遍布荒草。北距城墙约8米，西、南两侧皆依山体岩石为壁，井口平面呈长方形，长1.7、宽1.15、现存深度0.3米（图版二一，6）。

（3）始关门古井

位于钓鱼城南部，始关门外10余米处，中心地理坐标为北纬30°00′14.4″，东经

106°18′27.6″，高程约252米。依山脚而设，东、北两侧皆依山体岩石为壁，前为上山石板道路，后部山岩上有近现代题刻。井口平面呈圆形，直径0.65米，外围井框为长方形，长2.1、宽1.15~2.3米。该井制作较为规整，现仍有储水，深约0.8米（图版二一，4）。

（4）始关门古栈道

位于钓鱼城南部，始关门外山岩处，中心地理坐标为北纬30°00′14.4″，东经106°18′27.6″，高程约254米，方向80°。坡度20°左右。开凿于山体岩石之上，前临上山石板道路，细部即为始关门古井。栈道槽现存长12.3、宽0.25~0.3米，略呈阶梯状上升，槽内有排水道，宽、深均为0.05米左右。主槽下有大小不一的柱洞6个，直径0.12~0.22米，另有数段长0.5~2.2米的柱洞槽（图版二六，5）。

（5）马鞍山小径

位于钓鱼城西北部，东距马鞍山古井二约25米，中心地理坐标为北纬30°00′43.7″，东经106°18′37.5″，高程约365米，方向80°。北距城墙约7米，利用马鞍山山体自然形成的缝隙，开凿于山体岩石之上，周围被杂草、树木掩盖，较为隐蔽。沿山石而上，可见依次开凿的4步脚踏梯面，较简单，踏面宽0.2、深0.2、级高0.35米，其上山岩缝隙宽约0.7米，小径一直延伸至马鞍山顶部（图版二六，6）。

以上各处守城设施，据其形制特点及建筑功能分析，时代当均属宋代。

4. 摩崖造像、题刻

9处，分布于马鞍山脚下及镇西门、飞来寺附近，分别为马鞍山古井摩崖造像、马鞍山石刻；镇西门南摩崖题刻一、二，镇西门下摩崖题刻；飞来寺造像龛一、二、三及飞来寺题刻。

分别介绍如下。

（1）马鞍山古井摩崖造像

位于钓鱼城西北部，马鞍山古井旁南部山岩处，中心地理坐标为北纬30°00′44.1″，东经106°18′38.5″，高程约362米，方向326°。北距城墙8.4米，东距古井仅0.7米，周围现已遍布荒草。造像凿刻于一简易长方形石龛中，石龛宽0.7、高1米，上部略收。造像本体风化、损毁严重，细部多已模糊，可辨其头上有发髻，双手合于腹下，下部为方形台座。据其造像风格及与古井的共存关系推测，可能为一尊宋代所造观音像（图版二七，1）。

（2）马鞍山石刻

位于钓鱼城西北部，马鞍山古井西部数十米山岩外凸处，中心地理坐标为北纬

30°00′43.8″，东经106°18′38.0″，高程约362米，方向298°。北距城墙4.86米，前有一块较平缓坡地，周围遍布荒草。石刻位于马鞍山底部山体岩石之上，风化较为严重，可辨其形似一犬，呈曲蹲坐姿，并做回顾（向西）张望状。具体时代不明（图一三；图版二七，2）。

（3）镇西门南摩崖题刻一

位于钓鱼城西部，镇西门南部的山体转角处，中心地理坐标为北纬30°00′15.8″，东经106°17′57.7″，高程约279米，方向230°。题刻位于镇西门南约34米悬崖处一岩石上，南临深谷，西南处为现代所修上山石板梯道，下有柏树、竹子等植被，以及居民房屋。题刻所在岩面为长方形，高约3.2、宽1.63米，其上竖向刻有"天下太平"四字，楷书，字左侧刻一莲花形图案，旁有小字，因风化、损毁已不可辨。

图一三　马鞍山石刻拓片

其上莲花形图案与镇西门下题刻较为一致，若莲花确为镇西门下题刻一部分，则两者时代应相去不远，同属明代作品（图版二七，4）。

（4）镇西门南摩崖题刻二

位于钓鱼城西部，镇西门南摩崖题刻一之北部，中心地理坐标为北纬30°00′15.8″，东经106°17′57.7″，高程约279米，方向275°（图版二七，5）。该题刻与镇西门南摩崖题刻一分别处于同一块山体转角岩石的西面及南面，其西为现代所修上山石板梯道，下有柏树、竹子等植被，以及居民房屋。其先于岩面凿出长1.28、宽1.45、深0.05～0.09米的长方形碑面，并在周沿部分刻划宽0.05米的菱形纹装饰带。碑面上由左向右题刻七列文字，楷书，碑文上部已风化、损毁，下部文字为（图一四）：

……（勝）之地唯合陽爲\……此不亦宜乎琳\……（復）廣安若軍若\……郡有賢城之才\……韌於茲矣咸淳\……（四）日刻\……官總統戍合軍馬
朐山秦琳 謹記

此题刻布局落落大方，书法清秀稳健，具有较高的艺术价值。第五行"咸淳"二字当为年号，故此碑年代应为南宋度宗年间，即1265～1274年。

图一四　镇西门南摩崖题刻二拓片

（5）镇西门下摩崖题刻

位于钓鱼城西部，镇西门北部悬崖之下，中心地理坐标为北纬30°00′17.7″，东经106°17′57.7″，高程约270米，方向为325°（图版二七，6）。该题刻处于镇西门下一块巨石之上，下有柏树、竹子等植被，西北不远处即为居民房屋。所处石面高3.7、宽4.5米，碑上由左向右题刻五行文字，下部有一莲花形图案。其文为：

嘉靖辛亥三十年\秋八月吉旦\宅請師命匠\□風□（攴）\石匠巴縣艾書

虽然此碑文字出于匠人之手，刻划较为随意，其内容也与民间风水堪舆相关，但其记年明确，为"嘉靖辛亥三十年"，即1551年，属明世宗年间，故仍具有一定的历史价值。

（6）飞来寺造像龛一

位于钓鱼城南部飞来寺东南约30米的一天然岩石上，中心地理坐标为北纬30°00′12.4″，东经106°18′29.9″，高程约264米，方向为206°（图版二八，1）。该龛处于巨石南部岩面，前为石板梯道，周围有竹子、荒草等植被，其北为废弃的现代居民房屋。龛体呈弧顶长方形，宽0.34、高0.48、进深0.32米。左右龛边凿刻为宽0.13米的平面，龛前凿平为宽0.6、进深0.12米的平台。其上有山顶形人字石沟槽，左右分别长0.68、0.5米，宽0.12米，进深0.05米左右。

龛内未见造像，应为早期盗扰。

（7）飞来寺造像龛二

位于钓鱼城南部飞来寺东南约35米的一天然岩石上，中心地理坐标为北纬

30°00′12.4″，东经106°18′29.9″，高程约264米，方向为205°（图版二八，2）。该龛所处巨石西距飞来寺造像龛一约5米，前为石板梯道，周围有竹子、荒草等植被，其西为废弃现代居民房屋。龛体呈弧顶长方形，宽0.85、高1.04、进深1.05米；左右龛边凿刻为宽0.1米的平面，龛前凿平为宽1.15、进深0.15米的平台。龛顶有石刻"常在名山"题额，高约0.3米；其上有山顶形人字石沟槽，左右分别长2.1、0.5米，宽0.16米，进深0.05米左右，另有横向石槽一道，宽0.25、长1.2、进深0.08米左右。主龛下有一小龛，宽0.4、暴露高度约0.45、进深0.3米，其下为土石覆盖，具体形制不明。龛前尚存长方形石香炉1个，束腰平底，长0.75、宽0.28、高0.24米，上部石槽长0.6、宽0.13、深0.22米，外壁面装饰连弧花草及莲座纹饰（图版二八，5）。

龛下部东西各有造像记事碑一通，左高0.72、宽0.52、进深0.06米，右高0.61、宽0.35、进深0.05米（图版二八，3、4）。各有楷书题记如下。

东记事碑（六列）：

信士梁大章妻张氏男、侄清重、钱泉\虔心敬修石室一座\以及拜跪之所重敬装\观音大士金容一尊\祈保家安人吉百事顺遂\道光八年元月望四日吉旦

西记事碑（五列）：

信士杨维新同缘孙氏\男正桂、松、椿正欒、槐、棠\虔心酬恩了愿敬装\观音大士金容金身一尊\……□十二日吉旦

据碑文内容显示，该龛当为民间信士祈福还愿所造无疑，东记事碑时代较为明确，"道光八年"即1828年，从其碑文"重敬装"三字分析，西记事碑年代应早于道光八年。同时，碑文也显示此龛当有两次修建过程，下部小龛当为道光八年开凿，上部大龛修造时间较早，惜碑文残缺，具体时代不明。

龛内未见造像，应为早期盗扰。

（8）飞来寺造像龛三

位于钓鱼城南部飞来寺东南约35米的一天然岩石上，中心地理坐标为北纬30°00′12.4″，东经106°18′29.9″，高程约264米，方向为300°（图版二八，6）。该龛与飞来寺造像龛二同处一石之上，南为石板梯道，周围有竹子、荒草等植被，西为废弃现代居民房屋。龛体呈长方形，宽0.47、高1.15、进深0.19~0.3米，结构较为简单，具体时代不明。

龛内未见造像，应为早期盗扰。

（9）飞来寺题刻

位于钓鱼城南部飞来寺东南约35米的一天然岩石上，中心地理坐标为北纬30°00′12.4″，东经106°18′29.9″，高程约264米，方向为310°（图版二七，3）。该龛与飞来寺造像龛二、三同处一石之上，南为石板梯道，周围有竹子、荒草等植被，西为废弃的现代居民房屋。题刻位于岩石西部天然平面上，宽0.9、高1米，右下刻凿莲瓣状图案。题刻内容共两列，均为从上至下"天下太平"四字，楷书，左侧字体较小，下部有方形图案，疑似印章，惜字体已风化模糊。

该题刻与镇西门南石刻一书写内容较一致，应同属明代作品。

六、结　语

钓鱼城历史积淀深厚，文化源远流长，其在宋元（蒙）战争中的重要地位和历史意义，已多有方家深入研究论证，此处不再赘言，下面就本次调查发现的考古学材料谈几点收获和认识。

（一）关于不同时期城墙的特点

钓鱼城现存古城墙主要为宋代城墙与清代城墙，它们在质地及加工方法上较为一致，均以当地所产方山砂岩为原料，通过錾凿修整为楔形石块，层层砌筑而成，这是其共性所在，它们的特点及区别主要有以下几点。

宋代筑墙条石迎敌面多打凿为斜面，墙体坡度在62°～68°；清代则普遍为直墙，条石迎敌面为相对直角。

宋代筑墙条石内侧多有錾槽，上层条石垒砌于下层錾槽内，层层叠涩；清墙则无錾槽，上下层齐头平置。

宋代部分筑墙条石（水军码头及南一字城三期城墙）外端多为钝圆角；清代则无此种痕迹。

整体观察，宋代城墙厚重稳固，选材方面筑墙条石体积较为硕大，砌筑方式方面略为粗放，层缝稍显起伏不平，灰缝不太明显；清代城墙则规整细腻，选材方面筑墙条石体积较小，砌筑方式较为工整，层缝基本水平，白灰缝较明显。

（二）关于外城城墙及城门的年代

钓鱼城现存外城城墙普遍存在不同时期城墙相互叠压的特点，具体由上至下分别为现代城墙→清代城墙→宋代城墙,此特征于东新门至飞檐洞一段最为明显,三种不同时期的城墙保存状况均较好。其余各段城墙,除小范围完全塌毁外,多为清代与宋代城墙叠压存在。另外,孙家湾水库及出奇门附近有数段清代城墙坍塌,仅留宋代墙基。另据皇洞至青华门一段城墙调查资料显示,清代在复修城墙过程中,有向内收进现象,墙体与宋代城墙墙基略有错位。关于城墙本体的年代问题,调查发现的排水孔亦可佐证,目前发现清代墙体中的排水孔多为双孔至四孔,且形制较为规整,与宋代城墙中的排水孔单孔形制、巨石垒砌的粗犷风格有较大不同。

调查的城门中,除始关门、护国门、东新门为现代仿建外,出奇门、青华门、奇胜门、镇西门及小东门结构均为双层石拱门,结构较为一致,据其特征及与宋代城墙叠压关系分析,时代当均属清代。根据出奇门周围石条錾凿纹、错缝分析,其建筑顺序当为先筑城门,后在两边接续城墙。水军码头城墙城门与南一字城城门由于为现代道路覆盖,具体形制不明,据其周边一字城墙特征推测当为宋代城门。

(三)关于外城周边文物点价值

除城墙本体、城门、城墙附属建筑及相关守城设施外,本次调查还发现了一批较为重要的文物点。

调查发现的崖墓,形制较为规整,多为较为成熟的三重门框,飞来寺崖墓为单室弧形顶,且有排水沟等设施,当为崖墓在东汉鼎盛期的代表;南一字城崖墓群规模较大,墓顶部排水设施完善,各个墓葬之间排列有序,为我们进一步研究其墓地布局结构提供了方便。

调查发现的摩崖题刻和造像龛中,镇西门南摩崖题刻二,书法清秀稳健,艺术价值较高,且内容、时代当均与宋末抗元(蒙)战争有关,这在钓鱼城已发现的摩崖题刻中并不多见,其对研究钓鱼城历史的重要性不言而喻;镇西门下摩崖题刻与飞来寺造像龛二纪年较为明确,分别为明嘉靖及清道光年间,这为重庆地区的相关石质不可移动文物提供了新的断代标尺;镇西门南摩崖题刻一与飞来寺题刻内容相同,飞来寺数个造像龛形制相似,造像记事碑保存较好,这些发现对研究明清时期的民俗、宗教信仰都具有较为重要的价值。

(四)关于钓鱼城城防特点

根据本次调查结果,结合以往资料,总结钓鱼城城防特点有以下三点。

1)广开城门,以逸待劳。钓鱼城作为抗蒙山城的典型代表,其战略防御功能应为立城之根本,然而钓鱼城并未机械防守,而是灵活主动,广立城门。调查发现有护国、始关、小东、东新、青华、出奇、奇胜、镇西及南一字城城门等共十门之多。正所谓"城门贵多不贵少,贵开不贵闭",广开城门,正便于我方主动出击,用兵突袭,使敌人昼夜警醒,不得久留,我方则坐镇山城,以逸待劳,古军事理论在冷兵器时代的实战中灵活运用并取得了成功。

2)就地取材,物尽其用。调查发现外城城墙利用原有坡地进行人工平整,后填层层夯土,或者以黏土杂碎石块逐层夯筑,其中水军码头及南一字城的筑墙条石及夯土均采自钓鱼城周边采石场及田地中,北一字城夯土中夹杂少量汉代墓砖,均说明钓鱼城的建造最大限度地利用了客观自然条件,降低了建筑成本。

3)依山就势,据险设防。此特征较为鲜明,当为钓鱼城防御成功的重要原因,实际调查资料也充分证明了这一点。首先,其外城城墙镇西门至小东门段、出奇门至青华门段,为依山就势特征的典型代表,不另筑人工城墙,而是利用悬崖峭壁为天然屏障;其次,南一字城与北一字城城墙布局选址亦位于山脊等地势较高处,借相对落差加大了城墙高度;再次,三龟石遗址中的西三龟石坐镇山北,居高临下,地势险要,其上柱洞密集,当为宋代军事建筑遗迹。城墙附属建筑中的马面等设施,多位于悬崖峭壁的凸出位置,配合环山城墙抢占险要位置应为其重要作用之一,另外亦兼顾炮台、哨台及护墙墩台等军事建筑功能。

本次调查工作,新发现了北一字城墙及北水军码头城墙、城门及南一字城城门等一批重要文物点,进一步明确了钓鱼城的布局结构和防御特征,丰富了钓鱼城的历史内涵,加深了我们对钓鱼城文化延续性的认识。同时,也为我们"透物见人,以物论史",研究钓鱼城不同时期的社会、艺术、民俗及宗教信仰情况提供了鲜活的实物资料,为进一步合理利用文化资源,正确开发钓鱼城的现实价值提供了新的依据。

附记:在调查工作中,得到了合川区钓鱼城风景名胜区事务中心、钓鱼城古战场遗址博物馆的支持和帮助,在此一并致谢!

领队:袁东山

调查:袁东山　蔡亚林　王胜利　廖渝方
　　　白新林　付　珺　田素琼

摄影:廖渝方

绘图:蔡亚林　王胜利　付　珺

拓片:廖渝方　白新林

执笔:袁东山　蔡亚林

古地道遗址发掘简报

重庆市文物考古研究院

古地道遗址位于钓鱼城西北部城墙外缘，南距奇胜门100余米（图一），现处于景区公路下，距地表约5米（图二）。地理坐标：东经106°18′24.20″，北纬30°00′37.00″，海拔287米，隶属钓鱼城街道小塔村五组。2005年3月，景区进行公路滑坡治理施工时发现该遗址，2006年4月29日至5月30日，为配合滑坡治理工程施工，重庆市文物考古所（现重庆市文物考古研究院）对古地道遗址开展了抢救性发掘。地道内部被大量近方形石块、圆形礌石以及少许石磨、石门槽残块等填塞（图版二九，1），其下为淤泥层，因地道后部被塌方山岩彻底封堵，出于安全原因未全部发掘清理。现将本次发掘工作简报如下。

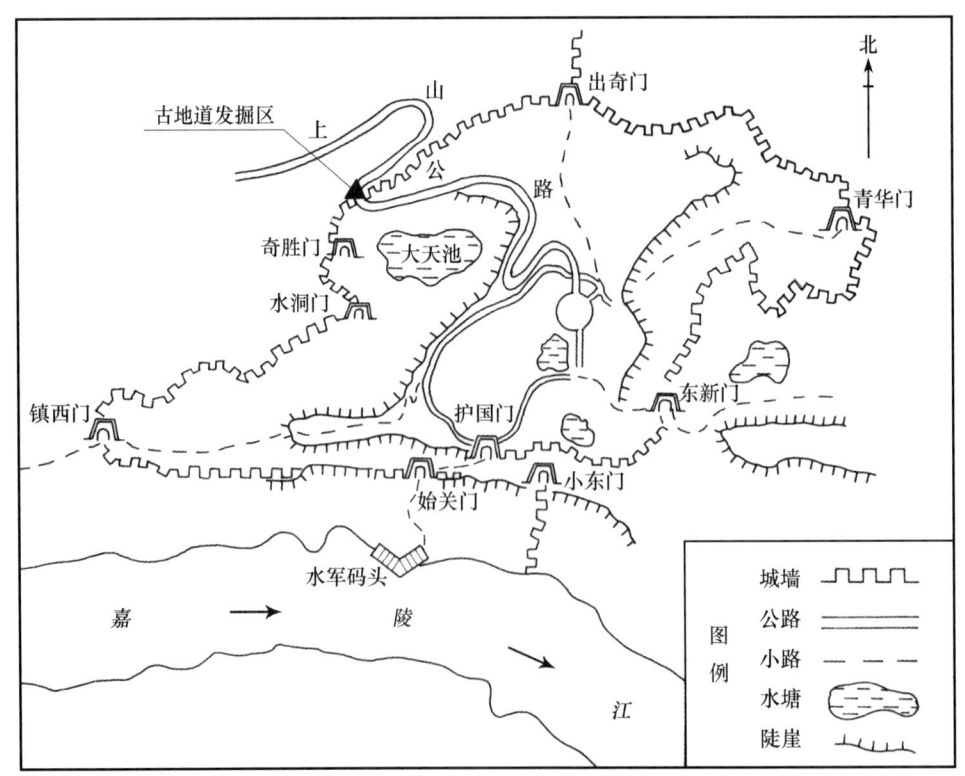

图一 古地道在钓鱼城中的位置

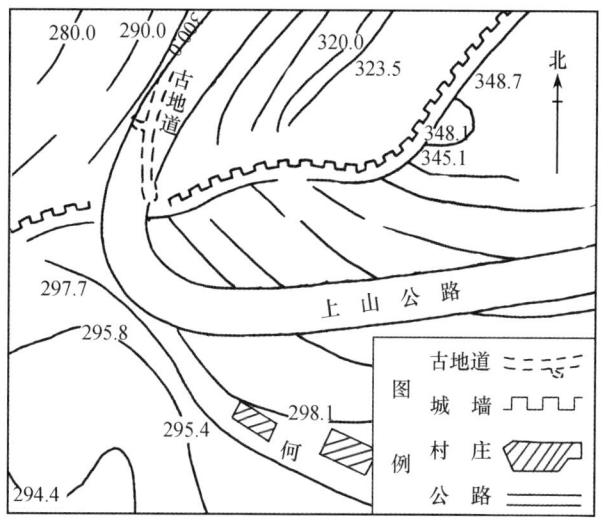

图二　古地道与城墙、公路的位置关系

一、形制与结构

古地道是在砂页岩山体中人工开凿而成，由主道和六条支道组成，清理总长约27.6米（图三；图版二九，2）。

（一）主道

主道平面形状为略弧的长条形，剖面形状近倒"凸"字形，平顶，直壁微弧，凹形底，清理长约23、宽1.5、高1.3米，近正南北向。据残留的錾凿痕迹推断，主道是沿山体边缘自北向南开凿，南端止于钓鱼城城墙下，北部被山岩塌方堵塞，未完全清理。

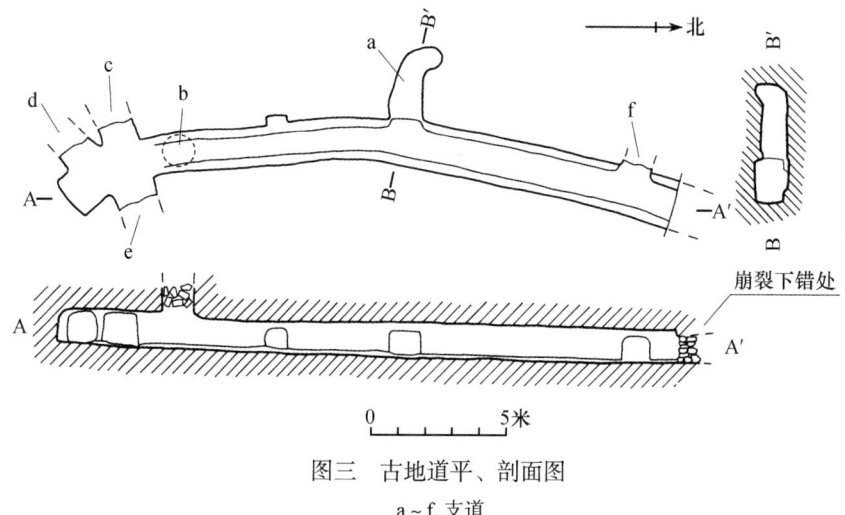

图三　古地道平、剖面图
a～f. 支道

（二）支道

主道两壁、顶部有六条支道，除支道e、b分别开凿于东壁、顶部，余支道均在西壁。

支道a位于主道西壁，距主道南端12.5米，南距支道b约7米，北距支道f约7.5米，平面形状不规则，剖面近长方形，长2.5、宽1~1.2、高1~1.3米，近东西走向。支道a与主道呈"丁"字状，尽头处向北弯折，且呈向上开凿的趋势，已至页岩边缘，接近地表。

支道b位于主道顶部，距主道南端4米，南距支道c、e约1米，北距支道a约7米，为圆形竖井，直径1.2米。支道内填满土石方，无法向上清理，深度不详。

支道c位于主道西壁，距主道南端2.2米，南邻支道d，东与支道e相对，北距支道b约1米。支道内填满石块，未完全清理，长度不详，剖面近方形，支道清理长0.6、宽1.3、高1.2米，东西走向，西高东低。

支道d位于主道西壁，距主道南端0.6米，北邻支道c。支道内填满石块，未完全清理，长度不详，剖面近方形，清理长0.5、宽1.3、高1.2米，呈东北—西南走向。

支道e位于主道东壁，距主道南端1.4米，西与支道c相对，北距支道b约1米。支道内填满石块，未完全清理，长度不详，剖面近方形，清理长0.5、宽1.5、高1.1米，东西走向，略偏北，东高西低。

支道f位于主道西壁，距主通道南端21米，南距支道a约7.5米。前端被公路防滑坡桩井阻挡，仅清理0.2米，剖面为近方形，边长1.3米，东西走向。

在主道西壁距支道a约4米处，有一刚开凿的支道，长0.3米。

二、遗　　物

古地道遗址出土遗物有石器、瓷器及铁器等。

1. 石器

40件。均为礌石。

D1∶7，完整。形状不甚规则，近圆球形，浅红色砂岩，修凿痕迹明显。直径26厘米（图四）。

2. 瓷器

3件。器形为盏、碗。

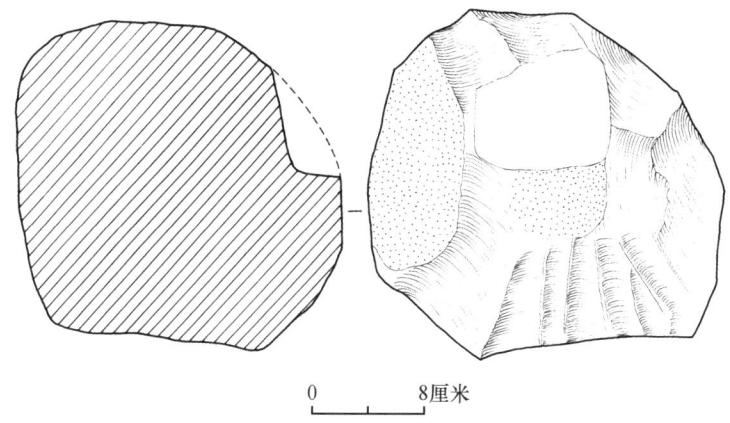

图四　古地道遗址出土礌石（D1∶7）

盏　1件。D1∶1，可复原。敞口，圆唇，斜弧腹，饼足略内凹。胎色红，胎质较粗糙，夹杂砂粒。色釉酱褐，内壁满釉，外壁施釉不及圈足。口径10.6、底径3.8、高4.8厘米（图五，1；图版三〇，1）。

碗　2件。D1∶2，可复原。侈口，尖唇，唇微外撇，斜弧腹，矮圈足。内壁压印花卉图案。胎色浅灰，胎质较细腻致密，施白色化妆土。釉色乳白，内壁满釉，外壁施釉不及底。口径17、底径6、高5.2厘米（图五，3；图版三〇，2）。D1∶3，不可复原。仅存碗底，宽圈足。胎色灰黄，胎质粗糙，夹粗砂。釉色酱褐，内外壁施釉，内底刮釉成涩圈。底径7.8、残高3.5厘米（图五，2；图版三〇，3）。

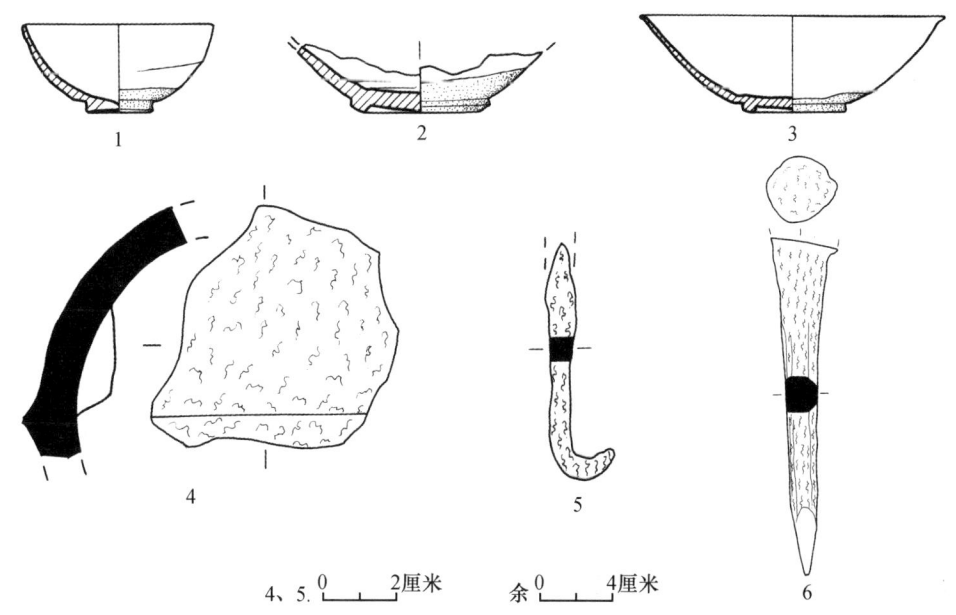

图五　古地道遗址出土器物

1.瓷盏（D1∶1）　2、3.瓷碗（D1∶3、D1∶2）　4.铁雷残片（D1∶6）　5.铁镞（D1∶5）　6.铁凿（D1∶4）

3. 铁器

96件。器形有凿、镞及铁雷残片等。

凿　1件。D1∶4，可复原。上粗下细呈锥形，尾圆，有明显打击变形痕，中部为多面棱锥，前端为尖刃。长18.1厘米（图五，6；图版三〇，4）。

镞　15枚。D1∶5，可复原。镞身为四棱锥形，铤长，截面为方形。残长6.4厘米（图五，5；图版三〇，5）。

铁雷残片　80余片。D1∶6，不可复原。圆弧形，外壁中部可见浇铸范纹。残长8、残高7、壁厚1.2厘米（图五，4；图版三〇，6）。

三、初步认识

盏D1∶1器形与涂山窑Db型盏相近，时代为南宋晚期；白釉瓷碗D1∶2为四川彭州磁峰窑南宋晚期产品；酱褐釉碗底D1∶3应为合川本地窑口产品，根据其宽圈足特征，时代应为南宋晚期至元初，结合文献资料推断，古地道遗址的开凿年代应为南宋末期。

技术体系上，地道的开凿技术与当地汉六朝以来的崖墓类似。根据地道壁上留下的工具痕迹分析，地道为自北向南挖掘，即从城外向城内挖掘，应为元（蒙）军的攻城地道，本次发掘清理部分为其南部末段。

地道开挖不久即被封堵，填塞用料以岩石和加工过的礌石为主，并夹杂大量铁镞和铁雷残片，特别是清理出土了80余片爆炸性火器铁雷的残片，可见当时战况的激烈和守军封堵地道的急迫，这也是宋元（蒙）战争山城遗址首次考古出土爆炸性火器铁雷的实物。

由于地道顶部岩层破碎，出于安全考虑，本次考古工作未能对古地道进行完全清理，主道北段延伸情况、进口位置及支道走向等具体问题还有待进一步的考古工作来揭示。

领队：袁东山
发掘：丁韦强　王　励　黄坤海
绘图：丁韦强　师孝明
摄影：丁韦强　董小陈
修复：蔡远富
执笔：袁东山　丁韦强

石照县衙遗址试掘简报

重庆市文物考古研究院

石照县衙遗址位于护国寺东北部，小地名又称"风火墙"，现存地面建筑为近现代木石结构民居（图一；图版三一，1），当地人世传该处为宋元（蒙）战争时期迁至钓鱼城的石照县衙，遗址由是得名。2006年12月，为配合钓鱼城石照县衙维修保护及环境整治工程，重庆市文物考古所（现重庆市文物考古研究院）对石照县衙遗址开展

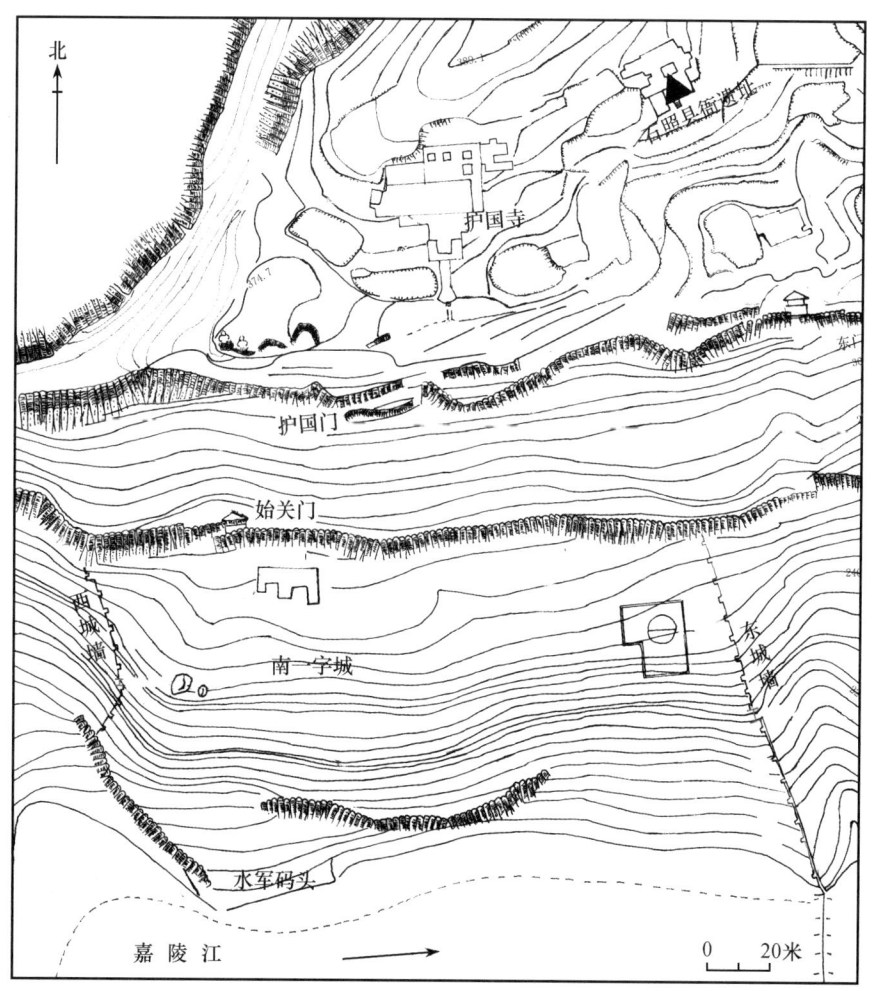

图一　石照县衙遗址位置示意图

试掘工作。经初步勘探，遗址区域内的近现代建筑垫土下即为黄褐色生土，仅中部小范围的区域存在少量文化堆积，故于此处布探沟两条（TG1、TG2）进行试掘，总试掘面积为19平方米（图二；图版三二，3），清理两座房址，出土可复原瓷器5件。现将考古试掘情况简报如下。

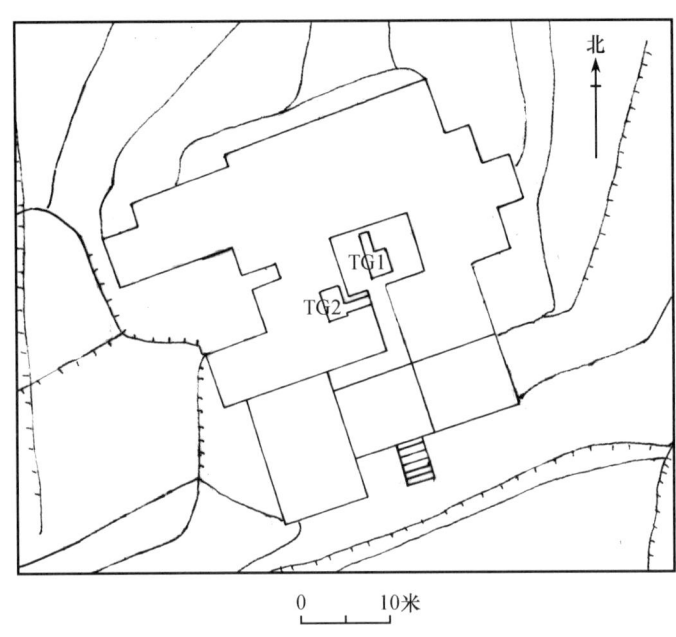

图二　石照县衙遗址探沟分布图

一、地层堆积

以TG1西壁剖面为例，介绍遗址地层堆积情况（图三）。

第1层：近现代建筑垫土层。厚0.25~1米。黄褐色黏土，土质较疏松，夹杂大量鹅卵石、三合土、炭屑、植物腐殖物等。出土遗物为近现代陶瓷片。

第2层：明清时期文化层。深0.5~0.95、厚0~0.15米。灰褐色黏土，土质较致密，夹杂较多砾石。出土遗物为大量青花瓷片及陶瓦片。分布于探沟中南部。

第3层：宋末元初废弃堆积。深0.83~1.45、厚0~0.65米。浅灰色黏土，土质致密。出土遗物为大量青釉瓷器、青白釉瓷器、黑釉瓷器、缸胎器残片及布纹瓦砾等。分布于探沟南部。

该层下为F1和黄褐色生土。

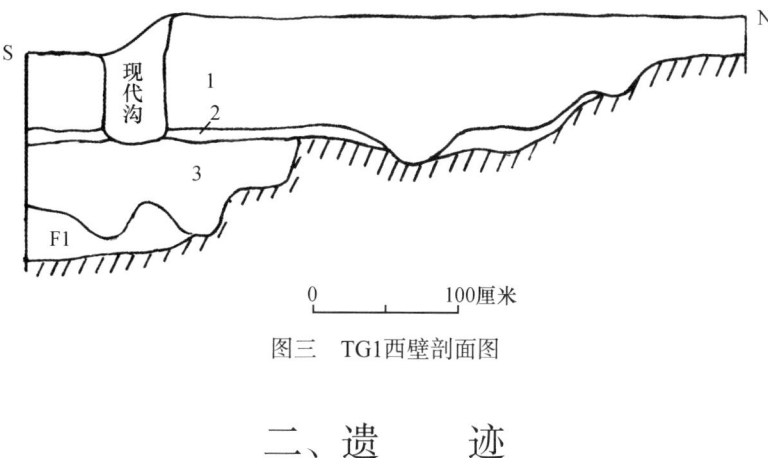

图三 TG1西壁剖面图

二、遗　　迹

F1　位于TG1南部，叠压于第3层下，打破生土层。距地表深0.75~1.45米，墙基方向41°。仅清理房址部分墙基，清理长2.6、宽0.6、残高0.3~0.4米，以简易加工的条石丁砌构筑，缝间用黏土填实。墙基外侧顺向平铺长方形石板，长0.77~0.89、宽0.28米（图四；图版三—1，2）。

F2　位于TG2中，叠压于第1层下，打破第2层。距地表深0.2~0.3米，近东西向。平面形状不规则，整个房址向南延伸，东部被现代房基打破。已揭露部分墙基

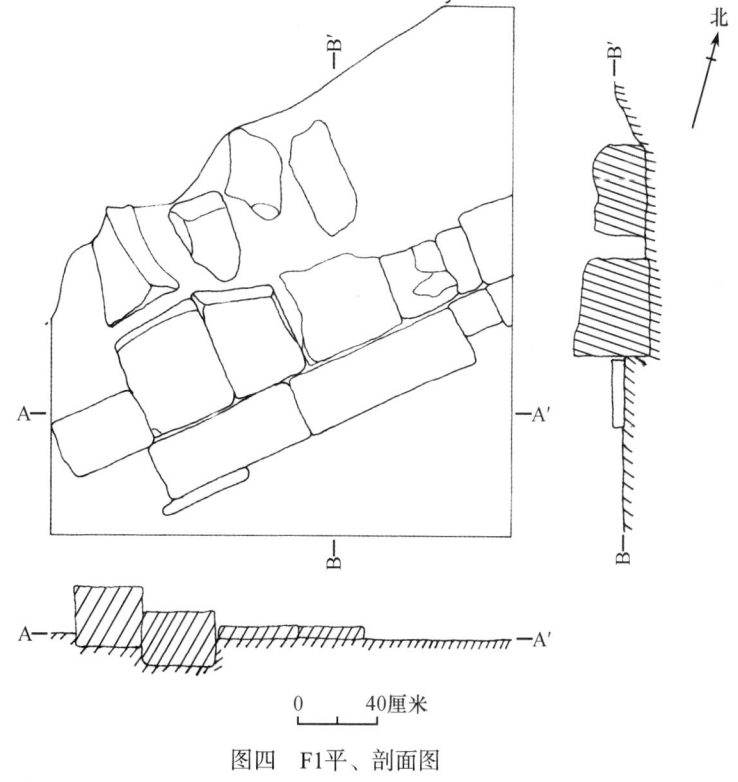

图四　F1平、剖面图

呈"人"字形，残长7.1、宽0.23～0.3、厚0.35米，修筑方法是先挖宽0.32～0.45、深0.23～0.25米的基槽，后用简易条石构筑而成（图五）。

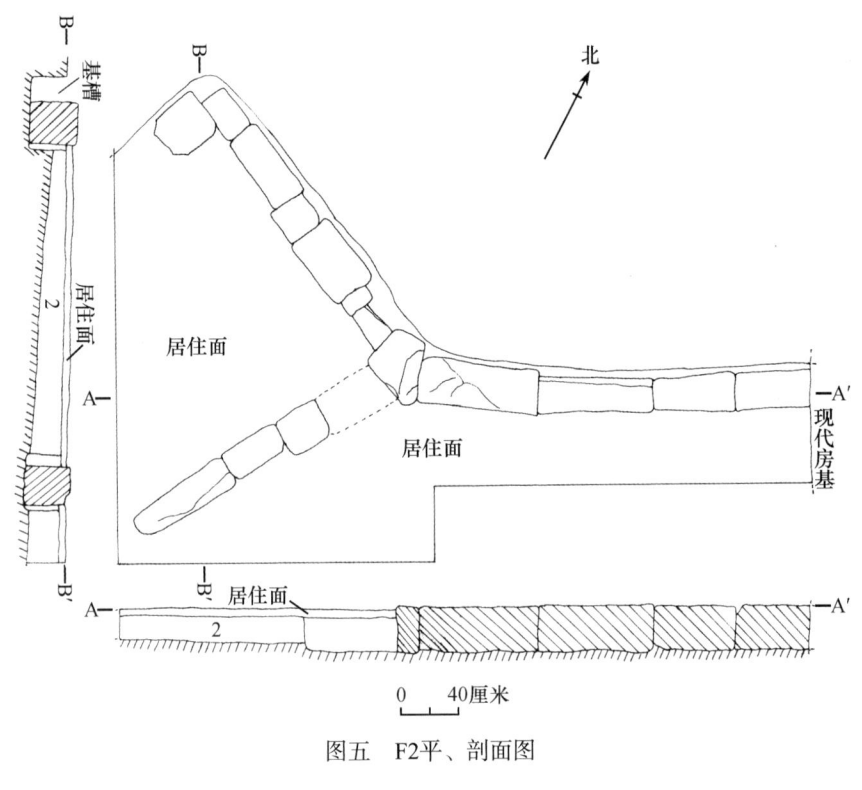

图五　F2平、剖面图

三、遗　　物

出土遗物多为瓷器残片及瓦砾等，其中可复原器物5件，包括黑釉瓷器和白釉瓷器两类。

1. 黑釉瓷器

4件。

碗　1件。TG1③：5，可复原。敞口，尖圆唇，浅腹，矮圈足，外墙近直，内墙微外撇。灰白粗胎，内外施黑釉，外釉不及底，内有涩圈，釉面浑暗有橘皮状棕眼。口径19、足径7.8、高4.4厘米（图六，2；图版三二，1）。

盏　3件。TG1③：1，可复原。敞口，圆唇，深弧腹，下腹近底平折，饼足，足缘斜削。灰白粗胎，内外施黑釉，外釉不及底，釉面浑暗有棕眼，橘皮状黄斑。口径11、足径4.4、高4.8厘米（图六，3）。TG1③：2，可复原。敞口微敛，圆唇，深弧腹，饼足。灰白粗胎，内外施黑釉，外釉不及底，釉缘有积釉。口径10.4、足径

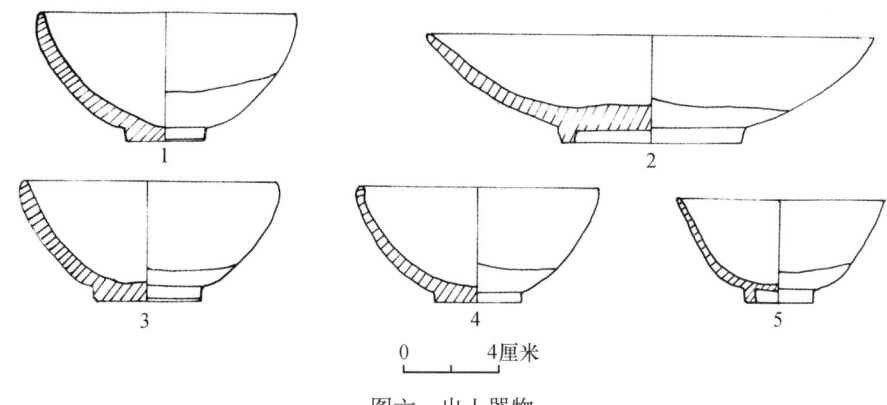

图六 出土器物

1、3、4.黑釉瓷盏（TG1③：3、TG1③：1、TG1③：2） 2.黑釉瓷碗（TG1③：5） 5.白釉瓷盏（TG1③：4）

3.7、高4.7厘米（图六，4）。TG1③：3，可复原。敛口，圆唇，深弧腹，饼足。灰白粗胎，内外施黑釉，外釉不及底。口径11、足径3.4、高5.5厘米（图六，1；图版三二，2）。

2. 白釉瓷器

1件。

盏 1件。TG1③：4，可复原。敞口，尖唇，深腹，矮圈足，足外缘斜削，鸡心底，内有垫烧痕。灰白胎，施乳白色化妆土，外施透明釉不及底，口施酱黄釉，釉面光洁莹亮。口径9、底径3、高4.2厘米（图六，5）。

四、结　语

石照县衙遗址试掘清理的房址F1、F2均遭严重破坏，仅存部分石构墙基，根据层位关系及出土遗物推断，F1时代为宋末元初，F2时代为明清时期。F1是宋元（蒙）战争时期钓鱼城修建的房屋建筑，保存情况较差，形制不清，与宋元（蒙）战争时期迁至钓鱼城的石照县衙关系不明。

领队：袁东山

发掘：王胜利　孙少伟

照相：王胜利

整理：王胜利　孙少伟

执笔：袁东山　王胜利　胡立敏

南一字城遗址发掘简报

重庆市文物考古研究院

南一字城遗址位于钓鱼城南部（图一；图版三三，1），坐北朝南，北靠钓鱼山，南濒嘉陵江，东西长约600、南北宽约350米，海拔高差近140米，总面积约160000平方米，以二磴岩悬崖为界分为上、下两部分。2008年、2009年，为配合嘉陵江草街航电枢纽工程建设，重庆市文物考古所（现重庆市文物考古研究院）对南一字城遗址进行了两次抢救性发掘。2011年、2012年，经国家文物局批准，又对南一字城遗址开展了两次主动性发掘，这是重庆市首次开展主动性考古发掘工作。

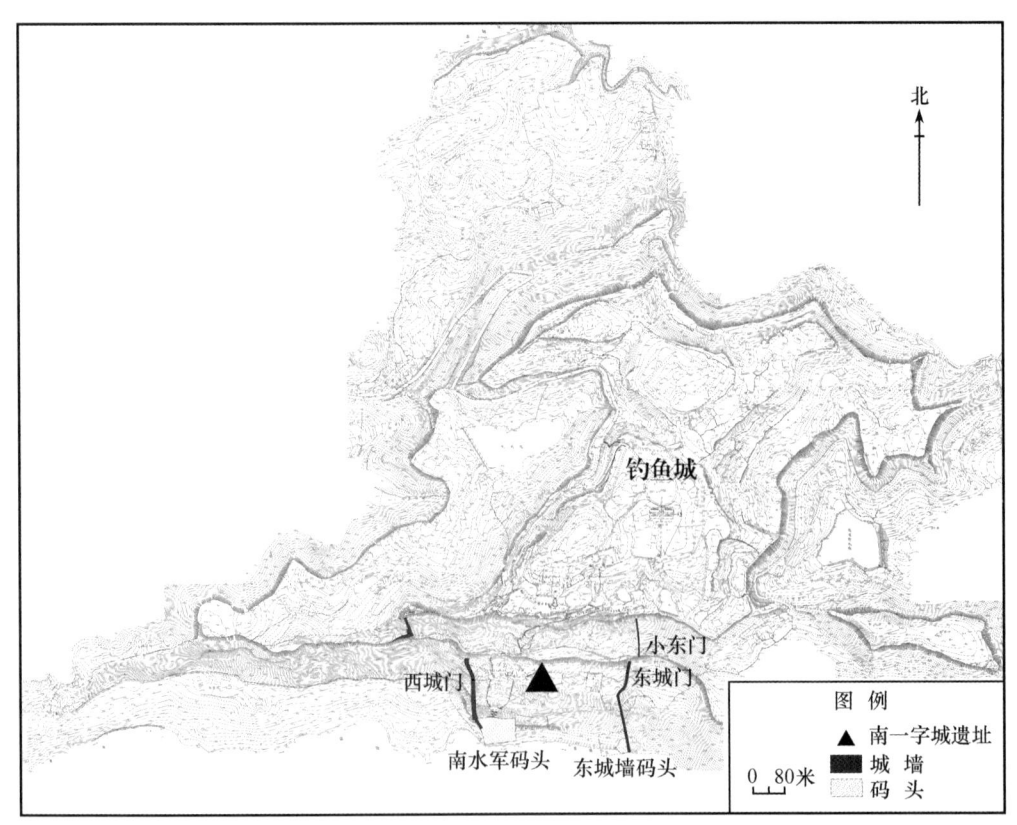

图一 遗址位置示意图

经过四个年度的考古发掘，南一字城遗址共布探方（探沟）159个，发掘总面积16594.5平方米（图二；附表一），发掘清理各类遗迹136个，其中码头2处、城墙9段、城门3座、道路18条、石堆11处、石臼5个、柱洞35个、护坡墙18道、平台15处、灰沟（排水沟）13条、房址3座、灰坑1个、墓葬2座和排水孔1个（附表二、附表三），出土瓷器、陶器、缸胎器、铁器、铜器和石器等大量遗物。现将考古发掘情况简报如下。

一、发 掘 概 述

南一字城遗址分布范围广、海拔高差大、堆积状况复杂，故而在发掘过程中将南一字城遗址划分为三个发掘区：南水军码头区、东城墙区及西城墙区（图二），按不同发掘区有序开展考古工作。

（一）南水军码头区

1. 历年布方与发掘

南水军码头区位于南一字城遗址西南角，地处钓鱼山南麓，嘉陵江畔，2008年、2009年先后三次在此开展发掘工作（2009年两次发掘），共布探方82个，发掘总面积8410平方米（表一；图二；图版三三，2）。

2008年10月，南水军码头区第一次发掘，编号2008HDS，共布探方48个，发掘面积5060平方米；2009年3月，第二次发掘，编号2009HDS，共布探方20个，发掘面积1950平方米；2009年9月，第三次发掘，编号2009HDS，共布探方14个，发掘面积1400平方米。

表一　南水军码头区布方统计表

发掘区	布方情况	探方（探沟）布方情况						
		方向	数量	编号	探方（探沟）	面积/平方米	扩方/平方米	布方总面积/平方米
南水军码头区	2008HDS	正北	48	T1~T48	T1~T46	10×10	160	5060
					T47、T48	10×15		
	2009HDS	正北	20	T49~T68	T49~T67	10×10	0	1950
					T68	10×5		
	2009HDS	正北	14	T69~T82	10×10		0	1400
	小计		82		8250		160	8410

2. 地层堆积

南水军码头区地势北高南低，南北高差约30米，因而南、北地层堆积差异较大。

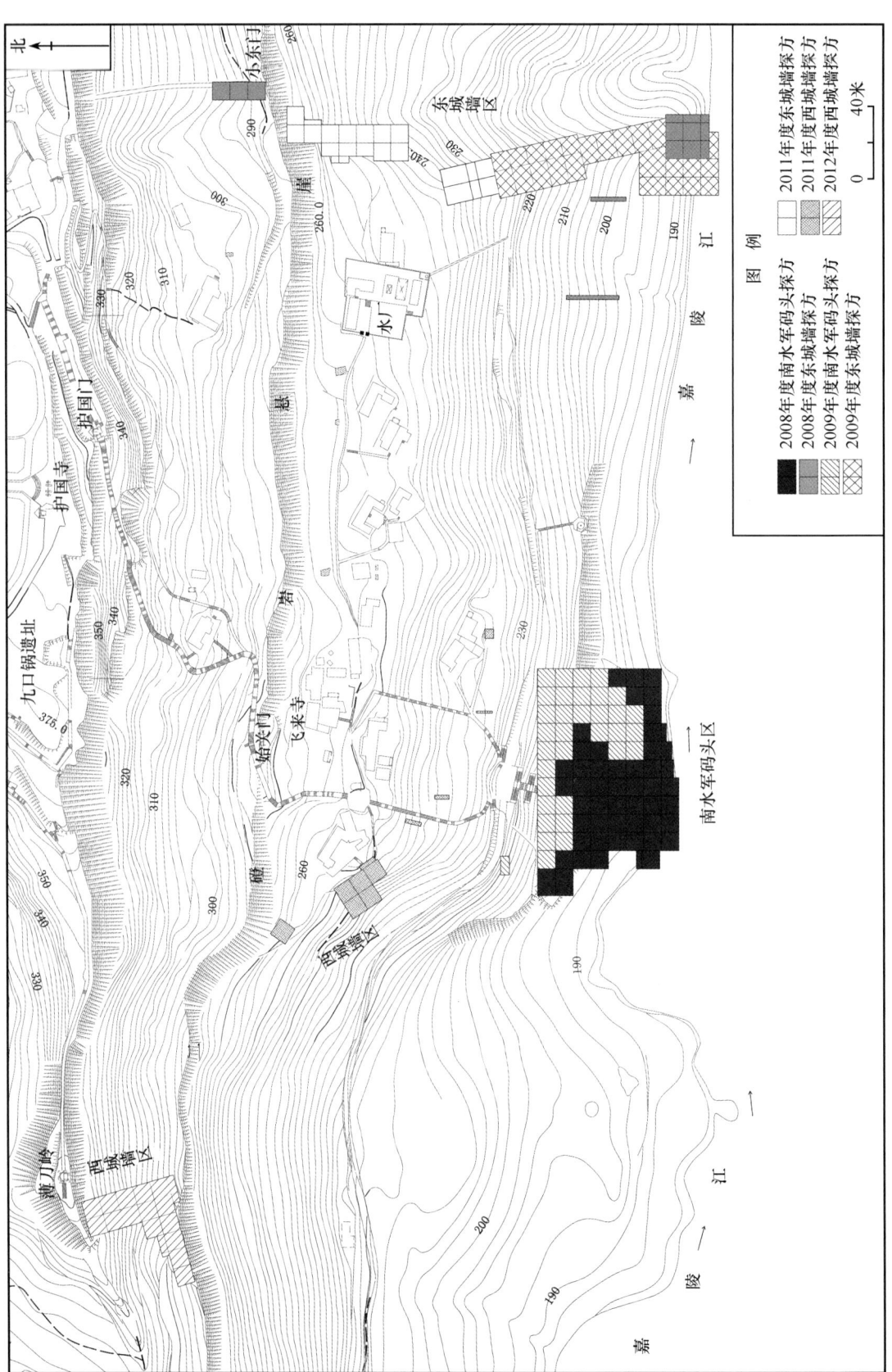

图二 探方分布示意图

南部主要是嘉陵江洪水淤积层，共12层，北部则主要是山洪冲积、滑坡及现代平整土地等因素形成的次生堆积，共4层。南、北部地层统一编号后，北部探方表土层下即为第13～15层，缺失南部的第2～12层。现以08HDST1西壁剖面、09HDST62北壁剖面为例分别介绍本区南、北部地层堆积。

08HDST1西壁剖面共12层（图三）。

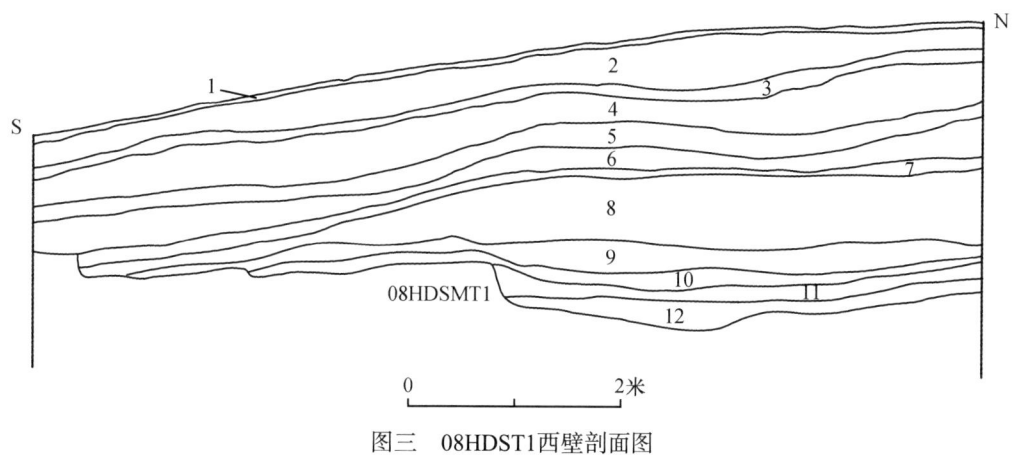

图三　08HDST1西壁剖面图

第1层：表土层。厚3～8厘米。青灰色砂土，土质疏松。内含大量植物根茎、塑料制品等。

第2层：近现代洪水淤积层。深3～8、厚17～50厘米。灰色砂土，土质疏松。内含较多植物根茎、塑料制品等。

第3层：近现代洪水淤积层。深20～50、厚10～16厘米。青色黏土，土质疏松。纯净无包含物。

第4层：近现代洪水淤积层。深35～65、厚22～45厘米。灰褐色砂土，土质疏松。内含零星植物根茎、塑料制品等。

第5层：近现代洪水淤积层。深65～102、厚15～20厘米。青色黏土，土质疏松。内含零星石子、塑料制品等。

第6层：近现代洪水淤积层。深80～118、厚10～40厘米。深灰色砂土，土质疏松。内含零星植物根茎、塑料制品等。

第7层：近现代洪水淤积层。深110～132、厚0～15厘米。青灰色砂土，土质疏松。内含零星石子。

第8层：近现代洪水淤积层。深125～138、厚0～79厘米。红褐色砂土，土质疏松。内含植物根茎。

第9层：近现代洪水淤积层。深144～205、厚0～25厘米。灰色砂土，土质疏松。

内含零星石子、塑料制品等。

第10层：近现代洪水淤积层。深160～228、厚0～15厘米。红褐色砂土，土质疏松。内含少量植物根茎、塑料制品等。

第11层：近现代洪水淤积层。深190～237、厚0～18厘米。青灰色砂土，土质疏松。内含零星石子、素面瓦片等。

第12层：近现代洪水淤积层。深216～253、厚0～27厘米。红褐色砂土，土质疏松。内含大量棕色石子，出土大量条石、素面瓦片、缸胎器残片、零星青花瓷片、玻璃、铁钉等。

08HDSMT1叠压于本层下。

09HDST62北壁剖面共4层（图四）。

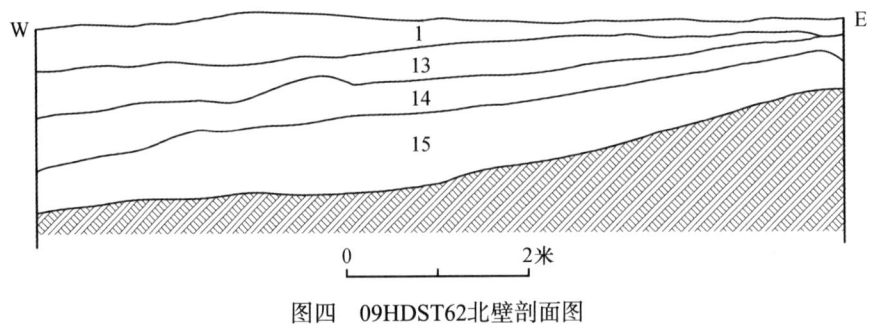

图四　09HDST62北壁剖面图

第1层：表土层。厚12～48厘米。灰褐色黏土，土质疏松。内含大量石块、植物根茎等。

第13层：近现代山洪冲积、滑坡层。深12～48、厚0～50厘米。浅红褐色黏土，土质较致密。内含大量石块、植物根茎等，出土零星青花瓷片、缸胎器残片、塑料制品等。

第14层：清代文化层。深17～94、厚9～58厘米。红褐色黏土，土质坚硬致密。内含大量植物根系、石子，出土零星青花瓷片、黑釉瓷片、缸胎器残片。

第15层：清代文化层。深28～164、厚20～83厘米。灰褐色黏土，土质坚硬致密。内含零星植物根系，出土青花瓷片、青釉瓷片、缸胎器残片等。

该层下为红棕色生土或山岩。

3. 遗迹

南水军码头区三次考古发掘共清理各类遗迹52个，其中码头1处、城墙1段、护坡墙15道、道路6条、平台5处、石臼5个、柱洞8个、石堆3处、灰坑1个、灰沟（排水沟）5条、房址2座（图五；表二）。

南水军码头区第一次发掘，共清理遗迹38个，其中码头1处、城墙1段，护坡墙13道、道路3条、平台5处、石臼4个、柱洞8个、石堆3处；第二次发掘，共清理遗迹11个，其中道路3条、灰坑1个、灰沟（排水沟）5条、房址2座；第三次发掘，清理遗迹3个，其中护坡墙2道、石臼1个。

南水军码头区发掘清理的各类遗迹中，除灰坑09HDSH1、排水沟09HDSG3、道路09HDSL6年代为明清时期，排水沟09HDSG1、09HDSG2年代为近现代外，其余遗迹年代均为宋末元初。

表二 南水军码头区遗迹统计表

发掘区	遗迹	码头	城墙	道路	石堆	石臼	柱洞	护坡墙	平台	其他	总计
南水军码头区	2008HDS	MT1	Q1	L1~L3	S1~S3	J1~J4	D1~D8	Q2~Q14	PT1~PT5		38
	2009HDS			L4~L6						H1 F1、F2 G1~G5	11
	2009HDS					J5		Q15 Q16			3
合计		1	1	6	3	5	8	15	5	8	52

（二）东城墙区

1. 历年布方与发掘

东城墙区位于南一字城遗址东侧，北抵钓鱼城山顶悬崖下，南濒嘉陵江畔。根据地形地势，东城墙区分为南部、中部、北部三部分，南部、中部位于二磴岩悬崖下，北部位于二磴岩悬崖上。东城墙区于2008年、2009年、2011年先后三次进行发掘，共布探方50个、探沟2条，发掘面积5876.5平方米（图二；表三；图版三四，1）。

2008年，东城墙区第一次发掘，编号2008HDY，共布探方7个、探沟2条，发掘面积1000平方米，其中南部布探方4个、探沟2条，发掘面积700平方米，北部布探方3个，发掘面积300平方米；2009年，第二次发掘，编号2009HDY，共在其南部布探方24个，发掘面积3006.5平方米；2011年，第三次发掘，编号2011HDY，共在其中部布探方19个，发掘面积1870平方米，其中主动发掘300平方米、抢救性发掘1570平方米。

表三　东城墙区布方统计表

发掘区	布方情况	方向	数量	编号	探方（探沟）布方情况 探方（探沟）面积/平方米	扩方/平方米	布方总面积/平方米
东城墙区	2008HDY	正北	9	南部T1~T4 TG1、TG2 北部T5~T7	T1~T7　10×10 TG1　20×2 TG2　30×2	200	1000
	2009HDY	347°	24	T8~T22	T8~T12、T24~T26、T29~T31　10×10 T13~T21、T28　10×15 T27　15×5	0	3006.5
		正北		T23~T31	T22　117（梯形） T23　214.5（梯形）		
	2011HDY	正北	19	T32~T44	T32~T39、T41、T43、T49、T50　10×10 T47、T48　10×5	60	1870
		324°		T45~T50	T45、T46　10×15 T40、T42、T44　10×7		
	小计		52		5616.5	260	5876.5

2. 地层堆积

以08HDYT3东壁剖面、08HDYT6西壁剖面为例分别介绍东城墙区中南部、北部的地层堆积。

08HDYT3东壁剖面共10层（图六）。

第1层：表土层。厚5~35厘米。浅灰褐色砂土，土质疏松。内含大量植物根茎、塑料制品等。

第2层：近现代洪水淤积层。深5~35、厚0~10厘米。深灰色黏土，土质疏松。内含较多植物根茎、塑料制品等。

第3层：近现代洪水淤积层。深15~40、厚0~10厘米。浅青灰色砂土，土质疏松。内含零星植物根茎、塑料制品等。

第4层：近现代洪水淤积层。深8~50、厚35~50厘米。灰褐色砂土，土质疏松。纯净无物。

第5层：近现代洪水淤积层。深65~90、厚0~25厘米。深褐色黏土，土质疏松。纯净无物。

第6层：近现代洪水淤积层。深65~115、厚10~35厘米。青灰色砂土，土质疏松。内含零星植物根茎、塑料制品等。

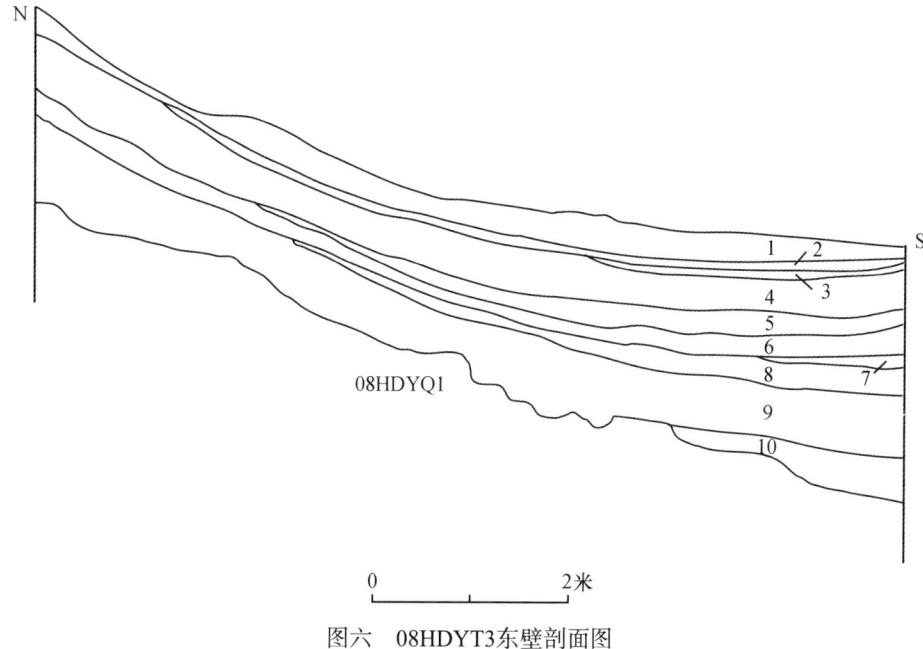

图六　08HDYT3东壁剖面图

第7层：近现代洪水淤积层。深110~125、厚0~25厘米。红褐色砂土，土质疏松。纯净无物。

第8层：近现代洪水淤积层。深95~125、厚0~40厘米。红褐色黏土，土质疏松。内含零星石子、塑料制品。

第9层：近现代洪水淤积层。深105~150、厚35~70厘米。浅青灰色砂土，土质疏松。内含零星石子、塑料制品。

第10层：近现代洪水淤积层。深200~215、厚0~50厘米。浅红褐色砂土，土质疏松。内含零星塑料制品。

08HDYQ1叠压于本层下。

08HDYT6西壁剖面共2层（图七）。

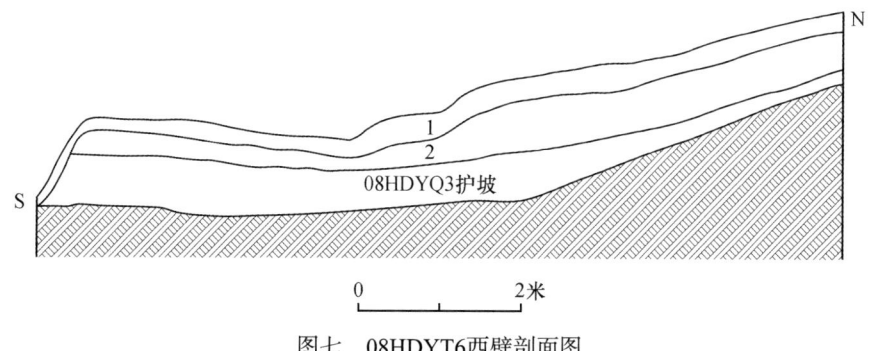

图七　08HDYT6西壁剖面图

第1层：表土层。厚10～30厘米。灰褐色黏土，土质疏松。内含大量石块、植物根系等。

第2层：近现代文化层。深10～30、厚0～65厘米。浅棕褐色黏土，土质疏松。内含较多石块、植物根系等，出土青花瓷片等。

08HDYQ3护坡叠压于本层下。

3. 遗迹

东城墙区三个年度共发掘清理各类遗迹39个，其中揭露城墙5段，除Q2为清代城墙外，余皆为宋代城墙，另有护坡墙2道、道路7条、石堆5处、平台7处、柱洞7个、灰沟（排水沟）2条、码头1处、城门2座及墓葬1座（表四）。

表四　东城墙区遗迹统计表

发掘区	遗迹	码头	城墙	城门	道路	石堆	柱洞	护坡墙	平台	其他	总计
东城墙区	2008HDY		Q1～Q3	CM1	L1、L2	S1			PT1		8
	2009HDY	MT1	Q1		L3	S2、S3	D1～D7		PT2～PT5	G1、G2	17
	2011HDY		Q4、Q7	CM2	L4～L7	S4、S5		Q5、Q6	PT6、PT7	M1	14
	小计	1	5	2	7	5	7	2	7	3	39

第一次发掘，共清理遗迹8个，其中南部发掘区清理遗迹5个，揭露城墙1段，即08HDYQ1，另发掘清理其他遗迹4个，其中道路2条、石堆1处、平台1处（图八）；北部发掘区清理遗迹3个，其中城墙2段、城门1座（图一〇）。

第二次发掘对城墙08HDYQ1进行了再揭露，另发掘清理其他遗迹17处，其中道路1条、石堆2处、柱洞7个、平台4处、灰沟（排水沟）2条、码头1处（图八）。

第三次发掘揭露城墙2段，另发掘清理其他遗迹12个，其中城门1座、道路4条、护坡墙2道、石堆2处、平台2处、墓葬1座（图九）。

东城墙区发掘清理的各类遗迹中，除墓葬11HDYM1年代为汉六朝时期，城墙08HDYQ2、08HDYCM1，排水沟09HDYG1、09HDYG2，道路11HDYL4～11HDYL6及护坡墙11HDYQ5、11HDYQ6年代为明清时期外，其余遗迹年代均为宋末元初。

（三）西城墙区

1. 历年布方与发掘

西城墙区位于南一字城遗址西侧，北至薄刀岭悬崖下，南与南水军码头区邻近，

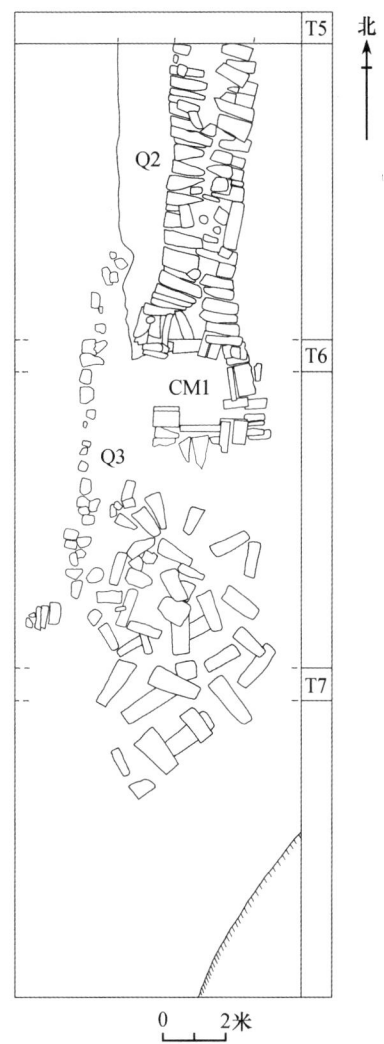

图〇 东城墙区北部遗迹平面图

根据地形地势，西城墙区以二磴岩悬崖为界分为南、北两部分。

西城墙区于2011年、2012年进行了两次考古发掘，共布探方22个、探沟3条，发掘面积2308平方米（图二；表五；图版三四，2）。2011年对西城墙区南部开展主动性发掘工作，编号为2011HDX，共布探方7个、探沟3条，发掘面积700平方米；2012年对西城墙区北部开展了考古发掘，编号为2012HDX，布探方15个，发掘面积1608平方米。

2. 地层堆积

以11HDXT87北壁剖面、12HDXT97南壁剖面为例分别介绍西城墙区南、北部地层堆积。

表五　西城墙区布方统计表

发掘区	布方情况	方向	数量	编号	探方（探沟）面积/平方米	扩方/平方米	布方总面积/平方米
西城墙区	2011HDX	方向不一	10	T83～T92	T85～T88、T91、T92　10×10 T83　5×5 T84　8×2 T89　9×1 T90　9×2	32	700
	2012HDX	355°	15	T93～T107	10×10	108	1608
	小计		25		2168	140	2308

11HDXT87北壁剖面共6层（图一一）。

第1层：表土层。厚10～30厘米。灰褐色黏土，土质较疏松。内含大量石块、塑料制品、瓦砾、砖块等。

第2层：近现代文化层。深10～13、厚0～18厘米。浅黄褐色黏土，土质较致密。内含较多石块、瓦砾等。

第3层：清代文化层。深10～30、厚0～85厘米。灰褐色黏土，土质疏松。内含大量瓦砾、石渣等。

第4层：明清文化层。深20～25、厚0～30厘米。灰褐色黏土，土质疏松。内含较多石块等，出土青花瓷片、瓦片等。

第5层：宋元文化层。深80～105、厚0～22厘米。黄褐色黏土，土质较致密。内含较多石渣，出土青白瓷片、黑釉瓷片、白釉瓷片、缸胎器残片等。

第6层：宋元文化层。深52～135、厚18～70厘米。黑灰色黏土，土质坚硬致密。内含大量石块，出土青白瓷片、黑釉瓷片、白釉瓷片、缸胎器残片等。

该层下为棕褐色生土或基岩。

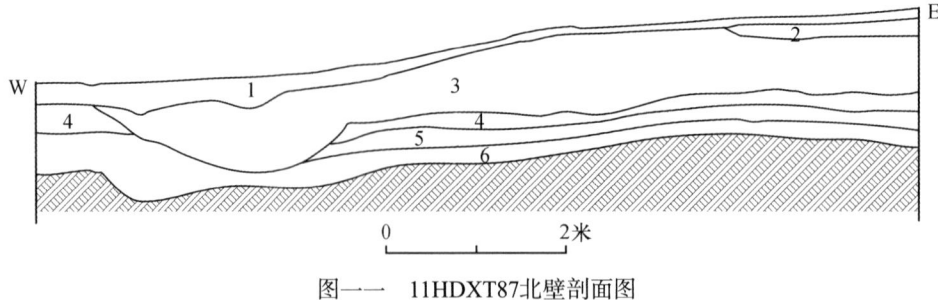

图一一　11HDXT87北壁剖面图

12HDXT97南壁剖面共8层（图一二）。

第1层：表土层。厚15～30厘米。黄灰色黏土，土质疏松。内含大量植物根茎、零星石块，出土钱币、铁镞、马掌等。

第2层：近现代文化层。深15～30、厚25～75厘米。黄褐色黏土，土质较致密。内含大量植物根茎、石块，出土零星瓦片、铁块、铁钉等。

第3层：宋元文化层。深45～85、厚25～100厘米。灰褐色黏土，土质致密。内含石块、石灰颗粒等，出土白釉瓷片、黑釉瓷片、陶片、缸胎器残片、瓦片、石构件、铁镞、铁钉等。

第4层：宋元文化层。深170～175、厚10～20厘米。黄褐色黏土，土质致密。内含植物根茎、石块，出土瓷片、铁钉、瓦片等。

第5层：宋元文化层。深190～195、厚30～45厘米。灰褐色黏土，土质致密。内含石块、石渣等，出土青釉瓷片、白釉瓷片、陶片、缸胎器残片、铁器残片等。

第6层：宋元文化层。深230～240、厚20～40厘米。黄褐色黏土，土质致密。内含石块、石灰颗粒、动物残骨等，出土黑釉瓷片、白釉瓷片、铁器残片、缸胎器残片等。

第7层：宋元文化层。深260～270、厚35～45厘米。灰褐色黏土，土质致密。内含石渣，出土白釉瓷片、黑釉瓷片、缸胎器残片、条石等。

第8层：宋元文化层。深300～310、厚15～60厘米。黄褐色黏土，土质致密。内含石块、石渣、石灰颗粒，出土白釉瓷片、黑釉瓷片、缸胎器残片、铁器残片等。

12HDXQ20、基岩叠压于本层下。

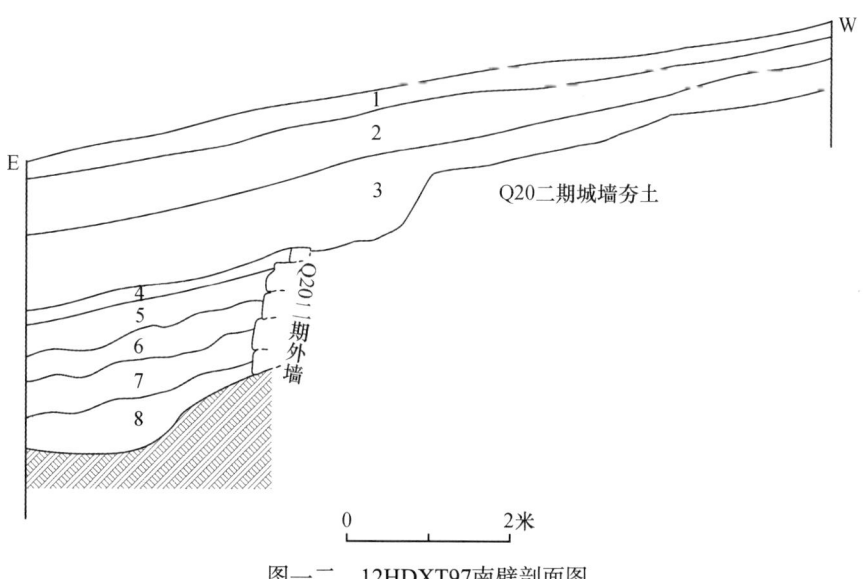

图一二　12HDXT97南壁剖面图

3. 遗迹

西城墙区共发掘清理遗迹45个，揭露城墙3段，其中11HDXQ18、11HDXQ19为同一城墙，另有城门1座、护坡墙1道、灰沟（排水沟）6条、石堆3处、道路5条、平台3处、柱洞20个、房址1座、排水孔1个及墓葬1座（表六）。

表六　西城墙区遗迹统计表

发掘区	遗迹	城墙	城门	道路	石堆	柱洞	护坡墙	平台	其他	总计
西城墙区	2011HDX	Q18、Q19	CM1	L7~L9	S4		Q17		G6~G8、F3、K1、M1	14
	2012HDX	Q20		L10、L11	S5、S6	D1~D20		PT6~PT8	G9~G11	31
	小计	3	1	5	3	20	1	3	9	45

2011年对西城墙区南部开展主动性发掘工作，共清理遗迹14个。揭露城墙2段；另发掘清理其他遗迹12个，其中城门1座、护坡墙1道、灰沟（排水沟）3条、道路3条、石堆1处、房址1座、排水孔1个、墓葬1座（图一三）。

2012年对西城墙区北部开展了考古发掘，共清理遗迹31个。揭露城墙1段；另发掘清理其他遗迹30个，其中道路2条、灰沟（排水沟）3条、平台3处、石堆2处、柱洞20个（图一四）。

西城墙区发掘清理的各类遗迹中，除墓葬11HDXM1，排水沟11HDXG6、11HDXG7，道路11HDXL8年代为明清时期外，其余遗迹年代均为宋末元初。

南一字城遗址主要为宋末元初和明清时期遗存，另有零星的汉六朝时期和近现代遗存本文暂不述及。

二、宋末元初遗存

（一）遗迹及其遗物

南一字城遗址共发掘清理宋末元初遗迹117个，其中码头2处、城墙8段（合为2条）、城门2座、道路13条、平台15处、护坡墙16道、石堆11处、石臼5个、柱洞35个、灰沟（排水沟）6条、排水孔1个、房址3座。

1. 城墙

2条，清理8段。南一字城遗址有东、西城墙各1条。东城墙分为南、中、北3段，南段为08HDYQ1，中段为11HDYQ4、11HDYQ7，北段为08HDYQ3。西城墙分为南、中、北3段，南段为08HDSQ1，中段为11HDXQ18、11HDXQ19，北段为12HDXQ20。

（1）东城墙

东城墙位于南一字城遗址东侧，自嘉陵江畔蜿蜒北上直抵钓鱼城山顶悬崖下，分为南段、中段和北段三部分，南段、中段位于二磴岩悬崖下，北段位于二磴岩悬崖上。南段保存较好，即08HDYQ1；中段城墙分11HDYQ4、11HDYQ7两段予以大部发掘清理；北段城墙保存情况较差，仅发掘清理了小东门处一段，即08HDYQ3，其上被清代城墙08HDYQ2所叠压。

1）08HDYQ1 位于东城墙区南部的08HDYT1～08HDYT4、09HDYT8～09HDYT22中，紧邻嘉陵江，南与直伸江心的拦河坝（俗称龙垭）相接，北抵钓鱼山南部半山腰的旅游步道，东邻自然冲沟。叠压于第10层下，被09HDYL3、08HDYS1、09HDYS2、08HDYPT1、09HDYPT2～09HDYPT5、09HDYMT1叠压打破，打破山岩。距地表深0～2.5米，近南北向。2008年、2009年分别揭露了Q1的南段和中、北段，揭露部分平面形状近长条形，长121、顶部残宽4.7～7.6、残高0.38～10米（图一五；图版三五，1～3）。

08HDYQ1分为三期，在其北部、南部尤为清晰可见，中部因被三期城墙覆盖，仅局部可见一、二期城墙。

一期城墙相对低矮，下宽上窄，平面形状近长条形，中部略弯，揭露残长71.1、顶部残宽1.1～6.15、残高0.17～3.5米。由内、外墙和墙内夯土构成，所用条石体积较小且不规整。外墙中南部毁坏严重，揭露残长35.2、残高0.17～1米，以大小不一的楔形条石错缝丁砌而成，层层内收为未经修整的斜面，底部缝隙以黏土黏接，构筑简易粗糙，所用条石长0.3～0.7、宽0.15～0.5、厚0.2～0.35米。内墙中部毁坏严重，仅存南北两端，揭露残长71.1、残高0.2～3.5米，以不规整的石块错缝砌筑，层层内收呈阶梯状，底部缝隙以黏土黏接，修筑粗糙，所用石块长0.3～0.5、宽0.15～0.37、厚0.15～0.25米，未见修凿痕迹。内、外墙间以黄褐色黏土夹杂石块层层夯填。

二期城墙在一期的基础上加宽加高。平面形状近长条形，揭露长14.4、顶部残宽4.5～7.6、残高0.65～2米。由内、外墙和墙内夯土构成，所用条石体积较大。外墙毁坏严重，仅中南部保存较好，以楔形条石错缝丁砌，层层内收为修凿规整的斜面，底部缝隙以黏土黏接，所用条石长0.7～0.8、宽0.5～0.55、厚0.4米。内墙北端在一期内墙的外侧进一步加宽，南端则在一期内墙上直接加高，以大小不一的石块错缝砌筑，层层内收呈阶梯状，底部缝隙以黏土黏接，所用石块长0.2～0.5、宽0.15～0.5、厚0.2～0.3米。内、外墙间以棕褐色黏土夹杂石块层层夯填。

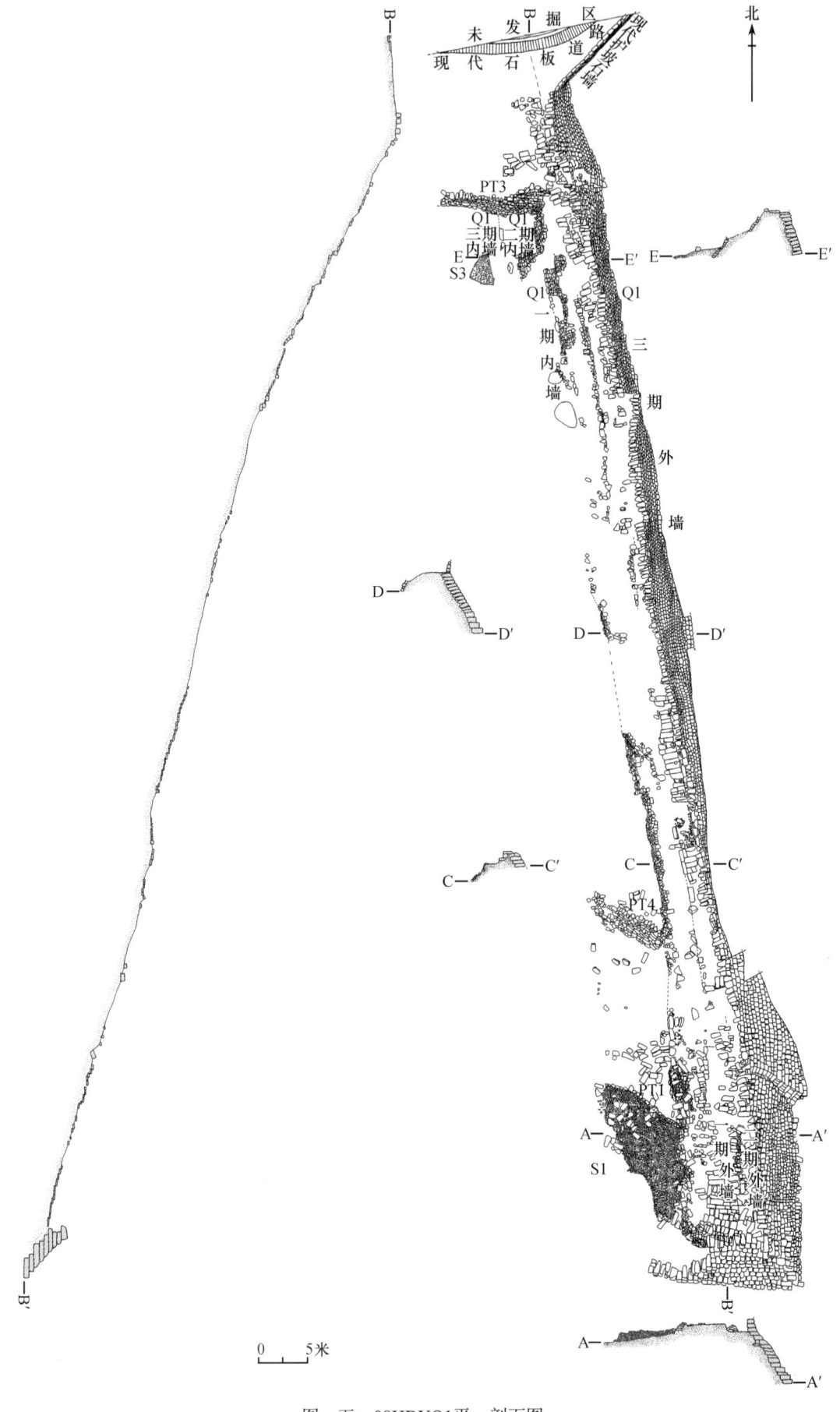

图一五 08HDYQ1平、剖面图

三期城墙在前两期基础上大规模加宽加高，平面形状近长条形，长121、顶部残宽4.7～7.6、残高0.38～10米。由内、外墙和墙内夯土构成。外墙除中部毁坏外，余皆保存较好，残长92.7、高5.7～9.77米，外墙北部直接在基岩上修筑放大脚，南部则先在早期淤积层上层层夯筑墙基，后挖阶梯状基槽，深0～1.3米，而后在基槽内砌筑放大脚，放大脚用不规整的大条石错缝丁砌2～4层，层层错缝内收呈阶梯状，最后在放大脚上以规整的大条石错缝丁砌，层层内收为平整的斜面，斜度57°～63°，底部缝隙以白灰黏接，所用条石长0.8～0.9、上宽0.3～0.45、下宽0.35～0.5、厚0.35～0.5米。内墙北端在二期内墙外侧重新构筑，先修筑墙基，然后以大小不一的条石错缝砌筑，修筑粗糙，南端则在二期内墙上加高，底部缝隙以黏土黏接，所用条石长0.45～1.15、宽0.4～0.45、厚0.3～0.4米。内、外墙间以红褐色黏土夹杂石块层层夯填，夯土内出土少量青釉瓷片、釉陶片。三期城墙中南部发现一段女墙，残长52.3、宽0.75～0.8、残高0.4～1.1米，沿三期外墙顶端以不甚规整的条石顺砌直壁墙体，缝隙以黄褐色黏土黏接，女墙与斜壁墙间夹角为120°。

08HDYQ1出土遗物共24件，器类有瓷器、缸胎器、陶器和石器等。

瓷器 14件。按窑口、釉色分为景德镇窑青白釉瓷、磁峰窑白釉瓷、不明窑口白釉瓷和黑釉瓷四种。

景德镇窑青白釉瓷 4件。器形有碗、罐两类。

碗 3件。08HDYQ1：10，不可复原。仅残存口部。芒口，侈口，弧腹，下腹及底残。外壁刻划菊瓣纹。胎色灰白，胎质较细腻致密，釉色青白偏灰，釉层较乳浊，口沿露胎处现火石红。口径18、残高3.2厘米（图一六，1）。08HDYQ1：2，不可复原。口、腹部残。饼足微凹。内底、外壁见刻划纹。胎色灰白，胎体粗厚，青白釉，施釉至足端，外底无釉，釉面有冰裂纹开片。足径5.6、残高2.8厘米（图一六，2）。08HDYQ1：14，不可复原。口、腹部残。内底压印凹痕，内底平，外底挖足极浅。胎色灰白，胎质较细腻致密，釉色青白偏灰，釉层透明度较高，釉面遍布细碎冰裂纹开片，施釉至足端，外底无釉。足径5、残高1.7厘米（图一六，3）。

罐 1件。08HDYQ1：28，仅残存罐底。内底凸起，外底挖足不深，足跟削平。胎色灰白，胎质略粗糙，釉色青白，釉层较乳浊，釉面有细碎冰裂纹开片，外壁施釉未及足跟。底径7、残高2.2厘米（图一六，4）。

磁峰窑白釉瓷 1件。器形为碗。

碗 1件。08HDYQ1：23，不可复原。仅残存口及上腹部。尖唇，侈口，斜弧腹。内壁模印阳文花卉纹。胎色浅灰，胎质细腻致密，施白色化妆土，釉色乳白，釉层较乳浊，釉面光滑。残高4.2厘米（图一六，5）。

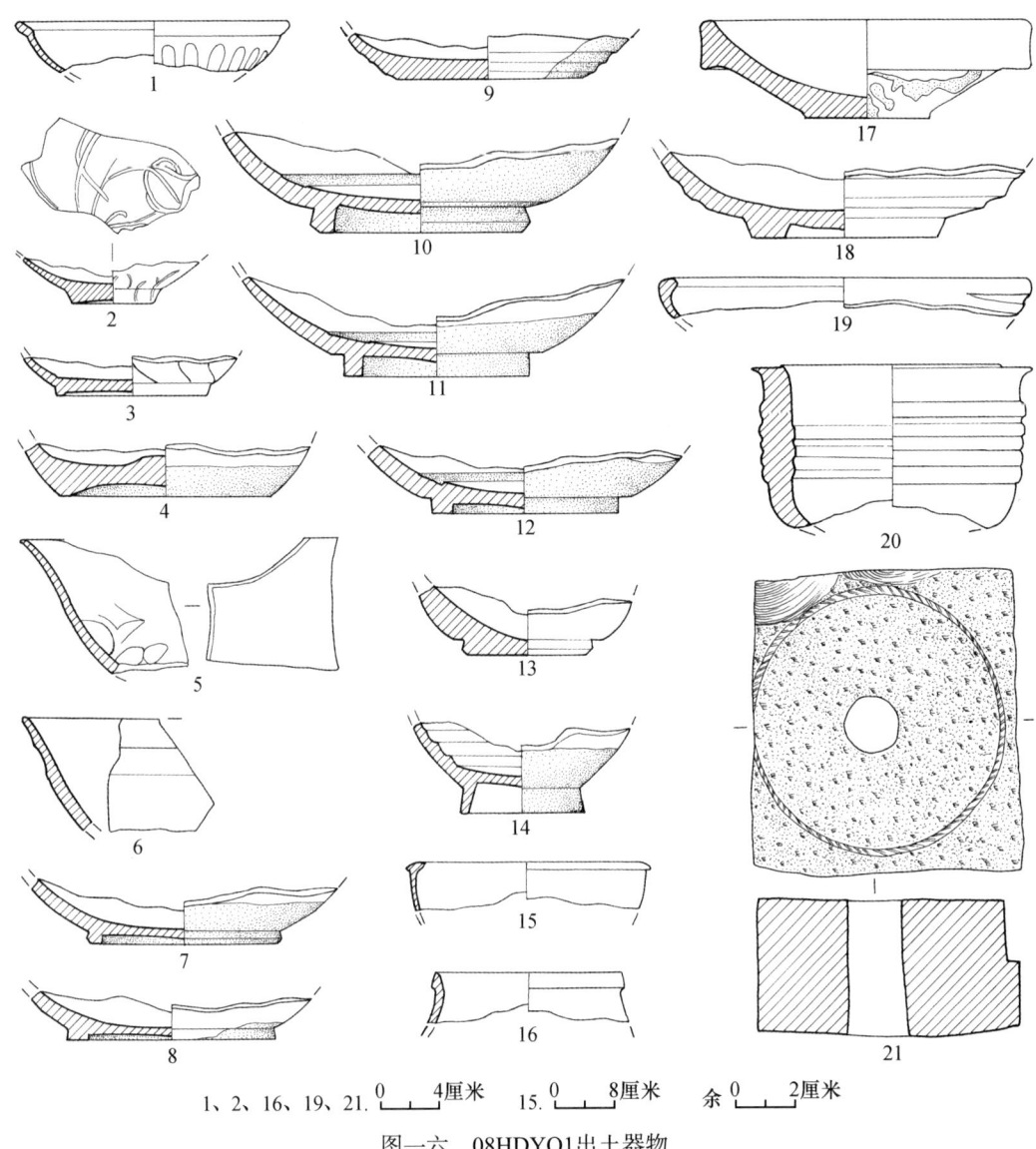

图一六 08HDYQ1出土器物

1~3. 青白釉瓷碗（08HDYQ1：10、08HDYQ1：2、08HDYQ1：14） 4. 青白釉瓷罐（08HDYQ1：28）
5~8. 白釉瓷碗（08HDYQ1：23、08HDYQ1：21、08HDYQ1：29、08HDYQ1：19） 9. 白釉瓷碟（08HDYQ1：26）
10~12. 黑釉瓷碗（08HDYQ1：25、08HDYQ1：24、08HDYQ1：27） 13. 黑釉瓷盏（08HDYQ1：12）
14. 黑釉瓷瓶（08HDYQ1：11） 15. 缸胎盆（08HDYQ1：9） 16. 缸胎罐（08HDYQ1：13）
17. 缸胎灯盏（08HDYQ1：5） 18. 陶碗（08HDYQ1：20） 19. 陶盆（08HDYQ1：18）
20. 陶香炉（08HDYQ1：8） 21. 石柱础（08HDYQ1：1）（1~4为景德镇窑，5为磁峰窑，6~14为不明窑口）

不明窑口白釉瓷 4件。器形有碗、碟两类。

碗 3件。08HDYQ1：21，不可复原。仅残存口沿。口沿外侧旋削出两道凹槽。胎色灰黄，胎质略粗糙，釉色灰黄，釉层微乳浊。残高3.6厘米（图一六，6）。08HDYQ1：29，不可复原。仅残存碗底。底部下凹，圈足微外撇，足端平，外侧斜削。胎色灰黄，胎质略粗糙，釉色黄白，釉层乳浊，釉面有少量开片，施釉不及圈足。内底有石英砂圈。足径6.2、残高2厘米（图一六，7）。08HDYQ1：19，不可复原。仅残存碗底，圈足宽矮。胎色灰，胎质粗糙，釉色灰白，釉层乳浊，施釉未及圈足。内底残留3个石英砂堆。足径7、残高1.5厘米（图一六，8）。

碟　1件。08HDYQ1：26，仅残存底部，平底。胎色黄白，胎质略粗糙，釉色青灰，釉层微乳浊，施釉至足端。外壁近底处有旋削痕迹。足径6、残高1.5厘米（图一六，9）。

不明窑口黑釉瓷　5件。器形有碗、盏和瓶三类。

碗　3件。08HDYQ1：25，不可复原。仅残存碗底。圈足，挖足过肩，足端平，外侧斜削。胎色浅灰，胎质粗糙，釉色黑，外壁施釉不及下腹，内底刮釉成涩圈。足径6.6、残高3.2厘米（图一六，10）。08HDYQ1：24，不可复原。仅残存底部。圈足，足端平。胎色灰白，胎质较细腻，釉色黑，外壁施釉至下腹，内底刮釉成涩圈。足径6、残高3.2厘米（图一六，11）。08HDYQ1：27，不可复原。仅残存碗底，圈足，足端平。胎色浅黄，胎质略粗糙，釉色黄褐，外壁施釉至下腹，内底刮釉成涩圈。足径6、残高2.2厘米（图一六，12）。

盏　1件。08HDYQ1：12，不可复原。仅残存底部。饼足，外侧斜削。胎色浅黄，胎质粗糙，釉色黑。足径4.2、残高2.2厘米（图一六，13）。

瓶　1件。08HDYQ1：11，不可复原。仅残存底部。圈足，挖足过肩，足壁内外皆斜，足端平。胎色浅灰，胎质略粗糙，釉色黑，外壁施釉不及圈足。足径4、残高2.9厘米（图一六，14）。

缸胎器　6件。器形有盆、罐、灯盏三类。

盆　2件。08IIDYQ1：9，不可复原。仅残存口沿。敛口，宽沿，斜弧腹。胎色黑灰，夹粗砂，釉色酱黄，口沿无釉。口径32、残高6厘米（图一六，15）。

罐　3件。08HDYQ1：13，不可复原。仅残存口沿。敞口，宽方唇。泥质红陶胎，釉色酱青，口沿无釉。口径12、残高3.2厘米（图一六，16）。

灯盏　1件。08HDYQ1：5，可复原。敞口，方唇，斜直壁，平底。胎色紫褐，胎质粗糙，釉色酱黄。口径10.8、底径4.1、高3.1厘米（图一六，17）。

陶器　3件。器形有碗、盆、香炉三类。

碗　1件。08HDYQ1：20，不可复原。仅残存底部。泥质红陶。圈足宽平。足径6、残高2.7厘米（图一六，18）。

盆　1件。08HDYQ1：18，不可复原。仅残存口沿。泥质灰陶。圆唇，敛口。口径24、残高2.3厘米（图一六，19）。

香炉　1件。08HDYQ1∶8，不可复原。仅残存口、腹部。子口，上腹竖直，下腹圆弧，底残。内外壁饰数道凸弦纹。胎色灰，夹粗砂，口部、内外壁均涂黑彩，部分脱落。口径9、残高5.2厘米（图一六，20）。

石器　1件。器形为柱础。

柱础　1件。08HDYQ1∶1，可复原。浅红砂岩，平面近方形，方座圆柱身，中穿孔。长19.2、宽17.2、高8.6、孔径4厘米（图一六，21）。

2）11HDYQ7　位于11HDYT45～11HDYT50中，本与08HDYQ1北端首尾相接为一体，为后修建的钓鱼山南部山腰的旅游步道所截断，断面暴露于外，三组城墙清晰可见。叠压于第1层下，被11HDYS4、11HDYS5、11HDYPT6、11HDYPT7叠压打破，打破山岩，方向25°。平面形状近长条形，长25.2、顶残宽6.25～6.55、底宽7.3～7.75、残高3.8～6米（图一七；图版三五，4；图版三六，1）。

11HDYQ7可分为三期。

一期城墙较低矮，上窄下宽，平面形状近长条形，长26.3、顶残宽0.85、底宽2.2、残高1.2～2米，坡度26°。外墙由两道碎石砌筑的墙中间夹夯土组成，外墙内侧为倾斜状的层层夯土，未发现内墙。

二期城墙在一期城墙基础上加宽加高，平面形状近长条形，长26.15、顶残宽4.5、残高4.85米，坡度5°～23°。外墙在一期城墙外侧加宽，下部平砌放大脚，中上部以楔形条石错缝丁砌，层层内收，外侧修凿成平整斜面，一、二期城墙间以黏土夹杂石块层层夯填。

三期城墙在前两期基础上大规模加宽加高，平面形状近长条形，长25.2、顶残宽6.25～6.55、底宽7.3～7.75、残高3.8～6米。在二期城墙外侧重新构筑外墙，外墙下部以不规整的巨大条石砌筑3层放大脚，构筑粗犷，放大脚上以巨大的楔形条石错缝丁砌，层层内收，外侧修凿成平整斜面，斜度为57°～63°，二、三期城墙之间以石块、夯土填充。内墙用大小不一的石块构筑，层层内收呈阶梯状，构筑简易粗陋。内外墙之间以黏土夹杂石块层层夯填。

11HDYQ7出土遗物共10件，器类有瓷器、缸胎器和铁器等。

瓷器　7件。按窑口、釉色分为景德镇窑青白釉瓷、不明窑口青白釉瓷、耀州窑青瓷和不明窑口黑釉瓷四种。

景德镇窑青白釉瓷　2件。器形均为碗。

碗　2件。11HDYQ7∶6，不可复原。仅残存口沿。芒口，侈口，上腹圆弧。内壁饰白色出筋，外壁修胎痕迹明显。胎色灰白，胎质较细腻致密，釉色青白，釉层光泽度高。残高4.7厘米（图一八，1）。11HDYQ7∶5，不可复原。仅残存底部。圈足挖足

图一七 11HDYQ7平、剖面图

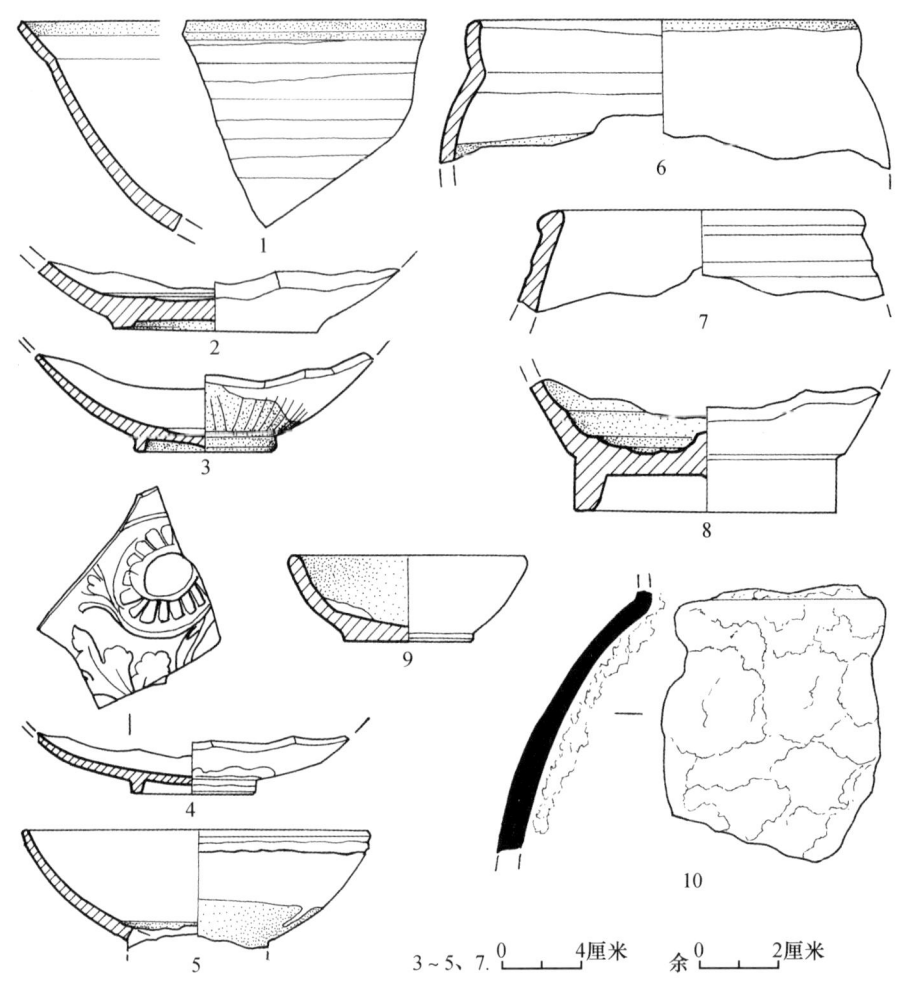

图一八　11HDYQ7出土器物

1、2.景德镇窑青白釉瓷碗（11HDYQ7：6、11HDYQ7：5）　3.不明窑口青白釉瓷碗（11HDYQ7：4）
4.耀州窑青瓷碗（11HDYQ7：3）　5.不明窑口青釉瓷碗（11HDYQ7：13）　6、7.不明窑口黑釉瓷罐
（11HDYQ7：12、11HDYQ7：2）　8.缸胎瓶（11HDYQ7：8）　9.缸胎杯（11HDYQ7：1）
10.铁器残片（11HDYQ7：11）

较浅，修足不规整。胎色灰白，胎质较细腻致密，釉色青白，釉层光泽度高，釉面有细碎冰裂纹开片，施釉至足端，外底无釉。足径5.2、残高1.5厘米（图一八，2）。

不明窑口青白釉瓷　1件。器形为碗。

碗　1件。11HDYQ7：4，不可复原。残存腹、底部。斜弧腹，圈足微外撇，足端平，外侧斜削，底下凹。胎色浅灰，胎质略粗糙，施白色化妆土，釉色青灰，釉层光泽度较高，施釉不及圈足。足径7.2、残高4.7厘米（图一八，3）。

耀州窑青瓷　1件。器形为碗。

碗　1件。11HDYQ7：3，不可复原。仅残存下腹及底部。浅腹，下腹斜直，圈足微外撇，挖足过肩，足端圆弧，底部下凹。内壁刻划菊花纹。胎色灰，胎质较细腻致密，釉色青绿，釉层较乳浊，施满釉，足端刮釉。足径6.3、残高3厘米（图一八，4）。

不明窑口黑釉瓷　3件。器形有碗、罐两类。

碗　1件。11HDYQ7：13，不可复原。残存口沿、腹部。方唇，敞口，斜弧腹。胎色浅灰，夹粗砂，胎质粗糙，釉色酱褐，釉层光泽度不高，施釉至下腹，内底刮釉成涩圈。口沿内、外侧均有叠烧粘连痕迹。口径17.7、残高5厘米（图一八，5）。

罐　2件。11HDYQ7：2，不可复原。残存口沿、腹部。口微敛，上腹斜直。胎色灰黄，胎质略粗糙，黑釉，腹部施釉。口径14.8、残高4.3厘米（图一八，7）。11HDYQ7：12，不可复原。仅残存口沿。芒口，敞口，矮领。胎色灰白，胎质细腻致密，釉色黑褐，釉层光泽度高。口径9.5、残高3.5厘米（图一八，6）。

缸胎器　2件。器形有瓶、杯两类。

瓶　1件。11HDYQ7：8，不可复原。残存底部。圈足较高，足端平，足壁外直内斜。胎色红褐，胎质粗糙，施白色化妆土，外施绿釉，施釉不及圈足。足径6.3、残高3.2厘米（图一八，8）。

杯　1件。11HDYQ7：1，可复原。敞口，浅弧腹，饼足。胎色红褐，胎质粗糙，釉层剥落，施釉处较少。口径6、足径3.3、高2.1厘米（图一八，9）。

铁器　1件。

铁器残片　1件。11HDYQ7：11，不可复原。铁器壁微圆弧。长7、宽5.2、厚0.6~1厘米（图一八，10）。

3）11HDYQ4　位于11HDYT32~11HDYT44内，北端至二磴岩悬崖下，11HDYCM2居于其中部。叠压于第5层下，被11HDYL4、11HDYL6、11HDYL7、11HDYCM2、11HDYQ5、11HDYQ6叠压打破，打破山岩。平面形状近长条形，通长66.5、顶部残宽5.85~6.05、残高0.73~6.45米（图版三六，2、4）。

11HDYQ4分为二期。

一期城墙间断暴露于11HDYQ4中部，平面形状近长条形，揭露长34.1、顶残宽4.5、残高0.72~1.75米，由内、外墙及夯土构成。外墙下部筑放大脚，其上以修凿规整的条石错缝丁砌，层层内收，外侧修凿成平整的斜面。内墙以不甚规整的石块砌筑，层层内收呈阶梯状。内、外墙间以黏土夹杂石块夯填。

二期城墙在一期城墙的基础上加宽加高，平面形状近长条形，揭露长66.5、顶残宽5.85~6.05、残高0.73~6.45米，由外墙及夯土构成。外墙下部先筑1~3层的放大脚，高0.75~1米，其上以楔形条石错缝丁砌，层层内收，外侧修凿成平整斜面，斜度为

65°~70°；内墙多在一期内墙基础上加高，局部在一期内墙外侧重新构筑，用大小不一的石块砌筑，层层内收呈阶梯状，构筑简易。内、外墙间以黏土夹杂石块层层夯填。

11HDYQ4一、二期城墙分别对应08HDYQ1、11HDYQ7的二、三期城墙，即11HDYQ4仅有08HDYQ1、11HDYQ7的二、三期城墙而未见一期城墙。

11HDYQ4出土遗物共6件，器类有瓷器、缸胎器和陶器等。

瓷器　4件。按器形、釉色分为景德镇窑青白釉瓷、不明窑口白釉瓷和不明窑口黑釉瓷三种。

景德镇窑青白釉瓷　2件。器形有碗、香炉两类。

碗　1件。11HDYQ4∶4，不可复原。仅残存底部。内底有压印凹痕，圈足，挖足较浅，足端平。胎色灰白，胎质细腻致密，外底有放射状跳刀痕，釉色青白，釉层光泽度较高，釉面有细碎冰裂纹开片，施釉至圈足，足端刮釉。足径5、残高1.5厘米（图一九，1）。

香炉　1件。11HDYQ4∶2，不可复原。仅残存下腹及底部。斜直壁，平底，如意云头足。下腹饰一周连续的鼓钉纹。胎色灰白，胎质细腻致密，釉色青白，釉层微乳浊，釉面有细碎冰裂纹开片，内壁无釉，外壁施釉至足，外底无釉。底径8、残高2.7厘米（图一九，2）。

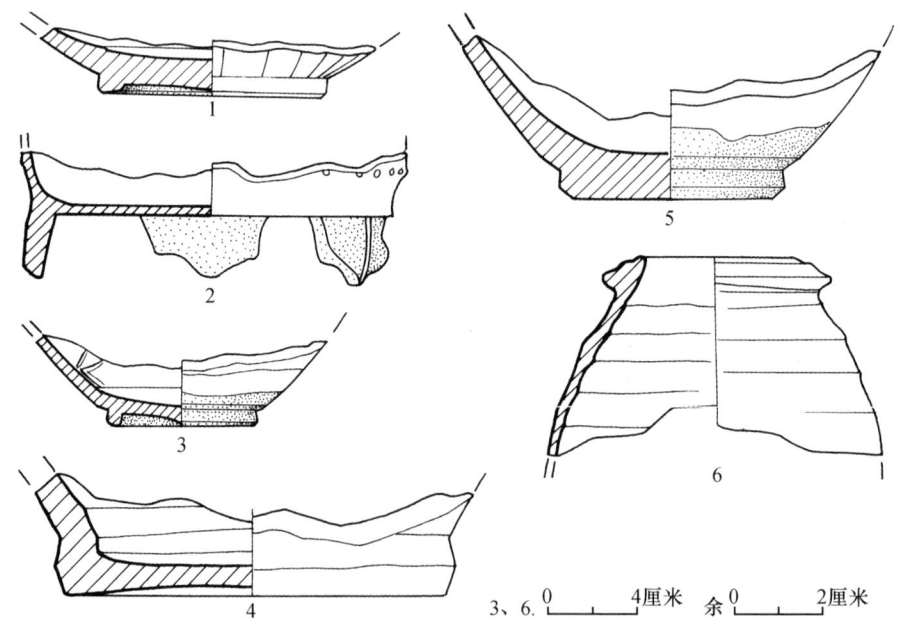

图一九　11HDYQ4出土器物
1.景德镇窑青白釉瓷碗（11HDYQ4∶4）　2.景德镇窑青白釉瓷香炉（11HDYQ4∶2）
3.不明窑口白釉瓷碗（11HDYQ4∶3）　4.陶罐（11HDYQ4∶5）　5.不明窑口黑釉瓷盏（11HDYQ4∶6）
6.缸胎罐（11HDYQ4∶7）

不明窑口白釉瓷　1件。器形为碗。

碗　1件。11HDYQ4：3，不可复原。仅残存下腹及底部。下腹斜弧，内底平，圈足，足端平，外底微凸。胎色黄白，胎质较细腻致密，施白色化妆土，釉色浅黄，施釉至下腹，釉层剥落严重。足径6.2、残高4厘米（图一九，3）。

不明窑口黑釉瓷　1件。器形为盏。

盏　1件。11HDYQ4：6，不可复原。仅残存下腹及底部。下腹斜弧，饼足。胎色灰白，夹粗砂，胎质粗糙，釉色黑，施釉至下腹。足径5.2、残高3.4厘米（图一九，5）。

缸胎器　1件。器形为罐。

罐　1件。11HDYQ4：7，不可复原。仅残存口沿、肩部。敛口，圆唇，宽沿，斜弧肩。胎色灰褐，胎质略粗糙，釉色酱黄，剥落严重。口径6.6、残高8.6厘米（图一九，6）。

陶器　1件。器形为罐。

罐　1件。11HDYQ4：5，不可复原。仅残存底部，饼足。胎色红，胎质略粗糙。足径8.8、残高3厘米（图一九，4）。

4）08HDYQ3　位于08HDYT5～08HDYT7内，是东城墙北段城墙，叠压于第2层下，被08HDYQ2、08HDYCM1叠压打破，叠压山岩，方向2°。平面形状近长条形，长10.17～12.5、宽5.2、残高0.4～2米，由内外墙、墙内夯土及内墙护坡构成。外墙以楔形条石错缝丁砌，外侧修凿为平整斜面，斜度60°；内墙用大小不一的石块砌筑，层层内收呈阶梯状。内、外墙间以黏土夹杂石块层层夯填，无出土遗物。内墙有护坡，由灰褐色黏土、红褐色黏土夯成，未见夯窝，出有零星青白釉瓷片、黑釉瓷片等（图版三六，3）。

（2）西城墙

西城墙位于南一字城遗址西侧，分为南、中、北三段，南段城墙08HDSQ1南接水军码头08HDSMT1，部分墙体被用作码头一期的西侧外墙；中段城墙北端至二磴岩悬崖下，11HDXCM1居于其中，分11HDXQ18、11HDXQ19两段予以部分发掘清理；北段城墙12HDXQ20位于中段城墙西部150米处，南端下临二磴岩悬崖，北至薄刀岭悬崖下，予以全部发掘清理。

1）08HDSQ1　位于08HDST22、08HDST23、08HDST27～08HDST29、08HDST32～08HDST34、08HDST37～08HDST39、08HDST43～08HDST45、08HDST47、08HDST48、09HDST49中，叠压于08HDSQ4、08HDSL1下，打破基岩，方向320°。平面形状近长条形，长81.5、顶部残宽6.5、揭露高0.4～2.8米（图二〇；图

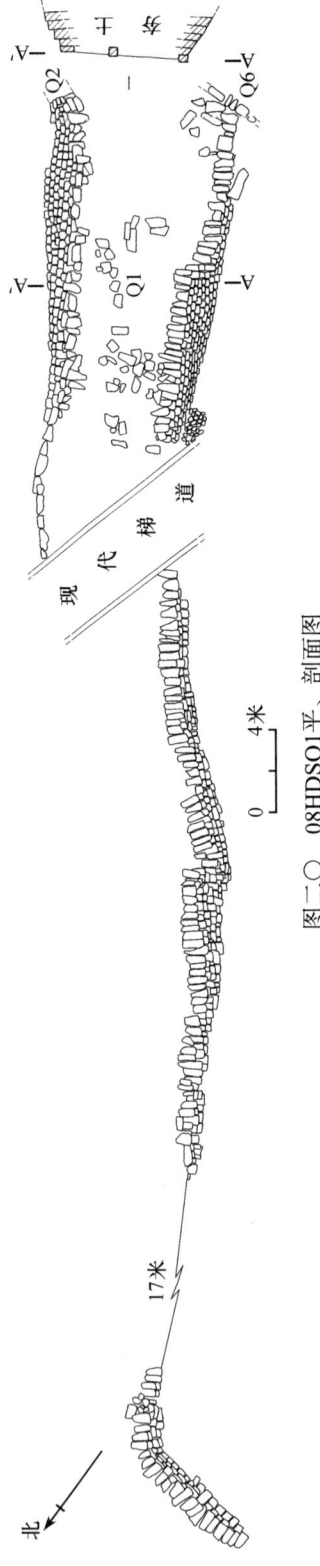

图二〇 08HDSQ1平、剖面图

版三七，1）。由内、外墙及夯土构成，外墙以规整条石错缝砌筑，由下至上层层叠涩内收约36°，中上部条石外端錾凿成光滑平整的内收斜面；内墙多以丁顺交错之方式构筑，简易粗糙，由下至上呈阶梯状逐层内收约42°，内、外墙用长条楔形条石砌筑，一般长0.56～0.8、宽0.25～0.52、厚0.32～0.6米。内、外墙间以黄褐色黏土夹杂不规整的大条石层层夯填而成。

08HDSQ1出土遗物共5件，器类有瓷器、釉陶器、缸胎器和铁器等。

瓷器　2件。按窑口、釉色分为磁峰窑白釉瓷、不明窑口黑釉瓷两种。

磁峰窑白釉瓷　1件。器形为碗。

碗　1件。08HDSQ1：3，不可复原。尖唇，敞口，斜腹，底残。内壁模印阳文花卉纹。胎色浅灰，胎质较细腻致密，施白色化妆土，釉色乳白，釉层较乳浊。口径12、残高4.4厘米（图二一，1）。

不明窑口黑釉瓷　1件。器形为碗。

碗　1件。08HDSQ1：5，可复原。圆唇，侈口，斜弧腹，圈足，足端平，外底不平。外壁饰数道凹弦纹。胎色浅灰，胎质粗糙，釉色黑，施釉至下腹，部分流釉至圈足，内底刮釉成涩圈。口径21.6、足径8、高6.8厘米（图二一，2；图版三九，1、2）。

釉陶器　1件。器形为碗。

碗　1件。08HDSQ1：2，可复原。侈口，凹棱沿，浅斜弧腹，圈足，足端平，外底凸起。胎色红，胎质略粗糙，釉色黄褐，釉层脱落严重，施釉至下腹，内底刮釉成涩圈。口径18、足径8、高4.4厘米（图二一，3；图版三九，3、4）。

缸胎器　1件。器形为罐。

罐　1件。08HDSQ1：4，不可复原。仅残存口部，敛口，矮领，斜折肩。胎色红

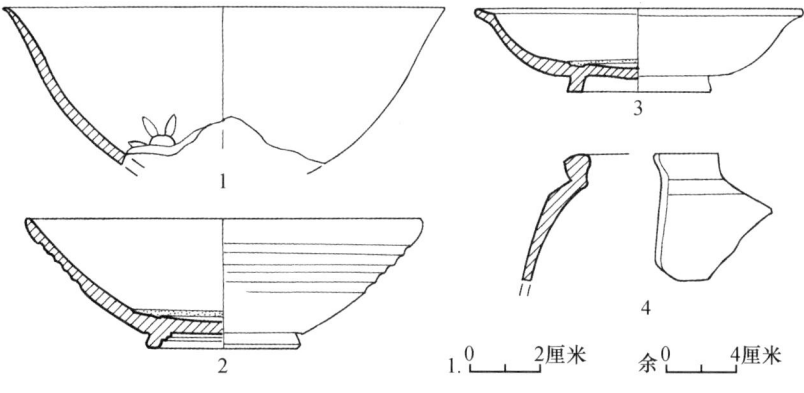

图二一　08HDSQ1出土器物
1.白釉瓷碗（08HDSQ1：3）　2.黑釉瓷碗（08HDSQ1：5）　3.釉陶碗（08HDSQ1：2）
4.缸胎罐（08HDSQ1：4）（1为磁峰窑，2为不明窑口）

褐,施酱釉,脱釉。残高6.8、残宽6.4厘米(图二一,4)。

铁器　1件。钱币。

钱币　1件。08HDSQ1∶1,可复原。圆形,方穿,锈蚀严重,字迹不可辨识。直径2.5、穿边长0.5、厚0.3厘米。

2)11HDXQ18　位于11HDXT85～11HDXT88中,叠压于第6层下,被11HDXCM1、11HDXL7、11HDXQ17、11HDXS4叠压打破,打破山岩。距地表深0.2～1.45米,东南—西北走向。平面形状近长条形,揭露长20.5、顶部残宽5.25～5.75、残高2～5米,坡度15°(图二二;图版三七,4)。由内、外墙及夯土构成,外墙首先在基岩上以楔形条石错缝丁砌层层内收呈阶梯状的放大脚,后于其上以规整的楔形条石错缝丁砌层层内收的平整斜壁墙体,底部条石之间以红褐色黏土黏

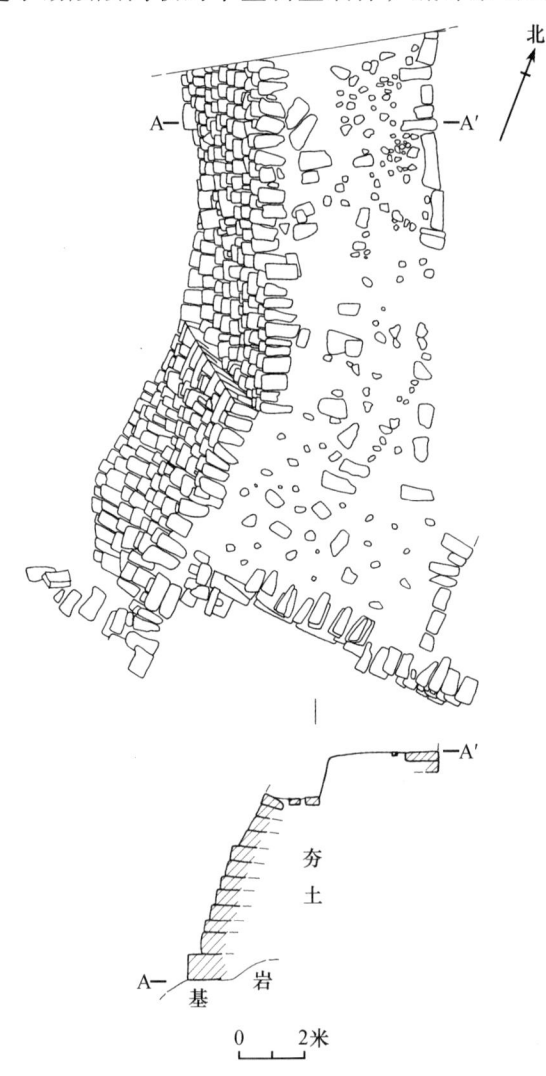

图二二　11HDXQ18平、剖面图

接；内墙在城墙内垫土上以楔形条石错缝丁砌层层内收呈阶梯状而成，条石之间以红褐色黏土黏结，条石一般长0.55～1.7、宽0.3～0.75、厚0.2～0.55米。内、外墙间以红褐色黏土夹杂石块层层夯填。

11HDXQ18出土遗物共4件，均为瓷器。按窑口分为景德镇窑青白釉瓷、龙泉窑青瓷和不明窑口黑釉瓷三种。

景德镇窑青白釉瓷　2件。器形有碗、杯两类。

碗　1件。11HDXQ18：1，不可复原。残存口沿及腹部。侈口，方圆唇，微折沿，斜弧腹，下腹近底处有一道压印凹痕。外腹壁刻划双层莲瓣纹。灰白胎。青白釉略泛灰，釉面有棕眼。口径16.4、残高6.2厘米（图二三，1）。

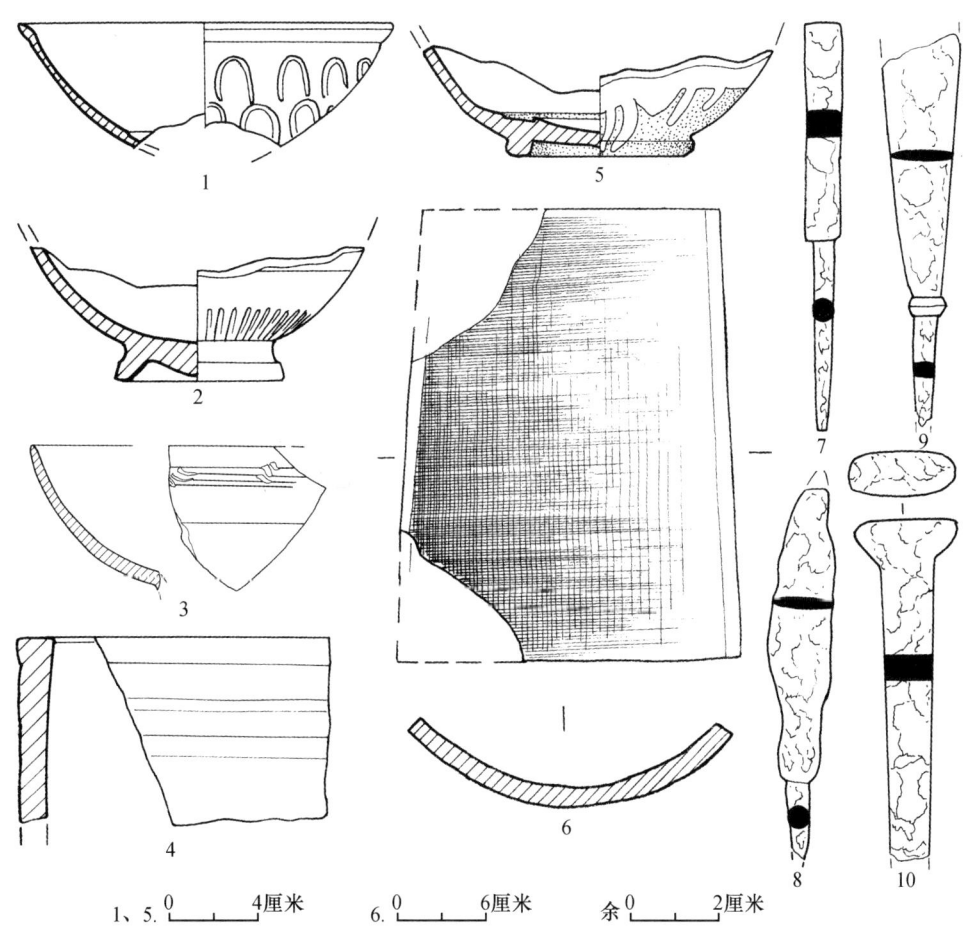

图二三　11HDXQ18、12HDXQ20出土器物
1.景德镇窑青白釉瓷碗（11HDXQ18：1）　2.景德镇窑青白釉瓷杯（11HDXQ18：2）
3.龙泉窑青瓷碗（11HDXQ18：4）　4.不明窑口黑釉瓷钵（11HDXQ18：3）　5.黑釉瓷碗（12HDXQ20：6）
6.陶板瓦（12HDXQ20：3）　7～9.铁镞（12HDXQ20：1、12HDXQ20：2、12HDXQ20：4）
10.铁钉（12HDXQ20：5）

杯　1件。11HDXQ18：2，不可复原。残存下腹及圈足部分。圜底，圈足，足墙外撇，外底心外凸。下腹部可见修坯旋痕及跳刀痕。灰白胎，青白釉，釉面密布细开片。足径3.7、残高2.9厘米（图二三，2）。

龙泉窑青瓷　1件。器形为碗。

碗　1件，11HDXQ18：4，不可复原。残存口沿及腹部。敞口，圆唇，曲腹。外腹壁近口沿处刻划数道弦纹，弦纹上等距离点缀短斜线，腹壁中部刻划一道弦纹。灰白胎，青釉泛黄，釉面密布细开片。残高3.2厘米（图二四，3）。

不明窑口黑釉瓷　1件。器形为钵。

钵　1件，11HDXQ18：3，不可复原。仅残存口沿，芒口，敞口，直壁。胎色灰白，胎质略粗糙，釉色黑褐，内壁釉层光泽度高，外壁光泽度低。残高4厘米（图二四，4）。

3）11HDXQ19　位于11HDXT92中，叠压于第1层下，打破山岩。距地表深0.1～0.5米，方向48°。平面形状近长条形，残长11.4、宽4.1、高0.55～3.75米（图二四；图版三七，3），北端起筑于二磴岩悬崖下，外墙保存较好，内墙毁坏不存。墙体构筑方式是先挖基槽，后在基槽内以不甚规则的楔形条石错缝丁砌1～2层放大脚，而后以规整的楔形条石错缝丁砌层层内收的平整斜面墙体，所用条石长0.75～1.15、宽

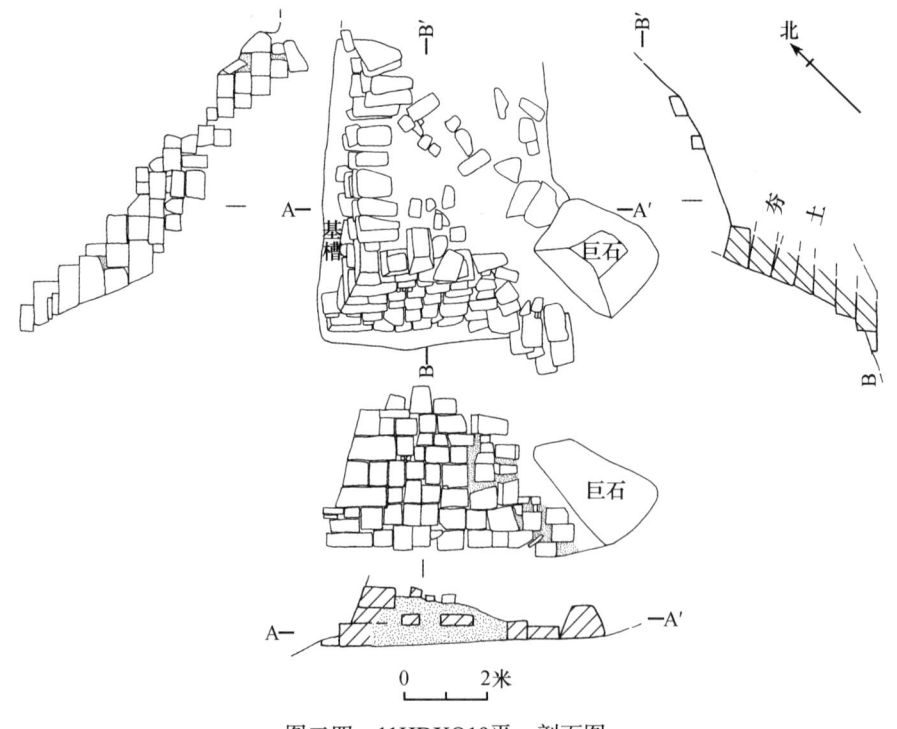

图二四　11HDXQ19平、剖面图

0.18~0.65、厚0.3~0.65米。墙内以红褐色黏土夹杂石块层层夯填。无出土物。

4）12HDXQ20 位于12HDXT93~12HDXT107中，叠压于第8层下，被12HDXG9、12HDXG10、12HDXPT6~12HDXPT8、12HDXL10、12HDXL11、12HDXS5、12HDXS6、12HDXG11叠压打破，打破山岩。距地表深0~3.4米。城墙北起薄刀岭南侧峭壁，顺山势而下，南至二磴岩悬崖边缘向西折转，沿峭壁蜿蜒伸展，平面形状近曲尺形，揭露长104.7、顶部残宽5.15~12.4、底部宽7.35~14.15、残高0.2~2.8米（图版三七，2、5）。

该段城墙可分为两期，一期城墙平面形状近曲尺形，由南北向和东西向两段城墙组成。

南北向城墙平面近长条形，自北向南横亘于山脊上，南至峭壁边缘向西折转，残长17.2、顶部残宽2.5、底部宽3.75、残高0.25~2.65米，方向349°，由外、内墙及墙内填土三部分构成，外墙南部保存较好，北部毁坏不存，残长17.2、宽0.55~0.7、残高0.25~2.65米，砌筑方式以条石错缝丁砌为主，少量以条石丁顺结合方式砌筑，底部缝隙以黏土和白灰黏接，条石外侧錾凿平整，层层内收成规整斜面，斜度为78°，所用条石长0.45~0.7、宽0.2~0.4、厚0.18~0.3米；内墙仅残存中部，残长3、高0.25~0.95米，砌筑方式为条石错缝顺砌，底部缝隙以灰褐色黏土黏接，錾凿规整的条石层层叠涩呈阶梯状，斜度为47°，所用条石长0.6~1、宽0.3~0.4、厚0.15~0.2米；墙内以棕褐色黏土夹杂石块层层夯填。

东西向城墙平面形状近长条形，自东向西沿峭壁边缘砌筑，西部弯折，揭露长48.9、顶部残宽3.25~9.5、底部宽3.7~10.15、残高0.3~2.65米，方向80°~103°，由外墙及填土两部分构成，外墙保存情况较好，仅东部少量毁坏，揭露长48.9、残宽0.4~0.7、残高0.3~2.65米，砌筑方式为条石错缝丁砌，底部缝隙以黏土和白灰黏结，先直接在山岩上构筑放大脚，然后将条石外侧錾凿平整，层层内收成规整斜面，斜度70°，所用条石长0.45~0.7、宽0.2~0.4、厚0.18~0.3米；该段城墙未砌筑内墙，借用倾斜的山坡为内墙，墙内以棕褐色黏土夹杂石块层层夯填。

该期城墙附属设施有12HDXL11、12HDXG10、12HDXG11、12HDXPT8、12HDXS5。

二期城墙平面形状近长条形，在一期南北向城墙的基础上向东加宽加高而成，残长42、顶部残宽5.1~10.5、底部宽6.3~13.25、残高0.3~1.9米，方向358°，由外墙、内墙及墙内填土三部分构成，外墙南部保存较好，残长42、宽0.55~1.1、残高0.3~1.9米，外墙的砌筑过程是先将凸出的基岩凿平，其上以不规整的条石砌筑1~3层呈阶梯状内收的放大脚，放大脚高0.25~0.8米，而后以规整的条石错缝丁砌，部分丁顺结合错缝平砌，底部缝隙以红褐色黏土或白灰黏接，条石外侧錾凿平整，层层内收成规整斜面，斜度为73°，所用条石长0.55～1.1、宽0.25～0.45、厚0.15～0.4米；内墙南部借用一期城墙为内墙，北部为新建内墙，残长14、宽0.2～0.4、残高0.2～1.35米，以规整条石错缝丁砌而成，底部缝隙以红褐色黏土黏接，层层内收，斜度75°，所用条石长0.7～1、宽0.2～0.4、厚0.15～0.25米；墙内以棕褐色黏土夹杂石块层层夯填。砌筑东、南两侧外墙时，开凿了排列规整的柱洞20个，即12HDXD1～12HDXD20，分斜洞和竖穴洞两种，其中斜洞2个、竖穴洞18个，间距1.15～3.75米，这些柱洞很可能是城墙上固定掩体或排叉木的木柱柱洞，起着加固城墙的作用。

该期城墙附属设施有12HDXL10、12HDXG9、12HDXPT6、12HDXPT7、12HDXS6、12HDXD1～12HDXD20。

12HDXQ20出土遗物共6件，器形有瓷器、陶器和铁器等。

瓷器 1件。黑釉瓷，器形为碗。

碗 1件。12HDXQ20：6，不可复原。残存下腹、底部。斜弧腹，圈足外撇，足端平，外侧斜削，平底。胎色灰白，胎质粗糙，釉色黑，外釉不及圈足，外壁釉有流釉，内底刮釉成涩圈。足径8.4、残高4.8厘米（图二三，5）。

陶器 1件。器形为板瓦。

板瓦 1件。12HDXQ20：3，可复原。泥质灰陶。平面呈梯形，横截面呈拱形。外素面，内布纹。长30、宽19.8～22.8、厚0.7～1.3厘米（图二三，6）。

铁器 4件。器形有镞、钉两类。

镞 3件。12HDXQ20：1，不可复原。镞身细长，"一"字前锋，脊身四棱形，腰微束，脊铤相接处有凸棱，锥柱铤。长8.8、脊长4.7、铤长4.1厘米（图二三，7）。12HDXQ20：2，不可复原。通体柳叶形，尖锋残缺，双翼弧刃，汇聚前锋，边锋刃，脊铤相接处有凸棱，锥柱铤，残断。残长7.9、脊残长6.2、铤残长1.7厘米（图二三，8）。12HDXQ20：4，不可复原。尖锋缺失，双翼弧刃，汇聚前锋，边锋刃，脊铤相接处有凸棱，锥柱铤，残断。残长8.5、脊残长6.1、铤残长2.4厘米（图二三，9）。

铁钉 1件。12HDXQ20：5，不可复原。钉尖残断，四棱汇聚成锋，钉帽宽扁，近椭圆形。残长7.3厘米（图二三，10）。

2. 城门

2座。南一字城遗址发掘清理宋末元初城门2座，西城墙城门为11HDXCM1，东城墙城门为11HDYCM2。

1）11HDXCM1 位于11HDXT85、11HDXT87、11HDXT91中，叠压于第6层

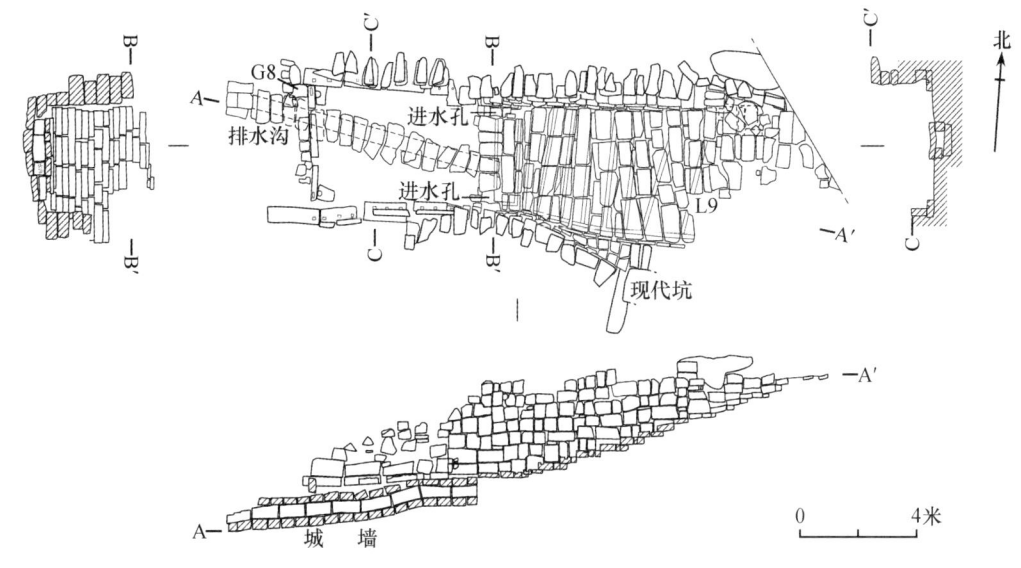

图二五 11HDXCM1平、剖面图

下，叠压11HDXQ18，打破山岩。坐东朝西。平面形状近"八"字形，揭露长19、宽5.3~7.35、高0.3~2.9米，由门槛、门道、八字挡墙、梯道和排水沟等部分组成（图二五；图版三八，1、2）。

门槛位于门道西端，以三块修凿规整的条石连接而成，门槛宽2.75、厚0.25、高0.25米，门槛石呈长条形，长0.85~1.45、宽0.45、厚0.25米。两端门颊榫孔和门枢孔保存较好，门颊榫孔呈长方形，孔长0.25、宽0.07、深0.08米，门枢孔呈半圆形，左孔直径0.15、右孔直径0.2、深均为0.08米。

门道位于门槛和梯道间，以石板嵌壁，条石做墙基，两侧墙基上凿对称的立柱榫孔各10个，榫孔近方形，边长0.09~0.1、深0.07~0.08、间距0.35~0.4米，门道宽4.05~4.65、进深4.13~6.05、残高0.3~0.8米。

八字挡墙位于门道东部，梯道两侧，以修凿规整的楔形条石错缝砌筑而成，底部缝间以石灰黏结，墙面修凿平整，由下至上层层内收。左侧挡墙近弧形，长6、宽0.5~0.8、残高0.45~2.25米；右侧挡墙近长条形，长11.5、宽0.75~1.05、残高0.3~3.1米。楔形条石长0.75~1.07、外端宽0.3~0.6、外端厚0.32~0.65、内端宽0.15~0.45、内端厚0.25~0.45米。

梯道（L9）位于门道东侧，八字挡墙间，平面形状近梯形，以条石构筑而成，通长11、宽3.6~4.6米，坡度16°，共17级踏步，由下至上逐级加长、叠压，各级踏步东北高西南低，皆凿浅引水槽，梯步高0.15~0.25、宽0.55~0.75米。

排水沟（G8）位于门道内，平面呈"T"形，以条石构筑，上以石板封盖而成暗沟。由纵、横两沟连接而成，纵沟东高西低，东端与横沟中部相连，残长9.1、宽0.45~0.48、深0.35~0.5米，坡度8°；横沟两端设长方形进水孔，左孔长0.4、宽0.25米，右孔长0.5、宽0.25~0.3米，沟底两端高，中部低，长3.55、宽0.4、深0.35米。

11HDXCM1出土遗物共40件，器类有瓷器、缸胎器、陶器、石器和铁器等。

瓷器　17件。按窑口、釉色分为景德镇窑青白釉瓷、龙泉窑青釉瓷、耀州窑青釉瓷和不明窑口黑釉瓷四种。

景德镇窑青白釉瓷　9件。器形有碗、盏两类。

芒口碗　2件。11HDXCM1∶39，可复原。方唇，侈口，圆弧腹，矮圈足，挖足浅。内底有压印凹痕，外壁饰刻划菊瓣纹。胎色白，胎质细腻致密，釉色青白，釉层光泽度高，釉面遍布细碎冰裂纹开片，施釉至圈足，足端刮釉，外底无釉。口径15.8、足径4.7、高6厘米（图二六，1；图版四〇，1~3）。

芒口盏　1件。11HDXCM1∶40，可复原。方唇，敞口，斜弧腹，饼足。胎色白，胎质细腻致密，外壁有修胎旋削痕，釉色青白，釉层光泽度高，釉面遍布细碎冰裂纹开片，施釉至圈足。口径10.3、足径2.8、高3.8厘米（图二六，2）。

碗　2件。11HDXCM1∶19，不可复原。仅残存底部。内底有压印凹痕，饼足内凹。胎色灰白，胎质略粗糙，釉色青灰，釉层较乳浊，有细碎冰裂纹开片，施釉至圈足，外底无釉。足径5.4、残高2厘米（图二六，3）。

盏　4件。11HDXCM1∶20，不可复原。残存底部及下腹。下腹斜直，饼足。外壁饰刻划莲瓣纹。胎色灰黄，胎质粗糙，釉色青灰，釉层较乳浊，有细碎冰裂纹开片，施釉至足，外底无釉。足径3.7、残高2.8厘米（图二六，4）。

龙泉窑青釉瓷　1件。器形为碗。

碗　1件。11HDXCM1∶42，不可复原。口沿残缺。斜弧腹，内底较平，圈足，挖足过肩，足端平，足壁内外皆斜。外壁饰刻划莲瓣纹。胎色灰白，胎质较细腻致密，釉色青绿，釉层乳浊，光泽度高，施满釉，足端刮釉，胎釉结合处现火石红。足径4.5、残高5.9厘米（图二六，5）。

耀州窑青釉瓷　1件。器形为碗。

碗　1件。11HDXCM1∶16，不可复原。仅残存下腹及底部。下腹斜弧，圈足较高，足端宽平，外底有鸡心突。外壁有刻划纹饰。胎色灰，胎质略粗糙，釉色青绿偏灰，釉层微乳浊，光泽度高，釉面有细碎冰裂纹开片。足径4.7、残高3.2厘米（图二六，6）。

不明窑口黑釉瓷　6件。器形有碗、盏、灯盏、罐四类。

碗　1件。11HDXCM1∶15，可复原。敞口，斜直壁，矮圈足，圈足宽平，外底微

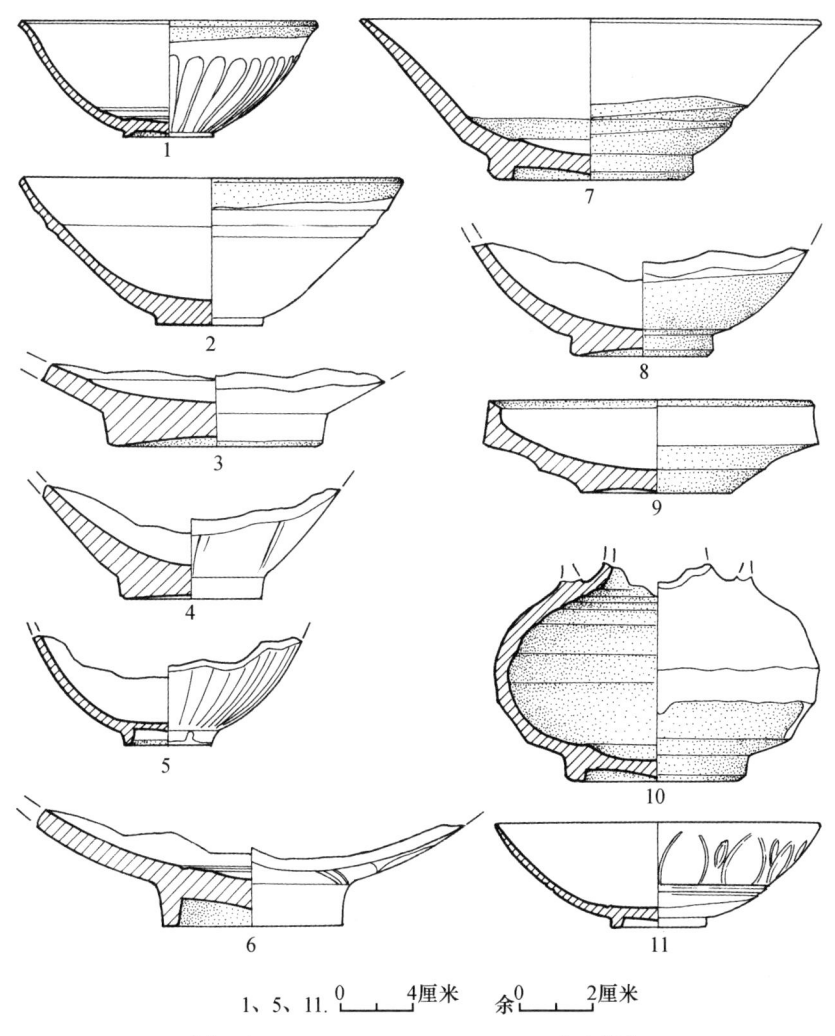

图二六　11HDXCM1、11HDYCM2出土器物

1. 景德镇窑青白釉瓷芒口碗（11HDXCM1：39）　2. 景德镇窑青白釉瓷芒口盏（11HDXCM1：40）
3. 景德镇窑青白釉瓷碗（11HDXCM1：19）　4. 景德镇窑青白釉瓷盏（11HDXCM1：20）　5. 龙泉窑青釉瓷碗
（11HDXCM1：42）　6. 耀州窑青釉瓷碗（11HDXCM1：16）　7. 不明窑口黑釉瓷碗（11HDXCM1：15）
8. 不明窑口黑釉瓷盏（11HDXCM1：33）　9. 不明窑口黑釉瓷灯盏（11HDXCM1：41）　10. 不明窑口黑釉瓷罐
（11HDXCM1：36）　11. 不明窑口白釉瓷碗（11HDYCM2：1）

凸。胎色灰褐，胎质粗糙，釉色酱褐，施釉至下腹，内底刮釉成涩圈。口径12.3、足径5.4、高4.2厘米（图二六，7；图版三九，5、6）。

盏　3件。11HDXCM1：33，不可复原。残存下腹及底部。下腹斜弧，饼足微内凹。胎色浅灰，胎质略粗糙，釉色黄褐，施釉至下腹。足径3.8、残高3.2厘米（图二六，8）。

灯盏　1件。11HDXCM1：41，可复原。芒口，敞口，方唇，斜壁两次旋削而成，中间一道台棱，平底。胎色灰，胎质粗糙，釉色酱褐，内壁及方唇有釉。口径8.8、底径4、高2.4厘米（图二六，9）。

罐　1件。11HDXCM1：36，不可复原。口颈残。双耳，扁鼓腹，圈足，挖足较浅。胎色灰褐，胎质粗糙，釉色黑褐，施釉不及圈足。足径4.8、残高5.7厘米（图二六，10）。

缸胎器　11件。器形有碗、盏、灯盏、壶、擂钵和研磨器六类。

碗　6件。11HDXCM1：25，可复原。敞口，斜弧腹，圈足，足端宽平。胎色紫褐，胎质粗糙，釉色酱灰，施釉至下腹，内底刮釉成涩圈。口径16.6、足径6.4、高5.8厘米（图二七，1；图版四〇，4、5）。11HDXCM1：24，可复原。侈口，近斜直腹，圈足外撇，挖足较深。胎色红褐，胎质略粗糙，釉色黄褐，外壁施釉至上腹，内底刮釉成涩圈。口径18.3、足径7、高6.4厘米（图二七，2）。11HDXCM1：23，不可复原。口沿残。斜弧腹近直，圈足，挖足极浅，足端宽平。胎色灰，胎质粗糙，釉色灰蓝，施釉至下腹，内底残存2个支钉。足径7.6、残高5.7厘米（图二七，3）。

盏　1件。11HDXCM1：30，不可复原。仅残存口沿。敞口，斜弧腹。胎色红褐，釉色黄褐，施釉至上腹。口径10.4、残高3.3厘米（图二七，5）。

灯盏　1件。11HDXCM1：34，可复原。敞口，方圆唇，浅曲腹，平底。胎色红褐或灰褐，胎质粗糙，釉色浅黄，内壁及部分外壁有釉。口径10、底径4.6、高2.5厘米（图二七，6）。

壶　1件。11HDXCM1：14，不可复原。仅残存口部及錾。敞口，颈微束，溜肩。胎色灰黄，胎质略粗糙，釉色棕褐，釉面多橘皮状缩釉。口径6.5、残高8厘米（图二七，8）。

擂钵　1件。11HDXCM1：21，不可复原。仅残存底部。斜腹，饼状足。胎色红褐，釉脱落，外壁有釉，内壁无釉。足径6.4、残高4.2厘米（图二七，7）。

研磨器　1件。11HDXCM1：9，不可复原。口沿残。浅腹，卧足。胎色浅灰，釉色酱褐，内壁有釉。足径4.9、残高1.8厘米（图二七，4）。

陶器　3件。器形有罐、板瓦两类。

罐　1件。11HDXCM1：45，可复原。泥质灰陶。敞口，矮颈微束，溜肩，上腹微鼓，下腹斜收，凹底。口径11.9、底径9.2、高14.3厘米（图二七，9）。

板瓦　2件。11HDXCM1：37，可复原。平面略呈方形，中间厚，两端较薄。凹面局部有布纹。灰胎，胎质坚硬。长27.4、宽22.8～23.4、厚0.8～1.4厘米（图二七，11）。

石器　1件。器形为石臼。

石臼　1件。11HDXCM1：18，红砂岩凿成，平面近圆角矩形，臼窝呈椭圆形，口

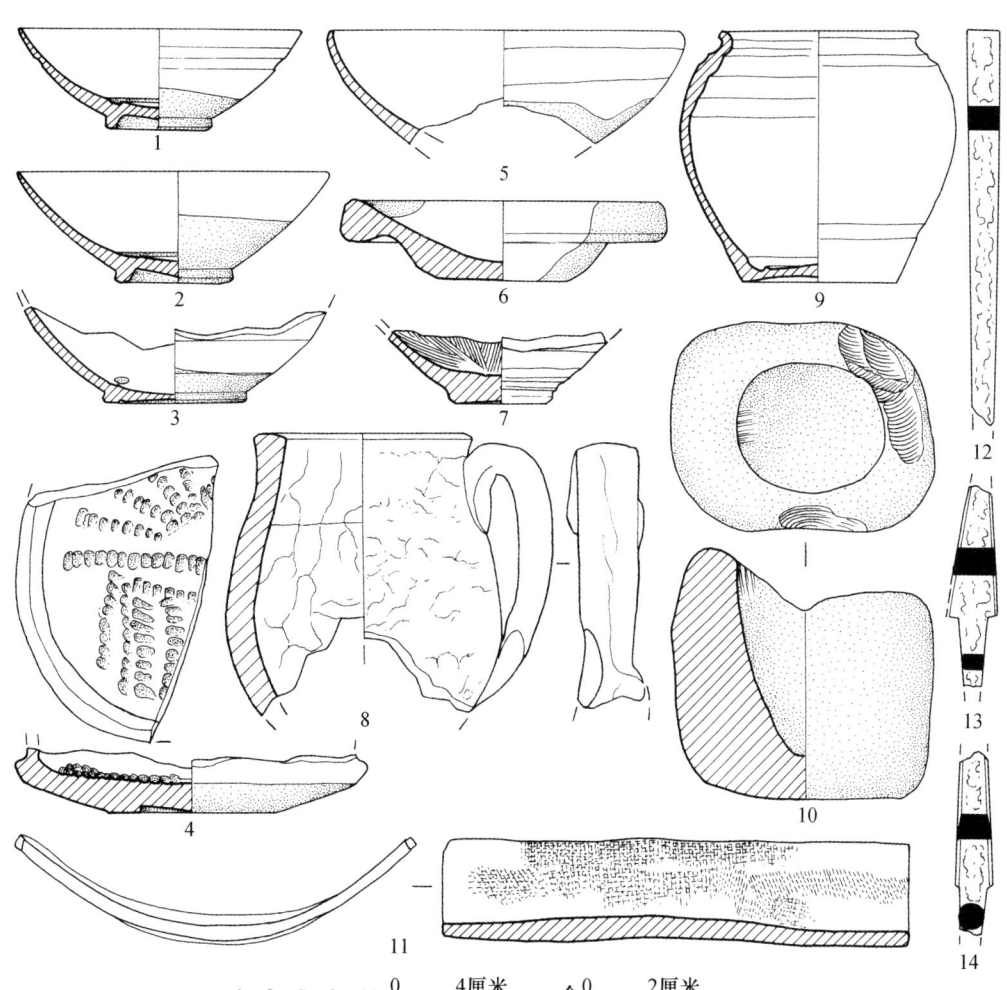

图二七 11HDXCM1出土器物

1~3.缸胎碗（11HDXCM1：25、11HDXCM1：24、11HDXCM1：23） 4.缸胎研磨器（11HDXCM1：9）
5.缸胎盏（11HDXCM1：30） 6.缸胎灯盏（11HDXCM1：34） 7.缸胎擂钵（11HDXCM1：21）
8.缸胎壶（11HDXCM1：14） 9.陶罐（11HDXCM1：45） 10.石臼（11HDXCM1：18） 11.陶板瓦
（11HDXCM1：37） 12.铁钉（11HDXCM1：7） 13、14.铁镞（11HDXCM1：1、11HDXCM1：2）

大底小。长15.7、宽12、高14.2厘米（图二七，10）。

铁器 8件。器形有镞、钉两类。

镞 6件。11HDXCM1：1，不可复原。镞身平面呈长三角形，截面呈梯形，四棱汇聚成锋，铤截面近方形。残长5.7厘米（图二七，13）。11HDXCM1：2，镞身细长，截面呈梯形，四棱汇聚成锋，圆柱铤。残长5.2厘米（图二七，14）。

钉 2件。11HDXCM1：7，不可复原。细长，截面呈矩形。残长11.4厘米（图二七，12）。

2）11HDYCM2　主要位于11HDYT41、11HDYT42中，叠压于第2层下，被11HDYQ4二期叠压，打破山岩。坐西朝东。东端被东城墙第三期所叠压，未予清理，揭露部分平面呈"八"字形，长12.95、宽3.1～10.1、高1.8～2.7米，由门道、八字挡墙两部分组成（图二八；图版三八，3）。

门道东部叠压于东城墙三期城墙下，未予清理，揭露部分平面形状呈长条形，宽2.65、进深3.1～3.35、残高1.7～1.93米，以石板嵌壁，条石做墙基，北侧墙基上凿对称立柱榫孔7个，南侧墙基上凿立柱榫孔6个，榫孔呈方形，边长0.08、深0.08、间距0.3～0.5米。

八字挡墙以修凿规整的楔形条石构筑错缝砌筑而成，缝间以石灰黏结，墙面修凿平整，由下至上层层内收。左侧挡墙近长条形，残长9.5、宽0.35～0.95、残高1.05～2.85米；右侧挡墙近曲尺形，残长7、宽0.57～0.78、残高0.35～1.7米。

城门内填土分二层，上层厚0.45～0.47米，为灰褐色黏土，土质致密坚硬，含大量石块、植物根系等，下层厚0.5～0.75米，微红褐色黏土，土质致密坚硬，含大量石块及零星瓦砾等。出土器物为瓷片、陶片等，可辨器形有板瓦、碗、盘、罐等。

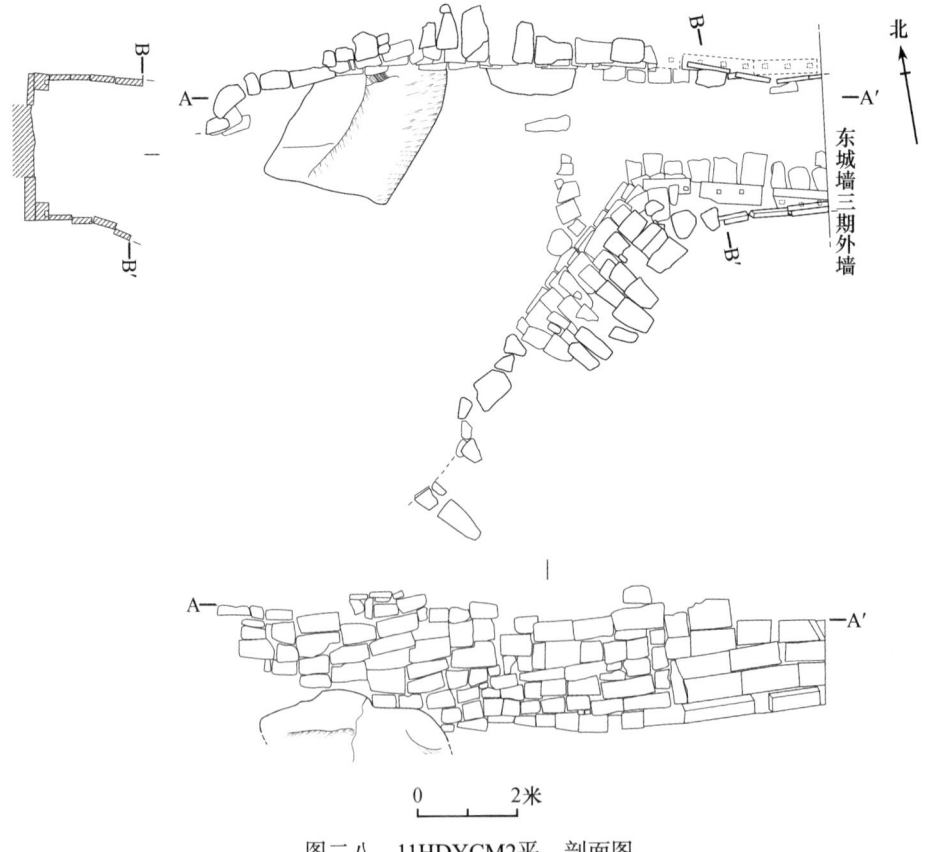

图二八　11HDYCM2平、剖面图

11HDYCM2出土遗物仅见瓷器1件，为不明窑口白釉瓷碗。11HDYCM2：1，可复原。敞口，尖圆唇，斜弧腹，矮圈足，挖足较浅，足墙外直内斜，外底微鼓。腹壁可见明显的修坯旋痕。腹壁刻划莲瓣纹。黄白胎，白釉，釉面有小网格纹，外壁施釉到腹下部。口径17.5、足径5.3、高5.4厘米（图二六，11；图版四〇，6～8）。

3. 码头

2处。西城墙南端码头为08HDSMT1，东城墙南端码头为09HDYMT1，08HDSMT1规模大，保存状况较好，09HDYMT1毁坏较为严重。两座码头都是以城墙为依托，在城墙内侧以石块、夯土修筑而成，均有道路、平台、石堆等附属设施。

（1）08HDSMT1

位于南一字城遗址西南角，南临嘉陵江，北接西城墙，坐北朝南，地势北高南低，部分暴露于地表，保存状况较好。码头平面形状近梯形，东西长86～112.5、南北宽55.3～70.25、残存墙体最高处达6.5米（图二九；图版四一）。码头主体以条石、夯土构成，其上有道路、护坡墙、平台、石堆、石臼、房址和柱洞等附属设施，此处仅介绍码头主体部分，附属设施遗迹单独介绍。

1）建筑方式。首先在临江低矮处用条石构筑护坡墙，而后在墙内以黏土夹石块层层夯填而成。护坡墙以楔形条石错缝砌筑，外高内低，以丁砌为主，少部分采用丁顺交错的砌筑方式。码头西部城墙中上部条石外端多修凿成平整光滑的内收斜面，东、南、西三面护坡墙的下部则将条石外端修凿成钝圆球状，并呈阶梯状层层内收，码头所用条石顶面上多有人工錾刻的凹槽，一般距条石外边沿0.1～0.4、深0.01～0.25米，这种结构能使上下条石紧紧相扣，不易移位。码头一期比二、三期所用条石规格略小，一期条石一般长0.42～1、宽0.2～0.5、厚0.3～0.5米，二、三期条石一般长0.67～1.35、宽0.23～0.6、厚0.3～0.6米。夯土以黄褐色或红棕色黏土为主，夯层厚0.2～0.9米，圆形夯窝，直径0.05～0.08、深0.02～0.03米。三期码头西部护坡墙外以红棕色黏土夹石块层层夯筑护坡，而后在护坡表面平铺巨大条石，以防江水冲刷、侵蚀墙基。

2）形制结构。08HDSMT1在首次修筑后又有两次大规模的扩建，可分为三期。

一期平面形状近三角形，东西长11.2～65、南北宽67.5～70、揭露高0.21～1.25米。码头由护坡墙及墙内夯土组成，西部以原有的城墙08HDSQ1为护坡墙，东、南部新建护坡墙08HDSQ3、08HDSQ2，北部则以自然倾斜的山坡为依托，其内以黄褐色黏土夹杂石块层层夯填。08HDSMT1一期的附属设施有08HDSL1、08HDSPT5一期等。此时码头规模较小，内部结构相对简易。

二期平面形状近梯形，东西长37.5～73、南北宽67～80、残高6.35米，叠压

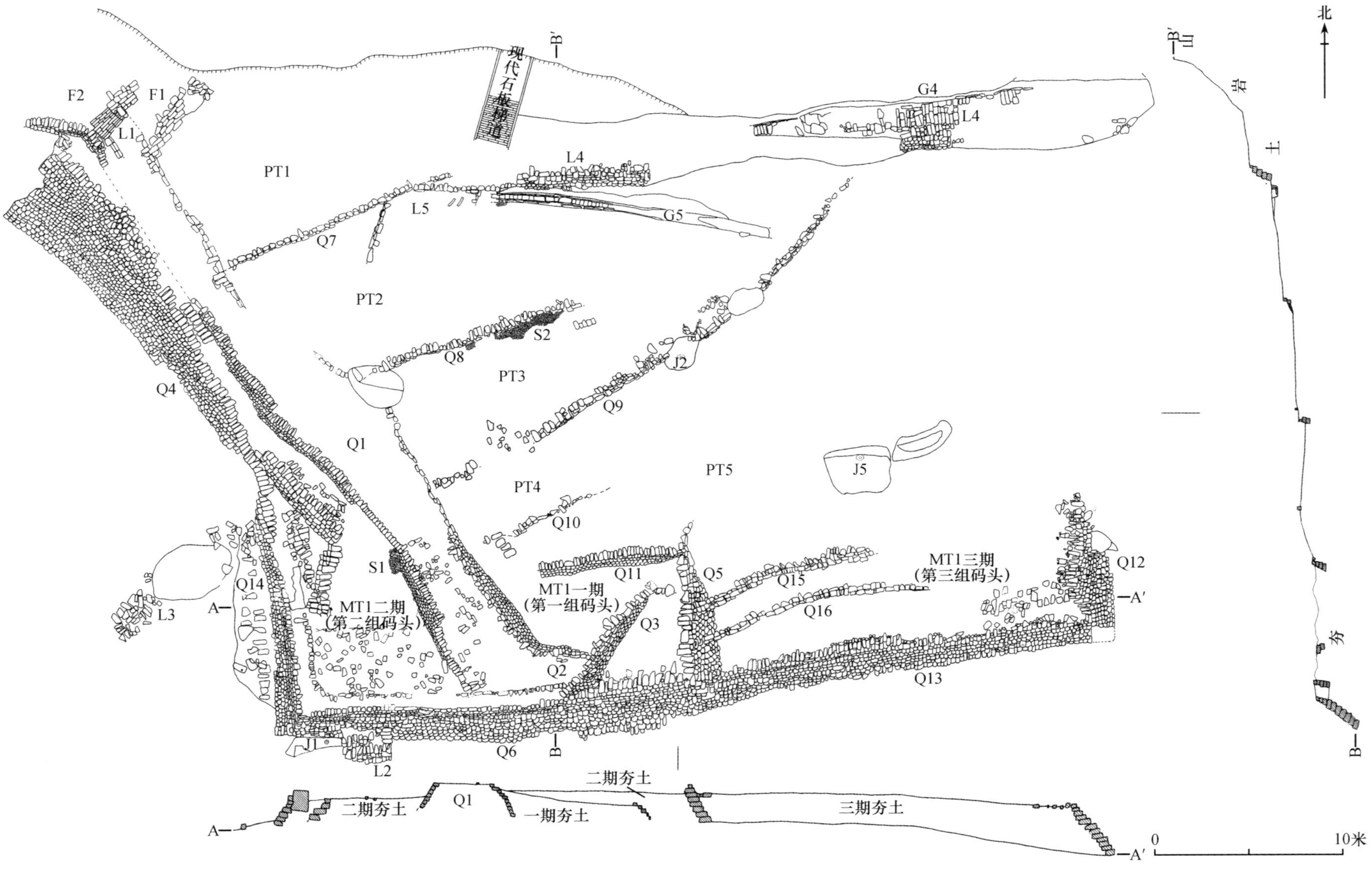

图二九 08HDSMT1平、剖面图

08HDSMT1一期，被08HDSMT1三期叠压。在08HDSMT1一期的东、南、西三面新筑护坡墙08HDSQ5、08HDSQ6、08HDSQ4，墙内以红棕色黏土夹杂石块层层夯填。08HDSMT1二期附属设施较多，包括08HDSL3及自北向南呈阶梯状分布5处平台08HDSPT1~08HDSPT5二期。

三期的规模最大，发掘前部分暴露于地表，保存情况较好，平面形状近梯形，东西长86~112.5、南北宽55.3~70.25、残高6.5米，叠压08HDSMT1一、二期。在08HDSMT1二期临江平台08HDSPT5二期的东、西两侧新筑东、西向护坡墙08HDSQ12、08HDSQ14，南面沿二期码头护坡墙08HDSQ6，向东加筑护坡墙08HDSQ13，西部沿用二期码头城墙08HDSQ4，墙内以红棕色黏土夹杂石块层层夯填，形成三期码头临江平台08HDSPT5三期。三期继续沿用二期的附属设施，新增了通往江边、钓鱼山的道路08HDSL2、09HDSL4。

3）堆积状况。以08HDSMT1三期临江平台08HDSPT5三期夯土为例介绍码头的堆积状况。

第1层：深85~100、厚0~26厘米。红褐色黏土，土质坚硬致密，夹杂大量石渣。出土遗物有少量青白瓷片、黑釉瓷片等。

第2层：深105~140、厚0~40厘米。混杂黄褐色、红棕色黏土，土质坚硬致密，夹杂少量石渣、动物残骨。出土遗物有青白瓷片、缸胎器残片等。

第3层：深100~175、厚40~90厘米。混杂红棕色、灰褐色黏土，土质坚硬致密，夹杂大量鹅卵石块。出土遗物有少量青白瓷片、铁渣等。

第4层：深145~215、厚0~65厘米。混杂黄褐色、红棕色黏土，土质较坚硬致密，纯净无物。

第5层：深200~280、厚0~90厘米。红褐色黏土，土质坚硬致密，夹杂大量鹅卵石。

该层下为灰黄色淤沙堆积。

4）加工痕迹、刻划符号。码头所用石条普遍存在加工痕迹，主要有楔眼、錾纹两种。一般楔眼平面呈三角形或椭圆形，横剖面呈"⌣"形，纵剖面呈"\/"形，大条石楔眼一般长0.1~0.4、宽0.05~0.07、深0.06~0.17米，小条石楔眼一般长0.08~0.1、宽0.03~0.05、深0.07~0.1米。条石錾纹依纹路的特点可分宽、窄两种，尤以窄錾纹居多，窄錾纹依形状可分右斜、"<"形、">"形、散射、交错等不同纹路，条纹间距在0.015~0.03米；宽錾纹一般以右斜、左斜形式为主，纹路宽0.014~0.015米，多与窄錾纹搭配使用。从錾纹的宽窄来看，当时的修凿工具应有尖凿、扁凿两种，且以尖凿最为普遍。

此外，在部分条石上发现了少量刻划符号，有"後""⚹""朮""十""中"等，有正立、倒立、左右侧卧等形式。

5) 材料来源。码头的构筑材料主要为石材、夯土、黏接物三大类。所用石材均为就地取材的大块砂质岩石。据调查，西距08HDSMT1约100米的灵牌石石料场应为其石材来源地，该场面积达数千平方米，场内堆满形状各异、大小不一的石料残块，其石质、楔眼、錾纹等均与码头用石一致。码头夯土多为黄褐色、红棕色黏土，这种黏土在码头周边分布较为普遍，也应是就地取材。底部条石间的黏接物有细腻的红棕色黏土和石灰两种，黏土应为就地取材，石灰来源不明。

6) 08HDSMT1出土遗物共22件，器类有瓷器、缸胎器和石器等。

瓷器 10件。按窑口、釉色分为景德镇窑青白釉瓷、磁峰窑白釉瓷、不明窑口白釉瓷和黑釉瓷四种。

景德镇窑青白釉瓷 2件。器形有碗、杯两类。

碗 1件。08HDSMT1：3，不可复原。仅残存碗底。内底有压印的浅凹痕，圈足，挖足较浅。圈足上有刻划纹饰。胎色白，胎质较细腻，釉色青白，釉层透明度较高，釉面有细碎冰裂纹开片，圈足及外底有釉。足径5.4、残高2.4厘米（图三〇，1）。

杯 1件。08HDSMT1：9，不可复原。仅残存口沿。芒口，敞口，圆弧壁。胎色白，胎质细腻，釉色青白，釉层较乳浊。口径8.7、残高3.7厘米（图三〇，2）。

磁峰窑白釉瓷 4件。器形均为碗。

碗 4件。08HDSMT1：5，不可复原。仅残存口沿。尖唇，敞口，斜直壁。内壁模印阳文花卉纹。胎色黄白，胎质较细腻致密，施白色化妆土，釉色乳白，釉层乳浊。口径16、残高2.9厘米（图三〇，3）。08HDSMT1：8，不可复原。仅残存碗底。圈足，挖足过肩，足端平。内壁模印阳文牡丹纹。胎色浅灰，胎质较细腻致密，施白色化妆土，釉色乳白，釉层乳浊，施釉不及圈足。残高3.1厘米（图三〇，6）。

不明窑口白釉瓷 1件。器形为碗。

碗 1件。08HDSMT1：26，不可复原。仅残存碗底。圈足，挖足过肩，足端平。胎色浅黄，胎质略粗糙，釉色黄白，釉层脱落严重。足径6、残高2.2厘米（图三〇，4）。

不明窑口黑釉瓷 3件。器形均为碗。

碗 3件。08HDSMT1：7，可复原。方唇，斜弧腹，圈足宽平。胎色黄褐，胎质粗糙，夹粗砂，釉色黑褐，釉层光泽度不高，外壁施釉至上腹，内底刮釉成涩圈。口径17.5、足径8、高5厘米（图三〇，5）。08HDSMT1：2，不可复原。仅残存碗底。圈

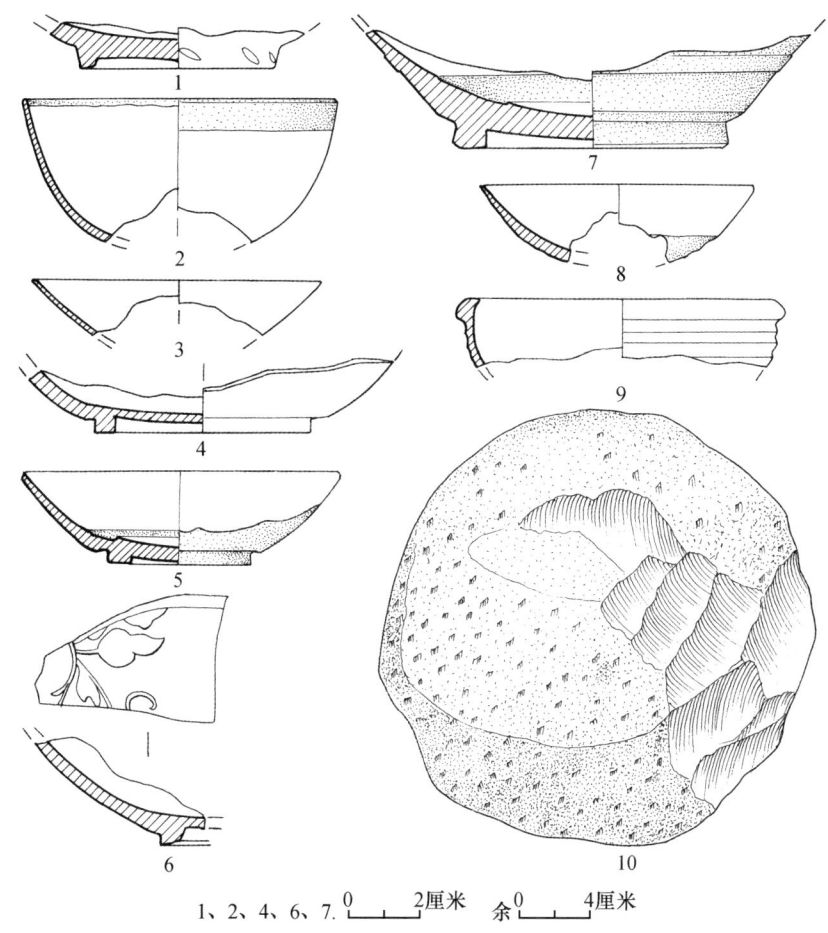

图三〇　08HDSMT1出土器物

1. 景德镇窑青白釉瓷碗（08HDSMT1:3）　2. 景德镇窑青白釉瓷杯（08HDSMT1:9）　3、6. 磁峰窑白釉瓷碗（08HDSMT1:5、08HDSMT1:8）　4. 不明窑口白釉瓷碗（08HDSMT1:26）　5、7. 不明窑口黑釉瓷碗（08HDSMT1:7、08HDSMT1:2）　8. 缸胎碗（08HDSMT1:4）　9. 缸胎罐（08HDSMT1:25）　10. 礌石（08HDSMT1:13）

足宽平，挖足齐肩。胎色浅灰，胎质略粗糙，釉色黑，釉面光泽度高，内底刮釉成涩圈。足径7.6、残高3.2厘米（图三〇，7）。

缸胎器　6件。器形有碗、罐两类。

碗　3件。08HDSMT1:4，不可复原。仅残存口沿。尖唇，敞口，腹近斜直。胎色浅黄，胎质略粗糙，釉色青黄，釉层无光泽度，施釉至腹部。口径15、残高4.1厘米（图三〇，8）。

罐　3件。08HDSMT1:25，不可复原。仅残存口沿。敛口，尖圆唇，弧腹。饰凹弦纹。红褐胎，施酱釉。口径18、残高3.7厘米（图三〇，9）。

石器　6件。均为礌石。

礌石　6件。08HDSMT1∶13，灰白砂岩。圆球形。直径24厘米（图三〇，10；图版四三，1）。

（2）09HDYMT1

位于09HDYT23～09HDYT31中，叠压于第10层下，被09HDYG1、09HDYG2打破，叠压08HDYQ1。码头东与08HDYQ1南端相接，北倚缓坡，西、南两面临江。平面形状近长条形，长41、宽28、揭露高0.8～2.1米。码头地势北高南低，呈阶梯状分布，由08HDYPT1及09HDYPT4、09HDYPT5组成，三个平台均依靠08HDYQ1筑成（图三一）。

图三一　09HDYMT1平、剖面图

4. 道路

13条。

1）08HDSL1　位于08HDST43、08HDST47、08HDST48、09HDST49中，叠压于08HDSQ4、09HDSF2下，叠压08HDSQ1。平面形状近长条形，揭露长5.12、宽2.1～2.66米，方向125°（图三二；图版四二，1）。

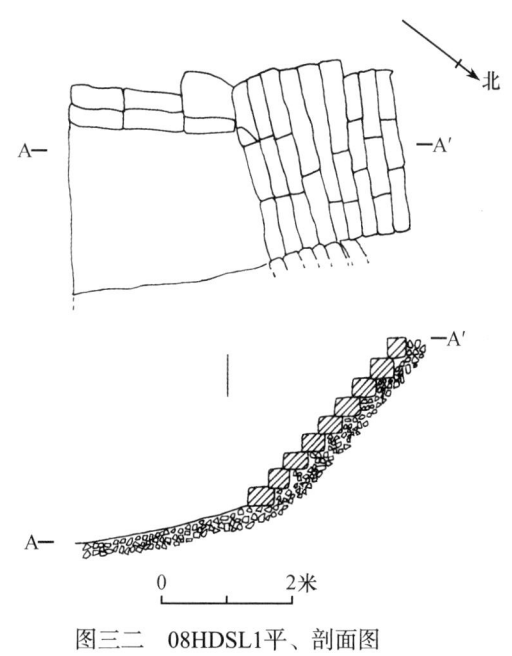

图三二　08HDSL1平、剖面图

在08HDSMT1西北部，是其一期道路，通往钓鱼城山顶，分梯道和斜坡两段。梯道段长2.5、宽2.1～2.66米，西北高东南低，坡度40°，以打制规整的条石构筑而成，由下至上铺砌逐级内收的九级台阶，台阶长2.1～2.66、宽0.25～0.31、高0.21～0.3米。斜坡段揭露长3、宽2.15～2.53米，坡度11°，城墙08HDSQ1顶部铺石渣，斜坡左侧边缘有短条石包边。

08HDSL1除有少量条石暴露在外，大部分被红褐色夯土叠压，本身堆积为黄褐色黏土，与一期码头堆积相同。出土遗物有青白瓷片、黑釉瓷片、铁钉等。

2）09HDSL4　位于08HDST18、08HDST12及09HDST56～09HDST66中，叠压于第15层下，东部被09HDSG1、09HDSG2、09HDSG3、09HDSG5、09HDSL5叠压打破，叠压08HDSPT1，为08HDSMT1三期通往钓鱼城山顶的道路。平面形状近长条形，揭露长78.65、残宽5.85、厚0.25～2.4米（图三三；图版四二，2）。

由路基、路面、排水沟三部分组成。

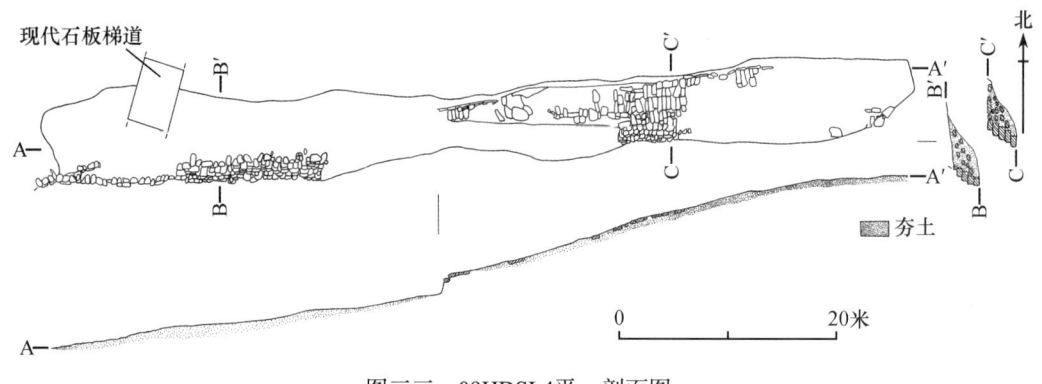

图三三　09HDSL4平、剖面图

路基宽0.76~4.2、高0.25~2.4米，沿山岩以条石构筑护坡墙，墙内用黏土夹石块夯筑。条石多呈长条状，规格不等，一般长0.85~1.03、宽0.4~0.52、厚0.39~0.5米。护坡墙仅残存两段，西段护坡墙尚残存1~7层条石，残长25.1、残高0.25~2.4米，该段护坡墙下部有红棕色黏土夯筑的护坡；东部护坡墙残存6层条石，残长5.3、残高1.6米。余部护坡墙皆坍塌不存，仅见夯土路基。

路面残存29.75米，余皆扰毁不见，多以规整石板铺于路基之上，局部将凸出的山岩修凿成路面。路面东高西低，坡度13°，残存梯步15级，梯步横向前沿、内侧纵向边沿竖砌规整的条石包边，后平铺石板构成梯步，其中下部的石板錾凿凹槽，将上部的包边条石竖置于凹槽中，使上下梯步形成紧扣的榫卯结构。梯步长0.05~3.4、宽1.4~20、高0.14~0.21米。梯步坡度7°~16°。构筑路面所用条石长0.71~1.15、宽0.27~0.5、厚0.15~0.23米，石板长0.35~1.2、宽0.15~0.56、厚0.12~0.15米。

排水沟（09HDSG4）位于09HDSL4北侧，东端被09HDSG1、09HDSG3打破，两端扰毁严重，中部保存较好，残长37、宽0.2~0.65、深0.1~0.35米。以竖砌条石或略加修凿的山岩为包边，沿09HDSL4由东北至西南倾斜而下，深浅不一。该排水沟有排泄山洪，保护道路的功能。沟内填土为红褐色山洪淤积土，土质致密坚硬，内含零星石块、板瓦、残骨等。

3）09HDYL3　位于09HDYT19、09HDYT20中，叠压于第1层下，被09HDYD1~09HDYD7打破，叠压08HDYQ1三期，为其顶部来往的道路。平面形状近长条形，揭露长10.6、宽1~1.9米（图三四；图版四二，3）。石板梯道，北高南低，坡度16°，现存17级阶梯，各级阶梯宽窄高低不一，一般宽0.34~1.53、高0.1~0.22米，所用石板一般长0.4~1.6、宽0.24~0.65、厚0.1~0.3米。

4）11HDXL9　位于11HDXT85、11HDXT91中，叠压于第6层下，叠压11HDXG8。平面形状近梯形，长11、宽3.6~4.6米，坡度16°（图三五）。以条石构筑而成，共

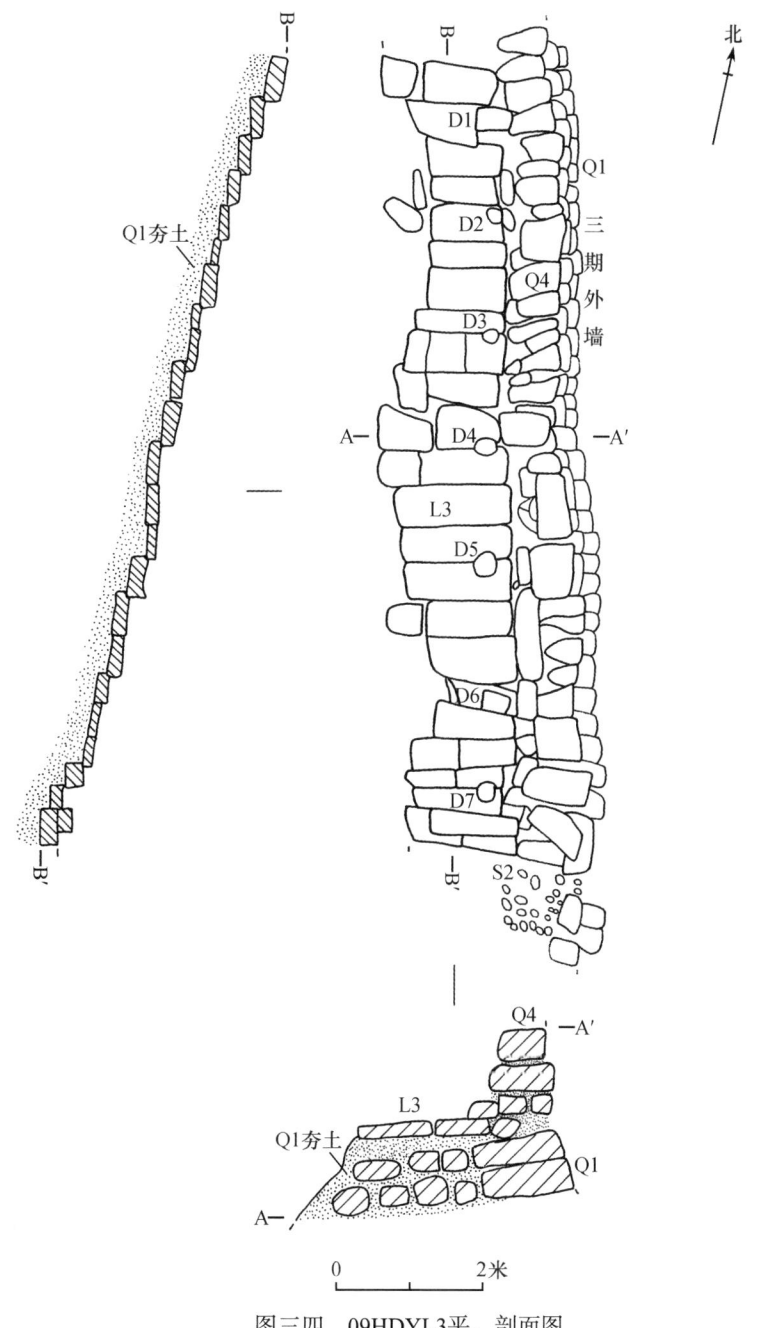

图三四　09HDYL3平、剖面图

17级梯步,由下至上逐级加长,各梯步均东北高西南低,皆凿浅引水槽,梯步高0.15~0.25、宽0.55~0.75米。11HDXL9处于11HDXCM1门道与八字挡墙之间,为其内部梯道。无出土物。

5）12HDXL11　位于12HDXT94~12HDXT96、12HDXT99中,叠压于第7层、

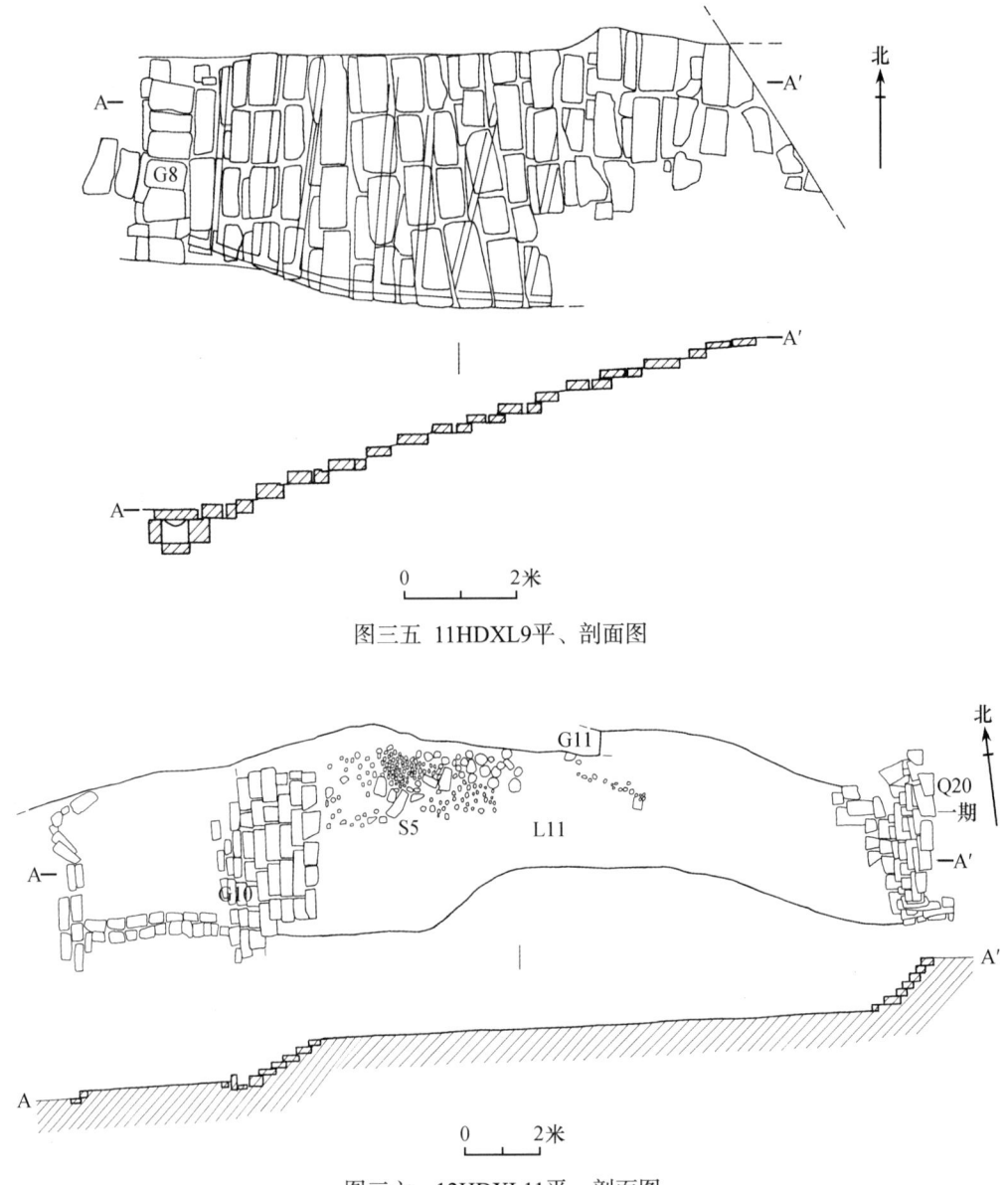

图三五 11HDXL9平、剖面图

图三六 12HDXL11平、剖面图

12HDXS5下,叠压12HDXG11、12HDXPT8、12HDXQ20一期,为12HDXQ20一期顶部来往道路。距地表深0.25~3.5米,方向80°(图三六;图版四二,4)。平面形状近长条形,长25、宽2.55~4.65米,东高西低,坡度2°~21°。由条石梯道和红褐色黏土夯土道路组成,各分2段,交替构筑,梯道共7级阶梯,阶梯残长4.2、宽0.21~0.31、高0.1~0.18米。整条道路自西向东起筑于1级石梯道,然后是一段近平的夯土道路,而后砌筑6级石梯道,最后为一段缓坡夯土道路至12HDXQ20一期南北向城墙的内墙。

5. 平台

15处。

08HDSPT5 位于08HDST1~08HDST4、08HDST6、08HDST8、08HDST11、08HDST16、08HDST17、08HDST22~08HDST24、08HDST28~08HDST30、08HDST34~08HDST36、08HDST40~08HDST42、09HDST70、09HDST73、09HDST77等24个探方中，叠压于第2层下，叠压基岩。平面形状近长条形，长86、宽21.3、残高6.35米。08HDSPT5可分为三期，一期平面近三角形，东西长11.21~25、南北宽12.5~16、揭露高0.21~1.25米，由08HDSQ1~08HDSQ3及墙内夯土构成，呈西南高东北低的斜坡状；二期平面近长条形，东西长42、南北均宽16.25、残高6.35米，由08HDSQ4~08HDSQ6将一期平台包围于其内；三期平面近长条形，东西长86、南北均宽21.3、残高6.35米，由08HDSQ12~08HDSQ14将一、二期平台包围于其内。

09HDYPT5 位于08HDYT4、09HDYT24~09HDYT27、09HDYT29~09HDYT31中，叠压于第10层下，叠压08HDYQ1三期。距地表深2.87~3.16米，东西走向。平面形状近长条形，长23.5~35、宽17.5、高0.8~2.1米（图三七）。由护坡墙、墙内夯土及夯土护坡构成，砌筑于江边缓坡上，护坡墙以规整的大条石构筑，由下至上层层叠涩内收，斜度55°，墙内以灰褐色黏土夹杂石块层层夯填。所用条石长0.35~1.1、宽

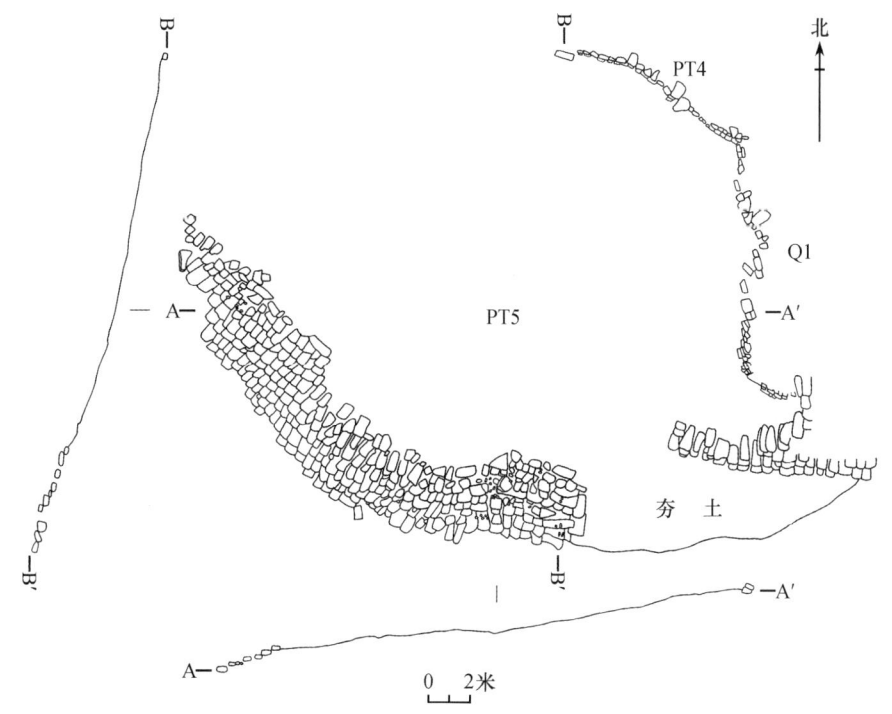

图三七 09HDYPT5平、剖面图

0.3~0.6、厚0.15~0.5米。平台东部有长条形夯土护坡，以红褐色黏土夹杂石块、白灰层层夯筑而成。无出土物。

12HDXPT7　位于12HDXT102、12HDXT103中，叠压于第3层下，叠压12HDXQ20二期。距地表深0.15~1.4米，近南北向。东部损毁严重，残存平面形状近长方形，长4、宽3、高1.5米（图三八）。西、南两侧以条石构筑护坡墙，墙内以棕褐色黏土夹石块层层夯填，北部于平台上构筑横向护坡墙，南、北两侧护坡墙由下至上层层叠涩内收。所用条石长0.55~1.2、宽0.15~0.4、厚0.1~0.3米。无出土物。

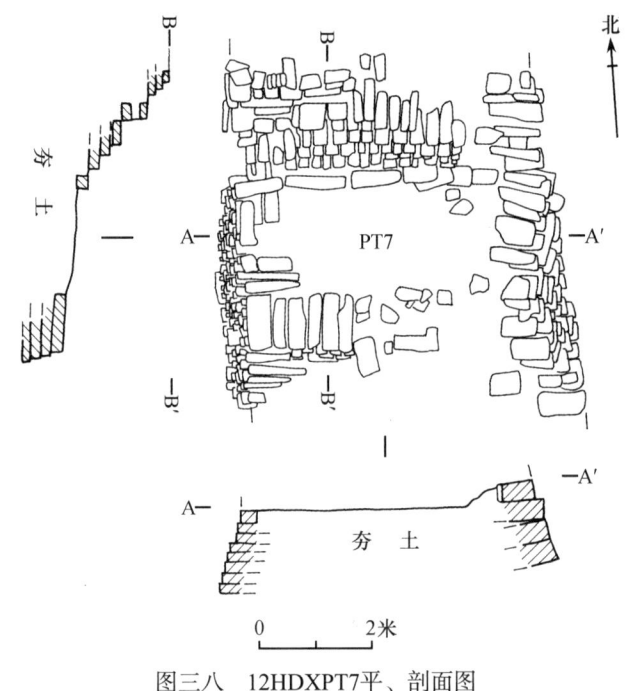

图三八　12HDXPT7平、剖面图

6. 护坡墙

16条。

08HDSQ4　主要位于08HDST38、08HDST39、08HDST43~08HDST45、08HDST47、08HDST48中，叠压于第1层下，叠压基岩，为08HDSMT1二、三期西面护坡墙。平面形状近长条形，长58.5、宽2.5~3.25、高0.45~10.5米，方向315°（图三九；图版四四，1）。在城墙08HDSQ1外侧、上部重新构筑石墙，以规整楔形条石错缝丁砌，由下至上层层叠涩内收约40°，中上部条石外端錾凿成光滑的内收斜面。用石规格长0.67~1.35、宽0.23~0.6、厚0.3~0.6米。

08HDSQ4出土遗物共8件，器类有瓷器、缸胎器、石器和铁器等。

瓷器　3件。按窑口、釉色分为景德镇窑青白釉瓷、不明窑口黑釉瓷两种。

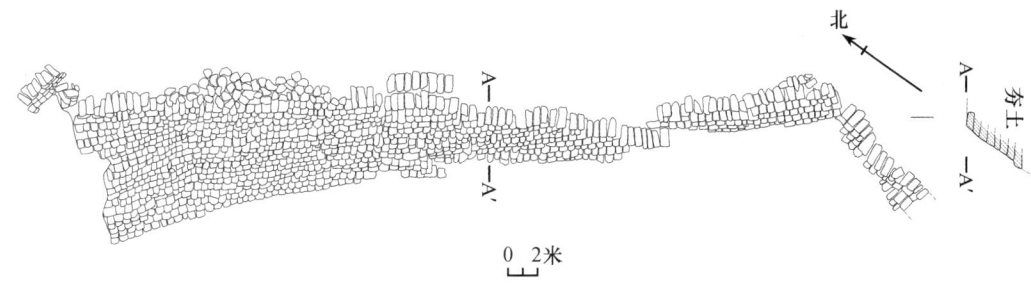

图三九　08HDSQ4平、剖面图

景德镇窑青白釉瓷　1件。器形为碗。

碗　1件。08HDSQ4：2，可复原。芒口，侈口，圆弧腹，内底平，圈足，挖足极浅，足端平。外壁饰刻划菊瓣纹，内底有压印凹痕。胎色白，胎质细腻致密，釉色青白，釉层微乳浊，施釉至圈足，足端刮釉。口径15.2、足径5、高6厘米（图四○，1；图版四三，2～4）。

不明窑口黑釉瓷　2件。器形为碗。

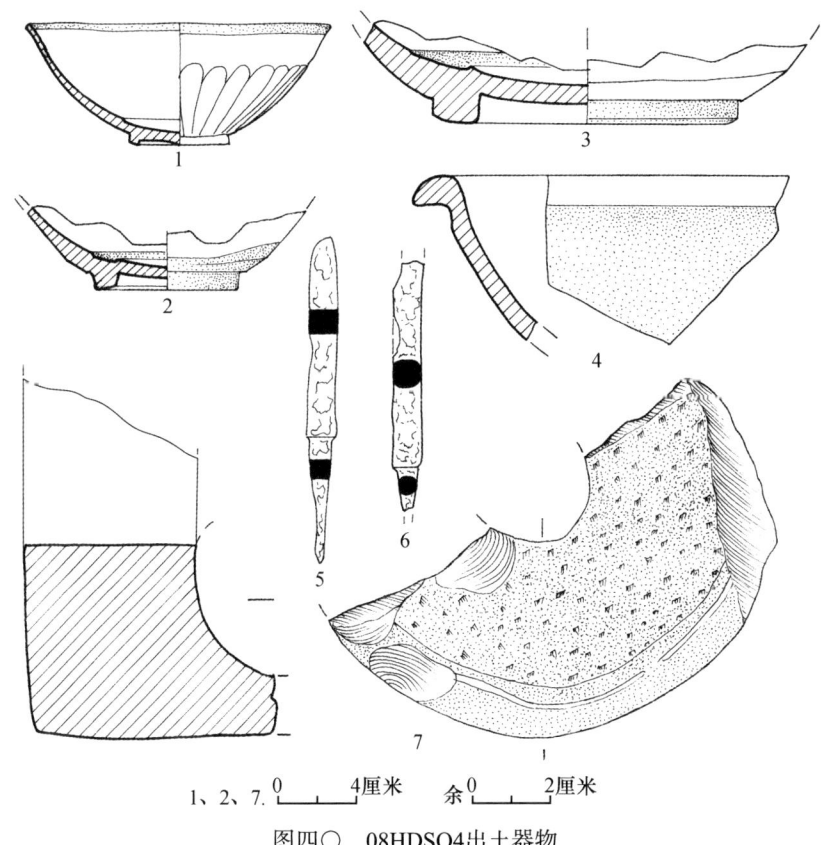

图四○　08HDSQ4出土器物
1.景德镇窑青白釉瓷碗（08HDSQ4：2）　2、3.不明窑口黑釉瓷碗（08HDSQ4：4、08HDSQ4：6）
4.缸胎盆（08HDSQ4：5）　5、6.铁镞（08HDSQ4：9-1、08HDSQ4：9-2）　7.石磨（08HDSQ4：1）

碗　2件。08HDSQ4：4，不可复原。仅残存碗底。下腹斜直，圈足，足端平。胎色黄白，胎质粗糙，釉色黑褐，施釉至下腹，内底刮釉成涩圈。足径7.2、残高4.1厘米（图四〇，2）。08HDSQ4：6，不可复原。仅残存碗底。圈足，足端平。胎色灰白，胎质粗糙，釉色酱黄，施釉至下腹，内底刮釉成涩圈。足径7.6、残高2.5厘米（图四〇，3）。

缸胎器　1件。器形为盆。

盆　1件。08HDSQ4：5，不可复原。仅残存口沿。敞口，卷沿，斜直腹。夹细砂紫红陶，施乳白色化妆土，施酱黄釉。残高4.2厘米（图四〇，4）。

石器　1件。器形为磨。

磨　1件。08HDSQ4：1，不可复原。上磨扇，灰白砂岩，圆形，中穿圆孔，上面凿成圆窝状，浅腹，磨面光滑平整。直径24、厚12、孔径6厘米（图四〇，7）。

铁器　3件。器形为镞。

镞　3件。08HDSQ4：9-1，可复原。尖锋，镞身修长，断面呈方形，棱锥状铤。残长7.9、宽0.7、铤残长3.1厘米（图四〇，5）。08HDSQ4：9-2，不可复原。"一"字形锋，圆铤残断。残长6、宽0.7、铤残长1厘米（图四〇，6）。

7. 石堆

11处。

08HDSS1　位于08HDST28、08HDST34中，叠压08HDSMT1二期及08HDSQ1一期。部分被钓鱼城新修石级梯道覆盖，揭露部分平面形状近三角形，长2.8、宽0.5~1、厚0.12~0.25米，以长条形、椭圆形的鹅卵石平铺而成（图四一）。

11HDYS4　位于11HDYT50中，叠压于第1层下，叠压11HDYPT6。平面形状近圆形，直径0.66~0.9、厚0.09~0.26米，由鹅卵石和石块堆垒而成。鹅卵石形状有圆球形、椭圆形、扁圆形等，一般直径0.06~0.1米；石块形状有长条形、近方形和不规则形几种，一般厚0.06~0.08米。

11HDXS4　位于11HDXT88中，叠压于第6层下，叠压11HDXQ18。距地表深0.55~0.75米。平面形状近椭圆形，直径3~4.5米，由大小不一的礌石、鹅卵石、石块等堆垒而成。礌石一般呈球形，直径0.15~0.45米；鹅卵石有圆形、椭圆形两种，直径0.05~0.15米；石块呈长条形，长0.3~0.35、宽0.13~0.36米（图四二；图版四四，2）。

8. 石臼

5个。

08HDSJ1　位于08HDST36中，08HDSMT1西南部临江巨石上。平面形状近圆形，口大底小，斜弧壁，小平底，内壁有细斜的錾凿痕迹，口径0.41～0.49、底径0.05～0.06、深0.3～0.36米（图四三；图版四二，5）。

08HDSJ4　位于08HDSMT1西侧灵牌石石料场的天然巨石上。平面形状近圆形，口大底小，斜弧壁，小圜底，内壁有錾凿痕迹，口径0.31～0.35、底径0.06～0.08、深0.33～0.36米（图四四；图版四二，6）。

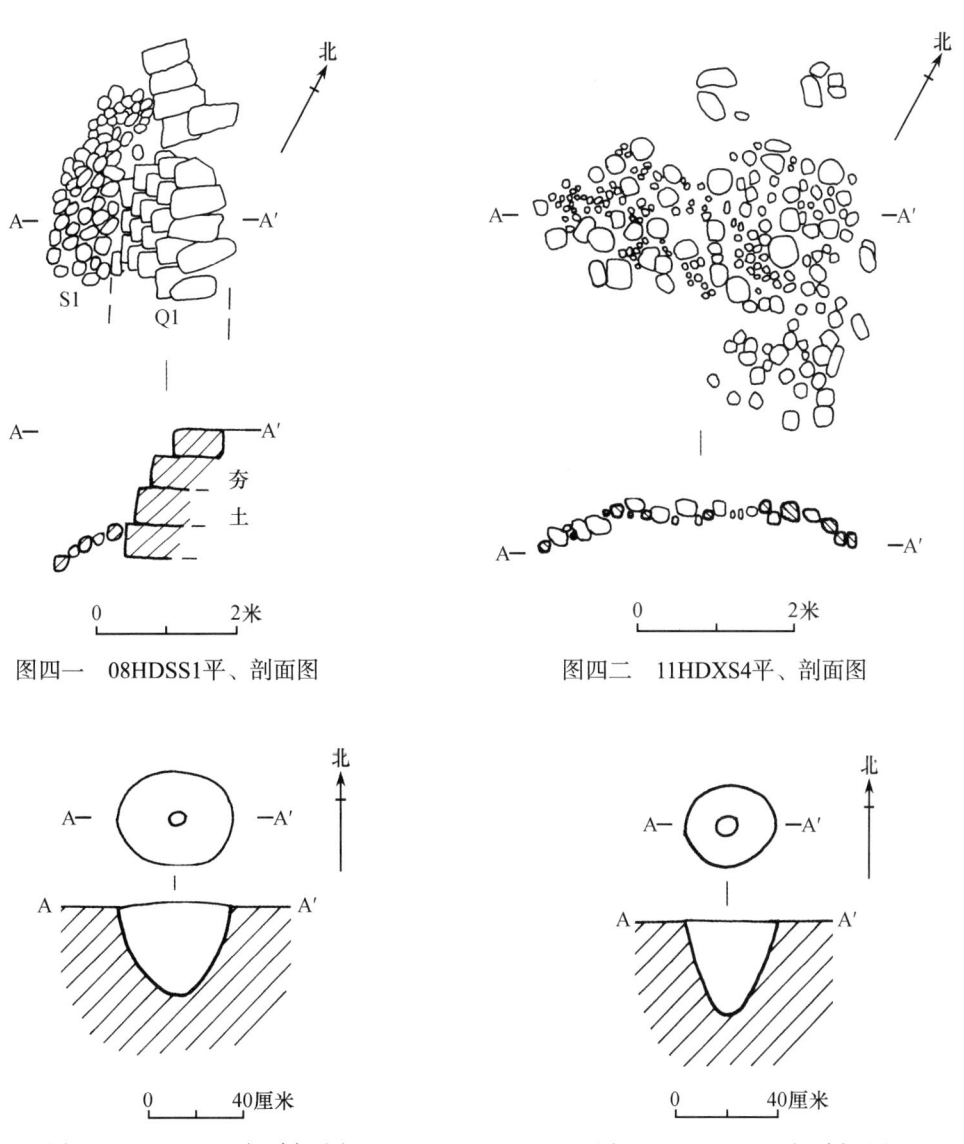

图四一　08HDSS1平、剖面图

图四二　11HDXS4平、剖面图

图四三　08HDSJ1平、剖面图

图四四　08HDSJ4平、剖面图

9. 柱洞

35个。

08HDSD1~08HDSD8 位于08HDSMT1南部，平面呈圆形，口大底略小，斜直壁，口径0.08~0.13、底径0.03~0.1、深0.005~0.11米，间距2.2~6.34米。自西向东分布于08HDSQ6下部条石上，少量分布于08HDSQ13上，基本分布在同一层面，高差0~0.45米。西部分布较为密集且有规律，东部分布较少。

09HDYD1~09HDYD7 位于09HDYT19、09HDYT20中，距地表深0.3米，开口于第1层下，打破09HDYL3、08HDYQ1。在城墙08HDYQ1三期顶部，平面形状有半圆形、圆形、椭圆形、方形几种，均为竖穴洞，直径或边长0.18~0.33、深0.3~0.47米，南北向一字排列，相邻柱洞间距1.15~1.65米。

12HDXD1~12HDXD20 位于12HDXQ20二期城墙外墙上，呈南北折向东西方向的曲尺形排列，平面形状有圆形、半圆形、方形、长方形、椭圆形几种，以圆形柱洞占绝大多数，直径或边长0.15~0.38、深0.15~0.65米，相邻柱洞间距1.15~1.8米。从柱洞的结构看，又有竖穴洞和斜洞之分，除12HDXD1、12HDXD14为斜洞外，其余均为竖穴洞。填土为棕褐色黏土，土质较紧密（图版四四，3）。

铁镞 1件。12HDXD3：1，不可复原。通体柳叶形，尖锋残缺，双翼弧刃，汇聚前锋，边锋刃，脊铤相接处有凸棱，锥柱铤，残断。残长8.4、脊残长5.9、铤残长2.5厘米（图四五，5）。

10. 房址

3座。

09HDSF1 位于08HDST43、09HDST49中，叠压于第3层下，叠压08HDSQ1、08HDSQ4、08HDSPT1、08HDSL1、09HDSF2，其西部及东南部扰毁不存，残存平面形状不规则，长13、宽12.23、高2.8米。其构筑过程是先在08HDSQ4内墙的垂直方向砌筑护坡墙，该墙体起筑于08HDSPT1上，南抵08HDSQ4内墙，北倚山岩，由下至上呈阶梯状内收，斜度约50°。后于墙内以红棕色黏土夹石块、卵石、煅烧石灰石等夯填，把09HDSF2包围于内，构筑一个较大的台状建筑。最后是在护坡墙外下部以棕色黏土夯筑成护坡，以防流水冲刷，浸泡墙体。填土为红棕色黏土，出土器物有青白釉瓷片、白釉瓷片、黑釉瓷片、缸胎器残片等。

11HDXF3 位于11HDXT91中，叠压于第6层下，叠压11HDXCM1。坐北朝南。平面形状近弧形，长4.25、宽2.5、高0.25~0.65米，以条石构筑墙基，墙内以红褐色黏土夹石块夯填。出有青灰色板瓦、白釉及黑釉瓷片等。

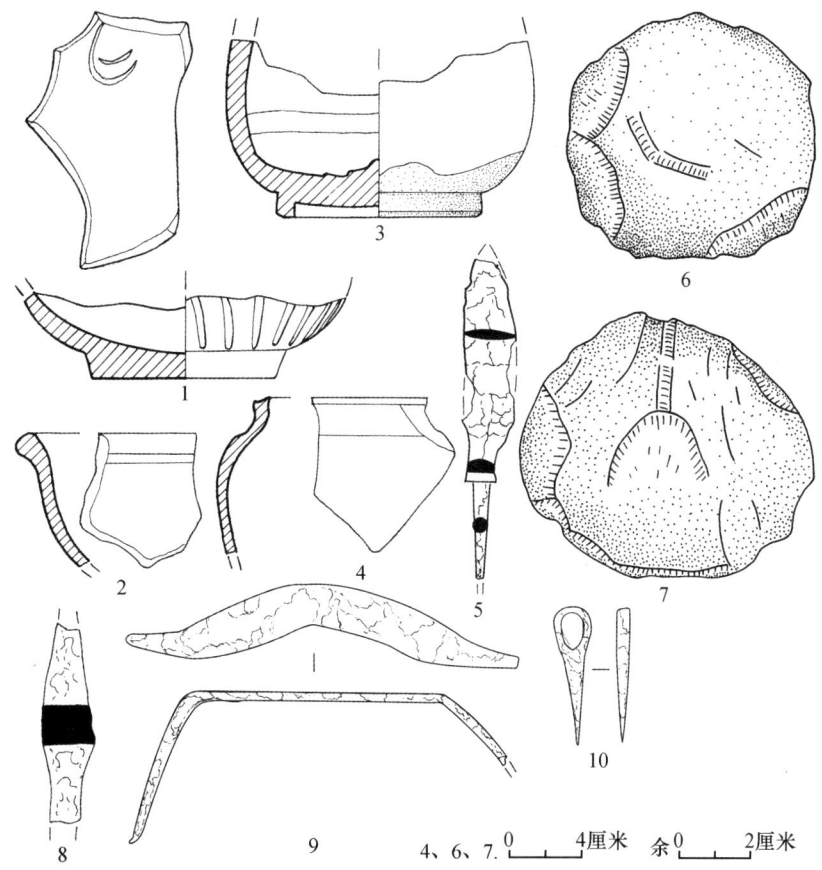

图四五　09HDSG5、12HDXG11、12HDXD3出土器物

1、2.景德镇窑青白釉瓷碗（09HDSG5∶7、09HDSG5∶6）　3、4.不明窑口黑釉瓷罐（09HDSG5∶4、09HDSG5∶8）　5.铁镞（12HDXD3∶1）　6、7.礌石（09HDSG5∶31、09HDSG5∶39）　8.铁镞（09HDSG5∶5）　9.铁扒钉（12HDXG11∶1）　10.铁钉（12HDXG11∶2）

11. 排水孔

1个。

11HDXK1　位于11HDXT86中，暴露于11HDXQ18外墙上，以条石嵌筑而成，方孔，边长0.5米。先用条形石板铺筑底板，然后砌筑两壁及盖板。底板宽0.8、厚0.3米，两壁石板宽0.35～0.4、厚0.5米，盖板长0.95、宽0.4、厚0.5米。无出土物。

12. 灰沟（排水沟）

8条。

1）09HDSG5　位于08HDST9、08HDST12、08HDST18、09HDST59中，开口于第3层下，被09HDSL5及现代梯道打破，打破09HDSL4护坡墙的夯土护坡。平面形状近长条形，长16.7、口宽0.48~1.35、底宽0.55~0.9、深0.38~0.65米，西高东低，坡度1°，方向96°。石构排水沟，先挖竖穴沟圹，后于圹底平铺石板，石板采用丁顺结合的方式铺砌，以丁铺为主，再沿圹壁嵌砌石板，北壁石板采用顺置轮砌方式，南壁采用丁顺结合方式，一般为一丁二顺或一丁三顺。嵌砌沟壁石板时，先于底板石两端錾凿宽0.1、深0.02米的凹槽，槽上抹附石灰浆，再将沟壁石板沿凹槽筑于其上，使壁板与底板间形成紧紧扣合的榫卯结构，最后将沟壁石板与圹间缝隙以黏土夯筑填实，石板间缝隙以石灰浆黏合。沟东端石板被扰毁不存，仅存沟圹，中段也局部被拆毁。石构部分长12.42、口宽0.26~0.65、底宽0.35~0.5、深0.3~0.52米，底板石长0.35~1.4、宽0.5~1.06、厚0.12~0.2米，壁板石长0.26~1.38、宽0.31~0.52、厚0.09~0.23米。沟内填土为红褐色山洪淤积土，含较多砂石渣、残骨（图版四四，4）。

09HDSG5出土遗物共38件，器类有瓷器、铁器和石器等。

瓷器　6件。按窑口、釉色分为景德镇窑青白釉瓷、不明窑口黑釉瓷两种。

景德镇窑青白釉瓷　4件。器形均为碗。

碗　4件。09HDSG5：7，不可复原。仅残存底部，饼足微内凹。内底及外壁均刻划花纹。胎色灰白，胎质略粗糙，釉色青白，釉层较乳浊，釉面有细碎冰裂纹开片，施釉至圈足，足端刮釉。足径5、残高2.3厘米（图四五，1）。09HDSG5：6，不可复原。仅残存口沿。芒口，侈口，折沿。胎色灰白，胎质较细腻致密，釉色青白，釉层微乳浊，釉面遍布细碎冰裂纹开片。残高3.5厘米（图四五，2）。

不明窑口黑釉瓷　2件。器形均为罐。

罐　2件。09HDSG5：4，不可复原。仅残存下腹及底部。下腹略鼓，内底凸起，圈足微外撇，足端平，外底较平。外底刻"X"图案。胎色灰白，胎质较细腻致密，釉色黑褐，施釉不及圈足。外底有垫烧粘连痕迹。足径5.6、残高4.7厘米（图四五，3）。09HDSG5：8，不可复原。仅残存口沿。敞口，短颈微束，溜肩。胎色浅灰，胎质略粗糙，釉色黑。残高8.4厘米（图四五，4）。

铁器　1件。器形为镞。

镞　1件。09HDSG5：5，不可复原。镞身菱形，截面方形，铤残。残长5.3、宽1.4厘米（图四五，8）。

石器　31件。器形均为礌石。

礌石　31件。09HDSG5：31，可复原。当地黄砂岩石打制而成，近似圆形，表面有板凿、尖凿加工痕迹。直径12.6~13.6厘米（图四五，6）。09HDSG5：39，可复原。当地青砂岩石打制而成，椭圆形，一处略平，经板凿、尖凿加工。直径13.8~16.2厘米（图四五，7；图版四三，5）。

2）11HDXG8 位于11HDXT85、11HDXT87、11HDXT91中，开口于第6层下，叠压于11HDXL9下，打破11HDXQ18，为11HDXCM1内部排水沟。平面呈"T"形，以条石构筑，以石板封盖成暗沟（图四六）。由纵、横两沟连接而成，纵沟东高西低，坡度8º，东端与横沟中部相连，残长11.7、宽0.45~0.48、深0.35~0.5米；横沟两端设长方形进水孔，左孔长0.4、宽0.25米，右孔长0.5、宽0.25~0.3米，沟底两端高，中部低，长3.55、宽0.4、深0.35米。填土为棕褐色黏土，土质较紧密，含较多小石子、瓦砾、石块等，出有零星青白釉、黑釉瓷片（图版四四，5）。

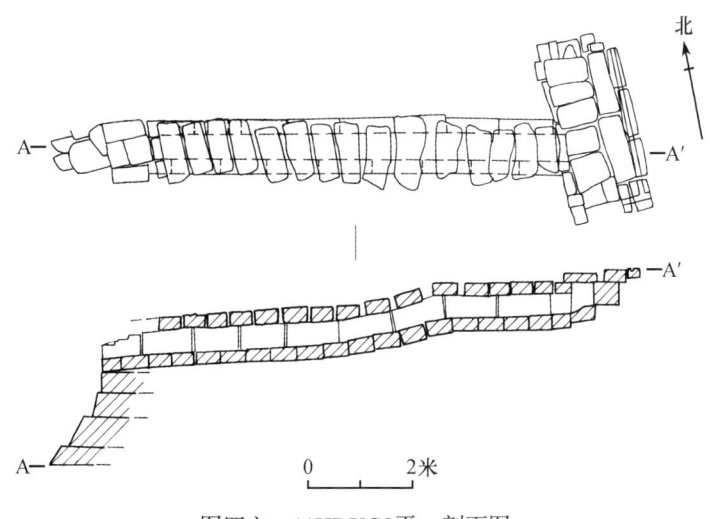

图四六 11HDXG8平、剖面图

3）12HDXG11 位于12HDXT96、12HDXT99、12HDXT100中，开口于第7层下，打破山岩，为12HDXQ20一期排水沟。距地表深2.6~4.5米。平面呈曲尺形，长23.3、宽0.2~0.6、深0.2~0.4米，以条石构筑而成，分明沟和暗沟两部分。明沟位于北部，东高西低，残长16.15、宽0.2~0.6、深0.2~0.4米；暗沟位于明沟的南部，北高南低，其北段沟底呈缓坡状，南段呈阶梯状，沟口以条石封盖，长7.15、宽0.25~0.35、深0.25~0.35米。填土为灰褐色黏土，包含较多石块，出土遗物有铁器、瓷器残片、板瓦残片等（图版四四，6）。

铁器 2件。器形有扒钉、铁钉两类。

扒钉 1件。12HDXG11∶1，通体弯弓形，两端四棱汇聚成锋，尖锋残断，中部宽扁。长14.8厘米（图四五，9）。

铁钉 1件。12HDXG11∶2，尖锋，四棱汇聚，至尾渐粗，尾呈环状。长3.7厘米（图四五，10）。

（二）地层出土遗物

南一字城遗址地层出土宋元遗物有瓷器、陶器、石器、铁器和铜器等，以西城墙区出土宋元遗物最为丰富，下面按不同发掘区分区介绍。

1. 南水军码头区

南水码头区地层出土宋元遗物数量不多，共16件，器类有瓷器和石器。

1）瓷器　11件。按窑口、器形分为景德镇窑青白釉瓷、磁峰窑白釉瓷、不明窑口黑釉瓷和白釉瓷四种。

景德镇窑青白釉瓷　1件。器形为碗。

碗　1件。09HDST62⑬：2，仅存底部。饼足微凹。灰白胎，质较细，内见空隙。外腹壁残存有刻划纹。青白釉，釉色灰暗，外施釉至足端。足径6.2、残高2.2厘米（图四七，5）。

磁峰窑白釉瓷　3件。器形均为碗。

碗　3件。08HDST15③：2，口、腹残片。敞口，尖唇，斜弧腹。内腹壁阳印花

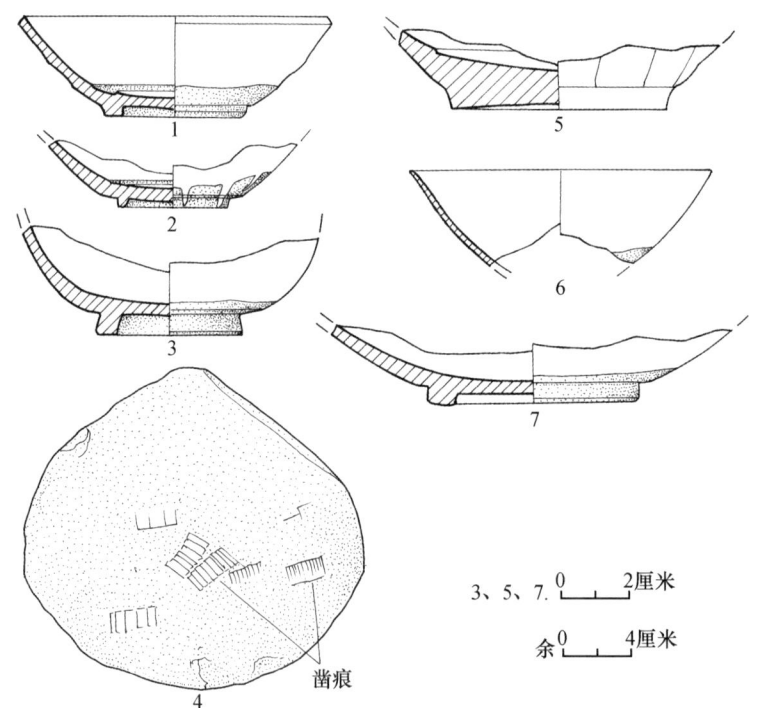

图四七　南水军码头区地层出土器物
1、2. 不明窑口黑釉瓷碗（09HDST54②：4、08HDST30①：3）　3. 不明窑口白釉瓷碗（09HDST54②：13）
4. 礌石（09HDST52②：2）　5. 景德镇窑青白釉瓷碗（09HDST62⑬：2）
6、7. 磁峰窑白釉瓷碗（08HDST15③：2、09HDST49③：6）

叶纹。灰白胎，质细腻。施乳白色化妆土，外施化妆土不及底。白釉，内满釉，外施釉至下腹部。口径17、残高5厘米（图四七，6）。09HDST49③：6，口、上腹部残。下腹斜弧，矮圈足，外足墙直立，内足墙略外撇，足端斜削。内壁残存阳印花卉纹。灰白胎，质较细。足部修制规整。施乳白色化妆土，外施化妆土不及底。白釉，内施满釉，外施釉至下腹部。内底残存3个石英砂堆叠烧疤痕。足径5.9、残高2.5厘米（图四七，7）。

不明窑口黑釉瓷　5件。器形均为碗。

碗　5件。09HDST54②：4，可复原。敞口，方唇，斜直腹，圈足，足墙直立。黄褐胎，胎体厚重，质粗，内夹粗砂，见砂眼。腹壁见拉坯轮旋及修坯旋削痕，足部修制较规整。黑褐釉，外施半釉，内底涩圈。口径17.2、足径8、高5.8厘米（图四七，1）。08HDST30①：3，口、上腹残。下腹斜直，圈足，足墙直立。白胎泛黄，质较细，内见空隙。腹壁露胎处见拉坯轮旋及修坯旋削痕，足部修制较规整。黑褐釉，外施釉不及底，有流釉现象，内底有涩圈。足径6.4、残高3.7厘米（图四七，2）。

不明窑口白釉瓷　2件。器形均为碗。

碗　2件。09HDST54②：13，不可复原。仅残存下腹及底部。下腹斜弧，圈足，挖足较深，足端平。胎色浅黄，胎质较细腻致密，釉色黄白，施釉至下腹，内底有石英砂圈。足径4.2、残高2.8厘米（图四七，3）。

2）石器　5件。器形均为礌石。

礌石　5件。09HDST52②：2，灰白砂岩。圆球形，人工修凿而成。直径19.4厘米（图四七，4；图版四三，6）。

2. 东城墙区

东城墙区出土器物均为瓷器，共11件。按窑口、釉色分为景德镇窑青白釉瓷、不明窑口黑釉瓷和不明窑口白釉瓷三种。

景德镇窑青白釉瓷　2件。器形均为碗。

碗　2件。09HDYT8①：15，口残。斜弧腹，内底下凹，圈足，二次挖足，挖足较浅，外足墙内倾，内足墙外撇。腹壁见拉坯轮旋痕。白胎，质细腻致密。青白釉，外施釉至足端，足内无釉。足径6、残高4.6厘米（图四八，5）。

不明窑口黑釉瓷　7件。器形有碗、灯盏两类。

碗　6件。09HDYT23⑩：2，可复原。敞口，方唇，斜直腹，圈足，足墙略外撇。黄褐胎，胎体厚重，质粗，内夹粗砂，见砂眼。腹壁露胎处见修坯旋削痕，足部修制较规整。黑褐釉，外施半釉，内底涩圈。口径18、足径8、高5.4厘米（图四八，1；图

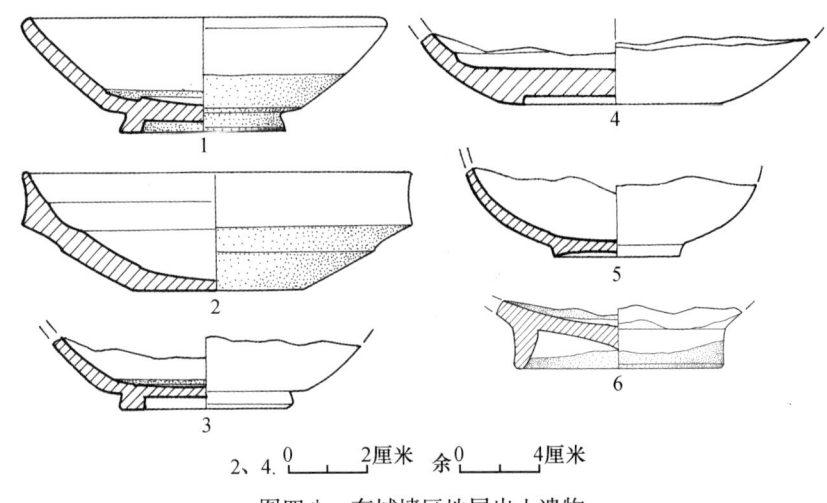

图四八　东城墙区地层出土遗物

1、3. 不明窑口黑釉瓷碗（09HDYT23⑩：2、09HDYT24⑩：4）　2. 不明窑口黑釉瓷灯盏（11HDYT34⑥：3）
4. 不明窑口白釉瓷盘底（09HDYT8①：10）　5. 景德镇窑青白釉瓷碗（09HDYT8①：15）
6. 不明窑口白釉瓷碗底（11HDYT34⑥：2）

版四五，1、2）。09HDYT24⑩：4，口残。下腹斜直，圈足，足墙直立。灰褐胎，质粗，内夹粗砂。腹壁露胎处见拉坯轮旋及修坯旋削痕，足部修制较规整。黑褐釉，外施釉不及底，内底有涩圈。足径8、残高3.5厘米（图四八，3）。

灯盏　1件。11HDYT34⑥：3，可复原。敞口，厚方唇，唇面微凹，斜腹，平底。灰褐胎，质较细。腹壁见修坯旋削痕，底部修制较规整。黑褐釉，内满釉，外仅唇面施釉，口缘部刮釉。口径9.7、底径4.2、高2.8厘米（图四八，2；图版四五，3）。

不明窑口白釉瓷　2件。器形为盘、碗。

盘底　1件。09HDYT8①：10，不可复原。口残。折腹，卧足。灰白胎，质较细。内外施白色化妆土，外施化妆土不及底。白釉略泛青，外施釉不及底。内底残存4个石英砂堆支钉疤痕。足径5.4、残高1.7厘米（图四八，4）。

碗底　1件。11HDYT34⑥：2，不可复原，仅存底部。圈足，外足墙略内倾，内足墙外撇。黄褐胎，质较细。见修坯旋削痕，底部修制较规整。白釉略泛黄，外施釉至足墙，内底有涩圈。足径10.2、残高3.3厘米（图四八，6）。

3. 西城墙区

西城墙区地层出土宋元时期遗物较多，分为南、北两部分介绍。

（1）南部地层出土遗物

西城墙区南部地层出土遗物共56件，器类有瓷器、缸胎器和陶器等，以瓷器数量最多。

1）瓷器　54件。按窑口、釉色分为景德镇窑青白釉瓷、龙泉窑青釉瓷、磁峰窑白釉瓷、邛窑瓷器及不明窑口瓷器等五种。

景德镇窑青白釉瓷　32件。器形有碗、盏和杯三类。

碗　24件。11HDXT87⑥：28，可复原。敞口，方唇，斜弧腹略浅，内底与腹壁相接处有一道压印痕，圜底，饼足微内凹。外腹壁近口沿处有一道压印弦纹。灰白胎，青白釉略泛绿，釉面有少量开片，内壁近口沿处有积釉痕，釉面密布较多的小黑斑。足底露胎处有垫烧痕。口径16.6、足径5.5、高5.6厘米（图四九，1；图版四五，4~6）。11HDXT87⑥：30，不可复原。口残。弧腹，内底与腹壁相接处有一道压印痕，内底较宽平，矮圈足，挖足稍深，足墙外直内斜。腹壁刻划莲瓣纹。白胎。青白釉，釉面密布细开片。足径5.5、残高4.6厘米（图四九，2）。

盏　4件。11HDXT91⑥：12，不可复原。敞口，尖唇，斜弧腹，底残。外壁刻划简易的莲瓣纹。胎色浅灰，胎质较细腻致密，釉色青灰，釉层乳浊，光泽度不高。口径10.8、残高4.4厘米（图四九，3）。

杯　4件。11HDXT87⑥：27，可复原。芒口，敞口，方唇，下腹弧收，圜底，圈足，足墙外撇。腹壁可见数道修坯旋痕，下腹近圈足处有跳刀痕。灰白胎，青白釉泛灰，釉面有少量的小黑斑。口径8.6、足径3.9、高5.1厘米（图四九，4；图版四五，7、8）。

龙泉窑青釉瓷　2件。器形有碗、盘两类。

碗　1件。11HDXT87⑥：4，不可复原。残存口沿部分。敞口，尖圆唇，斜弧腹。腹壁刻划莲瓣纹。白胎，青釉泛翠绿色，釉层略厚。口径12.4、残高4.8厘米（图四九，5）。

盘　1件。11HDXT87⑥：10，可复原。敞口，圆唇，浅弧腹，内底与下腹相接处有一道刻划的弦纹，内底较宽平，矮圈足，足墙切削规整，足底露胎处可见火石红色。灰白胎，青釉泛灰色，釉面有少量开片。口径15.4、足径6.3、高3.6厘米（图四九，6；图版四七，1）。

磁峰窑白釉瓷　1件。器形为碗。

碗　1件。11HDXT88⑥：3，可复原。敞口，尖圆唇，浅弧腹，内底与腹壁相接处有一道压印凹痕，内底较平，矮圈足，挖足较浅，外底微鼓。外壁近中腹部有一道压印弦纹，内壁模印花卉，内底有垫砂。灰白胎，白釉，釉下有白色化妆土，外壁施釉到下腹近底处。口径14.4、足径5.7、高3.6厘米（图四九，8）。

邛窑瓷器　1件。器形为碗。

碗　1件。11HDXT88⑥：21，可复原。敞口，圆唇，曲弧腹，矮圈足，挖足较

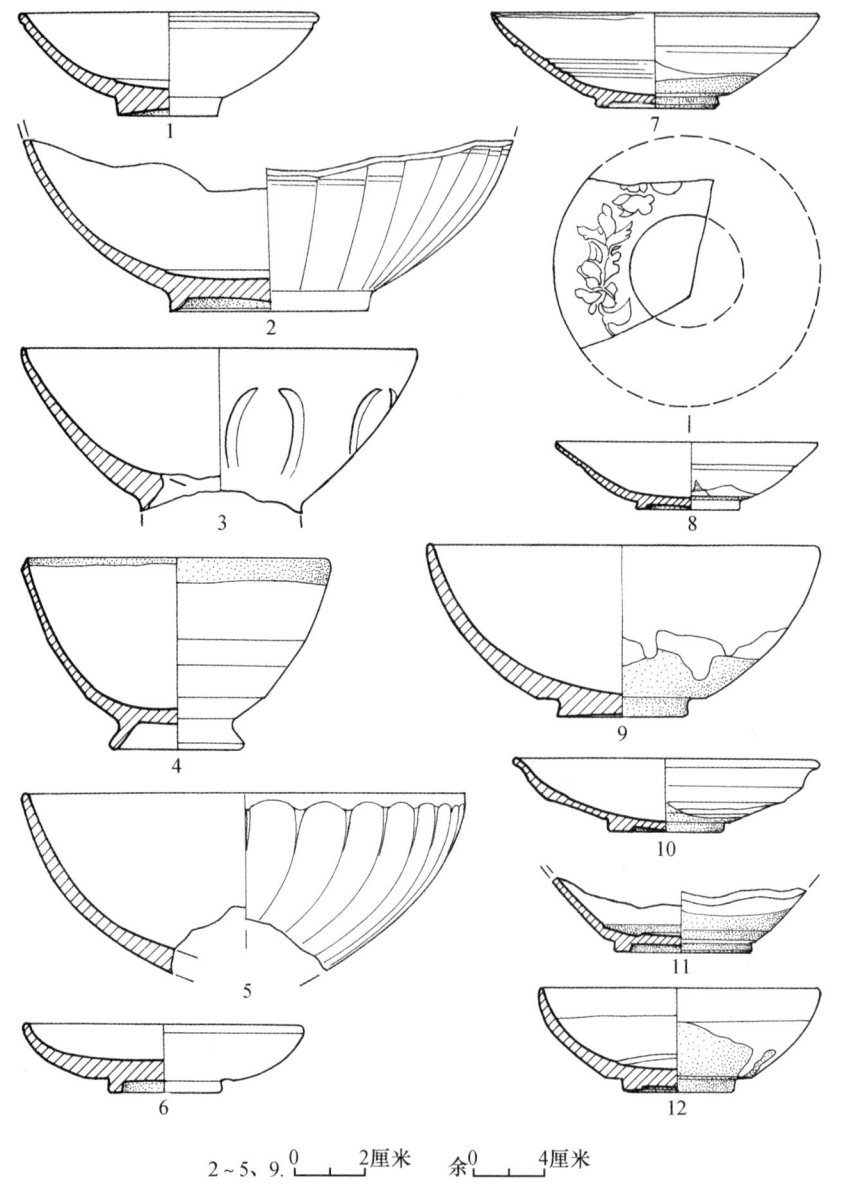

图四九 西城墙区南部地层出土器物

1、2. 景德镇窑青白釉瓷碗（11HDXT87⑥：28、11HDXT87⑥：30） 3. 景德镇窑青白釉瓷盏
（11HDXT91⑥：12） 4. 景德镇窑青白釉瓷杯（11HDXT87⑥：27） 5. 龙泉窑青釉瓷碗（11HDXT87⑥：4）
6. 龙泉窑青釉瓷盘（11HDXT87⑥：10） 7. 不明窑口白釉瓷碗（11HDXT88⑥：15）
8. 磁峰窑白釉瓷碗（11HDXT88⑥：3） 9. 不明窑口黑釉瓷盏（11HDXT87⑥：26）
10、11. 不明窑口黑釉瓷碗（11HDXT88⑥：22、11HDXT87⑥：6） 12. 邛窑瓷碗（11HDXT88⑥：21）

浅，修足不规整。腹壁有修坯弦纹。砖红胎，青釉，釉下近口沿处施白色化妆土。口径15.6、足径6.3、高5.6厘米（图四九，12）。

不明窑口瓷器 18件。

白釉瓷　1件。器形为碗。

碗　1件。11HDXT88⑥：15，可复原。敞口，圆唇，斜弧腹，内底与腹壁相接处有一道压印凹痕，矮圈足，挖足较浅。腹壁可见明显的修坯旋痕，内底有垫砂。黄白胎，白釉呈透明状，外壁施釉到腹中部。口径17.8、足径6.6、高5.1厘米（图四九，7；图版四六，1、2）。

黑釉瓷　11件。器形有碗、盏两类。

碗　7件。11HDXT88⑥：22，可复原。侈口，圆唇，浅弧腹，内底圆弧，矮圈足，挖足较浅，足端宽平。腹壁可见明显的修坯旋痕。灰白胎，黑褐釉，釉面有乳浊感。口径16.8、足径6.4、高4厘米（图四九，10）。11HDXT87⑥：6，不可复原。残存腹部及圈足部分。斜直腹，内底有涩圈，圜底，矮圈足，挖足较浅，足端较宽平。足底可见一道刻划的细弦纹。灰胎，黑褐釉。足径7.6、残高4厘米（图四九，11；图版四六，3、4）。

盏　4件。11HDXT87⑥：26，可复原。敞口，尖圆唇，深弧腹，饼足。黄白胎，酱褐釉，外壁施釉到腹中部，局部有流釉痕。口径10.8、足径3.6、高4.6厘米（图四九，9）。11HDXT91⑥：3，可复原。敞口，圆唇，斜弧腹，凹圜底，饼足。腹部可见明显的修胎旋痕。黄白胎，酱黄釉，外壁施釉到上腹部，施釉处局部缩釉。口径10.4、足径3.4、高4.9厘米（图五〇，2；图版四六，7、8；图版四七，2）。

青白釉瓷盘　1件。11HDXT87⑥：29，可复原。敞口，圆唇，折沿，沿面略内凹，浅弧腹，圜底，内底有涩圈，矮圈足，挖足较浅。灰白胎，青白瓷略泛黄，釉面密布细开片。刷釉，局部施釉到足底。口径17、足径7.6、高3.8厘米（图五〇，1；图版四六，5、6）。

青褐釉瓷碗　4件。11HDXT91⑥：8，可复原。敞口，尖圆唇，深弧腹，圜底，内底有涩圈，圈足较高，挖足过肩，足墙外直内斜，外底微鼓。腹部可见明显的修胎旋痕。砖红胎，青褐釉略泛酱黄色，外壁施釉到中腹部，局部有流釉痕。口径18.3、足径7、高7.4厘米（图五〇，3；图版四七，3、4）。11HDXT90⑥：3，可复原。敞口，尖圆唇，斜弧腹，圜底，饼足。腹壁可见数道修胎旋痕。红胎，青褐釉，刷釉，外腹壁施釉到下腹近底处。口径10.8、足径3.7、高3.7厘米（图五〇，4）。11HDXT88⑥：9，可复原。敞口，圆唇，浅弧腹，内底较宽平，圈足较高，挖足过肩，足墙外直内斜，外底微鼓。腹壁可见修坯旋痕。红褐胎，青褐釉略泛酱黄色，外壁施釉到圈足。口径16、足径6.4、高4厘米（图五〇，5；图版四七，5）。

黄釉瓷钵　1件。11HDXT91⑥：13，可复原。敛口，直腹，下腹近底处有一道压印凹痕，内壁较曲折，内底较平，底中部略凹。红褐胎，青褐釉，釉下有白色

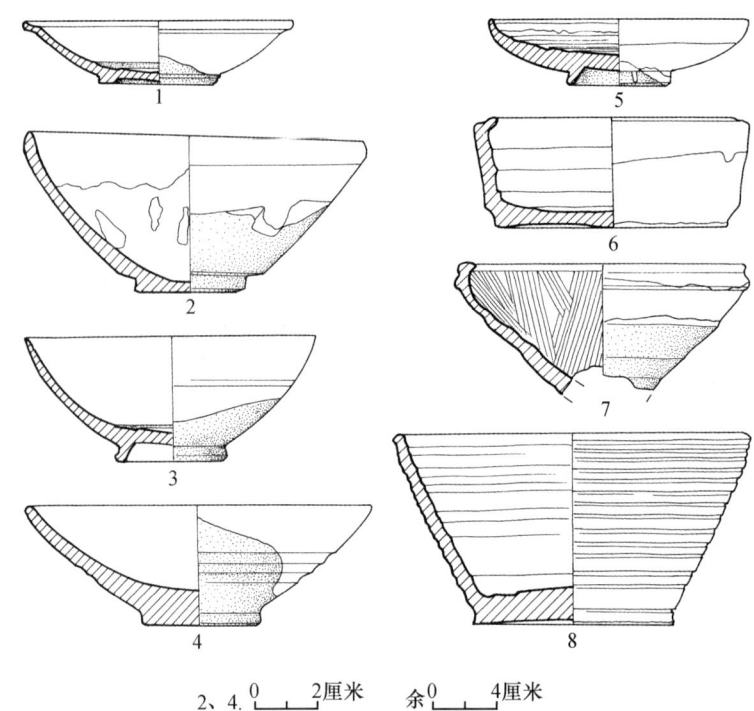

2、4. 0 ——— 2厘米　　余 0 ——— 4厘米

图五〇　西城墙区南部地层出土器物

1. 不明窑口青白釉瓷盘（11HDXT87⑥：29）　2. 不明窑口黑釉瓷盏（11HDXT91⑥：3）
3~5. 不明窑口青褐釉瓷碗（11HDXT91⑥：8、11HDXT90⑥：3、11HDXT88⑥：9）　6. 不明窑口黄釉瓷钵
（11HDXT91⑥：13）　7. 缸胎擂钵（11HDXT87⑥：15）　8. 陶钵（11HDXT88⑥：5）

化妆土。外腹壁施釉到足底。口径14.2、底径14.2、高6.6厘米（图五〇，6；图版四七，6）。

2）缸胎器　1件。器形为擂钵。

擂钵　1件。11HDXT87⑥：15，不可复原。残存口及腹部。敛口，厚圆唇，唇面内凹，斜弧腹，内壁刻槽。腹壁有修胎旋痕。红褐胎，青褐釉，仅口沿及腹部局部施釉。口径17.6、残高7.8厘米（图五〇，7）。

3）陶器　1件。器形为钵。

钵　1件。11HDXT88⑥：5，可复原。泥质红陶。敞口，圆唇，斜弧腹，内底与腹壁相接处有一道压印凹痕，内底微鼓，饼足略内凹。腹壁可见明显的修坯旋痕。泥质红陶。口径22、底径12.6、高11.4厘米（图五〇，8；图版四七，7）。

（2）北部地层出土遗物

西城墙区北部地层出土遗物共193件，器类有瓷器、陶器、缸胎器和铁器等，以瓷器、铁器数量最多。

1）瓷器　34件。按窑口、釉色分为磁峰窑白釉瓷、景德镇窑青白釉瓷及不明窑口黑釉、白釉瓷等。

磁峰窑白釉瓷　7件。器形有碗、盏两类。

碗　5件。12HDXT99⑤：52，不可复原。敞口，圆唇，上腹斜弧，下腹及底残。外壁刻划莲瓣纹。胎色浅灰，胎质较细腻致密，施白色化妆土，釉色白。口径18、残高4.6厘米（图五一，11）。12HDXT99⑤：49，不可复原。口沿、上腹残。下腹斜弧，圈足微外撇，足端平，外侧斜削，外底凸起。胎色浅灰，胎质较细腻致密，施白色化妆土，外施化妆土不及底，釉色白，外壁施釉不及底。内底有石英砂圈垫烧痕。足径5.6、残高3.6厘米（图五一，12）。

盏　2件。12HDXT102③：10，可复原。敞口，圆唇，斜弧腹，圈足，足墙略外撇，足端平，外侧斜削。外壁刻划莲瓣纹。胎色浅灰，胎质较细腻致密，施白色化妆土，外施化妆土不及底，釉色白，内满釉，外施釉不及底。内底残存2个石英砂堆垫烧痕。口径10.4、足径4.8、高4.3厘米（图五一，16）。

景德镇窑青白釉瓷　4件。器形均为碗。

碗　4件。12HDXT96⑦：26，可复原。芒口，侈口，方唇，斜弧腹，内底平，圈足，挖足极浅。外壁刻划菊瓣纹。胎色白，胎质细腻致密，釉色青白，釉层光泽度较高，施釉至圈足，足端刮釉，外底无釉。口径17.8、足径4.8、高6.9厘米（图五一，17；图版四九，4～6）。

不明窑口瓷器　23件。

黑釉瓷　21件。器形有碗、盘、盏、碟、罐、盏托和器盖等七类。

碗　8件。胎体厚重，质粗，内夹粗砂，见砂眼。敞口，方唇，斜直腹，圈足，足墙直立，足端斜削。内底涩圈。12HDXT98③：1，可复原。胎色黄褐，腹壁见修坯旋削痕，釉色黑褐，外施半釉。口径18.4、足径7.4、高5.6厘米（图五一，1；图版四八，1、2）。12HDXT103③：18，可复原。胎色黄褐，腹壁见修坯旋削痕，釉色黑，外施半釉。口径17.6、足径8.2、高5厘米（图五一，2）。12HDXT99⑤：51，可复原。胎色黄褐，腹壁见修坯旋削痕，釉色黑褐，施釉不及圈足。口径17.2、足径7.2、高5.4厘米（图五一，3）。

盘　1件。12HDXT93③：32，可复原。敞口，圆唇，浅弧腹，圈足，挖足过肩，外足墙略内倾，内足墙外撇。胎色红褐，胎质较细腻致密，釉色酱黄，外施釉不及底，内底有涩圈。口径15.2、足径6、高3.3厘米（图五一，7）。

盏　2件。12HDXT99③：34，可复原。敞口，圆唇，斜弧腹，饼足。内壁为呈棕褐色的放射状窑变。胎色灰白，胎质较细腻致密，外下腹见修坯轮旋痕，釉色黑褐，内满釉，外施半釉。口径10.4、足径4.2、高4.8厘米（图五一，8）。

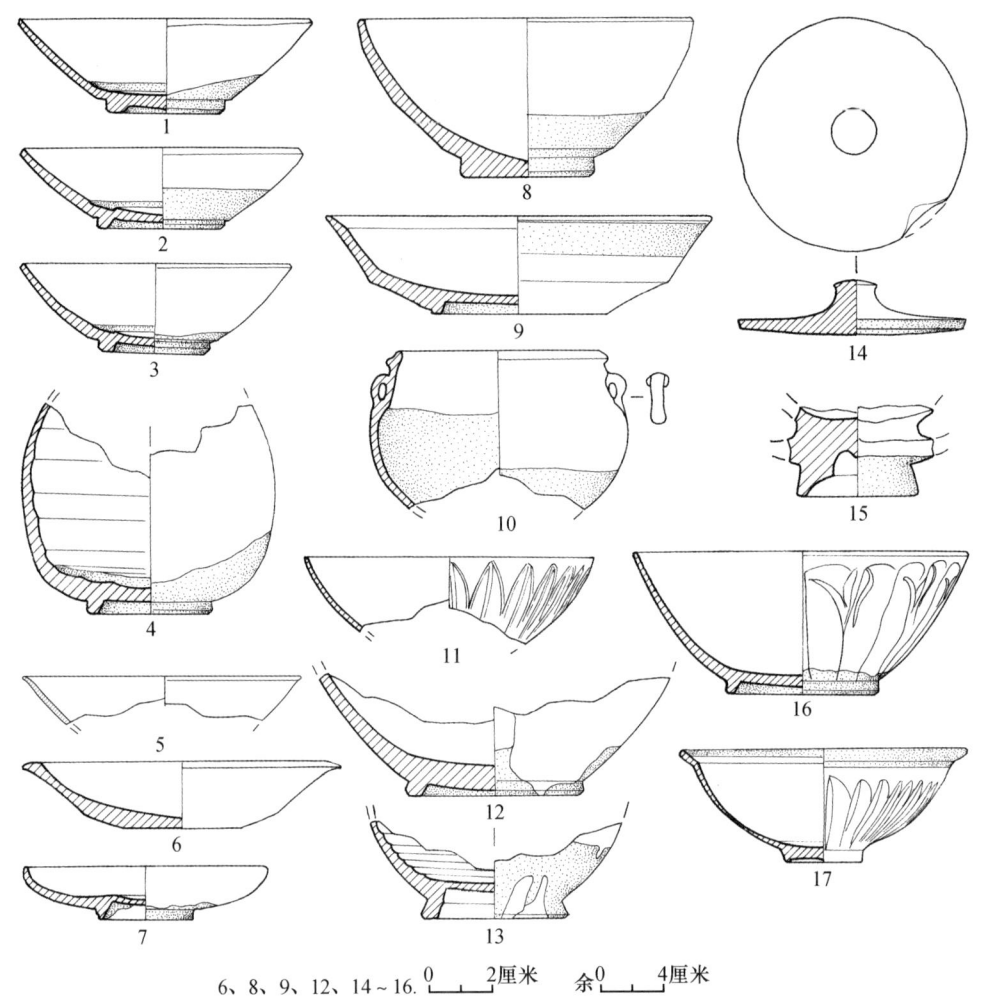

图五一 西城墙区北部地层出土器物
1~3. 不明窑口黑釉瓷碗（12HDXT98③：1、12HDXT103③：18、12HDXT99⑤：51）
4、10、13. 不明窑口黑釉瓷罐（12HDXT94⑦：17、12HDXT99⑦：61、12HDXT96⑦：41）
5. 不明窑口白釉瓷碗（12HDXT94⑦：16） 6. 不明窑口白釉瓷碟（12HDXT96⑦：40） 7. 不明窑口黑釉瓷盘（12HDXT93③：32） 8. 不明窑口黑釉瓷盏（12HDXT99③：34） 9. 不明窑口黑釉瓷碟（12HDXT96⑤：33）
11、12. 磁峰窑白釉瓷碗（12HDXT99⑤：52、12HDXT99⑤：49） 14. 不明窑口黑釉瓷器盖（12HDXT103③：17）
15. 不明窑口黑釉瓷盏托（12HDXT96⑦：44） 16. 磁峰窑白釉瓷盏（12HDXT102③：10）
17. 景德镇窑青白釉瓷碗（12HDXT96⑦：26）

碟　1件。12HDXT96⑤：33，可复原。侈口，圆唇，浅折腹，内底较平，卧足。胎色浅黄，胎质略粗糙，釉色黑，釉层光泽度较高，外壁口沿处刮釉露胎，施釉至足端，外底无釉。口径12、足径5.4、高3厘米（图五一，9；图版四八，3~5）。

罐　7件。12HDXT94⑦：17，口部残。弧腹，圈足，足墙略外撇。胎色灰黄，内夹粗砂，胎质粗糙，腹壁见拉坯轮旋及修坯旋削痕，足部修制较为规整，釉色黑褐，内外施釉皆不及底。最大腹径16.4、足径8、高12.7厘米（图五一，4）。12HDXT99⑦：61，底部残。直口微敛，斜折沿，尖唇，矮直领，扁圆腹，上腹部残存一桥形立耳。胎色黄褐，内夹粗砂，胎质粗糙，釉色黑褐，内施釉至上腹部，外施半釉，口缘部刮釉。口径12.4、最大腹径14.8、残高9.6厘米（图五一，10）。12HDXT96⑦：41，不可复原。仅残存下腹及底部。下腹斜弧，圈足外撇，足端宽平。胎色灰红，胎质细腻致密，釉色黑，内壁有釉，外壁施釉至下腹，有流釉现象。足径9.3、残高5.6厘米（图五一，13）。

盏托 1件。12HDXT96⑦：44，不可复原。仅残存底部。高圈足微外撇，足端平，足壁外直内斜，外底有鸡心突。足径3.7、残高2.8厘米（图五一，15）。

器盖 1件。12HDXT103③：17，略残。圆饼形，矮柱状纽。灰白胎，盖面施黑釉。盖缘局部有粘连。盖径7.1、高1.7厘米（图五一，14）。

白釉瓷 2件。器形有碗、碟两类。

碗 1件。12HDXT94⑦：16，底残。侈口，尖唇，斜弧腹。胎色灰褐，胎质较细腻致密，腹壁见拉坯轮旋痕，釉色白中泛青。口径17.8、残高2.8厘米（图五一，5）。

碟 1件。12HDXT96⑦：40，可复原。敞口，尖唇，平折沿，斜弧腹，平底。胎色灰白，胎质较细腻致密，釉色白中泛青，内满釉，外施釉局部至底部，下腹近底部刮釉。内底残存2个石英砂堆垫烧痕，外底残存2个垫烧痕。口径10、底径3.8、高2厘米（图五一，6；图版四九，1~3）。

2）陶器 5件。器形均为板瓦。

板瓦 5件。12HDXT94③：10，略残。泥质灰陶，略微夹少量细砂。平面形状略呈梯形，凹面局部压印有布纹。长26.5、宽18.6~20.6、厚0.7~1.5厘米（图五二，1；图版四八，6）。12HDXT94③：11，泥质灰陶。平面略呈梯形，横截面呈拱形，外素面，内饰布纹。一端残缺，一端连接瓦当，多部残损，残存当面饰花卉图案。残长21.3、宽20.6、厚0.9~1.4厘米（图五二，2）。

3）缸胎器 1件。器形为蒸馏器。

蒸馏器 1件。12HDXT102③：11，仅存下部。下腹斜直，平底微凹。腹壁见轮旋痕。下腹近底残存一圆形流。底径15.2、残高17.8厘米（图五二，4）。

4）铁器 153件。器形有镞、钉、蒺藜三类，以镞数量最多。

镞 140件。12HDXT103③：21，通体柳叶形，前锋尖锐，双翼弧刃，中部起脊，汇聚前锋，至脊尾渐粗，脊铤相接处有凸棱，锥柱铤，残断。残长9.4、脊长6.6、铤残长2.8厘米（图五二，3；图版五〇，1）。12HDXT99③：9，镞身细长，前锋残缺，脊身四棱形，脊铤相接处有凸棱，锥柱铤，残断。残长8.6、脊残长6.5、铤

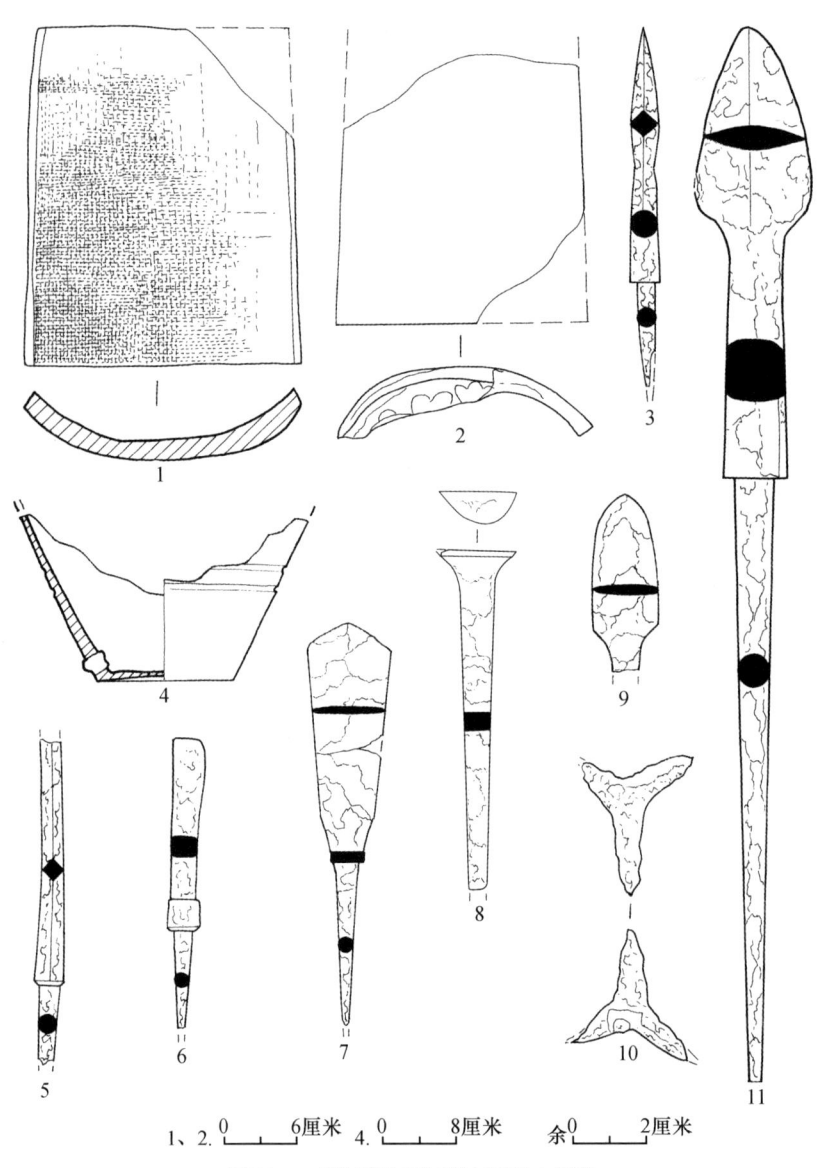

图五二　西城墙区北部地层出土器物

1、2. 板瓦（12HDXT94③：10、12HDXT94③：11）　3、5~7、9、11. 铁镞（12HDXT103③：21、12HDXT99③：9、12HDXT96⑦：6、12HDXT96③：8、12HDXT96③：9、12HDXT103③：13）
4. 缸胎蒸馏器（12HDXT102③：11）　8. 铁钉（12HDXT93④：34）　10. 铁蒺藜（12HDXT93⑧：30）

残长2.1厘米（图五二，5；图版五〇，2）。12HDXT96⑦：6，镞身细长，"一"字前锋，脊身四棱形。脊铤相接处有凸棱，锥柱铤，残断。残长7.7、脊长5.1、铤残长2.6厘米（图五二，6）。12HDXT96③：8，尖锋圆钝，双翼前聚成锋，边锋刃，脊铤相接处有凸棱，锥柱铤，较短。残长10.6、脊长6.3、铤残长4.3厘米（图五二，7）。12HDXT96③：9，通体叶片状，尖锋圆钝，双翼弧刃，汇聚前锋，边锋刃，脊尾残缺。残长4.7厘米（图五二，9；图版五〇，3）。12HDXT103③：13，前锋尖锐，双翼弧刃，汇聚前锋，边锋刃，长厚中脊，至脊铤渐粗，脊铤相接处有凸棱，锥柱铤。长27.8、脊长11.9、铤长15.9厘米（图五二，11；图版五〇，4）。

钉　10件。12HDXT93④：34，平面呈长条形，尖锋残断，四棱前聚成锋。残长8.8厘米（图五二，8）。

蒺藜　3件。12HDXT93⑧：30，尖峰残断，四钉汇聚，四锋连线成四棱锥。残高2.3~3.4厘米（图五二，10；图版五〇，5）。

三、明清时期遗存

（一）遗迹及其遗物

南一字城遗址共发掘清理明清时期遗迹16个，其中城墙1条、城门1座、护坡墙2道、道路5条、灰沟（排水沟）5条、灰坑1个、墓葬1座。现详述如下。

1. 城墙

1条。

08HDYQ2　位于08HDYT5、08HDYT6中，叠压08HDYQ3，南北走向。平面形状呈长条形，揭露长8.98、宽2.5~3.55、残高1.75~4.9米（图五三；图版五一，1）。构筑于08HDYQ3上，南部设城门（08HDYCM1），先挖基槽，后用规整的大条石砌筑内、外墙，均直壁，中部以黏土夹杂石块夯填，整个墙体较窄。构筑条石一般呈长条楔形，长0.83~1.25、宽0.3~0.46、厚0.33~0.37米。

2. 城门

1座。

08HDYCM1　即钓鱼城八道城门之"小东门"，已坍塌。位于08HDYT6中，叠压08HDYQ3。南北两侧与08HDYQ2相接，方向102°，双拱石券门，进深3.05、宽2、残高1.9米，可分为外门道、中门道和内

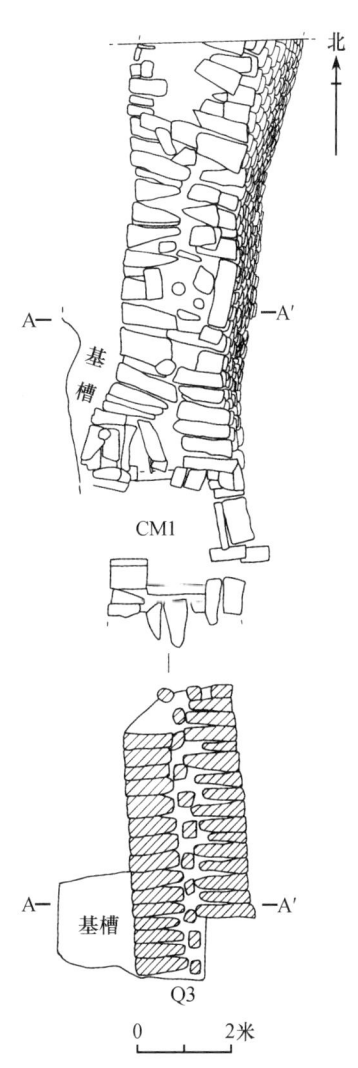

图五三　08HDYQ2平、剖面图

门道（图五四；图版五一，2、3）。外门道，进深0.7、宽2、残高1.75米。外门道近中门道处发现门槛，残存一块，残长1、宽0.15、高0.4米。中门道，进深1.6、宽2.25、残高1.9米。中门道近门槛处南北侧壁各有近圆形槽孔一个，直径约0.11、深0.15米。内门道，进深0.75、宽1.4、残高1.1米。门内道路破坏较为严重，仅在外门道近门槛处发现铺地条石一块。门洞内堆积为灰褐色土，土质疏松，夹杂植物根系、零散石块、石渣、现代瓦片及废塑料。

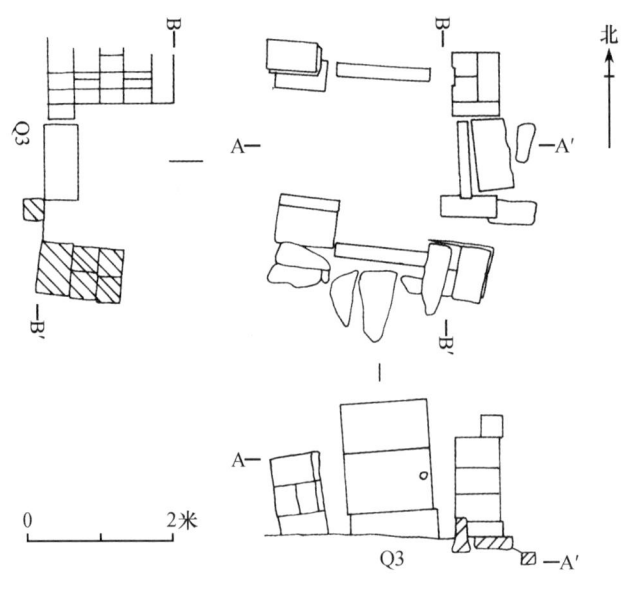

图五四　08HDYCM1平、剖面图

3. 护坡墙

2道。

11HDYQ5　位于11HDYT33中，叠压于第2层下，叠压11HDYQ4，打破山岩，东北—西南走向。平面形状近长条形，残长8.2、宽0.45~0.67、高0.5~3米。以条石构筑而成，墙体由下至上层层内收，坡度15°。

11HDYQ6　位于11HDYT34中，叠压于第3B层下，被11HDYL5叠压，叠压11HDYQ4，打破第5层，近南北向。平面形状近长条形，长1.95、宽0.4、高0.5米。以修凿规整的条石构筑而成，直壁。

4. 道路

5条。

09HDSL6　位于09HDST68中，叠压于第14层下，打破基岩。揭露部分平面形状近长条形，揭露长10、宽0.35~1、高0.25~1.15米，方向263°（图五五；图版五一，4）。

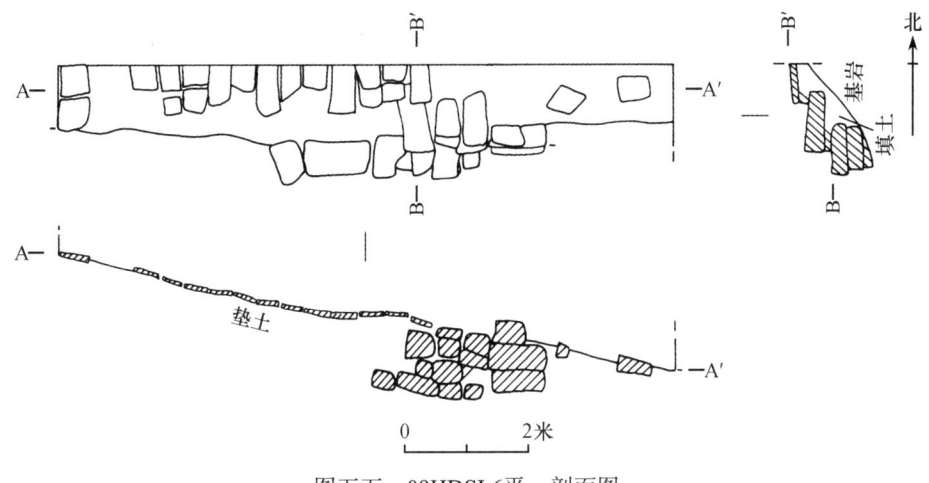

图五五 09HDSL6平、剖面图

由路基和路面两部分组成。外侧沿山坡以条石构筑护坡墙，墙内以黏土夹石块夯填而成。路基西高东低呈坡状，西段护坡墙扰毁不存，仅存东段少部，残墙现存3~4层，长2.85、高0.25~1.15米，所用条石长0.6~1.05、宽0.43~0.55、厚0.25~0.4米。路面是在路基上平铺石板而成，西高东低呈坡状，坡度10°。因路基护坡墙被扰毁，致使道路坍塌，路面下陷，凹凸不平。路面残长6.1、揭露宽0.35~1米，所用石板长0.35~1、宽0.3~0.5、厚0.08~0.12米。填土为棕褐色土，土质坚硬，结构致密，出土物有青花瓷片、瓦砾、缸胎器残片等。

11HDYL4　位于11HDYT34中，叠压于第2层下，叠压11HDYQ4。距地表深0.23~0.3米，近东西走向。平面形状近长条形，残长3.55、宽1.2米。由梯道和平坦道路两部分组成，以长条形石板铺就。梯道位于整条道路的西端，残存阶梯2级，梯步长1.2、宽0.5~0.8、高0.2米。平坦道路占整条道路的绝大部分，处于道路的中段和东段。

11HDYL5　位于11HDYT34中，叠压于第3B层下，叠压11HDYQ6。距地表深0.73~0.9米，近东西走向。平面形状近长条形，长2.1、宽1~1.45米。石构梯道，以修凿规整的条石构筑，残存阶梯4级，梯步长1~1.45、宽0.4~0.6、高0.2~0.25米。

5. 灰沟

5条。

1）09HDSG3　位于09HDST64中，开口于第15层下，被09HDSG1打破，打破09HDSG4、09HDSL4及山岩。沟口距地表深0.3~1.05米，方向196°。北端伸入探方隔梁内，揭露部分平面形状近长条形，长7.75、沟口宽2.15~3.75、沟底0.5~3.5、深0.25~0.6米（图五六；图版五一，5）。石构排水沟，口宽底窄，北高南低，坡度15°，

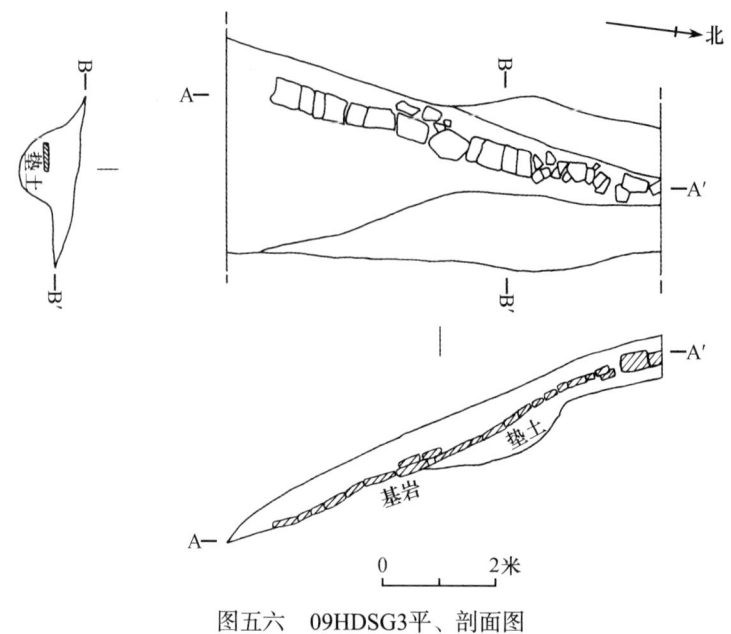

图五六 09HDSG3平、剖面图

构筑过程是先挖竖穴土沟形成沟圹,后于圹内嵌砌石板而形成。沟壁石板仅存少许,底板保存较好。沟内填土为灰褐色黏土,土质致密坚硬,含大量石块、青花瓷片等。

2)09HDYG1 位于09HDYT23、09HDYT28、09HDYT29中,开口于第10层下,打破09HDYPT5。沟口距地表深2.83~3.27米,东北—西南走向。平面形状近长条形,长23.62、沟口宽0.98~3、沟底宽0.3~1.45、深0.05~0.9米(图五七)。北高南低,口大底小,沟底凹凸不平。填土为灰褐色砂土,土质疏松,含大量石块、瓦砾。

09HDYG1出土遗物共7件,器类有瓷器和铁器等。

瓷器 2件。均为青花瓷器。器形有杯、勺两类。

杯 1件。09HDYG1:3,不可复原。口、腹部残。下腹斜弧,圈足,平底。青料发色艳蓝,器壁内外饰青花盘肠纹。胎色白,胎质较细腻致密,釉色青白,足端无釉。足径4、残高1.6厘米(图五九,1)。

勺 1件。09HDYG1:1,不可复原。长柄残,近圆勺。青花发色淡蓝,内壁饰叶脉纹。胎色灰白,釉色青白,施釉不及底。残长8.2、宽4.6、残高4.9、柄残长3.5厘米(图五九,2)。

铁器 5件。器形均为钉。

钉 5件。09HDYG1:4-1,可复原。方帽,锥首残断,横截面方形。残长11厘米(图五九,3)。

3)09HDYG2 位于09HDYT23、09HDYT24、09HDYT29、09HDYT30中,开口于

第10层下，打破09HDYPT5。沟口距地表深2.76~3.1米，东北—西南走向。平面形状近长条形，长17.8、沟口宽0.43~1.33、底宽0.23~0.8、深0~0.6米（图五八）。北高南低，沟底凹凸不平。填土为灰褐色砂土，土质疏松，含零星石块。

09HDYG2出土遗物共2件，器类有瓷器和缸胎器两类。

瓷器　1件，青花瓷器。器形为碗。

碗　1件。09HDYG2∶1，不可复原。仅残存口沿。敞口，尖圆唇，斜弧腹。青花发色灰蓝，外壁绘缠枝花卉。胎色灰白，釉色青白，内有涩圈。残高3.5厘米（图五九，4）。

缸胎器　1件。器形为盆。

盆　1件。09HDYG2∶2，不可复原。仅残存口沿。夹砂灰陶。敛口，外斜折沿，方圆唇，斜弧腹。口径16.8、残高4.4厘米（图五九，5）。

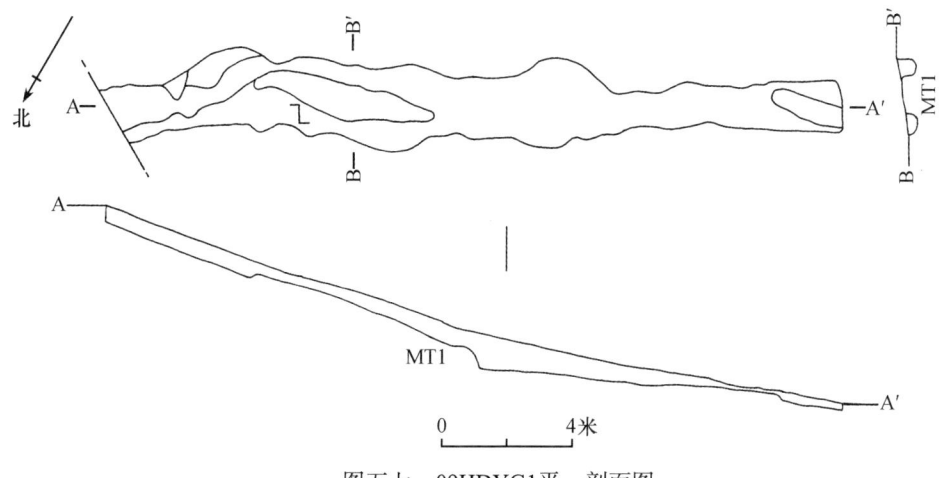

图五七　09HDYG1平、剖面图

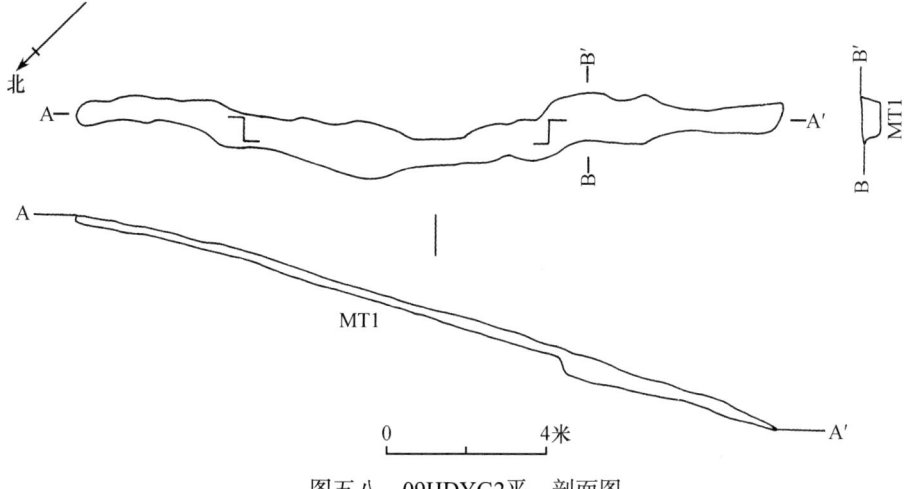

图五八　09HDYG2平、剖面图

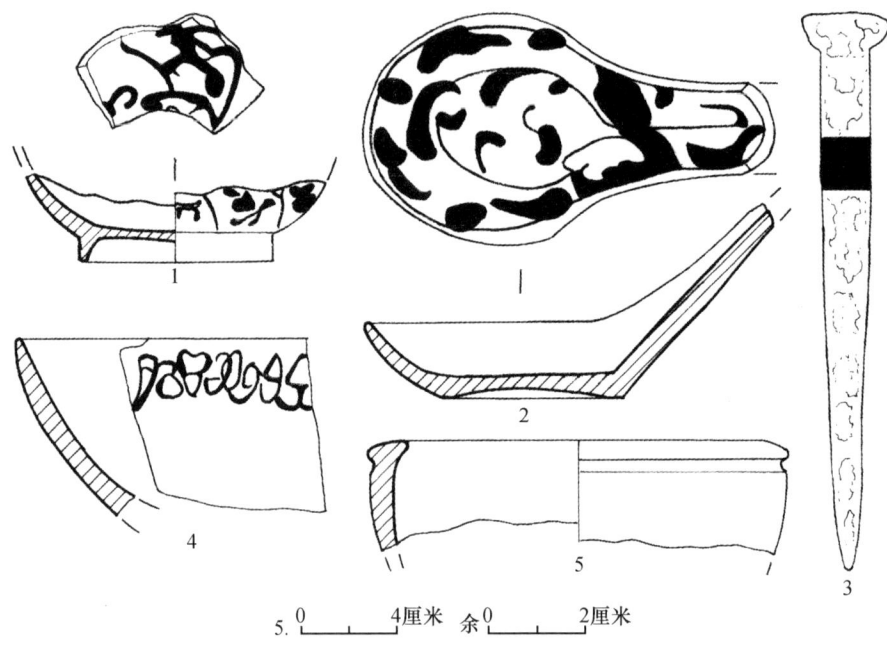

图五九　09HDYG1、G2出土遗物
1. 青花瓷杯（09HDYG1∶3）　2. 青花瓷勺（09HDYG1∶1）　3. 铁钉（09HDYG1∶4-1）
4. 青花瓷碗（09HDYG2∶1）　5. 缸胎盆（09HDYG2∶2）

4）11HDXG6　位于11HDXT83中，开口于第4层下，打破第6层。沟口距地表深0.25～0.5米，方向101°。部分伸入探方隔梁内，揭露部分平面形状近长条形，长4、宽1～1.45、深0.35米。以石板嵌筑而成，北壁部分坍塌移位，南壁扰毁不存，沟底西高东低，底板局部残存。填土为红褐色黏土，土质较坚硬紧密，含大量石渣、零星瓦砾，出土青花瓷片、板瓦残片等。

6. 灰坑

1个。

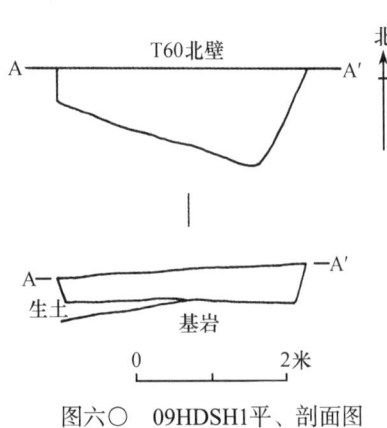

图六〇　09HDSH1平、剖面图

09HDSH1　位于09HDST60中，开口于第14层下，打破生土及山岩。部分伸入探方隔梁内，揭露部分平面形状近梯形，坑口东高西低，口大底小，底较平，口长3.35、宽0.45～1.25米，底长3.15、宽0.35～1.15米，深0.3～0.5米（图六〇）。竖穴土坑（局部凿于山岩上），内面抹附三合灰，厚0.015米。坑内填土为灰褐色黏土，坚硬致密，含大量石块、三合灰残渣及零星陶片、残骨等。

7. 墓葬

1座。

11HDXM1　位于11HDXT87、11HDXT91中，开口于第4层下，打破第5层、11HDXCM1。距地表深0.2~0.4米，方向210°。平面形状呈长方形，土坑竖穴单室墓，墓室以长条形石板构筑而成，早期盗扰，南部被扰毁不存，墓圹残长0.74、宽1.06~1.12、深0.86~0.9米，墓室残长0.42、宽0.52、深0.86米。填土仅一层黄褐色淤土，厚0.32~0.86米，土质较紧密，含较多石块、瓦砾等。无随葬品，葬具、葬式不明。

（二）地层出土遗物

南一字城遗址地层出土明清遗物数量不多，仅少量瓷器、缸胎器、铁器和铜器等。

1. 瓷器

25件。有青花瓷、黑釉瓷两种。

（1）青花瓷器

24件。器形有碗、盘、杯和勺四类。

碗　15件。09HDYT26⑩：2，可复原。侈口，方唇，深弧腹，圈足较高，足壁内外皆斜，底部下凹，外底有鸡心突。青料发色黑灰，一笔点画法绘纹饰，内底书双圈草书"福"字，外壁绘结带绣球纹，口沿内侧、外侧、下腹及圈足饰双圈弦纹。胎色白，胎质较细腻致密，釉色青中泛白，釉层乳浊，光泽度不高，施釉至足端，外侧刮釉，外底无釉。口径14.4、足径5.6、高6.8厘米（图六一，1；图版五〇，6）。09HDYT19⑬：1，可复原。侈口，圆唇，上腹斜直，下腹弧折，圈足，足端平，足墙外斜内直，底微下凹。青料发色深蓝，外壁以一笔点画法绘四组莱菔纹，绘画较粗放，内底纹饰残不可辨。胎色灰白，胎质略粗糙，外底见放射状跳刀痕，釉色卵青，釉层乳浊，光泽度不高，施釉至足端，外侧刮釉，外底无釉。口径13、足径6、高5.3厘米（图六一，2；图版五〇，7）。09HDYT23⑩：6，可复原。口微侈，圆唇，深弧腹，圈足，挖足过肩，足端平。青料发色翠蓝，内外壁均饰灵芝茶花纹，外底饰双圈方形花押款。胎色白，胎质细腻致密，釉色灰白，釉层透明度较高，光泽度高，施满釉，足端刮釉。口径17.4、足径7、高8.3厘米（图六一，3；图版五〇，8）。

盘　4件。08HDYIT4⑩：6，可复原。敞口，圆唇，深斜弧腹，圈足，平底。青料发色翠蓝，内底饰折枝花卉，外一周菊瓣纹，内外壁均饰灵芝茶花纹，外底饰双圈

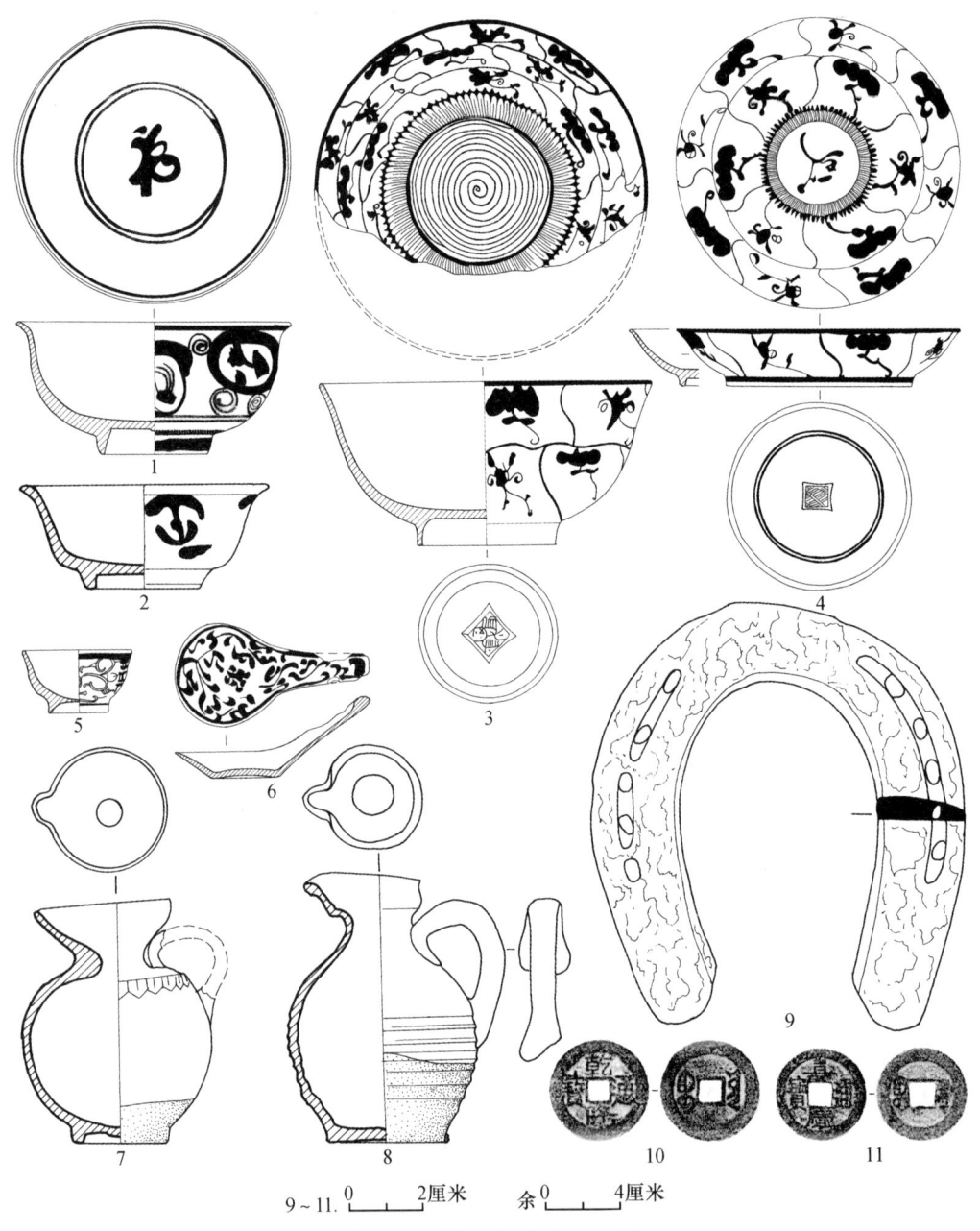

图六一 明清时期地层出土器物

1~3. 青花瓷碗（09HDYT26⑩：2、09HDYT19⑬：1、09HDYT23⑩：6） 4. 青花瓷盘（08HDYIT4⑩：6）
5. 青花瓷杯（08HDST2⑫：1） 6. 青花瓷勺（08HDYIT4⑩：5） 7. 黑釉瓷壶（08HDST30③：6） 8. 缸胎壶
（08HDST24③：1） 9. 铁马掌（08HDST4②：1） 10、11. 铜钱（12HDXT99②：1、12HDXT93①：1）

方框花押款。胎色白，胎质细腻致密，釉色青白，釉层透明度较高，施满釉，足端刮釉。口径14.9、足径9.7、高2.9厘米（图六一，4）。

杯 2件。08HDST2⑫：1，可复原。敞口，圆唇，腹斜直微弧，圈足，挖足过肩，平底。青料发色淡蓝，外壁以"铁线描"法绘花草纹，中间书"囍"字。胎色白，胎质细腻致密，釉色卵白，釉层较乳浊，光泽度不高，施满釉，足端刮釉。口径5.8、足径3.2、高3.2厘米（图六一，5）。

勺　3件。08HDYIT4⑩：5，可复原。长柄，勺头近圆形。青料发色灰暗，内壁饰缠枝莲纹，勺心饰莲花，外壁饰叶脉纹。胎色灰白，胎质较细腻致密，釉色青白，施满釉，底缘无釉。勺头直径5.2、底径3.5、高4、长10.4厘米（图六一，6）。

（2）黑釉瓷器

1件。器形为壶。

壶　1件。08HDST30③：6，不可复原。盘口，短流，细颈，丰肩，腹内收，錾残，圈足，足端宽平，外底平，有鸡心突。肩部压印一周连续变形覆莲纹。胎色浅灰，夹细砂，胎质较粗糙，釉色黑，釉层光泽度较高，内壁施釉至颈部，外壁施釉至下腹。口径6.6、最大腹径10.2、足径5、高12.6厘米（图六一，7）。

2. 缸胎器

数量较少，器形有罐、缸、盆、壶和擂钵等。

壶　1件。08HDST24③：1，可复原。小盘口，窄流，细颈，溜肩，鼓腹，下腹内收，平底。腹部饰若干道凹弦纹。胎色灰，夹细砂，胎质粗糙，釉色酱褐，多剥落，施釉至腹部。口径5.4、腹径10、底径6.3、高14厘米（图六一，8）。

3. 铁器

数量较少，器形有钉、马掌、钩和环等。

马掌　6件。08HDST4②：1，"C"形，宽沿穿孔，孔眼正面呈沟槽状，背面为圆形。长10.9、宽9.8、厚0.65厘米（图六一，9）。

4. 铜器

6枚。均为清代钱币。

钱币　6枚。12HDXT99②：1，圆钱，方唇，内外郭，外宽内窄，正面阳文书"乾隆通寶"，背满文，钱文清晰，对读。钱径2.6、穿径0.6、厚0.1厘米（图六一，10）。12HDXT93①：1，圆钱，方穿，内外郭，正面阳文书"嘉慶通寶"，背满文。钱文清晰，对读。钱径2.4、穿径0.6、厚0.1厘米（图六一，11）。

四、结　语

钓鱼城南一字城遗址是川渝地区迄今为止为数不多的、经过大规模考古发掘的宋元（蒙）战争遗址，为宋元（蒙）战争史、川渝山城攻防体系和中国古代城址研究提供了宝贵的新材料。

1. "一字城"的命名

"一字城"这一名称出自蒙古大汗蒙哥（元宪宗）攻打钓鱼城的记载，"（开庆元年，1259年）二月丙子，帝悉帅诸兵渡鸡爪滩，至石子山。丁丑，督诸军战城下，辛巳，攻一字城……"[①]。经调查，钓鱼城遗址南、北两侧均有城墙连接山顶环城与嘉陵江，其中北侧一条、南侧两条，形状均呈"一"字形。结合文献记载及地望分析，钓鱼城南、北侧城墙应为文献所载"一字城"，因而钓鱼城遗址有南、北两个"一字城"，本次发掘区域即为南一字城。

世纪之交的三峡库区考古工作中，奉节白帝城遗址最早调查发现并发掘"一字城"[②]，近期万州天生城也调查发现"一字城"。此外，清代晚期重庆府地图中有"一字城"地名[③]，文献记载"襄阳城（今湖北襄阳）和交趾万劫城（今越南海阳省）也存在'一字城'"[④]。

2. 遗址年代

南一字城遗址主要包括宋末元初和明清两个时期的遗存，以宋末元初时期遗存为主，规模宏大的城墙、城门、水军码头及附属设施均为本时期修建。出土遗物众多，青白釉瓷器多为覆烧芒口器，其中青白釉菊瓣纹芒口碗11HDXCM1∶39之器形与景德镇湖田窑元早期B型Ⅰ式芒口小碗[⑤]相同；斗笠盏底11HDXCM1∶20与景德镇湖田窑南

---

① 宋濂：《元史》卷三《本纪第三·宪宗》，中华书局，1976年，第43页。
② 重庆市文物考古所：《奉节瞿塘关遗址发掘报告》，《重庆库区考古报告集·1999卷》，科学出版社，2006年，第202~234页。
③ 清光绪十二年（1886年），张云轩所绘《重庆府治全图》，耶鲁大学藏本。
④ 孙华：《羊马城与一字城》，《考古与文物》2011年第1期，第73~85页。
⑤ 江西省文物考古研究所、景德镇民窑博物馆：《景德镇湖田窑址：1988—1999年考古发掘报告》，文物出版社，2007年，第107、457~460页。

宋晚期的"小饼足"[①]特征一致；此外，遗址中出土的磁峰窑白釉瓷器时代也是南宋晚期。钓鱼城始建自嘉熙年间（1237~1240年）[②]，彭大雅的部将大尉甘闰于钓鱼山筑城据守以图险保民[③]；淳祐三年（1243年），余玠纳播州二冉之策修筑钓鱼城[④]，并移（合州）州治于钓鱼山[⑤]；到至元十六年（1279年），王立以城降[⑥]，（李德辉）徙其民复旧治所[⑦]，但（忽必烈）仍令东川行枢密院调兵守钓鱼山寨[⑧]。上述文献记载钓鱼城时代为宋末元初，与出土遗物时代一致。

明清时期的出土器物以青花瓷器居多，除零星器物为明代中晚期外，灵芝茶花纹碗、盘，花草托囍字纹杯，"乾隆通宝""嘉庆通宝"铜钱均为清代中后期遗物。清代中后期，为抵抗白莲教、李蓝农民军及太平天国运动，采取"寨堡团练、坚壁清野"策略，合州军民多次修缮钓鱼城，但此时筑城主要集中在山顶环城，并未利用南一字城对敌，仅在东城墙北段的基础上重修了小东门及城墙。

3. 城址布局、修筑特征及建造过程

历时四年的大规模考古发掘明确了南一字城遗址的形制布局、修筑特征及建造过程等诸多问题，进一步深化了对钓鱼城遗址的认识。

从城址宏观布局上看，南一字城东、西城墙自钓鱼城山顶环城蜿蜒而下，直抵嘉陵江畔，东、西城门居于城墙中部，水军码头坐落于城墙临江处（图版五二）。南一字城这种以山、江、城墙构成的封闭区域成为居高临下、控山扼江、阻敌制胜的关键，既能有效地阻击来自东西两侧的敌军，避免被合围包抄，又能便利地连通钓鱼城

---

① 江西省文物考古研究所、景德镇民窑博物馆：《景德镇湖田窑址：1988—1999年考古发掘报告》，文物出版社，2007年，第457~460页。

② 徐南洲：《彭大雅传略》，《钓鱼城与南宋后期历史——中国钓鱼城暨南宋后期历史国际学术讨论会文集》，重庆出版社，1991年，第355~362页；董其祥：《彭大雅事绩考辨》，《钓鱼城与南宋后期历史——中国钓鱼城暨南宋后期历史国际学术讨论会文集》，重庆出版社，1991年，第363~375页。

③ 《重修合州志》卷一，日本藏中国罕见地方志丛刊：（隆庆）《楚雄府志》、（万历）《铜仁府志》、（万历）《合州志》、（康熙）《涪州志》，书目文献出版社，1992年，第279页。

④ 脱脱等：《宋史》卷四百一十六《列传第一七五·余玠传》，中华书局，1977年，第12470页。

⑤ 脱脱等：《宋史》卷八十九《志第四十二·地理五》，中华书局，1977年，第2219页。

⑥ 宋濂：《元史》卷十《本纪第十·世祖七》，中华书局，1976年，第208页。

⑦ 《重修合州志》卷一，日本藏中国罕见地方志丛刊：（隆庆）《楚雄府志》、（万历）《铜仁府志》、（万历）《合州志》、（康熙）《涪州志》，书目文献出版社，1992年，第279页。

⑧ 宋濂：《元史》卷十《本纪第十·世祖七》，中华书局，1976年，第213页。

与嘉陵江,保证水路联系、运输畅通。

在微观修筑特征层面上,城墙、城门等建筑都独具特色。东、西城墙各期的建筑方式大致相同,由内、外墙及夹杂石块的层层夯土组成。内、外墙均以修凿较为规整的条石丁砌而成,自下而上层层内收,不同之处是内墙所用条石规格较外墙小,坡度亦较缓;此外内墙呈阶梯状而外墙为斜面,且外墙上部斜面通常修凿得极光滑,需要指出的是少部分城墙未建内墙,直接以内侧陡坡为内墙,这也体现了古人因地制宜、节约建筑成本的理念。内外墙之间以夹杂石块的夯土层层夯填而成,夯土多就地取材,所夹杂石块也以内外墙条石修凿下的边角料为主。晚期城墙上修筑有女墙和垛口等防御设施。这种城墙的修筑方式与《营造法式》所载"壕寨制度"的"筑基之制""筑城之制"①相符。东、西两座城门所用石地栿、门砧、颊榫孔与《营造法式》记载的石作中"排叉柱"城门、小木作中"版门"②相符,由此可推断其形制均为排叉柱式城门,内为双扇木质版门,版门坚固厚重,有对外防范的要求,明清城门依然沿用③。这种排叉柱式门,与《清明上河图》《平江府碑》中所绘城门及山东泰安岱庙门较为接近。两座城门是钓鱼城遗址首次考古发现的宋代城门,设计科学合理、充满智慧,为研究宋元时期筑城规制提供了新的参考。

在建造过程上,考古发掘发现南一字城东、西城墙及水军码头等遗迹均经多次修筑,规模不断加大,这与史载钓鱼城多次筑城相符④。东城墙北段见一次修筑(因其被清代城墙叠压,无法解剖,仅就其暴露于外的外墙判断),中、南段经三次修筑,东城墙水军码头为一次修筑;西城墙北段经二次修筑,中、南段见一次修筑,西城墙水军码头经三次修筑。从城墙、码头所用条石规格、錾凿程度和砌筑方式分析,东城墙水军码头修筑时代与东城墙中、南段第一期相同或略晚,东城门与东城墙中、南段第二期同时修筑(被第三期城墙封堵),西城墙北段一、二期与东城墙中、南段一、二期应为同时修筑,西城墙中、南段及西城门与东城墙中、南段第三期同时修筑,西城墙水军码头修筑时代与西城墙中、南段相同或略晚。综上所述,结合叠压打破关系,

---

① 梁思成:《梁思成全集(第七卷)》,中国建筑工业出版社,2001年,第46、47页。

② 梁思成:《梁思成全集(第七卷)》,中国建筑工业出版社,2001年,第63、165、166页。

③ 潘谷西、何建中:《〈营造法式〉解读》,东南大学出版社,2015年,第110页;梁思成:《梁思成全集(第七卷)》,中国建筑工业出版社,2001年,第63、64页。

④ 据万历《合州志》《宋史》记载,钓鱼城至少有四次大规模筑城。第一次是1240年左右,四川制置副使彭大雅派部将大尉甘润于钓鱼山筑寨;第二次是1243年,四川制置使兼知重庆府余玠,采纳播州冉氏兄弟意见,率合州军民筑城;第三次在1254年,主将王坚带领合州所辖五县(石照、铜梁、巴川、汉初、赤水)17万军民筑城;第四次在1263年,四川胒将张珏率众筑城。

可以推断出南一字城遗址规模较大的修筑大致有四次：最先修筑的为东城墙中、南段一期，东城墙水军码头及西城墙北段一期；第二次修筑的为东城墙中、南段二期，东城门，西城墙北段二期；第三次修筑的为东城墙中、南段第三期，西城墙中、南段，西城门及东城墙北段，第四次修筑的为西城墙水军码头。

4. 城防思想与价值

南一字城利用内部近东西向高耸的悬崖为天然城墙，分割为上、下城两部分，下城为第一道防线，上城为第二道防线。南一字城西城墙北段城墙迎敌面面向南一字城内，可见应为第三道防线，多重城防护卫山顶环城。这种层层防守的筑城方式高效地利用了地形优势，充分体现了陈规《守城录》中"重城重濠"[①]的城防思想。南一字城又与钓鱼城山顶环城、北一字城墙、北水军码头等一同构成了钓鱼城的综合攻防体系，形成抵御敌军的层层防线。

```
领队：袁东山
发掘：袁东山  蔡亚林  王胜利  廖渝方
      白新林  付 珺  李海喆  李双厚
修复：田素琼
绘图：师孝明  李双厚  赵振江
拓片：李双厚
摄影：孙吉伟  王胜利
整理：胡立敏  赵振江  王洪领
执笔：胡立敏  袁东山  王胜利
```

---

① 陈规：《守城录》，《景印文渊阁四库全书·子部二·兵家类》，台湾商务印书馆，1986年，第727册182页。

附表一 南一字城遗址布方统计表

发掘区	布方情况	方向	数量	编号	探方（探沟）布方情况 探方（探沟）面积/平方米	扩方/平方米	布方总面积/平方米
南水军码头区	2008HDS	正北	48	T1~T48	T1~T46 10×10；T47、T48 10×15	160	5060
	2009HDS	正北	20	T49~T68	T49~T67 10×10；T68 10×5	0	1950
	2009HDS	正北	14	T69~T82	10×10	0	1400
	小计		82		8250	160	8410
东城墙区	2008HDY	347°	9	南部：T1~T4，TG1、TG2；北部：T5~T7	T1~T7 10×10；TG1 20×2；TG2 30×2	200	1000
	2009HDY	正北	24	T8~T22	T8~T12、T24~T26、T29~T31 10×10；T13~T21、T28 10×15；T27 15×5；T22 117（梯形）；T23 214.5（梯形）	0	3006.5
	2011HDY	正北	19	T23~T31	T32~T39、T41、T43、T49、T50 10×10；T47、T48 10×5；T45、T46 10×15；T40、T42、T44 10×7	60	1870
		324°		T32~T44			
				T45~T50			
	小计		52		5616.5	260	5876.5
西城墙区	2011HDX	方向不一	10	T83~T92	T85~T88、T91、T92 10×10；T83 5×5；T84 8×2；T89 9×1；T90 9×2	32	700
	2012HDX	355°	15	T93~T107	10×10	108	1608
	小计		25		2168	140	2308
总计			159		16034.5	560	16594.5

附表二　南一字城遗址遗迹统计表

发掘区	遗迹	码头	城墙	城门	道路	石堆	石臼	柱洞	护坡墙	平台	其他	总计
南水军码头区	2008HDS	1 MT1			3 L1~L3	3 S1~S3	4 J1~J4	8 D1~D8	13 Q2~Q14	5 PT1~PT5	1 灰坑H1	38
南水军码头区	2009HDS				3 L4~L6						房址F1、F2 灰沟G1~G5	11
南水军码头区	2009HDS		1 Q1				1 J5					3
南水军码头区	小计	1	1		6	3	5	8	15	5	8	52
东城墙区	2008HDY		3 Q1~Q3	1 CM1	2 L1、L2	1 S1				1 PT1		8
东城墙区	2009HDY	1 MT1	1 Q1	1 CM1	1 L3	2 S2、S3		7 D1~D7		4 PT2~PT5		17
东城墙区	2011HDY		2 Q4、Q7	1 CM2	4 L4~L7	2 S4、S5			2 Q5、Q6	2 PT6、PT7	1 墓葬M1	14
东城墙区	小计	1	5	2	7	5		7	2	7	3	39
西城墙区	2011HDX		2 Q18、Q19	1 CM1	3 L7~L9	1 S4			1 Q17		灰沟G6~G8、房址F3、排水孔K1、墓葬M1	14
西城墙区	2012HDX		1 Q20		2 L10、L11	2 S5、S6		20 D1~D20	1	3 PT6~PT8	灰沟G9~G11	31
西城墙区	小计		3	1	5	3		20	2	3	9	45
总计		2	9	3	18	11	5	35	18	15	20	136

附表三 南一字城遗址遗迹登记表

编号	位置	层位关系	长	宽	高	结构特征	堆积状况及出土遗物	年代
08HDYQ1	08HDYT1~08HDYT4、09HDYT8~09HDYT22	叠压于第10层下，被09HDYL3、08HDYS1、09HDYS2、08HDYPT1、09HDYPT2~09HDYPT5、09HDYMT1叠压打破，打破山岩	121.00	4.70~7.60	0.38~10.00	分为三期，其北部、南部尤为清晰可见，中段因被三期城墙覆盖、墙相对低矮，下宽上窄，由内、二期城墙，一期城墙外墙和墙仅局部可见。一期城墙成，所用条石体积较小且不规整。二期城墙在一期的基础上加宽加高，由内、外墙和墙内夯土构成，所用条石体积较大。三期城墙基础上大规模加宽加高，由内、外墙和墙内夯土构成	一、二、三期城墙内填土分别为黄褐色黏土、棕褐色黏土、红褐色黏土。出土瓷器、缸胎器、陶器、石器等	宋末元初
08HDYQ2	08HDYT5、08HDYT6	叠压于第2层下，叠压08HDYQ3	8.98	2.50~3.55	1.75~4.90	平面形状呈长条形，南北走向。构筑于08HDYQ3上，南部设城门（08HDYCM1），先挖基槽，后用规整的大条石砌筑内、外墙，中部以黏土夹杂石块夯填。直壁墙体，较窄	灰褐色黏土，土质较坚硬致密。夹杂零散碎石片	清代
08HDYQ3	08HDYT5~08HDYT7	叠压于第2层下，被08HDYQ2、08HDYCM1打破，叠压山岩	10.17~12.50	5.20	0.40~2.00	平面形状近长条形，方向2°，由内外墙及内墙夯土构成。外墙以楔形条石错缝丁砌，修凿为平整斜面，斜度60°；内墙用大小不一的石块砌筑，层层内收呈阶梯状。内外墙同以黏土夹杂石块层层夯填	灰褐色黏土、红褐色黏土夯成，土质较坚硬致密。出有零星青白釉瓷片、黑釉瓷片等	宋末元初
11HDYQ4	11HDYT32~11HDYT44	叠压11HDYL4、11HDYL6、11HDYL7、11HDYCM2、11HDYQ5、11HDYQ6下，打破山岩	66.50	5.85~6.05	0.73~6.45	分为二期。一期城墙同断暴露于11HDYQ4中部，由内、外墙及夯土构成；二期城墙在一期城墙基础上加宽加高，由外墙及夯土构成	红褐色黏土较坚硬。出土瓷器、缸胎器、陶器等	宋末元初

续表

编号	位置	层位关系	保存情况 米 长	宽	高	结构特征	堆积状况及出土遗物	年代
11HDYQ7	11HDYT45~11HDYT50	叠压于第1层下，被11HDYS4、11HDYS5、11HDYPT6、11HDYPT7叠压，打破基岩	25.20	6.25~6.55	3.80~6.00	本与08HDYQ1北端首尾相接为一体，为后修建的钓鱼山南部山腰的旅游步道所截断，断面暴露于外，三组坡墙清晰可见	出土瓷器、缸胎器、铁器等	宋末元初
08HDSQ1	08HDST22、08HDST23、08HDST27~08HDST29、08HDST32~08HDST34、08HDST37~08HDST39、08HDST43~08HDST45、08HDST47、08HDST48、09HDST49	叠压于08HDSQ4、08HDSL1下，打破基岩	81.50	6.50	0.40~2.80	平面形状近长条形，方向320°。由内、外墙条石外端鏨凿成光滑平整的涩面，外墙以褐色规整条石上层层叠构成，中上部条石外端交错之方式错缝砌筑，内墙多以丁顺交错梯状逐层内收约42°，内、外墙间以黄褐色黏土夹杂不规则的大条石块层层夯填由下至上呈阶状构筑，简易粗糙	填土为黄褐色黏土，土质坚硬致密出土瓷器、釉陶器、缸胎器、铁器等	宋末元初
11HDXQ18	11HDXT85~11HDXT88	叠压于第6层下，被11HDXCM1、11HDXL7、11HDXQ17、11HDXS4叠压打破，打破山岩	20.50	5.25~5.75	2.00~5.00	距地表深0.20~1.45米，东南—西北走向。平面形状近长条形，坡度15°。由内、外墙及夯土构成，内、外墙之间以红褐色黏土夹杂石块层层夯填	红褐色黏土出土瓷器	宋末元初

续表

编号	位置	层位关系	保存情况/米			结构特征	堆积状况及出土遗物	年代
			长	宽	高			
11HDXQ19	11HDXT92	叠压于第1层下，打破山岩	11.40	4.10	0.55~3.75	距地表深0.10~0.50米，方向48°。平面形状近长条形，北端起筑于二磴岩悬崖下，外墙保存较好，内墙段坏不存。墙肉以红褐色黏土夹杂石块分层夯填	红褐色黏土夹杂石块 无出土遗物	宋末元初
12HDXQ20	12HDXT93~12HDXT107	叠压于第8层下，被12HDXG9、12HDXG10、12HDXPT6~12HDXPT8、12HDXL10、12HDXL11、12HDXS5、12HDXS6、12HDXG11叠压打破，打破山岩	104.70	5.15~12.40	0.20~2.80	北起薄刀岭南侧峭壁，顺山势而下，南至二磴岩悬崖边缘向西折转，沿峭壁蜿蜒伸展。距地表深0~3.40米。分为两期，一期城墙平面形状近长条形，由南北向和东西向两段城墙组成；二期城墙平面形状近长条形，在一期南北向城墙的基础上向东加宽加高而成	棕褐色黏土夹杂石块 出土瓷器、陶器、铁器等	宋末元初
11HDXCM1	11HDXT85、11HDXT87、11HDXT91	叠压于第6层下，叠压11HDXQ18、打破山岩	19.00	5.30~7.35	0.30~2.90	坐东朝西，平面形状近"八"字形，由门道、八字挡墙、排水沟等部分组成	灰褐色黏土 出土瓷器、缸胎器、陶器、石器和铁器等	宋末元初
08HDYCM1	08HDYT6	叠压于第2层下，叠压08HDYQ3	3.05	2.00	1.90	系钓鱼城八道城门之"小东门"，南北两侧与08HDYQ2相接，方向102°。双拱石券门，以修筑规整的条石构筑，可分为外门道、中门道和内门道	灰褐色土，土质较疏松 无出土遗物	清代
11HDYCM2	11HDYT41、11HDYT42	叠压于第2层下，被11HDYQ4二期叠压，打破山岩	12.95	3.10~10.10	1.80~2.70	坐西朝东，东端被东城墙第三期所叠压，揭露部分平面呈"八"字形，由门道、八字挡墙两部分组成。门道东部叠压二期三期城墙下，未予清理	填土上层为灰褐色黏土，下层为微红褐色黏土 出土瓷片、陶片等	宋末元初

续表

编号	位置	层位关系	长	宽	高	结构特征	堆积状况及出土遗物	年代
08HDSMT1	08HDST1~08HDST48,09HDST49~09HDST82	叠压于第12层下,打破基岩	86.00~112.50	55.30~70.25	6.50	坐北朝南,地势北高南低,部分暴露于地表,保存状况较好。码头平面形状近梯形,码头主体以条石、夯土构成,其上有道路、护坡墙、平台、石堆、石臼、房址、柱洞等附属设施	一、二、三期填土分别为黄褐色黏土、红棕色黏土出土瓷器、缸胎器、石器等	宋末元初
09HDYMT1	09HDYT23~09HDYT31	叠压于第10层下,被09HDYG1、09HDYG2打破,叠压08HDYQ1	41.00	28.00	0.80~2.10	码头地势北高南低,呈阶梯状分布,由三个平台构成08HDYPT1、09HDYPT4、09HDYPT5组成,08HDYPT1、09HDYPT4台均依靠08HDYQ1筑成,09HDYPT5叠压08HDYQ1三期	红褐色黏土无出土物	宋末元初
08HDSL1	08HDST43、08HDST47、08HDST48、09HDST49	叠压于08HDSQ4、09HDSF2下,叠压08HDSQ1	5.12	2.10~2.66		在08HDSMT1西北部,是码头一期的道路,通往钓鱼山顶,分梯道和斜坡两段	黄褐色黏土出土黑釉瓷片、青白瓷片、铁钉等	宋末元初
08HDSL2	08HDST36	叠压于第1层下,叠压08HDSQ6	5.30	3.90		由5层条石砌筑成平台状,条石表面凿出浅槽,便于上下层条石咬合	垫土为红褐色黏土无出土物	宋末元初
08HDSL3	08HDST40、08HDST41、08HDST46	叠压于第3层下,叠压08HDSQ14、基岩	18.00	2.50~3.00		自08HDSQ14墙体延伸至江边,部分淹没江中,两端路面用不规整整块石铺成,中部利用原地巨石做路面	无出土物	宋末元初

续表

编号	位置	层位关系	保存情况/米			结构特征	堆积状况及出土遗物	年代
			长	宽	高			
09HDSL4	08HDST18、08HDST12、09HDST56~09HDST66	叠压于第15层下，东部被09HDSG1、09HDSG2、09HDSG3、09HDSG5、09HDSL5打破，叠压08HDSPT1	78.65	5.85		L4由路基、路面、排水沟三部分组成。路基沿山岩以条石构筑护坡墙，墙内以黏土夹石块夯筑而成。路面多以规整石板铺于路基之上，局部将山岩修凿成路面。排水沟（09HDSG4）两端扰毁不存	出土零星板瓦、石块、残骨等	宋末元初
09HDSL5	08HDST25、08HDST31、09HDST52、09HDST54	叠压于第2层下，叠压09HDSL4、09HDSG5、08HDSPT1、08HDSPT2	6.80	5.00		北高南低，方向14°，由路基、路面两部分组成。在08HDSPT2上以条石砌筑护坡墙，护坡墙内填以凌乱石块、石渣、红褐色黏土构成路基	红褐色黏土，土质坚硬致密 出土青白瓷、黑釉瓷片等	宋末元初
09HDSL6	09HDST68	叠压于第14层下，打破基岩	10.00	0.35~1.00	0.25~1.15	西高东低，方向263°，由路基和路面两部分组成。路基西段护坡墙扰毁不存，仅存东段少部分。路面是在路基上平铺石板而成，西高东低呈坡状，坡度10°	棕褐色土，土质坚硬致密 出土青花瓷片、瓦砾、硬陶	清代
08HDYL1	08HDYT1~08HDYT3	叠压于第10层下，被08HDYL2叠压，叠压08HDYQ1一期	2.97	0.30~1.20		距地表深2.50米，方向4°，北高南低，沿城墙08HDYQ1延伸的石板梯道。残存4级梯步	无出土物	宋末元初
08HDYL2	08HDYT1~08HDYT4	叠压于第10层下，叠压08HDYL1、08HDYQ1二期	17.90	1.65		距地表深1.82~2.50米，方向335°，平面形状近条形，北高南低，沿城墙08HDYQ1延伸的石板梯道。南端中部有一旗杆孔，孔径0.10米，残存高0.05米的木质旗杆	无出土物	宋末元初

续表

编号	位置	层位关系	保存情况/米 长	保存情况/米 宽	保存情况/米 高	结构特征	堆积状况及出土遗物	年代
09HDYL3	09HDYT19、09HDYT20	叠压于第1层下，被09HDYD1~09HDYD7打破，叠压08HDYQ1三期	10.60	1.00~1.90		距地表深0.25~0.30米。平面形状近长条形，石板梯道，北高南低，坡度16°，现有17级阶梯	无出土遗物	宋末元初
11HDYL4	11HDYT34	叠压于第2层下，叠压11HDYQ4	3.55	1.20		距地表深0.23~0.30米，近东西走向。平面形状近长条形，以长条形石板铺就，由梯道和平坦道路组成	无出土遗物	清代
11HDYL5	11HDYT34	叠压于第3B层下，叠压11HDYQ6	2.10	1.00~1.45		距地表深0.73~0.90米，近东西走向。平面形状近长条形，以修凿规整的条石构筑，残存阶梯4级	无出土遗物	明清
11HDYL6	11HDYT37	叠压于第5层下，叠压11HDYQ4	4.10	1.85~1.90		距地表深2.55~2.70米，近南北走向。平面形状近长条形，以长条形石板构筑而成，残存阶梯4级	无出土遗物	清代
11HDYL7	11HDYT41	叠压于第2层下，叠压城墙11HDYQ7二期	5.30~8.30	3.90~7.30		距地表深0.10~0.45米，近东西走向。平面形状近长条形，路面被扰毁不存，仅残存路基	无出土遗物	宋末元初
11HDXL7	11HDXT85、11HDXT86	叠压于第1层下，叠压11HDYQ18、11HDYCM1	20.00	1.75~3.50		距地表深0.15~0.23米，方向321°。东接城门11HDYCM1，西端伸入探方隔梁内，暴露平面近长条形，东高西低，路面被早期扰毁不存，仅残存早期路基	红褐色黏土，夹杂石块出土青灰色瓦片	宋末元初
11HDXL8	11HDXT85、11HDXT87、11HDXT91	叠压于第5层下，打破第6层	24.32	1.70~2.25		距地表深0~0.76米，方向277°，坡度9°，以长条形石板铺就路面，平面形状近长条形，东高西低，条石嵌沿	无出土遗物	明代

续表

编号	位置	层位关系	保存情况/米 长	宽	高	结构特征	堆积状况及出土遗物	年代
11HDXL9	11HDXT85、11HDXT91	叠压于第6层下，叠压11HDXG8	11.00	3.60~4.60		门道与人字挡墙之间。平面形状近梯形，坡度16°，以条石构筑而成，共计梯步17级，由下至上逐级加长，逐级叠压，各梯步均东北高西南低，皆凿浅引水槽	无出土物	宋末元初
12HDXL10	12HDXT93、12HDXT94、12HDXT97、12HDXT98	叠压于第3层下，叠压12HDXQ20	9.25	0.35~4.60		距地表深0.35~1.50米，近南北向。平面形状近长条形，北高南低，坡度32°，以条石构筑而成的阶梯道路。残存梯步28级	无出土物	宋末元初
12HDXL11	12HDXT94~12HDXT96、12HDXT99	叠压于第7层下，12HDXS5下，叠压12HDXPT8、12HDXQ20一期城墙	25.00	2.55~4.65		距地表深0.25~3.50米，方向80°，西、北邻12HDXG11，东接12HDXQ20一期内墙（南北段）。平面形状近长条形，东高西低，坡度2°~21°，由条石梯道和夯土道路组成	红褐色黏土无出土物	宋末元初
08HDSPT1	08HDST31、08HDST37、08HDST42、08HDST43、09HDST49~09HDST55	叠压于第2层下，叠压基岩	20.75	19.20	0.72~1.13	位于MT1北部，东连L4，西接Q4内墙，北倚断崖，系MT1二期码头平台，三期沿用。由南面护坡墙Q7及墙内夯土构成	灰褐色黏土，土质坚硬致密出土少量黑釉、白釉瓷片、铁钉等	宋末元初

南一字城遗址发掘简报 ·185·

续表

编号	位置	层位关系	保存情况/米			结构特征	堆积状况及出土遗物	年代
			长	宽	高			
08HDSPT2	08HDST18、08HDST20、08HDST25、08HDST26、08HDST31、08HDST32、08HDST37、08HDST38、09HDST50、09HDST52、09HDST54	叠压于第3层下，叠压基岩	25.15	17.15	0.63~1.00	位于08HDSMT1中北部，东抵山脚断崖，西接08HDSQ1内墙，北倚08HDSPT1南面护坡墙08HDSQ7及09HDSL4路基护墙08HDSMT1二期码头平台，三期沿用。由南南面护坡墙08HDSQ8及墙内夯土构成	红褐色黏土出土黑釉瓷片、白釉瓷片、陶片、铜钱、铁钉等	宋末元初
08HDSPT3	08HDST7、08HDST9、08HDST10、08HDST12~08HDST15、08HDST19~08HDST21、08HDST26、08HDST27、08HDST32、08HDST33、09HDST59、09HDST61	叠压于第3层下，叠压基岩	56.90	13.00	0.50~2.15	位于08HDSMT1中部，西抵山脚断崖，西接08HDSQ4内包边石墙，北倚08HDSPT2南面护坡墙08HDSQ8。系08HDSMT1二期码头平台，三期沿用。由南面护坡墙08HDSQ9及墙内夯土构成	红褐色黏土出土青白瓷片、缸胎器、兽骨等	宋末元初

续表

编号	位置	层位关系	保存情况/米			结构特征	堆积状况及出土遗物	年代
			长	宽	高			
08HDSPT4	08HDST15、08HDST16、08HDST21、08HDST22、08HDST27、08HDST28	叠压于第2层下，叠压基岩	14.00	8.00	0.40~0.95	位于08HDSMT1中南部，东、西段被扰毁不存，仅存中段。北倚08HDSPT3南面护坡墙08HDSQ9。系08HDSMT1二期码头平台，三期沿用。由南面护坡墙08HDSQ10及墙内夯土构成	无出土物	宋末元初
08HDSPT5	08HDST1、08HDST4、08HDST6、08HDST8、08HDST11、08HDST16、08HDST17、08HDST22~08HDST24、08HDST28~08HDST30、08HDST34~08HDST36、08HDST40~08HDST42、09HDST70、09HDST73、09HDST77	叠压于第2层下，叠压基岩	86.00	21.30	6.35	位于08HDSMT1南部，系码头临江平台，与08HDSMT1相同，亦有先后不同期三个建筑使用期。一期平面近三角形，由护坡墙08HDSQ1~08HDSQ3及墙内夯土构成，呈西南高东北低的斜坡状。揭露东西长12.50~16.00，南北宽11.21~25.00，二期平面呈长条状，由护坡墙08HDSQ4~08HDSQ6围成，将一期平台包围其内。东西长42.00，南北均宽16.25，残高6.35米。三期平面呈长条形，由护坡墙08HDSQ12~08HDSQ14围成，将一、二期平台包围其内。东西长86.00，南北均宽21.30，残高6.35米	无出土物	宋末元初

续表

编号	位置	层位关系	保存情况/米 长	保存情况/米 宽	保存情况/米 高	结构特征	堆积状况及出土遗物	年代
08HDYPT1	08HDYT3	叠压于第10层下，被08HDYS1、08HDYQ1三期叠压打破，叠压08HDYQ1一期	7.15	8.50	0.25~0.40	距地表深2.80米，东南—西北走向。平面形状近长条形，由护坡墙内夯土构筑而成，墙体以不甚规整的石块砌筑，由下至上逐层内收	填4层，土质均坚硬致密，夹杂少量石块	宋末元初
09HDYPT2	09HDYT21、09HDYT22	叠压于第2层下，叠压09HDYL3、09HDYQ1三期。	14.10	0.95~1.12	0.65	距地表深0.40米，近南北向。平面形状近长条形，周边以条石构护坡墙，中部以黏土、石块以夯填，表面横铺长条形石板砌成台面	黄褐色黏土，土质坚硬致密，夹杂有石块、鹅卵石	宋末元初
09HDYPT3	09HDYT13	叠压于第1层下，被09HDYQ1二、三期叠压打破	10.35	9.10	5.46	距地表深0.36米，东南—西北走向。平面形状近长条形，由护坡墙及墙内夯土两部分构成	棕褐色黏土，土质坚硬致密，夹杂石块	宋末元初
09HDYPT4	09HDYT23	叠压于第10层下，叠压09HDYQ1一期	6.50	2.70~6.10	0.80~1.65	距地表深2.13~2.60米，东南—西北走向。平面形状近长条形，由护坡墙内夯土构成	灰褐色砂土，土质较坚硬致密，夹杂石块，有零星板瓦残片	宋末元初
09HDYPT5	08HDYT4、09HDYT24~09HDYT27、09HDYT29~09HDYT31	叠压于第10层下，叠压08HDYQ1三期	23.50~35.00	17.50	0.80~2.10	距地表深2.87~3.16米，东西走向。平面形状近长条形，由护坡墙、墙内夯土及墙外夯土护坡构成	红褐色黏土，土质较坚硬致密 无出土物	宋末元初
11HDYPT6	11HDYT50	叠压于第1层下，叠压于11HDYS4、11HDYQ7三期下	3.40	0.95	0.53~1.40	距地表深0.20米，东南—西北走向。平面形状近长条形，由护坡墙及墙内夯土构成	无出土物	宋末元初

续表

编号	位置	层位关系	保存情况/米			结构特征	堆积状况及出土遗物	年代
			长	宽	高			
11HDYPT7	11HDYT46	叠压于第1层下，被11HDYS5叠压打破	1.30	1.38	0.25~0.54	距地表深0.30~0.45米，东南—西北走向。平面形状近长条形，东南略低，西北略高。墙体以不规整的石块砌筑，由下至上逐层内收；墙内以黏土、石块夯填	无出土物	宋末元初
12HDXPT6	12HDXT97、12HDXT98	叠压于第3层下，叠压12HDXQ20二期	2.00~3.00	2.00	0.60~0.80	距地表深0.06~0.15米，近南北向。平面形状近条形，平台较平缓，北高南略低。东、西两侧护坡墙借用12HDXQ20一期外墙和二期内墙，北部以条石另筑护坡墙	红褐色黏土 无出土物	宋末元初
12HDXPT7	12HDXT102、12HDXT103	叠压于第3层下，叠压12HDXQ20二期	4.00	3.00	1.50	距地表深0.15~1.40米，近南北向。平台修筑于12HDXQ20二期城墙顶部，残存平面形状近条形，平台干平台上方、西、南两侧以条石构筑护坡墙，北部干平台上构筑横向护坡墙	棕褐色黏土 无出土物	宋末元初
12HDXPT8	12HDXT96	叠压于第7层下，被12HDXL11、12HDXG10叠压打破，叠压12HDXQ20一期	4.00	1.70~1.90	0.25~0.30	距地表深0.80~1.05米，方向273°。南部被早期沈毁不存，残存平面近长条形，由条石包边条石构成	棕褐色黏土 无出土物	宋末元初
08HDSQ2	08HDST23	叠压于第2层下，叠压基岩	7.00	1.25	1.40	08HDSMT1一期南面护坡墙，近东西方向，西连08HDSQ1，东接08HDSQ3，由于被08HDSMT1二期护坡墙覆盖，其结构不明	无出土物	宋末元初

续表

编号	位置	层位关系	保存情况/米 长	保存情况/米 宽	保存情况/米 高	结构特征	堆积状况及出土遗物	年代
08HDS Q3	08HDST16、08HDST17、08HDST23、08HDST24	叠压于第2层下，叠压基岩	15.50	0.60~1.50	0.20~1.25	08HDSMT1一期东面护坡墙，方向35°。以丁顺交错方式将规整的条石错缝斜砌，外高内低，由下至上呈阶梯状内收	无出土物	宋末元初
08HDS Q4	08HDST38、08HDST39、08HDST43~08HDST45、08HDST47、08HDST48	叠压于第1层下，叠压基岩	58.50	2.50~3.25	0.42~10.50	08HDSMT1二、三期西面护坡墙，方向315°。在08HDSQ1外侧，上部重新构筑石墙，外墙以规整楔形条石错缝叠涩叠砌，由下至上层层叠涩内收约40°	出土瓷器、缸胎器、石器、铁器等	宋末元初
08HDS Q5	08HDST11、08HDST16、08HDST17、09HDST70	叠压于第2层下，叠压基岩	17.25	0.63~1.55	4.60	08HDSMT1二期码头东面护坡墙，方向356°。以不甚规整的大条石错缝斜砌，外高内低，由下至上呈阶梯状逐层内收	无出土物	宋末元初
08HDS Q6	08HDST11、08HDST17、08HDST24、08HDST30、08HDST36、08HDST42	叠压于第2层下，叠压基岩	42.00	1.00~1.25	6.35	08HDSMT1二期码头南面护坡墙，方向86°。以规整的条石错缝平砌，外高内低，由下至上呈阶梯状逐层内收约40°，外端修磨钝成钝圆球面，条石头大尾小，以丁砌为主	无出土物	宋末元初

续表

编号	位置	层位关系	保存情况/米			结构特征	堆积状况及出土遗物	年代
			长	宽	高			
08HDSQ7	08HDST31、08HDST37、09HDST52、09HDST54	叠压于第2层下，叠压基岩	20.75	0.40~0.50	0.70~1.13	08HDSPT1南面护坡墙，方向66°。以规整条石错缝斜砌构筑，外高内低，由下至上层层叠涩内收约13°	无出土物	宋末元初
08HDSQ8	08HDST19、08HDST20、08HDST26、08HDST32	叠压于第3层下，叠压基岩	25.15	0.45~1.70	0.63~1.00	08HDSPT2南面护坡墙方向69°。以不甚规整条石错缝斜砌构筑，由下至上逐层内收	无出土物	宋末元初
08HDSQ9	08HDST9、08HDST10、08HDST14、08HDST15、08HDST20、08HDST21、08HDST27、09HDST61、09HDST77	叠压于第3层下，叠压基岩	56.90	0.30~1.40	0.50~2.15	08HDSPT3南面护坡墙，东倚山崖，西接08HDSQ4内包边石墙，方向57°。以杂乱不规整的条石错缝砌筑，由下至上逐层内收约10°	无出土物	宋末元初
08HDSQ10	08HDST15、08HDST16、08HDST21、08HDST22、08HDST28	叠压于第2层下，叠压基岩	14.00	0.30~1.00	0.40~0.95	08HDSPT4南面护坡墙，方向62°。以杂乱条石构筑，仅存中段	无出土物	宋末元初

续表

编号	位置	层位关系	保存情况/米 长	保存情况/米 宽	保存情况/米 高	结构特征	堆积状况及出土遗物	年代
08HDSQ11	08HDST16、08HDST22	叠压于第3层下，叠压基岩	15.00	0.60~1.00	2.23	08HDSMT1三期内部护坡墙，起减压加固作用，方向94°。以废弃的城墙条石构筑，由下至逐层内收，砌筑较为规整	无出土物	宋末元初
08HDSQ12	08HDST1~08HDST4	叠压于第12层下，叠压基岩	19.50	1.25~1.40	4.30	08HDSMT1三期码头东面护坡墙，南接08HDSQ13，方向4°。以楔形条石错缝斜砌构筑，由下至上呈阶梯状逐层内收约37°	无出土物	宋末元初
08HDSQ13	08HDST2、08HDST4、08HDST6、08HDST11、09HDST78	叠压于第3层下，叠压基岩	86.00	0.35~1.25	6.35	08HDSMT1三期东南面护坡墙，方向86°。砌筑方式及结构同08HDSQ6	无出土物	宋末元初
08HDSQ14	08HDST39~08HDST42	叠压于第1层下，叠压基岩	23.00	0.30~1.05	4.15	08HDSMT1三期面西面护坡墙，南接08HDSQ6，北抵08HDSQ4，方向353°。以楔形条石错缝斜砌构筑，外端修筑成钝圆斜面，由下至上呈阶梯状逐层内收约31°	无出土物	宋末元初
09HDSQ15	08HDST11、09HDST70、09HDST73	叠压08HDSQ5	19.75	0.50~0.75	0.60~1.15	08HDSMT1三期内部护坡墙，东接08HDSQ13，南邻09HDSQ16，方向242°，以不甚规整条石构筑，由下至上层层叠涩，逐层内收	无出土物	宋末元初
09HDSQ16	08HDST6、08HDST8、08HDST11	叠压08HDSQ5	24.85	0.25~0.90	0.31~0.70	08HDSMT1三期内部护坡墙，东接08HDSQ5，北邻09HDSQ15，南为08HDSQ13，方向248°，以不甚规整条石构筑，由下至上层层叠涩层层内收	无出土物	宋末元初

续表

编号	位置	层位关系	保存情况/米 长	保存情况/米 宽	保存情况/米 高	结构特征	堆积状况及出土遗物	年代
11HDYQ5	11HDYT33	叠压于第2层下，叠压11HDYQ4，打破山岩	8.20	0.45~0.67	0.50~3.00	距地表深0~0.65米，东北一西南走向。平面近长条状，以条石构筑而成，墙体由下至上层层叠涩，坡度15°	无出土物	明清
11HDYQ6	11HDYT34	叠压于第3B层下，打破第5层，被11HDYL5叠压打破，叠压11HDYQ4	1.95	0.40	0.50	距地表深0.73~0.85米，近南北向。平面形状近长条形，以修凿规整的条石构筑而成，直壁	无出土物	明清
11HDXQ17	11HDXT85、11HDXT86	叠压于第1层下，叠压11HDSQ18，打破山岩	16.50	0.25~0.55	2.20~2.50	11HDXL7外侧护墙，距地表深0.15~0.23米，平面呈长条形，288°~322°。以条石构筑而成	无出土物	宋末元初
08HDSS1	08HDST28、08HDST34	叠压08HDSMT1二期及08HDSQ1一期	2.80	0.50~1.00	0.12~0.25	位于08HDSMT1西南部，部分被钓鱼城新修石级梯道覆盖，平面形状近三角形，鹅卵石多呈长条形、椭圆形	鹅卵石	宋末元初
08HDSS2	08HDST19、08HDST20、08HDST26	叠压08HDSQ8、08HDSPT3	7.50	3.40	0.11~0.70	位于08HDSMT1中北部，平面形状近长条形。鹅卵石多呈长条形、椭圆形，直径0.09~0.20米	鹅卵石	宋末元初
08HDSS3	08HDST18	叠压08HDSPT2	0.75		0.12~0.30	位于08HDSMT1西北部，平面形状近圆形。多椭圆形，直径0.10~0.15米	鹅卵石	宋末元初
08HDYS1	08HDYT3、08HDST4	叠压于第10层下，叠压08HDSQ1	4.00~10.00	2.00~7.00	0.40~0.95	距地表深2.75米。平面形状近长条形，以鹅卵石堆垒而成，形状有圆球形、扁圆形等，一般直径0.12~0.18、厚0.08~0.15米	鹅卵石	宋末元初

续表

编号	位置	层位关系	长	宽	高	结构特征	堆积状况及出土遗物	年代
09HDYS2	09HDYT20、09HDST21	叠压于第1层下，叠压08HDSQ1三期	4.30	0.40~1.00	0.10~0.20	距地表深0.60米。平面形状近长条形，由鹅卵石堆垒而成，形状有圆球形、椭圆形、扁圆形等，一般直径0.05~0.18，厚0.03~0.13米	鹅卵石	宋末元初
09HDYS3	09HDYT15	叠压于第1层下，被09HDYQ1三期叠压打破	2.40~3.00	1.20~2.36	0.14~0.30	距地表深0.40~0.60米。由鹅卵石堆垒而成，形状有圆球形、椭圆形、扁圆形等，一般直径0.03~0.12，厚0.015~0.07米	鹅卵石	宋末元初
11HDYS4	11HDYT50	叠压于第1层下，叠压11HDYPT6	0.66~0.90		0.09~0.26	距地表深0.30米。平面形状近圆形，由鹅卵石和石块堆垒而成，鹅卵石直径0.06~0.10米；石块形状有长条形、近方形和不规则形几种，一般厚0.06~0.08米	鹅卵石、石块	宋末元初
11HDYS5	11HDYT48	叠压于第1层下，叠压11HDYPT7	2.44~2.94		0.08~0.32	距地表深0.30~0.50米。平面形状近圆形，以大小形状不一的砂石块堆垒而成，一般长0.08~0.60，宽0.06~0.38，厚0.08~0.28米	石块	宋末元初
11HDXS4	11HDXT88	叠压于第6层下，叠压11HDXQ18	3.00~4.50		0.20~0.65	距地表深0.55~0.75米，方向346°。平面形近椭圆形，由大小不一的礌石、鹅卵石等堆垒而成	礌石、鹅卵石、石块	宋末元初
12HDXS5	12HDXT95、12HDXT96、12HDXT99	叠压于第7层下，叠压12HDXL11	8.75	1.75~2.00	0.10~0.20	距地表深4.50米，方向41°。平面形状长条形，以大小形状不一的礌石、鹅卵石、石块堆垒而成	礌石、鹅卵石、石块	宋末元初
12HDXS6	12HDXT107	出露于第1层下，叠压12HDXQ20二期	2.30	0.20~0.70	0.10~0.15	距地表深0.15米。平面形状近长条形，由大小不一的椭圆形鹅卵石堆垒而成	鹅卵石	宋末元初

续表

编号	位置	层位关系	保存情况/米 长	保存情况/米 宽底径	保存情况/米 高深	结构特征	堆积状况及出土遗物	年代
08HDSJ1	08HDST36		口径 0.41~0.49	底径 0.05~0.06	深 0.30~0.36	位于08HDSMT1西南部临江巨石上，平面形状近圆形，口大底小，斜弧壁，小平底，内壁有细斜的鉴凿痕迹	无出土物	宋末元初
08HDSJ2	08HDST10		口径 0.34~0.36	底径 0.05~0.07	深 0.30~0.37	位于08HDSMT1中部天然巨石上，平面形状呈圆形，口大底小，斜弧壁，小平底，内壁有细斜的鉴凿痕迹	无出土物	宋末元初
08HDSJ3	08HDSMT1西侧		口径 ~0.38	底径 0.07~0.08	深 0.24~0.40	位于08HDSMT1西侧洞水湾天然巨石上，平面形状近圆形，口大底小，小圆底，斜弧壁，内壁有细斜的鉴凿痕迹	无出土物	宋末元初
08HDSJ4	灵牌石石料场		口径 0.31~0.35	底径 0.06~0.08	深 0.33~0.36	位于08HDSMT1西侧灵牌石石料场的天然巨石上，平面形状近圆形，口大底小，斜弧壁，小平底	无出土物	宋末元初
09HDSJ5	09HDST72		口径 0.30	底径 0.08	深 0.32	位于08HDSMT1中部天然石上，洞口平面形状呈圆形，口大底小，斜直壁，小平底	青色砂土无出土物	宋末元初
08HDSD1~08HDSD8	08HDSMT1南部		口径 0.08~0.13	底径 0.03~0.10	深 0.005~0.11	自西向东分布于08HDSMT1二期护坡墙08HDSQ6下部条石上，少部分布在08HDSMT1三期护坡墙08HDSQ13上，基本分布在同一层面，高差0~0.45米	无出土物	宋末元初

续表

编号	位置	层位关系	保存情况/米 长	保存情况/米 宽	保存情况/米 高	结构特征	堆积状况及出土遗物	年代
09HDYD1~09HDYD7	09HDYT19、09HDYT20		口径 0.18~0.33		深 0.30~0.47	位于城墙08HDYQ1三期顶部，平面形状有半圆形、圆形、椭圆形、方形几种，均为竖穴洞，南北向一字排列，相邻柱洞间距1.15~1.65米	无出土物	宋末元初
12HDXD1~12HDXD20	12HDXQ20三期城墙外墙上		口径 0.15~0.38		深 0.15~0.65	均位于12HDXQ20二期城墙外侧护坡墙上，呈东西、南北方向一字排列，平面形状有半圆形、方形、长方形、椭圆形几种，以圆形柱洞占绝大多数	棕褐色黏土，土质较坚硬致密 12HDXD3出铁镞1件	宋末元初
09HDSF1	08HDST43、09HDST49	叠压于第3层下，叠压08HDSQ1、08HDSQ4、08HDSPT1、08HDSL1、09HDSF2	13.00	12.23	2.80	距地表0~0.65米。西部及东南部扰毁不存，平面不规则，在08HDSQ1、08HDSQ4间以红棕色黏土夯填而成的台状类建筑遗迹	红棕色黏土 出土青白瓷、白瓷片、黑釉瓷片、缸胎器残片等	宋末元初
09HDSF2	09HDST49	叠压于第1层下，被08HDSQ4、09HDSF1叠压打破，叠压08HDSQ1、08HDSL1	8.25	12.23	2.60	距地表0~0.21米。西部扰毁不存，残存平面形状近长条形，由08HDSQ1西北端的城墙道、护坡墙构成的台状类建筑遗迹	无出土物	宋末元初
11HDXF3	11HDXT91	叠压于第6层下，叠压11HDXCM1	4.25	2.50	0.25~0.65	距地表深1.00~1.15米。平面形状近弧形，坐北朝南，以条石构筑墙基，墙内以红褐色黏土夹石块经夯筑填实	红褐色黏土 出土有青灰色板瓦、白釉及青黑釉瓷片等	宋末元初

续表

编号	位置	层位关系	保存情况/米 长	保存情况/米 宽	保存情况/米 高	结构特征	堆积状况及出土遗物	年代
09HDSH1	09HDST60	开口于第14层下，打破生土及山岩	口3.35 底3.15	口0.45~1.25 底0.35~1.15	0.30~0.50	距地表深1.70~1.85米。竖穴土坑（局部凿于山岩上），内面抹附三合灰，厚0.015米。部分伸入探方隔梁内，揭露部分呈平面形状近梯形，坑口东高西低，口大底小，底较平	灰褐色黏土，土质坚硬致密，含大量石块、三合残渣及残骨等	清代
11HDXK1	11HDXT86	11HDXQ18外墙上	0.50			暴露于表，以条石嵌筑而成。方孔	无出土物	宋末元初
11HDXM1	11HDXT87、11HDXT91	开口于第4层下，打破第5层，11HDXCM1	0.74	1.06~1.12	0.86~0.90	距地表深0.20~0.40米，方向210°。平面形状呈长方形，土坑竖穴单室墓，墓室以长条形石板构筑而成	黄褐色淤土，土质较致密，含较多石块、瓦砾等 无随葬品、葬具，葬式不明	明代
11HDYM1	11HDYT32		3.40	1.00~1.60	1.04~1.60	平面形状呈长方形，方向184°，单室崖墓，从崖壁向里垂直开凿而成，由墓门和墓室两部分组成	黄褐色淤土，仅见铜钱4枚 葬具、人骨架扰没不存	汉六朝
09HDSG1	09HDST64、09HDST66	开口于第13层下，打破09HDSG3、09HDSG4、09HDSL4及基岩	6.50	2.00~4.66	0.10~1.10	距表土深0.50~1.50米，方向179°。平面形状不规则，两端小，中部宽。北端叠压于隔梁下。北高南低，坡度29°	灰褐色填土，土质疏松 出土釉陶、青瓷、白瓷、黑釉瓷、青花、废塑料等	近现代

续表

编号	位置	层位关系	保存情况/米			结构特征	堆积状况及出土遗物	年代
			长	宽	高			
09HDSG2	09HDST66	开口于第13层下，打破09HDSL4及基岩	3.85	口 0.80～1.30 底 0.30～0.75	0.10～0.70	距表土深0.50～1.95米。平面形状近长条形，略弯曲，北高南低，坡度23°	灰褐色填土，土质疏松。出土零星青瓷、缸胎釉陶、青灰色板瓦等	近现代
09HDSG3	09HDST64	开口于第15层下，被09HDSG1打破，09HDSG4、09HDSL4及山岩	7.75	口 2.15～3.75 底 0.50～3.50	0.25～0.60	距地表深0.30～1.05米。北端伸入探方隔梁内，揭露部分平面形状近长条形，方向196°，北部高南低，坡度15°，为石构排水沟	灰褐色黏土，致密坚硬，含大量石块、花瓷片等	清代
09HDSG4	09HDST58、09HDST60、09HDST62、09HDST64	开口于第15层下，被09HDSG1、09HDSG3打破，打破基岩	37.00	0.20～0.65	0.10～0.35	距地表深0.25～2.25米。平面形状近"S"形，口大底小，两端落差6.30米。凸出部分利用基岩修凿，经人工修凿	红褐色淤积土，土质较坚硬致密，夹杂石块。出土零星板瓦	宋末元初
09HDSG5	08HDST9、08HDST12、08HDST18、09HDST59	开口于第3层下，打破09HDSL4护坡之护墙，被09HDSL5叠压打破	16.70	口 0.48～1.35 底 0.55～0.90	0.38～0.65	距地表深1.76～1.90米。平面形状近长条形，方向96°，西高东低，坡度1°。为石构排水沟	红褐色山洪淤积土。出土瓷器、铁器、石器等	宋末元初

续表

编号	位置	层位关系	保存情况/米 长	保存情况/米 宽	保存情况/米 高	结构特征	堆积状况及出土遗物	年代
09HDY G1	09HDYT23、09HDYT28、09HDYT29	开口于第10层下，打破09HDYPT5	23.62	口0.98~3.00 底0.30~1.45	0.05~0.90	距地表深2.83~3.27米。平面形状近长条形，东北—西南走向，北高南低，口大底小，沟底凹凸不平	灰褐色砂土 出土瓷器、铁器等	清代
09HDY G2	09HDYT23、09HDYT24、09HDYT29、09HDYT30	开口于第10层下，打破09HDYPT5	17.80	口0.43~1.33 底0.23~0.80	0~0.60	距地表深2.76~3.10米。平面形状近长条形，东北—西南走向，北高南低，沟底凹凸不平	灰褐色砂土 出土青花瓷碗、缸胎器残片等	清代
11HDX G6	11HDXT83	开口于第4层下，打破第6层	4.00	1.00~1.45	0.35	距地表深0.25~0.50米，方向101°。部分伸入探方隔梁内，暴露平面形状近长条形。以石板铺筑而成，北壁部分坍塌移位，南壁抛毁不存，沟底西高东低	红褐色黏土，紧密 出土青花瓷片、板瓦残片等	清代
11HDX G7	11HDXT91	开口于第4层下，打破第6层、11HDXL9	2.00	0.40~0.45	0.30	距地表深1.10米，方向172°。平面形状呈长条形石板构筑，口宽底窄，沟底北高南低	黄褐色黏土 出土青花瓷片、缸胎罐残片等	明代
11HDX G8	11HDXT85、11HDXT87、11HDXT91	开口于第6层下，被11HDXL9叠压，打破11HDXQ18	11.70	0.45~0.48	0.35~0.50	11HDXCM1内部排水沟，平面呈"T"形，以条石构筑，上以石板封盖而成暗沟	棕褐色黏土，夹杂小石块 出土零星青白釉、黑釉瓷片	宋末元初

续表

编号	位置	层位关系	长	宽	高	结构特征	堆积状况及出土遗物	年代
12HDX G9	12HDXT93、12HDXT94	开口于第3层下，打破山岩	13.30	0.25~0.40	0.25~0.33	距地表深0.35~1.45米。平面呈曲尺形，以条石构筑而成，分明沟和暗沟两部分。明沟条沟的北部，呈东西走向，沟底东高西低，暗沟位于整条沟的南部，呈南北走向，沟底北高南低	灰褐色黏土，含大量石灰颗粒、石块出土零星瓷片、板瓦等	宋末元初
12HDX G10	12HDXT96	开口于第7层下，被12HDXL11叠压，叠压12HDXPT8、12HDXQ20一期	4.01	0.25~0.30	0.20	距地表深4.50米，方向359°。平面形状近长条形，北高南低，石结构排水沟，条石嵌壁，石板铺底，底部凿浅槽	棕褐色黏土，含零星卵石、瓦砾、石灰颗粒出土瓷片、铁块	宋末元初
12HDX G11	12HDXT96、12HDXT99、12HDXT100	开口于第7层下，打破山岩	23.30	0.20~0.60	0.20~0.40	距地表深2.60~4.50米。平面呈曲尺形，以条石构筑而成，分明沟和暗沟两部分	灰褐色黏土，含较多石块出土铁器、瓷器残片、板瓦残片等	宋末元初

九口锅遗址发掘简报

重庆市文物考古研究院

九口锅遗址位于钓鱼城山顶环城中部（图一；图版五三，1），平面近三角形，面积约5000平方米。遗址三面峭壁，一面连山，东邻护国寺，北与牛项颈城门相接，西邻三圣岩，南邻千佛岩、卧佛岩、钓鱼台、护国门等人文景观。为配合钓鱼城国家考古遗址公园的申报，2011年4~6月，重庆市文物考古所（现重庆市文物考古研究院）受合川区钓鱼城风景名胜区事务中心委托，展开对九口锅遗址的考古发掘工作。发掘清理面积4408平方米（图二），发现各类遗迹400处（图三；图版五三，2），出土了较多遗物。现就本次发掘清理情况简报如下。

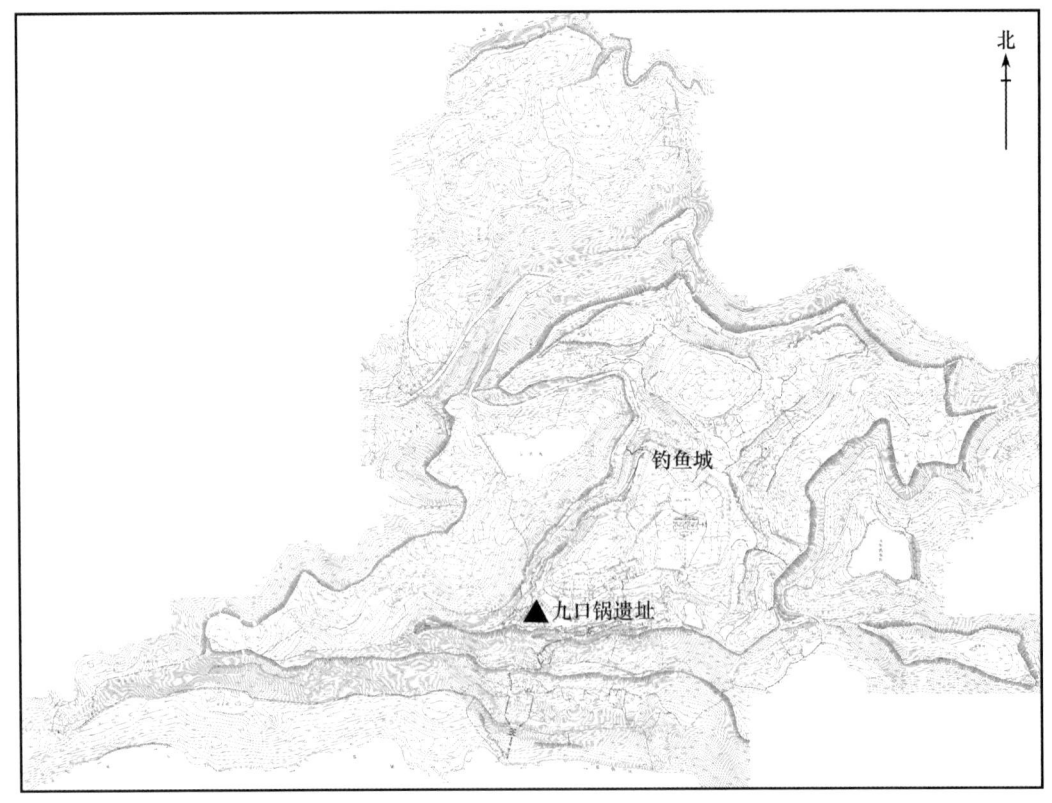

图一　遗址位置示意图

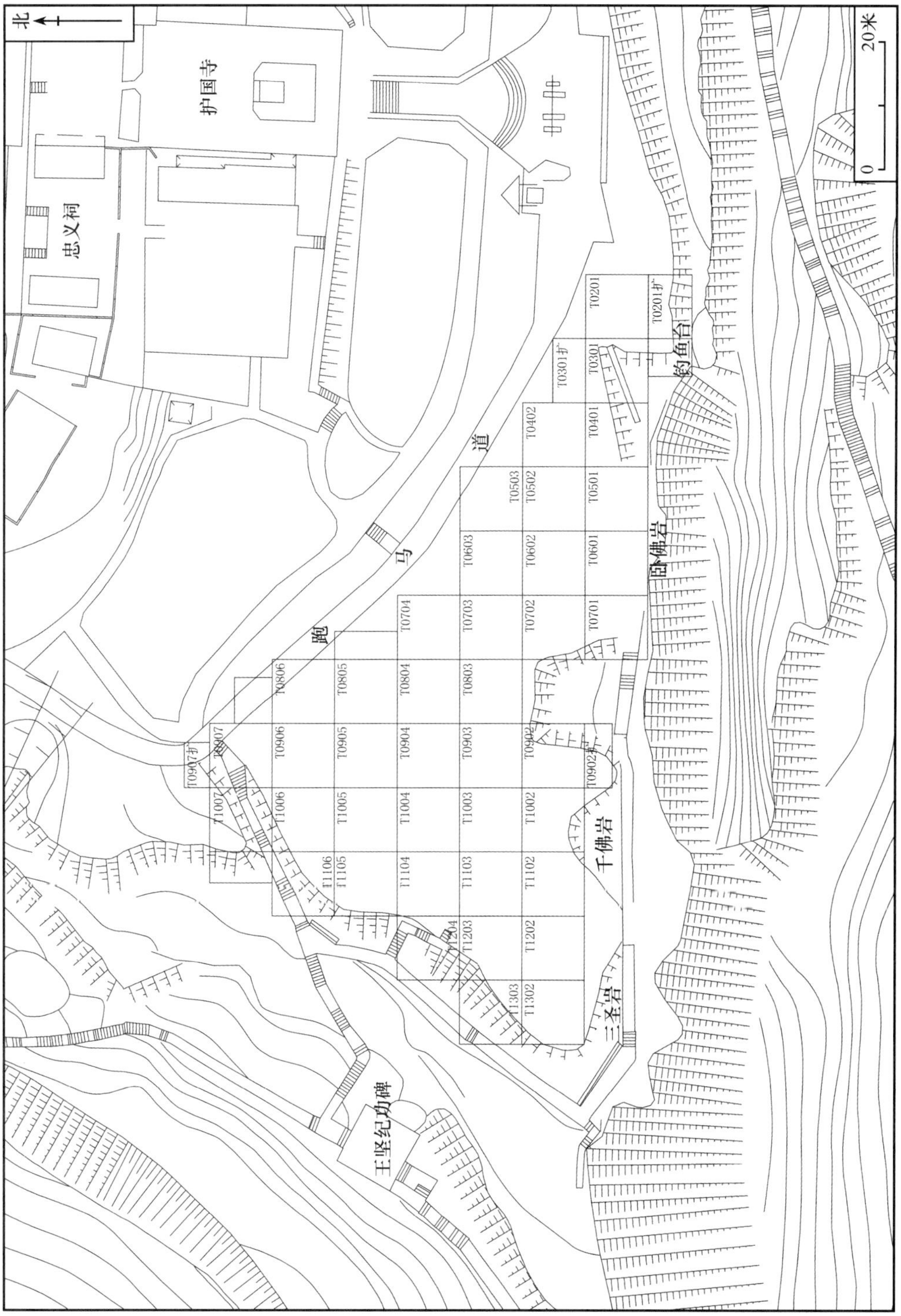

图二　探方分布图

一、地层堆积

九口锅遗址部分山岩、遗迹直接暴露于地表，仅在遗址的东部及西部见有文化层堆积，现以T0502北壁（图四）和T1203东壁（图五）剖面为例，分别介绍如下。

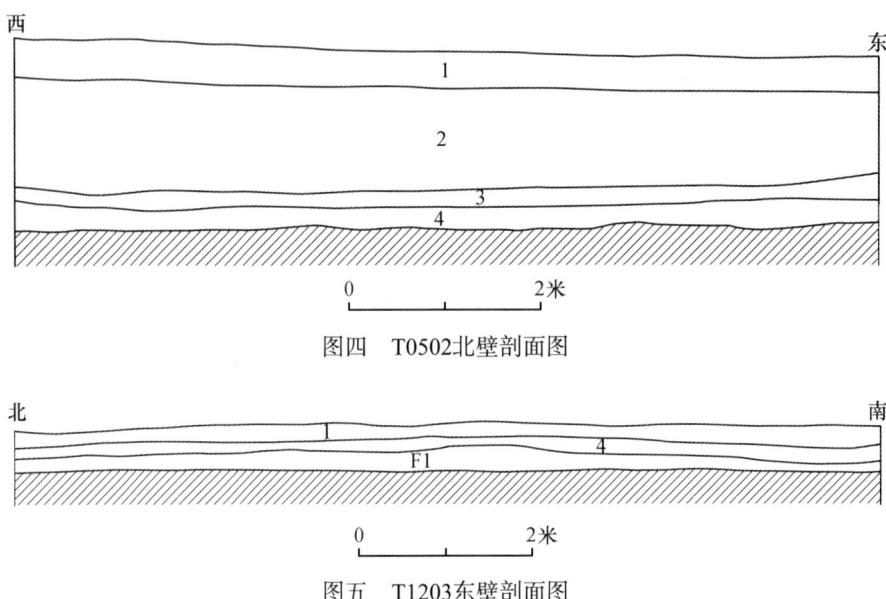

图四　T0502北壁剖面图

图五　T1203东壁剖面图

（一）T0502北壁

T0502自上而下堆积可分为四层，逐层叙述如下。

第1层：灰褐色黏土。厚0～40厘米。结构疏松。土内包含大量植物根系、瓦砾、石子等。本层分布于探方北部、中部。

第2层：以灰褐色黏土为主的五花土。深0～40、厚0～115厘米。结构疏松。含零星植物根系、石块、瓦砾等。本层分布于探方北部。

第3层：灰黑色黏土。深60～140、厚0～25厘米。结构疏松。含零星石块、瓦砾、青花瓷片等。本层分布于探方北部。

第4层：黄灰色黏土。深128～150、厚0～30厘米。结构紧密。含大量陶片、瓷片、瓦砾、石块等，可辨器形有瓷碗、盘、罐以及陶片、板瓦等。本层分布于探方北部。

第4层下为山岩或黄色生土。

（二）T1203东壁

T1203自上而下堆积可分为两层，第2、3层缺失。逐层叙述如下。

第1层：灰褐色黏土。厚12～25厘米。结构疏松。含大量植物根系、瓦砾、石子等。本层分布全方。

第4层：黄灰色黏土。深12～25、厚0～20厘米。结构紧密。含大量瓦砾、石块、陶片、瓷片等。可辨器形有瓷碗、罐以及板瓦、筒瓦、瓦当、滴水等。本层分布全方。F1出露于此层下。

二、遗存分组

根据各遗存营造年代及性质不同，可分为以下几组。

（一）第一组遗存

该组遗存主要为圆形坑，发现并清理30个，编号AK1～AK30（图六；图版五四，1）。位于发掘区的西北部，分布相对集中，直接开凿于岩层之上。平面近圆形，浅弧壁，壁面平滑，底中部有一圆柱形凸起，与坑壁间有一条形隔挡。直径1.8～3.3、深0.2～0.4米，柱形凸起直径0.4～0.8、高0.06～0.1米。

其中AK2打破AK3，AK14打破AK15，AK15打破AK16，AK19打破AK18，AK24打破AK25，AK26打破AK27；AK1、AK4被F4叠压或打破，AK22、AK29等被F7打破，AK10、AK11被F10打破。

AK6　位于T1106的南部，南距AK5约1.5米，西、北部为断崖。直径1.86～2.06、凸起直径0.56、深0.26米（图七）。

AK20　位于T0906中部，南邻AK15，北邻AK22，西邻AK19、AK21。中部凸起表面凿有一小凹槽。直径1.62～1.8、凸起直径0.52、深0.16～0.2米（图八）。

AK4　位于T1105中部，西北部被F4打破，西南邻AK1。直径1.22、凸起直径0.6、深0.16米（图九；图版五四，2）。

（二）第二组遗存

该组遗存仅见F7（图一〇），由于后期扰乱严重，其西南部相关遗存不详。

F7　位于发掘区的北端，分布于T0906东北部、T0907东南部、T0806内及其北部扩方西南部。暴露于地表，其东邻跑马道，西北邻牛项颈门，东南邻L1。方向38°（图

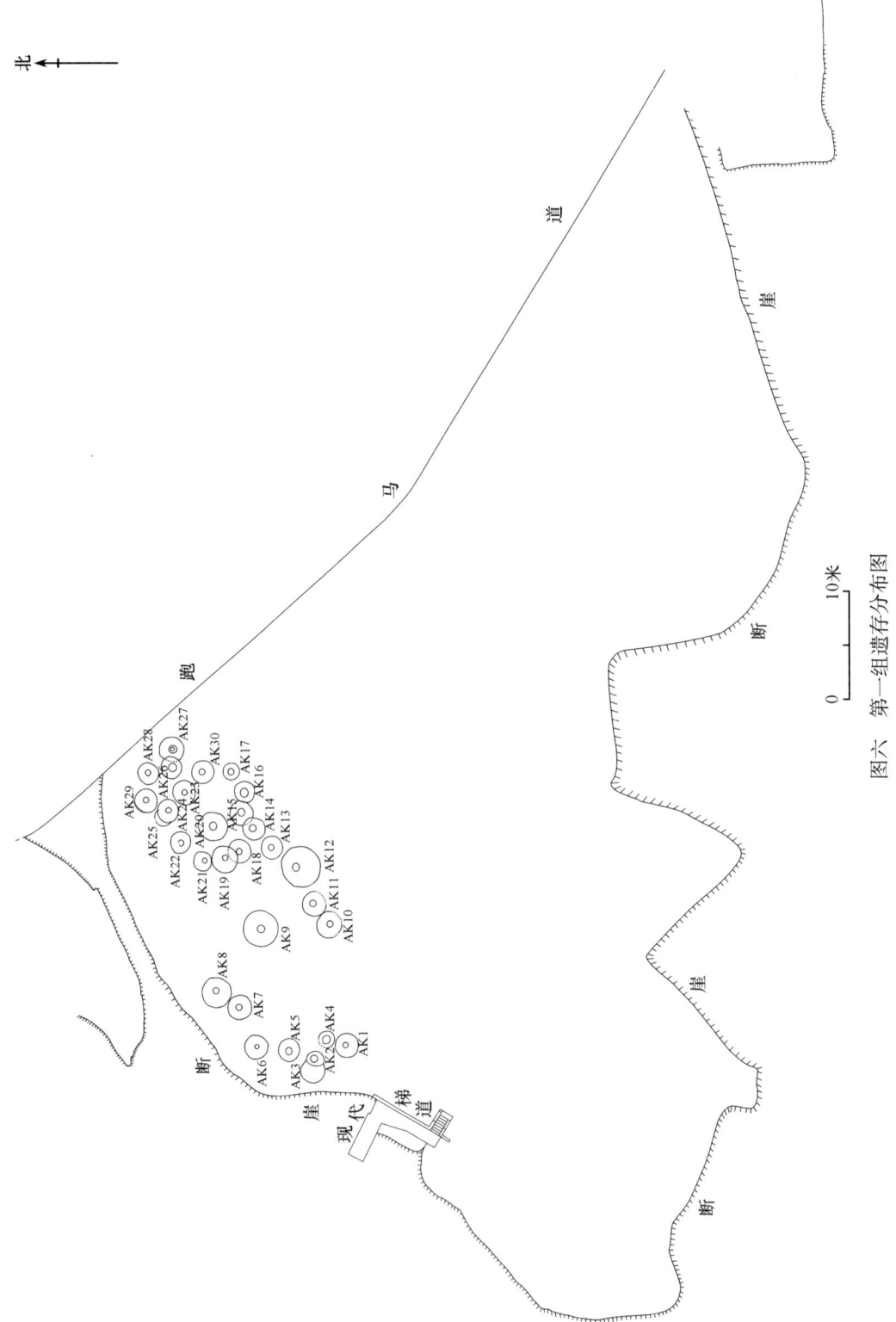

图六　第一组遗存分布图

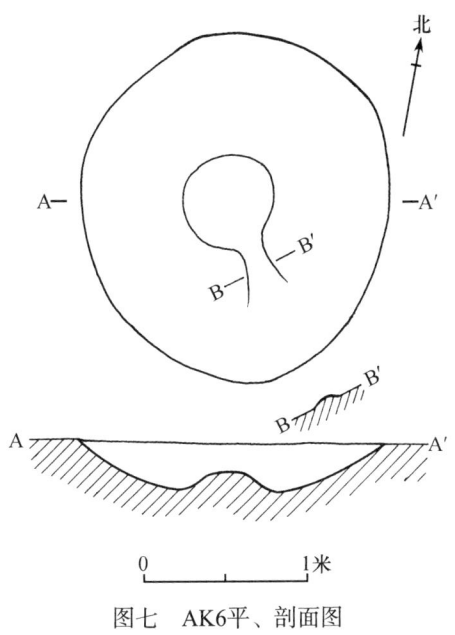

图七 AK6平、剖面图

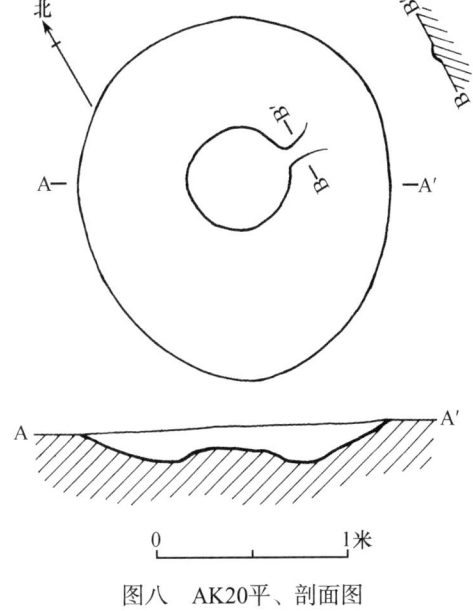

图八 AK20平、剖面图

版五四,3)。

该房址为台基式建筑,平面呈长方形,台基大部分直接开凿于岩体上,西北、东南两侧渐低,利用石条包边,现仅存基槽。台基范围内发现柱础及柱础基座、磉墩共9个,柱础基座3个位于台基左侧,为山岩上錾凿而成的竖穴浅坑,口径0.6~0.75、深0~0.1米;圆形柱础4个,位于中部,前后各2个,皆为山岩上錾凿而成,凸出地表,覆盆状,较矮平,上口圆形,下口圆形或方形。在柱础之间隐见隔墙基槽。圆形柱础上口径0.4~0.55、下口径0.6~0.75、高0.1米;磉墩2个,位于右侧,条石构筑,边长0.6、高0.2米。

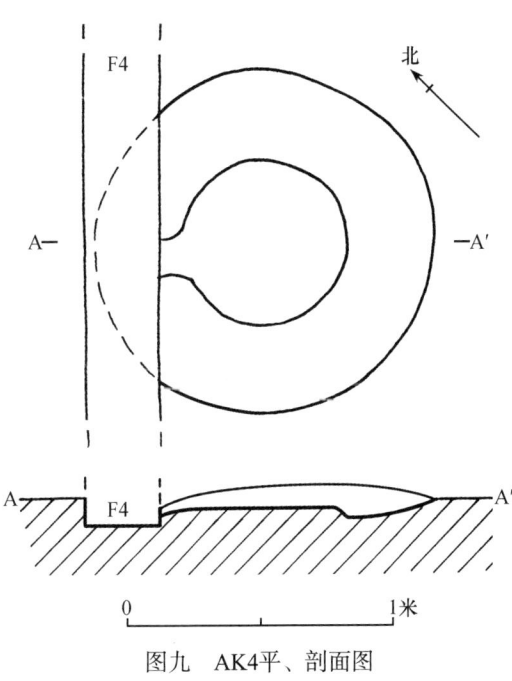

图九 AK4平、剖面图

根据柱础、基槽排列分布情况,推测该房址为面阔三间,进深两间,当心间略宽,两次间稍窄。面阔12.2、进深6.8米,当心间4.8米,左、右开间各为3.7米。

门道位于当心间前后端,前门道处存有踏步一阶,面阔3.62、宽0.81米。当心间的后端亦有一门道,疑似踏步1级,宽1.1米(图一一)。

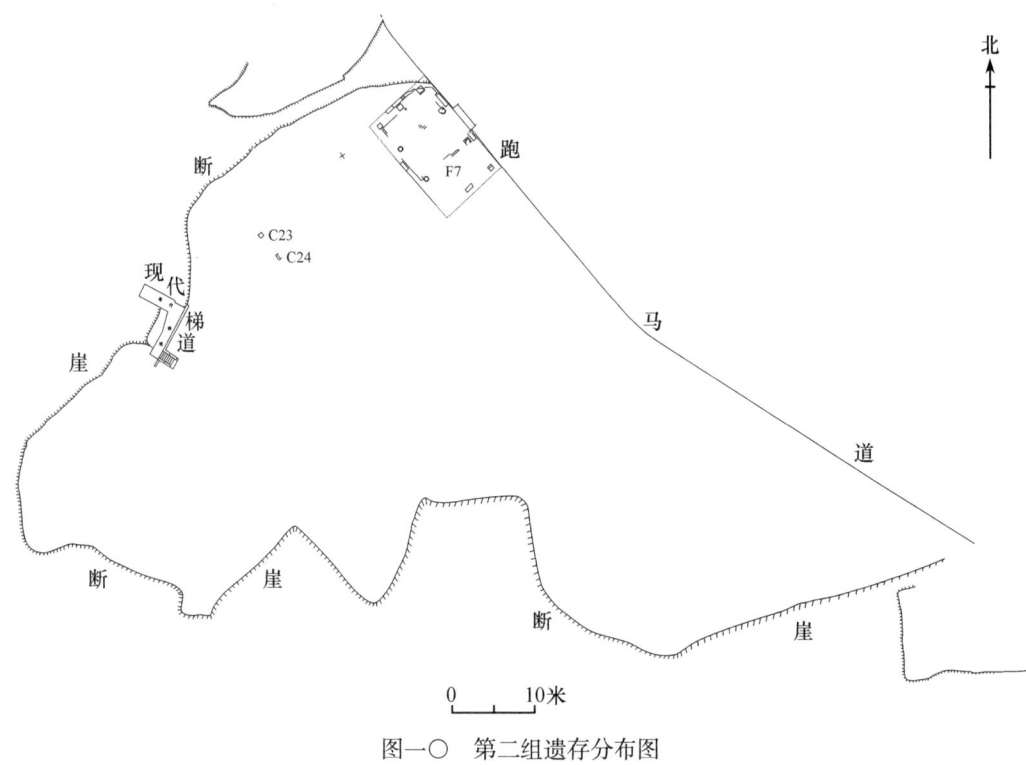

图一〇　第二组遗存分布图

（三）第三组遗存

该组遗存为九口锅遗址的主要遗存，分布于遗址发掘区的西部及北部（图一二）。遗迹和遗物较丰富，有房址、道路、灰坑、采石点等。

1. 遗迹与遗物

（1）房址

属于该组的房址共7座。

F1　位于发掘区的西南部，分布于T1102西北部、T1103大部、T1104西南部、T1202北部、T1203、T1204东南部、T1302东北角、T1303东南部。直接修建于岩体之上，出露于第4层下。距地表深0~0.6米，房址西北部紧邻断崖，东北部与F4的距离为1.3~2米，西南部被L2叠压，东南部紧邻L1。

F1系台基式房屋建筑，平面呈"凸"字形，坐西北朝东南，方向136°（图一三；图版五五，1~4）。台基原地貌东南高西北低，前端凸出大部分、东北角及西北角均暴露山岩，其余为低洼地。在修建台基时，先在低洼处用修凿规整的长条石垒砌包边，再以黄褐色黏土、石块、鹅卵石夯筑垫平，暴露山岩部分减地凿出台基及台面。

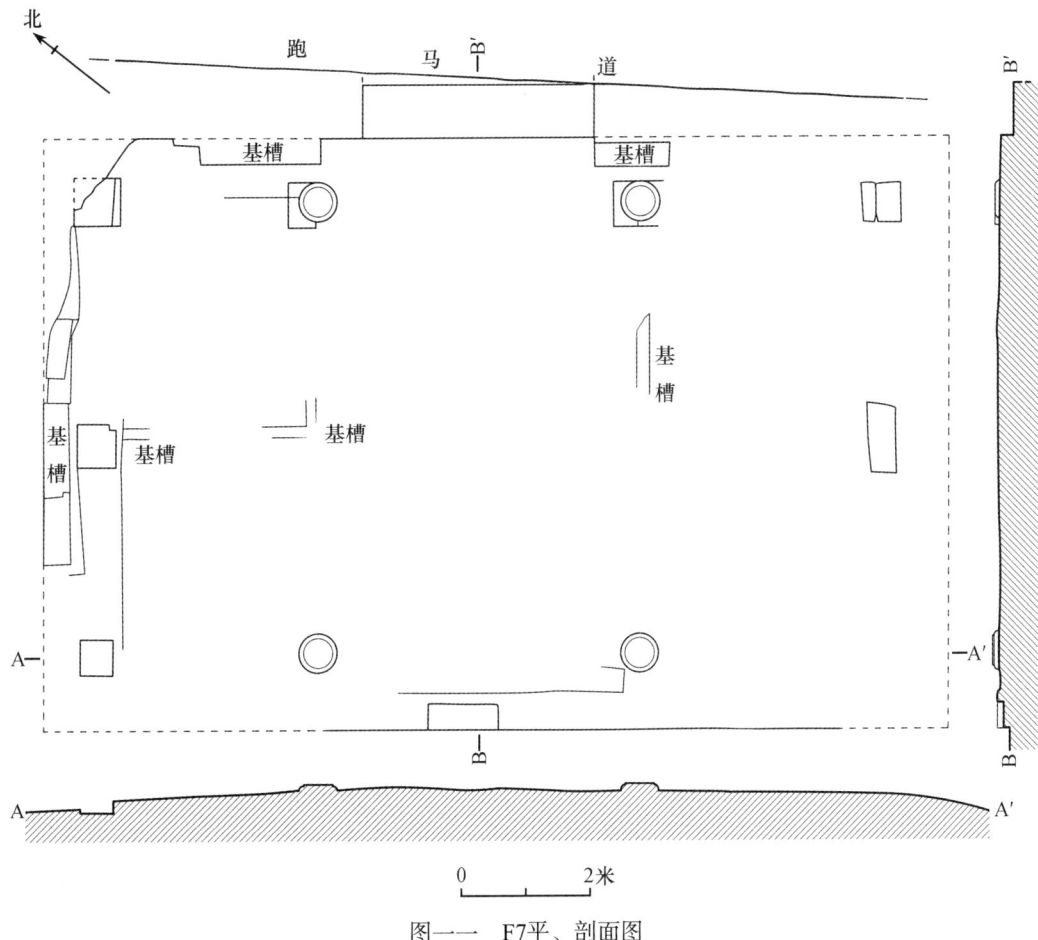

图一一 F7平、剖面图

包边石墙残见三层垒砌，石条之间为了更好地砌合，均开凿了榫卯结构，石墙与山岩的结合部分均开凿了浅基槽，并做了细致的修整；房址后端、台基之外直接在山岩边缘开凿两排方形柱础，现存11个。房址分为抱厦和正厅两部分，抱厦面阔12.14、进深8.3米，正厅面阔22.02、进深约14.28米，现存高度0.1～0.5米，总建筑面积约为415平方米。

柱础修建于台基内约1.11米处，现存柱础石、基槽和磉墩三类。柱础石仅见两个，位于房基前端左侧，直接在房基最高面岩体上凿成，方形凸起，边长0.54、高0.08米；柱础基槽为直接凿于岩体上的方形浅坑，部分基槽转角处凿有卡槽，在房基的前、后部及左侧均有发现，长0.85、宽0.8、深0～0.08米；现存磉墩分布在房基的右侧，表面用两块不规则石条平铺。

根据台基内现存的柱础基槽及柱础石的分布情况，可推断房址周边有回廊，宽约1.7米；面阔三间，平面均呈长方形，当心间面阔6.8米，左、右间面阔约为4.8米，进深

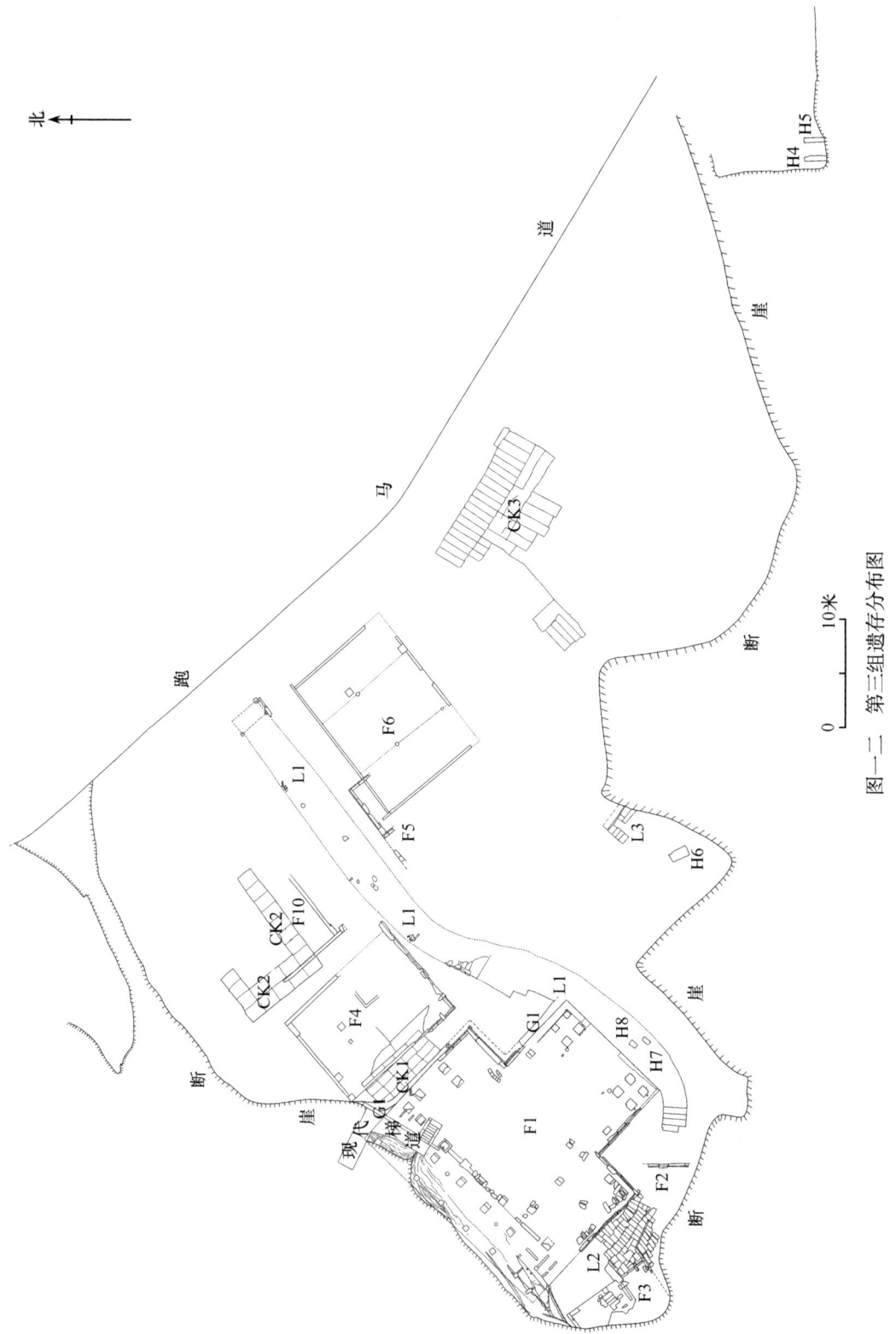

图一二 第三组遗存分布图

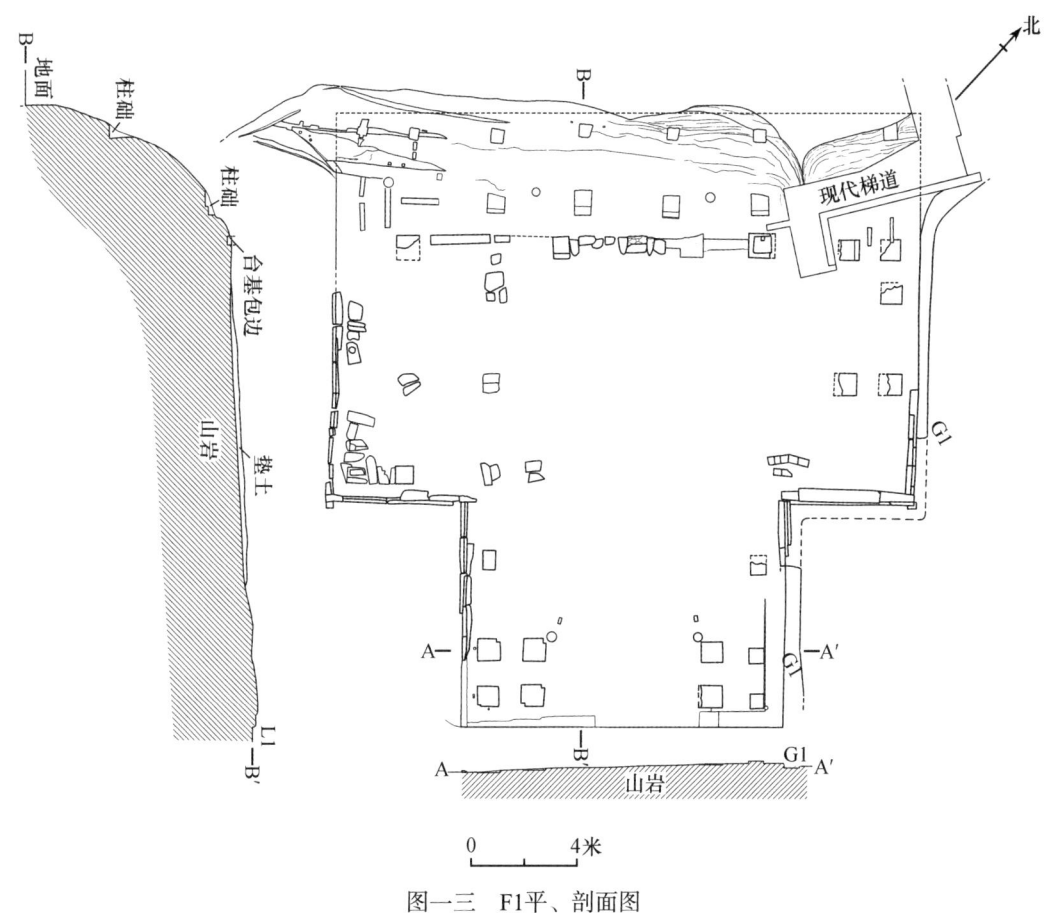

图一三 F1平、剖面图

约为12.4米。前端建有抱厦，平面呈长方形，面阔10.14、进深约7.2米。

门道位于抱厦前段中部，面阔约6.8米，进内3.2米处左右两侧分别有一直接开凿在岩体的石臼，应为门臼，门臼一侧凿有长条形卡槽，应为卡门扇之用。在门道的左右两侧各凿有四个方形柱础，推测其间为门廊。在台基后部见开凿在岩体上的细长条沟槽，可能为房屋的附属建筑。

在房址东侧紧靠台基处发现排水沟（G1）1条，其利用了台基一侧，另一侧在自然岩体上开凿而成，并最终流到F1北部的悬崖下。该沟平面呈"Z"字形，近南北向，口宽底窄，底南高北低。根据其平面特点可分为南、北两段，中段已不存。南段，残长5.7、宽约0.6米，北段残长6.9、宽约0.35米，深0.03～0.2米。中段地势低洼，应夯土取平后，以条石构筑。沟内填土为黄褐色黏土，含较多瓦砾、石块、灰烬等。

房内堆积为黄褐色黏土，致密坚硬，含大量瓦砾、石块、小卵石、陶瓷片等。可辨器形有板瓦、筒瓦、滴水以及黑釉瓷碗、盏、灯盏、罐以及青白瓷碗等。

1)陶器。仅见建筑构件,有瓦当、筒瓦、滴水等。

瓦当 F1:5,完整。泥质灰陶,夹少量细砂。筒瓦凹面密布布纹。缘面凸起,饰有三道弦纹,当心浅浮雕,饰有兽面纹,眉毛较浓,眉间有装饰,近三角形耳,大眼,鼻略高,上唇有髯下翘,门齿外露,兽面周围密布胡须。当径10.6厘米(图一四,1;图版五六,2)。

筒瓦 F1:1,瓦舌略有残缺。泥质灰陶,略微夹细砂。瓦舌微外撇,瓦身横截面为半圆形,凹面有修胎留下的凹槽痕迹,瓦内有布纹。通长28.8、宽13.8、高7.4厘米(图一四,2)。

滴水 F1:15,后接板瓦残断。夹砂灰陶。瓦头形状为半月形,正中面饰莲瓣

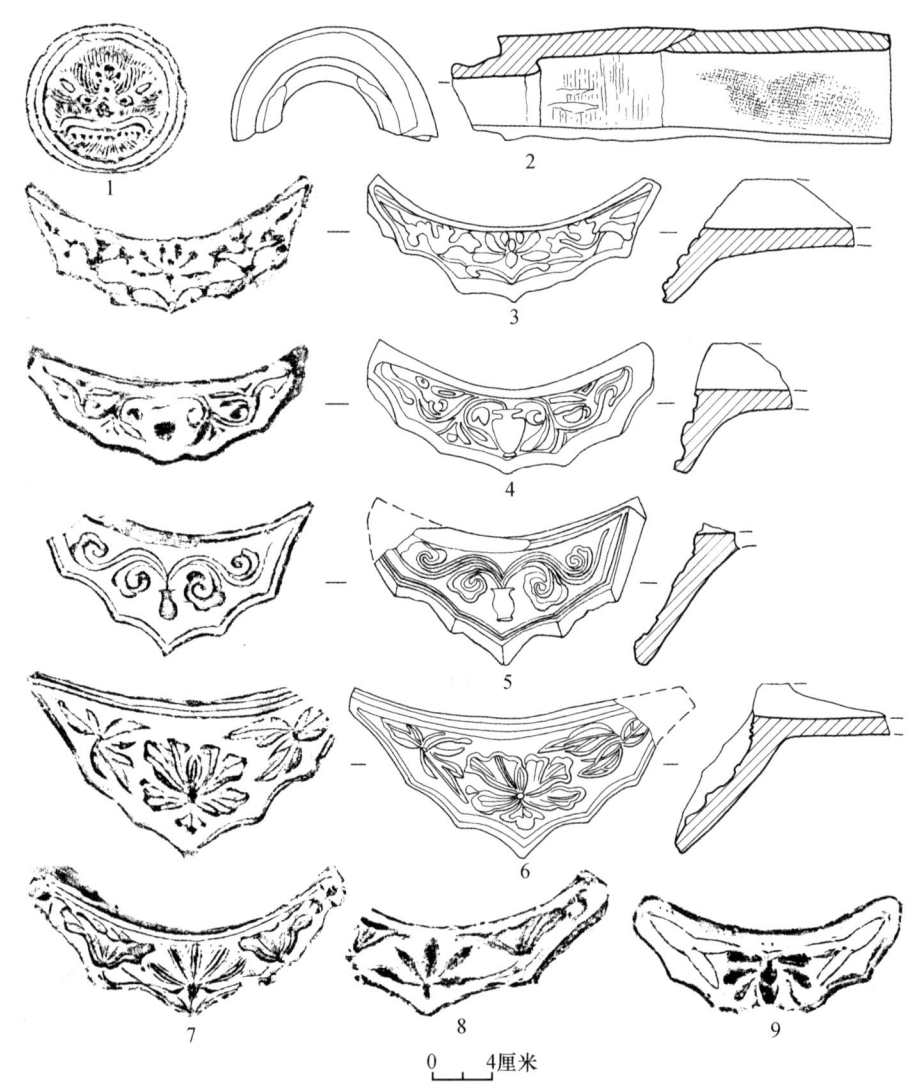

图一四 F1出土陶建筑构件
1.瓦当(F1:5) 2.筒瓦(F1:1) 3~9.滴水(F1:15、F1:13、F1:17、F1:2、F1:7、F1:6、F1:16)

纹，两侧有游鱼，下缘呈锯齿状。弧长19.4、最大宽5.4、高8.4、残长12.6厘米（图一四，3；图版五六，5）。F1：13，滴水完整，后接板瓦残断。夹砂灰陶。瓦头形状为半月形，正中面饰有胆式花瓶，瓶里插有卷草，下缘呈锯齿状。弧长19、最大宽5.4、高8.6、残长7.8厘米（图一四，4；图版五六，4）。F1：17，瓦头略有残缺，后接板瓦残断。夹砂灰陶。瓦头形状近三角形，正中面饰有胆式花瓶，瓶里插有卷草，下缘呈锯齿状。弧残长18.4、最大宽8.4、高9、残长7厘米（图一四，5；图版五六，6）。F1：2，滴水略有残缺，后接板瓦残断。夹砂灰陶。瓦头形状近三角形，正面饰牡丹纹，下缘呈锯齿状。弧残长20.2、最大宽9、高11.2、残长14.2厘米（图一四，6；图版五六，1）。F1：7，瓦头完整，后接板瓦残断。泥质灰陶，夹少量细砂。形状近半月形，正面饰莲荷纹，下缘呈锯齿状。弧长18.2、高9.8厘米（图一四，7；图版五六，3）。F1：6，滴水略残，后接板瓦残断。夹砂灰陶。形状近半月形，正面饰莲荷纹，下缘呈锯齿状。弧残长15.2、高10.4厘米（图一四，8）。F1：16，瓦头基本完整，后接板瓦残断。夹砂灰陶。形状近半月形，正面饰莲荷纹，下缘呈锯齿状。弧长17、高7.6厘米（图一四，9）。

2）瓷器。数量较少，依釉色分为黑釉瓷和青白釉瓷两类，分属合州窑、景德镇窑等窑口，以黑釉瓷为主。

合州窑黑釉瓷，器形有小碗、盏、灯盏、钵、罐。

小碗　1件。F1：19，复原。敞口，圆唇，斜弧腹，圈足，外足墙直立，内足墙外撇，足端斜削。黄褐胎，质较粗，内见砂眼。外腹壁露胎处见拉坯轮旋及修坯旋削痕，足部修制较规整。黑褐釉，釉色灰暗，内底涩圈，外施半釉。口径12.8、足径5.6、足高0.8、通高5.1厘米（图一五，2；图版五七，1）。

敞口盏　1件。F1：24，可复原。圆唇，斜弧腹，饼足。灰白胎，质较粗，内见砂眼。外腹壁露胎处见拉坯轮旋及修坯旋削痕，足部修制较规整。黑褐釉，内满釉，外施半釉。口径10、足径3.5、足高0.5、通高4.5厘米（图一五，5；图版五七，4）。

灯盏　2件。敞口，厚方唇微凹，斜腹，平底。F1：22，可复原。黄褐胎，质较细，内见砂眼。腹壁见修坯旋削痕，底部修制较规整。黑褐釉，内满釉，外仅口部外侧施釉。口径6.6、底径3.3、通高2.3厘米（图一五，6）。F1：20，复原。黄褐胎，质粗，内夹粗砂，见砂眼。腹壁见修坯旋削痕，底部修制粗糙。黑褐釉，内满釉，外仅口部外侧施釉，口缘部刮釉。上腹部有叠烧粘连疤痕。口径8.1、底径4.5、通高2.7厘米（图一五，8；图版五七，3）。

直口钵　1件。F1：23，底部残失。方唇，弧腹。灰白胎，质较粗，内见砂眼。黑褐釉，内施釉不及底。唇部及口外侧刮釉。口径23.6、残高8.7厘米（图一五，4）。

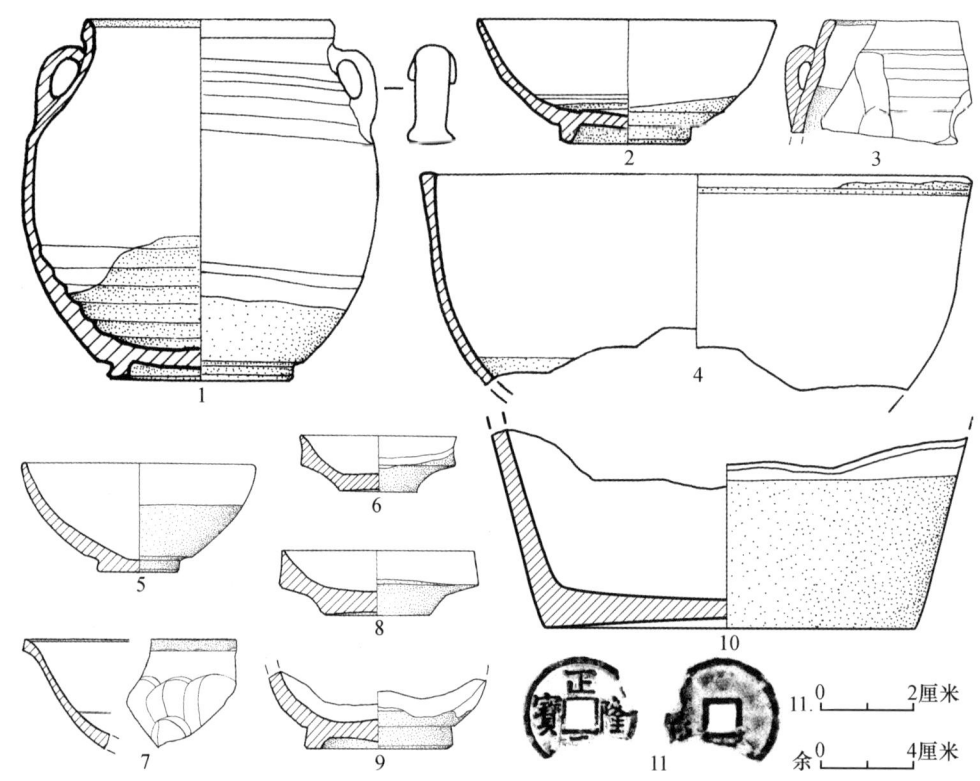

图一五　F1 出土瓷器、缸胎器及铜钱

1. 黑釉瓷直口罐（F1：12）　2. 黑釉瓷小碗（F1：19）　3. 黑釉瓷弇口罐（F1：25）　4. 黑釉瓷直口钵（F1：23）　5. 黑釉瓷敞口盏（F1：24）　6、8. 黑釉瓷灯盏（F1：22、F1：20）　7. 青白瓷瓷侈口碗（F1：28）　9. 黑釉瓷罐底（F1：21）　10. 缸胎罐底（F1：26）　11. 铜钱（F1：10）（1~6、8、9 为合州窑，7 为景德镇窑）

直口罐　1件。F1：12，略残。圆唇，矮领，溜肩，弧腹，矮圈足，足墙直立，肩部附对称两桥形立耳。黄褐胎，质粗，内夹粗砂，见砂眼。腹壁见拉坯轮旋及修坯旋削痕，足部修制较规整。漆黑釉，内外皆施釉不及底。口缘部刮釉，下腹近底部有一周叠烧粘连疤痕。口径10.3、腹径16.2、足径8、足高0.6、通高14.8厘米（图一五，1；图版五七，2）。

弇口罐　1件。F1：25，仅存口、上腹部。圆唇，弧腹，肩部残存一桥形立耳。黄褐胎，质较细，内见砂眼。黑褐釉，内仅上腹部施釉。口缘部刮釉。残高5.1厘米（图一五，3）。

罐底　1件。F1：21，圈足。黄褐胎，质粗，内夹砂，见砂眼。底部修制粗糙。黑褐釉，内满釉，外施釉不及底。足径6.4、残高3.2厘米（图一五，9）。

景德镇窑青白釉瓷，仅见有碗。

侈口碗　1件。F1：28，仅存口、上腹部。芒口，方唇，斜弧腹。外腹壁刻划莲瓣纹，内壁下腹部饰凹弦纹一周及残存刻划纹。白胎，质较细。青白釉，釉色较明亮，有细碎开片。残高4.3厘米（图一五，7）。

3）缸胎器。

罐底　1件。F1：26，平底微凹，下腹斜直。红褐胎，质较粗，内见砂眼。底部修制较规整。酱褐釉，外施釉至下腹。底径15.8、残高8.1厘米（图一五，10）。

4）铜钱。

正隆元宝　1枚。F1：10，残。楷书钱文旋读，边郭整肃，"正"字末笔不出头。金代海陵王正隆三年（1158年）铸造。直径2.5厘米（图一五，11）。

F4　位于发掘区的西部，分布于T1004西北部、T1005西南部、T1104东北部、T1105东南部。该房址出露于第4层下，距地表深0～0.35米。房址西北部紧邻断崖，西南部距F11.3～2米，东部紧邻L1，东北邻CK2和F10，叠压CK1、打破AK4（图版五四，2）。

该房址为台基式建筑，平面形状呈长方形，方向49°。系在原有地貌上修建台基，先在低洼处用修凿规整的长条石包边，再以黄褐色黏土、石块、小鹅卵石夯筑垫平，暴露山岩的部分凿出台基及台面。包边石条之间采用顺丁垒砌，为了石条之间更好地砌合，均开凿了榫卯状凹槽。

房址台面台基西南侧建于采石坑（CK1）之上，西南部包边石保存较好，余绝大部分扰毁，仅见凿于岩体上的基槽（图一六）。其面阔13.4、进深9.92米。在房址的北部有方形柱础基座两个，大者长0.63、宽0.6米，小者长0.35、宽0.32米。根据其分布情况，可推测该房址应为面阔三间。

房内堆积为黄褐色黏土，致密坚硬，含瓦砾、石块、小卵石、陶片、瓷片等。可辨器形有筒瓦、黑釉瓷盏以及青白釉瓷碗等。

1）陶器。建筑构件。

筒瓦　F4：1，瓦舌及瓦身略有残损。夹砂灰陶。瓦舌略外撇，正面有一周压印凹痕，背面有两道压印凹痕，瓦身横截面呈半圆形。通长31、宽12.2、高7厘米（图一七，1；图版五八，2）。F4：2，瓦舌残。泥质灰陶，略微夹少量细砂，胎质坚硬。瓦舌外卷，正面有较多的修胎弦痕，瓦身横截面呈半圆形，瓦尾微外撇。通长31、宽12.2、高7厘米（图一七，2）。F4：3，瓦舌、瓦身有残缺。泥质灰陶，略微夹细砂，胎面略呈深灰色。瓦舍凹面近肩部有凹痕，瓦身横截面呈半圆形。通长30、残宽11.8、高6.6厘米（图一七，3）。F4：5，残存瓦身部分。泥质灰陶，略微夹细砂。瓦身横截面呈半圆形。残长25.5、宽12.4、高6.4厘米（图一七，4）。F4：4，瓦尾残断。泥质灰陶，略微夹细砂，胎面局部略呈深灰色。瓦舌微外撇，瓦身横截面呈半圆形。残长22.2、宽12.6、高7.1厘米（图一七，5）。

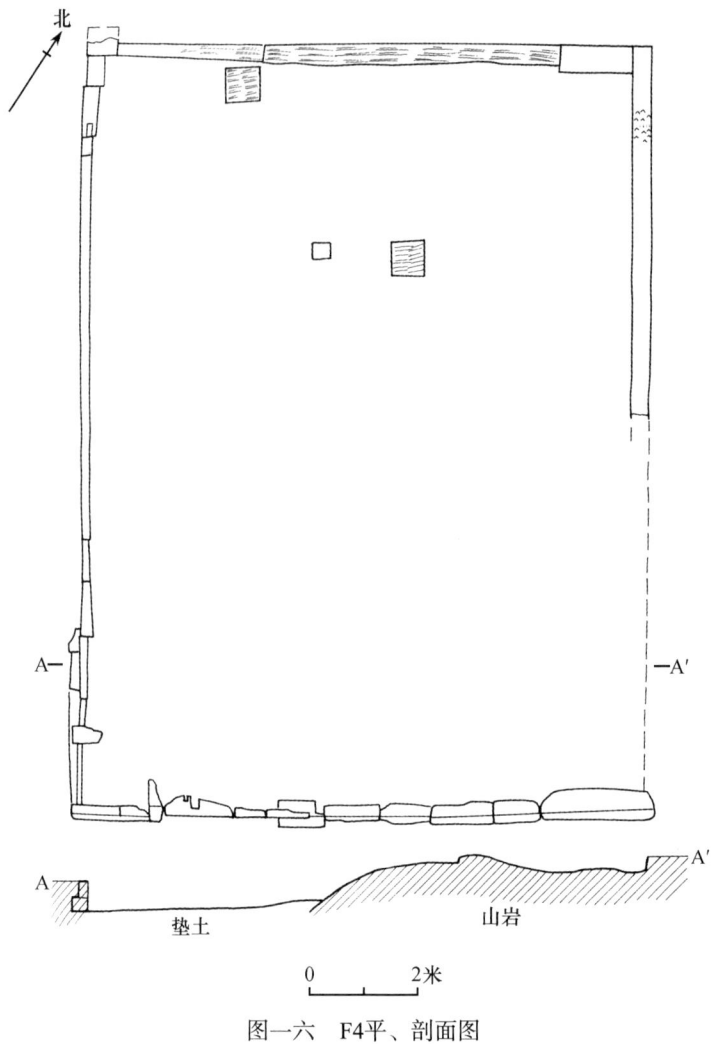

图一六　F4 平、剖面图

绿釉残件　F4：6，红褐胎，质较细腻。低温绿釉，剥落严重。表面饰卷云纹。残长16.1、残宽14.6厘米（图一七，6）。

2）瓷器。数量极少，依釉色可分为青白釉瓷、黑釉瓷两类。其分属景德镇窑及合州窑。

景德镇窑青白釉瓷。

敞口碗　1件。F4：7，仅存口、上腹部。芒口，侈口，方唇，斜弧腹。外腹壁刻划莲瓣纹。白胎，质较细。青白釉，釉色较明亮。残高4.8厘米（图一七，7）。

合州窑黑釉瓷。

盏底　1件。F4：8，饼足。灰白胎，质较粗，内见砂眼。外腹壁露胎处见拉坯轮旋及修坯旋削痕，足部修制较规整。黑褐釉，内满釉，外施半釉。足径3.6、足高0.5、

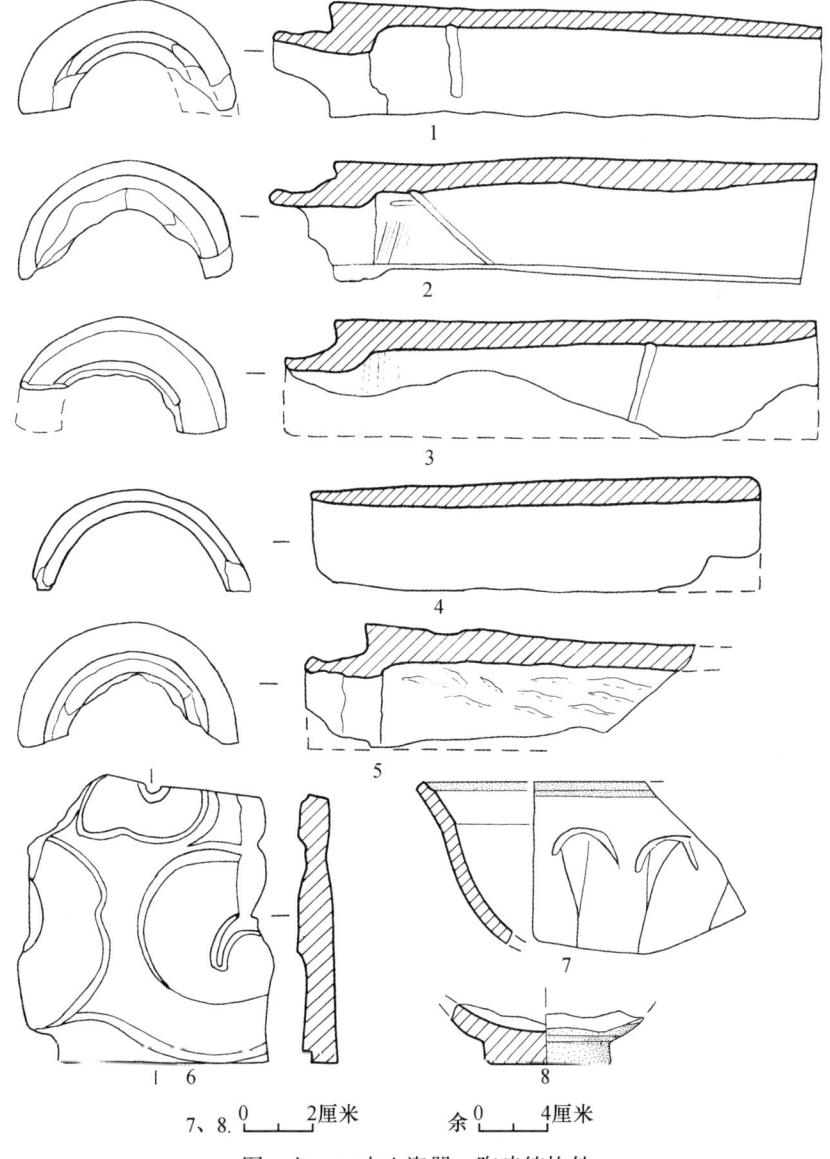

图一七 F4出土瓷器、陶建筑构件

1~5.陶筒瓦（F4：1、F4：2、F4：3、F4：5、F4：4） 6.绿釉陶残件（F4：6）
7.青白釉瓷敞口碗（F4：7） 8.黑釉瓷盏底（F4：8）（7为景德镇窑，8为合州窑）

残高1.7厘米（图一七，8）。

F5 位于发掘区的中部，分布于T0804西北角、T0805西南角、T0904东北部及T0905东南角。该房址出露于第4层下，距地表深0~0.55米，东北部叠压F6，北部紧邻L1。

该房址先用修凿规整的长条石包边，其内再以黏土、小鹅卵石夯筑而成。为了石条之间更好地砌合，均开凿了榫卯状凹槽。

房址残存两间，绝大部分已扰毁不存。残长8.42、宽2.4米，残间面阔5.1米（图一八）。

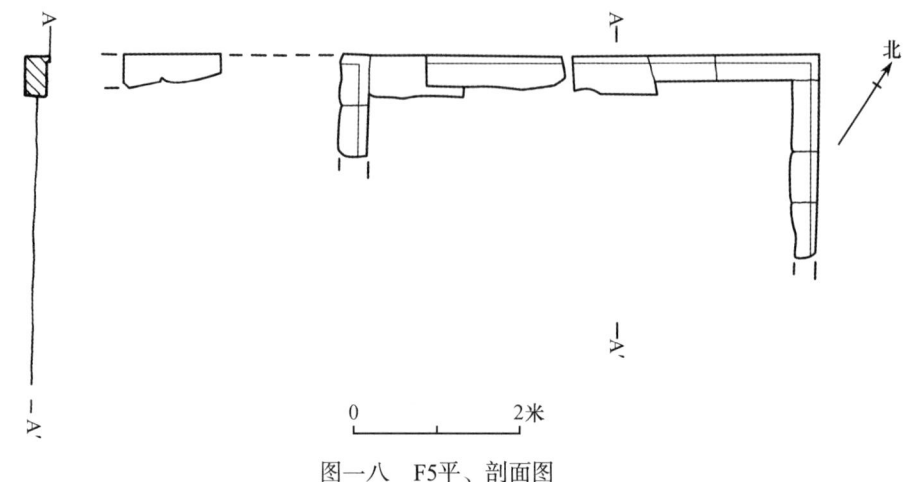

图一八　F5平、剖面图

F6　位于遗址发掘区中东部，分布于T0704西北部、T0803北部、T0804、T0805东南部、T0904东北角内，暴露于第4层下，距地表深0~0.4米，打破山岩，被F5叠压，同时被G8、P4、SD7、D186~D188、D192~D197、D199、D201~D205打破。

该房址以条石构筑包边墙，其内夯筑黏土、小卵石，西北角包边石保存较好，其余绝大部分扰毁不存，仅存凿于山岩上的基槽。平面呈长方形，方向54°（图一九）。三开间布局，中间略宽，两次间稍窄，面阔15.2、进深10.8米，当心间6米，左开间4.3、右开间4.7米。

门道位于当心间的前端中部，宽约1.2米。

F10　位于发掘区的西北部，分布于T0905西北部及T1005东北部，出露于第4层下，距地表0~0.3米，其西南邻F4，东南邻L1。打破AK10、AK11、AK12及CK2。方向46°。

该房址仅存基槽两道及方形柱础基座1个。基槽宽0.26米，柱础基座边长0.6、深0~0.06米。

（2）道路

属于该时期的道路共3条。

L1　位于发掘区西北部，西南—东北走向，方向40°（图二〇）。分布于T1202东南角、T1102东南部、T1003西部、T1004东部、T0904西北角、T0905东南部、T0805西北部、T0806东南角。出露于第4层下，距地表深0~0.55米，打破山岩、G1，被H7、H8、D247、D256~D258打破。贯穿于F1、F4、F10与F5、F6之间。长57.9、宽

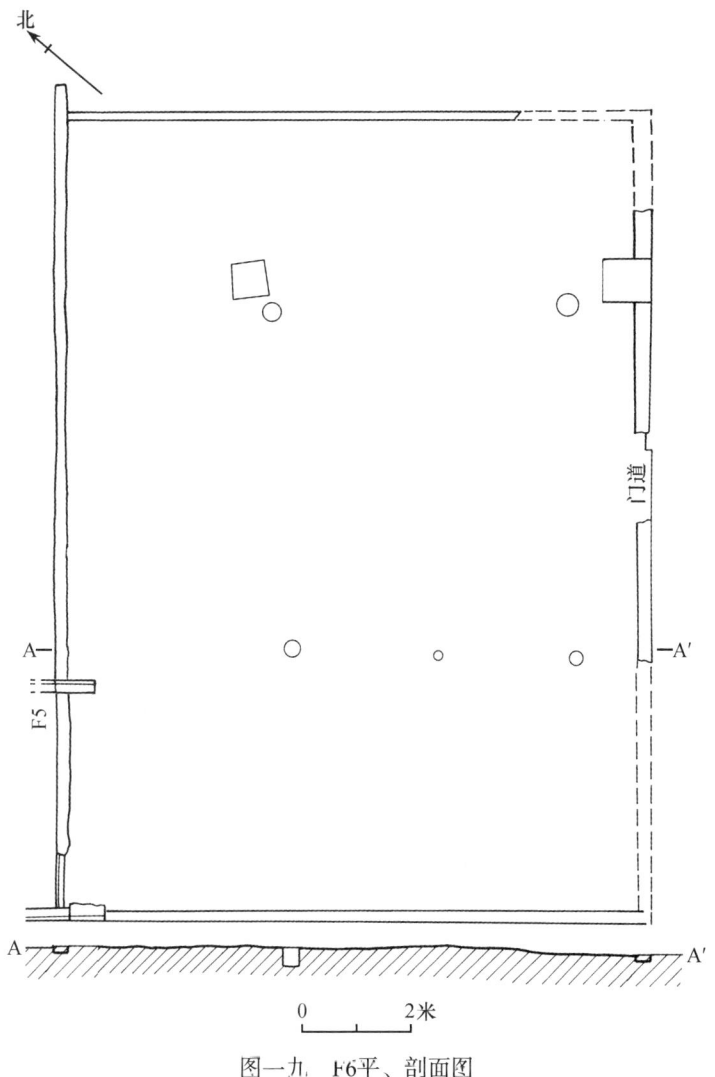

图一九 F6平、剖面图

1.35~2.8米。西南端起于F1南部，山岩上修凿而成，局部低洼处凿浅坑以石板补平，西南端开凿有一踏道，长2.35、宽1.35~2米。共有4级台阶，每级台阶宽0.4~0.65、高0.05~0.12米。东北端位于F7东南端，东北部临跑马道，路面绝大部分被扰毁不存，仅存中部少许，以黏土夹细小卵石、石块夯筑路基，上以石板铺就。东北端残存3个柱础，推测应设有门道，门道宽1.58、进深3.05米。

L2 位于发掘区的西南部，分布于T1202西部、T1302东北部、T1303西南部，修建于F1、F3之间，出露于第4层下，距地表深0~0.5米，打破山岩，叠压F1~F3，被D262打破。平面近长条形，东南至西北向，方向98°。西北段于山岩上錾凿而成，较平缓，东南段以长条形石板铺就，呈缓坡。残长11.95、宽4.55米。

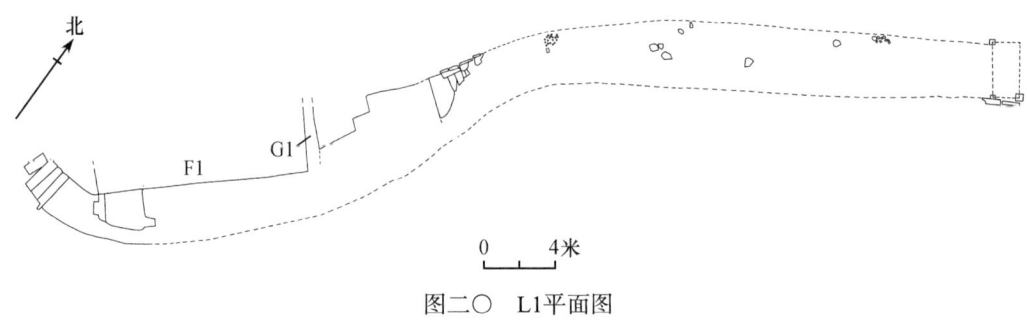

图二〇　L1平面图

L3　位于发掘区的南部，T0902中东部，出露于地表，打破山岩，被D221打破。东侧为断崖。平面近长条形，西南至东北向，双踏道，南高北低，在山岩上錾凿而成，长1.85、宽2.4~3.2米。两踏道同向并排，间距0.73~0.76米，西侧踏道存台阶4级，长1.85、宽0.85米，踏道长0.85、宽0.35~0.5、高0.15米；东侧踏道存台阶2级，长1、宽1.4~1.6米，踏道长1.4~1.6、宽0.4~0.55、高0.15米。

（3）灰坑

属于该时期的灰坑共5个。

H4　位于发掘区东南角，T0301南扩方南部，东距H5约1.2米，南部紧邻断崖。平面呈长条形，近南北向，暴露于地表，在山岩上錾凿而成，直壁，近平底。残长2.1、宽0.43~0.5、深0.07~0.25米。

H5　位于发掘区东南角，T0301南扩方南部，西距H4约1.2米，南部紧邻断崖。平面呈长条形，近南北向，暴露于地表，在山岩上錾凿而成，直壁，平底。存长2、宽0.4、深0.24米。

H6　位于发掘区南部，T0902及其南扩方内。平面近长方形，近南北向，暴露于地表，在山岩上錾凿而成，直壁，平底（图二一）。长1.6~1.7、宽0.75~0.95、深0.1米。

H7　位于发掘区西南部，T1102东南部。平面呈长方形，方向42°，暴露于地表，在山岩上錾凿而成，直壁，平底。长0.75、宽0.3~0.4、深0.1米。

H8　位于发掘区西南部，T1102中部。平面呈长方形，方向44°，暴露于地

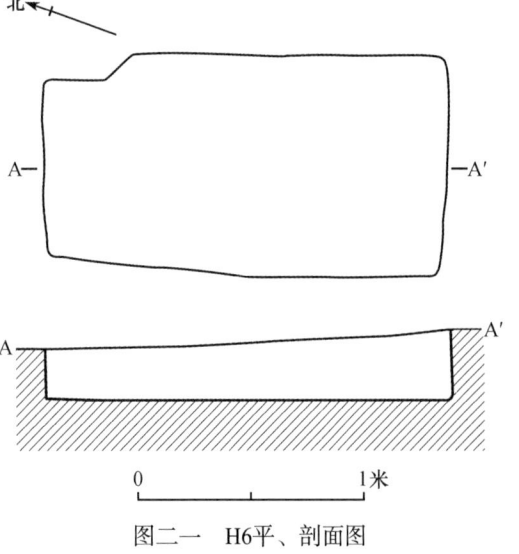

图二一　H6平、剖面图

表，在山岩上錾凿而成，直壁，平底。长0.7~0.8、宽0.4~0.47、深0.1米。

（4）采石点

发现该时期采石点共计3处，分别编号为CK1~CK3。根据所需规格开采石料，毛料经錾凿切割而成，楔眼细长，底面剥落面略呈弧形。毛料有长1.6、宽1.3、厚0.4米和长2.8、宽0.7、厚0.35米等几种。

CK1 位于发掘区的西部，F1的东北侧，分布于T1104、T1105内。被F4基槽叠压。

CK2 位于发掘区的西北部，F4的东北部，分布于T0905、T0906、T1005、T1006内。打破C24。

CK3 位于发掘区的东南部，F6的东南部，分布于T0503、T0602、T0603、T0702、T0703内。

2. 文化层内出土遗物

九口锅遗址属于该组遗存的文化层为统编第4层，遗物主要出土于该层内，依质地可分为陶、瓷、铁、铜器几类，以瓷器最多。

（1）陶器

有建筑构件及其他陶器。

1）陶器建筑构件。有筒瓦、滴水、板瓦等。

筒瓦 T1202④：2-2，瓦当略残，后接筒瓦略有残缺。泥质灰陶，夹少量细砂。筒瓦凹面密布布纹。缘面凸起，饰有三道弦纹，当心浅浮雕，饰有兽面纹，眉毛较浓，眉间有装饰，近三角形耳，大眼，鼻略高，上唇有髭下翘，门齿外露，兽面周围密布胡须。通长29.5、当径10.3~11.2厘米（图二二，1）。T1202④：10，瓦当完整，后接筒瓦，瓦舌残。泥质灰陶。缘面凸起，饰有两道弦纹，当心浅浮雕，饰有兽面纹，眉毛较浓，眉间有装饰，近三角形耳，大眼，鼻略高，上唇有髭下翘，门齿外露，三角形胡须下垂。残长29.8、当径10厘米（图二二，2；图版五八，3、4）。T1202④：11，瓦当完整，瓦舌略有残缺。泥质灰陶，夹少量细砂。瓦凹面有布纹。近缘面处有一道弦纹，当心饰有浮雕式兽面纹，人字眉，眼珠愣圆，圆鼻，鼻子两侧饰有长胡须，门齿外露，龇牙，口下有两簇"人"字形胡须，兽面周围也有较多的胡须。通长31、宽11.9、当径11.4~11.8厘米（图二二，3；图版五八，5、6）。T1202④：2-1，瓦当完整，后接筒瓦，瓦舌残。泥质灰陶，夹少量细砂。瓦凹面有布纹。当心浅浮雕，近缘面处有一道弦纹。当心饰兽面纹，人字眉，长眼向上倾斜，矮鼻梁，鼻下两须毛上翘，门齿外露，龇牙，口下有一撮胡须。通长27.4、当径11.6厘米（图二二，

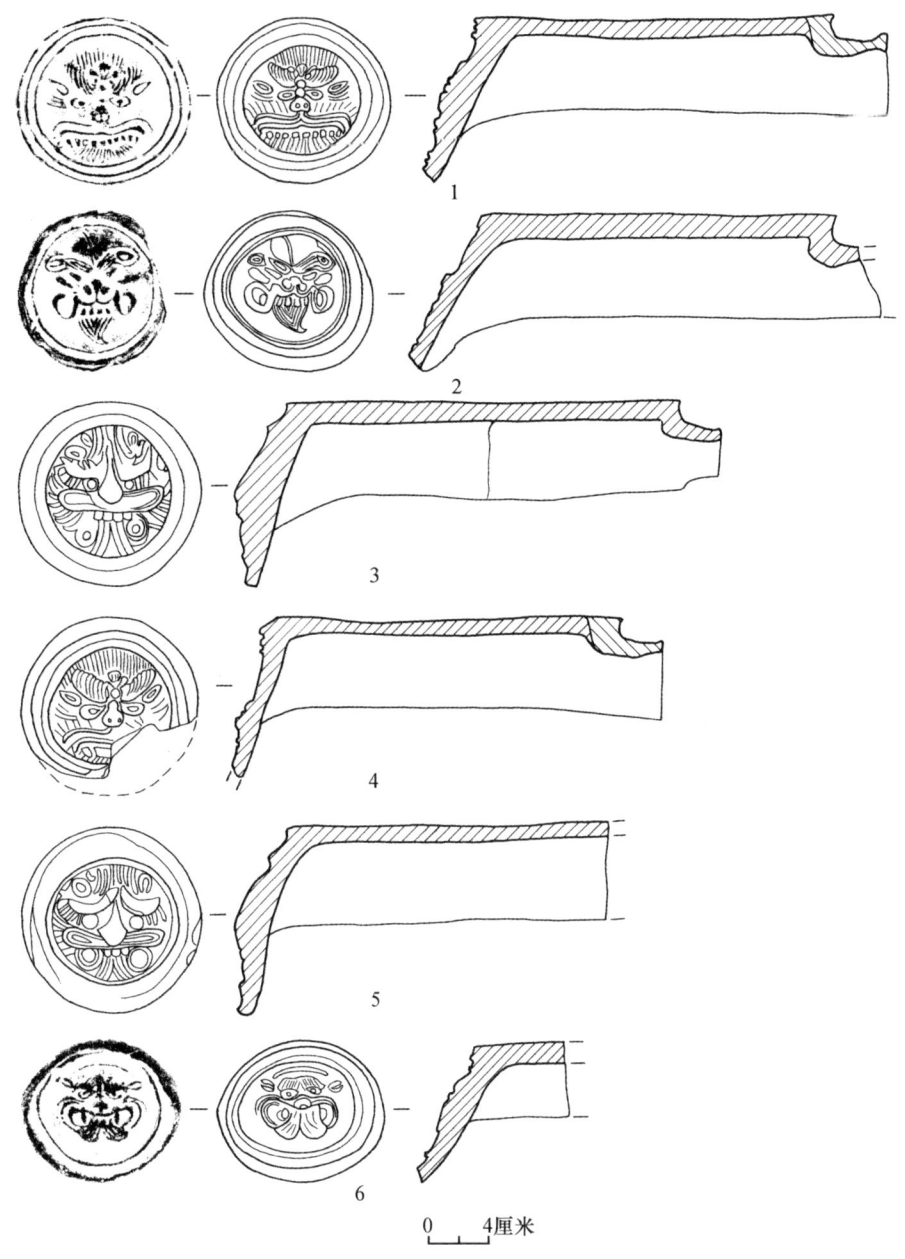

图二二 文化层内出土陶筒瓦

1. T1202④:2-2 2. T1202④:10 3. T1202④:11 4. T1202④:2-1 5. T1202④:12 6. T1202④:9

4）。T1202④:12，瓦当完整，后接筒瓦，仅剩瓦身。泥质灰陶，夹少量细砂。近缘面处有一道弦纹，当心饰浮雕式兽面纹，人字眉，眼珠愣圆，圆鼻，鼻子两侧饰有长胡须，门齿外露，龇牙，口下有两簇"人"字形胡须，兽面周围也有较多的胡须。通长24、瓦身宽11.8、当径11.6厘米（图二二，5）。T1202④:9，瓦当完整，后接筒瓦，仅存下半瓦身。泥质灰陶，夹少量细砂。缘面凸起，饰有三道弦纹，当心浅浮雕，饰有兽面纹，眉毛较浓，眉间有装饰，近三角形耳，大眼，鼻略高，上唇有鬈下翘，门齿外露，兽面周围密布胡须。残长8.8、当径8.9～11厘米（图二二，6）。T1104④：6，瓦舌及瓦身略有残损。泥质灰陶，略微夹细砂，胎面局部呈深灰色。瓦舌外卷，近肩部有两道压印的凹痕，瓦身横截面呈半圆形，瓦尾微外撇。通长31、宽13.2、高7.4厘米（图二三，1）。T1104④：8，瓦舌残。泥质灰陶，略微夹细砂，胎面大部分呈深灰色。瓦身横截面呈半圆形，瓦肩平直，瓦尾微外撇，凹面有压印的浅凹痕。残长30、宽13、高7厘米（图二三，2）。T1202④：7，瓦舌及瓦身略有残损。泥质灰陶，略微夹细砂，胎面坚硬。瓦舌微外撇，瓦身横截面呈半圆形，瓦肩平直。通

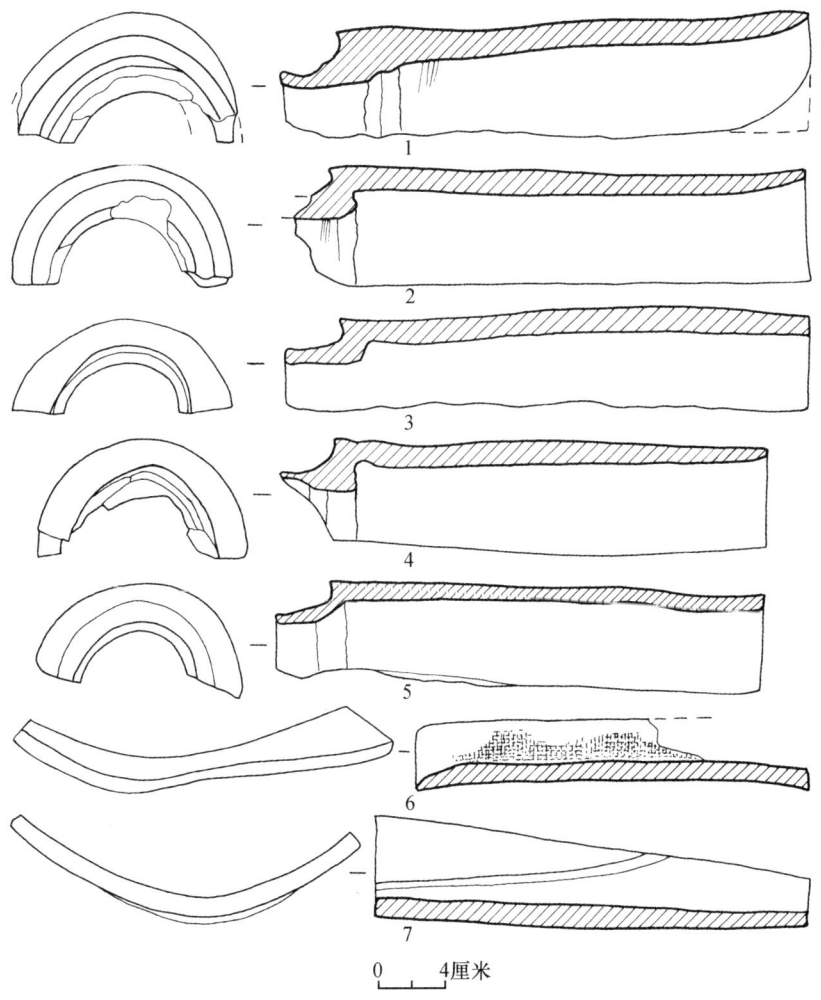

图二三　文化层内出土陶筒瓦、陶板瓦
1～5. 筒瓦（T1104④：6、T1104④：8、T1202④：7、T1005④：4、T1202④：16）
6、7. 板瓦（T1202④：20、T1202④：4）

长30.6、宽13、高5.6厘米（图二三，3）。T1005④：4，瓦舌及瓦身略有残缺。泥质灰陶，略微夹细砂，胎体略呈深灰色，胎面呈浅灰色。瓦舌近直，瓦身中间略窄，两端略宽，横截面呈半圆形。瓦背近肩部有一道凹痕，瓦尾外撇，在其凹面有压印的浅凹痕。通长28.4、宽12.4、高6.8厘米（图二三，4）。T1202④：16，瓦舌及瓦身略有残损。泥质灰陶，略微夹细砂。瓦舌微外撇，瓦身横截面呈半圆形，瓦肩略内收，瓦身表面有修胎留下的弦痕及压印凹痕。通长28.4、宽12.2、高6.6厘米（图二三，5）。

瓦当　T1202④：18，瓦当基本完整，后接筒瓦残断。泥质灰陶，夹少量细砂。近缘面处有两道弦纹，当心饰浅浮雕牡丹纹。当径11.1厘米（图二四，1）。T1202④：19，瓦当完整，后接筒瓦残断。泥质灰陶，夹少量细砂。近缘面处有三道弦纹，当心饰胆式瓶插牡丹纹。当径10.5厘米（图二四，2；图版五六，7）。T0805④：9，瓦当略有残缺，后接瓦身缺。泥质灰陶，夹少量细砂。近缘面处有两道弦纹，当心饰浮雕式兽面纹，人字眉，大眼，小耳，小嘴，兽面周围密布胡须。当径13.2厘米（图二四，3）。T0905④：25，瓦当略有残缺，后接筒瓦不存。泥质灰陶，夹少量细砂。缘面饰有一道弦纹，当心饰浮雕式兽面纹，人字眉，眉毛较浓，大

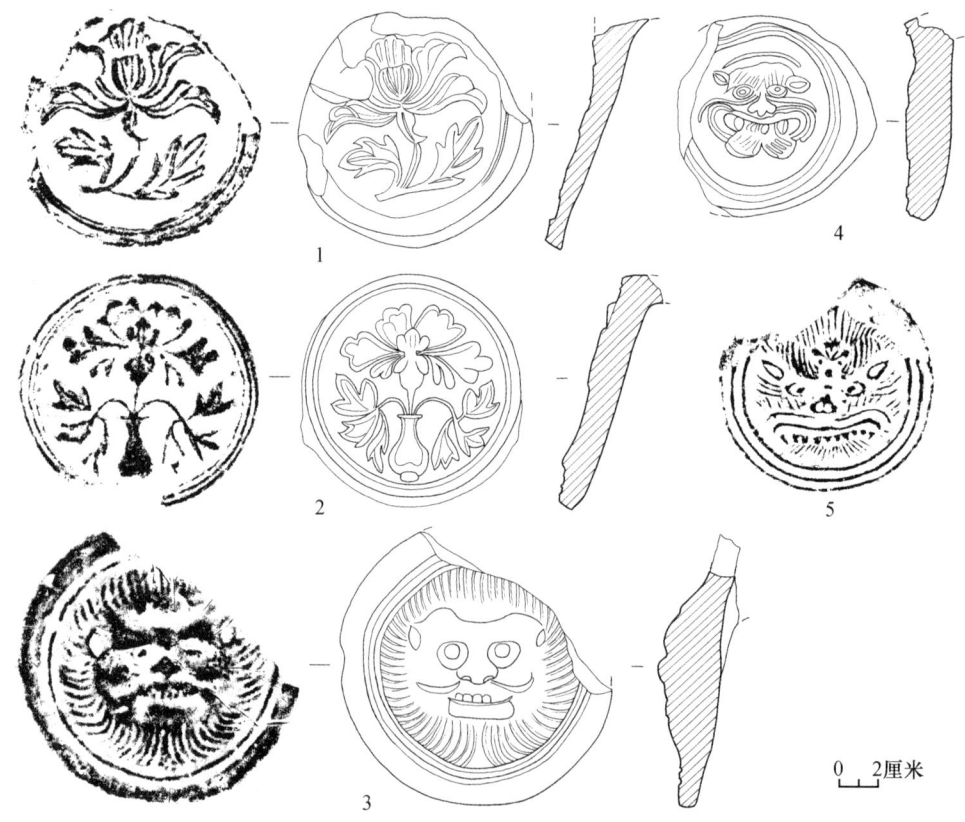

图二四　文化层内出土陶瓦当
1. T1202④：18　2. T1202④：19　3. T0805④：9　4. T0905④：25　5. T1202④：6

眼，小鼻，鼻下两侧有长胡须，口不清，口下有胡须。当径9.5厘米（图二四，4）。T1202④：6，瓦当略有残损，后接筒瓦仅存下半瓦身。泥质灰陶，夹少量细砂。筒瓦凹面密布布纹。缘面凸起，饰有三道弦纹，当心浅浮雕，饰有兽面纹，眉毛较浓，眉间有装饰，近三角形耳，大眼，鼻略高，上唇有鬓下翘，门齿外露，兽面周围密布胡须。当径10.2厘米（图二四，5）。

滴水　T1202④：15，可复原，瓦头及后接板瓦基本完整。夹砂灰陶。瓦头形状近半月形，正面饰莲荷纹，下缘呈锯齿状，后接板瓦凹面有布纹。弧长22.6、最大宽5.3、高7.8、通长29厘米（图二五，1）。T1202④：8，瓦头完整，后接板瓦残断。泥

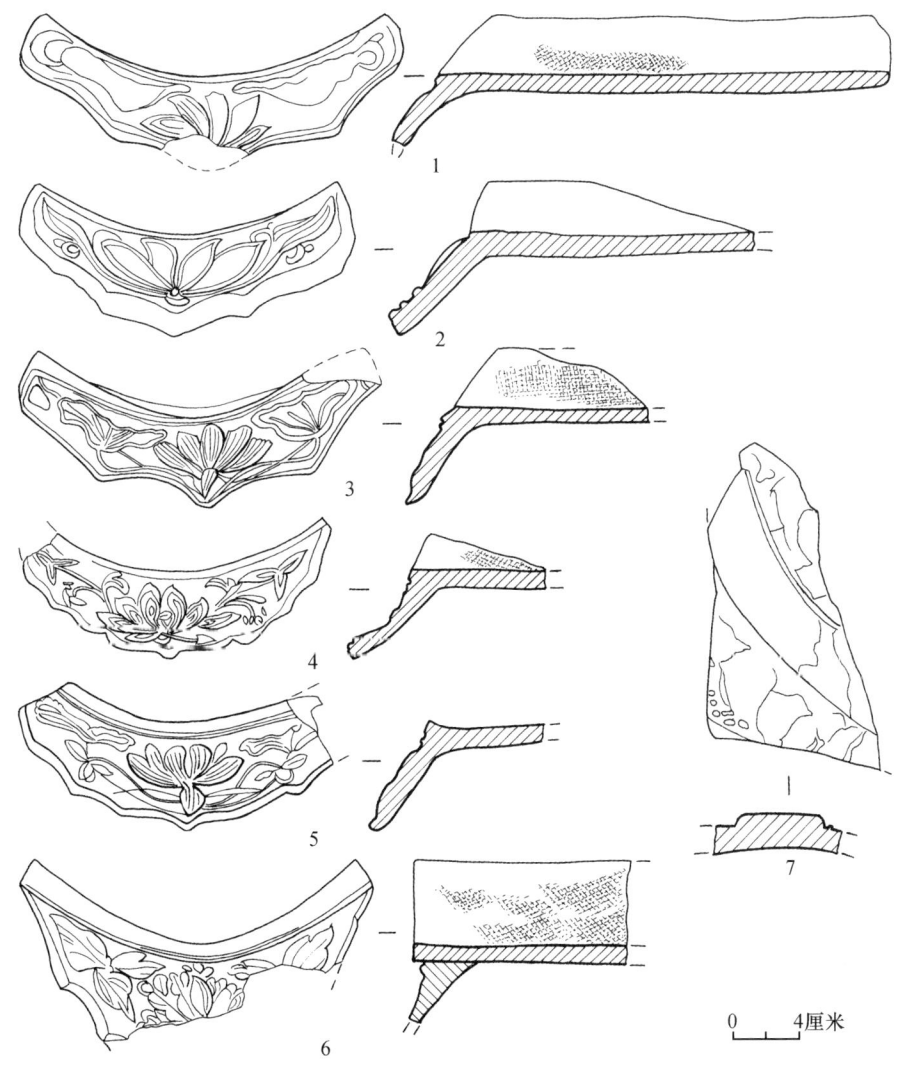

图二五　文化层内出土陶建筑构件
1～6. 滴水（T1202④：15、T1202④：8、T1202④：13、T1202④：14、T1202④：17、T1202④：3）
7. 绿釉残件（T0502④：8）

质灰陶，夹少量细砂。瓦头形状近半月形，正面饰莲荷纹，下缘呈锯齿状。弧长19.8、最大宽5.9、高8.7、残长21.4厘米（图二五，2）。T1202④：13，瓦头完整，后接板瓦残断。泥质灰陶，夹少量细砂。瓦头形状近半月形，正面饰莲荷纹，下缘呈锯齿状，后接板瓦凹面有布纹。弧长21.4、最大宽5.6、高9、残长14厘米（图二五，3）。T1202④：14，瓦头基本完整，后接板瓦残断。泥质灰黑陶，夹少量细砂。瓦头形状近半月形，正面饰菊花纹，下缘呈锯齿状，后接板瓦凹面有布纹。弧长21.3、最大宽5.6、高9、残长11.3厘米（图二五，4）。T1202④：17，瓦头残缺，后接板瓦残断。泥质灰陶，夹少量细砂。瓦头形状近半月形，正面饰莲荷纹，下缘呈锯齿状。弧残长18.6、最大宽6.2、高8.6、残长10厘米（图二五，5）。T1202④：3，瓦头及后接板瓦均有残缺。泥质灰黑陶，夹少量细砂，红褐色胎。瓦头形状近三角形，正面饰菊花纹，下缘呈锯齿状，后接板瓦凹面有布纹。弧长20.8、最大残宽7.1、高10.4、残长12.8厘米（图二五，6）。

板瓦　T1202④：20，可复原。泥质灰陶，略微夹细砂。其平面形状略呈梯形，长端外卷，窄端平直。凹面有布纹。通长23.2、宽22.4、厚0.6～1.3厘米（图二三，6）。T1202④：4，基本完整。泥质灰陶，略微夹细砂。其平面形状略呈梯形，长端平直，窄端略向外撇。凹面有布纹，其上有修坯留下的压印凹痕。通长25.6、宽18～21、厚0.8～1.3厘米（图二三，7）。

绿釉残件　T0502④：8，红褐胎，质较细腻。低温黄绿釉，剥落严重。表面饰鳞纹，似为龙纹。残长18.4、残宽10.3、厚2厘米（图二五，7）。

2）其他陶器。器形有盆、缸、罐等。

弧折沿盆　3件。敛口，弧折沿，圆唇，上腹斜直。T0905④：22，仅存口、上腹部。泥质灰陶。素面。轮制。口径42.6、残高7.6厘米（图二六，4）。T0905④：19，仅存口、上腹部。泥质灰陶。素面。轮制。口径41、残高9.2厘米（图二六，5）。T0905④：16，仅存口、上腹部。泥质黄褐陶。素面。轮制。口径39.6、残高5.6厘米（图二六，6）。

卷沿盆　2件。侈口，卷沿，上腹折内收。素面。轮制。T0502④：5，仅存口、上腹部。泥质灰陶。口径24.4、残高5.2厘米（图二六，7）。T0905④：8，仅存口、上腹部。泥质灰陶。口径30.2、残高4.6厘米（图二六，8）。

叠唇盆　1件。T0905④：24，仅存口、上腹部。泥质黄褐陶。敛口，圆唇，上腹斜直。素面。轮制。口径28.6、残高3.6厘米（图二六，9）。

折沿盆　1件。T0905④：23，仅存口、上腹部。泥质黄褐陶。敛口，沿外缘凸起，圆唇，折肩，上腹斜直。素面。轮制。口径29.6、残高4.4厘米（图二六，10）。

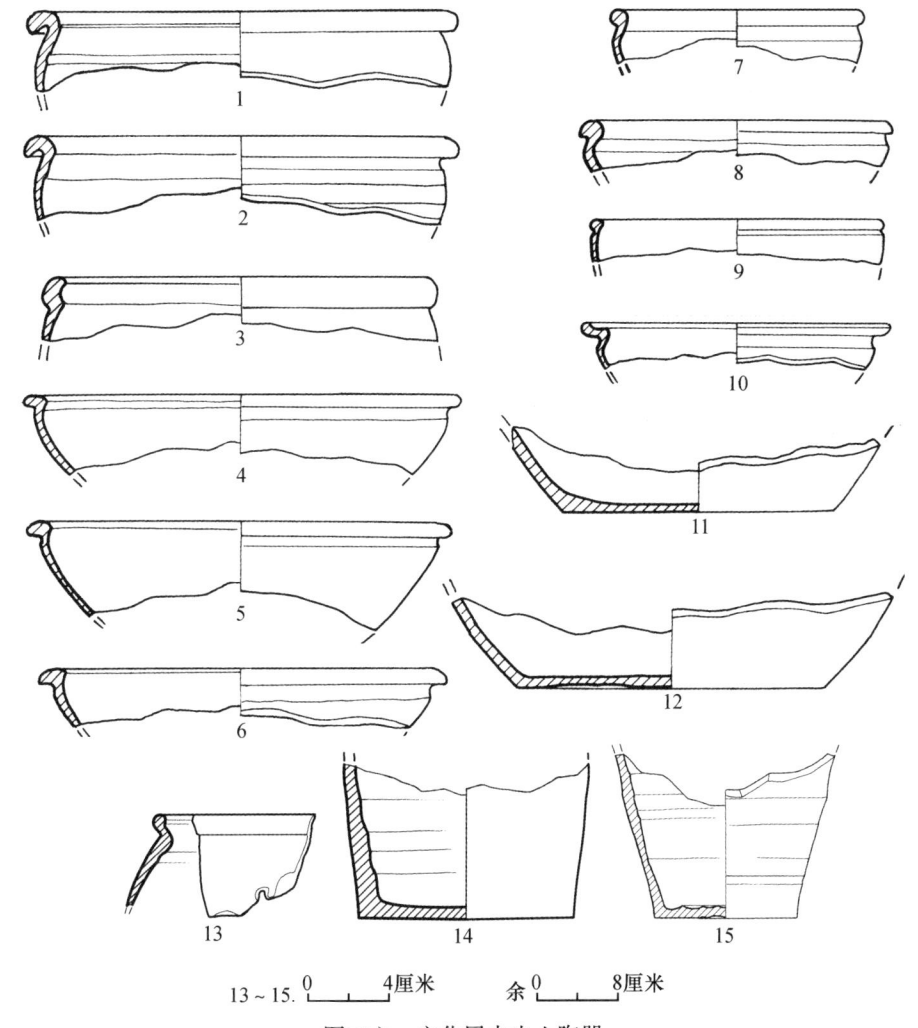

图二六 文化层内出土陶器

1、2. 卷沿缸（T0905④：20、T0905④：21） 3. 叠唇缸（T0805④：8） 4～6. 弧折沿盆（T0905④：22、T0905④：19、T0905④：16） 7、8. 卷沿盆（T0502④：5、T0905④：8） 9. 叠唇盆（T0905④：24）
10. 折沿盆（T0905④：23） 11、12、14、15. 器底（T0602④：4、T0905④：18、T0502④：4、T0905④：5）
13. 罐（T0904④：6）

卷沿缸 2件。侈口，圆唇，上腹弧。素面。轮制。T0905④：20，仅存口、上腹部。泥质灰陶。口径41.6、残高7.6厘米（图二六，1）。T0905④：21，仅存口、上腹部。泥质灰陶。口径42.4、残高8厘米（图二六，2）。

叠唇缸 1件。T0805④：8，仅存口、上腹部。泥质灰陶。敛口，圆唇，上腹斜直。口部内侧内凹，外侧贴泥条加厚。素面。轮制。口径36、残高6厘米（图二六，3）。

罐 1件。T0904④：6，仅存口、上腹部。泥质灰陶。盘口，圆唇，溜肩。素面。

轮制。残高4.9厘米（图二六，13）。

器底 4件。T0602④：4，泥质灰陶。下腹斜直，平底。素面。轮制。底径25.8、残高7.6厘米（图二六，11）。T0905④：18，泥质灰陶。下腹斜直，平底。素面。轮制。底径30、残高8.6厘米（图二六，12）。T0502④：4，泥质黄褐陶。下腹近直，平底。素面。轮制。底径10.3、残高7.3厘米（图二六，14）。T0905④：5，泥质灰陶。下腹斜直，平底。素面。轮制。底径7.1、残高7.8厘米（图二六，15）。

（2）瓷器

瓷器依釉色可分为黑釉、白釉、青白釉及青釉瓷等，分属合州窑、磁峰窑及景德镇窑、龙泉窑等窑口，以黑釉瓷居多。

1）合州窑黑釉瓷。有碗、盏、灯盏、钵、研磨器、罐等。

碗有大小之分。

敞口大碗 17件。胎体厚重，质粗，内夹粗砂，见砂眼。敞口，方唇或圆唇，斜直腹，圈足，内底涩圈。T0905④：46，复原。方唇，足墙直立，腹与足之交削成一小平台。灰黄胎。腹壁露胎处见修坯旋削痕，足部修制较规整。黑褐釉，外施半釉。口径16.8、足径7.4、足高0.6、通高6厘米（图二七，1）。T0905④：27，复原。方唇，足墙直立。灰白胎。腹壁露胎处见拉坯轮旋及修坯旋削痕，足部修制较规整。黑褐釉，外施釉不及底。口径17、足径6.4、足高0.6、通高5.8厘米（图二七，2）。T0905④：30，复原。方唇，足墙直立。黄褐胎。腹壁露胎处见拉坯轮旋及修坯旋削痕，足部修制较规整。黑褐釉，外施釉不及底。口径18.3、足径6.9、足高0.6、通高5.8厘米（图二七，3）。T0905④：28，复原。方唇，足墙直立。黄褐胎。腹壁露胎处见拉坯轮旋及修坯旋削痕，足部修制较规整。黑褐釉，外施釉不及底。口径18.4、足径7.6、足高0.6、通高5.7厘米（图二七，4；图版六〇，3）。T0805④：5，复原。方唇，外足墙略内倾，内足墙直立，腹足之交削成一小平台。灰黄胎。腹壁露胎处见拉坯轮旋及修坯旋削痕，足部修制较规整。黑褐釉，外施半釉。口径16、足径7.2、足高0.6、通高4.1厘米（图二七，5）。T0805④：6，复原。方唇，足墙直立。灰黄胎。腹壁露胎处见拉坯轮旋及修坯旋削痕，足部修制较规整。黑褐釉，外施釉局部至足部。口径14.2、足径7.2、足高0.6、通高4厘米（图二七，6）。T0905④：47，复原。方唇，足墙直立。灰黄胎。腹壁露胎处见拉坯轮旋及修坯旋削痕，足部修制较规整。黑褐釉，外施半釉。口径17、足径7.2、足高0.6、通高5.6厘米（图二七，7）。T0905④：26，复原。方唇，足墙直立。黄褐胎。腹壁露胎处见拉坯轮旋及修坯旋削痕，足部修制较规整。黑褐釉，外施釉不及底。口径18.5、足径7.9、足高0.6、通高5.8厘米（图二七，8）。T0905④：29，复原。方唇，足墙直立。黄褐胎。外腹壁露胎处

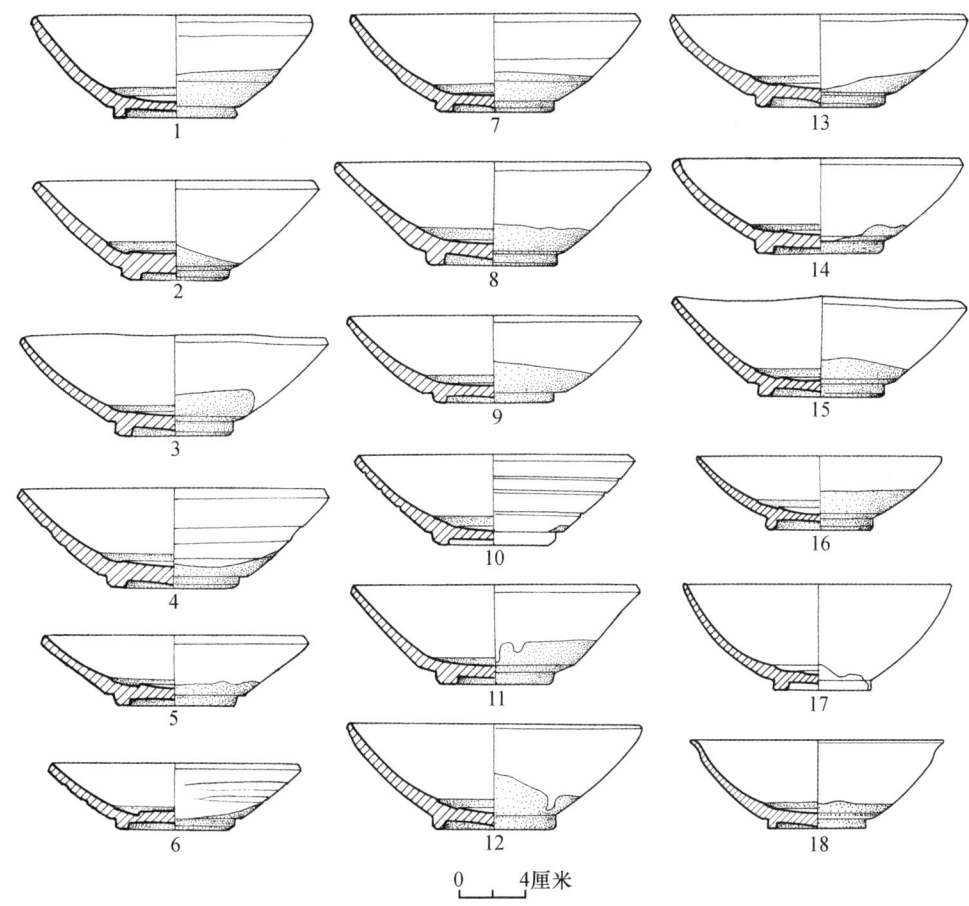

图二七 文化层出土合州窑黑釉瓷碗

1~17. 敞口大碗（T0905④：46、T0905④：27、T0905④：30、T0905④：28、T0805④：5、T0805④：6、T0905④：47、T0905④：26、T0905④：29、T0905④：3、T0502④：7、T0805④：16、T0905④：14、T0904④：2、T0805④：10、T0602④：8、T0805④：15） 18. 侈口大碗（T0602④：7）

见拉坯轮旋及修坯旋削痕，足部修制较规整。黑褐釉，外施釉不及底。口径17.4、足径7.2、足高0.6、通高5厘米（图二七，9）。T0905④：3，复原。方唇，足墙直立，足端斜削，腹与足之交削成一小平台。外腹壁饰凹弦纹三周。黄褐胎。腹壁露胎处见修坯旋削痕，足部修制较规整。黑褐釉，釉层薄，外施满釉，局部露胎。口径16.6、足径7.4、足高0.6、通高5.2厘米（图二七，10）。T0502④：7，复原。方唇，足墙直立。灰褐胎。外腹壁露胎处见拉坯轮旋及修坯旋削痕，足部修制较规整。黑褐釉，外施半釉，局部有流釉现象，内壁缩釉。口径17.2、足径6.6、足高0.6、通高5.8厘米（图二七，11）。T0805④：16，复原。方唇，足墙直立。灰黄胎。腹壁露胎处见拉坯轮旋及修坯旋削痕，足部修制较规整。黑褐釉，外施半釉，局部见流釉现象。口径17.6、足径7.4、足高0.6、通高6.1厘米（图二七，12）。T0905④：14，复原。方唇，足墙直立。灰褐胎。腹壁露胎处见拉坯轮旋及修坯旋削痕，足部修制较规整。黑褐釉，外施釉局部至足端。口径17.6、足径7.6、足高0.6、通高5.4厘米（图二七，13）。T0904④：2，复原。方唇，足墙直立。灰黄胎。外腹壁露胎处见拉坯轮旋及修坯旋削痕，足部修制较规整。黑褐釉，外施釉局部至足部。口径17.2、足径7.6、足高0.6、通高5.5厘米（图二七，14）。T0805④：10，复原。方唇，足墙直立，腹与足之交削成一小平台。灰黄胎。腹壁露胎处见修坯旋削痕，足部修制较规整。黑褐釉，外施半釉。口径17.6、足径7.6、足高0.6、通高5.9厘米（图二七，15）。T0602④：8，复原。圆唇，外足墙略外撇，内足墙直立，足端斜削。灰黄胎，质较粗，内见砂眼。腹壁露胎处见拉坯轮旋及修坯旋削痕，足部修制较规整。黑褐釉，内底涩圈，外施半釉。口径14.8、足径6.4、足高0.8、通高4.3厘米（图二七，16；图版六〇，4）。T0805④：15，复原。圆唇，内底下凹，足墙直立。灰黄胎，质较粗，内见砂眼。足部修制较规整。黑褐釉，釉层较厚，釉面有细小开片，内满釉，外施釉至足部。口径16、足径5.8、足高0.6、通高6.1厘米（图二七，17；图版五九，5）。

侈口大碗　1件。T0602④：7，复原。圆唇，斜直腹略弧，矮圈足，足墙略外撇。灰黄胎，质较粗。外腹壁露胎处见拉坯轮旋及修坯旋削痕，足部修制较规整。黑褐釉，内底涩圈，外施半釉。口径15、足径6.3、足高0.6、通高5.1厘米（图二七，18）。

小碗　1件。T1005④：1，复原。敞口，圆唇，斜直腹，矮圈足，挖足较浅，足墙直立。灰褐胎，胎体厚重，质粗，内夹粗砂，见砂眼。外腹壁露胎处见拉坯轮旋及修坯旋削痕，足部修制粗糙。黑褐釉，内底涩圈，外施釉不及底。口径11、足径5、足高0.5、通高3.8厘米（图二八，1）。

敞口盏　4件。敞口，圆唇，斜弧腹，饼足。T0904④：1，复原。黄褐胎，胎体厚重，质粗，内夹粗砂，见砂眼。外腹壁露胎处见拉坯轮旋及修坯旋削痕，足部修制较规整。黑褐釉，内满釉，外施半釉。口径10.5、足径4.8、足高0.6、通高5.1厘米（图二八，6）。T0602④：2，复原。足端斜削。黄褐胎，质粗，内夹粗砂，见砂眼。外腹壁露胎处见拉坯轮旋及修坯旋削痕，足部修制较规整。黑褐釉，内满釉，外施半釉，局部有流釉现象。口径11.2、足径4.6、足高0.6、通高4.6厘米（图二八，7；图版五七，8）。T0904④：12，底部残失。灰白胎，胎体厚重，质粗，内夹粗砂，见砂眼。外腹壁露胎处见拉坯轮旋痕。黑褐釉，内满釉，外施半釉。口径10.9、残高4.4厘米（图二八，9）。T0503④：1，复原。黄褐胎，质粗，内夹粗砂，见砂眼。外腹壁露胎处见拉坯轮旋及修坯旋削痕，足部修制较规整。柿色釉，内满釉，外施半釉。口径10.2、足径4.3、足高0.6、通高4.9厘米（图二八，10；图版五七，6）。

直口盏　1件。T0602④：9，复原。尖圆唇，斜弧腹，饼足。黄褐胎，质较粗，

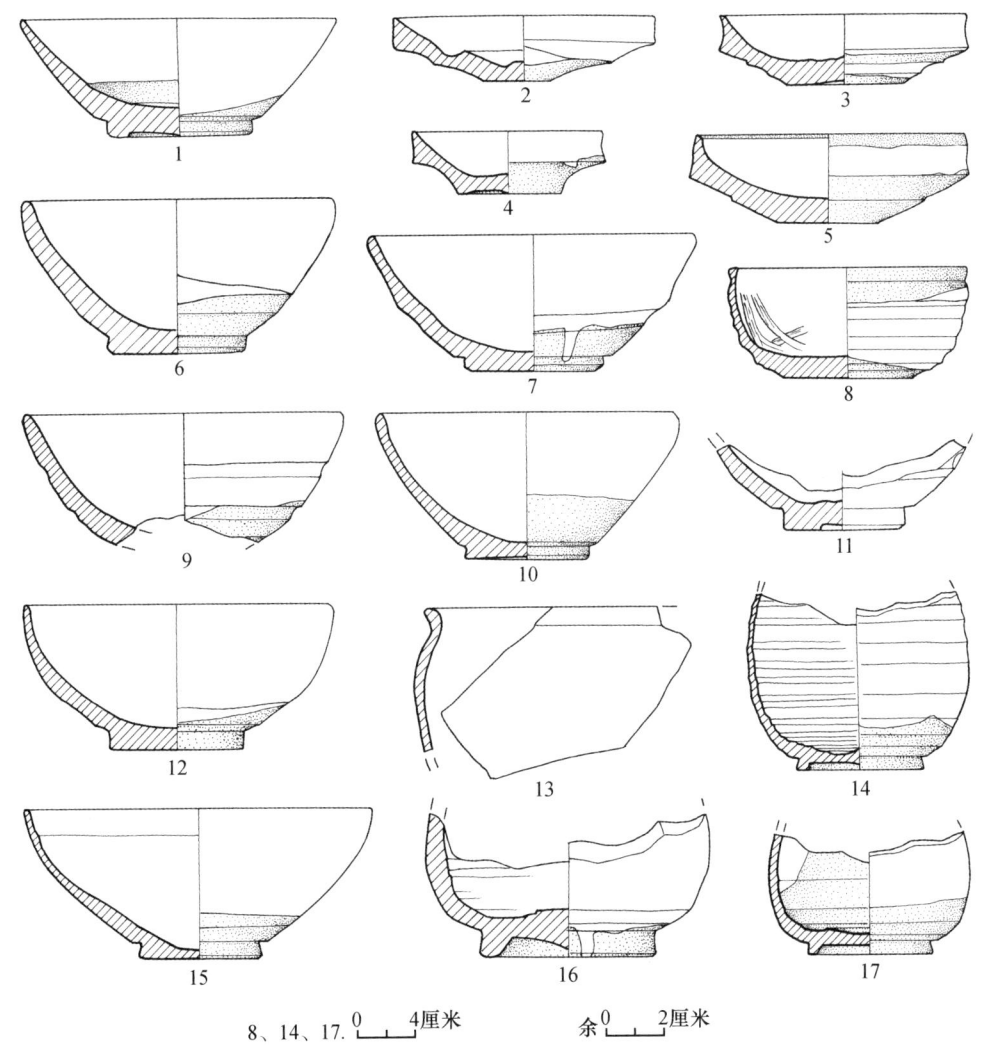

图二八 文化层内出土合州窑黑釉瓷器
1. 小碗（T1005④：1） 2~5. 灯盏（T0805④：14、T0805④：2、T0904④：9、T0502④：6）
6、7、9、10. 敞口盏（T0904④：1、T0602④：2、T0904④：12、T0503④：1） 8. 研磨器（T0502④：1）
11. 盏底（T0905④：11） 12. 直口盏（T0602④：9） 13. 侈口钵（T0904④：5）
14、16、17. 罐底（T0602④：3、T0904④：4、T0905④：41） 15. 弇口盏（T0905④：49）

内见孔隙。外腹壁露胎处见拉坯轮旋及修坯旋削痕，足部修制较规整。漆黑釉，内满釉，外施釉不及底。口径10.4、足径4.6、足高0.6、通高4.9厘米（图二八，12；图版五八，1）。

弇口盏 1件。T0905④：49，复原。圆唇，斜腹，腹足之交削成一小平台，饼足。灰黄胎，质较细腻，结构紧密。外腹壁露胎处见拉坯轮旋及修坯旋削痕，足部修制较规整。黑褐釉，内满釉，外施半釉。口径11.8、足径4.2、足高0.5、通高5厘米（图二八，15；图版六〇，7）。

盏底 1件。T0905④：11，仅存下腹、足部。弧腹，腹足之交削成一小平台，玉璧足。黄褐胎，质粗，内见砂眼。外腹壁露胎处见拉坯轮旋及修坯旋削痕，足部修制规整。黑褐釉，内满釉，外施满釉。足径4.2、足高0.5、残高2.8厘米（图二八，11）。

灯盏 4件。敞口，厚方唇，斜腹，平底。T0805④：14，复原，制作粗糙。灰黄胎，质较细。腹壁见修坯旋削痕，底部修制较规整。黑褐釉，内满釉，外施半釉，口缘部刮釉。口径8.9、底径2.3、通高2.2厘米（图二八，2）。T0805④：2，略残。黄褐胎，质粗，内夹粗砂，见砂眼。腹壁见修坯旋削痕，底部修制较规整。黑褐釉，内满釉，外施釉不及底，上腹部刮釉。口缘处有叠烧粘连痕。口径8.5、底径4、通高2.3厘米（图二八，3；图版五九，1）。T0904④：9，可复原。黄褐胎，质较细，内见砂眼。腹壁见修坯旋削痕，底部修制粗糙。酱黄釉，内满釉，外仅口部外侧施釉。口径6.5、底径3.5、通高2.1厘米（图二八，4）。T0502④：6，略残。黄褐胎，质较细，见砂眼。腹壁见修坯旋削痕，底部修制规整。黑褐釉，内满釉，外仅口部外侧施釉，口缘部刮釉。口径9.2、底径3.4、通高3厘米（图二八，5）。

侈口钵 1件。T0904④：5，仅存口、上腹部。圆唇，弧腹。灰白胎，质较粗，内见砂眼。黑褐釉，内外施釉。残高5.7厘米（图二八，13）。

研磨器 1件。T0502④：1，复原。直口微敛，平方唇，深弧腹，平底，内壁下腹及底部划稀疏交错浅凹槽。黄褐胎，质粗，内夹粗砂，见砂眼。腹壁见拉坯轮旋及修坯旋削痕，底部修制较粗糙。黑褐釉，内壁及口部外侧未施釉，下腹近底部刮釉。口径16.4、底径9、通高7.4厘米（图二八，8）。

罐底 3件。T0602④：3，弧腹，圈足，外足墙直立，内足墙外撇，足心微凸。灰白胎，质较细，内见砂眼。腹壁见拉坯轮旋及修坯旋削痕，足部修制较规整。黑褐釉，内满釉，外施釉至下腹。腹径15.4、足径9、残高11.8厘米（图二八，14）。T0904④：4，圈足，外足墙直立，内足墙外撇，足心微凸。灰褐胎，质较细，内见砂眼。内壁见轮旋痕，足部修制较规整。黑褐釉，外施釉不及底，有流釉现象。足径6、残高4.8厘米（图二八，16）。T0905④：41，弧腹，圈足，外足墙直立，内足墙外撇，足心微凸。灰白胎，质较细，内见砂眼。腹壁见拉坯轮旋及修坯旋削痕，足部修制较规整。黑褐釉，内外皆施釉至下腹。腹径14、足径8.5、残高8.2厘米（图二八，17）。

2）合州窑白釉瓷，器形有碗等。

敞口碗 1件。T0805④：21，复原，生烧器。敞口，圆唇，斜弧腹，内底下凹，矮圈足，足墙直立。灰白胎，质细腻。外下腹见拉坯轮旋及修坯旋削痕，足部修制规整。施乳白色化妆土，外施化妆土不及底，白釉，釉色灰暗，内满釉，外施釉不及底，剥釉严重。口径20.7、足径6.8、足高0.5、通高7厘米（图二九，5；图版五九，6）。

侈口碗 1件。T0905④：1，复原，生烧器。圆唇，斜弧腹，矮圈足，足墙直立，足端斜削。灰白胎，质细腻。足部修制规整。施乳白色化妆土，外施化妆土不及底，白釉，釉色灰暗，内满釉，外施釉至下腹部。内底残存石英砂堆垫烧疤痕。口径20、足径7.8、足高0.5、通高6.7厘米（图二九，12；图版六〇，1）。

碗底 1件。T0602④：6，口、上腹部残失。斜弧腹，矮圈足，足墙直立，内底心压印一圆窝。灰白胎，质细腻。足部修制规整。施乳白色化妆土，外施化妆土不及底，白釉泛青，釉色明亮，内满釉，外施釉不及底。内底残存3个石英砂堆垫烧痕。足径7.1、足高0.5、残高4.8厘米（图二九，10）。

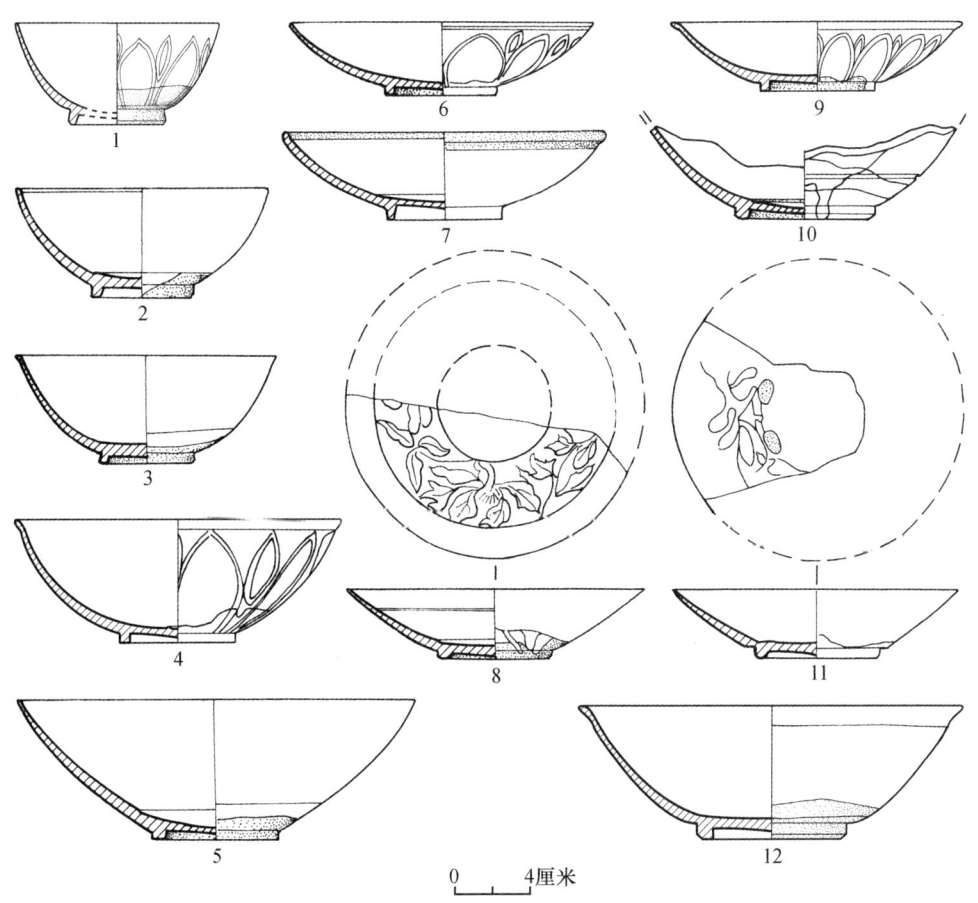

图二九 文化层内出土白釉瓷器

1、2、5. 敞口碗（T0905④：2、T1005④：2、T0805④：21） 3、4、12. 侈口碗（T0905④：18、T0805④：12、T0905④：1） 6～8、11. 敞口盘（T0805④：11、T0905④：33、T0905④：32、T0805④：13） 9. 侈口盘（T0602④：1） 10. 碗底（T0602④：6）（1~4、6~9、11为磁峰窑，5、10、12为合州窑）

3）磁峰窑白釉瓷，器形有碗、盘等。

敞口碗　2件。敞口，圆唇，斜弧腹，圈足。施乳白色化妆土，白釉，内施满釉。T0905④:2，复原，生烧器。足墙外撇，足端斜削。外腹壁刻划莲瓣纹。白胎，质细腻。足部修制规整。外施化妆土不及底，施釉至下腹部。口径10.5、足径5.3、足高0.7、通高5.1厘米（图二九，1；图版六〇，2）。T1005④:2，复原。内底心微凸，外足墙直立，内足墙略外撇。灰白胎，质细腻。外下腹见拉坯轮旋及修坯旋削痕，足部修制规整。外施化妆土不及底，釉色灰暗，口缘部釉色为酱色，外施釉不及底。口径13、足径5.3、足高0.5、通高5.6厘米（图二九，2）。

侈口碗　2件。侈口，圆唇，斜弧腹，圈足。施乳白色化妆土，灰白胎，质细腻。白釉，釉色较明亮，内施满釉。T0905④:18，复原。外足墙直立，内足墙略外撇。下腹近底部见修坯轮旋痕，足部修制规整。外施化妆土不及底，施釉至下腹部。口径13.7、足径5.1、足高0.5、通高5.4厘米（图二九，3）。T0805④:12，复原。足墙直立，内底心压印一小圆圈。外腹壁刻划莲瓣纹。足部修制规整。外施化妆土不及底，施釉至足端。口径16.4、足径5.9、足高0.5、通高6.2厘米（图二九，4；图版五九，4）。

敞口盘　4件。敞口，斜直腹，圈足。灰白胎，质细腻，足部修制规整。施乳白色化妆土。T0805④:11，复原。圆唇，足墙直立，足心微凸。外腹壁刻划莲瓣纹。外施化妆土不及底，白釉，釉色较明亮，内外皆施满釉。内底残存两个石英砂堆支烧疤痕。口径15.6、足径5.8、足高0.5、通高3.8厘米（图二九，6；图版五九，3）。T0905④:33，复原。芒口，圆唇，挖足过肩，外足墙直立，内足墙略外撇。内底压印凹痕一周。白釉泛黄，釉色较明亮，内外皆施满釉。口径16.5、足径6、足高0.7、通高4.5厘米（图二九，7；图版六〇，6）。T0905④:32，复原。尖唇，足墙直立。内腹壁残存阳印牡丹纹。外施化妆土至下腹部，且有流淌现象。白釉，釉色较明亮，内满釉，外施半釉。内底残存3个石英砂堆垫烧疤痕。口径15.6、足径6、足高0.4、通高3.6厘米（图二九，8；图版六〇，5）。T0805④:13，复原。尖唇，外足墙直立，内足墙略内倾，足心微凸。内腹壁残存阳印莲花纹。外施化妆土不及底，白釉，釉色较明亮，内外皆施满釉。内底残存两个石英砂堆垫烧疤痕。口径15、足径6.6、足高0.4、通高3.4厘米（图二九，11）。

侈口盘　1件。T0602④:1，复原。圆唇，斜弧腹，矮圈足，足墙直立，挖足过肩。外腹壁刻划莲瓣纹。灰白胎，质细腻。足部修制规整。施乳白色化妆土，外施化妆土不及底，白釉，釉色较明亮，内满釉，外施半釉，部分化妆土外露。内底残存3个石英砂堆垫烧疤痕。口径15.4、足径6、足高0.5、通高3.5厘米（图二九，9；图版五七，7）。

4）景德镇窑青白釉瓷，器形有碗等。

敞口碗 3件。芒口，斜弧腹。白胎，质细腻，结构紧密。T0805④：4，复原。方唇，圈足，挖足极浅，足墙内倾。内底压印凹弦纹一周。下腹近底部有跳刀痕。青灰釉，釉色较明亮，足内无釉。口径12.1、足径4.6、足高0.5、通高4.5厘米（图三〇，1；图版五九，2）。T0905④：31，复原。方唇，斜弧腹，饼足微凹。内壁有六道出筋，内底压印一周凹弦纹。青灰釉，釉色较明亮，釉层较厚，足底无釉。口径16.6、足径6.3、足高0.8、通高6.3厘米（图三〇，2）。T0905④：12，仅存口、上腹部。圆唇。外腹壁刻划莲瓣纹。青白釉，釉色较明亮，内外壁均有开片。口径16.4、残高4.4厘米（图三〇，3）。

侈口碗 1件。T0602④：5，底部残失。圆唇，斜弧腹。内腹壁残存划花纹。白胎，质细腻，结构紧密。青白釉，釉色较明亮。口径18.4、残高5.6厘米（图三〇，6）。

碗底 4件。T0503④：2，底部残片。弧腹，圈足，足墙外撇，足心呈鸡心凸。灰白胎，质细腻。青釉，釉色较明亮，满釉。足径4.4、残高2.4厘米（图三〇，5）。T0805④：22，仅存底部。圈足，挖足极浅，足墙内倾。内壁残存篦划纹。白胎，质细腻，结构紧密。青白釉，釉色较明亮。足径5.4、足高1、残高2.3厘米（图三〇，7）。T0904④：10，仅存底部。饼足微凹。内底压印凹弦纹一周。白胎，质细腻，结构紧密。釉色泛黄，釉色较明亮。足径5.4、足高1、残高3.3厘米（图三〇，8）。T0602④：12，仅存底部。圈足，挖足极浅，足墙内倾。内壁残存划花纹。灰白胎，质较细，结构紧密。青白釉，釉色显浑浊。足径6.2、足高0.9、残高1.2厘米（图三〇，10）。

不明器形 1件。T0503④：4，口、上腹部残片。直口微敞，方唇，上腹斜直，腹部有凸棱及凹槽。内壁有轮旋痕。白胎，质细腻，内有砂眼。青白釉，釉色显乳浊。残高4.4厘米（图三〇，9）。

5）龙泉窑青釉瓷，器形有碗等。

碗 1件。T0803④：1，底部残失。侈口，尖唇，弧腹。内壁刻划莲花纹，外壁刻划莲瓣纹。灰白胎，质细腻，结构紧密。青釉，釉色较灰暗，釉层较厚。口径13.3、残高5.4厘米（图三〇，4）。

6）疑似邛窑低温绿釉瓷，器形有炉、瓶、壶等。

炉 1件。T0502④：2，复原。直口微敞，平折沿，沿面外缘微凹，圆唇，矮领，鼓腹，平底，三矮足。红褐胎，质细腻。绿釉，釉色较明亮，内壁仅口沿内侧施

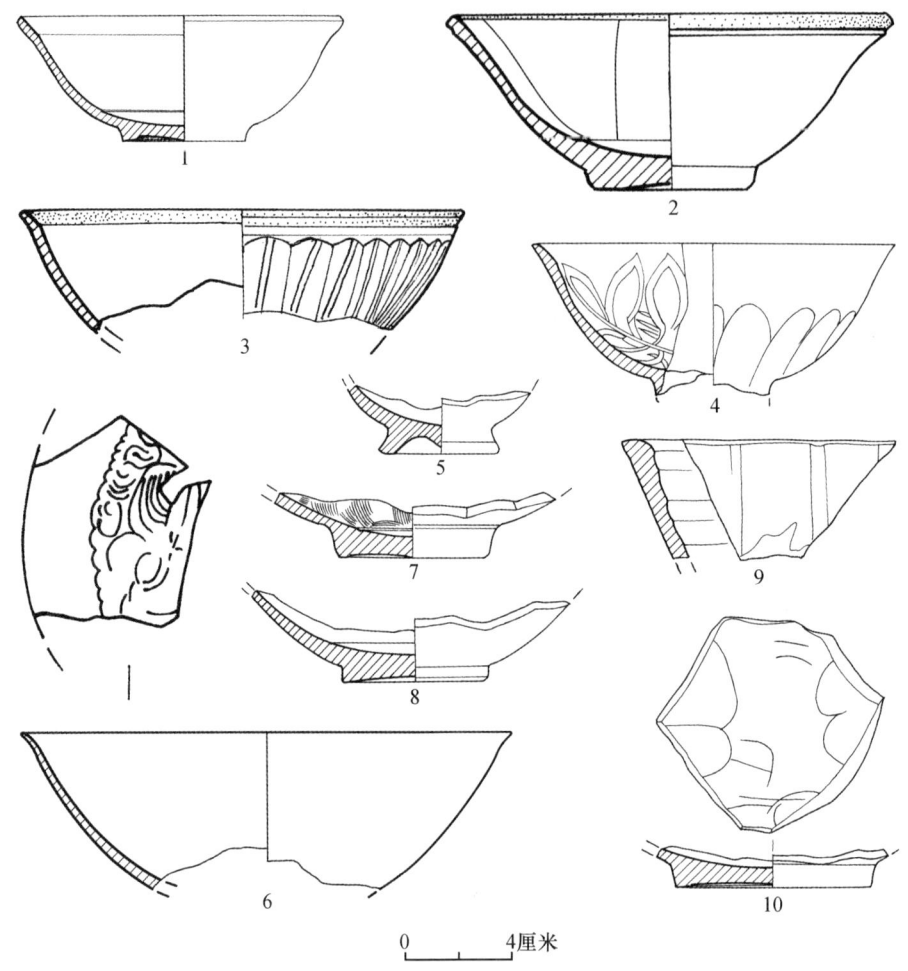

图三〇　文化层内出土青白釉瓷器、青釉瓷器
1~3. 敞口碗（T0805④：4、T0905④：31、T0905④：12）　4. 青釉瓷碗（T0803④：1）
5、7、8、10. 碗底（T0503④：2、T0805④：22、T0904④：10、T0602④：12）　6. 侈口碗（T0602④：5）
9. 不明器形（T0503④：4）（1~3、5~10为景德镇窑，4为龙泉窑）

釉，外施满釉，底部及足部剥釉严重。口径13.6、腹径12、底径6、通高10.5厘米（图三一，1；图版五七，5）。

瓶　1件。T0602④：10，不可复原。喇叭形口，圆角方唇，长颈。灰褐胎，质较粗，内见空隙。施白色化妆土，绿釉，釉色较明亮，内壁仅口沿内侧施釉，口部剥釉严重。口径6.8、残高6.6厘米（图三一，2）。

壶　1件。T0905④：9，颈肩部残片。灰褐胎，质细腻。绿釉黑花，釉色较明亮。残高7.2厘米（图三一，3）。

7）缸胎器，器形有瓮、罐、灯盏、研磨器等。

瓮　2件。敛口，圆唇，溜肩。紫红胎，质较粗，内见砂眼。腹壁有轮旋痕。

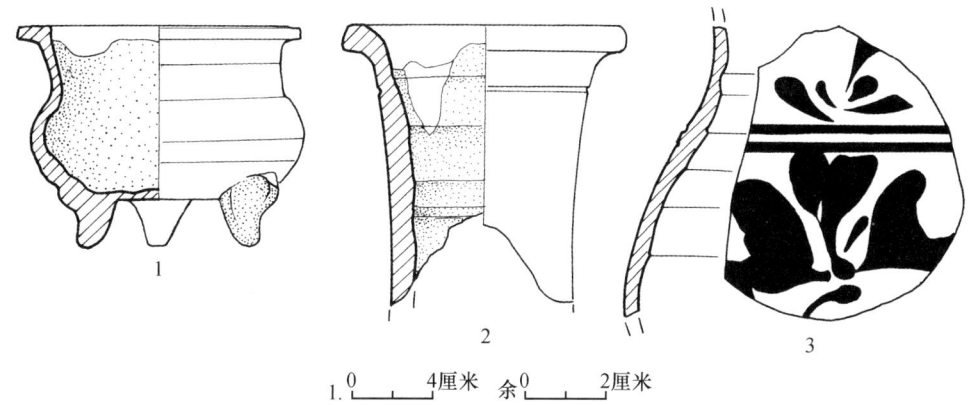

图三一 文化层内出土邛窑低温绿釉瓷器
1. 炉（T0502④∶2） 2. 瓶（T0602④∶10） 3. 壶（T0905④∶9）

浅黄釉，刷釉不均匀，部分露胎。T0904④∶3，残高7.8厘米（图三二，3）。T0905④∶34，肩部残存一桥形立耳。残高13.2厘米（图三二，4）。

罐 1件。T0905④∶15，敛口，折沿，沿面微凹，尖唇，斜领。紫红胎，质较粗，内见砂眼。浅黄釉，刷釉不均匀，多处露胎。口径13.4、残高5厘米（图三二，1）。

罐底 3件。T0805④∶18，平底微凹，下腹斜直。红褐胎，质较粗，内见砂眼。腹壁有轮旋痕，底部修制较规整。内壁见白色化妆土流淌痕。底径17、残高12.2厘米（图三二，6）。T0502④∶3，平底内凹，上腹弧，下腹斜直。灰褐胎，质较粗，内见砂眼。腹壁有轮旋痕，底部有刮削痕，修制较规整。腹壁残存白色化妆土流淌痕。底部有叠烧粘连疤痕。底径11.8、残高14.4厘米（图三二，7）。T0805④∶17，饼足，下腹斜直。红褐胎，质较细，内见砂眼。腹壁有轮旋痕，底部修制较规整。酱黄釉，外施釉至下腹部。底径8.8、残高8.4厘米（图三二，8）。

灯盏 1件。T0805④∶13，复原。敞口，厚方唇微凹，斜腹，平底微凹。灰黑胎，质较细腻。腹壁见修坯旋削痕，底部修制粗糙。浅黄釉，内施釉局部不及口部，外上腹局部施釉。口径7.8、底径3.5、通高2.3厘米（图三二，9）。

研磨器 1件。T0904④∶11，侈口，卷沿，圆唇，斜弧腹。内壁黏附细砂一层，脱落严重。红褐胎，质较粗，内见砂眼。腹壁有轮旋及旋削痕。外上腹部施浅黄釉，剥落严重。口径39、残高9厘米（图三二，2）。

（3）铁器

铁刀 1件。T0904④∶13，锈蚀严重，首部残。弧刃，弧背，扁圆形格，柄横截面呈椭圆形，柄头近圆形。刃宽5.4、柄宽3.4、厚1.3、残长36厘米（图三二，5）。

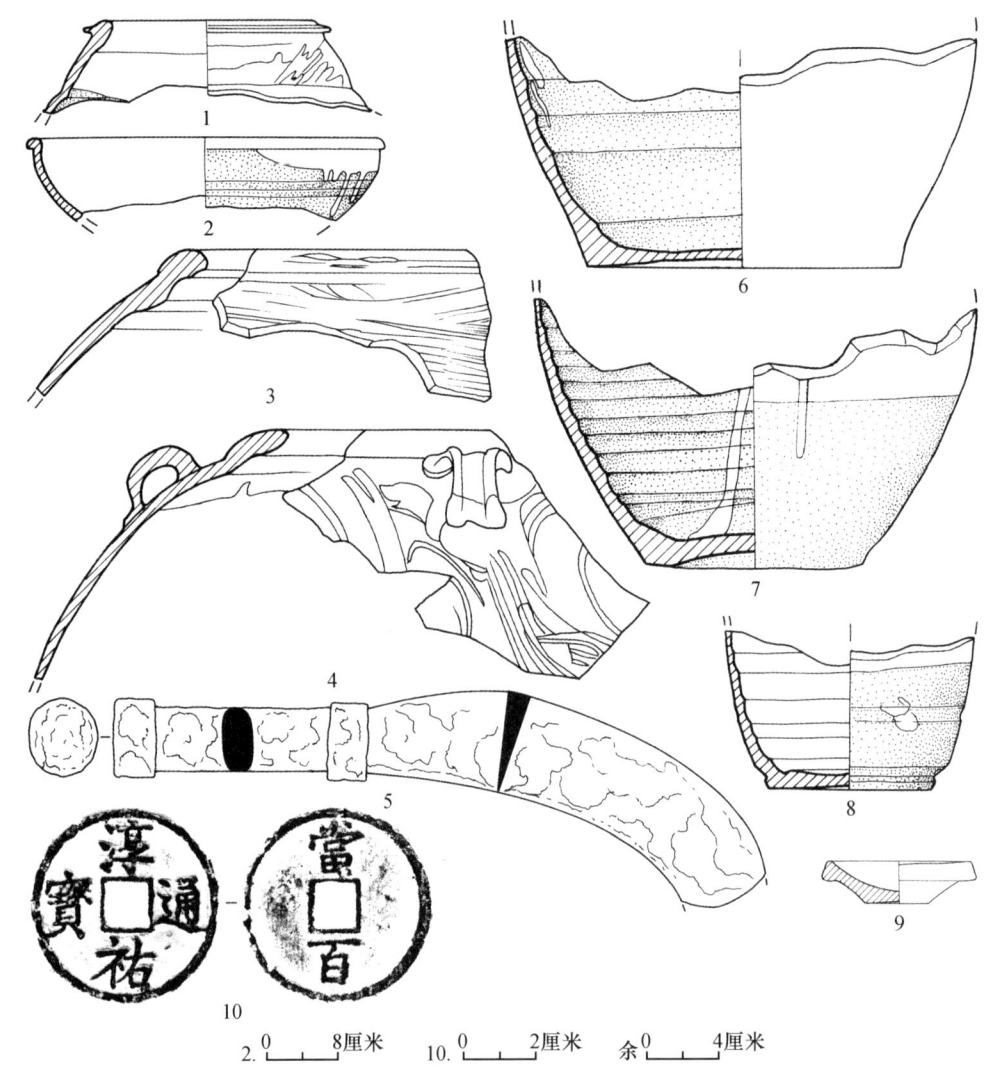

图三二　文化层内出土缸胎器、铁器及铜钱

1. 缸胎罐（T0905④：15）　2. 缸胎研磨器（T0904④：11）　3、4. 缸胎瓮（T0904④：3、T0905④：34）
5. 铁刀（T0904④：13）　6~8. 缸胎罐底（T0805④：18、T0502④：3、T0805④：17）
9. 缸胎灯盏（T0805④：13）　10. 铜钱（T0806④：1）

（4）铜钱

淳祐通宝　1枚。T0806④：1，完整。对读，背文"当百"。南宋理宗赵昀淳祐年间（1241~1252年）所铸。直径5.1、厚约0.3厘米（图三二，10）。

（四）第四组遗存

该组遗存主要分布于遗址发掘区的东半部，在北部亦有少量分布。发现清理遗迹有城门、城墙、房址、灰坑、排水沟、碾盘、石碓、石臼、柱础等（图三三）。

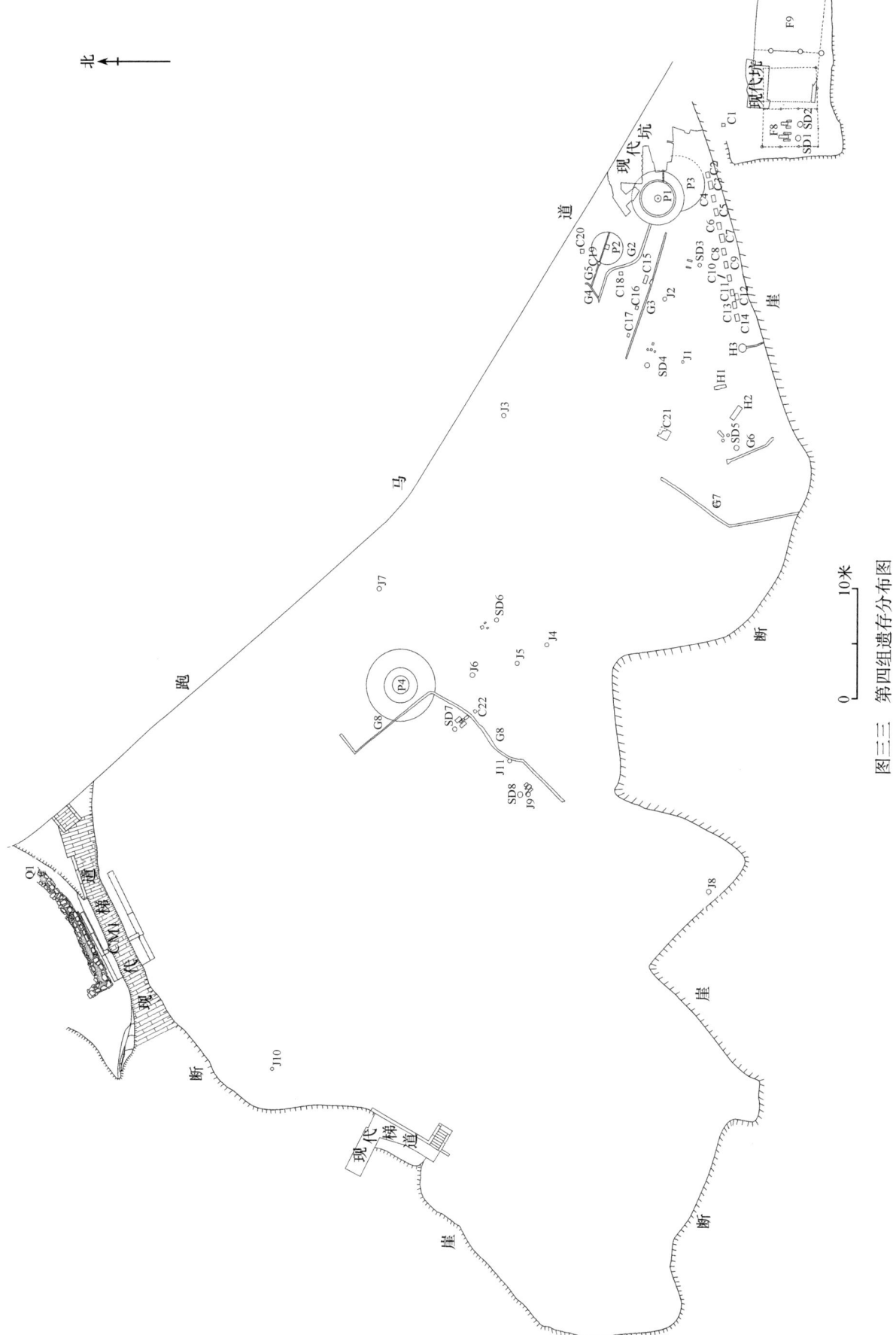

图三三 第四组遗存分布图

1. 遗迹

（1）城门

发现清理城门1处。

CM1　位于发掘区的北部，分布于T0907、T1007、T1106及其北扩方内，暴露于地表，打破山岩，被现代梯道叠压。平面呈长条形，坐东北朝西南，在山岩上开凿而成，与外"八"字形岩壁相接，城门两侧岩壁修凿平整，壁面满布斜向平行錾凿纹，顶部扰毁不存，底部被修建现代梯道时严重破坏。从残存现状看，该城门为双重券顶门洞，两券顶之间以长条石横铺封盖，平顶门道，门道前有安放门枋的凹槽（图三四；图版五五，5）。据门道两侧门枋凹槽，推测门槛长2.7、宽0.3米；门洞宽3.15、残高2～2.33、进深7.15米；外层门洞进深2.65米，底部向上2.23～2.33米起券；内层门洞进深2.2米，底部向上1.8～2.05米起券；门道进深2.3米，底部向上2.33～2.45米横铺条石封盖。门洞底部高低不平，东高西低，门槛后部无门枢槽，由此推断该城门很可能是未修筑完工的半成品。

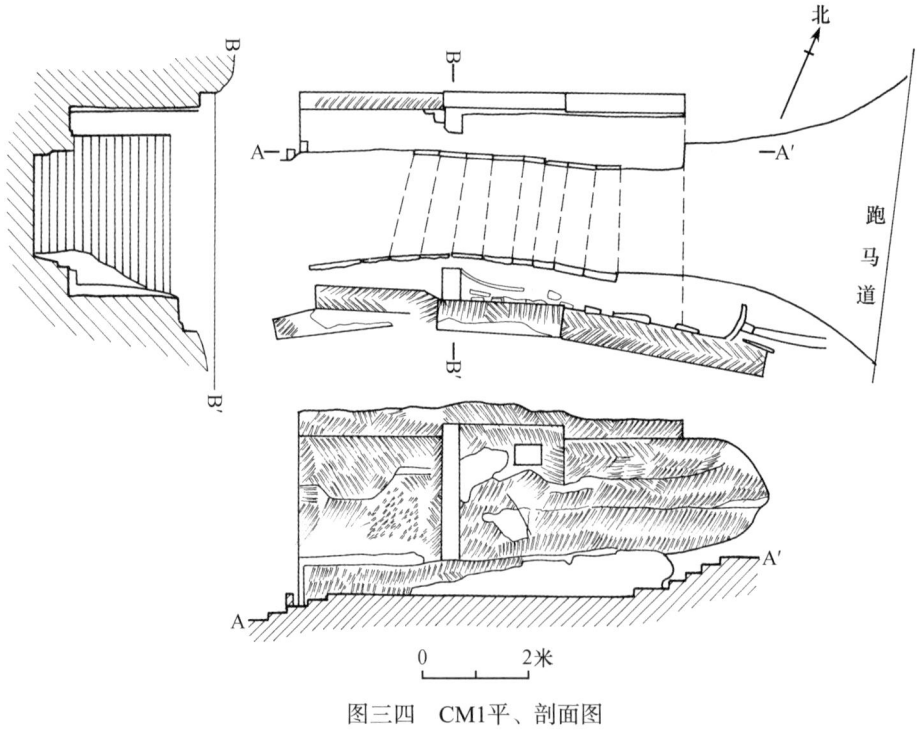

图三四　CM1平、剖面图

（2）城墙

发现清理城墙1段。

Q1 位于遗址北端，分布于T1007、T0907及其北扩方内，暴露于地表，打破山岩。平面呈曲尺形，西南至东北向，以条石构筑内外挡土墙，中部以黏土、石块夯筑而成，挡墙由下至上错缝砌筑，层层内收（图三五）。长14.1、顶部残宽0.8～0.9、底宽1～1.4、残高1.1～1.3米。

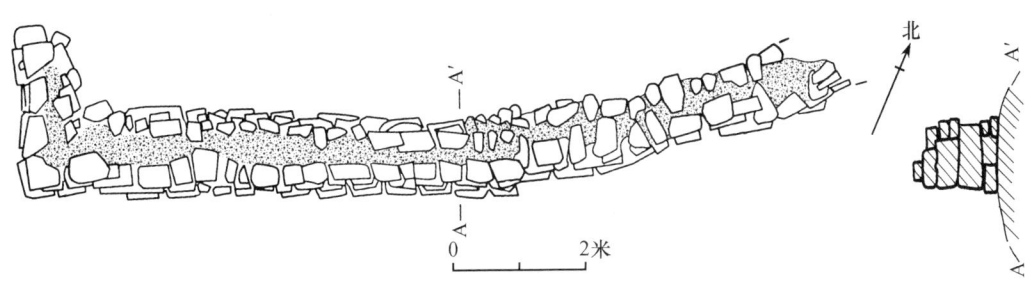

图三五　Q1平、剖面图

（3）房址

属于该组遗存的房址有2座。

F8　位于发掘区东南角，"钓鱼台"之上，分布于T0201西部和T0301南扩方内，暴露于地表，打破F9、H4、H5，被现代坑打破。平面呈长方形，坐南朝北。该房址仅见柱洞10个，柱洞呈纵、横排列，纵向2列，横向1列，平面均为圆形，直径0.15～0.22、深0.15～0.27米。根据柱洞排列分布，推测其为二开间布局，左间稍窄，右间略宽，面阔7.25、进深5.1米，左间开间3.5、右间开间3.75米（图三六）。

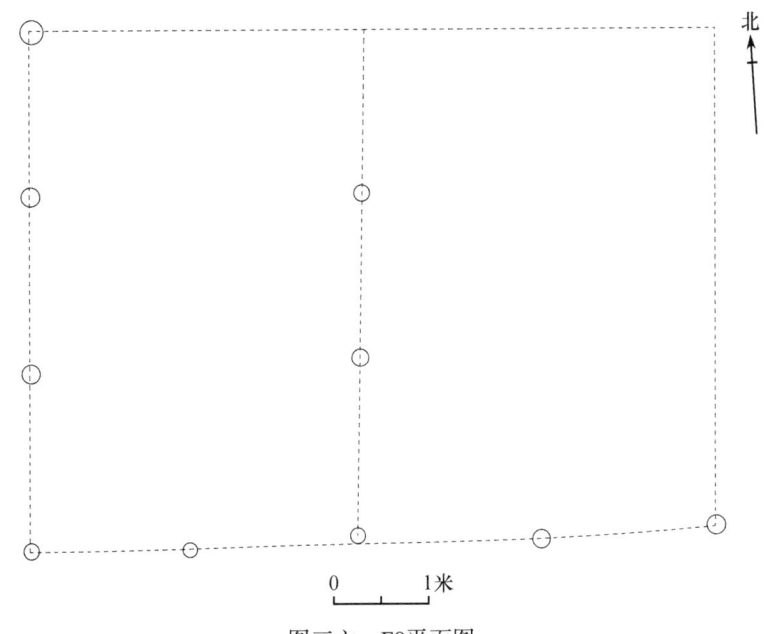

图三六　F8平面图

该房址推测应为临时搭建的房屋，专为SD1、SD2之用。

F9　位于发掘区东南角，分布于T0201及其南扩方内，暴露于地表，打破山岩，被F8、D31及现代坑打破。该房址仅见凿于山岩上的基槽和3个纵向排列的柱洞，柱洞平面均为圆形，直径0.35、深0.13~0.2米。据基槽及柱洞排列推测其残存平面为长条形，坐南朝北，二开间布局，东西残长9.5~9.7、南北宽6米，左间开间4.7、进深6米，右间开间不明，进深同左间。

（4）灰坑

发现清理灰坑3个。

H1　位于发掘区东南部，T0501中部。平面呈长条形，近南北向，暴露于地表，在山岩上錾凿而成，直壁，平底。长1.15、宽0.28~0.3、深0.1~0.17米。

H2　位于发掘区东南部，T0501西南部。平面呈长条形，方向210°，暴露于地表，在山岩上錾凿而成，直壁，平底。长1.35、宽0.45~0.5、深0.2米。

H3　位于发掘区东南部，T0501东南部。平面呈圆形，由坑和沟两部分组合而成。方向190°，暴露于地表，在山岩上錾凿而成，坑位于沟的北侧，平面呈圆形，直壁，平底，直径0.75、深0~0.13米；沟平面呈长条形，口宽底窄，底北高南低，长1.2、宽0.1~0.15、深0.07~0.1米。

（5）排水沟

发现清理排水沟7条。

G2　位于发掘区东南部，T0402内，开口于第4层下，距地表深0~1.25米，西北端接G4，东南部接P1。平面近曲尺形，西北—东南走向，在山岩上錾凿而成，口宽底窄，底西高东低。长9.2、宽0.15~0.25、深0.12~0.15米。沟内填土为灰黑色黏土，含零星瓦砾、小石子等。推测其应为P1的引水渠道。

G3　位于发掘区东南部，分布于T0401、T0402、T0502内，开口于第2层下，距地表深0~0.4米，打破山岩。平面呈长条形，西北—东南向，在山岩上錾凿而成，口宽底窄，底西高东低。长12、宽0.1~0.15、深0.05~0.15米。沟内填土为灰黑色黏土，含零星瓦砾、小石子、青花瓷片等。

G4　位于发掘区东南部，T0402内，开口于第4层下，距地表深1.15~1.35米，打破G5，南部与G2相接。平面近拐杖形，近南北向，在山岩上錾凿而成，口宽底窄，底北高南低。长2、宽0.07~0.1、深0.1米。沟内填土为灰黑色黏土，含零星小石子、青花瓷片等。

G5　位于发掘区东南部，T0402内，开口于第4层下，距地表深0.6~1.35米，打破山岩，被P2、G4、C19打破。平面呈长条形，西北—东南向，在山岩上錾凿而成，口宽底窄，底西高东低。残长5.05、宽0.08~0.1、深0.1~0.12米。沟内填土为灰黑色黏土，含零星瓦砾、灰烬、小石子、青花瓷片等。

G6　位于发掘区东南部，T0501、T0601内。平面近长条形，暴露于地表，在山岩上錾凿而成，近南北向，北端呈喇叭状，南端向东折转，口宽底窄，底北高南低。长5.1、宽0.15~0.2、深0.13米。

G7　位于发掘区东南部，T0601、T0602内。平面近曲尺形，暴露于地表，在山岩上錾凿而成，近南北向，口宽底窄，底北高南低。长12.1、宽0.2~0.35、深0.05~0.2米。

G8　位于发掘区中部，T0803、T0804、T0805、T0903内，开口于第1层下，距地表深0~0.23米，打破山岩、F6。平面呈曲尺形，在山岩上錾凿而成，口宽底窄，底北高南低。长25.35、宽0.15~0.3、深0~0.2米。沟内填土为黄褐色黏土，含零星小石子、瓦砾等。

（6）碾盘

发现清理碾盘4个。

P1　位于发掘区东南部，T0301及其北扩方内，暴露于地表，打破P3，东北部被现代坑打破，西与G2相接。平面呈圆形，在山岩上錾凿而成，直径5.05米，由碾道、石盘两部分组成（图三七；图版五五，6）。碾道位于石盘外围，系碾谷物时的操作通道，平面呈环状，表面平坦，周长15.86、宽0.8米。石盘是整个碾盘的主体部分，直口，平折沿，浅直壁，平底，底部绕盘心凿多组交错磨齿，盘心圆凸，中凿方孔。石

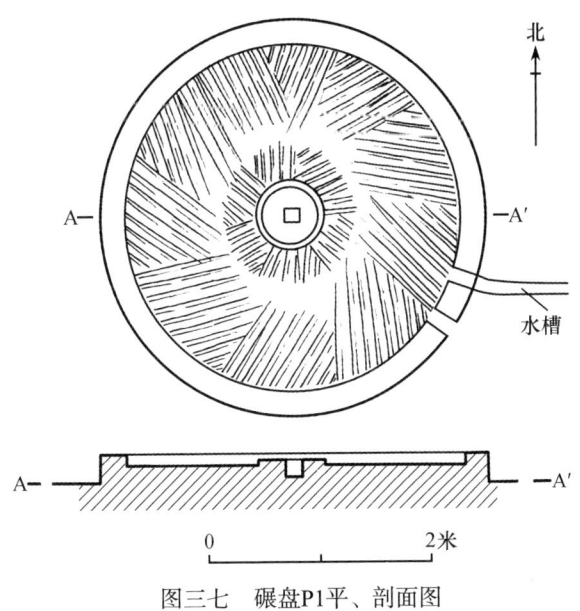

图三七　碾盘P1平、剖面图

盘直径3.45、深0.25、沿宽0.25、盘心圆凸直径0.6、高0.05、方孔口径0.15、深0.15米。

P2 位于发掘区东南部，T0402东部，出露于第4层下，距地表深0.13~0.9米，打破山岩，被G5、C19打破。平面呈圆形，錾凿于山岩上。直径2.85、深0.1米。该碾盘系未修凿完工的半成品。

P3 位于发掘区东南部，T0301中西部，暴露于地表，打破山岩，被P1、现代坑打破。残存平面呈半圆形，錾凿于山岩上，直壁，平底。直径5、深0~0.1米。

P4 位于发掘区中部，分布于T0704、T0804内，暴露于地表，打破山岩、F6，被G8打破。平面呈圆形，錾凿于山岩上，直径6.45米。该碾盘系未修凿完工的半成品，仅见碾道、石盘及盘心轴台轮廓线。碾道周长20.25、宽1.65米；石盘直径3.15米，盘心轴台直径1.55米。

（7）石碓

发现清理石碓8个。皆暴露于地表，直接凿于山岩上，由碓基槽和臼两部分组成。碓基槽由浅凹槽或柱洞组合而成，臼平面呈圆形，敞口微敛，斜弧壁，圜底近平。

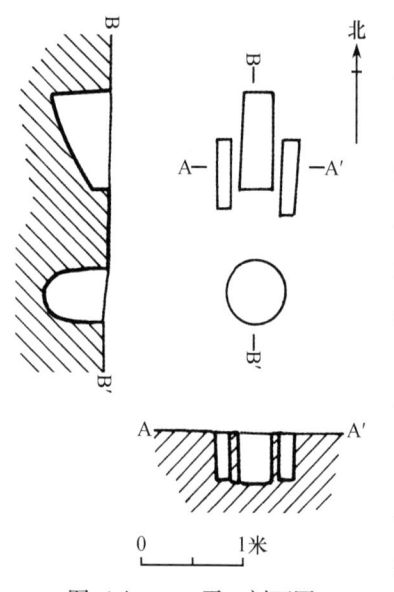

图三八　SD1平、剖面图

SD1 位于发掘区东南角，T0301南扩方中部，东邻SD2。近南北向，碓基槽位于石臼北侧，平面呈"品"字形，由三道凹槽组合而成，各道凹槽皆呈长条形，直壁，东、西为平底槽，中部为斜底槽，槽底南高北低（图三八）。东槽长0.8、宽0.15、深0.09米，西槽长0.75、宽0.15、深0.09米，中槽长0.95、宽0.27、深0.05~0.26米，臼口径0.5、深0.46米。

SD2 位于发掘区东南角，T0301南扩方中部，西邻SD1。近南北向，碓基槽位于石臼北侧，平面呈"品"字形，由三道凹槽组合而成，各道凹槽皆呈长条形，直壁，东、西为平底槽，中部为斜底槽，槽底南高北低。东槽长0.5、宽0.13、深0.09米，西槽长0.53、宽0.15、深0.09米，中槽长0.65、宽0.35、深0~0.17米，臼口径0.5、深0.43米。

SD3 位于发掘区东南部，T0401东北部。东北至西南向，碓基槽位于石臼东北侧，由两道平行凹槽组合而成，皆呈长条形，直壁，平底。南槽长0.5、宽0.12、深0.08米，北槽长0.55、宽0.11、深0.08米，臼口径0.35、深0.4米。

SD4 位于发掘区东南部，T0502东南角。近东西向，碓基槽位于石臼东侧，平面呈"品"字形，由柱洞、浅凹槽组合而成，南、北两端及中部以柱洞为基槽，皆直壁，平底，两端柱洞为圆形，中部为方形。南洞直径0.15、深0.2米，北洞直径0.15、深0.17米，中洞口径0.25、深0.07米；浅凹槽长条形，直壁，平底，长0.2、宽0.1、深0.05米；臼口径0.5、深0.4米。

SD5　位于发掘区东南部，T0501、T0601内，打破D85。东北至西南向，碓基槽位于石臼东北侧，平面呈"品"字形，由柱洞、浅凹槽组合而成，南、北端以柱洞为基槽，皆圆形，直壁，平底。南洞直径0.25、深0.1米，北洞直径0.25、深0.11米；浅凹槽长条形，直壁，斜坡底，长0.7、宽0.25、深0~0.2米；臼口径0.45、深0.4~0.45米。

SD6　位于发掘区东部，T0703中北部，西北—东南向，碓基槽位于石臼西北侧，平面呈"品"字形，由柱洞、浅凹槽组合而成，东、西端以柱洞为基槽，皆圆形，直壁，平底。东洞直径0.2、深0.2米，西洞直径0.2、深0.16米；浅凹槽近方形，直壁，斜坡底，口径0.25~0.3、深0~0.11米；臼口径0.35、深0.4米。

SD7　位于发掘区东部，T0804南部，东南临G8。东南—西北向，碓基槽位于石臼东南侧，平面呈"品"字形，由三道凹槽组合而成，各道凹槽皆呈长条形，直壁，东、西为平底槽，中部槽底呈波状，北高南低。东槽长0.6、宽0.35、深0.07米，西槽长0.65、宽0.3、深0.07米，中槽长0.95、宽0.2~0.3、深0.05~0.25米，臼口径0.45、深0.35~0.38米。

SD8　位于发掘区中部，T0903中东部，打破J9。东南—西北向，碓基槽位于石臼东南侧，平面呈"品"字形，由三道凹槽组合而成，各道凹槽皆呈长条形，直壁，东、西为平底槽，中部槽底为斜坡状，北高南低。东槽长0.4、宽0.25、深0.09米，西槽长0.5、宽0.2、深0.09米，中槽长0.65、宽0.2~0.3、深0~0.25米，臼口径0.55、深0.37米。

（8）石臼

发现清理石臼11个。皆暴露于地表，直接凿于山岩上，平面呈圆形，竖穴，敞口微敛，斜弧壁，圜底近平。J9为半成品，仅凿出臼口。

J1　位于T0501东北部。口径0.25、深0.2米。

J2　位于T0401、T0402内。口径0.35、深0.4米。

J3　位于T0503西北部。口径0.35、深0.33米。

J4　位于T0703西南部。口径0.32、深0.3米。

J5　位于T0703中西部。口径0.43、深0.33米。

J6　位于T0703、T0803内。口径0.35、深0.45米。

J7　位于T0704东北部。口径0.42、深0.45米（图三九）。

J8　位于T0902南扩方西北部。口径0.45、深0.5米。

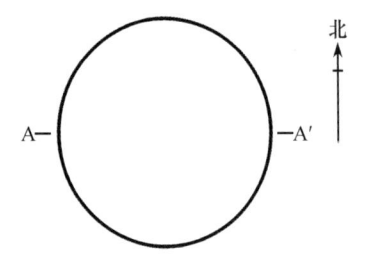

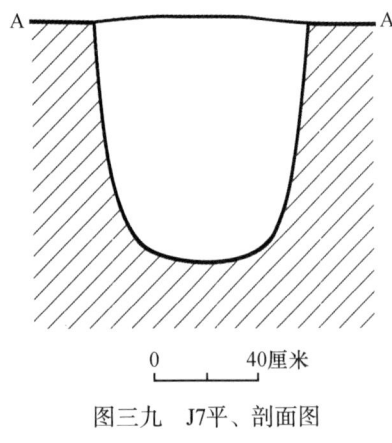

图三九　J7平、剖面图

J9　位于T0903中东部,被SD8打破。口径0.5、深0.1米。

J10　位于T1105北部与T1106南部。口径0.35、深0.4米。

J11　位于T0803中西部。口径0.38、深0.35米。

（9）柱础

发现清理柱础基槽22个,编号C1~C22。皆凿于山岩上,平面形状有方形、长条形。

1）方形柱础。8个,编号C1、C16~C22。方形柱础直接凿于岩体上,直壁,平底。口径0.3~1、深0.05~0.1米。

2）长条形柱础。14个,编号C2~C15。其中C2~C11、C13、C14分布于T0401与T0301南部,紧邻断崖,排列整齐,推测应为防护栏立柱的底座。长0.5~0.93、宽0.1~0.4、深0~0.11米。

2. 文化层出土遗物

文化层内出土遗物极少,青花瓷片残甚,无可辨器形。出土铜钱1枚。

乾隆通宝　1枚。T0805②：1,内外郭,外宽内窄,正面阳文隶书,背满文,钱文清晰,对读。直径2.4、穿径0.6、厚0.1厘米（图四〇）。

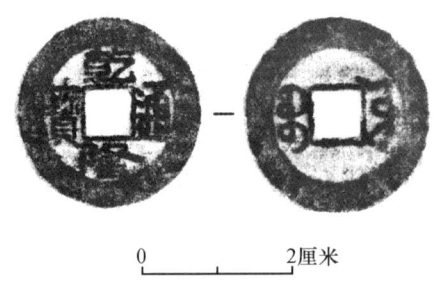

图四〇　T0805②层出土铜钱（T0805②：1）

（五）其他遗存

另在遗址中发现柱洞共计292个（图四一）,编号D1~D292。皆凿于山岩上,竖穴,直壁,平底,平面形状以圆形占绝大多数,偶见方形。方形柱洞口径0.2~0.35、深0.2~0.3米,圆形柱洞直径0.1~0.8、深0.02~0.65米。之外,发现圆形半成品柱洞2个,编号D250、D251。

三、结　语

九口锅遗址因其西北部多个形似"锅"状的圆形凹坑而得名。遗址三面下临峭壁，地表平坦，平均海拔375米，属钓鱼城山顶环城南部制高点。遗存多直接修建于裸露的山岩上，部分遗存直接暴露于地表。

（一）遗存年代

1. 地层堆积年代

第1层：为近现代耕种层。

第2层：土色杂乱，结构较紧密，为近现代钓鱼城景区平整地面垫土层。

第3层：出土极少量清青花瓷片，该层的形成时间应为清代。

第4层：出土了较多各类瓷器和陶质建筑构件，瓷器中以合川本地区盐井镇各窑场生产的黑釉瓷碗、盏、灯盏、罐与景德镇窑青白釉瓷芒口碗以及磁峰窑白釉瓷莲瓣纹碗、盘等为主，时代多在南宋中晚期，部分可至元初；各类建筑构件如兽面、花卉纹瓦当等时代均在南宋中晚期。因此，可推断该层形成年代当在宋元时期。

2. 遗迹年代

九口锅遗址不见文献记载，以下仅通过考古发掘遗迹间的叠压、打破关系及出土遗物对其年代进行推断。

各遗迹相互之间主要有以下几处叠压、打破关系：

F7打破圆形坑；

F4、F10打破圆形坑；

F10打破CK2；

F4叠压CK1。

1）第一组遗存。

该组遗存为圆形凹坑，通过发掘清理发现几处与第二、第三组遗存打破关系，即F7在凿修台基时减地将AK22、AK29等打破，AK4被F4打破，AK10～AK12被F10打破。据此推断这些坑的年代均早于周边几组遗存的营造年代，为九口锅遗址时代最早的一处遗存，年代应早于宋代。

2）第二组遗存。

该组遗存以F7为代表。由于未出土遗物，仅通过形制结构对其年代进行推断。该房址发掘前裸露于地表，是该遗址发现的唯一一处采用覆盆状柱础营建的房屋建筑遗存。

柱础直接开凿于岩体上，凸出地表呈覆盆状，较矮平。其形制结构具有唐宋时期风格，与辽代早期修建的独乐寺①山门平面结构相似，据此推断其营造年代应不晚于宋代。

3）第三组遗存。

以大型建筑F1为主体的建筑群，周边包括F2~F6、F10、L1、L2等建筑遗存。L1、L2横穿F1、F3、F4、F10与F5、F6之间。该组建筑直接建于岩体之上，房屋为台基式建筑，台基周边用石条垒砌包边，岩体处直接凿出台面和基槽，部分建筑现仅存基槽。从该组建筑营建方式来看，石条之间多采用顺丁垒砌、开凿榫卯状凹槽等垒筑，均体现出南宋时期建筑的营造特征。

F1、F4出露于第4层下，房内出土遗物中主要为南宋时期的黑釉瓷、青白釉瓷器以及兽面、花卉纹瓦当等，并在F1中出土1枚正隆元宝（1158年）。

F4叠压紧邻F1左侧的采石点（CK1），营建于CK1之上；F10建于采石点CK2之上。故F4的营造时间应略晚于F1，而早于F10。综上所述，F1是该组建筑中的主体、营造时间最早的一处建筑。在以F1为中心的建筑附近前后又修建了其他遗存，该组遗存应为同时期不同时段修建的建筑。CK1~CK3则为修建该组建筑群时获取石料形成的采石坑。综上所述，该组遗存的营造年代当在宋末元初。

4）第四组遗存。

该组遗存出土遗物极少，零星见青花瓷片和乾隆通宝，均为清代中后期遗物。

遗址北部的城门，俗称"牛项颈"城门，与钓鱼城现有的护国门、镇西门、出奇门等城门结构相似，属典型的清代城门形制。

遗址中发现的石臼、石碓、碾盘等遗存应为清代民众在此生活、生产时形成。

5）其他遗存。

在遗址内发现相当数量的柱洞，以圆形为主。其几乎遍布整个遗址，排列多无规律，以东南部最为集中。具体时代不详。

（二）各遗存性质分析

1. 第一组遗存

该组遗存以圆形坑为主，位于遗址西北部断崖边缘地段，分布较为集中，多暴露于地表，直接修建于岩体之上。坑周壁光滑，使用痕迹明显，中部皆有一圆形凸起，且凸起与坑壁之间皆有条形隔挡。据有关学者考证，其为宋元（蒙）战争军民研磨火药原料之用。

---

① 刘敦桢：《中国古代建筑史》，中国建筑工业出版社，1984年，第204~210页。

本次考古发掘清理共发现圆形坑30个，相互之间有数处打破关系，证明其延续使用时间较长。个别遗存本体被第二组、三组遗存打破，从时代上分析，该组遗存应为遗址中最早的一组遗存，在钓鱼城南宋抗元（蒙）战争爆发之前就应该形成。再者，通过本次考古发掘也未见出土与兵工、火药等有关的遗存，故该组遗存与钓鱼城南宋抗元（蒙）战争无关。结合遗存所处位置推测其或为研磨某种东西，进行某类宗教活动的场地。关于其年代及用途有待进一步研究。

2. 第二组遗存

根据F7所处位置及形制结构来看，具有佛寺建筑的风格，应为一处庙宇山门建筑遗存。寺庙建筑一般为沿轴线排列若干组群布局，注重纵深发展、院落空间。由于后期对其扰乱破坏严重，整体布局不详，仅存山门即F7。

山门内侧即在F7西部距柱础基槽约5.5米处有一"十"字符号，与F7西北部柱础在同一轴线，推测其为柱础定位标记；在F4的东北部现存有C23、C24两个方形柱础基槽，其中C24被CK2打破，该处应为早于F4的一处房屋建筑。上述两种迹象可能与F7山门内侧院落的建筑布局有一定关系。位于遗址南部崖壁上的卧佛岩等石刻建筑可能与该庙宇有极大的关联。

3. 第三组遗存

该组以F1为中心的建筑群遗存依托险要的地势、有限的空间，据险构筑，协调匀称。

从F1形制结构来看。其为台基式"凸"字形建筑，四周建有回廊，月台前面道路（L1）与东北部跑马道相连。根据其平面结构推测应是一处高规格、多层的大型房屋建筑。

由F1地理位置来看。修筑于钓鱼城山顶环城西南端，海拔375米左右，依崖体而建，居高临下，视野开阔。南部、西北部可俯视南一字城与范家堰衙署遗址、东城半岛，居其上三面尽收眼底，便于观察敌情，发号施令。西与薄刀岭相通，北部紧邻跑马道，地势平坦，交通便捷。

综上所述，结合该组遗存时间上与宋元（蒙）战争吻合，推断F1为一处军事建筑，该组遗存应为宋军的军事指挥中心枢纽。

4. 第四组遗存

据文献记载，清代中后期，川渝受白莲教、李蓝农民军及太平军的影响，社会动荡，危及合州，合州民众迁入钓鱼山避难，对钓鱼城山顶环城内进行了修缮，并在山上重新修建了相关生活、生产设施。

5. 其他遗存

位于东南部断崖边缘D26、D28~D30、D41~D43、D45、D47、D48、D86、D87、D89、D96~D99、D103、D105、D113、D151、D155、D161；西北部断崖边缘D274、D275、D277、D279、D280、D282、D283、D288；南部断崖边缘D224、D226、D227、D229~D231以及D232、D242~D246等，推测应为崖边防护栏柱洞。其余用途不明。

（三）九口锅遗址宋元（蒙）战争遗存的价值与意义

钓鱼城坐落于钓鱼山上，山下嘉陵江、涪江、渠江三江汇流，南、北、西三面环水，依恃天险，易守难攻。钓鱼城合理利用悬崖峭壁及嘉陵江等自然条件，加上完备的军事防御设施，最大限度地发挥了山地城池防守的作用，在宋元（蒙）战争中具有重要地位，是宋元（蒙）战争体系山城攻防网络的重要支柱，为山城防御体系的典型代表。

九口锅遗址宋元（蒙）战争遗存，作为钓鱼城山顶环城中一处军事指挥枢纽，是钓鱼城水陆联合防御体系中的重要组成部分，在宋元（蒙）战争中占据极其重要的位置。其凭借独特的地理位置和环境，以钓鱼城为支柱，居高临下，利用山势增加防御高度，对钓鱼城南部、东城半岛以及西部等构成纵深防御体系，与南一字城形成了彼此关联、相互策应的战略防御布局，在宋元（蒙）战争中对范家堰衙署行政机构的保卫、监控防御、协调作战以及配合南一字城的守军攻防起到极其重要的作用。

附记：参加发掘的工作人员有袁东山、王胜利、杨子龙、廖渝方、白新林、李双厚等。

领队：袁东山
修复：田素琼
拓片：李双厚
绘图：师孝明　赵振江
摄影：孙吉伟　王胜利
执笔：袁东山　赵振江　王胜利

范家堰遗址发掘简报

重庆市文物考古研究院

范家堰遗址位于钓鱼城西部的二级阶地上，北近奇胜门和古地道遗址，地处圈椅状山坳地带，三面环山，一面朝江，背倚钓鱼山，北邻马鞍山，南依薄刀岭，西临城外悬崖，面朝嘉陵江，与高望山、牟山、虎头寨等隔江相望。遗址地势西北低东南高，呈阶梯状依次抬升，中心地理坐标为东经106°18′24.0″，北纬30°00′23.3″，海拔291.86米。

2007年，重庆市文物考古所（现重庆市文物考古研究院）在钓鱼城景区西市民居保护维修及整治工程调查中发现范家堰遗址，并进行了全面勘探，初步掌握了其时代和分布范围。2012年，在南一字城遗址考古发掘的同时又对该遗址开展进一步复查，对遗存分布情况有了更为深入的认识。

2013～2019年，在范家堰遗址先后开展四次主动性考古发掘，共布探方170个、探沟48条，总布方面积13601平方米（图一；图版六一）。由于遗址部分遗存埋藏极浅，在清除杂草、藤蔓等地表植被及落叶、根茎等表土腐质物后，遗存即基本完全出露，亦有高台石墙等少量遗存直接暴露于地表，对该部分埋藏极浅，甚至暴露于地表的遗存未做实际发掘，仅在完成清表后，布方留取资料，面积3100平方米，故范家堰遗址的实际发掘面积为10501平方米。

在初期考古发掘中，为廓清遗址时代和范围，采用探沟、探方结合的分散发掘方式，囿于发掘面积，对部分遗迹，尤其是大型建筑遗迹，无法一次性全面清理，仅能揭露其一隅，难以管中窥豹，确定其性质，加之晚段建筑遗迹种类丰富、复杂多样，现行考古学传统遗迹编号模式无法覆盖全部遗迹，因而遗址发掘过程中的原始编号存在一定不足，故在后期资料整理、简报编写过程中对原始编号进行了适当调整修改。范家堰遗址四次主动性发掘共清理揭露遗迹262处（原始编号），经遗迹编号调整修改后，共有高台、房址、灰坑、水池、采石点、围墙、墙、灰沟（含排水沟）、散水、道路、墓葬、涵洞、龛、滤水沟和碾盘等各类遗迹263处（图二；附表一）。出土陶、瓷、铜、铁、石、骨器等各类遗物3617件。

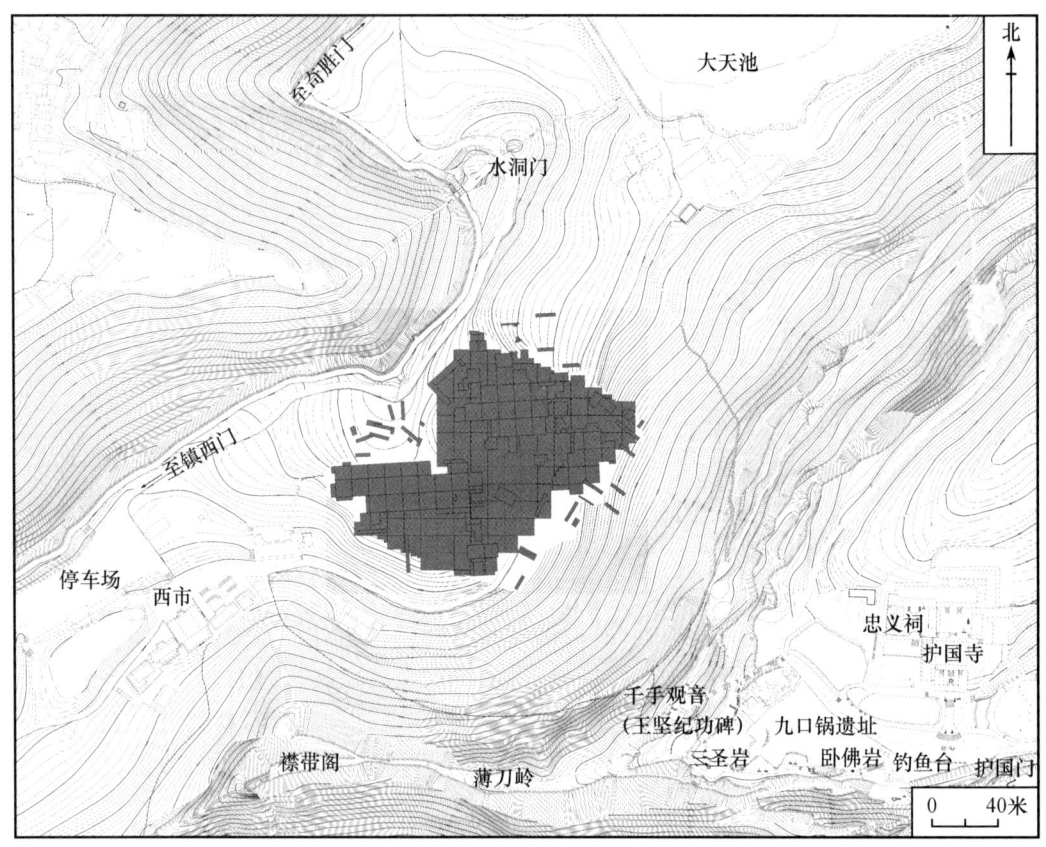

图一 范家堰遗址地形及发掘区位置示意图

上述遗存除G34为近现代水沟外,余可分为甲、乙、丙三组。现将考古发掘情况简报如下。

一、地层堆积

以TN15W46东壁剖面为例介绍遗址地层堆积情况。

TN15W46东壁剖面共五层(图三)。

第1层:近现代耕土层。厚0.03~0.3米。灰褐色黏土,土质疏松,夹杂大量植物根系、零星石子等。出土遗物为零星瓦砾、青花瓷片、缸胎器残片等。部分叠压于景区旅游步道下。

第2层:清代文化层。深0.03~0.3、厚0.25~0.7米。含砂较多的灰褐色黏土,土质较致密,夹杂零星石子、石块等。出土遗物为零星瓦砾、青花瓷片、青釉瓷片、白釉瓷片、黑釉瓷片及缸胎器残片等。

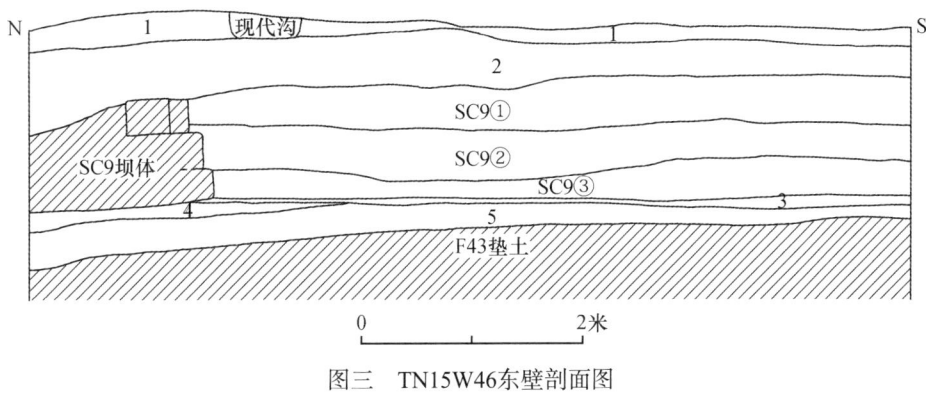

图三 TN15W46东壁剖面图

SC9开口于该层下。

第3层：明代文化层。深1.5～1.6、厚0～0.1米。黄褐色黏土，土质较致密，夹杂零星石子、卵石等。出土遗物为零星瓦砾、青花瓷片、白釉瓷片、青白釉瓷片及缸胎器残片等。

第4层：宋末元初文化层。深1.55～1.7、厚0～0.2米。浅灰褐色黏土，土质较致密，较纯净，夹杂零星石子、卵石等。出土遗物为零星瓦砾、白釉瓷片、缸胎器残片等。

第5层：宋末元初废弃堆积层。深1.55～1.75、厚0.1～0.35米。黑灰色黏土，土质较致密，夹杂零星的石子、卵石等。出土遗物为大量瓦砾、零星的青釉瓷片、白釉瓷片、黑釉瓷片及铁块等。

F43叠压于该层下。

二、甲组遗存

甲组遗存16处，数量较少，分布零散，多遭严重破坏，保存情况较差，包括墓葬4座、道路1条、房址6处、灰坑1处、排水沟3条及水池1处（图四）。

（一）墓葬

墓葬4座，M2～M4、M6，均为石室墓。

M2 位于遗址东北部TN18W44中，墓室后龛局部出露于第3层下，开口于F64垫土层下，打破生土。距地表深1.6～1.7米，方向286°。墓葬在修建F64时被拆毁，底部及后龛保存较好。先挖竖穴土坑墓圹，再在墓圹内修筑墓室。墓坑清理长3.05、宽1.7、深1.4米，由墓道、墓门和墓室等部分组成（图五）。

墓道位于墓葬西端，出于保护房址垫土考虑，未进行发掘，形制不明。墓门被

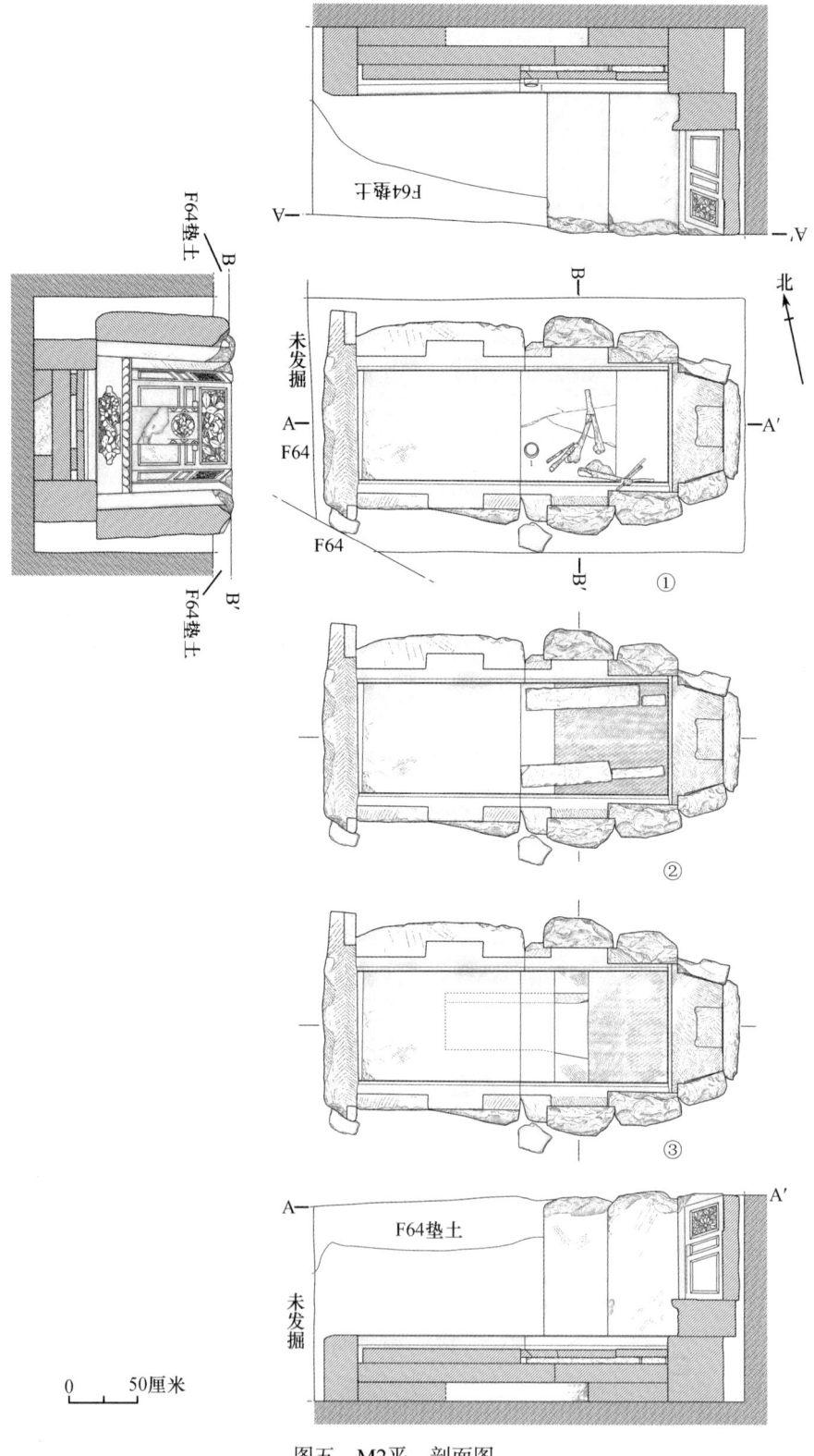

图五 M2平、剖面图

毁，仅余底部门槛基石。墓室平面呈长方形，内长2.2、宽1.12、残高1.07米。修筑时，首先在墓圹底部四周铺设条石作为基座，外缘抹角。基座间平铺石板为墓底板，共三层，上层底板用三块石板铺就，表面打磨平滑，前端石板较大，长1.11、宽0.75、厚0.1米，后部两块石板较小且薄，底部两侧各用一块宽约0.15米的小石板作为垫石，形成类排水沟状；因上层底板前部未揭开，故中层底板前部不明，中层底板后部表面錾痕密集，长0.78、宽0.75、厚0.13米；下层底板后部用整块石板铺满，规格为长0.55、宽0.75、厚0.13米，中部仅两侧铺有石板，石板间形成腰坑状。竖砌石板立于基座上，修筑墓壁、侧壁龛、后龛等。墓室左右壁中部各建有长方形壁龛两个，四龛对称分布，大小、形制相同，龛底高于墓底面0.1米。前部壁板不存，后部残余4块壁板，残高1、宽0.4、厚0.1米。龛板面錾痕较浅且稀疏。墓顶不存，形制不明。

后龛平面呈"八"字形，面阔1.15、进深0.06~0.36、高1.1米，由底座、龛室和盖板组成。底座为近须弥座式，面阔0.95、进深0.06、高0.25米，为一块整石打凿而成，顶部内收叠涩，外缘饰仰莲纹，下部为减地平钑仙鹿衔花纹。龛室面阔0.85、高0.71、进深0.36米，后壁板与两侧壁板呈"八"字形立于底座之上，并有榫卯扣合，形成三扇折叠屏风结构。三扇屏风结构相同，均为上、中、下三段，上段雕刻花卉纹，中段、下段为素面。屏风前正中部刻一把木椅靠背，宽0.26、高0.48米，两侧刻0.05米宽的边带，边带上饰有卷云纹，椅子上中部刻圆形框，直径0.17米，内刻减地平钑折枝牡丹纹，上方两侧向外伸出0.05米形成靠背耳，椅背下有一个长0.27、宽0.2米的浅坑，可能为放置椅座处（图六）。龛盖板为早期拆除，清理后复原，盖板平放，内面平整，盖板前部饰有阴线开光，其内阴刻"吉堂增福壽"（图版六二、图版六三）。

墓内堆积分为三层。

第1层：厚0~0.6米。灰黑色黏土，土质较疏松，夹杂小砂石块、鹅卵石及少量炭屑。遗物有少量青釉瓷片、白釉瓷片。分布于墓室后部，为修建F64时填于墓中的垫土。

第2层：厚0~1米。灰黄色黏土，土质疏松，夹杂小砂石块、鹅卵石。出土遗物为陶瓦片、铁钉、陶罐残片等。分布于墓室前部，为修建F64时填于墓中的垫土。

第3层：厚0.07米。浅黑色土，土质疏松。头骨、上下肢骨散乱置于墓室后中部，为葬具、人体腐烂后形成的堆积。

葬具、葬式不明。随葬品仅存1件瓷盒。

瓷盒　1件。M2∶1，口部微残。子口，斜直壁，饼足略内凹。外壁釉下饰白色花叶纹。胎色灰红，胎质较粗糙，釉色酱灰，脱落严重，外壁施釉至下腹，内壁仅口部施釉。口径10.3、足径7.6、高4.9厘米（图七）。

图六 M2后龛拓片

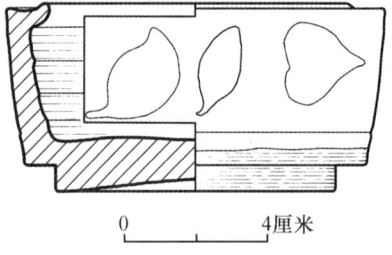

图七 M2出土瓷盒（M2∶1）

（二）道路

道路1条，L2。

L2 位于遗址北端ⅠT1016中，叠压于第5层下，打破生土，被WQ1叠压打破。距地表深0.55～1.7米，东北高西南低，方向260°。

平面形状为长条形，残长4.3、宽2.8、残高1.35米，是较为精致的石构道路，分为西、中、东三段及两侧排水沟（图八；图版六四，1）。西段仅为一级踏步，长0.45、宽1.75、高0.3米，石板平铺而成，踏步两侧各有一半圆形柱础，直径0.3、高0.3米。中段为平路，长2.45、宽2.05、高0.4米，前端及两侧以石板围砌陡板石，内以红褐色黏土夹石块填平，后平铺石板为路面，路面两侧有坐落于陡板石之上的条石，顶面有长条形凹槽。东段为4级踏步，以条石铺砌，表面密布錾痕，残长1.3、宽1.9、残高0.65米。踏步北侧凿有长条形凹槽，南侧残存一方形柱础，边长0.35、高0.3米。两侧排水沟均为明沟，位于道路西段和中段，长2.9、宽0.25、深0.15米，平铺石板为沟底，横向立置石板为外沟壁，以陡板石为内沟壁。

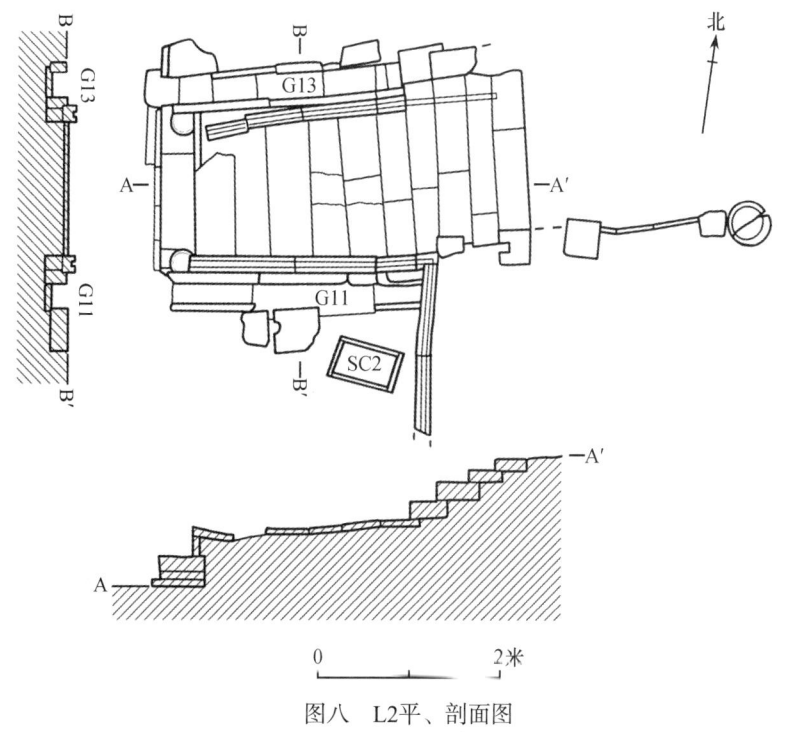

图八 L2平、剖面图

（三）房址

房址6处，F9、F11、F12、F14、F19、F21。

F14 位于遗址中部偏北的ⅠT0616中，叠压于GT6、GT14垫土层下，被L4、F15、F29叠压。开口距地表深0.4~0.45米，方向276°。

房址平面形状为长方形，南北残长7.3、东西宽3.8米，由柱础和地栿石组成（图九）。残存方形柱础4个，地栿石14条。柱础加工规整，边长0.35~0.45、高0.2米。地栿石为长条石，不甚规整，长0.7~1.4、厚0.1~0.2米。南部房间结构相对完整，面阔2.2~2.5、进深2.35米。

三、乙组遗存

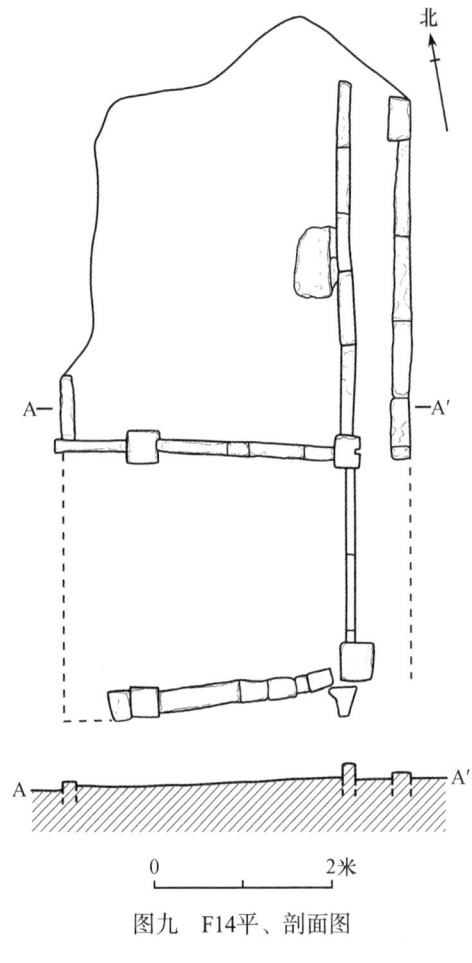

图九 F14平、剖面图

乙组遗存为范家堰遗址主体遗存，共清理各类遗迹215处，包括围墙5条、高台26处、房址38处、道路30条、水池9处、涵洞1处、龛1处、采石点4处、排水沟70条、散水3条、灰坑16处、墙10处、墓葬1座和滤水沟1处（图一〇）。

乙组遗存为一处大型建筑群，修建于山前坡地上，轴线方向为310°，以夯土包石构筑多级高台，自西北向东南层层抬升。高台以楔形条石丁砌护坡石墙，自下而上逐层收分，外壁修凿为规整的斜面，内以红褐色黏土夯填而成。历年发掘共揭露高台26处，除GT15在建筑群外围外，余皆位于其内（图一一）。该处建筑群分为公廨区和园林区两个相对独立的区域，公廨区由围墙、中轴线建筑和两侧附属建筑组成，园林区以大水池SC1为中心，环绕分布有大型房屋建筑、景亭、截洪沟及排水涵洞等。建筑群内部路网较为清晰，排水系统保存较好，纵横交错，上下分层，规划科学，极富特色。

（一）公廨区

公廨区平面形状近凸字形，长约110、宽34～72、高差约22米，面积7000余平方米，方向310°。外部以高大厚重的夯土包石墙围合，内部则将倾斜的山坡削高填低，取平成若干高台，其上营建房屋、庭院、道路及给排蓄水设施等各种建筑。

1. 围墙

围墙是环绕公廨区的夯土包石墙，推测总长约308、宽1.4～3.2、残高0.5～3.2米，西部的南北两端与GT10相接，将公廨区完全围合。该墙高大厚重，由内、外石墙及两墙间夯土构成，内、外石墙以楔形条石丁砌为主，偶见顺砌，自下而上逐层收分，外墙多修凿为平整斜面，石墙间以黏土夹石块夯填，夯土未见明显分层，分WQ1～WQ5等5段予以清理。

WQ1　位于遗址北部，分布于ⅠT1016、ⅠT1114、ⅠT1115、TN21W49、TN21W50等探方内。部分暴露于地表，叠压于第5层下，叠压GT10、GT12、GT14、G18、Q8、生土及山岩，打破L2。距地表深0～1.75米，总体为东南—西北向。东与WQ4相连，制作精细，保存情况较好，墙体顶部不存，局部挤压变形。

平面形状近折尺形，长24.66、顶残宽1～1.6、底宽1.5～1.75、残高0.3～2.1米，分为西、中、东三段（图一二；图版六四，2、3）。西段建于GT10上，与F18平行，紧贴其柱础石，平面形状为长条形，长约11.08米，内外石墙以錾凿规整的楔形条石错缝丁砌为主，自下至上逐层收分，局部内墙近垂直，石墙内用红褐色黏土夹石块夯填，出土少量陶瓷片；中段建于GT12上，平面形状为长条形，长10.34米，形制、结构与西段相同，西、中两段为同一条墙，仅方向不同。东段同时为GT14包边石墙，被中段叠压，在修筑顺序上早于西、中段，平面形状为长条形，长3.24米，所用条石长0.3～0.8米，宽、厚0.2～0.3米，丁头面多呈规则、平整的长方形或方形，表面錾凿曲尺形线或斜线。

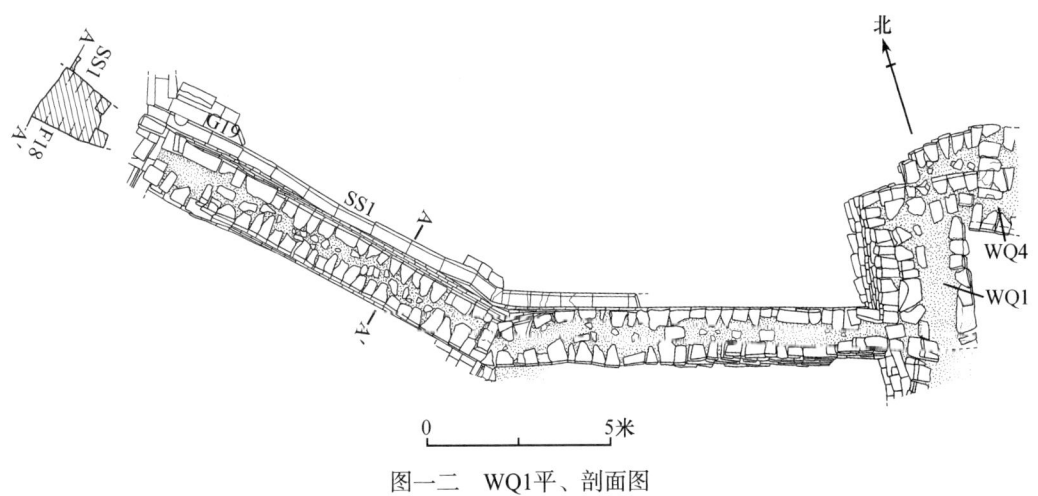

图一二　WQ1平、剖面图

WQ2　位于遗址西北部，分布于TN15W51～TN18W51、TN15W52～TN19W52等探方内。叠压于第3层下，叠压GT10、GT12、生土及山岩。距地表深0.39～0.9米，方向8°。北与WQ1相对，南与WQ3相连，同时为GT4护坡墙。

平面形状近折尺形，剖面形状呈梯形，揭露长约45.2、宽2～3.2、残高1.3～2米（图一三）。墙体用较规则的石块垒砌而成，外墙部分垮塌，内以灰黄色黏土夹石块夯填，出土零星瓦砾及白釉、黑釉瓷片等。

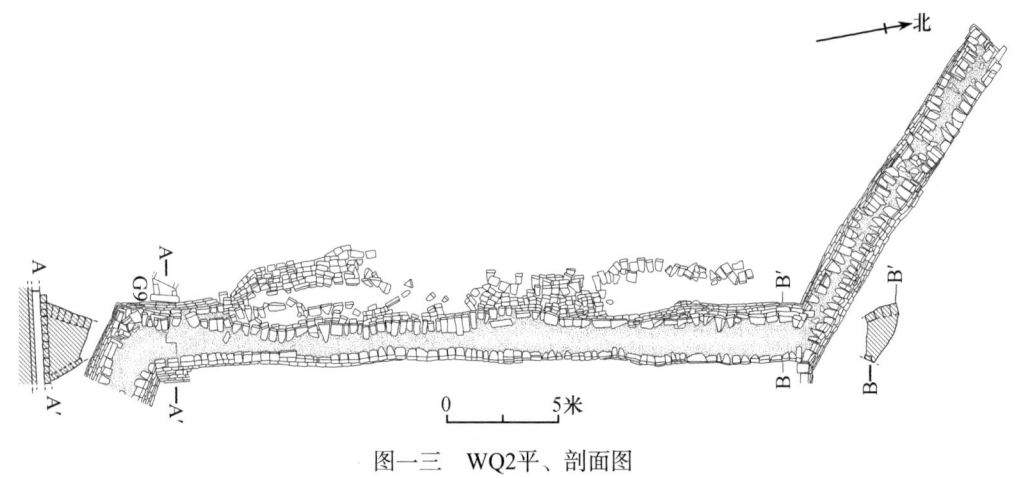

图一三　WQ2平、剖面图

WQ3　位于遗址中部，分布于ⅠT0413、TG24及TN14W50等十余个探方内。部分暴露于地表，叠压于第7层下。距地表深0~1.95米，方向292°~304°。墙体中部毁坏不存，局部挤压形变。

平面呈长条形，剖面形状呈梯形，揭露长约50.85、底宽2.05~2.8、顶残宽1.54~2.05、残高0.15~1.6米（图一四；图版六四，4）。依地势直接砌筑于山岩、生土之上，内外石墙以加工粗糙的条石错缝丁砌或丁顺结合砌筑，现存1~6层，自下而上逐层收分，砌筑手法相对粗糙，石块间缝隙较大，多垫以小石块、石片。所用条石形状、规格各异，长0.35~0.75米，宽、厚0.2~0.5米，部分丁头面錾刻斜线。墙内以棕褐色黏土夯填，夹杂较多的石块、石子、炭屑、红烧土颗粒，出土少量瓦砾、白瓷残片等。

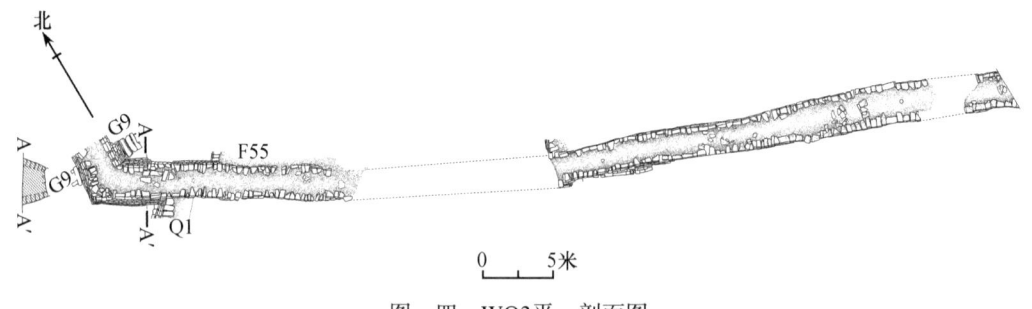

图一四　WQ3平、剖面图

2. 高台

目前公廨区已揭露18处高台，按照高台分布、走向和高度等差异，可分为前、中、后三个高台群。

（1）前部高台群

前部高台群2处，即GT10、GT12。

GT10 位于遗址西北部，分布于TN19W52～TN21W50等探方内，东邻GT12，南邻GT4，叠压于WQ1、WQ2、L10下，打破生土。方向315°，海拔286.34米。

平面形状近刀把形，长32.9～33.65、宽10.5～11.1、残高0.72～1.9米，面积约325平方米。高台一周均以丁顺交替砌筑的陡板石包边，陡板石上平铺压阑石与地面齐平，东部略高，直接利用生土为面，西部低洼处以夹杂鹅卵石的红褐色黏土填平。

高台上有房屋F18、F59，G66自高台垫土中穿过，G18、G22流经高台前后，L10、L8为上下高台的踏道。

（2）中部高台群

中部高台群10处，又分为左、中、右三路。按照由低到高、依次抬升的顺序，左路为GT4、GT6、GT9、GT21，中路为GT14、GT8、GT22，右路为GT11、GT17、GT19。

GT9 位于遗址中部，分布于TN13W48～TN16W47等探方内，北邻GT8，西邻GT6，南邻WQ3，东邻GT21，叠压GT6、WQ3，被GT21叠压。方向287°，海拔294.37米。

平面形状近梯形，长31.4、宽7.6～19.72、残高2.14～2.45米，面积约320平方米。高台西侧以条石丁砌内收的包边石墙，内以夹杂石块的红褐色黏土填平，石墙中部部分垮塌。台上有房屋建筑F17，G52～G54自高台垫土中穿过，L5为上下高台踏道。

GT8 位于遗址北部，分布于TN15W47～TN18W46等探方内，北邻GT11、GT17、GT19，南邻GT6、GT9，西邻GT14，东邻GT22。叠压GT14，被GT19、GT22叠压。方向310°，海拔294.43米。

平面形状为长方形，长26.16、宽23.6、高1.6米，面积约620平方米。高台北、西、南三面以丁顺交替的陡板石为包边石墙，东部以生土为面，西部以夹杂石块的红褐色黏土填平。台上水池SC5、SC6打破生土，G51、G58自高台垫土中穿过，G39、G44流经高台两侧，L4、L5、L12、L15、L18为上下高台的踏道。

GT19 位于遗址东北部，分布于TN17W45～TN19W43等探方内，北邻WQ4，南邻GT8、GT22，西邻GT17，东邻GT13，叠压GT17、GT8、WQ4、G39、G72、SC11、M2、M3、M6。方向310°，海拔约为296.78米。

平面形状近梯形，长20.22、宽7.36～11.48、残高0.73～1.51米，面积约202平方米。北侧以WQ4为包边，西侧、南侧以条石丁砌内收的包边石墙，东部以生土为面，西部以夹杂石块红褐色黏土填平。高台上有F39、F64两处建筑。甲组遗存M2、M3、

M6叠压于高台垫土下。G39、G72自高台垫土中穿过，L34为出入高台的道路。高台填土上有一条以碎石铺成的条带状堆积LS1，可能为高台石板地面下的渗排水设施。

（3）后部高台群

后部高台群6处，GT13、GT16、GT20、GT23、GT24、GT26。

GT13　位于遗址东北部，分布于TN17W43、TN18W43等探方内，北邻WQ4，南邻GT22，西邻GT19，东邻GT16。叠压WQ4、GT19、GT22，被GT16叠压。方向298°，海拔300.38米。

平面形状近刀把形，长20.6、宽8.3~14.1、残高1.5~3.77米，面积约202平方米。北侧以WQ4为包边石墙，西、南侧以条石丁砌内收的包边石墙，西南角部分垮塌，东部以生土为面，西部以夹杂石块的红褐色黏土填平。G69、G77自高台垫土中穿过，G25流经高台西部，F47土坑开凿于该高台下生土内。

3. 房址

（1）中轴线建筑

中轴线建筑是公廨区的核心区域，自前至后、由低到高分别为F18，F28、F29，F15，F30，F43。

F18　位于遗址西北部，分布于TG10、TN19W52~TN21W50及ⅠT0914等探方、探沟内。叠压于第8层下，被WQ1叠压，打破山岩。距地表深0.25~2.1米，方向315°。

仅存房基，以夯土包石构筑，平面形状呈长方形，长24、宽10、残高0.2米，因未做进一步解剖发掘，只见台明，埋深情况不明（图一五）。台明西北、东南两面竖置陡板石包边。陡板石的砌筑方式为一丁一顺，通常露明面修凿较为规整，内里多未经修凿，粗糙不平，丁砌石板两侧凿为卯口，顺砌石板两端凿为榫头，丁、顺石板以榫卯扣合，陡板石上、下端分别有凹槽、凸出，类似于榫卯结构，增加多轮垒砌陡板石的稳定性，更为坚实牢固。台明北部地势较高，只砌一轮陡板石，其上部压阑石尚存7块；西部遭破坏较为严重，仅存一轮陡板石，上部有凹槽，丁头面凸出于顺砌面，其下平铺一层土衬石，留有金边；南部地势较低，台明包边砌筑较为复杂，最下部在G18壁板旁平齐砌筑一轮条石，其上平铺土衬石，上部竖置四轮陡板石，土衬石留有金边，上部有凹槽。值得注意的是，最上轮陡板石方向与下三轮陡板石、土衬石方向不一致，推测可能是出于某种原因，砌筑完台基后对地上建筑的方向做了一定调整。

房址有四排六列柱础、碌墩，从残存状况看，柱础、碌墩的建造过程是先在台基上挖方形碌巢，内以黏土夹大量小卵石夯填，夯土中可能还夹有数层石板，上铺若干块碌石板，最后放置柱础。柱础有两种，多为素覆盆状，覆盆直径0.4、方座边长0.7

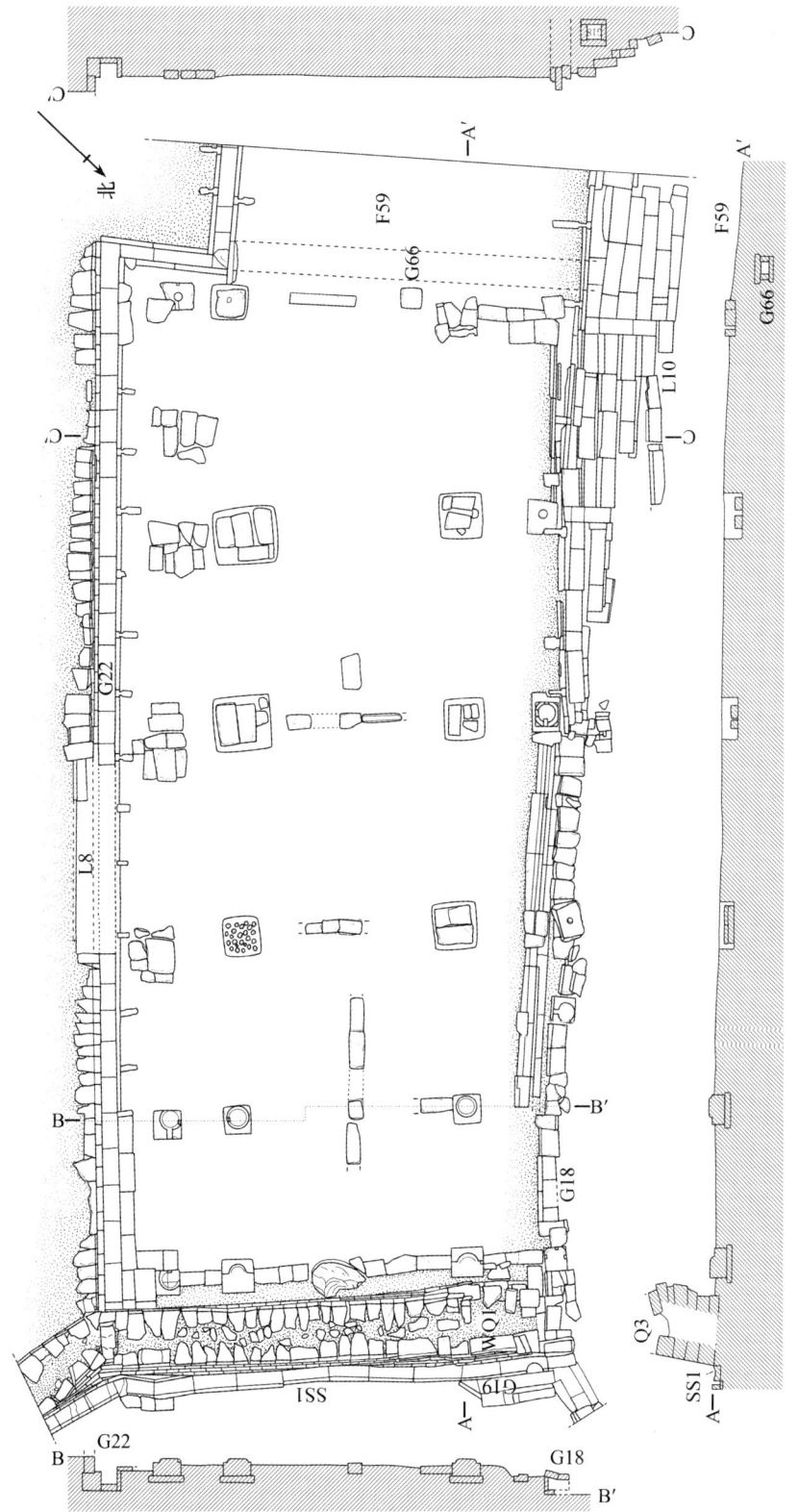

图一五 F18平、剖面图

米，少量为方形柱础石，上有一圆形洞。建筑内里海墁不规则石板，柱础间尚存少量地栿石。

F28、F29为一组建筑，位于遗址北部，分布于ⅠT0715～ⅠT0817等探方内。叠压于第4层下，叠压GT14、F14、G40～G42，被Q17、L18、L19叠压，打破山岩。距地表深0～1米，方向310°。

平面近长方形，长32.4、宽22.6、残高0.15～0.3米，由仪门、前厅、两庑、廊道及天井等组成（图一六）。

仪门位于中院正前部，平面为长条形，方向310°，门道宽4.33、进深5.85米，内里地面海墁石板，分为前、后门道。前门道略低，其前部因台基坍塌而严重毁坏，残长约3.1米；后门道保存情况相对较好，长2.75米，两侧各有一边长约0.6米的方形区域，未铺石板，裸露黏土，其上残存一块修凿规整的条石，应为放门砧处，内侧凿有两个对称长方形孔，长0.25、宽0.05米。

前厅位于仪门左右，平面为长条形，以条石构筑墙基，内以棕褐色黏土夹石块夯填，南北长31、东西宽5.3、残高0.2～0.43米，残存10个柱础、6个磉墩，推断前厅为两组四开间建筑。

两庑位于左右两侧，平面为长条形，内以棕褐色黏土夹石块夯填，左庑方向50°，面阔16.5、进深5、残高0～0.3米；右庑方向220°，面阔16.5、进深5、残高0.27～0.33米。据房基和残存柱础、磉墩推断，两庑均为五开间建筑，前置廊道。

廊道位于两庑前部、前厅后部，绕天井而建，平面呈"凹"字形，通长45.4、宽2.4～2.6米。前厅后部廊道基础保存较好，北端经2级踏道与右庑前部廊道相接，长16、宽2.4米，内有方形柱础4个，中部浅刻柱心定位十字丝，边长0.5、厚0.28米。右庑前部廊道仅残存东西两端，长14.7、宽2.6米，东端置踏道L18与F15相通；两端各存一方形柱础，东端柱础中部浅刻柱心定位十字丝，边长0.5、厚0.22米。左庑前部廊道扰毁不存。

天井位于中部，前为前厅，左右为两庑，后为F15，平面近方形，长15.5、宽14.15米。长条石板墁地，横铺为主，铺地石板长0.54～1.3、宽0.26～0.55、厚0.08～0.1米。天井西北、西南各有一处八角形建筑基座，东南有一六角形基座，条石包边，内以棕褐色黏土夯筑，边长0.8、直径1.9、残高0.1米。

F15 位于遗址北部，分布于TN16W47、ⅠT0617、ⅠT0618、TN16W46、TN17W46、TN18W46、ⅠT0718等探方内。叠压于第4层下，被L15、L4、L5、G39叠压，打破山岩。距地表深1～1.3米，方向310°。

平面形状为长方形，长23.92、宽16.56、残高0.3～1.1米，包括副阶和正厅两部分

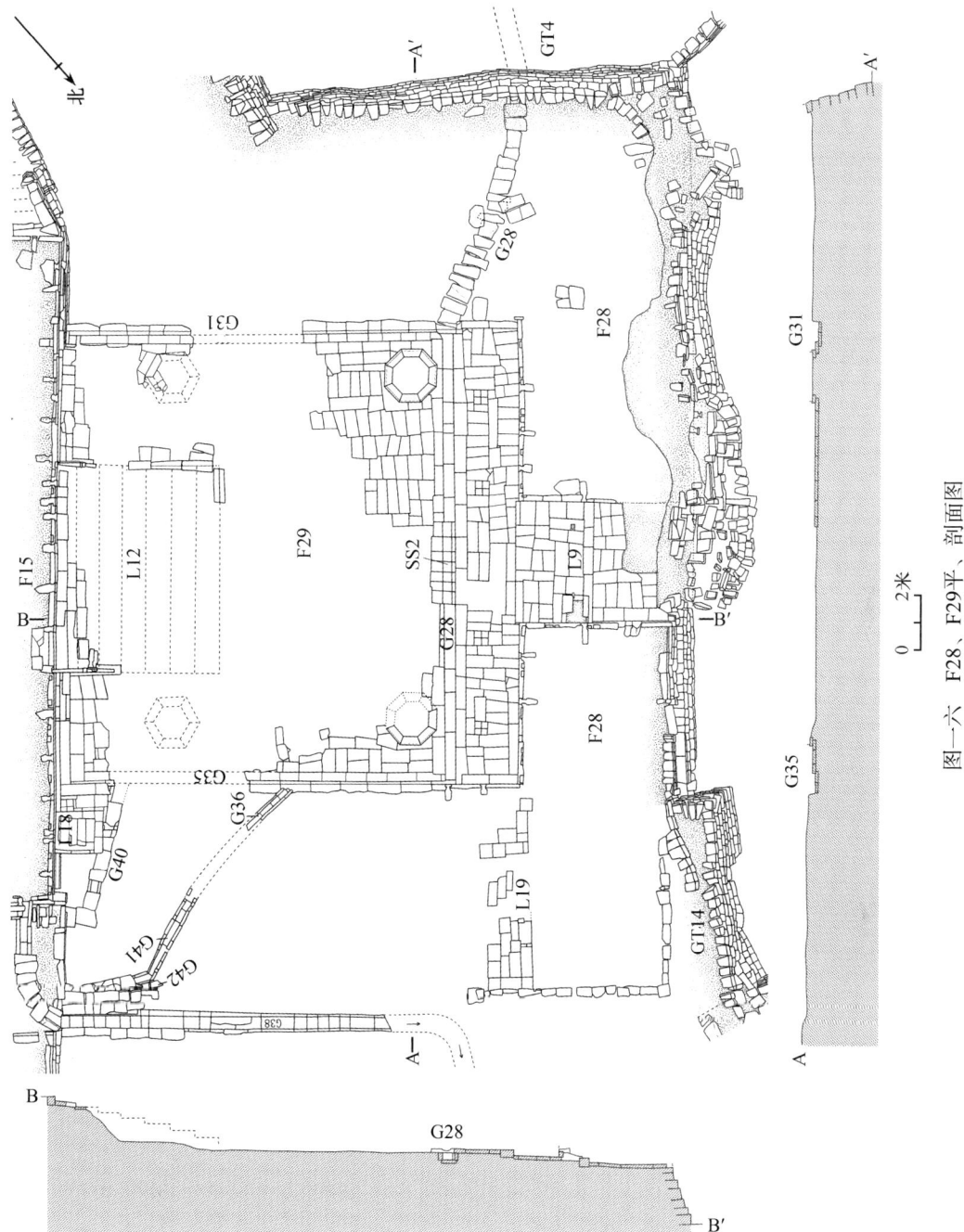

图一六 F28、F29平、剖面图

（图一七），均为夯土包石构筑，周边以陡板石包边，砌筑方式与F18相同，内以黏土夹石块层层夯填。夯土之上有残存的磉墩、墁地方砖、地栿石等。副阶位于正厅前部，与正厅等长，但高度较正厅低。副阶北、东、西面砌筑三轮陡板石，陡板石下铺土衬石，留有金边，西端残有少量压阑石，内里以石板纵横交替海墁地面。正厅北、东、西三面砌筑三轮陡板石，陡板石下铺土衬石，留有金边，残留14个磉墩，均不见柱础，只残存磉板石，为2~3块长条形石板并列平铺而成，所用石板长0.9~1.2、宽0.3~0.5、厚0.15~0.2米。根据残存柱网推断，正厅应面阔五间，进深四间。磉墩未做解剖，其结构可能与F18磉墩一致。东端残留两块地栿石，修凿规整，压于磉板石上，南部角落残留铺地方砖，面积约1.2平方米，方形泥质灰色或灰红色陶砖，边长36、厚4.5厘米。

F43 位于遗址东部，分布于ⅠT0319~ⅠT0520、TN15W45、TN16W45等探方内。叠压于第11层下，打破山岩，被SC9叠压。距地表深2.3~3.3米，方向310°。

平面呈近长方形，长23.85~23.95、宽12.6~12.85米，北、东、南三侧保存较好，仅压阑石局部扰毁（图一八）。西侧包边石墙扰毁严重，南端挤压变形，残存1~4层，残高0.4~1.1米。北、东两侧包边石墙构筑方法相同，以錾凿规整的条石纵向立砌一层，残高0.45~0.55米。南侧包边石墙构筑方法与北、东两侧略有不同，以錾凿规整的条石一纵一横立砌1~3层，残高0.45~1.25米。西侧包边石墙做工精细，壁面平整光滑无錾痕，构筑方法与北、东、南三侧略有不同，先用一侧錾凿槽口的规整条石纵向平铺土衬石，外露金边0.08米，底层用两端或两侧錾凿榫卯的规整条石一丁一顺立筑于土衬石上的槽口内。二层内收0.06米后用两端或两侧錾凿榫卯的规整条石一丁一顺立筑于底层条石上的槽口内。三层构筑方法与一、二层不同，不再采用在底层条石上錾凿槽口，而是采用在底层条石顶部和上部条石底部錾凿榫卯，用规整的条石一丁二顺立筑于底层条石上，使上下、左右榫卯紧密结合呈直壁，上筑压沿石完工，残存1~3层，残高0.55~1.25米。从残存柱网推断，F43面阔五间，进深四间。

（2）附属建筑

F47 位于遗址东部，分布于ⅠT0521内。叠压于第9层下，被GT13垫土叠压，打破山岩。距地表深3.8~3.9米，方向220°。

平面形状近长方形，是一处地下暗室，顶部不存，形制不明，南北长8.05、东西宽4.95、深4米（图一九；图版六五）。拱券门洞宽1.63、高2.4、进深2.42米，券高0.66米，双扉石门外开，由门限、门砧、立颊、门额、门扉组成。主室平面形状近方形，宽4.05、进深5.23、残高2.75米，沿坑壁四周以条石构筑墙体，石板墁地，绝大部分扰毁不存。排水沟为錾凿于铺地石板下、山岩上的地下暗沟，长19.15、宽0.05~0.15、

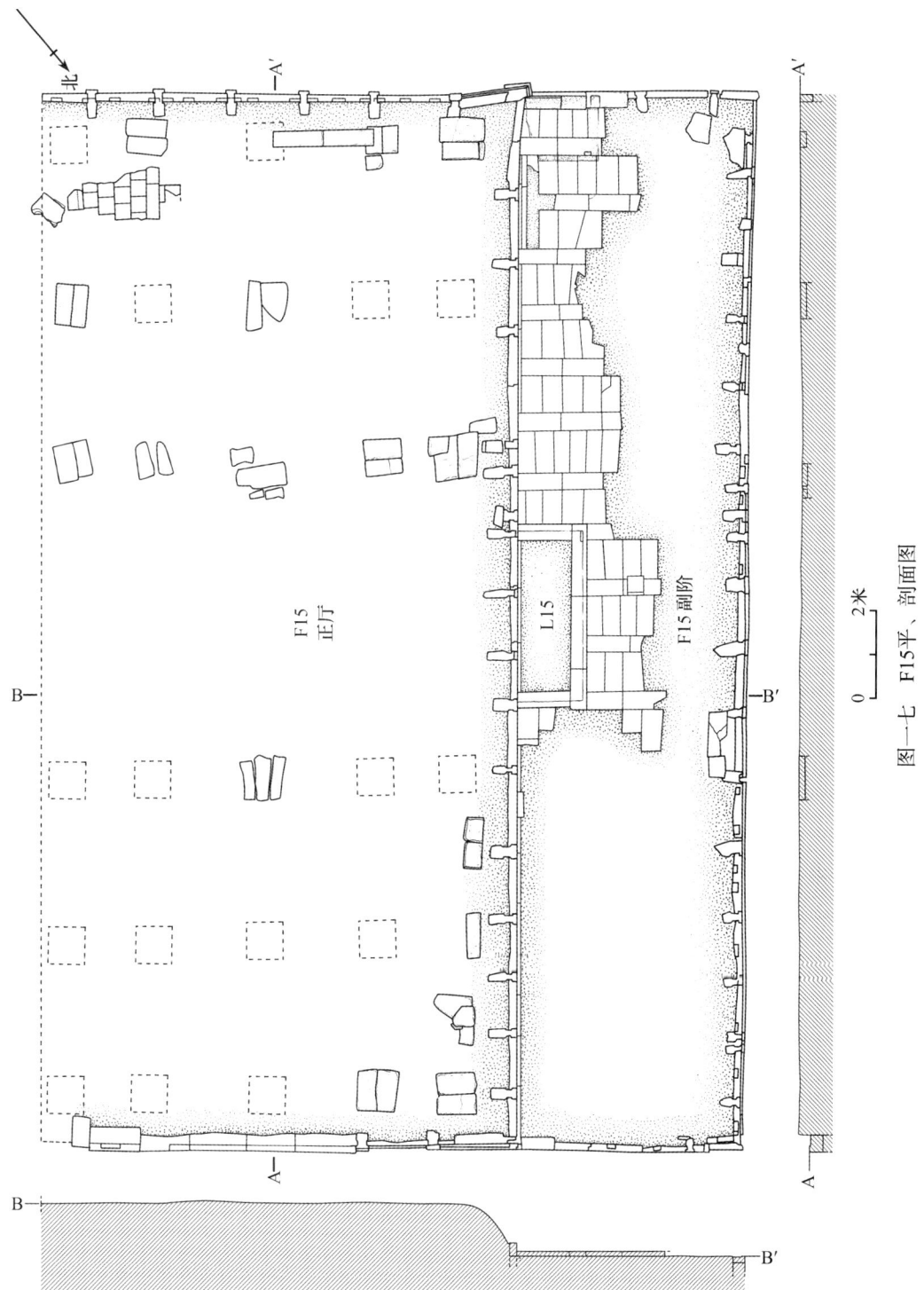

图一七 F15平、剖面图

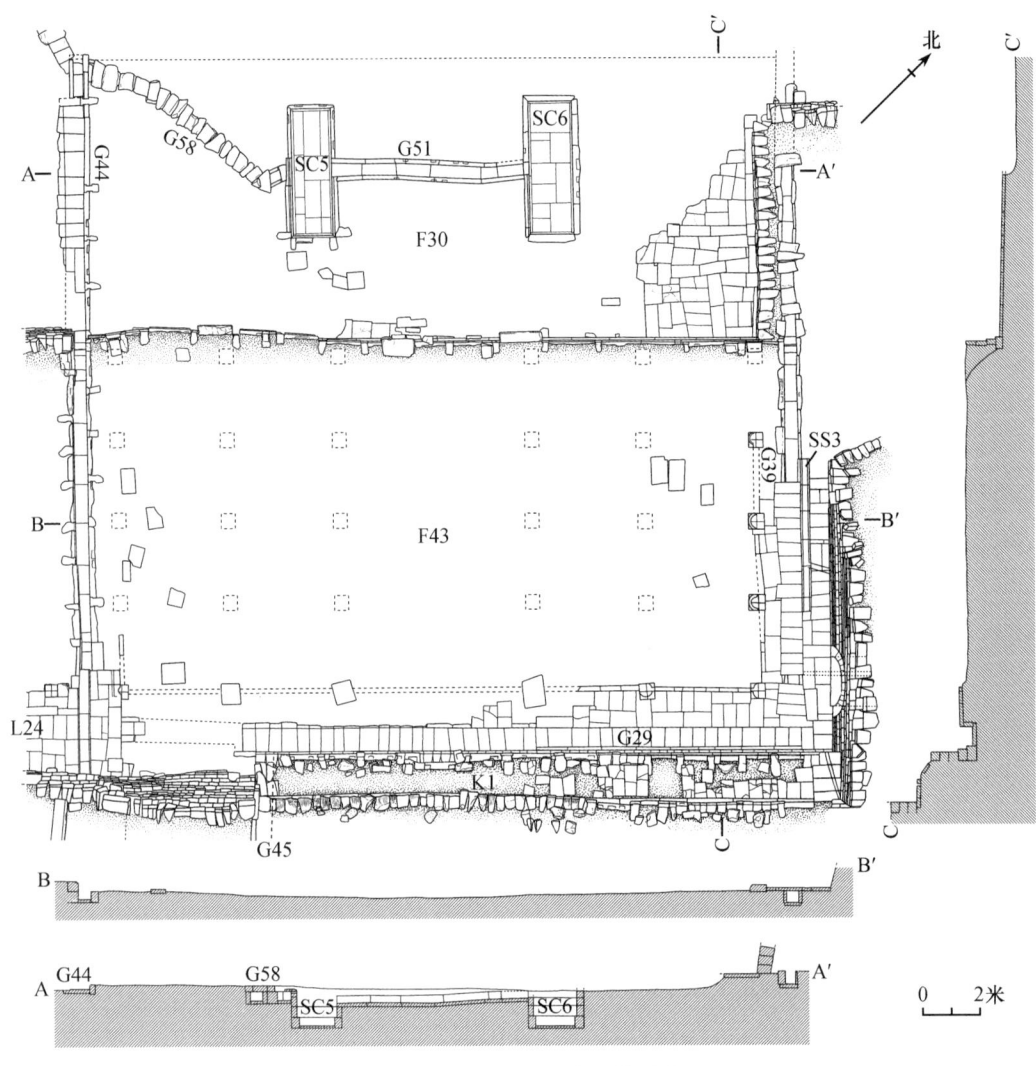

图一八 F30、F43平、剖面图

深0.1～0.15米，沿主室后壁及两侧壁延伸，距前壁1.1米处向中部折转汇聚，穿门道与G39相通。

F55 位于遗址中部，分布于TN14W50、TN15W50及TN15W51等探方内。出露于第2层下，被L6、L28叠压，叠压WQ3。距地表深0.3～4.2米，方向302°。

平面形状为长方形，长11.04、宽6.96、残高0.3～0.4米（图二〇；图版六六，1）。西、中部扰乱严重，仅存台基包边石墙和垫土，东部尚存部分铺地石板、零星铺地方砖，西端中央有一处高出地面的夯土包石平台。台基西、北部用楔形条石错缝丁砌包边石墙，东、南部依靠GT6、WQ3，内以红褐色黏土夹杂石子夯填。从残存情况推断，房址东部墁地方式为石板、方砖相结合，外围以修凿平整但形状不甚规则的石

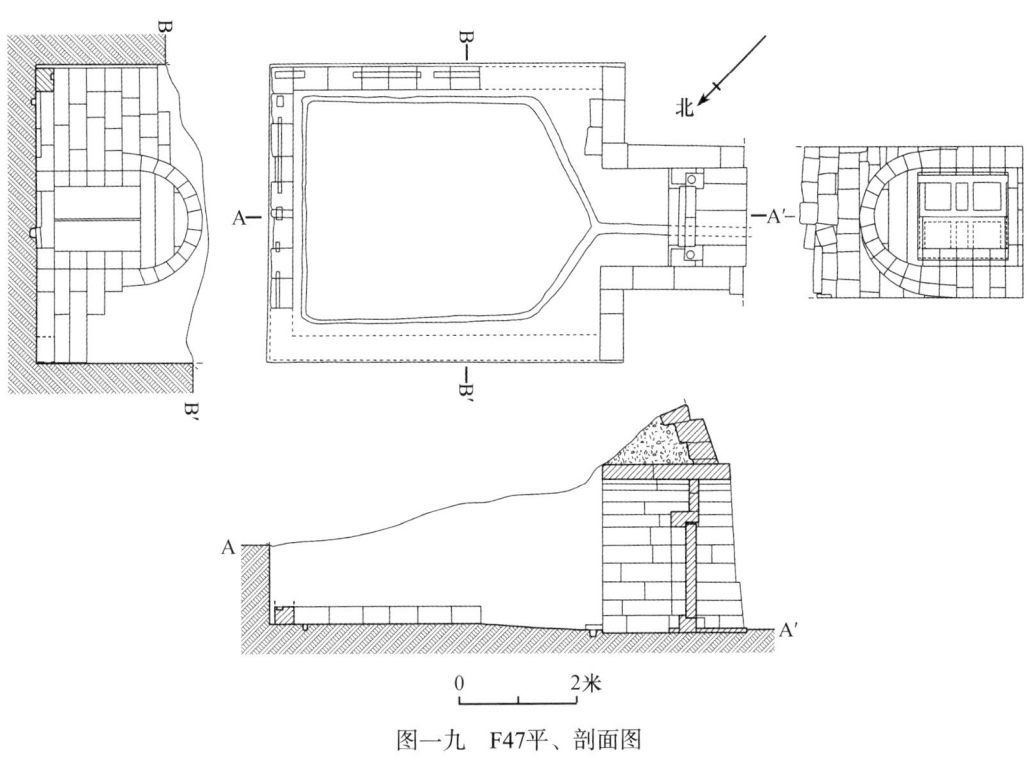

图一九　F47平、剖面图

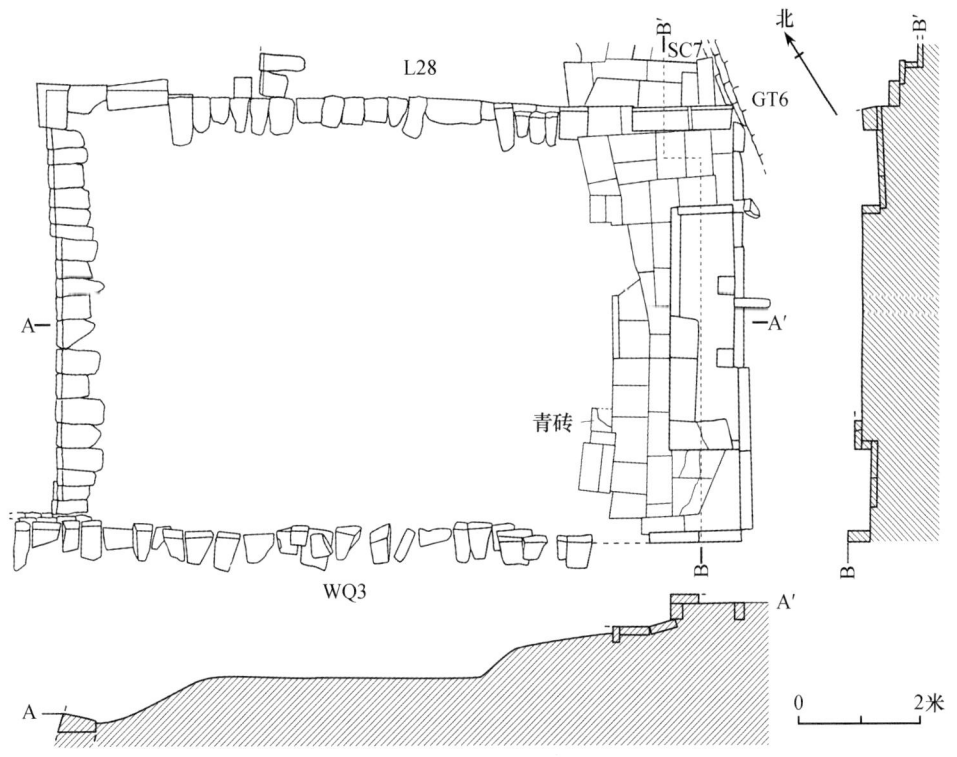

图二〇　F55平、剖面图

板平铺,中心部分以青灰色陶质方砖平铺,方砖边长0.35、厚0.06米。夯土包石平台紧贴F55东壁,长3.85、宽1.2、高0.4米,直接建于石板地面上,竖砌陡板石包边,内以红褐色黏土夯填,上铺压阑石、台面石。平台上有两个近方形石块,边长0.25米,相距1.15米。房址东北与L6相接,有两级踏道,其上平铺修凿规整的条石,顶有一长方形凹槽,推测此处为一处门道。

(二)园林区

园林区位于公廨区左侧,揭露部分平面形状近梯形,长约120、宽32~52、残高1~4米,揭露面积近4000平方米。与公廨区相同,园林区亦将山坡修整为若干高台。

1. 围墙

园林区北部、西部以GT3、GT1、GT2外侧石墙为围墙,南部、东部暂未发掘,情况不明。

2. 高台

目前揭露高台7处,环绕大水池SC1分布,包括GT1、GT2、GT3、GT5、GT7、GT18、GT25。

GT1 位于遗址西南部,分布于ⅠT0408~ⅠT0213等探方内,南邻SC1,西邻GT2,北邻GT3,东邻GT5,被GT3叠压。方向190°,海拔289.43米。

平面形状为刀把形,长55.6、宽11.4~17、残高0.85~4.15米,面积833平方米。南北两侧以条石丁砌内收的包边石墙,内部以夹杂石块的红褐色黏土填平。台上有房屋建筑F1、F13,G6经西侧HD1流出。

经解剖,GT1在大水池SC1北坝体基础上增筑而成。SC1北坝体南高北低,在其北部低洼处砌筑包边石墙,内以夯土夹石块夯填,垒筑齐平后形成高台。

GT18 位于遗址东南部,分布于TN09W48~TN12W47等探方内,北邻WQ3,西邻GT5,东部暂未发掘,叠压GT5、WQ3。方向296°,海拔294.76米。

平面形状近梯形,长32.1、揭露最宽处18.3、残高2.5米,面积不明。北侧以WQ3为包边石墙,西、南侧以条石丁砌内收的包边石墙,内以夹杂石块的红褐色黏土填平,高台上有房屋建筑F53,G47自高台中部穿过,L17为上下高台的道路。

3. 房址

F1 位于遗址西部,分布于ⅠT0208~ⅠT0211、ⅠT0308~ⅠT0311、ⅠT0408~

ⅠT0411等探方内。暴露于地表，叠压于第3层下，叠压GT1。距地表深0.25～0.3米，方向190°。

平面形状近长方形，长30.4、宽17米，南侧残存8个近方形磉墩，磉板石为若干不规则条石拼合而成，长0.7～1.4、宽0.6～1.1、厚0.5～0.6米，据残存磉墩情况，推测地面建筑应为面阔七间，进深不明。

F2　位于遗址西部，分布于ⅠT0306、ⅠT0406、ⅠT0307、ⅠT0407等探方内。叠压于第5层下，被G1、G3、G5、G6、F3叠压打破，叠压HD1。距地表深0～0.5米，方向115°。房址修建于一处相对独立的夯土包石高台GT2上，以G6为界与园林区其他遗迹隔离开来，仅一处短桥与之相连。

毁坏较为严重，平面形状不明，长23.85、宽11.5米。残存3个方形柱础石，边长0.4～0.6、厚0.15米，磉墩4个，上有磉板石，多为两块不规则石板拼合而成。房址填土为棕红色黏土，土质致密，夹杂大量石块、石子等，出土少量陶瓷残片。

F54　位于遗址西部，ⅠT0114、ⅣT0114、TN11W51、TN12W51等探方内。叠压于第5层下，被NP1、H12打破，打破山岩。距地表深0.23～0.57米。

建于SC1东北部的巨石上，直接于石上开凿柱础槽，内置柱础，残存的柱础及槽呈正六边形分布，对角长7.85、柱础间距3.9米（图二一；图版六六，2）。残存方形柱础2个，边长0.4～0.46、厚0.2～0.37米，近方形柱础槽3个，边长0.48～0.56、深0～0.13米。

（三）路网系统

路网系统分为公廨区路网、园林区路网及外围路网三部分（图二二）。

1. 公廨区路网

公廨区路网分为三组，纵向、横向和回折道路。纵向道路分为左、中、右三路，左路L11，中路L10、L8、L9、L12、L15，右路L30、L18。横向道路L4、L5、L6、L24、L34。回折道路L21、L25、L31、L23、L22、L20。

（1）纵向道路

中路　残存5条，自下而上依次为L10→L8→L9→L12→L15。

L10　位于遗址西北，分布于TG9、TG10、TG14及TN21W51等探方内，出露于第5层下，叠压于第6层下，叠压G18、GT10，打破生土或山岩。距地表深0.12～1.13米。

平面近长条形，条石构筑而成，阶梯道路，倚GT10西侧包边石墙而建，系整个建筑群前部的主要出入通道，东西残长2.15、南北残宽11.85米（图版六七，1）。部分梯

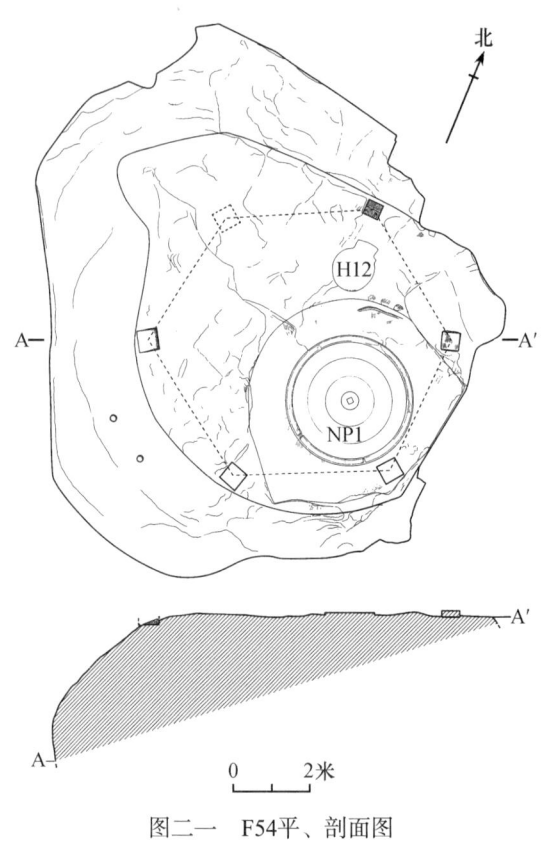

图二一　F54平、剖面图

道保存较好，余均扰毁不存，存在先后不同的两个建筑使用期。

一期　暴露平面近长条形，方向315°，残存踏道五级，倾斜度30°，右侧残存副子，东西残长2.2、南北残宽2.95米。各级踏道以一块条石构筑，内侧落槽，上级踏道砌筑于下级踏道浅槽上；第一级踏道残长2.75、宽0.37、高0.17米，第二级残长2.95、宽0.35、高0.18米，第三级残长2.85、宽0.4、高0.25米，第四级残长2.95、宽0.4、高0.18米，第五级残长1.4、宽0.4、高0.18米。副子以长条石陡坡状构筑，倾斜度26°，两侧及上面精修细凿，残长1.8、宽0.35米。

二期　在一期道路基础上，将F18明间、左次间所对应的梯道重新构筑，略逆时针旋转，方向由315°调整为310°，同时这两间房屋前部包边石墙亦随之改变，东西残长2.15、南北残宽11.85米。二期所筑踏道由两块条石并排铺砌，内侧条石窄而薄，落浅槽，外露金边，外侧条石宽而厚，与内侧条石金边齐平，上级踏道砌筑于下级踏道浅槽上。F18明间所对应梯道残存踏道两级，第一级残长2.1、宽0.35、高0.2米，第二级长4.15、宽0.45、高0.18米。左次间所对应踏道残存四级，第一级残长4.05、宽0.45、高0.18米，第二级残长2.7、宽0.4、高0.2米，第三级长4.05、宽0.45、高0.18米，第四级长

4.05、宽0.4、高0.18米，第五级残长0.9、宽0.4、高0.18米。明间、左次间所对梯道间残存副子一段，残长1.15、宽0.35米。

L8 位于遗址北部，分布于ⅠT0914、TN20W50内。局部暴露于地表，叠压于第2层下，叠压GT12。距地表深0.2～1米，方向310°。

平面形状为长条形，残长5.1、宽5米，由踏步、副子两部分组成（图二三；图版六七，3）。踏步位于左、右副子之间，残存四级，第一级残长0.9、残宽0.08、高0.1米，第二级残长0.9～1、进深0.55、高0.2米，第三级残长0.8、进深0.53、高0.18米，第四级长4.25、残宽0.2、高0.17米。各级踏步由内、外两块长条石横铺构成，内侧条石落槽，外露金边与外侧条石齐平，上级踏步外侧条石砌筑于下级踏步内侧条石浅槽上，宽0.53、高0.1～0.18米，内侧条石窄而薄，长0.35～1.25、宽0.17～0.32、厚0.1～0.16米，外侧条石宽而厚，长0.8～1.5、宽0.35～0.38、厚0.15～0.2米。副子以修凿规整的长条石构筑，宽0.35米，被严重破坏，仅残存少部，左侧残长1.5米，右侧残长1.1米。垫土为黄褐色黏土，致密，含零星瓦砾、石子等。路下垫土为黄褐色黏土，土质致

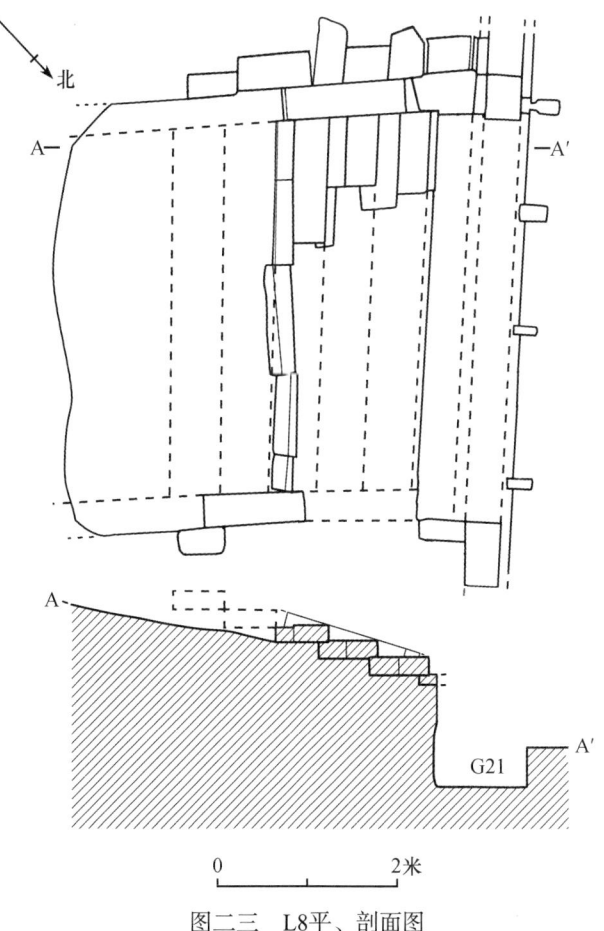

图二三 L8平、剖面图

密，夹杂石渣、石子等，出土零星瓦砾等。

L12　位于遗址北部，分布于ⅠT0716、ⅠT0717及ⅠT0617内。出露于第3层下，叠压于第4层下，叠压GT8、GT14。距地表深0.35～0.5米，方向310°。整体保存差，大部分扰毁无存，仅东南部保存相对较好，但总体结构清晰。

平面形状为方形，长6.05、宽7.5、残高0～1.5米（图版六七，4）。以条石铺砌土衬石，表面开凿浅槽，槽内立置石板为两侧包边石墙，所用石板多錾凿规整，拼接处有榫卯结构。右侧包边石墙残存3层，残长2.15、残高1.5米；左侧包边石墙残存3层，残长1.35、残高1.5米。石墙内部用红褐色黏土夹石块、瓦砾夯填踏道基础。后在左右包边石墙上构筑副子，路基上用錾凿规整的条石平铺踏步，上层踏步前端压于下层踏步后端石板表面錾凿的浅槽上，如是从下而上依次逐层构筑踏步。顶部残存两级踏步，第一级残长3.2、残宽0.4、高0.1米，第二级残长5.4、宽0.7、高0.15米。

L15　位于遗址北部，分布于ⅠT0717、ⅠT0617内。叠压于第4层下，叠压F15。开口距地表深0.35～1.15米，方向310°。保存情况较差，仅存土衬石，踏道高度、踏步数量等不明。

踏道基础以条状土衬石围合，平面形状为长方形，长1.5、宽4.25米，共有土衬石5条，两侧各1条、前端3条，长0.9～1.7、宽0.35～0.4、厚0.12米，土衬石加工规整，表面錾凿凹槽，槽外金边宽约0.15米。F15陡板石在与土衬石相接处凿条形凹槽，用以安嵌踏道包边石，凹槽宽约0.22、深0.01～0.02米。据土衬石凹槽的间距推断踏道宽约3.95米。土衬石内堆积为红褐色黏土，结构致密，包含瓦砾、褐色砂岩块粒、鹅卵石等。

左路　仅存L11。

L11　位于遗址西北部，分布于TG16、ⅠT0914内。叠压于第4层下，叠压GT12。距地表深0.6～0.8米，方向49°。

平面形状为长条形，残长2.4、宽1.35、残高0.45米，由踏步、包边石墙组成。踏步残存两级，以规整的条石构筑，下垫以黄褐色黏土，下级残长1.1、宽0.35、高0.2米，上级残长1.1、宽0.3、高0.1米。包边石墙位于踏道右侧，残长1.5、残高0.45米，以条石和石板一丁一顺构筑而成，墙内以黄褐色黏土夹杂卵石、瓦砾夯填。

右路　仅存L30、L18。

L18　位于遗址北部，分布于ⅠT0718、ⅠT0717、ⅠT0817内。叠压于第4层下，叠压F28、F15、G40。距地表深0.35～0.85米，方向310°。

平面近方形，残长1.5、宽1.45、残高1米，由左右包边石墙、填土、踏步组成（图版六八，1）。两侧包边石墙筑于F28上，用规整的石板紧靠F15陡板石立筑而成，墙内以黄褐色黏土夹杂小石块、石渣夯填。踏步用规整的条石构筑。

（2）横向道路

共揭露5条，L4、L5、L6、L24、L34。

L4　位于遗址中部，分布于ⅠT0516、ⅠT0616、TN16W48内。叠压于第3层下，被L5叠压，叠压GT6、F15。距地表深约0.5米，方向204°。

平面形状呈平行四边形，残长5.65~7.75、宽约4.85、残高约2米，由砌石和垫土组成（图版六八，2）。砌石包括包边石墙、副子及踏步三部分，包边石墙下部为一轮不规则条石丁砌而成的绞脚石，所用条石长0.4~0.6、宽0.2~0.45、厚0.35~0.4米；中部为一轮丁砌土衬石，留有金边，所用石块近方形；上部为墙体，由三层条石错缝丁砌而成，宽0.35~0.5、厚0.3~30.5米，最上层修整为梯形或三角形，便于安放副子，墙体外立面修凿规整，自上而下逐层收分。踏道左侧尚存副子，因被L5叠压，仅可见4块副子石，可见长约3米。踏步位于踏道两侧副子之间，但与副子并不垂直，呈63°夹角，左侧踏步保存情况较好，现存10级，其进深为0.35~0.4、厚0.1~0.15米。踏道下方两块石板较宽，没有錾痕，与最下级踏步齐平，宽0.55~0.6米，应为与踏道相连的道路石板。踏步制作十分考究，石板錾凿平整，层层平铺，每层石板前端之下有与下一层石板齐平的条石，这些条石上部凿有较浅的凹槽，平铺石板卡于条石的凹槽内，大大增加了踏步的牢固性。踏道内垫土构筑方式是先于底部堆砌大量散乱的大石块，而后于其上以红褐土夹杂小石块夯筑而成，土质坚硬致密，厚0~1.75米，出土瓷碗、盏及陶瓦等残片。

L6　位于遗址中部，分布于ⅠT0515、TN15W49、TN15W50等探方内。叠压于第2层下，部分包边石墙暴露于地表，叠压GT4、GT6。距地表深0~4.2米，方向16°。

平面形状为长条形，通长13.85、宽2.1~2.65、残高2.1米（图版六八，3）。东部紧靠GT6西侧包边石墙，北、西两侧用条石砌筑包边石墙，内以红褐色土夯填。包边石墙上部扰乱严重，残存部分以楔形石条错缝丁砌，自下至上逐层叠涩收分，缝间结合较为紧密。条石加工略显粗糙，丁头面錾刻斜线，底部两轮条石丁头面粗糙，未经修制，应为墙基埋深部分。踏步损毁严重，下部残存3级，以修制规整的石板平铺，每级踏步用4块石板拼合而成，下层踏步的末端錾凿浅槽，将其上层石板嵌于浅槽上。道路西侧副子扰乱不存，东侧利用GT6包边石墙为依靠，在墙壁斜面上与道路相向錾凿斜坡形状作为副子，坡度18°。在GT6包边石墙斜面上凿有3个柱洞，截面呈长条形，道路坡度一致，等距分布，间距约1.6米，推断L6之上可能有廊。

（3）回折道路

共揭露6条，L21→L23→L22→L20，L23→L25→L31。

L25　位于遗址东部，分布于ⅠT0521内。叠压于第8层下，被Q20叠压，叠压GT13。距地表深0.3～1.35米，方向43°。

平面形状为长条形，长26.7、宽1.5～1.75、高0.35～2.35米。南部破坏严重，北部保存稍好，由包边石墙及路面组成。遗迹南端砌石墙，现存1～6层，由规整的条石错缝砌筑，底顺向铺土衬石，金边0.1米，1～3层为丁砌，夹杂个别顺砌，4层为一顺一丁砌筑，上部不存，砌筑方式不明，石缝结合紧密，墙体较平整，有轻微挤压变形。路面仅残存于北端，铺筑于GT13台基后部，为长方形石板一顺两丁错缝平铺，石板加工精细，规整平滑，石板长0.7～0.85、宽0.3～0.5、厚0.1米。垫土为红褐色黏土，结构较致密，夹杂碎石、瓦砾等。

2. 园林区路网

园林区路网共揭露3条，L1、L17、L27。

L1　位于遗址中部，TG4、ⅠT0314内。出露于第5层下，叠压于第6层下，被CS1打破，叠压GT1、GT3、GT5及生土。距地表深0.75～2.55米，方向325°，倾斜度24°。

平面形状近"八"字形，残长4.35、宽2.05～3.65米，由包边石墙、垫土、踏步组成。包边石墙位于踏道两侧，右侧石墙扰毁无存，左侧前部利用GT1包边石墙，后部以较规整的条石纵向立筑呈阶梯状，底部两块包边石筑于四级、五级踏道上，顶部一块包边石筑于六级、七级、八级踏道左侧，残长2.5、残高0.13～0.16米。现存八级踏步，由两块条石并排铺砌，内侧条石窄，外露金边，外侧条石宽，与内侧条石金边齐平，上级踏步前端砌筑于下级踏步后端浅槽上，如是依次逐级构筑。踏道内垫土为棕褐色泛红黏土，夹杂石块、石子等。

L17　位于遗址中部偏南，分布于TG28、TN12W47、TN12W48、TN13W48内。出露于第4层下，叠压于第6层下。距地表深0.95～1.75米，方向14°。

平面形状呈长条形，揭露通长18.65、宽2.65米，由踏道和路面组成。踏道位于西部，长6.65、宽2.65、残高2.68米，坡度8°。踏步毁坏不存，北侧紧贴WQ3，南侧包边墙部分存在，共三层，残长4.4、残高1.1米，底层纵向砌筑，二、三层从残存情况看应为丁砌修筑。路面位于东部，长12.3、残宽0.3～2.5、高差0.75米，较为平缓，略带坡度，坡度3°。由较为规整的长方形石板横向平铺而成，局部错缝，缝间结合紧密。石板长0.3～0.95、宽0.3～0.4、厚0.06～0.09米。

L27　位于遗址东南部，TG33内。叠压于第9层下。距地表深0.5～1米，方向41°。西部被现代旅游步道和消防管道毁坏。

揭露部分平面形状为长条形，揭露长4、残宽0.5～1米（图版六七，2），由长方形石板错缝平铺而成，长0.55~0.85、宽0.45~0.5、厚0.8~0.12厘米。路面发生沉降变形，西部略高于东部。

3. 外围路网

外围路网共揭露5条，L33、L14、L16、L13、L32。

L14　位于遗址东部，分布于TG19、TN17W42内。叠压于第5层下，叠压WQ5、G21。距地表深0.85~0.95米，方向23°。

平面形状呈长条形，残长6.68、宽1.2~1.32、厚0.08~0.1米。由较为规整的长方形石板纵横平铺而成，其西侧横向拼接，东侧为纵向拼接铺筑，接缝较为规整。路面较为平整，经长期踩踏，錾凿痕迹被磨平，横向石板长0.72~0.88、宽0.32~0.54米，纵向石板长0.3~0.82、宽0.2~0.56米。

L16　位于遗址东部的TG22中。开口于第5层下，打破生土层。距地表深0.55~0.8米，方向205°。

揭露部分平面形状呈长条形，揭露长2、残宽0.8米，以长方形石板横向平铺路面，石板长0.8、宽0.38~0.45、厚0.08~0.1米。其垫土为棕褐色黏土，结构致密。

（四）给排蓄水系统

给排蓄水系统由水沟、散水、涵洞、水池及滤水沟组成，其中水沟70条、散水3条、涵洞1处、水池9处及滤水沟1处（图二四）。

水沟多以石板砌筑，仅有极少数以条石砌筑或直接开凿于基岩（山岩）之上，分为暗沟、明沟和明暗结合沟三类。这些水沟或精细，或粗率，美观程度不一，总体而言，明沟所用石板的加工和砌筑工艺优于暗沟，但砌筑方式却基本相同，先纵向平铺石板为沟底，底面两侧凿浅槽，后于槽内横向立置石板为沟壁，明沟沿沟壁向外平铺压阑石，与地面齐平，暗沟则在沟壁上横铺加工粗糙的石板为沟盖板，将沟口封盖后再填土掩埋。散水制作方式较为简单，直接于石板上錾凿浅弧形凹槽，与周边明沟相连，多为石板路面上接排房檐滴水之用。涵洞仅有1处，为石构券顶，顶部修筑道路。水池包括蓄水池、景观池和沉砂池，其规模、形制和砌筑方式差别极大，通过水沟连接给排蓄水系统。

就目前的考古发现而言，整个给排蓄水系统可分为A、B、C、D四组，每组均以一条水沟为干沟，并有若干路支沟汇入干沟中。众多水沟干支结合、纵横相接、上下层叠，又有散水、涵洞、蓄水池、景观池、沉砂池错落其中，共同织就了一张设计科学、布局精妙、功能齐备的水网。

1. A组

A组位于遗址东北部,以G21为干沟,有a、b、c三路支沟。

(1)干沟

G21　分布于ⅠT0422~TN21W47等十余个探方、探沟内,为公廨区东、北部围墙WQ5、WQ4外排水暗沟,并与之平行。开口于第6层下,被L14叠压,打破G74、生土和基岩。开口距地表深0.3~0.7米,北段东南高西北低,倾斜度7°~18°;东段西南高东北低,坡度较缓。保存情况相对较好,部分破坏严重,沟盖板不存或仅存沟底板。

揭露部分平面形状呈曲尺形,现揭露长度合计110.76、外宽0.7~1.3、通深0.4~0.9米,内宽0.4~0.65、残深0.1~0.6米,推测全长超过180米(图二五)。少量开凿于山岩上,部分陡峭处的沟底板为阶梯状。沟内填土1层,厚0.1~0.6米,各段土色不尽相同,有灰青色、褐色、黑灰色黏土等,结构致密,夹杂石块,出土少量瓷片。

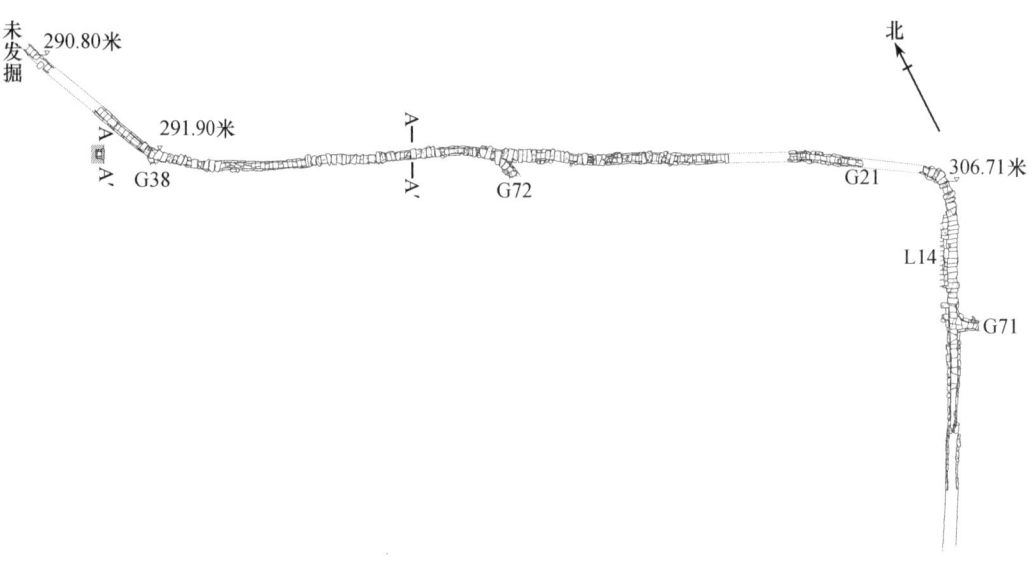

图二五　G21平、剖面图

(2)支沟

a路　G71→G21。

a路支沟位于遗址东北角,在WQ5外侧的GT15上,目前仅揭露出G71,是一条排水暗沟,直接汇入干沟G21(图版六八,4)。

G71　位于TN16W41中,开口于第7层下,打破垫土和生土。距地表深0.7~1.7米,方向295°,东南高西北低,沟底坡度14°。

平面形状为长条形,揭露长10.2、宽0.4~0.5、深0.2~0.5米,所用石材、砌筑方式较粗糙、随意。东段以横向立砌的长条形石板砌筑沟壁，西段则以条石错缝顺砌沟壁，G71汇入G21处、顺水流方向一侧的沟壁为圆弧形，便于提高排水效率。底板多为长方形，镶嵌于沟壁间，由于西段坡度较大，底板呈阶梯状。盖板损毁严重，仅存两块盖于沟壁上，为加工粗糙的条石。

沟内堆积仅一层，厚0.2~0.5米，灰褐色黏土，土质较坚硬，结构致密，夹杂砂岩粒、零星炭粒、红烧土粒等。出土遗物为较多的板瓦残片及少量青釉瓷片、黑釉瓷片等。

b路 G69→G77→G72→G21。

b路支沟位于遗址东北角，包括G69、G77、G72三条排水暗沟，纵贯GT16、GT13、GT19，又贯穿WQ4后，最终汇入干沟G21（图版六八，5），总体走向为东南至西北。

G69 位于TN18W43、TN17W43、TN17W42、TN16W43中，纵贯GT16、GT13，开口于第5层下，打破生土及基岩。距地表深0.45~1.25米，总体为东南—西北向，东南高西北低。平面形状为三段折尺形，残存沟长19.45、宽0.18~0.25、深0.2~0.25米，沟底坡度2°~15°。按走向分为东、中、西三段。

东段扰毁严重，平面形状为长条形，残长1.95、宽0.25、深0.25米。方向31°，沟底坡度2°。直接錾凿于基岩上，不见砌石。中段扰毁严重，残存两端，中部扰毁无存。平面形状为长条形，长9.5、宽0.2~0.25、深0.25米，方向344°，沟底坡度4°。南部先在基岩上錾凿沟圹，其次用规整的条形石板横向立砌沟壁，然后用条形石板纵向平铺盖板。中北部用两侧錾凿浅槽的条形石板纵向平铺沟底，其次用规整的条形石板横向立砌于沟底石板两侧的浅槽上构筑沟壁，然后用较规整的条形石板纵向平铺盖板。西段保存较好，仅南端盖板石局部扰毁，平面形状为长条形，方向304°。该段纵贯GT16、GT13，分为上、下两段，落差为0.35米，上段长2.6、宽0.2、深0.25米，沟底坡度15°，以规整的条石及石板在GT16包边石墙底部土衬石上构筑沟底板及两壁，盖板用较规整的石板横向平铺构筑呈阶梯状。下段长5.2、宽0.25、深0.15~0.25米，沟底坡度7°，用较规整的石板及条石构筑沟底及两壁和盖板。

沟内堆积仅一层，厚0~0.25米，灰褐色淤积黏土，较致密，夹零星的石块、石子、卵石等。出土遗物为零星瓦砾。

G72 位于TN18W44、TN19W44中，自GT19贯穿WQ4后汇入G21，开口于第7层下，打破第8、10层及生土。距地表深0.35~0.7米，方向348°。

平面形状为长条形，全长18、宽1~1.2、深0~0.55米，东部被毁，与G77连接方式不明。沟底板为横向平铺的长方形石板，底板石两侧凿有宽0.1~0.25米的浅槽；沟壁板为立砌的长方形石板，横砌于底板石浅槽中；北部沟盖板保存较好，横向平铺，加工相对粗糙，叠压于WQ4墙内的盖板石规格较大。底板石一般长0.9、宽0.4、厚0.1米，壁板石一般为长1.1、宽0.5、厚0.25米，盖板石一般为长1.2、宽0.55、厚0.3米。

沟内堆积分为两层。

第1层：厚0.1～0.25米。灰褐色黏土，较致密，夹零星的石渣、石子。出土遗物为零星瓦砾。

第2层：厚0.15～0.3米。灰黑色黏土，较疏松，含大量的炭屑。出土遗物为板瓦、青瓷碗残片、残铁器等。

c路　G45→G29，G75→G39→G38→G21。

c路位于遗址东北部，包括G45、G29、G75、G39、G38，其中G75为明沟，G45、G29、G38、G39为明暗结合沟。c路支沟纵贯GT20、GT22、GT19、GT17、GT8、GT11、GT14，又贯穿WQ4后，最终汇入干沟G21，总体走向为东南至西北。

G29　位于ⅠT0521、ⅠT0420、ⅠT0319中，开口于第11层下，打破生土。开口距地表深2.3～3.5米，方向38°，西南高东北低，沟底坡度约1°。

平面形状呈长条形，长31、宽0.65～0.75、深0.25～0.55米，以加工精细的石板砌筑。由南、北两段组成，北段为明沟，长23.1米，底以长方形石板横向铺筑，西壁借用GT22包边石墙，东壁横向立砌石板；南段为暗沟，长7.9米，砌筑方式与北段同，壁、底皆以石板砌筑，顶横向铺盖板石，同时作为L24路面。

沟内堆积共一层，厚0.25～0.55米。红褐色黏土，土质较坚硬，结构致密，夹杂砂岩块粒、石块，近底部含较多炭屑。出土大量瓦片，少量白釉瓷片、青白釉瓷片、绿釉瓷片等。

G38　位于ⅠT0818、ⅠT0817、ⅠT0917、TN20W47、TN21W47中，开口于第7层下，打破生土、山岩。距地表深0.65～1.15米，方向28°、49°、315°。

平面形状近"S"形，分南、北两段。南段与G39相接，平面形状呈弧曲的长条形，长19、宽0.3～0.45、深0.2～0.3米，由暗沟、明沟组成。暗沟平面形状为曲线形，长4.7、宽0.45、深0.2米，西南至东北向，沟底南高北低，沟底坡度4°，沟口横铺条石封盖，构筑并掩埋于GT11夯土内。明沟平面形状为长条形，长14.3、宽0.3、深0.3米，方向315°，沟底坡度2°，部分被扰毁不存。北段穿WQ4，汇入干沟G21（图版六八，6）。平面形状为长条形，残长9、宽0.35、深0.3米，方向28°，沟底南高北低，倾斜度4°，沟口横铺条石封盖，南部被扰毁不存。

沟内堆积仅一层，灰褐色淤积黏土，土质较致密，夹零散小石子、石块。出土遗物为零星瓷片、瓦砾等。

（3）其他

在A组给排蓄水系统范围内，除上述干沟和a、b、c三路支沟外，还有G20、G23、G25三条散点状分布排水沟，因毁坏严重，无法获知其与给排蓄水系统的联系，故分述之。

G23　位于IT0819中，开口于第6层下，叠压于GT17垫土及包边石墙中。开口距地表深0.25米，方向310°，沟底坡度9°。

平面形状为长条形，长2.95、宽0.65~0.9、深0.4~0.7米，内宽0.25~0.3、深0.3~0.4米。沟壁以石板立置围砌，顶部铺盖板石，无底板石，石板长0.65~0.75、宽0.35~0.5、厚0.12~0.3米。西北端为出水口，铺凿有凹槽的石板一块，出挑于GT17包边石墙外0.3米。

沟内堆积二层。

第1层：厚0.2~0.3米。灰褐色黏土，土质较硬，结构较致密，夹杂石块。出土遗物为残碎瓦片等。

第2层：厚0.05米。青灰色淤泥，结构较疏松，纯净无物。

2. B组

B组位于遗址中部，以G9为干沟，有d、e、f三路支沟。

（1）干沟

G9　是公廨区向外排水的主干渠道，开口于第3层下，被WQ2、F57、F58、F62叠压，打破生土、山岩。距地表0.61~2.7米，方向300°，东高西低。

平面形状为略有弯折的长条形，直壁，平底，揭露长56、宽0.8~1.6、深0.4~0.67米（图二六；图版六九，3）。沟底横铺条石，呈缓坡状，两侧凿浅槽，沟壁板立砌于浅槽上，沟口横铺条石盖板。盖板石残缺部分暴露出的堆积为灰褐色淤积土，土质较松软，出土遗物为少量瓦砾、白釉瓷片及黑釉瓷片等。

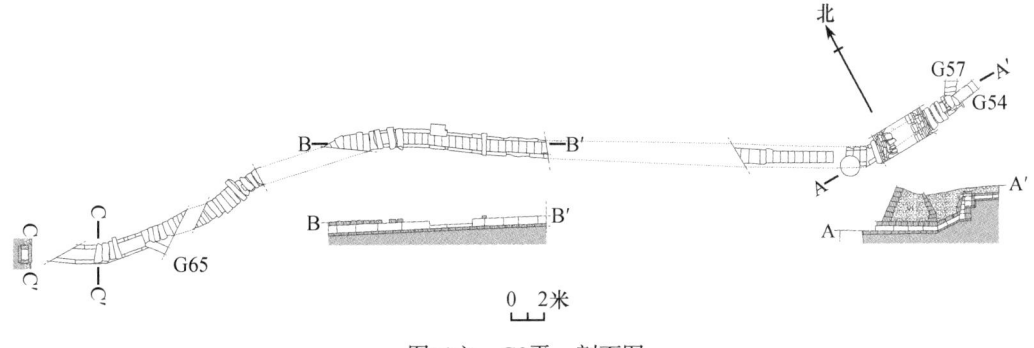

图二六　G9平、剖面图

（2）支沟

1）d路有两条分支，G76、G79→G73→G44→G16，SC6→G51→SC5→G58→G16。两条分支于G16汇合，G16中部有SC3，而后通过G57汇入干沟G9。G76、G79、G73、G51、G58、G16为暗沟，G44为明沟；SC6、SC5为院落天井内水池，沿公廨区中轴线对称分布，既是景观水池，又是排蓄水池；SC3为一处沉砂池。

G44　位于ⅠT0418、ⅠT0319、TN15W47、TN15W46、TN14W46中，开口于第5层下，部分位于L24下，打破生土、基岩。距地表深1.85米，方向312°。

平面形状为长条形，通长21.5、宽0.4~0.7、深0.45米。分东、西两段，西段低于东段0.95米，相接处构筑为阶梯状。东段位于GT21与GT22之间，长13、宽0.35~0.45、深0.35~0.45米，坡度1°。沟两壁利用两侧台基石墙，沟底以规整石板纵向平铺而成。与西段交接处构筑为四级阶梯，每级表面均凿成弧形。西段位于GT8与GT9之间，长8.5、宽0.3~0.7米，坡度2°。两壁利用两侧台基石墙，沟底以规整的石板纵铺或横铺而成。G58、G16在G44西端之下相接，低于G44约0.2米。

沟内堆积仅一层，厚0.35~0.45米。西部为灰褐色黏土，土质疏松，夹杂零星石子、石渣，出土遗物为大量瓦砾、白釉瓷片等。东部为灰褐色淤积砂土，土质疏松，夹杂零星石子、卵石、石块，出土遗物为少量瓦砾。

SC5　位于TN16W46中，开口于第3层下，打破GT8垫土及生土。开口距地表深0.81米，方向310°。

平面形状呈长方形，长4.8、宽约1.8、残深约1.6米，南北两侧分别与G58、G51相连（图版六九，1）。先挖掘土圹，再以修凿规整的条石砌筑池壁，残存五轮，除第一轮为丁顺结合砌石外，余四轮皆顺砌。自上而下的第一轮毁坏严重，仅残存于东南部，高约0.32米，池角处为两块相邻的、垂直放置的丁砌条石，内侧凿有卯口，丁砌条石间顺砌竖置石板，两端凿有榫头，丁顺榫卯扣合，极为稳固；尚残存一块顺砌石板，其上以"剔地起突"法雕刻瑞兽，精美绝伦、栩栩如生（图版六九，2）。第二轮条石高约0.22米，中部雕刻腰线，腰线以上部分"磨砻"，平整细致、圆润光滑，以下部分"细漉"，錾凿单斜线，顶部留有金边，且凿有浅槽以牢固安放第一轮条石，与G58相连处透雕莲花纹镂空排水孔（图版六九，5）。第三、四、五轮高度分别为0.34、0.35、0.37米，表面亦"细漉"，錾凿曲尺形斜线，顶部凿有长方形凹槽，长约0.28、宽0.04~0.05、深约0.02米，第五轮顶部留有0.07~0.08米宽金边。池底用规整石板错缝平铺，表面同样"细漉"，錾凿有曲尺形斜线，长0.35~1.27、宽0.23~0.57、厚约0.08米。

水池内堆积为两层。

第1层：厚1.44~1.45米。为红褐土夹杂少量灰土，土质较致密，夹杂少量石块。出土遗物为大量瓦砾和石构件，陶瓦器形有筒瓦、板瓦、滴水等。

第2层：厚0.14~0.15米。为灰黑淤积土，湿度、黏性较大，夹杂零星小石子。出土遗物为少量瓦砾、黑釉瓷片及动物骨骼。

G16　位于ⅠT0516、ⅠT0616、TN15W47、TN16W47~TN16W50中，横跨GT9、GT6、GT4三个高台。开口于第3层下，自GT9、GT6、GT4的包边石墙和夯土中穿过。距地表深0.5~0.85米，方向295°，东南高西北低。

平面形状呈长条形，总长约35.3、宽0.65~1.1、深0.3~0.35米，高差约为6.36米。由沟底板、两侧壁板及盖板组成，沟底板纵向平铺，两侧修凿凹槽，放置壁板，壁板上横向平铺盖板，所用石板均加工较为粗糙，形状各异，大小厚薄不一。GT9、GT6包边石墙上各有一近方形出水孔，边长0.3~0.35米，GT6处出水口下有一沉砂池SC3。

沟内填土仅一层，厚0.3~0.35米，灰色淤积黏土，土质疏松，出有少量陶瓷片等。

SC3　位于ⅠT0515中，GT6、GT4上下两级高台相接处，G16从水池中穿过。开口于第4层下，叠压生土。

平面形状近方形，长1.35、宽1.25、深0.45米，口宽底窄，斜直壁，斜坡底，东高西低。壁板以整块长方形石板倾斜砌筑，南壁板之上尚存压阑石，底板以3块条形石板铺成。东、西两壁连接G16，进水口高于东壁板，出水口为凿于西厢壁板上的长方形孔洞，高于底板，以沉淀泥沙，减轻排水暗沟内淤积状况。

池内堆积仅一层，厚0.4~0.45米，灰褐色黏土，土质较致密，夹杂零星石块、石渣、炭屑等，出土瓦砾、少量泥质灰陶片及1枚"淳化元寶"铜钱。

2）e路。G41、G42→G36，G40→G35；G35、G36、SS2、G31→G28→G57→G9。

e路支沟中G41、G42、G36、G40、G57为暗沟，G31、G35为明沟，G28为明暗结合沟，SS2为G28之上的散水。

G35　位于ⅠT0817、ⅠT0816、ⅠT0717中，开口于第4层下，打破生土、GT14垫土，被G36叠压。距地表深0.6米，方向310°。

平面呈长条形，残长7.3、宽0.3、深0~0.1米。中、东部扰毁无存，仅与G28连接段保存完好。利用F28包边石墙、F29铺地石板为沟壁，沟底用錾凿规整的石板铺就。

沟内堆积仅一层，厚0~0.1米，黑褐色黏土，土质较致密，出土遗物为大量瓦砾，零星青釉瓷片、白釉瓷片等。

G57　位于TN17W50、TN16W50、TN16W51、TN15W51中，出露于第2层下，叠压于GT4垫土中。距地表深0.4~1.85米，方向203°，东北高西南低。

平面形状近长条形，残长约23.14、内宽0.35、深0.32米（图版六九，4）。在南段处略弯曲，整体保存较好，仅东北段扰乱毁坏，局部盖板石不存或仅存沟底石板。该沟主要为暗沟，流向由东北向西南，经GT4垫土与G9连接。沟底顺向石板平铺，呈长缓坡状，石板两侧边缘凿浅槽，沟壁条石立砌筑于浅槽上，顶部石板封盖，盖板底面平整，表面未经细致加工。

沟内堆积仅一层，黄褐色黏土，土质较坚硬，结构致密。出土遗物为青白釉瓷片、白釉瓷片、黑釉瓷片等，另有少量筒瓦、板瓦残片等。

3）f路支沟有两条分支，G52→G53、G33→G54→G9，G54→G55→G10→SC1→G6（图版七〇，1），其中G52、G53为明沟，G33、G54、G55、G10为暗沟，SC1为园林区大型景观及排蓄水池。

G53 位于TN14W47、TN15W47、TN13W48、TN14W48中，开口于第2层下，打破F17垫土及基岩。距地表深0.55~0.72米，方向203°，东北高西南低。

平面形状为长条形，长24.74、宽0.7、深0.3米。保存较好，仅东北端沟壁扰乱不存。所用石料多经加工规整，表面见斜线状錾凿痕。沟底用长方形石板横向平铺，石板两侧边缘凿浅槽，槽之上立砌石板成沟壁。在西南端沟内有一方形柱础石，边长0.4米，表面凿有直径约0.18米的圆形浅窝，圆窝南侧亦凿有一狭长形浅槽，在石块近沟底处凿有一半圆形流水孔，东北流水经由此洞向西南向排出。在该沟中段，紧贴东部沟壁内侧复立砌一层石板，高度略低于沟壁，西南扰乱不存，仅见底板凿有浅槽，直至西南部柱础石。

沟内堆积仅为一层，为黄褐色花土，土质坚硬，结构致密。出土遗物为少量青白釉瓷片、白釉瓷片、黑釉瓷片等，另有少量板瓦残片等。

G54 位于TN13W47、TN13W48、TN14W49、TN15W50、TN15W51中，开口于第5层下，被GT21、GT9、GT6、L28、GT4叠压。距地表深0.5~1.8米，方向245°、297°、311°，东南高西北低。

平面形状为折尺形，揭露长度约为50.7、内宽0.4、深0.35米。整体保存较好，局部盖板石不存或仅存沟底石板。主要为暗沟，纵贯GT21、GT9、GT6、GT4，终汇入G9。沟底顺向平铺石板，呈长缓坡状，石板两侧边缘凿浅槽，沟壁条石立砌筑于浅槽上，顶部石板封盖，盖板底面平整，表面未经细致加工，两侧落槽与沟口紧密扣合。经GT9、GT6包边石墙时，沟整体呈陡坡状倾斜，穿过石墙底部后又改为平缓状。底板石长1.15~1.2、宽0.37~0.4、厚0.1米，壁板长0.75~1.3、宽0.5、厚0.15~0.2米，盖板长0.5~1.05、宽0.38~0.5、厚0.1~0.18米。

沟内堆积仅一层，黄褐色黏土，土质致密。出土遗物为大量瓦砾，少量青白釉瓷片、白釉瓷片、黑釉瓷片等。

G55 位于TN14W49、TN13W49、TN13W50、TN12W50中，开口于第2层下，被CS1打破，叠压于GT5垫土下。距地表深0.5～0.95米，方向214°，东北高西南低。

平面形状为微弧曲的长条形，长约24.74、宽0.7、深0.35米。东北段被采石点CS1扰乱，西南段保存完好。中段残存沟壁，所用石料多经加工规整，表面见斜线状錾凿痕。沟底用长方形石板横向平铺，石板两侧边缘凿浅槽，槽之上立砌石板成沟壁，用未经细致加工的石板平铺盖顶。

沟内堆积仅为一层，为黄褐色花土，土质坚硬，结构致密。出土遗物为零星白釉瓷碗残片和瓦片等。

SC1 位于遗址西南部。部分暴露于地表，开口于第2层下，打破山岩。开口距地表深0.18～0.5米，近东西走向。

平面形状近梯形，东西长53.2～69、南北宽15～30.4、深0.3～3.05米，东宽西窄、口大底小，底部山岩不平、西高东低（图版七〇，2）。

水池北以GT1、南以Q5、东以GT5、西以Q2为池壁围合而成，池壁均建筑于山岩上，自下而上逐层收分，但构筑方式不尽相同。北壁为GT1南侧包边石墙，最底层条石以丁砌为主，少量顺砌，丁头面参差不齐；其上错缝顺向平铺两层石板，露明面修凿规整；石板以上的砌石又以GT1中部南北向的包边石墙为界存在明显差异，西部于石板之上错缝丁砌三轮条石，丁头面未修整，较粗糙，条石上顺向平铺五轮规整的石板，叠涩较大，近于台阶，最后在石板顶部一丁一顺构筑一轮陡板石；东部砌筑方式相对简单，最底部的两轮平铺石板至此消失，以错缝丁砌为主，共七轮，丁头面多未经加工，较粗糙，其上一丁二顺砌筑陡板石。南壁为Q5北侧包边石墙，坍塌较为严重，从残存情况来看，下部为条石错缝丁砌，共四轮，丁头面略加修整，不甚规则；上部多为一丁二顺砌筑，最高处残存七轮，修凿较为规整。东壁为GT5包边石墙，下部为条石错缝丁砌，共八轮，丁头面未经修整，较为粗糙；上部多为一丁二顺砌筑，残存四轮，露明面修平整，制作较为精细，可能为高台上建筑的陡板石。西壁为Q2东侧包边石墙，长度最短，毁坏严重，多丁一顺砌筑，残存四轮，修凿规整，加工较为细致。

水池现存三处入水口，分别为G10、G14、G15，主要是接收公廨区上半部和园林区汇集、排出的雨水；未发现排水孔，可能已扰毁不存，推断应在水池西北部与G6相连。南部、西部沿水池坝体建有截洪沟G8、G6，将园林区外部区域的雨水、泥沙等经涵洞HD1排出。

水池内堆积共九层。

第1层：近现代淤积土。厚0~0.3米。黄褐色黏土，土质较致密，夹杂零星石子等。出土遗物为零星瓦砾、青白釉瓷片、黑釉瓷片、青花瓷片、缸胎器残片等。北高南低，北薄南厚，略呈坡状。

第2层：近现代淤积土。深0.25~0.3、厚0~0.4米。浅灰褐色黏土，土质较致密，夹杂零星石子、石块等。出土遗物为零星瓦砾、青花瓷片、青白釉瓷片、黑釉瓷片、缸胎器残片等。南高北低，堆积略呈坡状。

第3层：明清时期淤积土。深0~0.3、厚0~0.3米。黄褐色黏土，土质较致密，夹杂零星石块、石子等。出土遗物为少量瓦砾、零星青花瓷片、青白釉瓷片、黑釉瓷片、铜钱等。北高南低，堆积呈斜坡状。

第4层：明清时期淤积土。深0.5~0.65、厚0~0.33米。深黑色黏土，土质较致密，夹杂零星石子。出土遗物为少量瓦砾、青花瓷片等。水平堆积。

第5层：明清时期淤积土。深0.8~0.95、厚0~0.65米。红褐色黏土，土质较致密，夹少量石渣、石子等。出土遗物为少量青花瓷片、瓦砾、缸胎器残片等。北高南低，堆积略呈坡状。

第6层：元明时期淤积土。深1.5~1.55、厚0~0.45米。灰黑色黏土，土质致密，夹杂大量石块、石子、条石等。出土遗物为少量瓦片、白釉瓷片、黑釉瓷片等。北高南低，堆积略呈坡状。

第7层：宋末元初废弃堆积。深0.1~1.9、厚0~1.44米。浅棕褐色黏土，略泛红，土质较致密，夹杂大量石子、石渣、石块、条石等。出土遗物为零星瓦砾、白釉瓷片、黑釉瓷片等。北高南低，堆积呈坡状。

第8层：宋末元初淤积土。深1.75~1.7、厚0~0.2米。灰黑色黏土，土质致密，夹杂较多石子、石渣等。出土遗物为零星白釉瓷片、黑釉瓷片、缸胎器残片等。北高南低，堆积呈坡状。

第9层：宋末元初淤积土。深1.8~1.9、厚0~0.28米。红棕色黏土，土质致密，夹杂少量石子。出土遗物为零星瓦砾、陶瓷片等。北高南低，略呈坡状堆积。

3. C组

C组位于遗址西北部，尚未完全清理揭露，从目前的发掘情况看，以G18为干沟，有g、h两路支沟。

（1）干沟

G18 位于TG10、TG14、ⅠT1114、ⅠT1115及TN21W51、TN22W50中。开口于第5层下，被F18、L10、WQ1叠压。距地表深0.5~1.8米，方向231°，东北高西南低，

沟底坡度4°。

平面形状近长条形，东北段略向北折，揭露长约41.92、内宽0.4、深0.15～0.36米（图二七）。明暗结合沟，东北段为明沟，扰乱毁坏严重，局部仅见沟圹，部分挤压变形。西南段为暗沟，部分被F18、L10叠压，起于WQ1北侧，紧贴F18、F59西北侧边缘修筑，沟底纵向石板平铺，石板两侧边缘凿浅槽，沟壁条石立砌筑于浅槽上，顶部条石封盖，盖板底面平整，表面未经细致加工，两侧落槽于沟口紧密扣合。底板石长1.15～1.2、宽0.37～0.4、厚0.1米，壁板石长0.75～1.3、宽0.5、厚0.15～0.2米，盖板石长0.5～1.05、宽0.38～0.5、厚0.1～0.18米。

沟内填土仅一层，灰褐色黏土，土质致密。出土遗物为大量瓦砾，少量青白釉瓷片、白釉瓷片、黑釉瓷片等。

（2）支沟

1）g路支沟有两条分支，G22→G66→G18，SS1→G19→G18。G22、G19为明沟，G66为暗沟，SS1为WQ1外散水。

G22　位于TG16、ⅠT0914、TN19W52、TN19W51、TN20W51、TN20W50、TN21W50中。开口于第3层下，打破生土、山岩。距地表深0.35～0.65米，方向230°，两端高，与G66相接处最低。

平面形状为折尺形，直壁，平底，通长约33.04、宽0.4、深0.32～0.42米。东起WQ1，修筑至24.74米处向西北转折，至2.6米处再次转折为西南—东北向，长约8.3米，终于WQ2墙脚。自WQ1、WQ2来水汇流于第二处转角，此处沟壁上开凿有宽0.3、高0.28米拱门形孔洞，连接暗沟G66，而后流入GT10外侧的G18。借GT10、GT12陡板石为沟壁，纵铺长条石板为沟底。

沟内堆积为两层。

第1层：厚0～0.2米。灰褐色黏土，土质较致密，夹杂大量石子、零星石块等。出土遗物为瓦砾、青白釉瓷片、白釉瓷片、黑釉瓷片及缸胎器残片等。分布于东北部。

第2层：厚0.2～0.42米。黄褐色黏土，土质较致密，夹杂大量瓦砾、零星石子等。出土遗物为青白釉瓷片、白釉瓷片、黑釉瓷片及铁块等。

SS1　位于ⅠT1115、TN21W50、TN21W49中，叠压于第6层下，叠压WQ1及生土。距地表深1.75～2米，方向312°，东南高西北低，沟底坡度4°～7°。

平面形状呈折尺形，东段长10.85、西段残长约3.2米。整体保存较好，仅东端扰乱不存。走向与WQ1完全一致，紧贴WQ1北部墙脚，经G19流入G18。该沟仅纵向平铺一层长方形石板，石板长0.95～1.1、宽0.6、厚0.15米，石板中间凿弧形浅槽，深约0.05米，两侧边缘留宽约0.1米。

2）h路。

G17　位于TG11、TN22W50、TN21W51中。开口于第5层下，打破基岩。距地表深1.35～1.38米，方向231°，东北高西南低，沟底坡度7°。

该沟共揭露两段，平面形状均为长条形，南段位于TG11及TN22W50中，揭露长约7.48、宽0.4～1.1、深0.15～0.4米。北段位于TN21W51中，揭露长约4.85、宽0.5、深0.1～0.12米。北段多在基岩上开凿沟槽，并平铺石板构成沟壁，基岩与石板接触面錾凿平整，顶部残存三块长方形盖板石。南段仅存凿于基岩的沟槽。

沟内填土仅一层，为红褐色黏土，土质较坚硬，结构较致密，夹杂大量岩石风化颗粒以及炭屑等，出土遗物为少量板瓦残片和零星白釉瓷片。

4. D组

D组位于遗址南部，以G8、G6（同一条水沟）为干沟，从目前发掘情况看，有i、j、k、l四路支沟。

（1）干沟

G8　分布于ⅣT0315、TN09W51～TN10W55、ⅠT0107等十余个探方、探沟内，出露于表土层下，开口于第10层下，打破生土和山岩。距地表深0.25～2.5米，方向268°～302°，东南高西北低。该沟为遗址内目前发现的规模最大的水沟，保存情况较好。

平面形状为长条形，揭露长85.5、口宽1.7～3.25、底宽0.65～1.35、深1.2～2.25米（图二八）。北沟壁残存2～6层，残高0.65～2.15米，沟壁斜度56°，以錾凿榫卯的、较规整条石或石板，一丁两顺或一丁三顺层层错缝内收砌筑，每层顶部内收0.05～0.15米，并錾凿深0.01～0.04米的浅槽，在浅槽内构筑上层条石，如此依次逐层砌筑。条石长0.7～1.4、宽0.35～0.45、厚0.1～0.25米。

南沟壁残存3～6层，残高1.1～2.4米，沟壁倾斜53°～65°，分为东、西两段。东段长45.5米，底部两层构筑方法与北壁相同，顶部1～4层以楔形条石错缝丁砌层层内收而成，偶夹顺砌。西段长27.3米，部分沟壁在山岩上錾凿而成，低洼部分以条形毛石错缝丁砌或顺砌、层层内收而成。条石长0.6～1.05、宽0.25～0.55、厚0.2～0.45米。

沟底分为东、西两段，东段长49.3米，以条形石板横向平铺，偶有顺向平铺，呈阶梯状，分五级。第一级位于东段西端，长25.75、宽0.8～1.5米，以长方形石板横向平铺，偶有顺向平铺，坡度1°。第二级长3.9、宽0.85～0.9米，位于第一级与第三级之间，低于左右两级0.1～0.12米，以长方形石板横向平铺，坡度4.5°。第三级长3.9、宽0.8～0.9米，位于第二级与第四级之间，高于第二级0.1米，低于第四级0.09米，以长方

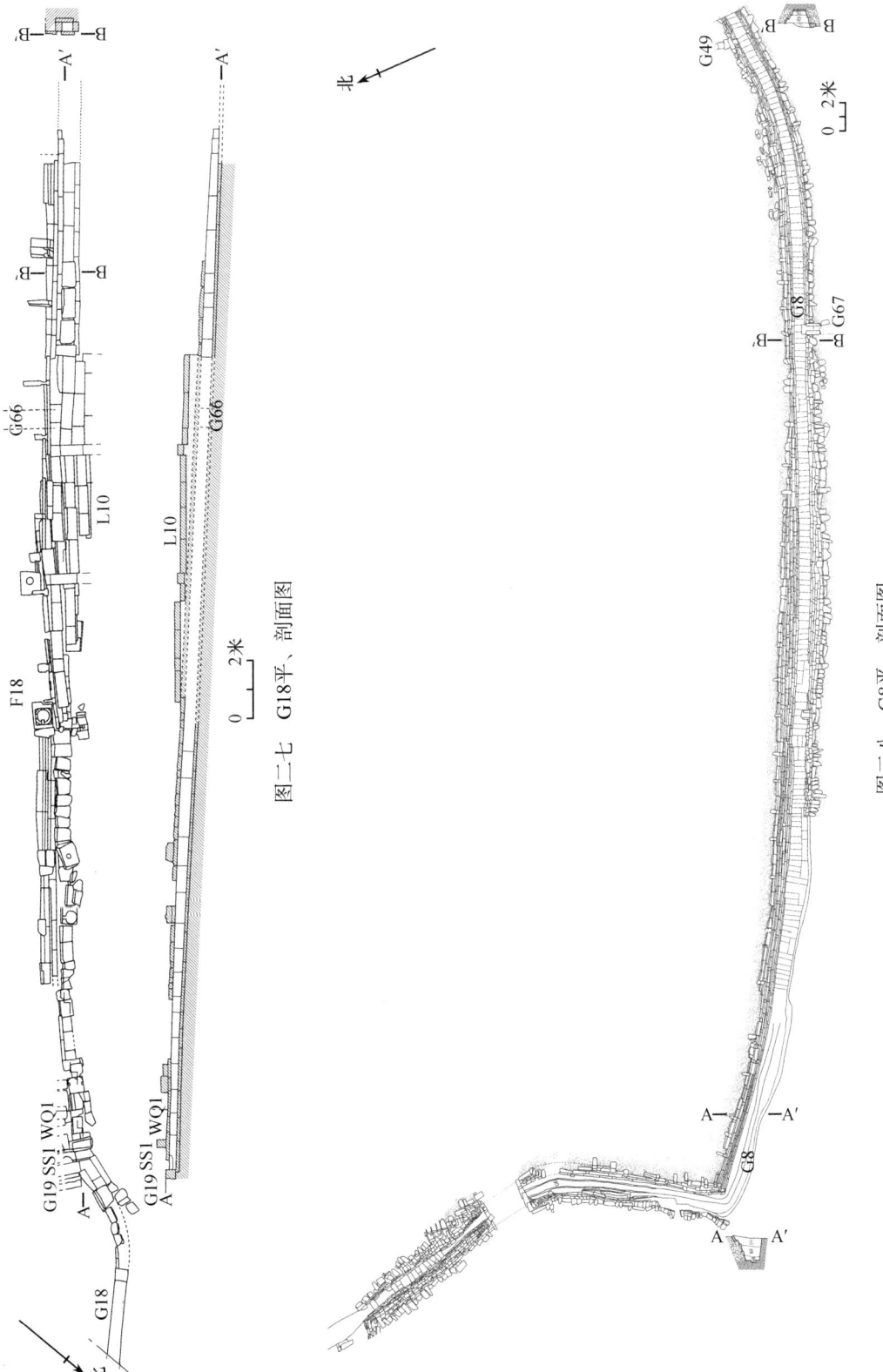

图二七 G18平、剖面图

图二八 G8平、剖面图

形石板横向平铺，坡度6°。第四级长28.85、宽0.7~0.9米，位于第三级与第五级之间，低于第五级0.08米，以条形石板横向平铺，坡度3°。中部呈凹形，低于沟底0.3米。第五级揭露长2.4、宽0.7~0.87米，位于东段东端，高于第四级0.08米，以长方形石板横向平铺，坡度2°。西段长16.3、宽0.95~1.35米，直接在基岩上錾凿而成。沟底中部錾凿宽0.4~0.45、深0~0.17米的小沟，便于沟内水流畅通，坡度1°。

沟内堆积共三层。

第1层：厚0.35~0.65米。灰褐色黏土，略泛黄，结构较致密，夹杂大量石块、条石、石渣，出土遗物为零星瓦砾、青釉瓷片、白釉瓷片、黑釉瓷片、缸胎器残片、铁器残柄等。

第2层：距沟口深0.35~0.65、厚0.55~0.85米。灰褐色淤积黏土，土质疏松，夹杂较多的石渣、石块、条石，出土遗物为大量瓦砾，零星青釉瓷片、白釉瓷片、黑釉瓷片、缸胎器残片等。

第3层：距沟口深0.6~1.2、厚0.3~0.7米。红褐色淤积砂土，土质疏松，夹杂大量卵石、石子、石渣、零星石块、骨骼等，出土遗物为零星瓦砾、青釉瓷片、白釉瓷片、黑釉瓷片、缸胎器残片等。

G6 分布于ⅠT0208~ⅠT0408、ⅠT0307、ⅠT0407、ⅠT0107、ⅠT0108内，出露于第4层下，开口于第6层下，打破生土和基岩。距地表深0.1~1.7米，南高北低。该沟与G8为同一条水沟。

平面形状近弧形，长33.85米，分为南、北两段。南段位于G8与HD1之间，平面呈长条形，北端略弯向西北，方向4°~19°，长15、口宽2、底宽0.4~0.5、深1.95~2.7米，沟底坡度4°。西壁为GT2包边石墙，局部在基岩上錾凿而成，斜度61°。东壁为SC1西坝包边石墙，以錾凿的规整石板丁顺交替砌筑，层层错缝内收，每层内收0.05~0.1米，斜度80°。沟底全部在基岩上錾凿而成。北段位于HD1南侧，平面形状为长条形，方向345°，长18.75、高0.4~1.8米。西壁、东壁分别利用GT2、GT1包边石墙，以大小不等的条石错缝丁砌、层层内收而成，斜度为78°、72°。沟底南部錾凿于基岩上，长4.35米，北部以条形石板横铺而成，长16、口宽1.35、底宽0.45~0.7、深0.4~1.8米，沟底坡度4°。

沟内堆积共四层。

第1层：深0.95~1.7、厚0~0.55米。棕褐色黏土，土质较致密，夹杂大量石块、石子等。出土遗物为大量白釉瓷片、黑釉瓷片、青釉瓷片、陶片等。分布于全沟，西高东低，呈坡状堆积。

第2层：深1.15~2.65、厚0~1.85米。灰褐色泛黄黏土，土质较致密。夹杂大量条石、石块等。出土遗物为大量瓦砾、铁器残片、白釉瓷片、黑釉瓷片、陶片等遗物。分布于全沟，西高东低，呈坡状堆积。

第3层：深1.25～3.65、厚0～1.4米。红褐色黏土，土质较致密，夹杂大量条石、石块、石渣等。出土遗物为大量瓦砾、瓷片、陶片等。分布于全沟，西高东低，呈坡状堆积。

第4层：深2.65～4.3、厚0.15～1.2米。黑褐色淤积黏土，土质较致密，夹杂大量石块。出土遗物为大量瓦砾、黑釉瓷片、白釉瓷片，零星缸胎器残片、泥质陶片、铁块等。分布于中南部，西高东低，呈坡状堆积。

HD1　位于ⅠT0208、ⅠT0308中。叠压于第4层下，打破山岩，被F3叠压。距地表深0.3～0.4米，方向345°。

平面形状为长条形，斜直壁，券顶石构涵洞，长3.5、底部宽0.96、顶部宽0.92米。构筑前，地势南高北低呈缓坡状，依地势先将山岩錾凿呈阶梯状，再以规整的条石构筑两侧涵洞壁，后以錾凿规整的五边形条石起券，券顶上部两侧以条石构筑挡土墙，内以黄褐色黏土夹石块夯筑。

南北两端涵洞口高低不等。北端四层起券，右侧距底1.26米起券，左侧距底1.36米起券，其中0.26米錾凿于山岩上，券高0.39米，右侧底部高于左侧0.1米，在距涵洞右壁0.13、左壁0.14米处凿有宽0.65、深0.44米的水沟，右壁为斜直壁，左壁为直壁，底部右高左低呈坡状。南端三层起券，右侧距底0.88米起券，左侧距底0.8米起券，券高0.39米，左侧底部高于右侧0.06米。在距涵洞右壁0.12、左壁0.06米处凿有宽0.78、深0.32米的水沟，右壁呈阶梯状，左壁为斜直壁，底部右高左低呈坡状。

（2）支沟

1）i路。G5→G3→G6。

G3　位于ⅠT0306、ⅠT0406、ⅠT0407中。开口于第5层下，被G6叠压，打破生土。开口距地表深0.35～1.4米，西段方向30°，西南高东北低，沟底坡度7°～10°；北段方向115°，西北高东南低，沟底坡度6°～10°。排水暗沟，变形严重，保存状况较差。

平面形状为曲尺形，长32.25、宽0.35～0.5、深0.2～0.25米，由西、北两段及分沟组成。水沟由长方形石板砌筑，沟底以石板顺地势倾斜铺就，两壁以石板纵向立置砌筑，顶铺盖板石，盖板石仅存于东端与拐角处，南端以2块石板侧立封堵。分沟与G3垂直，位于G3东部与GT2包边石墙间，亦以石板砌筑，南端封堵，北汇入G3，长1、宽0.35米。所用石板不规整，且较破碎、粗糙，规格差异极大，石板长0.4～1.15、宽0.25～0.5、厚0.08～0.2米。

沟内堆积仅一层，厚0.2～0.25米，棕褐色黏土，土质致密，夹杂大量石块、石子等。出土遗物为大量瓦砾、白釉瓷片、青釉瓷片、黑釉瓷片等。

2）j路。G80→G47→G49→G8→G6。

G47　位于ⅣT0215、TN10W49、TN10W48、TN11W48、TN11W47中。开口于第6层下，打破GT18。距地表深0.7～0.8米，方向223°，东北高西南低，沟底坡度1.2°。

平面形状为长条形，揭露长27.8、宽0.3～0.4、深0.25～0.35米。先以錾凿规整、两侧凿有浅槽的长方形石板纵向平铺沟底，再用錾凿规整的长方形石板横向立砌于沟底石板两侧的浅槽内，构筑沟壁，上铺压阑石，与地面齐平。底板石长0.9～1.15、宽0.53、厚0.1米，壁板石长0.55～1.1、宽0.25～0.3、厚0.12～0.15米，盖板石长0.7～0.75、宽0.35～0.45、厚0.07～0.15米。

沟内堆积仅一层，厚0.25～0.35米，灰褐色黏土，土质致密，夹杂少量红褐色岩石风化颗粒、木炭颗粒，出土遗物为青釉瓷片、白釉瓷片及陶瓦残片等。

G49　位于ⅣT0215、ⅣT0315中，开口于第6层下，被F51叠压，叠压GT18。距地表深1.4～1.7米，方向5°，沟底坡度1°。

平面形状呈长条形，长12.98、宽0.4、深0.37米。先以錾凿规整、两侧凿有浅槽的长方形石板纵向平铺沟底，再用錾凿规整的长方形石板横向立砌于沟底石板两侧的浅槽内，构筑沟壁，后以不规则的条形毛石横向平铺为盖板。底板石长0.65～1.05、宽0.47～0.55、厚0.1～0.13米，壁板石长0.55～1.05、宽0.32～0.37、厚0.1～0.18米，盖板石长0.55～0.6、宽0.3～0.45、厚0.2～0.25米。

沟内堆积仅一层，厚0～0.37米，灰褐色黏土，土质较致密，夹杂零星石块、石子、木炭颗粒、骨骼等，出土遗物为大量瓦砾、零星青釉瓷片、白釉瓷片、黑釉瓷片、缸胎器残片等。

3）k路。G37→G8。

G37　位于TG27中，开口于第5层下，打破垫土、生土。开口距地表深0.35～1.2米，方向310°，东南高西北低，沟底坡度14°。

平面形状呈长条形，斜壁，平底，长2、外宽0.95～1.6、口宽0.8、底宽0.64、深0.35～0.5米。沟底板由长方形石板拼接而成，两侧錾凿浅槽，沟壁以立砌的石板丁顺交替砌筑。

沟内堆积仅一层，厚0.35～0.5米，灰褐色黏土，土质较致密，夹杂碎砂岩颗粒等，出土遗物为大量瓦片等。

4）l路。G78→G50→G8。

G78　位于TN12W46中，贯穿WQ3，开口于第7层下，被M5打破，打破生土。距地表深1.25～1.7米，方向180°，北高南低，沟底坡度9°。保存状况较差，仅存东侧沟壁和沟底板。

平面形状为弧曲的长条形，残长4.1、内宽0.3~0.32、深0.18~0.3米。长方形石板砌筑，沟底板与壁板相接处凿有浅槽，接缝严密，沟壁内面平整，局部隐约可见錾痕。所用石板长0.55~1.35、宽0.18~0.3、厚0.08~0.1米。

沟内堆积仅一层，厚0.05~0.25米，黑褐色黏土，土质较致密，夹杂零星的炭粒、红烧土粒、砂岩粒（块）等，出土遗物为大量瓦砾及少量青釉瓷片、白釉瓷片等。

G50　位于TG33中，开口于第9层下。距地表深1.25~1.55米，方向41°，东北高西南低。

平面形状为长条形，揭露长4、宽0.4、深0.08米。该沟形制较为特殊，分为上、下两部分，上部为散水，下部为暗沟，上、下以石板相隔，散水底板即为下部暗沟的盖板，石板接缝处凿有细长漏水孔，连通散水与暗沟，长0.25、宽0.05米。散水两壁、底板均用长方形石板纵向平铺而成，石板长0.45~0.7、宽0.25~0.35、厚0.08~0.1米。暗沟未做进一步解剖，情况不详。

（五）采石点

采石点共发现4处，CS3~CS6，均为修建乙组遗存时采石残留遗存。

CS4　位于遗址中部，分布于TN13W47、TN14W47、TN13W48、TN14W48中，叠压于GT21垫土下。距地表深0.2~1.75米。钓鱼山顶部基岩崩裂的巨石滚落至此，后被开采石料，用于修建乙组遗存建筑。

东部出于保护高台垫土考虑，暂未发掘，揭露部分岩石平面形状不规则，南北长8.56、东西宽8.5米。岩石表面凹凸不平，有明显采石楔槽和剥离面，楔槽呈细长条形，剥离面为平滑的弧形。岩石之上有4块不规则石块坯料，长1.2~1.5、宽0.4~0.5、厚0.4~0.6米。

（六）出土遗物

乙组遗存出土遗物较为丰富，数量有3000余件，依质地可分瓷器、陶器、铜器、铁器及石器等。

1. 瓷器

瓷器数量较多，主要包括景德镇窑青白釉瓷器、龙泉窑青釉瓷器、瓷峰窑白釉瓷器及不明窑口的白釉瓷器、黑釉瓷器、绿釉瓷器等。

（1）景德镇窑青白釉瓷器

器形主要为碗、盘，包括敞口碗、斗笠碗和芒口盘等。

敞口碗　H32③∶2，可复原。敞口，圆唇，斜弧腹，圈足，挖足较浅，足端较平，宽窄不一，外底较平，沿足墙内侧挖一周凹槽。内壁刻划婴孩戏花纹。胎色白，胎质细腻，釉色青白，釉面光泽度高，釉层透明度较高，内外壁施满釉，足端、外底无釉。口径18、足径5.5、高5.3厘米（图二九，1；图版七一，1~3）。

斗笠碗　G6④∶57，可复原。芒口微侈，薄方唇，斜直腹，圈足，挖足极浅。内壁模印缠枝花卉纹。胎色白，胎质细腻，釉色青灰，釉面光泽度不高，釉层乳浊，施满釉，口沿处刮釉露胎。胎釉结合处现火石红。口径14.1、足径2.4、高4.5厘米（图二九，2；图版七一，4）。G60②∶3，可复原。大敞口，尖圆唇，斜直腹，饼足微

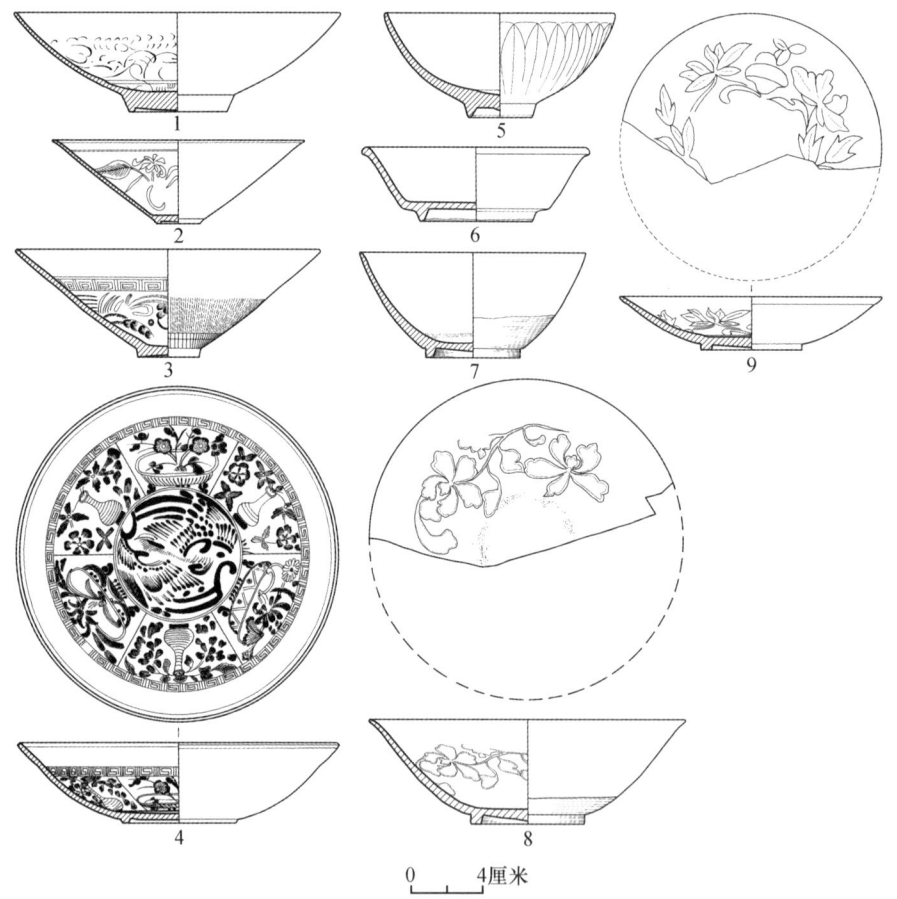

图二九　乙组遗存出土瓷器

1.青白釉敞口碗（H32③∶2）　2、3.青白釉斗笠碗（G6④∶57、G60②∶3）　4.青白釉芒口盘（H32③∶3）
5.青釉盏（ⅠT0107④∶3）　6.青釉盘（G8②∶131）　7、8.白釉碗（G6③∶2、L6∶1）
9.白釉盘（ⅠT0107⑤∶4）（1~4为景德镇窑，5、6为龙泉窑，7、8为磁峰窑）

凹。内壁模印双凤穿花纹。胎色白，胎质细腻，釉色青白，釉面光泽度高，釉层透明度高，内外壁施满釉，外底无釉。外壁下部胎体有跳刀痕，足底见垫饼垫烧痕迹。口径17、足径3.5、高5.8厘米（图二九，3；图版七一，5~7）。

芒口盘　H32③：3，可复原。芒口微侈，方唇，浅斜弧腹，圈足，足端平，外底较平，足墙内有一周浅槽。内壁、内底模印双凤瓶花盆景纹。胎色白，胎质细腻，釉色青白，釉面光泽度高，釉层透明度较高，内外壁施满釉，口沿内外侧刮釉露胎，足端、外底无釉。口径17、足径5.4、高4.3厘米（图二九，4；图版七二，1~3）。

（2）龙泉窑青釉瓷器

器形主要为盏、盘。

盏　ⅠT0107④：3，可复原。敞口，圆唇，斜弧腹，内底下凹，圈足，足端平，外底有鸡心突。外壁刻一周细仰莲瓣纹。胎色灰，胎质较细腻，釉色青灰，釉面光泽度较高，釉层乳浊，施满釉，足端刮釉露胎。口径12.6、足径3.5、高5.6厘米（图二九，5）。

盘　G8②：131，可复原。侈口，圆唇，斜直腹，平底，圈足，足端平，外底挖足过肩。胎色灰，胎质较细腻，釉色青灰，釉面光泽度较高，釉层较厚且乳浊，施满釉，足端刮釉露胎。口径12.4、足径6.2、高4厘米（图二九，6）。

（3）磁峰窑白釉瓷器

器形主要为碗、盘。

碗　L6：1，可复原。侈口，斜弧腹，内底平，圈足，足端宽平，外底有鸡心突。内壁模印缠枝花卉纹。胎色灰白，胎质较细腻，釉色乳白，釉面光泽度较高，釉层乳浊，内壁满施化妆土，外壁施化妆土至下腹，化妆土上施透明釉，部分釉至足端，外底无釉。内底残见4个石英砂堆。口径17.3、足径6.2、高5.6厘米（图二九，8）。
G6③：2，可复原。敞口，薄圆唇，斜弧腹较深，圈足，足端平，外底有鸡心突。胎色黄灰，胎质较细腻，釉色灰白，釉面无光，釉层乳浊，外壁中上部及内壁施化妆土，其上施透明釉，下腹、足端、外底无釉。内底有石英砂垫圈痕迹。口径12.4、足径5.2、高5.7厘米（图二九，7）。

盘　ⅠT0107⑤：4，可复原。敞口，薄圆唇，斜腹微弧，平底，矮圈足，足跟宽平。内壁模印缠枝花卉纹。胎色灰白，胎质较细腻，釉色乳白，釉面光泽度较高，釉层乳浊，外壁中上部、内壁施白色化妆土，后于化妆土上施透明釉，外壁下部及外底无釉。内底残有6个石英砂堆，釉面有粘连痕迹。口径14.4、底径5.6、高2.9厘米（图二九，9）。

（4）不明窑口瓷器

1）白釉瓷器。

碗　G8②：23，可复原。敞口，薄圆唇，斜腹微弧较深，圈足，足端平。外壁刻划仰莲瓣纹。胎色黄白，胎质较细腻，釉色乳白，釉面光泽度不高，釉层乳浊，内外壁施化妆土，其上施釉，足端、外底无釉。内底见石英砂垫圈痕迹。口径13、足径5.2、高6.1厘米（图三〇，8）。

2）黑釉瓷器，器形主要为碗、盏、瓶等。

碗　H32③：1，可复原。敞口，斜方唇，斜腹微弧，圈足，挖足较浅，足端宽平。胎色灰白，胎质较粗糙，釉色酱灰，釉面光泽度较高，釉层薄且乳浊，内壁施满釉，内底刮釉成涩圈，外壁施釉至下腹。口径17.8、足径7.7、高6厘米（图三〇，3）。G8③：1，可复原。敞口，方唇，斜腹微弧，圈足，足端宽平，外侧斜削。胎色黄灰，胎质较粗糙，釉色黑褐，釉面脱落无光，釉层乳浊，内壁施满釉，内底刮釉成涩圈，外壁施釉至下腹。口径18、足径8、高6.6厘米（图三〇，2）。SC5②：1，可复原。敞口，圆唇，斜腹微弧，圈足，足端宽平，外底有鸡心突。胎色灰，胎质粗糙，

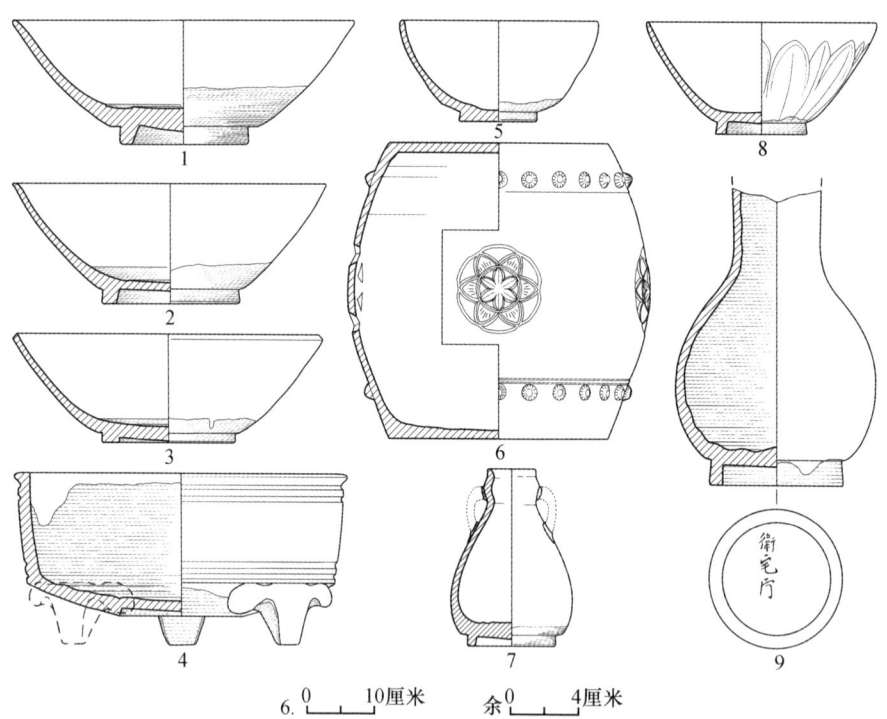

图三〇　乙组遗存出土不明窑口瓷器

1～3. 黑釉碗（SC5②：1、G8③：1、H32③：1）　4. 绿釉香炉（TN18W42⑦：1）
5. 黑釉盏（SC4②：3）　6. 绿釉绣墩（F47②：7）　7. 黑釉瓶（SC4②：6）
8. 白釉碗（G8②：23）　9. 绿釉瓶（G21②：1）

夹杂大量砂粒，釉色黑褐，釉面光泽度不高，釉层乳浊，内壁施满釉，内底刮釉成涩圈，外壁施釉至下腹。足端见粘连痕迹。口径19.6、足径7.4、高6.8厘米（图三〇，1；图版七二，4~6）。

盏 SC4②：3，可复原。敞口，圆唇，斜弧腹，饼足，外侧斜削。胎色灰白，胎质较粗糙，釉色酱黄，釉面光泽度较高，釉层乳浊，内壁满釉，外壁施釉至下腹。口径11.2、足径4.4、高5.5厘米（图三〇，5）。

瓶 SC4②：6，可复原。葫芦形口，圆唇，双耳残，垂腹，圈足，足端宽平，外侧斜削，外底不平。胎色灰白，胎质较细腻，釉色黑褐，釉面光泽度不高，釉层乳浊，内壁施釉至颈部，外壁施釉至下腹。口径2.7、腹径6.9、足径5、高9.8厘米（图三〇，7）。

3）绿釉瓷器，器形有瓶、香炉、绣墩等。

瓶 G21②：1，不可复原。口残，细长颈，溜肩，鼓腹，圈足，足端宽平，外底微凸。胎色红褐，胎质较粗糙，釉色浅绿，釉面有脱落，光泽度不高，釉层乳浊，内壁不见施釉，外壁施釉部分至足端。外底墨书"衞宅厅"。腹径11.4、足径7.6、残高16.2厘米（图三〇，9）。

香炉 TN18W42⑦：1，可复原。敞口，圆唇，折沿，斜直壁，底部下凹，外底上部斜直，下部挖为内凹的圆形坑，底部边缘黏接"T"字形三足。外壁上下各饰两道凹弦纹。胎色黑褐，胎质粗糙，釉色灰绿，釉面光泽度较高，釉层乳浊，外壁施釉至三足，外底部分施釉，内壁仅口部施釉，施釉前通体施淡黄色化妆土。口径19.2、底径7.2、高9.4厘米（图三〇，4）。

绣墩 F47②：7，可复原。整体呈鼓形，上下细，中部粗。上下各有一圈鼓钉，中部四个透雕花卉纹。胎色灰褐，胎质较细腻，釉色绿，釉面光泽度不高，釉层乳浊，外壁施满釉，内壁无釉。面径30.8、腹径42.8、底径30.8、高40.8厘米（图三〇，6；图版七一，8）。

2. 陶器

瓦当 SC6①：24，可复原。方唇，瓦舌上翘，瓦肩内凹，瓦身截面呈半圆弧形，瓦当、瓦身夹角为钝角，瓦当面模印莲荷纹。夹砂灰陶。外素面，内布纹。瓦身长30.8、宽13.7、高6.3、厚1.5~1.8厘米，瓦当直径13.2厘米（图三一，3）。SC5①：5，可复原。方唇，瓦舌较平，瓦肩内凹，瓦身截面呈半圆弧形，瓦当、瓦身夹角为钝角，瓦当面模印高浮雕兽面纹。泥质灰陶。外素面，内布纹。瓦身长30.2、宽12.3、高6.2、厚1.1厘米，瓦当直径11.6厘米（图三一，4）。

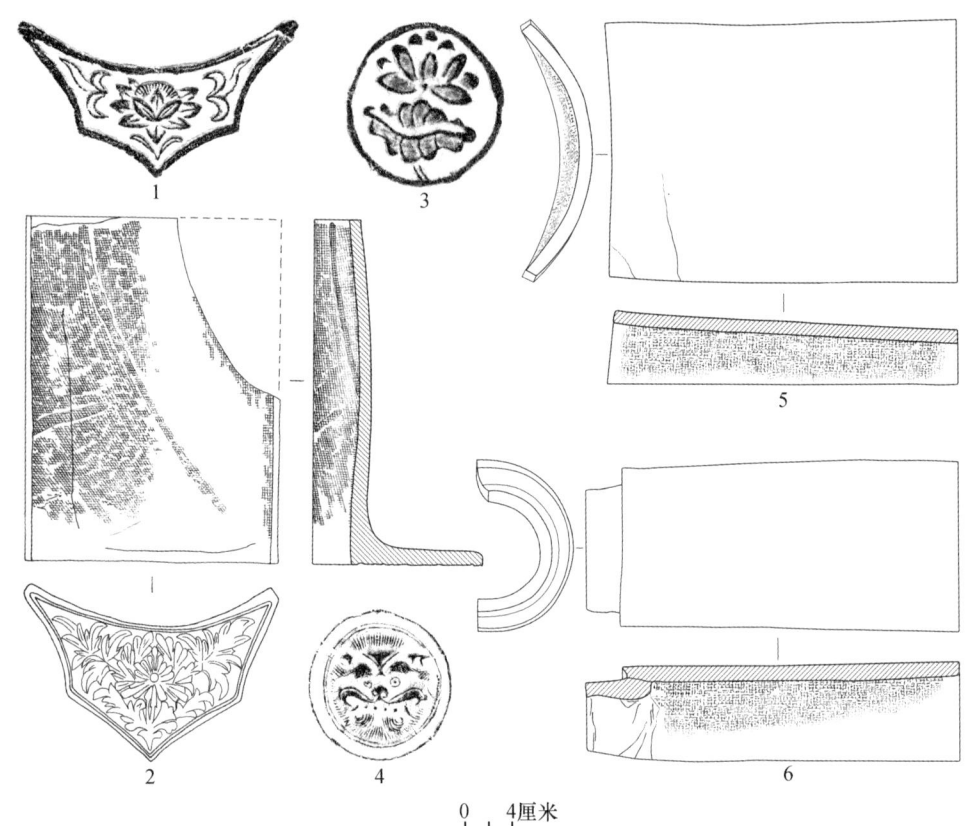

图三一 乙组遗存出土陶器
1、2.滴水（SC5①:61、SC6①:60） 3、4.瓦当（SC6①:24、SC5①:5）
5.板瓦（F47②:2） 6.筒瓦（F55:9）

滴水 SC6①:60，可复原。滴水面近三角形，模印菊花纹，滴水身为板瓦，面、身近垂直。泥质灰陶。滴水身上布纹，下素面。瓦身长27.5、宽21.2、高4.6、厚1厘米，滴水宽21、高10.6厘米（图三一，2）。SC5①:61，可复原。滴水面近三角形，模印花卉纹，滴水身为板瓦，面、身近垂直。泥质灰陶。滴水身上布纹，下素面。瓦身长31.5、宽23.1、高4.5~5.6、厚1厘米，滴水宽23.8、高8.8厘米（图三一，1；图版七二，7）。

筒瓦 F55:9，可复原。方唇，瓦舌较平，瓦肩内凹，瓦身横截面呈圆弧形。泥质灰陶。外素面，内布纹。长31、宽12.8~13.6、高7.5~8、厚1~1.3厘米（图三一，6）。

板瓦 F47②:2，可复原。平面形状呈梯形，横截面呈弧形。泥质灰陶。上布纹，下素面。长28.6~29、宽20.2~21、高4.4~5.8、厚1~1.2厘米（图三一，5）。

铭文瓦 8件。板瓦、筒瓦两类，均为泥质灰陶。

G21①：2，不可复原。筒瓦，刻划"大宋……三年……大……"。泥质灰陶。残长13.5、宽12.9、高7.5、厚1.5厘米（图三二，1）。G6③：12，不可复原。筒瓦，刻划"大宋……年二……造瓦……"。泥质灰陶。残长13.7、宽12.9、高5.5、厚1.5厘米（图三二，2）。SC6②：15，不可复原。板瓦，模印阳文"……修職造"。泥质灰陶。残长16、残宽16.5、厚1厘米（图三二，3）。G28：74，不可复原。板瓦，刻划"淳……"。泥质灰陶。残长9.7、残宽13.5、厚1厘米（图三二，4）。G6②：16，不可复原。板瓦，刻划"隆興二年……"。泥质灰陶。残长24.5、残宽11.5、厚0.8厘米（图三二，5）。G29①：2，可复原。筒瓦，刻划"大途……"。泥质灰陶。长29、宽12.5、厚1.5厘米（图三二，6）。SC6②：14，不可复原。板瓦，模印阳文"五通山王土地"。泥质灰陶。长25.6、残宽11.5、厚0.5厘米（图三二，7）。ⅠT0421②：4，不可复原。筒瓦，刻划"合州巴川……開禧……造……"。泥质灰陶。残长13.7、残宽11、厚1厘米（图三二，8）。

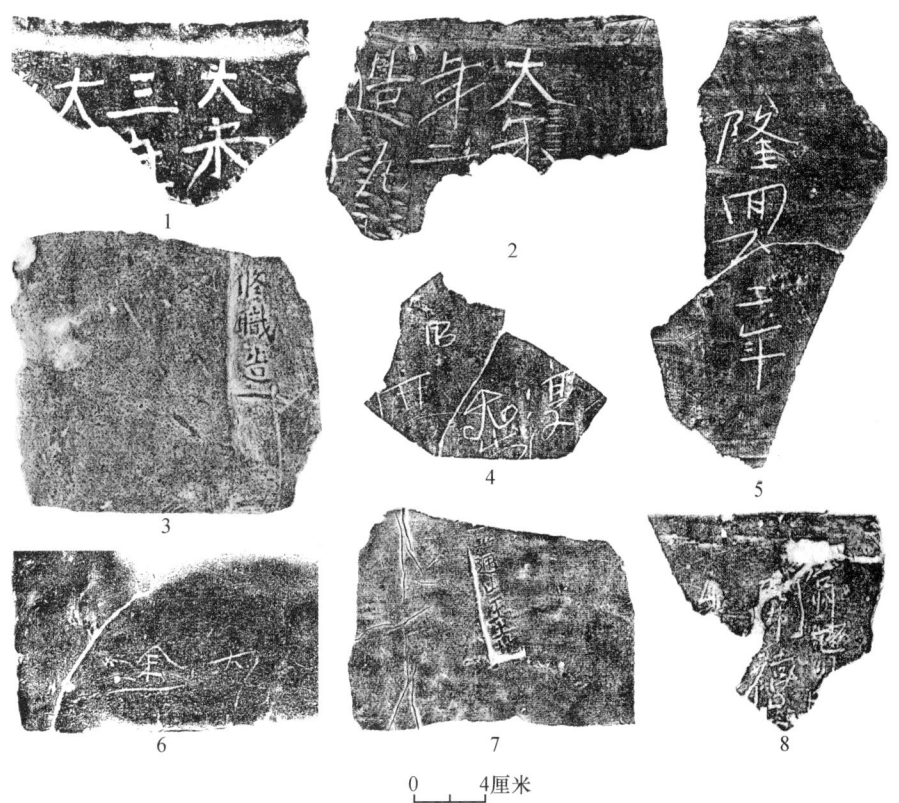

图三二　乙组遗存出土铭文瓦拓片

1. G21①：2　2. G6③：12　3. SC6②：15　4. G28：74　5. SC6②：16　6. G29①：2
7. SC6②：14　8. T0421②：4

3. 铜器

器类有照子、钱币、象棋子等。

照子 G38①：14，可复原。平面为六出花瓣形，外郭宽厚，内身较薄，照面较光滑，照背中心一扁圆纽，右侧铸有"湖州石念二郎真青铜照子"字样。直径15.6、外郭厚0.5、内身厚0.15、纽高0.35厘米（图三三，6）。

钱币 采：1，完整。方穿，宽郭。"淳祐通寶"，钱文楷书对读，背文"当百"。直径5.1、穿径1.4、厚0.3厘米（图三三，7；图版七三，1、2）。

象棋子 圆形，宽郭，双面铸楷体阳文。TN21W49④：1，完整。双面铸"卒"

1、2、7～9. 0 ⎯ 2厘米　　3、6. 0 ⎯ 4厘米　　4、5. 0 ⎯ 8厘米

图三三　乙组出土铜、铁、石器

1、2. 铁火砲（SC1⑦：4、SC6②：12） 3. 铁夯头（SC1⑦：1） 4、5. 石构件（ⅠT0320⑦：2、F47②：1）
6. 铜照子（G38①：14） 7. 铜钱（采：1） 8、9. 铜象棋子（TN21W49④：1、ⅣT0315⑩：2）

字。直径2.5、厚0.15厘米（图三三，8；图版七三，3）。ⅣT0315⑩：2，完整。双面铸"砲"字。直径2.5、厚0.2厘米（图三三，9；图版七三，4）。

4. 铁器

器类有火砲、夯头等。

火砲　SC1⑦：4，可复原。近圆球形，顶部一圆孔，中空，外壁中部一周范线。锈蚀较为严重。口径1.4、直径10.7、高10.4、壁厚0.7~1.3厘米（图三三，1）。SC6②：12，不可复原。近圆球形，顶部残，中空，外壁中部一周范线。表面有锈蚀。直径11、残高9.7、壁厚0.8~1厘米（图三三，2；图版七二，8）。

夯头　SC1⑦：1，完整。顶部较平，深弧腹，圜底。顶面中部一方形中空凹槽。锈蚀较严重。直径10.8、高7.2厘米，中空凹槽边长4.8、深4.6厘米（图三三，3）。

5. 石器

构件　ⅠT0320⑦：2，可复原。平面形状为长方形，开光内饰高浮雕莲荷瑞鹿纹。两端头处呈榫状。红色砂岩。长82.2、宽30、厚8~20.3厘米（图三三，4；图版七二，5）。F47②：1，可复原。平面形状为长方形，开光内饰高浮雕卷云纹。两端头处呈榫状。红色砂岩。长87.2、宽30.8、厚20~23厘米（图三三，5；图版七二，6）。

四、丙组遗存

丙组遗存共清理遗迹31处，包括水池1处、碾盘1处、采石点2处、墙13条、墓葬1座、灰沟3处、道路2条、灰坑8处（图三四）。

（一）水池

SC9　位于遗址东部偏北的ⅠT0319~ⅠT0521、TN14W46~TN18W44等十余个探方中。出露于第2层下，开口于第3层下，叠压F30、F39、F43和F65等，被现代沟打破。距地表深0.55~1.1米，方向38°。

平面形状近刀把形，口部南北长25.3~32.8、东西宽11.65~18.5米，底部南北长24.9~32.7、东西宽11.4~18.4米，残深1.15~1.25米。由北、东、南、西坝，排水孔及踏道组成（图三五；图版七四，4）。

北坝分为东、西两段。东段以GT13南部包边石墙为堤坝，长10.8米，方向310°。西段沿GT13西侧包边石墙向北2.1米处构筑内墙，平面形状呈微外弧的长条形，长

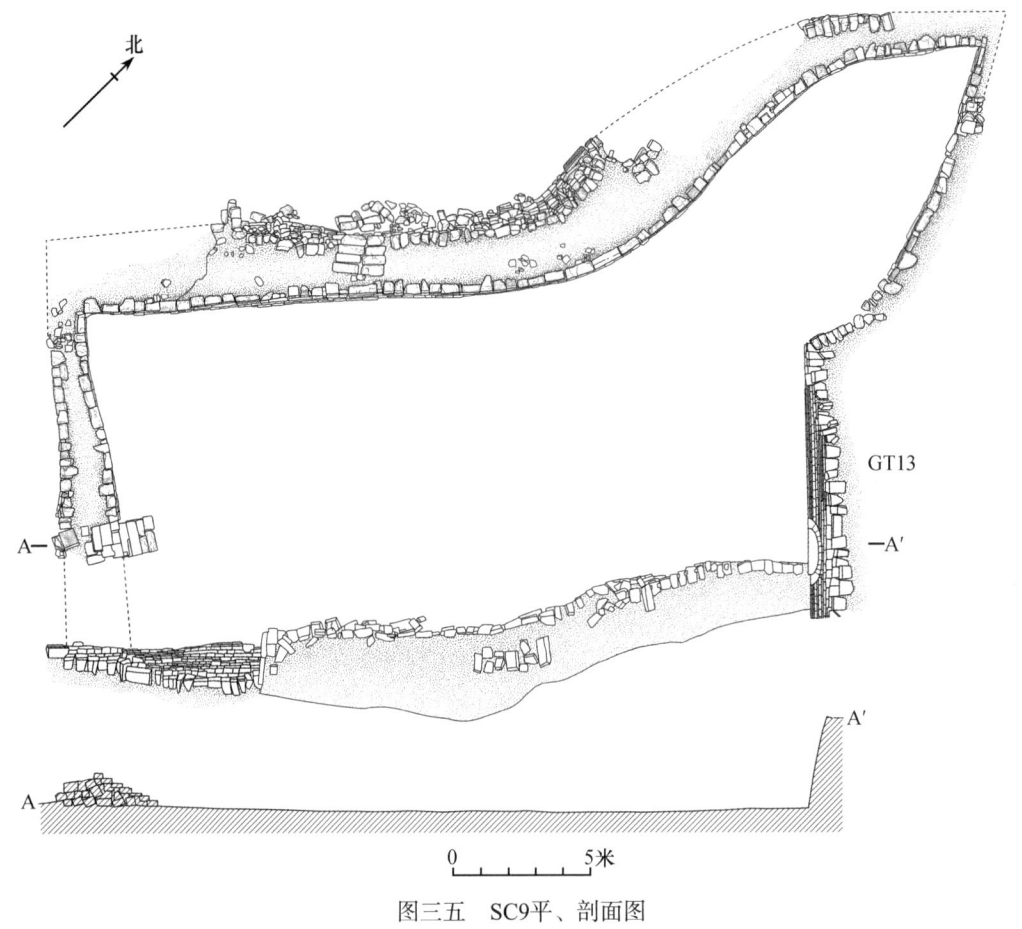

图三五　SC9平、剖面图

10.5、宽0.2~0.8、残高0.25~0.85米，方向340°。残存1~3层，以规整的条石和杂乱石块层层错缝砌筑，以顺砌为主，偶有丁砌。

东坝在GT20包边石墙基础上，以不规整石块顺砌或丁砌包边石墙，砌筑较为随意、凌乱，残长17、宽1.3~2、高0.3~1.1米，方向45°。墙体不规整，缝隙较大，所用石块粗糙，长0.3~0.8、宽0.2~0.3、厚0.25~0.3米。墙内填灰褐色黏土，夹杂大量条石、石块等。

南坝分东、西两段。东段利用南宋建筑遗存废弃后条石堆积为堤坝，未另行构筑坝体，长4.3米。西段坝体平面形状为长条形，坝体两侧为包边夯土石墙，东宽西窄，长7.5、顶宽1.4~1.9、底宽1.5~2.2、残高0.8~1.2米，方向139°。内外包边石墙以条石丁砌或顺砌层层错缝内收构筑而成，所用石材多利用乙组遗存的斗板石、柱础、沟盖板石等。墙内填土为较致密的灰褐色黏土，夹杂大量的瓦砾，零星石子、石块。

西坝平面形状近"S"形，南、北两端较直，中部弧曲。方向分别为40°、7°、

36°。北部通长32.8、顶部残宽1.4~2.8、底宽1.6~4.1、残高0.6~2.5米。分两期，一期为包边夯土石墙，由内、外包边石墙及墙内夯土三部分组成。内包边石墙残存2~5层，长35.15、残高0.6~1.17米，底层以条石横向砌筑，2~4层以条石或石板纵向平砌或立筑。外包边石墙南端6米扰毁，残存5~11层，通长37.5、残高1.55~2.5米。以条石和楔形条石及石块、石板纵向或横向层层错缝内收砌筑而成。

一期堤坝内夯土共五层。

第1层：厚0.2~0.7米。红褐色黏土，较致密，东高西低呈坡状。包含物有零星石子、石渣、小石块、树根、瓦砾、青釉瓷片、白釉瓷片、青白釉瓷片、黑釉瓷片、缸胎瓷片等。

第2层：厚0~0.2米。灰褐色黏土，含砂，较致密，中部高两端低呈弧状。包含物有零星石子、瓦砾等。

第3层：厚0.2~0.36米。灰褐色黏土，泛黄，较致密，东高西低呈坡状。包含物有零星石子、瓦砾、青花瓷片、青釉瓷片、白釉瓷片、青白釉瓷片、黑釉瓷片、缸胎瓷片等。

第4层：厚0~0.65米。浅灰褐色黏土，较致密，东高西低呈坡状。包含物有零星石子、瓦砾、青花瓷片、青釉瓷片、白釉瓷片、青白釉瓷片、黑釉瓷片、缸胎瓷片等。

第5层：厚0~0.67米。灰褐色黏土，含砂、泛黄，较致密，东高西低呈坡状。包含物有零星石子、小石块、瓦砾、青花瓷片、青釉瓷片、白釉瓷片、青白釉瓷片、黑釉瓷片、缸胎瓷片等。

二期堤坝保存差，残长15.5、残高1.8~2.5米。在一期的基础上用大小不等、形状各异的石块及条石随意砌筑。

排水孔位于西南角，扰毁严重，仅存内墙排水孔，宽0.47、高0.42米，长度不详。

南坝内侧、西坝外侧各有踏道1条。南坝内侧踏道平面形状呈长方形，残长2.25米，倾斜度28°，方向31°。保存较好，顶部局部扰毁，残存七级踏步。以较规整的条石构筑，上层踏步筑于下层踏步之上，自下而上依次逐级构筑，下垫灰褐色黏砂土夹石子、小石块，踏步长1.2~1.3、宽0.3~0.37、高0.1~0.23米。西坝外侧踏道平面形状呈长条形，残长2米，倾斜度40°，方向315°。底部扰毁，残存七级踏步。修建方式与南坝内侧踏道相同，以较规整的条石构筑，每级踏步用两块条石纵向平铺，下垫灰褐色黏砂土夹石子、小石块，踏步长0.85~1.9、宽0.18~0.35、高0.15~0.25米。

水池内堆积为三层。

第1层：厚0.2~0.5米。灰褐色黏土，泛红，较致密，含较多的水锈斑。夹杂零星石子，出土遗物有零星瓦砾、青花瓷片、青釉瓷片、白釉瓷片、黑釉瓷片、缸胎瓷片、铁块等。

第2层：深0.2~0.5、厚0.3~0.45米。灰褐色黏土，含砂，较致密，含较多水锈斑。夹零星石子，出土遗物有零星瓦砾，白釉瓷片、黑釉瓷片、缸胎瓷片等。

第3层：深0.6~0.87、厚0.17~0.4米。灰褐色淤积黏土，含砂，较致密，含密集的水锈斑。夹杂零星石子、石渣、小卵石，出土遗物有瓦砾、白釉瓷片、黑釉瓷片、缸胎瓷片等。

（二）碾盘

NP1 位于遗址南部ⅠT0114、ⅣT0114中，在SC1东北角的巨石顶部錾凿而成。出露于第2层下，叠压于第3层下，打破巨石、G15和F54。距地表深0.45~0.75米。

平面形状近扁圆形，由碾心、碾盘、碾沿、碾道和碾滚等组成（图三六；图版七四，5）。碾心位于圆心处，平面形状为圆形，直径0.45、高0.08米，中心錾凿方孔，边长0.15、深0.28米，用以安装碾轴。碾盘位于碾心外侧，低于碾心0.08米，平面形状为圆环形，内径2.95、外径3.35米，内高外低呈斜坡状，倾斜度3°。盘面遍布錾痕，类咬合的锯齿状分布，中部一周宽0.45米的环带，因长期使用，錾痕已被磨除，十分光滑。碾盘外为碾沿，宽0.2米，外高0.1~0.17、内高0.05~0.17米。碾沿西南及南部各凿排水槽一个，宽分别为0.1、0.07米，深0.07米。

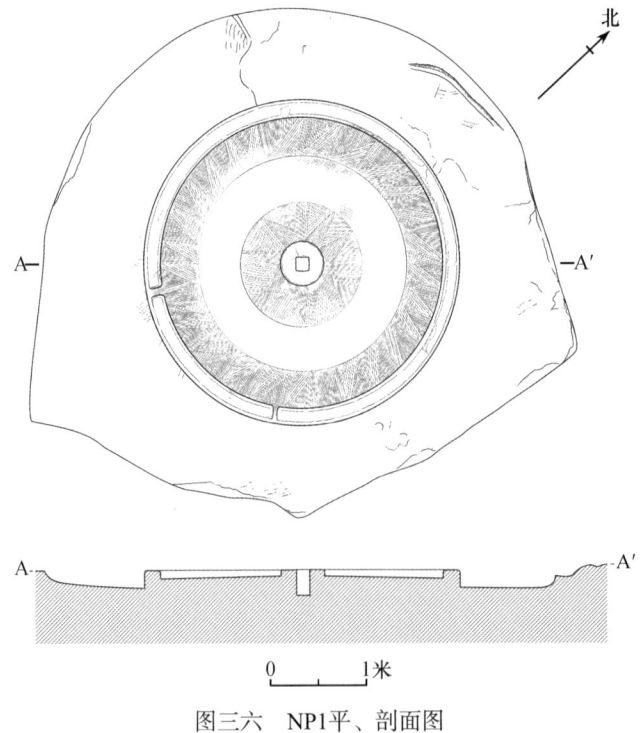

图三六 NP1平、剖面图

碾道位于最外侧，低于碾沿0.1~0.17、巨石表面0.25~0.3米。平面近扁圆环形，长径5.35、短径5.15米。表面相对平整，局部凹凸不平，东北高西南低，略呈坡状，倾斜度1°。碾道西南部凿有排水沟，平面呈弧状，长1.5、口宽0.2、底宽0.09~0.1、深0~0.25米。

碾滚为圆柱体，直径0.67、长0.45米，放置于碾盘西南部的田坎上。两端圆面錾痕明显，中心錾凿方形轴孔，边长0.11、深0.25米。碾滚表面光滑。

（三）采石点

CS1　位于遗址中部，出露于第2层下，开口于第3层下，打破第4~6层及L1、GT5、GT6。距地表深0.32~0.72米。采石后形成凹坑，废弃石料随意置于坑底，北部岩石尚未采完，残留采石时开凿的近长方形楔槽（图三七；图版七四，1）。

凹坑平面形状为近圆形，直径约7.76、清理深约2.64米。坑内堆积仅一层，浅灰褐色泛黄，黏砂土，结构致密。夹杂零星石块，大量石渣、不规则石块等，出土遗物为大量瓦砾，零星青花瓷片、黑釉瓷片、白釉瓷片及缸胎瓷片等。

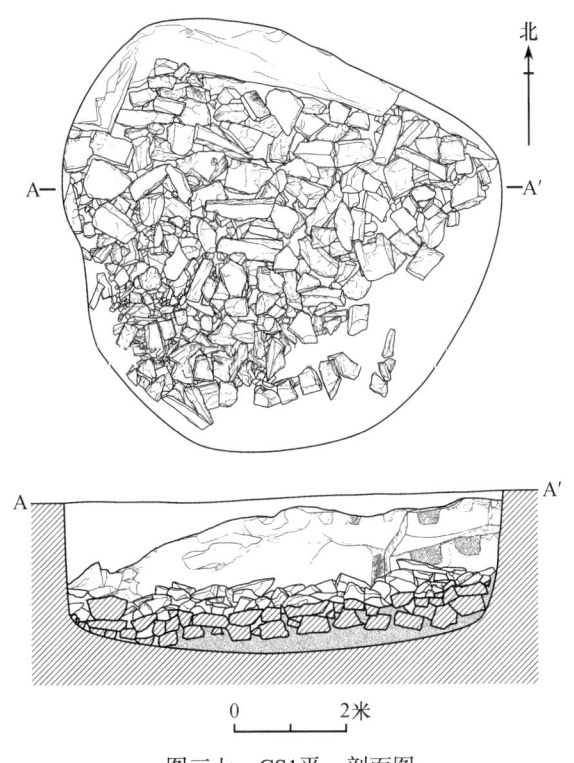

图三七　CS1平、剖面图

（四）石墙

Q25 位于遗址中部的TN16W46～TN16W48中，叠压于第2层下，叠压第3层。距地表深0.18～0.35米，方向12°。

平面形状为微弧的长条形，揭露长约22、宽0.49～1.61、高0.11～0.75米。墙体用不规则的石块垒砌而成（图三八；图版七四，3）。

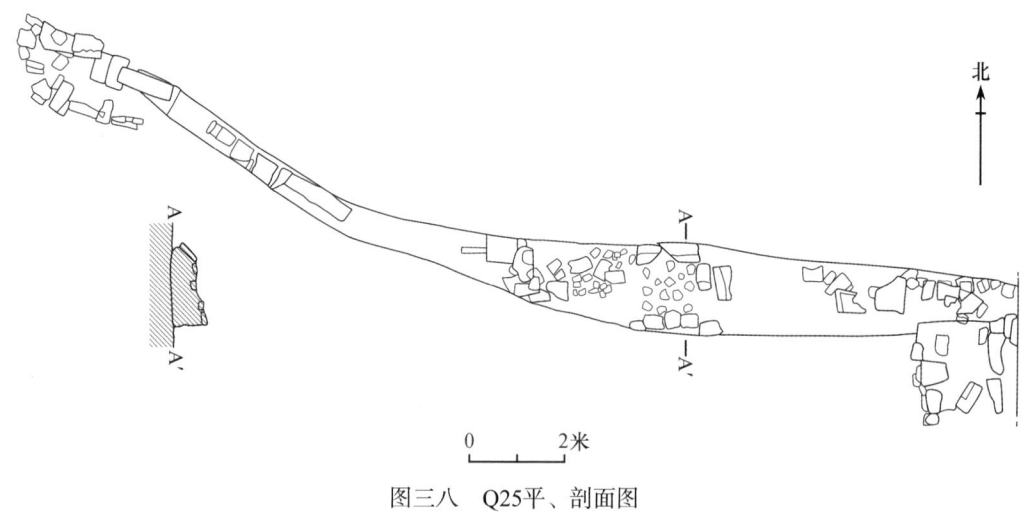

图三八　Q25平、剖面图

墙内堆积为一层，厚0.11～0.75米，为较致密的灰褐色黏花土，夹杂少量石子。出土零星瓦片、青花瓷片及白釉瓷片等。出有一块石碑，两面刻字，一面刻"正堂曹示義田界"，另一面刻"正堂曹示寺田界"（图四一，2、3）。

（五）墓葬

M5 位于遗址东部偏南处的TN12W46中，封门及盖板部分暴露于地表，遭严重盗扰。叠压于第2层下，打破第3层及WQ3。距地表深0～1.2米，方向288°。

同穴异室合葬墓，先挖土圹，后以石板构筑方形平顶石室，墓圹长2.78、宽3.6、深1.58米，石室长2.44、宽2.4、高1.36米（图三九；图版七四，2）。石室由加工相对规整的长方形石板构筑而成，部分石板是对乙组遗存石材的再次利用。所用石板表面多见有"人"字形或斜线状錾痕，石板间接缝规整，局部挤压变形。构筑方式较为简单，但底、四壁及顶又有所不同，首先横向平铺石板为底；然后竖砌横置三层石板构筑左右及后壁，再在左、右壁最上层石板之上叠加一长条形仿木构件，形成简易的藻井；而后横向平铺石板为顶，最后砌筑封门，以两块竖置石板左右拼合而成。此外，石室前部可能有祭祀的拜台，顶部有少量的石雕构件作为装饰，但已遭破坏，形制

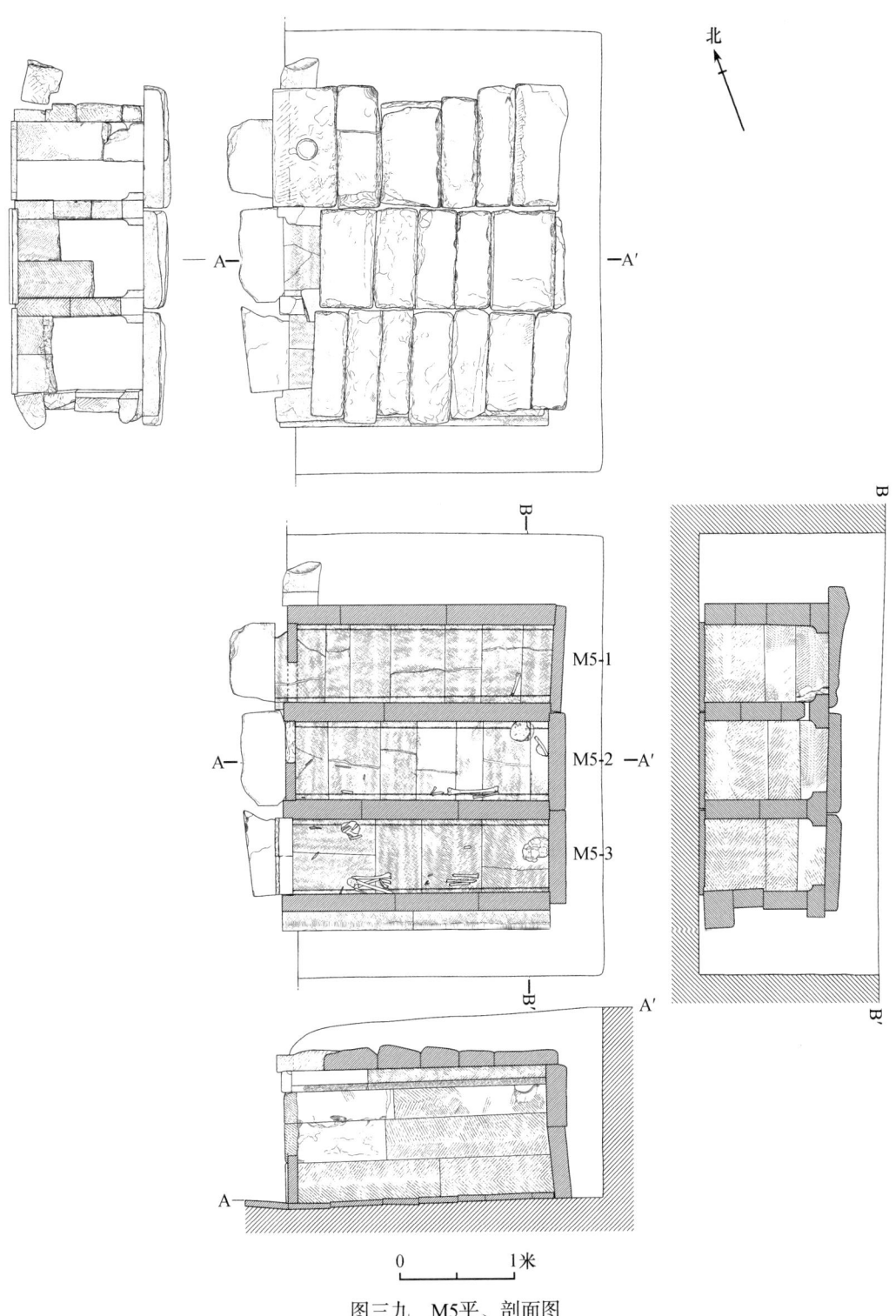

图三九　M5平、剖面图

不明。

该墓有三个墓室，共用隔墙，自北向南编号为M5-1、M5-2、M5-3。墓室平面形状均为长方形，长、高相同，分别为2.38、1.1米，宽度略有差异。每个墓室的底板表面近左、右壁处都凿有排水凹槽，宽0.06、深0.02米。

M5-1墓室宽0.65米，藻井宽0.57米、高0.18米。封门遭严重破坏，仅余左侧部分。墓室前部有大量杂乱的泥土、石块等。未见人骨、随葬品等，葬式、葬具不明。

M5-2墓室宽0.65米，藻井宽0.57、高0.17米。封门上部遭破坏。墓室前部有大量杂乱的泥土、石块等。人骨已被扰乱，头骨位于墓室后端，肢骨散乱置于中部，葬式不明。出土有棺钉，葬具应为木棺。未见随葬品。

M5-3墓室宽0.63米，藻井宽0.55、高0.16米。封门仅存下部。墓室前部有大量杂乱的泥土、石块等。人骨已被扰乱，头骨位于墓室后端，肢骨散乱置于左侧，葬式不明。棺钉散布于两侧，葬具应为木棺。未见随葬品。

（六）出土遗物

丙组遗存出土遗物较少，器类有瓷器、铜器及石构件等。

1. 瓷器

（1）青花瓷器

碗 SC9西坝④：1，不可复原。残存口部。侈口，薄圆唇，斜弧腹。内壁以一笔点画法绘花叶纹，青料发蓝灰色。胎色白，胎质细腻，釉色灰白，釉面光泽度高，釉层乳浊。残高8厘米（图四○，4）。SC9西坝④：3，不可复原。残存底部。平底，圈足，足端尖，外侧斜削，外底挖足过肩。内底以勾线填色法绘蟠螭纹，青料发蓝灰色。胎色灰白，胎质略粗糙，釉色灰白，釉面光泽度较高，釉层乳浊，施满釉，足端外侧斜削刮釉。足径4.4、残高2.4厘米（图四○，8）。

盘 SC9西坝④：2，不可复原。残存部分器底。平底，圈足，足端平。一笔点画法绘花叶纹，青料发色深蓝。胎色白，胎质较细腻，釉色青白，釉面光泽度较高，釉层乳浊，施满釉，足端及外侧无釉。残高2.4厘米（图四○，3）。TN12W50③：6，不可复原。仅存底部。平底微下凹，大圈足较浅。内底饰龙纹，外底饰双圈花押款，青料发灰色。胎色白，胎质细腻，釉色青白，釉面光泽度较高，釉层较乳浊，施满釉，足端刮釉，露胎处呈浅火石红色。足径12、残高2厘米（图四○，5）。

碟 G1①：2，可复原。敞口，尖唇，浅弧腹，凸底，圈足较浅，足端尖，外侧斜削。纹饰潦草，内壁口沿饰菱格纹，内底草书"寿"字，青料发灰色。胎色白，胎质

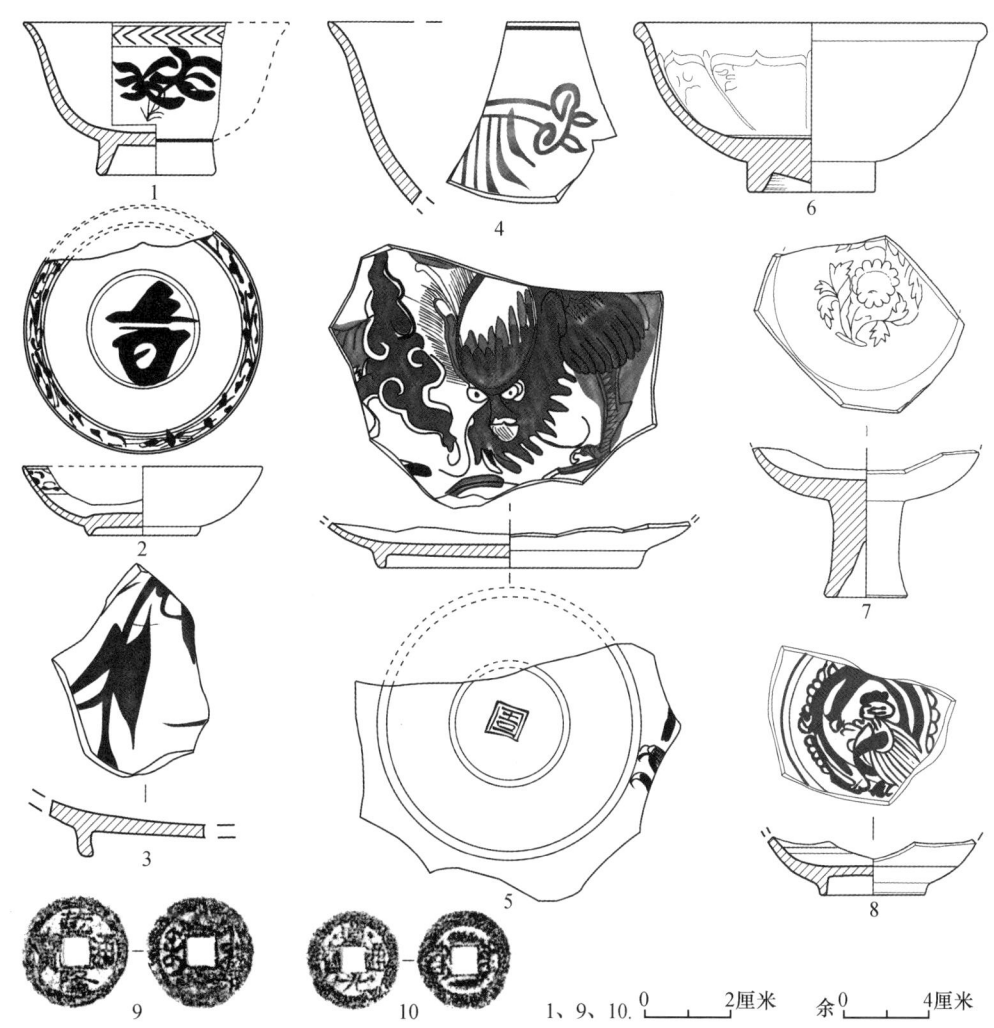

图四〇 丙组遗存出土器物

1. 青花瓷杯（SC1②：2） 2. 青花瓷碟（G1①：2） 3、5. 青花瓷盘（SC9西坝④：2、TN12W50③：6）
4、8. 青花瓷碗（SC9西坝④：1、SC9西坝④：3） 6. 龙泉青瓷碗（TG14⑥：1）
7. 龙泉青瓷高足杯（T0410②：2） 9、10. 铜钱（SC9①：1、SC9②：1）

较细腻，釉色灰白，釉面光泽度不高，釉层乳浊，外底无釉。口径11、足径5.2、高3厘米（图四〇，2）。

杯 SC1②：2，可复原。侈口，薄圆唇，深弧腹，圈足，足端圆弧。口沿外侧饰一周折线纹，下饰若干组花草纹，青料发蓝灰色。胎色白，胎质细腻，釉色青白，釉面光泽度高，釉层透明度较高，施满釉，足端刮釉。口径6、足径2.7、高3.4厘米（图四〇，1）。

（2）龙泉青瓷

碗　TG14⑥∶1，可复原。敞口，厚圆唇，斜弧腹，圈足，足端宽平，外底见鸡心突。内壁模印开光花草纹，不甚清晰。胎色灰，胎质粗糙，釉色青灰，釉面无光，釉层乳浊，内底刮釉露胎，外壁施釉至足端，外底无釉。口径16、足径5.8、高7.5厘米（图四〇，6）。

高足杯　T0410②∶2，不可复原。口残。下腹圆弧，矮喇叭形柄足，足端平，外侧斜削。内底模印折枝花卉纹。胎色灰，胎质略粗糙，釉色浅青绿，釉面光泽度高，釉层较乳浊，施满釉，足端及外侧斜削处无釉，露胎处呈火石红。足径3.6、残高6.7厘米（图四〇，7）。

2. 铜器

钱币　SC9①∶1，可复原。"道光通寶"。锈蚀较严重，字迹模糊。直径2.1、厚0.1厘米（图四〇，10）。SC9②∶1，可复原。"乾隆通寶"。锈蚀严重，字迹较模糊。直径2.4、厚0.1厘米（图四〇，9）。

3. 石构件

界碑　Q25∶1，可复原。平面为长方形，刻字处修凿规整，余皆粗糙不平。一面刻"正堂曹示義田界"，另一面刻"正堂曹示寺田界"。长94.5、宽37.5、厚26.5厘米（图四一，2、3）。

1

2

3

0　　8厘米

图四一　界碑拓片
1. 摩崖题刻　2、3. Q25∶1

五、结　　语

（一）遗存时代

1. 甲组遗存

多被乙组遗存叠压打破，毁坏严重，出土遗物极少。仅M2、M6保存情况相对较好，并排分布，且形制完全相同，应为夫妻合葬墓。两座墓葬的后龛平面形状为"八"字形，雕刻有精美的花卉纹三扇折叠屏风和座椅。从目前掌握的考古材料来看，集"八"字形后龛、折叠屏风和座椅等装饰元素于一体的墓葬不多，但其中一种或两种元素可散见于四川泸县奇峰镇一、二号墓（1186年）[1]，华蓥安丙墓群（始建于1222年）[2]，重庆北碚杨元甲夫妇墓（1229年）[3]等纪年墓，时代均为南宋中晚期。而与这种墓葬风格最为接近的是合川观山墓群M1、M5、M6[4]，均被盗扰，残留随葬器物很少，并且时代特征不明显。但值得注意的是观山墓群M6随葬器物尚存1件绿釉三足香炉，这种形制的香炉在乙组遗存中出土数量颇多，说明甲、乙两组遗存时代应比较接近。综上推断以M2、M6为代表的甲组遗存时代应为南宋中晚期。

2. 乙组遗存

青白瓷芒口印花盘H32③：3形制、纹饰与遂宁金鱼村一号窖藏出土B型斜弧腹圈足盘[5]一致。青白瓷敞口碗H32③：2与遂宁金鱼村一号窖藏B型浅斜弧腹碗[6]形制、纹饰完全相同。青白瓷斗笠碗G60②：3与遂宁金鱼村一号窖藏斜腹碗[7]形制相同。龙泉

---

[1] 四川省文物考古研究所、成都市文物考古研究所、泸州市博物馆等：《泸县宋墓》，文物出版社，2004年。

[2] 四川省文物考古研究院、广安市文物管理所、华蓥市文物管理所：《华蓥安丙墓》，文物出版社，2008年。

[3] 白九江、莫骄、徐克诚：《重庆市北碚区苦塘沟南宋杨元甲夫妇墓的发现与研究》，《四川文物》2015年第6期，第56、57页。

[4] 重庆市文化遗产研究院、重庆市文化遗产保护中心：《重庆市合川区观山墓群宋代石室墓发掘简报》，《四川文物》2014年第2期，第29~36页。

[5] 成都文物考古研究所、遂宁市博物馆：《遂宁金鱼村南宋窖藏》，文物出版社，2012年。

[6] 成都文物考古研究所、遂宁市博物馆：《遂宁金鱼村南宋窖藏》，文物出版社，2012年。

[7] 成都文物考古研究所、遂宁市博物馆：《遂宁金鱼村南宋窖藏》，文物出版社，2012年。

青瓷盘G8②：131形制与遂宁金鱼村一号窖藏B型洗[①]一致。青瓷盏ⅠT0107④：3形制与咸淳十年（1274年）浙江衢州史绳祖夫妇墓出土龙泉窑莲瓣纹碗[②]、德祐元年（1275年）浙江丽水叶梦登妻潘氏墓莲瓣纹碗[③]相同。白釉盘ⅠT0107⑤：4与磁峰窑FⅤ型盘[④]器形、胎釉相同，纹饰相近。黑釉双耳瓶SC4②：6与涂山窑Ba型瓶[⑤]、金凤窑Gd型瓶[⑥]形制相同。以上乙组遗存器物时代均为宋末元初。

3. 丙组遗存

在重庆地区，M5这类多室相连的石室墓在明代较为普遍。SC9坝体填土内出有蟠螭纹青花碗等明晚期瓷片，池内淤积土层中出有乾隆通宝、道光通宝及较多清代中晚期青花瓷残片，推断SC9修建于明晚期，沿用至清中晚期。Q25中出土的界石碑涉及寺田、义田，与钓鱼城现存嘉庆十年（1805年）碑刻《勘定钓鱼城义田界记》记载相吻合，应为清代晚期。丙组遗存年代为明清时期，具体应包含明晚期和清中晚期两个阶段。

（二）遗存性质

1. 甲组遗存

石室墓、石构道路及房屋等遗存时代接近，朝向基本一致。在发掘过程中出土不少墓葬石构件，并且在附近的民居房屋砌石中亦有发现。甲组遗存应为一处较大型墓地，可能为有人看守的家族墓园。

2. 乙组遗存

为范家堰遗址主体遗存，应为合州及兴元戎司治所衙署。①史载淳祐三年（1243年），余玠纳播州二冉之策修筑钓鱼城[⑦]，并移（合州）州治于钓鱼山[⑧]，后又以兴元

---

① 成都文物考古研究所、遂宁市博物馆：《遂宁金鱼村南宋窖藏》，文物出版社，2012年。
② 衢州市文管会：《浙江衢州市南宋墓出土器物》，《考古》1983年第11期，第1004~1011页。
③ 朱伯谦：《龙泉窑青瓷》，艺术家出版社，1988年，第165页。
④ 成都市文物考古研究所、彭州市博物馆：《2000年磁峰窑发掘报告》，《成都考古发现（2000）》，科学出版社，2002年，第167~221页。
⑤ 重庆市文物考古所：《重庆涂山窑》，科学出版社，2006年，第265页。
⑥ 成都市文物考古研究所、都江堰市文物局：《都江堰市金凤窑发掘报告》，《成都考古发现（2000）》，科学出版社，2002年，第222~287页。
⑦ 脱脱等：《宋史》，中华书局，1977年，第12470页。
⑧ 脱脱等：《宋史》，中华书局，1977年，第2219页。

戎司"移守钓鱼"①，与乙组遗存时代一致。②遗址处于钓鱼城二级阶地上，西部城下为高耸的悬崖峭壁，非人力可攀逾，从钓鱼城整个防御空间来看，南一字城及其西城墙上段可在东部提供双重防御，此外元（蒙）军攻城地道也意在于该区域打开突破口，也从侧面印证了该区域的重要性。③该区域为圈椅状山坳地形，三面环山，一面临崖，地理空间相对封闭，面朝嘉陵江，视野开阔，风水极佳，且为低缓的山坡，相对而言较为平坦宽广，适宜衙署选址。④宋代衙署公廨区和园林区的分区与布局模式广泛见于《景定建康志》《咸淳临安志》《淳熙严州图经》②等宋代方志和《平江府图碑》③等宋代碑刻中，与乙组遗存几乎吻合。⑤乙组遗存建筑的规制和营建符合《营造法式》④中宋代官式建筑的特征。⑥公廨区以高大厚重的墙体围合，具有明显的内向防御性质，结合同时期其他山城有为数不少的部下杀死守将、叛乱献城记载，这种内向防御性质也佐证了其军政核心地位。

3. 丙组遗存

据《勘定钓鱼城义田界记》⑤记载，明末护国寺、王张祠遭张献忠兵火焚毁，康熙时始有僧人承粮辟地、结茅其中，乾隆时出现寺邻土地纠纷，官府将部分土地拨归义学，划为义田，但土地纠纷依然不断，直至嘉庆十年（1805年），知州曹蓬勘定义田、寺田界后，纷争遂止，遗址出土的界石碑即为此时所立。由九口锅至大天池的道路旁崖壁上也见有摩崖题刻"正堂曹示寺義田界"（图四一，1），与遗址中出土的界石碑连为一线，与《勘定钓鱼城义田界记》中所载地界"一寺西南角义田，自寺山门右转，下薄刀岭山腰路口，转右直下一路田角岩……"相吻合，也就是说以遗址内Q25为界，北为义田、南为寺田。据上所述，丙组的清代中晚期遗存应为护国寺寺田和合州官学书院义田。明代晚期遗存性质不明，但根据《勘定钓鱼城义田界记》中"顶建寺曰护国，旁田地高下广盈七百余亩……遭献逆兵焚，寺与祠毁"推测，该区域明代时可能也是护国寺的寺田，这也能够在一定程度上解释范家堰遗址历年考古发掘中明清时期遗存以石墙田坎、水池为主，而没有房屋基址。

---

① 脱脱等：《宋史》，中华书局，1977年，第12470页。
② 中华书局编辑部：《宋元方志丛刊》，中华书局，1990年。
③ 《平江府图碑》刻于南宋绍定二年（1229年），现存放于苏州文庙。
④ 潘谷西、何建中：《〈营造法式〉解读》，东南大学出版社，2005年。
⑤ 《勘定钓鱼城义田界记》刻于清嘉庆十年（1805年），现存放于钓鱼城景区忠义祠。

（三）学术价值与意义

范家堰遗址是目前国内唯一全面发掘揭露的、保存较为完整的宋代衙署，发掘出土了极其丰富的遗迹和遗物，为我国宋代城址与衙署建筑发展、古建筑研究、古代火器及宋元（蒙）战争研究提供了珍贵的实物资料，具有极高的学术价值和历史意义。作为钓鱼城宋元（蒙）战争山城遗址的核心，它见证了草原文明与农耕文明始于碰撞、终于融合的重要历史阶段，是中华文明多元一体、兼收并蓄发展脉络上的重要节点和历史实物见证，为钓鱼城申遗提供了强有力的支撑。

领队：袁东山

发掘：袁东山　蔡亚林　胡立敏　王胜利
　　　赵振江　白新林　金鹏功　罗世聪
　　　陈　蓁

修复：田素琼

绘图：赵振江　李双厚　师孝明　金鹏功

拓片：韩继普

摄影：孙吉伟　王胜利　赵振江

整理：胡立敏　赵振江

执笔：袁东山　胡立敏

附表一　遗迹单位编号变更记录表

序号	原编号	现编号	时代	年度	备注
1	F1	F1	宋末元初	2013	F1所在高台编号为GT1
2	F2	F2	宋末元初	2013	F2所在高台编号为GT2
3	F3	F3	宋末元初	2013	
4	F4	GT3、GT4	宋末元初	2013	GT3、GT4以WQ3为界
5	F5	F5	宋末元初	2013	
6	F6	GT5、GT6	宋末元初	2014	GT5、GT6以WQ3为界
7	F7	GT14	宋末元初	2014	
8	F8	GT7	宋末元初	2014	
9	F9	F9	南宋	2014	
10	F10	GT12	宋末元初	2014	
11	F11	F11	南宋	2014	
12	F12	F12	南宋	2014	
13	F13	F13	宋末元初	2014	
14	F14	F14	南宋	2014	
15	F15	F15	宋末元初	2014	F15所在高台编号为GT8
16	F16	F16	宋末元初	2014	
17	F17	F17	宋末元初	2014	F17所在高台编号为GT9
18	F18	F18	宋末元初	2014	F18所在高台编号为GT10
19	F19	F19	南宋	2014	
20	F20	GT11	宋末元初	2014	
21	F21	F21	南宋	2014	
22	F22	销号		2014	并入GT12
23	F23	F23	宋末元初	2014	
24	F24	F24	宋末元初	2014	
25	F25	GT13	宋末元初	2014	
26	F26	销号		2014	SC9东堤坝
27	F27	GT20	宋末元初	2014	
28	F28	F28	宋末元初	2014	
29	F29	F29	宋末元初	2014	
30	F30	F30	宋末元初	2014	
31	F31	GT15	宋末元初	2014	
32	F32	GT16	宋末元初	2014	
33	F33	F33	宋末元初	2014	
34	F34	销号		2014	并入GT14

续表

序号	原编号	现编号	时代	年度	备注
35	F35	GT17	宋末元初	2014	
36	F36	GT18	宋末元初	2014	
37	F37	F37	宋末元初	2014	
38	F38	F38	宋末元初	2014	
39	F39	F39	宋末元初	2014	F39所在高台编号为GT19
40	F40	F40	宋末元初	2014	
41	F41	销号	宋末元初	2014	并入GT20
42	F42	GT21	宋末元初	2014	
43	F43	F43	宋末元初	2014	F43所在高台编号为GT22
44	F44	销号		2014	并入L23
45	F45	销号		2014	并入GT20
46	F46	GT23	宋末元初	2014	
47	F47	F47	宋末元初	2014	
48	F48	GT24	宋末元初	2014	
49	F49	F49	宋末元初	2017	
50	F50	F50	宋末元初	2017	
51	F51	F51	宋末元初	2017	
52	F52	F52	宋末元初	2017	F52所在高台编号为GT25
53	F53	F53	宋末元初	2017	
54	F54	F54	宋末元初	2017	
55	F55	F55	宋末元初	2017	
56	F56	F56	宋末元初	2017	
57	F57	F57	宋末元初	2017	
58	F58	F58	宋末元初	2017	
59	F59	F59	宋末元初	2017	
60	F60	F60	宋末元初	2017	
61	F61	F61	宋末元初	2017	
62	F62	F62	宋末元初	2017	
63	F63	F63	宋末元初	2019	F63所在高台编号为GT26
64	F64	F64	宋末元初	2019	
65	F65	F65	宋末元初	2019	
66	H1	SC1	宋末元初	2013	SC为水池
67	H2	H2	明清	2013	
68	H3	H3	南宋	2013	

续表

序号	原编号	现编号	时代	年度	备注
69	H4	H4	宋末元初	2013	
70	H5	H5	宋末元初	2013	
71	H6	H6	宋末元初	2013	
72	H7	H7	明清	2013	
73	H8	CS1	明清	2014	CS为采石点
74	H9	H9	明清	2014	
75	H10	SC2	南宋	2014	
76	H11	H11	宋末元初	2014	
77	H12	H12	明清	2014	
78	H13	SC3	宋末元初	2014	
79	H14	H14	宋末元初	2014	
80	H15	CS2	明清	2014	
81	H16	H16	宋末元初	2014	
82	H17	H17	宋末元初	2014	
83	H18	销号		2014	
84	H19	H19	宋末元初	2014	
85	H20	SC4	宋末元初	2014	
86	H21	H21	明清	2014	
87	H22	CS3	宋末元初	2014	
88	H23	销号		2014	
89	H24	H24	宋末元初	2017	
90	H25	CS4	宋末元初	2017	
91	H26	SC5	宋末元初	2017	
92	H27	SC6	宋末元初	2017	
93	H28	H28	明清	2017	
94	H29	H29	宋末元初	2017	
95	H30	SC7	宋末元初	2017	
96	H31	SC8	宋末元初	2017	
97	H32	H32	宋末元初	2017	
98	H33	H33	宋末元初	2019	
99	H34	H34	宋末元初	2019	
100	H35	H35	宋末元初	2019	
101	H36	H36	宋末元初	2019	
102	H37	H37	明清	2019	

续表

序号	原编号	现编号	时代	年度	备注
103	H38	H38	明清	2019	
104	H39	SC9	明清	2019	
105	H40	H40	宋末元初	2019	
106	H41	SC10	宋末元初	2019	
107	H42	SC11	宋末元初	2019	
108	Q1	Q1	宋末元初	2013	
109	Q2	Q2	宋末元初	2013	
110	Q3	WQ1	宋末元初	2014	WQ为围墙
111	Q4	WQ2	宋末元初	2014	
112	Q5	Q5	宋末元初	2014	
113	Q6	WQ3	宋末元初	2014	
114	Q7	Q7	宋末元初	2014	
115	Q8	Q8	宋末元初	2014	
116	Q9	Q9	明清	2014	
117	Q10	Q10	宋末元初	2014	
118	Q11	Q11	宋末元初	2014	
119	Q12	Q12	明清	2014	
120	Q13	Q13	明清	2014	
121	Q14	WQ4	宋末元初	2014	
122	Q15	WQ5	宋末元初	2014	
123	Q16	Q16	明清	2014	
124	Q17	Q17	明清	2014	
125	Q18	Q18	宋末元初	2014	
126	Q19	销号		2014	CS9西堤坝
127	Q20	Q20	明清	2014	
128	Q21	销号		2014	CS9西堤坝
129	Q22	Q22	明清	2017	
130	Q23	Q23	宋末元初	2017	
131	Q24	Q24	明清	2017	
132	Q25	Q25	明清	2017	
133	Q26	Q26	明清	2017	
134	Q27	Q27	明清	2017	
135	Q28	Q28	明清	2017	
136	Q29	Q29	明清	2017	

续表

序号	原编号	现编号	时代	年度	备注
137	Q30	Q30	宋末元初	2019	
138	G1	G1	明清	2013	
139	G2	G2	明清	2013	
140	G3	G3	宋末元初	2013	
141	G4	G4	宋末元初	2013	
142	G5	G5	宋末元初	2013	
143	G6	G6	宋末元初	2013	
144	G7	G7	宋末元初	2014	
145	G8	G8	宋末元初	2014	
146	G9	G9	宋末元初	2014	
147	G10	G10	宋末元初	2014	
148	G11	G11	南宋	2014	
149	G12	G12	宋末元初	2014	
150	G13	G13	南宋	2014	
151	G14	G14	宋末元初	2014	
152	G15	G15	宋末元初	2014	
153	G16	G16	宋末元初	2014	
154	G17	G17	宋末元初	2014	
155	G18	G18	宋末元初	2014	
156	G19	G19	宋末元初	2014	
157	G20	G20	宋末元初	2014	
158	G21	G21	宋末元初	2014	
159	G22	G22	宋末元初	2014	
160	G23	G23	宋末元初	2014	
161	G24	SS1	宋末元初	2014	SS为散水
162	G25	G25	宋末元初	2014	
163	G26	G26	宋末元初	2014	
164	G27	SS2	宋末元初	2014	
165	G28	G28	宋末元初	2014	
166	G29	G29	宋末元初	2014	
167	G30	销号		2014	
168	G31	G31	宋末元初	2014	
169	G32	G32	宋末元初	2014	
170	G33	G33	宋末元初	2014	

续表

序号	原编号	现编号	时代	年度	备注
171	G34	G34	近现代	2014	
172	G35	G35	宋末元初	2014	
173	G36	G36	宋末元初	2014	
174	G37	G37	宋末元初	2014	
175	G38	G38	宋末元初	2014	
176	G39	G39	宋末元初	2014	
177	G40	G40	宋末元初	2014	
178	G41	G41	宋末元初	2014	
179	G42	G42	宋末元初	2014	
180	G43	G43	宋末元初	2014	
181	G44	G44	宋末元初	2014	
182	G45	G45	宋末元初	2014	
183	G46	G46	宋末元初	2017	
184	G47	G47	宋末元初	2017	
185	G48	G48	宋末元初	2017	
186	G49	G49	宋末元初	2017	
187	G50	G50	宋末元初	2017	
188	G51	G51	宋末元初	2017	
189	G52	G52	宋末元初	2017	
190	G53	G53	宋末元初	2017	
191	G54	G54	宋末元初	2017	
192	G55	G55	宋末元初	2017	
193	G56	G56	宋末元初	2017	
194	G57	G57	宋末元初	2017	
195	G58	G58	宋末元初	2017	
196	G59	G59	宋末元初	2017	
197	G60	G60	宋末元初	2017	
198	G61	G61	宋末元初	2017	
199	G62	G62	宋末元初	2017	
200	G63	G63	宋末元初	2017	
201	G64	G64	宋末元初	2017	
202	G65	G65	宋末元初	2017	
203	G66	G66	宋末元初	2017	
204	G67	G67	宋末元初	2017	

续表

序号	原编号	现编号	时代	年度	备注
205	G68	G68	宋末元初	2017	
206	G69	G69	宋末元初	2019	
207	G70	G70	明清	2019	
208	G71	G71	宋末元初	2019	
209	G72	G72	宋末元初	2019	
210	G73	G73	宋末元初	2019	
211	G74	G74	南宋	2019	
212	G75	G75	宋末元初	2019	
213	G76	G76	宋末元初	2019	
214	G77	G77	宋末元初	2019	
215	G78	G78	宋末元初	2019	
216	G79	G79	宋末元初	2019	
217	G80	G80	宋末元初	2019	
218	L1	L1	宋末元初	2014	
219	L2	L2	南宋	2014	
220	L3	L3	宋末元初	2014	
221	L4	L4	宋末元初	2014	
222	L5	L5	宋末元初	2014	
223	L6	L6	宋末元初	2014	
224	L7	L7	明清	2014	
225	L8	L8	宋末元初	2014	
226	L9	L9	宋末元初	2014	
227	L10	L10	宋末元初	2014	
228	L11	L11	宋末元初	2014	
229	L12	L12	宋末元初	2014	
230	L13	L13	宋末元初	2014	
231	L14	L14	宋末元初	2014	
232	L15	L15	宋末元初	2014	
233	L16	L16	宋末元初	2014	
234	L17	L17	宋末元初	2014	
235	L18	L18	宋末元初	2014	
236	L19	L19	宋末元初	2014	
237	L20	L20	宋末元初	2014	
238	L21	L21	宋末元初	2014	

续表

序号	原编号	现编号	时代	年度	备注
239	L22	L22	宋末元初	2014	
240	L23	L23	宋末元初	2014	
241	L24	L24	宋末元初	2014	
242	L25	L25	宋末元初	2014	
243	L26	销号		2014	SC9踏道
244	L27	L27	宋末元初	2017	
245	L28	L28	宋末元初	2017	
246	L29	L29	明清	2017	
247	L30	L30	宋末元初	2017	
248	L31	L31	宋末元初	2019	
249	L32	L32	宋末元初	2019	
250	L33	L33	宋末元初	2019	
251	L34	L34	宋末元初	2019	
252	M1	M1	宋末元初	2014	
253	M2	M2	南宋	2019	
254	M3	M3	南宋	2019	
255	M4	M4	南宋	2019	
256	M5	M5	明清	2019	
257	M6	M6	南宋	2019	
258	CM1	HD1	宋末元初	2013	HD为涵洞
259	CM2	销号		2014	并入F47
260	CM3	销号		2017	并入F55
261	K1	K1	宋末元初	2014	
262	P1	NP1	明清	2014	
263		CS5	宋末元初	2019	新增编号
264		CS6	宋末元初	2019	新增编号
265		SS3	宋末元初	2014	新增编号
266		LS1	宋末元初		新增编号，LS为滤水沟
267		GT1	宋末元初		新增编号，F1所在高台
268		GT2	宋末元初		新增编号，F2所在高台
269		GT8	宋末元初		新增编号，F15所在高台
270		GT9	宋末元初		新增编号，F17所在高台
271		GT10	宋末元初		新增编号，F18所在高台
272		GT19	宋末元初		新增编号，F39所在高台

续表

序号	原编号	现编号	时代	年度	备注
273		GT22	宋末元初		新增编号，F43所在高台
274		GT25	宋末元初		新增编号，F52所在高台
275		GT26	宋末元初		新增编号，F63所在高台

范家堰遗址2017年出土植物遗存初步分析

马晓娇　袁东山

（重庆市文物考古研究院）

钓鱼城遗址位于重庆市合川区东城半岛东北部的钓鱼山上，地处嘉陵江、渠江、涪江三江交汇处，海拔391.22米，地势险要，从1243年到1279年，南宋合州军民凭借钓鱼城天险，抵抗元（蒙）军队36年，属于宋元（蒙）战争山城体系中的重要城址。经过多年的考古发掘，在钓鱼城发现了城垣、城门、攻城地道、水军码头、衙署等南宋军事及生活设施遗址。1996年，钓鱼城遗址被评定为第四批全国重点文物保护单位；2012年，被列入《中国世界文化遗产预备名单》；2013年，被国家文物局列入第二批国家考古遗址公园。

范家堰遗址位于钓鱼城西部的二级阶地上，依山面水，南靠薄刀岭，北邻马鞍山。中心地理坐标北纬30°00′23.3″，东经106°18′24.0″，海拔291.86米。遗址为钓鱼城遗址的重要组成部分，是目前已经发现的保存较为完整的宋元衙署遗址，主要由东北部的前、中、后三进院落组成的公廨区及西南部水池亭榭等景观建筑组成的园林景观区构成。遗址整体布局错落有致，设计科学合理，对古代山地城市布局、地方衙署制度研究具有重要的学术价值。

为了了解范家堰遗址南宋时期的植物遗存埋藏情况及周边环境，在2017年度的发掘中，我们对遗址进行了系统的采样工作。

一、样品的采集和提取

范家堰遗址主要包括东北部的公廨区和西南部的园林景观区，因此我们的采样分为两部分。一是在东北部公廨区内，选取了几个探方的地层以及遗迹单位进行土样采集工作；二是对遗址西南部园林景观区的水池（编号H1）底部的淤积层进行了采样，共采集土样15份，土量1260升，平均每份土样约84升。

对于地层及遗迹中采集的土样，我们采用小水桶浮选法提取植物遗存；对于水池淤积层中采集的土样，我们选用湿筛法提取植物遗存；收取轻浮的分样筛筛网孔径为0.2毫米，收取重浮标本的分样筛筛网孔径为1毫米。

浮选（湿筛）结果带回重庆市文化遗产研究院（现重庆市文物考古研究院）植物考古实验室阴干，并由工作人员进行分类和鉴定。

二、出土植物遗存的分类和鉴定

范家堰遗址出土的植物遗存非常丰富，特别是西南部水池（H1）内的植物遗存数量很多。由于时间和工作量的关系，我们首先选取了2份有代表性的样品进行整理和鉴定，即遗址东北部公廨区水池底部的淤积层（水池H26②）、遗址西南部园林景观区水池底部的淤积层（水池H1⑤，位于N12W52号探方内）。本报告即为2份样品的鉴定报告。

水池H1位于遗址西南部，地势较低，遗址的排水沟渠多与H1相通，平面呈梯形，略为东西方向，长52~70、宽13~36米，四周以人工构筑的包石夯土墙体围合。水池北部与衙署内部相连，西部、南部、东部外侧有围墙，围墙外为较大的排水沟，发掘者认为该处水池为园林景观区的组成部分。水池H26位于衙署公廨区的中轴线上，与另一个规格相同的水池（编号H27）对称分布，两水池用水渠相连。水池为长方形，长5.3、宽1.85米，以修凿极为规整的长条石顺砌而成，一壁顶部有石质浮雕神兽，另一壁有莲花形镂空水孔，制作极为精细，水平极高，发掘者认为该处水池具有消防蓄水和景观的功能。

2份样品均处于饱水的特殊环境中，有机物被有效地封存于缺氧的环境，大量未炭化的植物种子保存了下来。因此本次提取的植物种子中，绝大多数是未炭化的遗存。

经鉴定，2份样品共出土植物种子10823粒，分属22个科34个种属。

表一 范家堰遗址出土植物遗存统计表

样品	H1⑤	H26②	合计
土量/升	144	25	169
稻谷 Oryza sativa	7	4	11
稻谷基盘 spikelet base	13	62	75
小麦 Triticum aestivum	2		2
豌豆 Pisum sativum	1		1
桃 Amygdalus persica		6	6

续表

样品	H1⑤	H26②	合计
李 Prunus salicina		20	20
枸杞 Lycium chinense		4	4
枣 Ziziphus jujuba	1	1	2
乌蔹莓 Cayratia japonica	27	26	53
西瓜 Citrullus lanatus		33	33
栝楼 Trichosanthes kirilowii	3		3
南赤瓟 Thladiantha nudiflora	7	7	14
水莎草 Cyperus serotinus	1570		1570
萤蔺 Scirpus juncoides	3104	26	3130
接骨草 Sambucus chinensis	712	33	745
火炭母 Polygonum chinense	65	27	92
草茨藻 Najas graminea	17		17
野慈姑 Sagittaria trifolia	23		23
升麻 Cimicifuga foetida		3	3
眼子菜 Potamogeton distinctus	4		4
石荠苎 Mosla scabra	2		2
华桑 Morus cathayana	895		895
构树 Broussonetia papyrifera	95	18	113
花椒 Zanthoxylum bungeanum	229	219	448
八角枫 Alangium chinense	143	98	241
通脱木 Tetrapanax papyrifer	323	63	386
马桑 Coriaria nepalensis	47	3	50
黄荆 Vitex negundo	32	21	53
乌桕 Sapium sebiferum	2		2
悬钩子属 Rubus	2074	81	2155
葡萄属 Vitis	264	264	528
荚蒾属 Viburnum	5		5
榕属 Ficus	75		75
山核桃属 Carya	3		3
葫芦科 Cucurbitaceae	32	3	35
碎果壳	4	6	10
碎种子	5	3	8
未知	2	4	6
合计	9788	1035	10823

（一）鉴定到种的植物

能鉴定到种的植物有28种，包括稻谷、小麦、豌豆3种农作物，桃、李、西瓜等鲜果，以及花椒、水莎草、八角枫等植物种类。

1. 稻谷 *Oryza sativa*

在2份样品中，发现11粒稻谷遗存，炭化。米粒呈椭圆形，两侧压扁，横切面呈椭圆形，表面较为光滑，具2～3条纵向肋纹。完整米粒长约4.4、宽约2.7毫米，长宽比为1.63（图版七五，1）。在遗址中发现75粒稻谷基盘，其中17粒炭化、58粒未炭化。

稻为禾本科（Gramineae）稻属（*Oryza*），一年生水生草本，是我国南方广泛种植的重要谷物。

2. 小麦 *Triticum aestivum*

小麦遗存发现2粒，炭化。呈圆柱状，背部凸起，腹沟较深，两壁不贴合。完整的小麦长4.19、宽3.14毫米（图版七五，2）。

小麦属于禾本科小麦属（*Triticum*），为旱地高产作物，起源于西亚，距今4000年前后传入中国。

3. 豌豆 *Pisum sativum*

豌豆种子发现1粒，炭化。种子球形，表面有皱纹。种子表皮脱落，富含淀粉（图版七五，3）。

豌豆属于豆科（Leguminosae）豌豆属（*Pisum*），一年生攀缘草本，高0.5～2米。种子及嫩荚、嫩苗均可食用；种子含淀粉、油脂，是重要的小杂粮品种。

4. 桃 *Amygdalus persica*

桃核遗存发现6粒，未炭化。桃核呈扁圆形，顶端尖，基端钝，表面有深沟纹和孔穴，长约24.5、宽约20毫米（图版七五，4）。

桃为蔷薇科（Rosaceae）桃属（*Amygdalus*），为落叶灌木或小乔木，是中国重要的栽培果树之一。《诗经·周南·桃夭》有"桃之夭夭，灼灼其华"的诗句。桃被称为寿果或仙果，是我国人民普遍喜欢的鲜果。桃树也被用作庭院观赏树种。

5. 李 *Prunus salicina*

李核发现20粒，未炭化。李核呈椭圆形，略扁，表面有浅皱纹。长约13.5、宽9.5

毫米（图版七五，5）。

李为蔷薇科李属（*Prunus*），落叶小乔木，《诗经·大雅·抑》有"投我以桃，报之以李"的诗句。李在我国各地均有栽培，为果树和观赏树木。

6. 枸杞　*Lycium chinense*

枸杞种子发现4粒，未炭化。种子呈肾形，扁平，表面有细密的小孔。种子平均长约3.22、宽约2.68毫米（图版七五，6）。

枸杞属于茄科（Solanaceae）枸杞属（*Lycium*），多分枝灌木，高0.5~1米，栽培时可长2米多。常生于山坡、荒地、丘陵地、路旁及村边宅旁。果实称为枸杞子，有养肝、滋肾、润肺等功效。我国除普遍野生外，各地也有作药用、蔬菜或绿化栽培。

7. 枣　*Ziziphus jujuba*

枣核发现2粒，未炭化。褐色，果核呈倒卵形，两端尖，表面不规则的短锐棱和沟相间。果核长19.39、宽5.95毫米（图版七五，7）。

枣属鼠李科（Rhamnaceae）枣属（*Ziziphus*）植物，落叶小乔木，稀灌木，高10余米，广泛栽培。果实为很好的干果和鲜果，味甜，含有丰富的维生素C、P，枣又供药用，有养胃、健脾、益血、滋补、强身等功效。

8. 乌蔹莓　*Cayratia japonica*

乌蔹莓种子共发现53粒，未炭化。种子呈三角状倒卵形，顶端微凹，基部有短喙，种脐在种子背面近中部呈带状椭圆形，上部种脊凸出，表面有凸出肋纹，腹部中棱脊凸出，两侧洼穴呈半月形。种子长4.28、宽3.07毫米（图版七五，8）。

乌蔹莓属葡萄科（Vitaceae）乌蔹莓属（*Cayratia*），草质藤本。生于山谷林中或山坡灌丛，海拔300~2500米。全草入药，有凉血解毒、利尿消肿之功效。

9. 西瓜　*Citrullus lanatus*

西瓜籽发现33粒，未炭化。种子呈椭圆形，扁平，基端钝尖，侧面近边缘带状。种子长4.09、宽2.66毫米（图版七六，1）。

西瓜为一年生蔓生藤本，属于葫芦科（Cucurbitaceae）西瓜属（*Citrullus*），其原种可能来自非洲，金、元时始传入我国。西瓜在我国各地栽培，品种甚多，为夏季之水果，果肉味甜，能降温去暑；种子含油，可作消遣食品[①]。

[①] 中国科学院中国植物志编辑委员会：《中国植物志》第73卷第1册，科学出版社，1986年。

10. 栝楼　*Trichosanthes kirilowii*

种子发现3粒，未炭化。种子呈卵状椭圆形，压扁，近边缘处具一圈棱线，长约14.7、宽9.1毫米（图版七六，2）。

栝楼归入葫芦科栝楼属（*Trichosanthes*），攀缘藤本，长达10米。生于海拔200～1800米的山坡林下、灌木丛中、草地和村旁田边。本种为传统的中药，有解热止渴、利尿、镇咳祛痰等作用。

11. 南赤瓟　*Thladiantha nudiflora*

种子发现14粒，未炭化。种子呈倒卵形，扁。顶端圆钝，下端收缩成扁嘴状。表面密布不规则瘤状凸起。长约6、宽约4.4毫米（图版七六，3）。

南赤瓟为葫芦科赤瓟属（*Thladiantha*），为一年生或多年生草质藤本，攀缘或匍匐生。产于我国秦岭及长江中下游以南各省区。本种具有清热解毒、理气活血、止痢通乳之功效。

12. 水莎草　*Cyperus serotinus*

种子发现1570粒，未炭化。种子呈倒卵形，平凸状，具凸起的细点。长约2.01、宽1.39毫米。

水莎草属于莎草科（Cyperaceae）莎草属（*Cyperus*），多年生草本，散生。秆高35～100厘米，粗壮，扁三棱形，平滑。多生长于浅水中、水边沙土上。

13. 萤蔺　*Scirpus juncoides*

萤蔺种子发现3130粒，未炭化。种子呈宽倒卵形，双凸镜状，顶端宿存花柱短喙状，基端截平。长约1.9、宽约1.3毫米（图版七六，4）。

萤蔺属莎草科（Cyperaceae）藨草属（*Scirpus*），为高大的水生草本，喜生于湿地或沼泽中，其植株簇生或散生。

14. 接骨草　*Sambucus chinensis*

接骨草种子发现745粒，未炭化。种子呈椭圆形，扁，顶端圆钝，基部尖，表面布满由圆钝的短棱或凸起形成的短横波状棱。长1.7～2.1、宽1.5～1.7毫米（图版七六，5）。

接骨草归入忍冬科（Caprifoliaceae）接骨木属（*Sambucus*），高大草本或半灌木，高1~2米；生于山坡、林下、沟边和草丛中，该种为药用植物，可治跌打损伤，有祛风湿、通经活血、解毒消炎之功效。

15. 火炭母　*Polygonum chinense*

火炭母种子发现92粒，未炭化，黑褐色，有光泽。种子呈宽卵形，具三棱，顶端尖。长2.3~2.5、宽1.7~2毫米（图版七六，6）。

火炭母属于蓼科（Polygonaceae）蓼属（*Polygonum*），多年生草本，基部近木质，生于山谷湿地、山坡草地。根状茎供药用，清热解毒、散瘀消肿。

16. 草茨藻　*Najas graminea*

草茨藻种子发现17粒，未炭化。种子呈窄长圆形，表面细胞六边形至多边形，成行排列，轴向长于横向。种子平均长2.31、宽0.69毫米（图版七六，7）。

草茨藻属于茨藻科（Najadaceae）茨藻属（*Najas*），一年生沉水草本，植株纤细。高10~20厘米，茎光滑，基部分枝较多，上部分枝较少。生于静水池塘、藕田、水稻田和缓流中。

17. 野慈姑　*Sagittaria trifolia*

种子发现23粒，未炭化。瘦果倒卵形，两侧压扁，具翅，背刺不甚整齐，果喙短，自腹侧斜上。种子长约2.31、宽1.03毫米（图版七六，8）。

野慈姑属于泽泻科（Alismataceae）慈姑属（*Sagittaria*），多年生水生或沼生草本。根状茎横走，较粗壮，挺水叶箭形。生于湖泊、池塘、沼泽、沟渠、水田等水域。

18. 升麻　*Cimicifuga foetida*

种子发现3粒，未炭化。种子椭圆形，褐色，表面有鳞翅。种子平均长3.1、宽1.67毫米（图版七七，1）。

升麻属于毛茛科（Ranunculaceae）升麻属（*Cimicifuga*），多年生草本，高1~2米。根茎粗壮。多生于山地林缘、林中或路旁草丛中。可药用，用根状茎治风热头痛、咽喉肿痛等症。

19. 眼子菜　*Potamogeton distinctus*

种子发现4粒，未炭化。种子呈宽倒卵圆形，背部三脊，中脊锐，上部隆起，侧脊稍钝。喙斜生于果腹面顶端。种子长3.35、宽2.29毫米（图版七七，2）。

眼子菜属于眼子菜科（Potamogetonaceae）眼子菜属（*Potamogeton*），多年生水生草本，根茎发达，隐于水下，叶浮在水面，叶脉清晰，常作为观赏植物，现在多为常见的稻田恶性杂草。

20. 石荠苧 *Mosla scabra*

种子发现2粒，未炭化。种子黄褐色，球形，具深雕纹。种子直接约1.03毫米（图版七七，3）。

石荠苧在四川地区称为痱子草，属于唇形科（Lamiaceae）石荠苧属（*Mosla*），一年生草本植物，生于海拔50~1150米的山坡、路旁或灌木丛下，民间用全草入药，治感冒、中暑发高烧、痱子等。

21. 华桑 *Morus cathayana*

种子发现895粒，未炭化。种子呈肾形，长约1.1、宽约0.8毫米（图版七七，4）。

华桑又名葫芦桑，归入桑科（Moraceae）桑属（*Morus*），落叶乔木或灌木，多为野生。常生于海拔900~1300米的向阳山坡或沟谷，性耐干旱。本种木材纹理细致，色泽美观，可以作工艺用材；果实可以生食或酿酒，各部可供药用。本种叶背多糙毛，不宜养蚕。

22. 构树 *Broussonetia papyrifera*

发现113粒构树种子，未炭化。瘦果扁球形，具短柄，表面具瘤体。长约2、宽约1.8毫米（图版七七，5）。

构树归入桑科构属（*Broussonetia*），落叶乔木，高10~20米。我国南北各地均有。构树生长速度快，但材质不够优良，其叶是很好的猪饲料，其韧皮纤维是造纸的高级原料，根和种子均可入药，树液可治皮肤病，经济价值很高。

23. 花椒 *Zanthoxylum bungeanum*

花椒种子共发现448粒，未炭化，在2份样品中均出土较多。种子为球形或半球形，多数种子的外种皮不存，表面为凸出的深网状纹，种脐位于基端。种子平均长3.7、宽3.2毫米（图版七七，6）。

花椒属芸香科（Rutaceae）花椒属（*Zanthoxylum*），落叶小乔木。耐旱，喜阳光，各地多栽种。《诗经·唐风·椒聊》有"椒聊之实，蕃衍盈升"的诗句。花椒用途很多，是我国重要的香料和调味品，还是一味中药，有温中行气、逐寒、止痛、杀虫等功效。花椒树是较好的木材，木质结构密致，有光泽，大材有美术工艺价值。

花椒原产于我国，在先秦两汉时期作为香料、药物，制作椒酒，还用作芳香防腐剂随葬于墓葬中。南北朝以后花椒的功能发生了巨大的变化，主要作用为药物和调味品。在唐宋时期，花椒不但具有药用功能，还和其他调味品一起制作花椒盐、五香面等，到了清代以后，花椒才作为一种独立的基本味用于烹饪中[①]。

24. 八角枫　*Alangium chinense*

种子发现241粒，未炭化。种子呈倒卵形或宽倒卵形，侧面有两道对称的腹缝，表面有少量不规则凹槽。长约6.4、宽约4.8毫米（图版七七，7）。

八角枫属八角枫科（Alangiaceae）八角枫属（*Alangium*），落叶乔木或灌木。生于海拔1800米以下的山地或疏林中。本种药用，具有祛风除湿、舒筋活络、散淤止痛之功效。

25. 通脱木　*Tetrapanax papyrifer*

通脱木种子发现386粒，未炭化。种子呈长圆形，腹部平，背部拱起，表面有纵沟纹。平均长2.46、宽2.06毫米（图版七七，8）。

通脱木属五加科（Araliaceae）通脱木属（*Tetrapanax*），常绿灌木或小乔木，高1~3.5米，分布广，通常生于向阳肥厚的土壤上，有时栽培于庭园中。通脱木的茎髓大，质地轻软，颜色洁白，称为"通草"，切成的薄片称为"通草纸"，是制作纸花和小工艺品的原料。中药用通草作利尿剂，并有清凉散热功效。

26. 马桑　*Coriaria nepalensis*

种子发现50粒，未炭化。种子呈卵状长圆形，长约2.1、宽1.3毫米（图版七七，1）。

马桑归入马桑科（Coriariaceae）马桑属（*Coriaria*），灌木，高1.5~2.5米。马桑适应性很强，能耐干旱、瘠薄的环境。全株可做药，果可提酒精，种子含油，茎叶含栲胶，全株有毒，可作土农药。

27. 黄荆　*Vitex negundo*

本次发现53粒黄荆种子，未炭化。种子呈倒卵球形，顶端平截，基部钝尖。表面

---

① 黄德民、赵国华、陈宗道、阚建全：《我国花椒的饮食文化探源》，《中国调味品》2006年第1期。

有细纵沟。长约3.2、宽2.2毫米（图版七八，2）。

黄荆为马鞭草科（Verbenaceae）牡荆属（*Vitex*），落叶灌木或小乔木，喜光，能耐半阴、耐干旱、瘠薄和寒冷，是亚热带地区和暖温带地区最为常见的灌丛。黄荆茎皮可造纸及制人造棉，茎叶治久痢，种子为清凉性镇静、镇痛药，根可以驱蛲虫，花和枝叶可提取芳香油。

28. 乌桕 *Sapium sebiferum*

乌桕种子发现2粒，未炭化。种子呈长椭圆形，顶部有小凸尖，长5.91、宽5.32毫米（图版七八，3）。

乌桕属于大戟科（Euphorbiaceae）乌桕属（*Sapium*），乔木，高可达15米，主要分布于黄河以南各省区，生于旷野、塘边或疏林中。木材白色，坚硬，纹理细致，用途广；叶为黑色染料，可染衣物；子油适于涂料，可涂油纸、油伞等。

（二）可鉴定到属的植物种类

鉴定到属的植物有5种。

1. 悬钩子属 *Rubus*

悬钩子属植物种子发现2155粒，未炭化。种子呈肾形，表面具明显洼孔。种子长1.35～2、宽0.7～1毫米（图版七八，4）。

悬钩子属归入蔷薇科，多为灌木，也有少量的草本植物，多有刺。悬钩子属现知700余种，我国有194种。悬钩子属植物的果实多浆，味甜酸，可供食用，在欧美已长期栽培作为重要水果；有些种类的果实、种子、根及叶可入药；茎皮、根皮可提制栲胶；少数种类庭园栽培供观赏。

2. 葡萄属 *Vitis*

葡萄属种子发现较多，共528粒，未炭化。种子呈倒卵形，顶端圆钝，基部喙呈柱状，背中部有一个内凹的合点，腹部有两条并列的深槽。长3.6、宽3.2毫米（图版七八，5）。

葡萄属归葡萄科，木质藤本植物，有卷须。分布于温带和亚热带地区，我国约有38种，本属若干野生种类根、茎、叶或果可作药用，果可食或酿酒，种子可榨油。葡萄树树形优美，果、叶均可观赏，是一种著名的观赏植物。因其具攀缘特性，故也是一种重要的攀缘绿化树种。

3. 荚蒾属 *Viburnum*

荚蒾属种子发现5粒，未炭化。种子呈矩圆形至宽椭圆形，扁，有2条背沟和3条腹沟。长约5.6、宽约4毫米（图版七八，6）。

荚蒾属归入忍冬科（Caprifoliaceae），直立灌木，稀为小乔木，分布于温带和亚热带地区，我国约74种，广泛分布于全国各省区，以西南部种类最多。生于山坡疏林或灌木丛中。其中有些可供观赏，尤以具有放射状大型不孕花的种类最为美丽。

4. 榕属 *Ficus*

榕属种子发现75粒，未炭化。种子呈水滴状，表面较为光滑。长2.29、宽1.42毫米（图版七八，7）。

榕属归入桑科，以常绿乔木、灌木为主，有少量藤本。多喜阳和温热气候，主要分布于热带、亚热带地区，榕属在我国主要分布于南方地区，约98种，3亚种，43变种2变型。榕属植物树性强健，绿荫蔽天，为低维护性景观植物，可做行道树、园景树、绿篱树等。其中黄葛树茎干粗壮，树形奇特，悬根露爪，蜿蜒交错，古态盎然，为重庆市市树，本属植物的韧皮可作麻类代用品，有些种类的榕果可食用或药用。

5. 山核桃属 *Carya*

果核发现3粒，残，未炭化。果核内果皮骨质，外果皮木质（图版七八，8）。

山核桃属归入胡桃科（Juglandaceae），落叶乔木，主要分布在北美洲，亚洲东部产4种，种子可食用。

（三）可鉴定到科的植物种类

鉴定到科的植物有1种。

葫芦科 Cucurbitaceae

葫芦科种子发现35粒，未炭化。种子呈长卵形，扁平。平均长约3.97、宽2.56毫米。

葫芦科为一年生或多年生草质或木质藤本，极稀为灌木或乔木状，我国约有32属，154种，南北均有分布，主要分布于西南部和南部，少数散布到北部。其中有些栽培供食用或药用。

另外，还发现少量碎果壳、碎种子，以及少量未知的植物种子。

三、植物遗存的简要分析

（一）农作物遗存的问题

本次鉴定出农作物遗存三类，为稻谷、小麦和豌豆，共出土14粒，数量十分稀少，不及出土植物遗存总数的1%。其中稻谷出土11粒、小麦出土2粒、豌豆出土1粒，均为炭化籽粒，从绝对数量看，稻谷占有优势地位。

在2份样品中，还发现了75粒炭化稻谷基盘，稻谷基盘的数量多于炭化稻米数量。稻谷基盘一般是在稻谷加工和脱粒的过程中产生的，在这一过程中产生的基盘、稻壳、稻草等最终会被废弃，然后经过火烧的环节从而作为炭化物得以保存下来。从1243年到1279年，南宋合州军民在守将王坚、张珏的率领下，凭借钓鱼城天险，运用"以攻为守，主动出击""耕战结合，坚持抗战"的战略战术，创造了守城抗战36年的战绩。范家堰遗址西部的东城半岛，地势平坦，水源丰富，非常适合稻谷等农作物的种植，范家堰遗址出土的稻谷遗存，部分可能是在本地种植和加工的，当然也不排除部分农作物通过交换等形式进入遗址中。

本报告是对范家堰遗址2份样品进行的初步汇报，样品数量较少，发现的农作物遗存的种类和数量也十分稀少，无法展开深入的分析和讨论，在后期样品的整理过程中，期待能有更多农作物遗存的发现，进而能够更加全面地了解遗址南宋时期的农业形态。

（二）非农作物遗存的问题

本次出土的植物绝大多数为非农作物种子，植物种类有31类，数量超过出土植物遗存总数的99%，均未炭化。未炭化的植物种子与现代植物种子差异较小，因此不排除少量现代植物种子混入的可能。

范家堰遗址为南宋时期的衙署遗址，遗址东北部的公廨区主要为政治和生活区域，西南部园林景观区域主要为休闲游玩场所。对2个区域采集的2份样品出土的非农作物植物种子进行统计，其中取自水池H26②的样品出土了21个种属的植物，鉴定植物种子（含稻谷基盘）1035粒，植物种子密度约为414粒/10升；而取自水池H1⑤的样品出土了29个种属的植物，鉴定植物种子（含稻谷基盘）数量为9788粒，种子密度约为680粒/10升。统计显示2份样品出土的植物种类及种子含量均较为丰富，其中水池H1⑤出土的植物种子更为丰富。

考古遗址中埋藏的植物遗存主要有两个来源：一是自然沉积，即通过各种自然力

（如风、水、野生动物等）由外部带入并埋藏在遗址中的植物遗存，其中还包括遗址内自然生长的各种杂草类植物；二是文化堆积，即那些与人生活直接相关的、被人类有意识或无意识地遗弃在遗址内的植物遗存[①]。一般而言，考古遗址内出土的植物遗存绝大多数应该是人类利用的植物种类。人们根据自己的需求对不同植物的利用取向有所不同，由此可以根据植物的主要利用价值分为食用类植物、观赏类植物、药用类植物、材用类植物等类别[②]（表二）。统计显示，在可鉴定的31种植物中，具有食用价值的植物有11类，具有观赏价值的植物有8类，具有药用价值的植物有14类，2种植物具有材用价值，2种植物具有造纸的用途，其中4种植物没有明显的利用价值。一般而言，许多植物对人类有多种不同的价值，但有主次之分，如花椒，主要利用价值是作为调味品食用，而材用和药用价值是次要价值。

表二　范家堰遗址出土植物功能分组

植物名称	植物类别	食用类植物	观赏类植物	药用类植物	其他
桃 Amygdalus persica	灌木或乔木	√	√		
李 Prunus salicina	乔木	√	√		
枸杞 Lycium chinense	灌木	√		√	
枣 Ziziphus jujuba	乔木或灌木	√	√		
乌蔹莓 Cayratia japonica	藤本			√	
西瓜 Citrullus lanatus	藤本	√			
栝楼 Trichosanthes kirilowii	藤本			√	
南赤瓟 Thladiantha nudiflora	藤本				
水莎草 Cyperus serotinus	草本				
萤蔺 Scirpus juncoides	水生草本				
接骨草 Sambucus chinensis	草本或半灌木			√	
火炭母 Polygonum chinense	草本			√	
草茨藻 Najas graminea	沉水草本				
野慈姑 Sagittaria trifolia	水生或沼生草本				
升麻 Cimicifuga foetida	草本			√	
眼子菜 Potamogeton distinctus	水生草本		√		
石荠苎 Mosla scabra	草本			√	

---

① 赵志军：《考古出土植物遗存中存在的误差》，《文物科技研究（第一辑）》，科学出版社，2004年。

② 赵志军：《广州南越宫苑遗址J264水井出土植物遗存分析报告》，《植物考古学：理论、方法和实践》，科学出版社，2010年。

续表

植物名称	植物类别	食用类植物	观赏类植物	药用类植物	其他
华桑 Morus cathayana	乔木或灌木	√		√	材用植物
构树 Broussonetia papyrifera	乔木				造纸或薪材
花椒 Zanthoxylum bungeanum	乔木	√			
八角枫 Alangium chinense	乔木或灌木			√	
通脱木 Tetrapanax papyrifer	乔木或灌木			√	
马桑 Coriaria nepalensis	灌木			√	
黄荆 Vitex negundo	乔木或灌木			√	造纸
乌桕 Sapium sebiferum	乔木				材用植物
悬钩子属 Rubus	灌木	√	√		
葡萄属 Vitis	藤本	√	√		
荚蒾属 Viburnum	灌木		√		
榕属 Ficus	乔木或灌木		√		
山核桃属 Carya	乔木	√			
葫芦科 Cucurbitaceae	藤本	√		√	
合计		11	8	14	

水池H1处于一个较为开放的空间，进入水池的植物遗存种类和数量会比较丰富。作为衙署遗址园林景观的重要组成部分，出土的植物遗存应该是以食用类和观赏类为主，其中食用类植物有枣、华桑、花椒、悬钩子属、葡萄属、山核桃属、葫芦科7种，观赏类植物有枣、眼子菜、悬钩子属、葡萄属、荚蒾属、榕属6种。对水池H1底部出土的食用类和观赏类植物进行统计，共出土了3582粒，占H1⑤出土非农作物遗存总数的36.68%，这一比例是比较低的。在H1⑤出土的食用类和观赏类植物中，悬钩子属和华桑出土数量较多，占出土食用类和观赏植物总数的82.89%。悬钩子属植物的果实多浆，味甜酸，可供食用，在欧美已长期栽培作为重要水果，如覆盆子、黑莓等。我国分布有194种，并以西南地区最为集中，多为野生资源。在重庆地区常见的有山莓、高粱泡等。悬钩子属植物的枝干上长有皮刺，人们为了安全考虑，通常不会选择有刺的植物种植于庭院内。南宋时期古人是否对悬钩子属植物有所偏爱，并进行栽培食用还有待进一步探讨。华桑多为野生植物，其果实可以生食或酿酒，范家堰遗址出土的华桑是古人栽培的还是野生的也需进一步研究。

H1⑤出土的药用类植物包括接骨草、八角枫、通脱木等12种，共出土了2288粒，占出土非农作物植物总数的23.43%，这些药用类植物多为重庆地区常见的草本或灌木，多为野生植物，这些植物虽然具有一定的药用价值，但是不能确定在当时被用作中药，因为只有在中国传统医药理论指导下经过采集、炮制、制剂等过程的才能被称作中药，因此这些药用类植物出现在水池H1底部，很有可能是生长于水池周边的植物。

另外，在H1⑤出土了4类植物没有显著的价值，它们分别是萤蔺、水莎草、草茨藻、野慈姑，共出土了4714粒，占H1⑤出土非农作物遗存总数的48.27%，这些植物均为水生植物，是常见的水生杂草，这些植物对人类来说没有明显的价值，在遗址中出土的大量水生草本，应该是生长于水池H1中的植物。

综上所述，水池H1为衙署遗址园林景观的重要组成部分，是南宋时期等级很高的遗迹，然而从出土的植物遗存看，水池H1底部出土的食用植物和观赏植物的比例较低，特别是观赏植物很少，重庆地区常见的野生草本/藤本或灌木占有很大的比例，与水池H1性质不相符，我们推测可能在南宋后期，政治上层因宋元（蒙）战争战事吃紧，无心打理庭院，使得庭院及周围杂草丛生，更有可能多数植物遗存形成于衙署遗址废弃后，杂草及杂树长满遗址及周边山坡，植物种子成熟后自行脱落，通过沉积作用而保存于水池H1底部，而非衙署使用期间生长的植物。

水池H26位于公廨区的核心区域，处于一处密闭的空间内，是一处高规格的水池。水池H26②中出土的植物以食用类为主，包括桃、李、枸杞、枣、西瓜、花椒、葡萄属、悬钩子属、葫芦科9类共计631粒，占出土非农作物总数的65.12%。在衙署利用期间，水池H26周围不可能种植大量的植物，因此水池内出土的桃、李、西瓜、枸杞等食用类植物应该是古人通过购买或进贡带入公廨区，在水池附近的房屋内食用后丢弃，通过遗址的排水系统进入水池中并被保存下来。

水池H26②中出土了一些具有药用价值的植物，包括乌蔹莓、南赤瓟、接骨草、八角枫、通脱木、火炭母、升麻、黄荆、马桑共281粒（同时具有食用价值的未重复统计），占H26②出土非农作物总数的29%，这些植物为重庆地区常见的野草和灌木，另外还发现了少量的水生草本（萤蔺），这些植物如若形成于衙署遗址使用期间也是匪夷所思的，因此我们推测这些植物也应该形成于遗址废弃之后，遗址上长满了常见的野草和灌木，当植物的种子成熟之后散落到水池中埋藏起来。

四、结　　论

在范家堰遗址2017年考古发掘中，进行了系统的植物考古采样工作。本报告中，我们挑选了2份有代表性的样品进行了初步的鉴定和分析。

2份样品均处于饱水环境，遗迹内的所有植物遗存均能得到很好的保存，为我们全面认识范家堰遗址南宋时期植物遗存埋藏状况和周边环境提供了有力的证据。对出土植物遗存的分类、鉴定和量化分析显示，南宋时期钓鱼城先民的粮食作物包括稻谷、小麦和豌豆，其中部分稻谷应该是本地种植或加工的。2份样品出土的植物遗存均较为丰富，其中水池H1⑤出土的植物多为重庆地区野生的草本/藤本或灌木，观赏植物和食用植物所占的比例不高，这与水池H1的性质不相符，因此我们猜测可能是因为南宋末期，政治上层因宋元（蒙）战争而无心打理庭院，水池H1底部出土的萤蔺、水莎草、八角枫、通脱木等大量植物更有可能形成于遗址废弃后。水池H26②出土的植物遗存以食用类植物为主，多为人类食用丢弃后沉积于水池中，这些植物应该是水池使用期间形成的，在水池底部也出土了一定比例的野生植物，我们推测这些植物应该也是形成于遗址废弃之后。

需要说明的是，本次鉴定的样品仅为2017年度采集样品的一小部分，接下来我们将积极开展剩余样品的鉴定分类工作，同时在范家堰遗址的后续考古发掘中，继续开展植物考古工作，从而更加深入全面地认识南宋以来合川地区的农业生产状况，复原遗址及周围的植被环境，为认识范家堰遗址的使用、废弃等问题提供更多的信息。

重庆出土南宋球形火雷的初步研究

袁东山　胡立敏

（重庆市文物考古研究院）

火药是中国古代四大发明之一，"是人类第一次掌握的化学爆炸物，是中国在中世纪取得的一项最大的科技成就"①，其在军事武器方面的应用，对世界文明进程产生了广泛而深远的影响。10世纪末，我国北宋初的军事家，根据炼丹家在炼制丹药过程中曾经使用过的火药配方，配成最初的火药并制成火器用于作战，开创了人类战争史上火器与冷兵器并用的时代②，若以火器的重大创制和更新为标志，它又可以划分为初级火器的创制（宋代，960～1279年）、火铳的创制与发展（元代至明正德末年，1279～1521年）、火绳枪炮的发展（明嘉靖元年至明末，1522～1644年）和古代火器的曲折发展（清代前、中期，1644～1840年）等四个阶段③。

宋代是初级火器的创制阶段，"燃烧性火器、爆炸性火器、管形火器、火箭类火器相继出现，从而奠定了我国古代火器的基本门类"④，这一阶段的火器"有北宋时期的火药箭和火球、南宋时期创制的铁壳火球——铁火炮和各种火枪"⑤，并逐步应用于实战中，从此刀光剑影的冷兵器战场上开始弥漫炮火与硝烟。既往对宋代初级火器的相关研究几乎都是对历史文献的分析、解读，其主要原因是可供研究的火器实物实属凤毛麟角。近年来，随着考古工作的蓬勃发展，重庆地区宋元（蒙）战争山城遗址中发掘出土的一批球形火雷遗存为宋代初级火器研究提供了弥足珍贵的实物材料。

13世纪，宋、元（蒙）双方出于战争需要，在川渝地区依山就水修筑了大量山地城防设施，据史料记载有80余处。700余年后的今天，经初步调查，在川渝及周边区域这类遗址现存有50余处。在重庆地区，迄今开展过大规模考古工作的有合川钓鱼

---

① 潘吉星：《中国火药史：插图珍藏版》，上海远东出版社，2016年，第47、48页。
② 王兆春：《中国火器史》，军事科学出版社，1991年，第1页。
③ 王兆春：《中国科学技术史·军事技术卷》，科学出版社，1998年，第95页。
④ 刘旭：《中国古代火药火器史》，大象出版社，2004年，第37页。
⑤ 王兆春：《中国科学技术史·军事技术卷》，科学出版社，1998年，第103页。

城、重庆城、奉节白帝城、万州天生城、云阳磐石城、渝北多功城和涪陵龟陵城等（图一），取得了众多考古收获和认识，球形火雷遗存便是最重要发现之一，主要包括球形铁火雷、陶火雷和相关窑址及陶范等，均出土于钓鱼城和白帝城遗址，其他山城遗址中尚未发现。

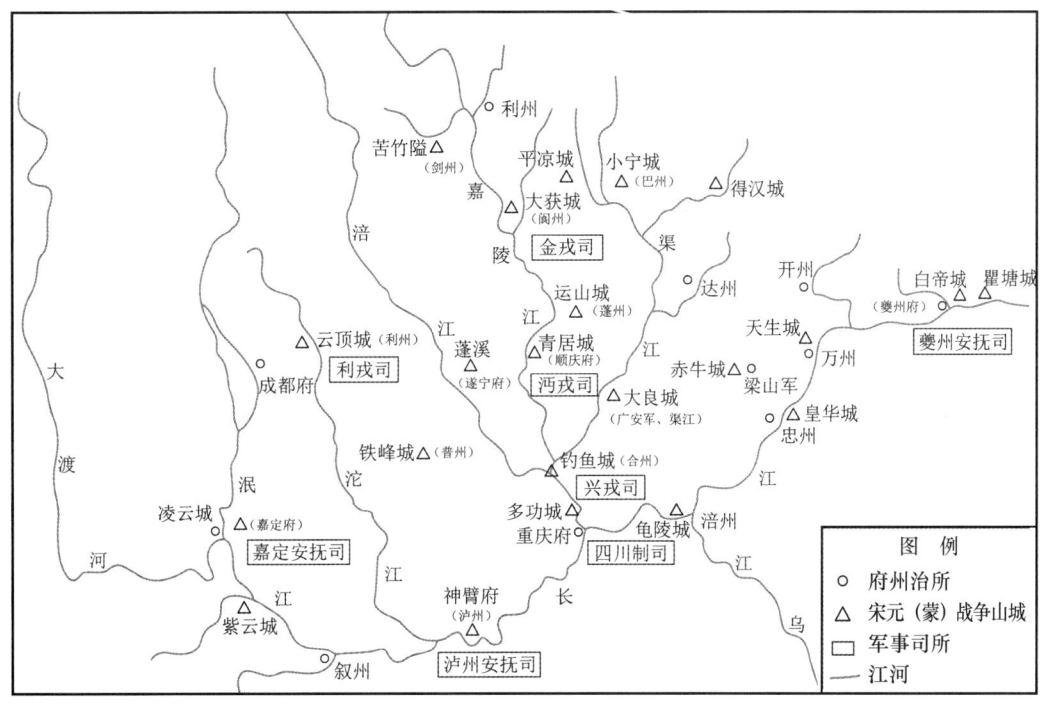

图一 宋元（蒙）战争山城遗址分布图

（据陈世松、匡裕彻、朱清泽、李鹏贵：《宋元战争史》，四川省社会科学院出版社，1988年，第78页，《1243~1251年余玠四川山城布防示意图》绘制，并做少量补充）

一、发掘出土的球形火雷

根据质地不同，球形火雷分为铁火雷和陶火雷两种。铁火雷分布范围相对较广，发现数量也较多，陶火雷则仅见于白帝城遗址，数量极少。

（一）铁火雷

1. 钓鱼城古地道遗址

2005年，在钓鱼城奇胜门北约100米处城墙外发现了1处古地道，并于次年进行了发掘清理。经发掘的部分总长度约27.6米，由主通道、六条短支道及竖井组成（图二），其中出土80余片弧形铁器残片，经除锈后辨识，确定是铁火雷爆炸后的碎片。

铁火雷D1∶6为圆弧状残片，外有凸起的浇铸范线。残长8、残高7、壁厚1.2厘米（图三；图版七九，1）①。

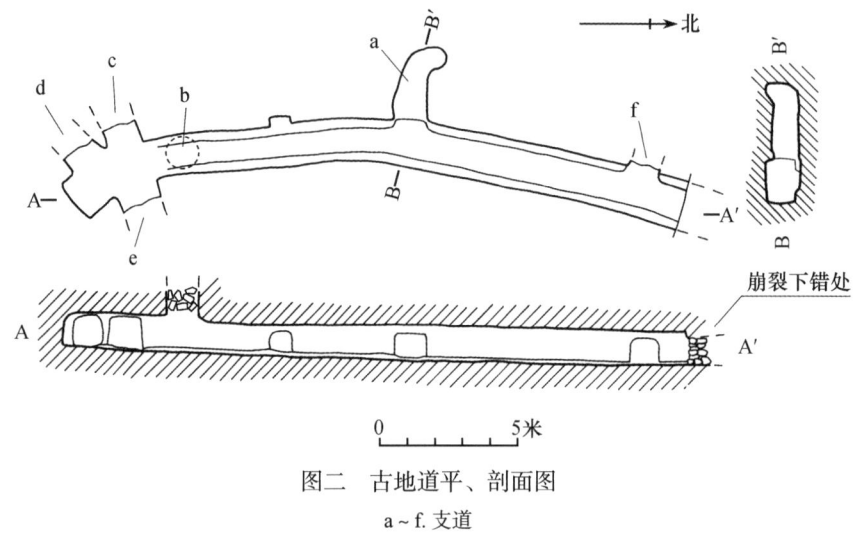

图二　古地道平、剖面图
a～f. 支道

钓鱼城的古地道是1259年蒙哥汗亲征钓鱼城时开凿的，是"地突"②战术的一个实例，蒙军通过掘地道进攻钓鱼城，而宋军则以铁火雷御敌。用地道战攻城是蒙军常用的进攻手段之一，《柏朗嘉宾蒙古行纪鲁布鲁克东行纪》："他们就在城下挖掘地道，让全副武装的士兵从地下潜入城内，当他们进入城堡后，一部分人放火烧城，另一部分人则与城堡里的人交战。"③无独有偶，《金史》中记载了相似的事件，1232年，蒙古人进攻开封时，"（蒙军）大兵又为牛皮洞，直至城下，掘城为龛，间可容人，则城上不可奈何矣。（金）人有献策者，以铁绳悬'震天雷'者，顺城而下，至掘处火发，人与牛皮皆碎迸无迹"④，可见宋人以火器击退蒙军"地突"战术的方法也与当时的整体战术思想相吻合。

---

① 重庆市文物考古研究院：《古地道遗址发掘简报》，见本报告集。
② 刘晓东等点校：《二十五别史·东观汉记》，齐鲁书社，2000年，第4页。"旗帜蔽野，尘燎连云，金鼓之声数十里。或为地突，或为冲车撞城。"（宋）司马光：《资治通鉴（第五册）》卷七十一《魏纪三》，中华书局，1956年，第2249、2250页。"太和二年十二月，诸葛亮围陈仓……亮又为地突，欲踊出于城里，昭又于城内穿地横截之。"
③ 耿昇、何高济译：《柏朗嘉宾蒙古行纪鲁布鲁克东行纪》，中华书局，1985年，第67页。
④ （元）脱脱：《金史》卷一百三十《赤盏合喜传》，中华书局，1975年，第2496、2497页。

2. 钓鱼城范家堰遗址园林区

2013年发掘范家堰遗址园林区景观水池H1时，出土1枚铁火雷爆炸后的弹片（图四；图版七九，2、3），编号H1⑦：4，口、底、身及铸造痕迹完整而清晰，以考古学的观点为可复原器，口径1.4、直径10.7、高10.4、壁厚0.7～1.3厘米。通过范线观察，该雷为上下合范法铸造。此雷较为小巧，引信点火处没有凸出的管状厚唇，而是直接在器壁上开一直径不到1厘米的小圆孔。

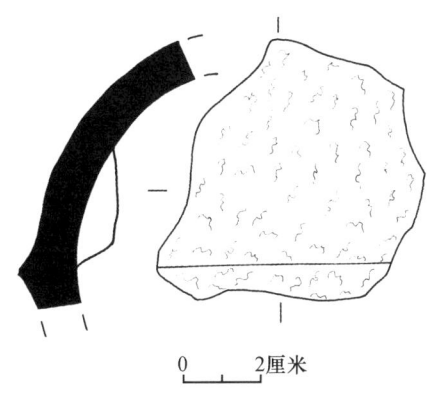
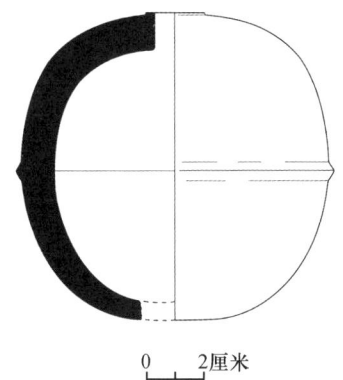

图三　钓鱼城古地道遗址　　　　图四　钓鱼城范家堰遗址园林区景观水池
出土铁火雷残片（D1：6）　　　　出土铁火雷（H1⑦：4）

3. 钓鱼城范家堰遗址公廨区

2017年钓鱼城范家堰遗址公廨区清理水池H27时，出土铁火雷1枚，编号H27②：12，口残，身呈圆球形，中空，中部一周范线，表面有锈蚀。直径11、残高9.7、壁厚0.8～1厘米（图五；图版七九，4）。

4. 白帝城遗址庙坪发掘区

2015年，中山大学人类学系考古队于奉节白帝城遗址庙坪发掘区发掘清理水池1处，该水池出土铁火雷2枚。S1①：9，类似现代瓜形手雷，葫芦形小侈口，球腹，底残。直径13.7厘米（图六，2；图版七九，5）。S1①：8，上部残，下部半球形，底部略尖。直径14厘米①（图六，1）。

5. 白帝城遗址樊家台发掘区

2017年白帝城遗址樊家台发掘区的东南部、紧邻城墙处清理埋藏坑H1，出土16枚保

---

① 王宏：《2015年奉节白帝城遗址发掘简报》，待刊。

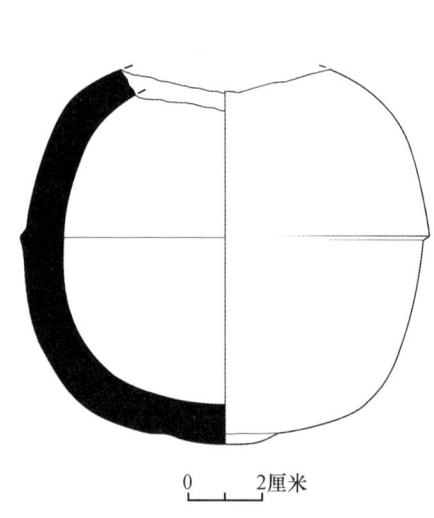

图五 钓鱼城范家堰遗址公廨区出土铁火雷
（H27②：12）

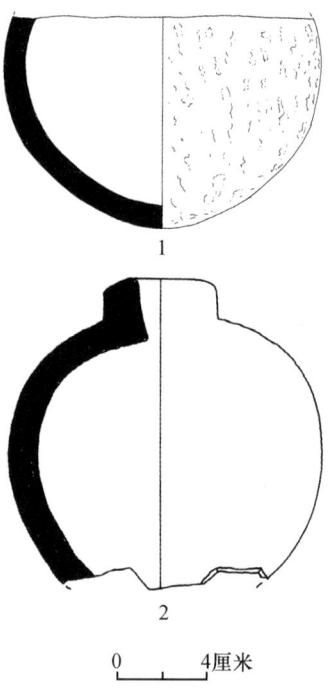

图六 白帝城遗址庙坪发掘区出土铁火雷
1. S1①：8 2. S1①：9

存完好的铁火雷，另皇殿台瓮城出土1枚，共17枚铁火雷，均未爆炸（图版八〇，3）。根据坑内出土的5件木炭和1件动物骨骼在美国佛罗里达贝塔（BETA）分析实验室的 ^{14}C 测年结果，出土木炭、骨骼的常规 ^{14}C 测定年代为800±30BP、830±30BP、850±30BP，校正后日历年龄为1184~1275年、1160~1264年、1152~1260年，相当于南宋中晚期。结合地层关系、共存器物、^{14}C 测年及时代背景分析，推测该坑应为夔州守军投降前掩埋，其废弃年代当在1278年[①]。经金相检测，出土铁雷均为白口铸铁，有大、小两种形制，口部差异较为明显，体型大者口部凸出不明显，而体型小者则为管状小口。

（二）陶火雷

陶火雷仅在白帝城遗址中发现4枚，其中1枚可复原。2000FBT203⑥：11，泥质灰陶。敛口，圆唇，短颈，鼓腹，平底。口径4.6、腹径17、底径12、高14.5厘米（图七；图版七九，6）。

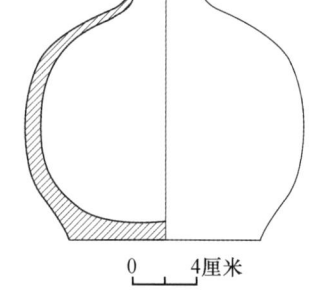

图七 白帝城遗址出土陶火雷
（2000FBT203⑥：11）

---

① 孙治刚：《2017年奉节白帝城遗址发掘简报》，待刊。

二、窑炉及陶范

（一）窑炉

2003年奉节白帝城遗址考古发掘清理一座窑址，编号为2003FBY1，位于白帝山东部山麓缓坡上，东临草堂河。Y1形制极为罕见，东部、北部遭严重破坏，残存部分近长条形，底部东北低西南高，残长502、残宽174、残高36～140厘米，包括火膛、火道、窑床、挡火墙和烟道等部分（图八）。

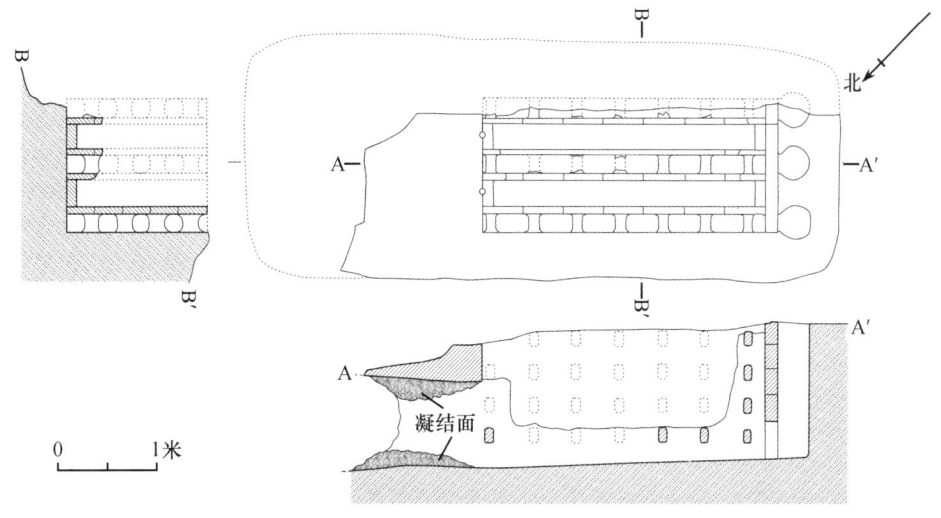

图八　窑炉2003FBY1平、剖面图

火膛大部被破坏，残存部分形状不规则，斜弧壁，穹顶。火道残存3条，北部和中部火道保存较好，南部火道残，火道壁上均有较厚的一层窑汗，滴流现象明显（图版八〇，1）。窑床连接火道和烟道，内部可见以青砖竖砌3条长条形通道，宽26～30厘米，间隔约24厘米。3条通道构造复杂，横向、竖向均留有孔，横向上看，每条通道有6个圆角方形孔，长约33、宽约18厘米，从残存顶面直到窑床底；竖向上看，残存4个圆形孔，直径约18厘米，直接连接火道与烟道（图版八〇，2）。挡火墙以青砖竖砌而成，残存四层，烟道残存3个，为近圆形的竖直孔。

（二）陶范

1994年三峡文物保护规划阶段，吉林大学在白帝城庙坪一带进行考古调查时发现十余件陶范，陶范为粗砂黑褐色陶胎，内外器表均为红褐色，直径15厘米左右，器壁较厚，可能与铁火雷铸造有关。根据器物内壁颜色观察，这批陶范未见使用痕迹（图版七九，7）。

该窑炉和陶范因形制独特，为三峡地区考古发掘中前所未见，在其被发现之初便引起笔者的关注和兴趣，囿于当时尚未发现球形火雷实物，故未能将两者联系起来。

三、球形火雷的孑遗

元明时期，管形火器得以迅速发展，火枪、火炮威力越来越大，球形火雷几乎销声匿迹，但在一些考古发现中，我们还能看到它的孑遗。北京延庆四海镇石窑村东南火焰山明代营盘遗址中出土了铁火雷，形状相似，铸造方式不同，此处出土铁火雷为左右合范浇铸[①]（图九；图版七九，8）。在明代长城的防御武器中，有一种名为"石炮"的武器，实际是在空心礌石中填装火药，即将毛石打制成近似圆台体，一侧打制成空心，然后装填火药、安装引信。这种石炮可以有效弥补长城下的防御死角，用引线点燃后，从礌石孔投放下去，轰的一声，石块纷飞，约10平方米范围内的敌人非死即伤[②]。

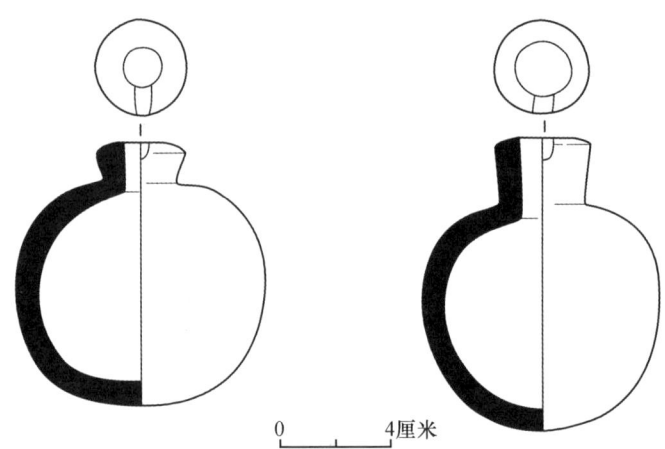

图九　火焰山营盘遗址出土铁火雷

四、球形火雷研究

（一）球形火雷遗存的初步讨论

1）铁火雷出土数量多、分布范围广，既有未经使用的完好品，又有爆炸后留下的

---

① 北京市文物研究所：《北京市延庆四海镇火焰山营盘遗址发掘简报》，《北京历史文化论丛（第4辑）》，上海古籍出版社，2010年，第301~312页。

② 高兴旺、林全国：《长城武器——礌石的种类和作用》，《中国文物报》2011年11月4日第6版。

残片，能够较为全面地体现其蕴含的信息。

通过综合分析发掘出土的20余枚铁火雷，我们归纳出其三个构成元素：外壳为白口铸铁，壁厚超过1厘米，硬度非常高；内腔空间可以装填大量火药；口径小，便于密封，以火药线引爆。此外，铁火雷还具有三个特征：雷身近圆球形，小型火雷有一凸出的管状小口，体型较大的火雷口部凸出不明显；铸造方式均为上、下合范铸成，中部一周凸出的范线十分明显；爆炸效果，或炸掉口、底，或炸破为2或3片。

铁火雷采用硬度非常高、壁厚超过1厘米的白口铸铁作为外壳，并且能将其炸破，这说明其内部填充的火药具有相当强的威力，具备较大的杀伤力和威慑力，而圆球状的外形有利于保证人工或机械投掷铁火雷的精准度，提高击中目标的概率。火药线引爆的应用非常重要，不仅安全、快捷、高效，而且有延时爆炸的作用，有力地提高了作战效率、效果。

2）陶火雷与铁火雷有一定的相似性，只是外壳材质由铁变为陶，威力和破坏力应相对较低。由于陶壳易于炸破，需要装填的火药可能不多，故其内部还往往装填很多其他破坏性物品，如瓷片、铁片、石灰、毒药及铁蒺藜等，对杀伤敌方人马有一定的作战效果，考虑到陶壳制作方便且耗费低，在长期的军事战争中不失为一种高性价比的选择。陶火雷的外壳较易破碎，因而其在战争中可能有两种具体战术应用方式：一种是隐蔽放置于地上、水面或掩埋于地下引爆；另一种是近距离投射至半空中，于落地前爆炸。

3）陶范内部空间近球形，分为上、下两部分，上有一孔，与球形铁火雷形状、上下合范铸造范线及口部特征一致，应为铸造铁火雷的外范，其内部未见灼烧痕迹，烧制好后尚未用于铸造铁火雷。窑址形制特殊，极为罕见，可以排除冶铸类窑和砖瓦窑，结合发现的陶范，推测可能为专门烧造陶范的窑。陶范和窑址的发现说明铁火雷的铁壳为本地铸造，宋元（蒙）战争山城应有制作火器的作坊等，具备一定独立制造火器的能力。

（二）名称辨析

潘吉星先生在《中国火药史》中指出，宋代火药、爆炸性火器发展分为两个阶段，第一个阶段是北宋时期，火器内装填糊状火药，外部为以麻布、纸糊成的软壳，用燃烧的铁锥点燃，《武经总要》《宋史》记载此类火器名为"火砲""火球""手砲"等；第二阶段为南宋时期，火器内装填的是高硝颗粒状火药，外壁是用铁或陶做成的硬壳，用火药线引爆，《金史》《辛巳泣蕲录》等多部文献记载其名称为

"铁火砲""震天雷""灰砲"等①。两宋时期爆炸性火器的这种演进近似于由炸药包转变为炸弹,威慑力和杀伤力都有极大提高。通过球形火雷时代、特征与文献记载对比,笔者认为球形铁火雷应是"铁火砲""震天雷",陶火雷应为"灰砲"。

(三)球形火雷的生产和在战争中的应用

关于南宋晚期铁火雷的生产情况,文献中有两条记载。一是宋理宗宝祐五年(1257年)荆湖南路安抚大使李曾伯调查静江府(今广西桂林)军备情况时提及,"于火攻之具,则荆淮之铁火砲动十数万支。臣在荆州,一月制造一二千支,如拨付襄郢,皆一二万支。今静江见在铁火砲,大小止有八十五支而已。如火箭则有九十五支,火枪则止有一百五筒。据此不足为千百人一番出军之用"②;二是开庆元年至景定二年,建康府(今江苏南京)知府马光祖"又创造添修火攻器具共六万三千七百五十四件……铁砲壳十斤重四支,七斤重八支,六斤重一百支,五斤重一万三千一百四支,三斤重二万二千四十四支……"③。文中荆州每月生产"铁火砲"在1000~2000件,库存多达十几万件;建康府在两年时间内,生产火攻器具6万余件,其中各种规格铁砲壳3.5万余件,平均每月也有1000多件,可见产量非常大,而且一次出战都要消耗近百枚,如果没有强大的生产保障,"铁火砲"等火器的战时使用很难为继。由此推断,宋元(蒙)战争山城当时铁火雷的产量也应是非常大的。

文献记载,铁火雷在战争中的应用较多,宋、金蕲州之战,蒙、金河中之战、开封之战,宋、元襄阳之战、静江之战、崖山海战,元(蒙)对欧洲、日本的战事中都有其身影,甚至在有些战役中还起到扭转战局的关键作用。陶火雷的实战记载见有一例,"官军乃更作灰砲,用极脆薄瓦罐,置毒药、石灰、铁蒺藜于其中,临阵以击贼船,灰飞如烟雾,贼兵不能开目。欲效官军为之,则贼地无窑户,不能造也,遂大败"④。

(四)铁火雷与蒙哥之死

元宪宗蒙哥之死学术界尚有争议,说法众多,莫衷一是。据万历《合州志》记

---

① 潘吉星:《中国火药史:插图珍藏版》,上海远东出版社,2016年,第297~304页。
② (宋)李曾伯:《可斋续藁后》卷五,《钦定四库全书·集部》,文津阁四库全书影印本,第52页。
③ 中华书局编辑部:《宋元方志丛刊》,中华书局,1990年,第1981页。
④ (宋)陆游:《老学庵笔记》,中华书局,1979年,第2页。

载,"宪宗为砲风所震,因成疾……次过金剑山温汤峡而崩"①,既往认为此处"砲风"为发射的礌石所致。宋元之际词人、学者周密在《癸辛杂识》中,记载1280年扬州砲库爆炸事件时也提到"砲风","至元庚辰岁,维扬砲库之变为尤酷……则守兵百人皆糜碎无余,楹栋悉寸裂,或为砲风扇至十余里外……"②,从文中推断,"砲风"应指爆炸产生的冲击波。结合钓鱼城遗址发现的球形铁火雷,元宪宗蒙哥有可能是被铁火雷类火器炸伤后死亡,为其死因的学界争议提供了新的解读视角。

五、结　语

钓鱼城和白帝城遗址出土的南宋球形火雷是初级火器发展过程中较为成熟的爆炸性火器,涉及冶铁铸造、火药生产及引信制造等诸多技术领域,对于我们深入认识初级火器的时代、生产和应用意义重大。这种爆炸性火器遗存的不断发现,说明并非昙花一现的个例,而是具有非常完备的生产制造体系,并且在战争中的应用较为普遍。这种先进的军用武器可能会在当时局部战役中起重要作用,进而在一定程度上影响整个战争进程。

重庆宋元(蒙)战争山城遗址出土的球形火雷数量众多、保存情况较好,且时代明确,是目前国内乃至国际上较为罕见的初级火器实物资料,填补了相关考古发现的空白,为科学技术史、军事技术史、战争史研究提供了十分宝贵的材料,是世界中古史火器与冷兵器并用时代开创阶段的珍贵见证、中国古代四大发明的重要实物支撑,具有极高的学术意义和历史价值。

附记:本文发表于《中国科学技术史(英文版)》(CAHST)。A Preliminary Study on the Spherical Bombs (*Huolei*) of the Southern Song Dynasty, Unearthed in Chongqing. Chinese Annals of History of Science and Technology, 2019, 3(1): 44-61.

---

① (万历)《合州志》卷一,日本藏中国罕见地方志丛刊,书目文献出版社,1992年,第280页。
② (宋)周密:《癸辛杂识》,中华书局,1988年,第16页。

以考古为支撑的文物保护与展示利用
——钓鱼城范家堰南宋衙署遗址的实践经验

重庆市文物考古研究院　重庆市合川钓鱼城研究院[①]

举世闻名的钓鱼城位于重庆市合川区东城半岛钓鱼山上，西距合川城区约5千米。钓鱼山最高海拔约391米，顶部平坦开阔，四周陡崖耸立，嘉陵江、涪江、渠江三江环绕，集山水之形胜，为兵家必争之地。在13世纪宋元（蒙）战争中，钓鱼城"以鱼台一柱支半壁"河山，败亡蒙哥汗于城下，创造了以山城设防击败蒙古铁骑的奇迹，间接影响了蒙古人西征并加速其内部分化，为元朝的大一统提供了历史契机，是中国历史上一统多元格局形成的重要节点。

钓鱼城现为"全国重点文物保护单位""国家考古遗址公园""国家级风景名胜区""国家AAAA级旅游景区"，列入《大遗址保护"十二五"专项规划》150处重要大遗址名单、《中国世界文化遗产预备名单》和《大遗址保护"十三五"专项规划》150处重要大遗址名单。2016年5月被评选为"重庆十大文化符号"，目前正在申报国家5A级旅游景区。

钓鱼城的考古工作开展较早，但较为零散。自2004年至今，重庆市文物考古研究院先后对钓鱼城内外城、虎头寨遗址和东城半岛进行了系统的大规模考古调查、勘探，初步摸清了该区域内的遗存状况，同时发掘了古地道、石照县衙、南一字城、九口锅及范家堰等遗址，基本掌握了遗址的范围、时代、分期及遗存分布等情况。这些考古发现和收获成为宋元（蒙）钓鱼城之战的实证和支撑。

近年来，钓鱼城范家堰南宋衙署遗址（以下简称范家堰遗址）的发掘，揭露了钓鱼城最为核心的部分，引起各界极大的关注，入选"2018年度全国十大考古新发现"。该遗址的发掘、保护、展示利用始终贯彻"一体化"理念，全方位突出考古在遗址保护中的基础和支撑作用。

---

① 现更名为重庆市合川区钓鱼城风景名胜区事务中心（重庆市合川区钓鱼城古战场遗址博物馆）。

一、考古发现与研究

从宏观、中观、微观三个层次，对范家堰遗址的选址环境、结构布局、出土遗物等遗址本底因素开展研究，提取历史信息，进而深化价值认知，凝练遗址核心价值。

（一）遗址本底研究

1. 选址环境

依山形水势辨方正位　范家堰遗址位于钓鱼城西部二级阶地上，地处圈椅状山坳地带。三面环山，一面朝江，以薄刀岭、马鞍山为南北两翼，背倚钓鱼山，西临外城悬崖，与高望山、牟山、虎头寨等隔嘉陵江相望（图一）。

图一　范家堰遗址选址环境（西—东）

以土石环境为特征　范家堰遗址有很多山顶基岩崩塌后滚落的巨石。遗址基底除部分裸露在外的基岩，多为第四纪红土，兼有大量鹅卵石的河漫滩堆积。这种本底环境为衙署营建提供了土、石等建材。此外，在衙署修建过程中，有拆除原有建筑，对瓦、石等材料旧件新用的现象。

2. 分区布局

范家堰遗址分为公廨区和园林区（图二）。公廨区由围墙、中轴线建筑群、附属

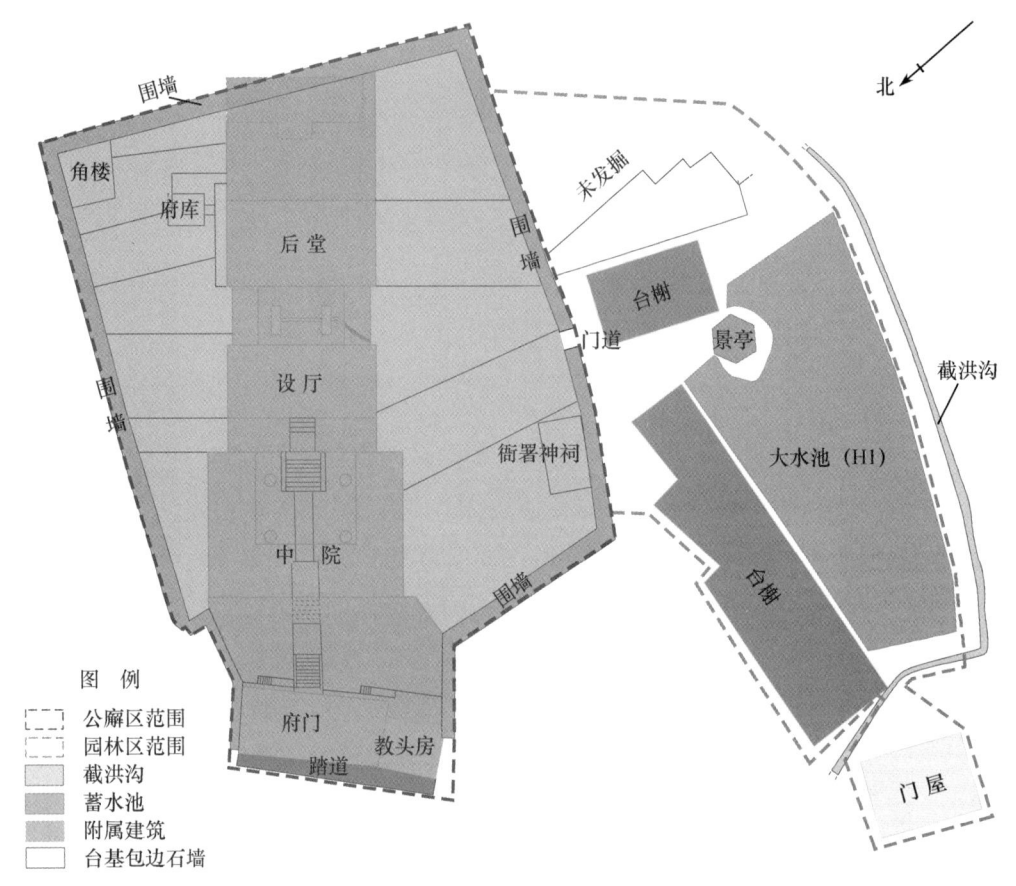

图二 衙署分区布局

建筑三部分组成；园林区以大水池H1为中心，环绕分布门屋、景亭、台榭、截洪沟、券顶涵洞等。排水系统保存较好，纵横交错，上下分层，规划科学，极富特色。

公廨区 平面近"凸"字形，长110、宽34~72、高差22米，面积7000余平方米，方向320°（图三）。外部以夯土包石院墙围合，院墙长308、宽1.4~3、残高0.5~3.2米。内部以府门—中院—设厅—后堂为建筑中轴线，其两侧分布各类附属建筑。轴线与围墙不平行，呈一定夹角，这种现象在三峡地区较为常见，张飞庙、白帝庙等均可参照。中轴线建筑群为一组三进院落，从前至后分别为府门、中院、设厅、后堂、高阁等建筑。府门F18为面阔五间、进深三间、前后设廊的歇山顶建筑；中院F29为四合院，入口为仪门，左右为前厅、厢房及廊庑，天井四角发现八角形基座，可能与戒石亭有关；设厅F15是中轴线主体建筑，前有月台，为面阔五间、进深四间、前后设廊的庑殿顶建筑，房内残存墁地"金砖"；后堂F43面阔五间、进深三间，与设厅之间有两个长方形景观水池H26、H27，沿中轴线对称分布，池壁可见石雕神兽（图四）及莲花纹镂空排水孔（图五）。附属建筑位于中轴线建筑群的左右两侧台地，清理揭露10

图三 公廨区（西北—东南）

图四 石雕神兽

图五 莲花纹镂空排水孔

座。其中后堂右侧的地下暗室F47，石构拱券门保存完整（图六）；中院左侧F55，可能与祭祀活动的衙署神祠有关。

园林区　位于公廨区左侧，平面形状近梯形，长约120、宽32～52米，面积约4000平方米（图七），以面积约1400平方米、容积逾4000立方米的大水池H1为中心。H1西部、南部靠山体一侧有长86.3、宽2.2、深2.1米的截洪沟，北部拦水坝长85.2、厚20.7、残高5.2米，坝上西端设门屋，中部、东部建有大型台榭、景亭等建筑。

排蓄水系统　保存较为完好，有暗沟、明沟、蓄水池、沉砂池等，纵横交错、上

图六　暗室F47拱券门（西南—东北）

图七　园林区（俯视）

下分层、贯通一体、布局精妙，可以迅速排雨，避免积水。环绕围墙的排水暗沟在衙署后侧分支后继续向上部的高台处延伸，推测该区域存在排水设施与衙署相连。

3. 出土器物

目前已出土3000余件，其中出土铁火雷3枚；出土铜质象棋子"卒""砲"各1枚；出土的瓦当、滴水多样（图八、图九），另有"淳……""大宋……"等铭文瓦；出土的瓷器种类繁多，器形以碗、盏、罐为主，黑釉瓷器数量最多，青白釉瓷器较为精美，多为印花芒口碗、斗笠碗等。

图八　兽面纹瓦当

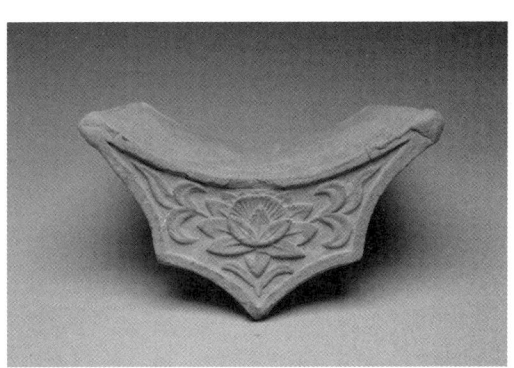
图九　花卉纹滴水

2019年在公廨区右侧围墙处出土的铁火雷残片，壳壁厚2.2～2.4厘米，是既往发现铁火雷厚度的两倍以上。经复原研究，初步推断其直径约20厘米，重量应在5千克以上，容积约为小型铁雷的八倍，外壳加火药总重可能超过10千克。结合文献记载大型铁雷"铁砲壳十斤重四支"，而小型铁火雷则以万计，我们推断这枚铁火雷可能是当时重量最大、杀伤力最强的铁火砲"震天雷"，其不仅规格高、威力强，而且数量极为稀少。

（二）价值凝练

考古遗址的价值阐释是决定遗址保护什么、展示什么的关键，是讲好遗址故事，传承发扬优秀传统文化的主要内容。范家堰遗址的价值是什么，价值的核心何在？考古需要首先解答这两个问题。只有科学严谨的考古发掘才能提供真实可靠的研究材料，才能使遗址的真实性、完整性最大化，从而准确、客观地评估遗址，凝练其核心价值，为钓鱼城申报世界遗产与保护展示工作提供重要支撑。

通过持续的考古发掘和研究，我们对范家堰遗址的价值与钓鱼城综合防御体系的认识不断深化。范家堰遗址的价值可概括为宋代官式建筑的"活化石"、古代军事智慧的"代表作"、一统多元国家形成的"见证者"。在此基础上,可将核心价值细化为六个方面。

1) 罕见的衙署遗址。范家堰遗址是目前国内罕见的经过大规模考古发掘、保存非常完整的宋代衙署遗址。它既符合中国传统衙署建筑规制,又极富山地城池特色,军事防御功能突出,为我国宋代城址与衙署建筑、古代园林及宋元(蒙)战史的研究提供了珍贵的实物遗存。

2) 完整的空间格局。公廨区和园林区的格局保存完整,内部空间布局、功能结构较为清晰,与南宋《平江府图碑》《景定建康志》等所绘衙署建筑吻合。

3) 多样的遗存类型。衙署遗址既有承担防御功能的围墙、清晰宏大的中轴线建筑,又有地下暗室、祭祀建筑和科学精妙的排水系统,还有匠心独运的园林建筑和罕见的大型水利设施。此外,遗址内还出土了大批陶、瓷、铜、铁和石器,文化内涵丰富多样(图一〇、图一一)。

图一〇　绿釉绣墩

图一一　石雕构件

4) 明确的时代特征。范家堰衙署兴废时间确凿,从1243年四川制置使余玠采纳播州二冉之策修筑钓鱼城,到1279年王立降元后被元军毁坏,作为衙署前后存在了36年左右。遗址出土的景德镇窑青白釉小平底斗笠碗、印花芒口碗、喇叭形圈足尖底芒口盏及龙泉窑青釉莲瓣纹盏,均是南宋淳祐至元初遗物,符合文献记载。

5) 重要的军政中心。作为衙署的范家堰遗址并非孤立存在,与既往调查的城墙、城门,发掘的古地道、南一字城、九口锅等遗址密不可分。范家堰衙署作为合州州治及兴戎司驻所,是整个钓鱼城山、水、城综合防御体系的核心,也是宋元(蒙)战争嘉陵江山城防线的重要政治军事中心。

6) 初级火器的见证。铁火雷在衙署遗址内属首次发现,为元宪宗蒙哥败亡钓鱼城的学界争议提供了新的线索,为中国古代四大发明提供了宝贵的实物支撑,更是世界中古史火器与冷兵器并用时代开创阶段的珍贵见证。

二、遗址保护

为了使遗址达到一种可持续的状态，保护工作需要在最低程度的人为干预下，保持文物所在环境及其本体的双重平衡与稳定。

范家堰遗址作为宋元（蒙）战争时期钓鱼城军政核心的衙署，降元后遭拆毁，故宫禾黍、城郭荆棘，厅堂化为农舍，高墙成为田坎，逐渐荒废并为世人淡忘。考古发掘使遗址重见天日的同时，也打破了在地下长期埋藏所形成的稳定状态。如果不及时做好遗址的保护工作，变形移位的墙垣会倾颓倒塌、露明的石头会风化剥落、坚硬的垫土会杂草丛生，这将严重影响衙署遗址的真实性、完整性和可持续性，因而文物保护工作如箭在弦，势在必行。

如何保持衙署遗址所在环境及本体再度平衡稳定，重新达到一种可控的存续状态，是文物保护工作需要思考和解决的关键问题。范家堰遗址实践经验证明，要解决这一难题，考古与文物保护必须紧密配合，走一体化发展道路，以考古研究为基础支撑，稳定性保护为根本原则，动态化设计施工为基本理念，核心价值阐释为主要目的。

（一）保护工程设计方案

《钓鱼城范家堰遗址本体加固与保护展示工程》方案，以"保护为主、抢救第一、合理利用、加强管理"的文物工作方针为指导思想，以施工中的遗址安全最大化，遗产价值最优化为目标导向，通过翔实的现场勘查资料和考古发掘资料，从保护遗址的真实性和完整性出发，按照最小干预原则、可逆性原则、可识别性原则施行。保护展示工程主要内容包括四个方面。

1）本体保护。包括植被控制、遗址表面清理、石质构件归安、石墙砌筑、砖石表面脱排盐、石质文物加固、遗址防渗、科学回填、表面防风化加固和场地排水设计等。

2）预防性保护。针对整体环境为遗址安装监测预警系统，实施动态监测，提高防范能力。

3）展示工程。施工内容包括遗址本体展示、遗址环境展示、道路交通、防护性设施、展示服务设施等。

4）安装工程。施工内容包括遗址照明通信广播安装，景观配电工程等。

(二)考古支撑下的稳定性保护

范家堰地域环境的特殊性和衙署遗址的宏大规模决定了遗址发掘的全过程必须与保护工作紧密结合,而鉴于当前尚有大量遗址信息未能充分揭露,现阶段的遗址保护需与考古发掘相互配合。近期,随着两项工作的进一步展开,我们对遗址稳定性保护的细节有了更多思考。

1. 环境稳定性保护

环境是遗址赖以存续的基础,包括地质、水文和植被等因素。环境的稳定性是遗址保护的前提,如果脱离环境谈保护便是无根之木、无源之水。

地质稳定性。范家堰遗址后部围墙至悬崖处的土层厚度有3~5米,且有一定坡度,易松动位移。此外,大量巨石由山顶滚落至此,一旦发生滑坡,将会对整个遗址产生毁灭性影响。排除地质隐患的最佳办法是清除相关区域的土层和巨石,减缓重力带来的垂直压力,保证遗址区地质长期的稳定性。

水文稳定性。遗址地处圈椅状弧形山坳地带,雨水自东、南、北三面山坡向衙署区汇合,且所在地区潮湿多雨,及时排水,防止山洪、泥石流冲击,保持水文稳定,是稳定性保护的关键环节。因此,借智古人,修复疏通衙署内部排水系统,重新发挥其排水效用,避免积水渗漏,保证遗址区排水顺畅就变得尤为重要。

植被稳定性。遗址区植被茂密旺盛,生长速度快。乔木类植物根系发达,对砌体破坏极大,可直接导致墙体垮塌;灌木类、藤类植物对建筑垫土破坏性强。目前对植被的处理尚采用人工清除的方法,费时费工费力,且无法达到根治目的。而化学清除对石质文物、垫土的破坏性尚不可知,难以推广应用。故保持植被稳定性的方法尚需进一步探索。

2. 本体稳定性保护

历经七百余年的自然侵蚀和人为扰动,衙署遗址仍保留有大规模的建筑遗存,证明古代衙署的营造工艺是保障遗址本体稳定性的关键因素。考古人对遗迹的阅读最为深刻精微,在遗址保护工作开展的过程中,通过考古研究还原古代工艺,并结合现代技术手段防治岩土病害,以保证遗址的真实性和完整性。

结构稳定性。衙署台基、阶基、围墙、排水沟、踏道等建筑结构较不稳定,多存在较严重的歪散风险,甚至出现局部坍塌。加固本体以减弱坍塌风险和对坍塌部分进行解体归安是保持遗址稳定性工作的当务之急。在材料选择与施工工艺上,应以原材料、原工艺为主，辅以新材料与现代科学技术。

盐分稳定性。通过测定土壤中的可溶盐离子种类及含量，结合实验室模拟实验探究遗址中水盐运移规律及酥碱病害情况。岩石脱盐技术相对成熟，运用也比较广泛。但脱盐效果仅能维持5～7年，之后岩石又会在水分的作用下重新布满盐分，只能再次进行脱盐处理。这种方法并不能保证石质文物盐分的稳定，还需要进一步探索更为合适的技术方法。

微生物稳定性。合川区气候潮湿，发掘出土的石块很快会布满青苔等微生物，进而加快岩石表面崩裂。通过采集土遗址及砖石构件表面附着的地衣、苔藓、霉斑及其与遗址本体作用形成的表面硬结物，对生物样本进行种属鉴别，明确遗址内常见生物病害的主要来源，分析病害内因、病害程度及病害动态，为后续筛选表面清洗材料及清洗工艺提供理论依据，为全遗址区域的预防性保护与生物防治措施提供内因参考。

（三）保护过程中的考古工作

出于衙署建筑稳定性、完整性保护的考虑，既往考古工作仅将遗存揭露出来，并未做进一步解剖发掘，因而无法提取众多关键性细节信息，也使保护展示工程设计方案缺乏坚实的材料支撑。在范家堰遗址文物保护展示施工过程中，尤其是石墙解体归安时，考古及时介入石构件解体、垫土解剖，全面获取此前留白的信息，最大可能重现衙署建筑原有的营建工艺，为遗址本体保护提供古代传统技术的支撑，以避免在遗址保护中现代技术手段过多使用从而影响遗址本体的真实性。保护过程中的考古工作主要是通过考古发掘深化对石作、土作、竹作、泥作、瓦作和砖作等工艺细节的认识。

石作。衙署遗址的石作可分为石料开采、石材加工、石件砌筑、石弃填土四个工艺流程。该遗址不仅发掘出能体现整个石作加工流程的景观水池，亦发现了多处石料开采遗迹（图一二）以及石料废弃再利用的痕迹（即将开采、加工和砌筑过程中产生的废弃石渣、石块等填入围墙、阶基及踏道等垫土或基槽、护坡等填土内），同时利用平、剖面结合的发掘方法，深化对围墙、台基、踏道等不同砌筑工艺的认识，如平铺、丁砌、借鉴榫卯结构的一丁一顺式砌筑等。因此在墙体砌石归安时，可依照考古研究的石作、土作等技术进行保护修复。以衙署中院前端左侧台基为例，该台基已整体向前位移0.8～1.5米，护坡石墙两端几乎完全坍塌，中段上部陡板石整体坍塌，下部丁砌石位移变形严重。对于台基中垮塌较为严重的部分，可考虑在垫土内部使用原工艺复原多道矮墙，以减轻护坡石墙的压力，重新恢复护坡石墙的稳定状态。

土作。衙署中院前端台基高约3米，中、左侧坍塌严重，解体该处护坡石墙后，对垫土进行了解剖（图一三）。通过对剖面的观察，垫土为红褐色泥岩，分层和夯打迹象不明显，有别于"一层垫石、一层夯土"的土作方式。该种泥岩广布于衙署设厅后部区域，当地人俗称"石骨子"，是一种尚未完全风化的、夹杂黏土的红褐色岩石，石块坚硬致密，泥土黏性较好，整体承压强度相对较高。故在遗址保护修复中应减少现代化工材料的使用，可考虑选取与"石骨子"性质相近的材料。

竹作、泥作。出土的红烧土块上有弧形竹片痕迹，应为竹作与泥作结合的竹编泥墙类遗存。据《营造法式》竹作"隔截编道"载，"（竹）并劈作四破用之""至横经纵纬相交织之""造隔截壁桯内竹编道"，意即将竹子四等分破开，根据所用部位及功能，以相应的尺寸、方式在木框内经纬交错编织为片状的竹编道（似竹笆），后再用泥涂抹两面，形成墙体。此处竹编道上用的《营造法式》中提及的哪一种泥，具体成分如何，还需开展实验进行成分分析，进一步做对比研究。

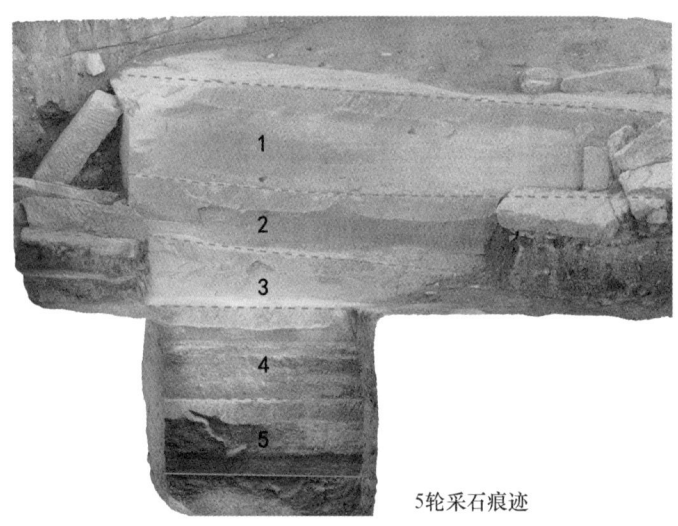

5 轮采石痕迹

图一二　石料开采遗迹

图一三　台基土作

瓦作。遗址出土有板瓦、筒瓦、瓦当、滴水、脊兽等，以板瓦、筒瓦为最，数量庞大。叠压在衙署遗存之上的灰黑色废弃堆积中包含大量板瓦、筒瓦，大多残碎严重。位于设厅与后堂之间的两处景观水池内的几乎全是瓦砾，保存较好。

砖作。衙署遗址用砖仅见于设厅和祭祀性建筑中。设厅以黄褐色、灰色方砖铺地，边长36、厚5厘米。据《营造法式》"用砖之制"记载，"殿阁、厅堂、亭榭等，用砖方一尺三寸，厚二寸五分"。经古建复原推算，衙署所用营造尺为31.8厘米，以此计算设厅内方砖尚不到一尺二寸，离文献一尺三寸的记载相差较大。此类研究可以推动遗址保护与展示最大程度接近其真实面貌。

（四）动态一体化的保护理念

范家堰遗址保护展示工程是一个融考古工作、本体保护、展示及预防性保护为一体的新时代研究性保护工程。随着工作的不断深入，对遗址的认知也是一个动态的过程，因此在设计施工中需要遵循动态一体化的保护理念，并依据考古研究不断深化调整局部设计施工方案。

此外，考古、保护与研究工作同步开展，相互依托的一体化是本工程的显著特征。保护展示施工中，应在考古信息的准确支撑下，对价值要素进行评估并进行价值排序，按照次第采取有针对性的保护措施。通过考古工作呈现遗址采用的传统工艺、材料和理念，为遗址的稳定性保护提供方法，实现文物保护技术手段与考古中的细节研究相结合，一体化统筹范家堰遗址保护展示工作。

三、展示利用

范家堰衙署遗址规模宏大、格局完整、遗存丰富，与周边诸多遗址共同组成了钓鱼城综合防御系统，这是建设国家考古遗址公园的优势条件。考古发掘所揭露的信息是展示内容的重要组成部分，并直接决定了展示利用的广度和深度，基于此认知，范家堰遗址的展示利用必须以考古工作为支撑，以突出遗址的普遍价值为导向，按照不改变文物原状与最小干预原则，兼顾社会责任，发挥社会公共效益，助力社会经济发展。

（一）展示原则

为配合申遗工作，范家堰遗址的展示利用工作以《保护世界文化和自然遗产公约》为指导，以揭示遗址突出的普遍价值为基本点确立三大展示原则。

突出真实性。在考古工作完成后,将对遗址局部进行保护性回填。对于重要的遗迹、遗物,维持其外形、材料、位置等要素在揭露前的状态,全面展示衙署遗址的特点。

保证完整性。范家堰遗址是充分利用山形水势营造的大规模衙署建筑,其特殊的地理环境决定了范家堰衙署的整体布局和细节,因此遗址的系统性展示无法脱离环境展开,应对周边植被和生态进行与历史相匹配的环境展示。

兼顾可持续性。持续研究遗址的文化内涵与价值,突破静态展示理念,强化现代科技在遗产展示中的应用,进一步提升公众对钓鱼城遗址独特价值的认识,力争取得广泛社会效果,使钓鱼城遗址具有更加深厚的社会基础和持续的社会影响力。

(二)展示方式

展示是阅读遗址的一种重要形式,展示的权威性、科学性、趣味性、普及性决定了遗址价值传播的广度和深度。从考古的角度阅读遗址、阐释价值、传承文化,是考古遗址展示必然的路径。

以点带面的本体呈现。除了必要的保护处理,以展示衙署遗址发掘后的现状为主。以绿植、青砖、碎石等标识展示遗址布局轮廓,铺设可拆解步道供观众近距离参观,感受宋代官式建筑整体格局,从而获得沉浸式体验,更好地认知遗产价值。

静中有动的活化利用。设计精妙、保存完好的排蓄水系统是衙署遗址重要的遗存类型,至今仍可发挥作用。将排蓄水沟渠进行保护加固处理后延续原有功能,使观众更加真实地感受到古人的生活智慧。

别开生面的复原模拟。为全面展示遗址原貌,反映古人真实的生产、生活场景,根据考古工作成果并结合文献资料,基于可逆性的理念对部分场景采用复原展示的方法。

虚实结合的补充陈列。范家堰遗址出土了种类繁多的生产生活用具,其中黑釉、青白釉瓷器数量众多,器类多样,时代特色鲜明,适合进行系列陈展;铜质象棋子、铭文瓦、铁火雷等文化内涵较为独特的出土品适合独立展出。此外,还可以利用数字模型虚拟展示钓鱼城之战的攻防场景。

寓教于乐的文旅活动。文旅活动是基于遗址的文化内涵衍生出来的系列活动,通过引导公众参与这些活动,不仅可以深化公众对遗址价值与内涵的感知,也有利于遗产价值的传播与延续。

四、结　　语

　　重庆市文物考古研究院二十余年来持续开展合川钓鱼城遗址、重庆城老鼓楼衙署遗址、奉节白帝城遗址等主动性考古发掘，深化宋元（蒙）战争山城攻防体系的大遗址研究与保护利用，坚持在这一过程中不断发展完善团队，积累经验力量，为探索以考古为支撑的文物保护与展示利用奠定了坚实基础。目前，合川钓鱼城遗址正处于由单一的国家级风景名胜区完善提升为国家考古遗址公园的关键节点，重庆市文物考古研究院将助力合川钓鱼城遗址在文化遗产一体化保护与文旅融合发展过程中开展更多的探索和实践。

　　范家堰遗址是目前国内少有的经大规模科学发掘、保存完整的宋代衙署，遗址发掘出土了极其丰富的遗迹和遗物，为我国宋代城址与衙署建筑发展研究、古建筑研究、古代火器及宋元战争研究提供了珍贵的实物资料。范家堰遗址作为钓鱼城宋元（蒙）战争山城遗址的核心，见证了草原文明与农耕文明始于碰撞、终于融合的重要历史阶段，是中华文明多元一体、兼收并蓄发展脉络上的重要节点和历史实物见证。深入挖掘范家堰遗址的哲学思想、人文精神、价值理念、道德规范，提炼和展示其精神标识与文化精髓，使遗址所蕴含的精神价值与当代文化相适应、与现代社会相协调，让深埋在地下的钓鱼城遗址真切地活起来，讲述历史文化遗存背后的故事，推动形成社会关注、共同参与的生动局面，促进文物保护与旅游融合发展，让更多优秀的文化遗产活在当下、服务当代。

执笔：袁东山　胡立敏　王一飞

（原刊于《中国文物报》2019年11月22日第6、7版）

合川钓鱼城城防设施的考古学观察

蔡亚林

（重庆市文物考古研究院）

合川钓鱼城是以雄奇壮丽的自然山水为依托，以独具匠心的防御体系为主体，创造了世界中古史上战争奇迹的城防要塞，在13世纪的宋末抗元（蒙）战争中，钓鱼城由于地处涪江、渠江、嘉陵江三江交汇的特殊地理位置，而成为川渝山城防御体系的重要支撑和联络关键，在当时巴蜀战区及宋元（蒙）战争中起到关键性的作用，对左右战局、延长宋祚产生了重要影响。2004年以来，重庆市文物考古研究院对钓鱼城进行了较大规模的调查、勘探及发掘清理工作，取得了系列重要发现，深化了对遗址"山、水、城"合一的布局结构及多重防御体系的全新认识[1]。笔者拟就这一批考古材料，围绕城墙本体及附属设施、城门、一字城等相关遗存，对钓鱼城城防设施的建筑特点、防御功能进行初步研究，以期抛砖引玉，补钓鱼城既往研究之不足[2]。

一、城墙本体

钓鱼城遗址主要由山顶环城、南一字城、北一字城墙及南、北水军码头等部分组成，现存城墙总长度约7500米。由于经历了元初毁城和明清时代的多次维修与利用，钓鱼城现存城墙呈现出倾斜、粗犷的宋代城墙和垂直规整的清代城墙等不同时代的建筑风貌。这一特点在环山城墙中尤为明显，除钓鱼山山顶西南及北部中段悬崖高耸之处，直接以陡直的天然山岩为自然屏障而未加筑城墙外，其余险要地段及山势相对平缓处，皆以巨石垒砌城垣。两种时代特点鲜明的城墙叠压共存，清晰地反映了钓鱼城

---

[1] 袁东山、蔡亚林：《合川钓鱼城古战场遗址取得重要发现》，《中国文物报》2010年2月5日第12版；袁东山、蔡亚林：《重庆合川钓鱼城南一字城遗址》，《中国文物报》2012年2月10日第4版。

[2] 钓鱼城既往研究多从历史学、建筑学、地理学角度展开。历史学方面有胡昭曦、邹重华主编的《宋蒙（元）关系研究》、李天鸣的《宋元战史》、陈世松的《蒙古定蜀史稿》等；建筑学、地理学方面有谢旋的《钓鱼城山地城池构筑特征》、范晓的《四川盆地的南宋城堡》等。

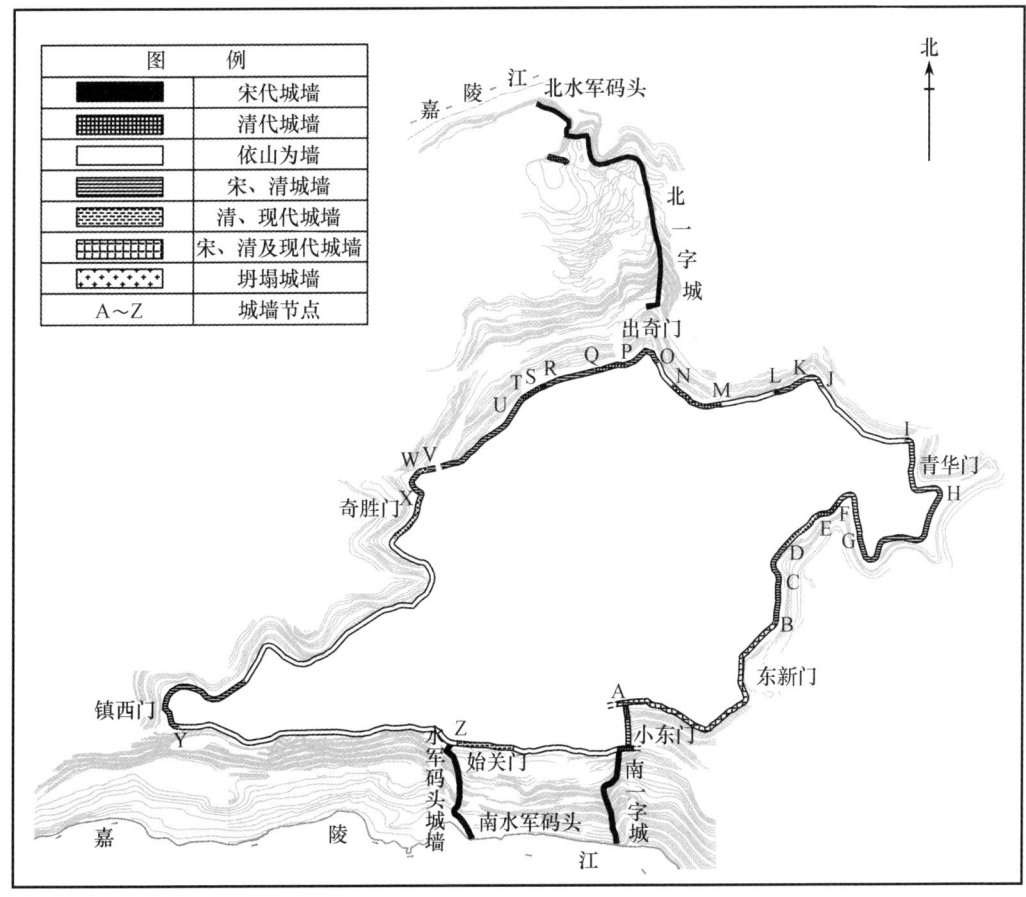

图一　钓鱼城平面布局及现存城墙年代示意图

的沿革与变迁，而一字城墙由于后期修葺重筑较少，较好地保存了宋代钓鱼城的历史原貌（图一）。

（一）筑墙材质

城墙是冷兵器时代城市防御设施的重要组成部分，结构主要有夯土、包砖及包石等。考古资料显示，自新石器时代始，我国境内就出现了大量的土垣及石垣城池。经过长期发展，六朝以降，砖在城建中的运用开始兴起。宋室南迁以后，城郭使用砖材的情形大为普遍，一直影响至明清[①]。与此同时，宋代南方地区在城墙中使用石材的例子也屡见不鲜，如泸州"自东偏向南之北五八五丈、悉以石甃土"、真州"东城甃石为址"、宣州"砌垒皆石，乃名铁城"、静江府"以青石包里，内填土"等[②]。

---

① 黄宽重：《南宋军政与文献探索》，（台北）新文丰出版社，1990年，第192页。
② 转引自黄登峰：《宋代城池建设研究》，河北大学博士学位论文，2007年，第35~39页。

调查发现钓鱼城的城墙结构均为夯土包石式，即所谓的"以石甃土"，未见夯土及包砖城墙。结合斯波义信、黄宽重先生的相关论述，分析钓鱼城采用石材城墙的原因如下：①土质，即南方地区的土质疏松，不如西北、华北地区土质紧密而易于筑城。②气候。南方地区多雨，一般城墙易于垮塌，如临安府就曾"因今岁梅雨，损坏七十二处"[1]。另外，山地更有滑坡、泥石流等自然灾害的威胁。③社会经济。宋代经济水平有较大发展，有能力组织大规模的筑城活动，并且还有专门修筑、围护城郭的壮城兵[2]。故王坚增修钓鱼城时，可"发郡所属石照、铜梁、巴川、汉初、赤水五县之民，计户口八万、丁一十七万，以完其城"[3]。④战争形势。宋元时期应对砲的攻击必须加强城防，陈规《守城录》就提到"凡攻守之械，害物最重，其势可畏者，莫甚于砲"[4]，厚重的石材城墙在防砲上较有优势。⑤取材便利。这当为钓鱼城及川渝地区南宋山城普遍用石墙的主要原因。通过石材及楔眼、錾痕的比较，钓鱼城筑墙所用石料均采于周边区域，钓鱼山南部嘉陵江边即调查发现有宋代采石场。

（二）营造技术

1. 选址技术

钓鱼城城墙选址特点有二：一是依山崖，利用地形增加城墙高度，如山顶环城多位于悬崖之上，部分地段直接依山为垣，未构筑人工城墙；二是占山脊，且外部多有深堑增加落差，如北一字城墙中段下段紧邻大、小龙潭，南一字城东城墙外侧为天然冲沟。钓鱼城城墙的选址技术，正如《武经总要》所述，"其山城……必尽据高地，外亦开堑"[5]。

2. 夯土技术

《营造法式》对宋代夯土技术有细致规定，"每方一尺，用土两担；隔层用碎砖瓦及石札等，亦二担。每次布土厚五寸，先打六杵，次打四杵，次打两杵。以上并打平土头，然后碎用杵辗蹑令平；再攒杵扇扑，重细辗蹑。每布土厚五寸，筑实厚三

---

[1] （清）徐松：《宋会要辑稿》第187册《方域二之二二》，中华书局，1957年，第7342页。
[2] 淮建利：《论宋代的壮城兵》，《中国史研究》2007年第1期。
[3] 无名氏：《钓鱼城志》，《宋末四川战争史料选编》，四川人民出版社，1984年，第474页。
[4] 陈规：《守城录》卷一《靖康朝野佥言后序》，《中国兵书集成（7卷）》，解放军出版社、辽沈书社，1988年，第130页。
[5] 曾公亮：《武经总要》前集卷之十二《守城》，《中国兵书集成（3~5卷）》，解放军出版社、辽沈书社，1988年，第527页。

寸。每布碎砖瓦及石札等厚三寸，筑实厚一寸五分"①。发掘资料显示，钓鱼城城墙夯土均由红色黏土与碎石块层层夯筑。以南水军码头解剖沟为例，现存夯土厚约2米，分为5层，其中第1层含有大量碎石，第3、5层夹杂大量鹅卵石，而第2层以混合黄褐、红棕两色的黏土为主，包含少量碎石，第4层则全为混合黄褐、红棕两色的黏土，无包含物。夯层表面分布有圆形夯窝，直径0.05～0.08、深0.02～0.03米②。此种夯土特征与《营造法式》吻合，反映出钓鱼城建造制度的规范性和宋代筑城技术的成熟。

3. 石作技术

《营造法式》规定："造石作次序之制有六：一曰打剥；二曰粗搏；三曰细漉；四曰褊棱；五曰斫砟；六曰磨砻。其雕镌制度有四等：一曰剔地起突；二曰压地隐起华；三曰减地平钑；四曰素平。"③钓鱼城城墙条石的体积较大，普遍存在的加工痕迹主要为楔眼、錾纹两种，錾纹纹路可分宽、窄两种，以窄纹居多，依形状可分左右斜、"＜"形、"＞"形、散射、交错等几种纹路。根据梁思成对《营造法式》石作制度的注释分析，楔眼当为初步"打剥"遗留痕迹，而宽、窄錾纹或可对应"粗搏"与"细漉"之别。由于城墙不同于殿堂等高级建筑，"褊棱"与"斫砟"之序较为粗糙，可见的只有初步整平，至于较为精致的"磨砻"则鲜有发现。

另外，需要注意的加工现象有二：一是在钓鱼城南水军码头东、西、南三面临江挡墙及南一字城东墙临江处的条石外角均加工为钝圆角，这种特殊的"褊棱"方式，应与便于泊船有关（图二）；二是城墙、码头条石上表面的"斫砟"方式并不是简单的平整，而是在距条石外边沿留宽0.1～0.4米的棱面，向内加工为深0.01～0.25米平面（图三）。这种类似"榫卯"结构，便于上部条石的收分安放，加强了上下层之间的联系，从而增加整体结构的稳定性。这两处因地制宜的技术处理，显示了灵活的建筑智慧。

4. 收分技术

观察敦煌壁画及《清明上河图》《中兴祯应图》等传世宋元绘画可知，城墙有直

---

① 梁思成：《营造法式注释》，《梁思成全集（第七卷）》，中国建筑工业出版社，2001年，第46页。
② 袁东山、蔡亚林：《合川钓鱼城古战场遗址取得重要发现》，《中国文物报》2010年2月5日第12版。
③ 梁思成：《营造法式注释》，《梁思成全集（第七卷）》，中国建筑工业出版社，2001年，第48页。

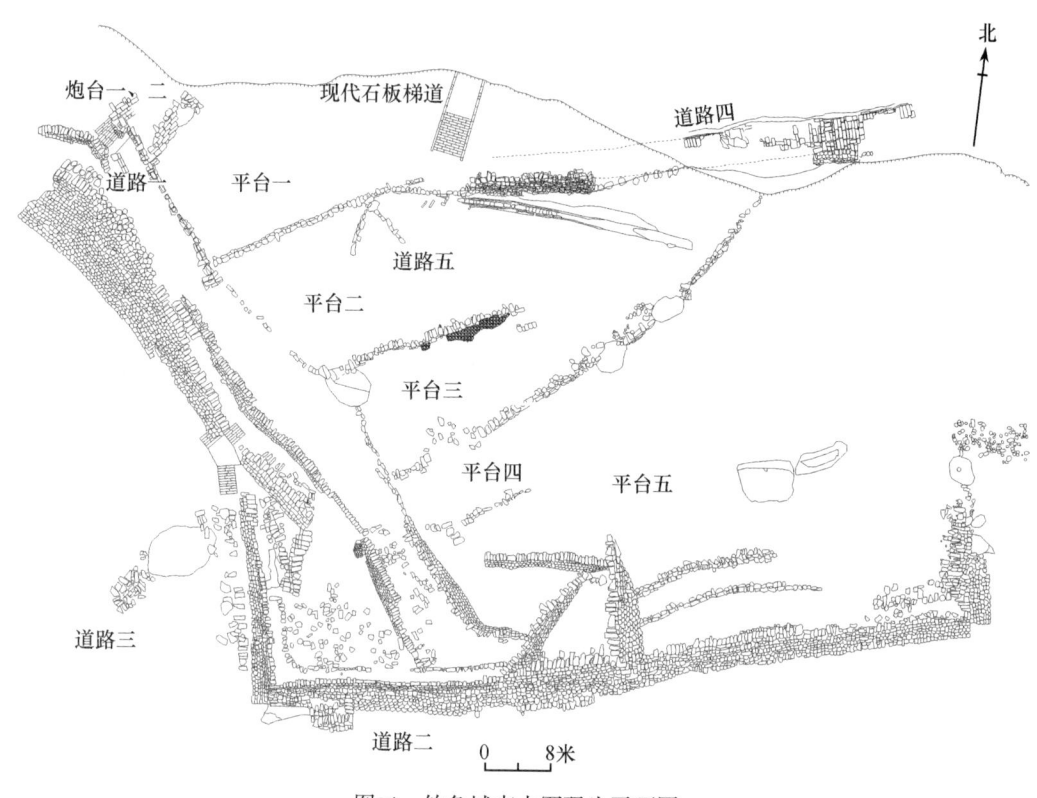

图二 钓鱼城南水军码头平面图

图三 钓鱼城南水军码头条石加工迹象

壁墙和斜壁墙两种，即城墙剖面有长方形和梯形两种，以后者居多。钓鱼城现存宋代城墙均有收分，这也是其与钓鱼城后期修复的直壁城墙的区别之一。

宋代文献中关于城墙收分的规定不太统一，如《武经总要》载"平陆筑城，下阔与上倍，其高又与下倍"①，则其高、底阔、面阔的比例为4∶2∶1，即高八收一，城墙坡度约为83°；《营造法式》载"筑城之制：每高四十尺，则厚加高二十尺；其上斜收减收高之半。若高增加一尺，其下厚亦加一尺；其上斜收亦减收高之半；或高减者亦如之"②，则其高、底阔、面阔的比例为2∶3∶2，即高四收一，城墙坡度约为76°。清理结果显示，钓鱼城城墙坡度因位置不同略有差异，大体在60°~68°，接近高二收一。这种收分差异的产生，实质上是城墙高厚比的变化，即城墙厚度相对增加而高度相对降低的表现。初步分析钓鱼城城墙收分形制的原因有三：一是与南宋晚期紧张的军事形势有关，为了防御火器、抛石机的进攻，迫使城墙更加宽厚；二是山地筑城与《武经总要》所载"平陆筑城"有较大差别，由于可以借助地势，人工城墙可不必太高；三是出于防水和经济角度考虑，如陈规在《守城录》明确就指出"城不必太高，太高则积雨摧塌，修筑费力"③。

二、城墙附属设施

（一）马面

马面为凸出城墙本体外侧的墩台建筑，因其形状名。马面出现时间目前可追溯至新石器时代，《墨子》有"守为台城，以临羊黔，左右出，巨各二十尺，行城三十尺"④的记载，此处"台城"当为马面的早期形制。宋代，"马面"一词作为守城设施明确提出⑤。

钓鱼城山顶环城现存马面7处，多依山就势建于钓鱼山悬崖的凸出位置。《守城录》载"马面，旧制六十步立一座，跳出城外不减二丈，阔狭随地利不定，两边直觑城脚"⑥。但钓鱼城现存马面形制普遍较小，横剖面均为长方形，宽1~3.8、长

---

① 曾公亮：《武经总要》前集卷之十二《守城》，《中国兵书集成（3~5卷）》，解放军出版社、辽沈书社，1988年，第526页。

② 梁思成：《营造法式注释》，《梁思成全集（第七卷）》，中国建筑工业出版社，2001年，第47页。

③ 陈规：《守城录》卷二《守城机要》，《中国兵书集成（7卷）》，解放军出版社、辽沈书社，1988年，第152页。

④ 周才珠、刘瑞瑞译注：《墨子全译》，贵州人民出版社，2009年，第650页。

⑤ 黄宽重：《南宋军政与文献探索》，（台北）新文丰出版社，1990年，第187页。

⑥ 陈规：《守城录》卷二《守城机要》，《中国兵书集成（7卷）》，解放军出版社、辽沈书社，1988年，第151页。

1.25~2.95米。根据建筑特点及与城墙的叠压打破关系分析，大部分为清代，因未发掘，不排除下部叠压有宋代基址。《武经总要》载"凡城上皆有女墙，每十步及马面，其上设敌棚、敌团、敌楼"①，钓鱼山北部三龟石下马面东部与一小型平台相连，其上原来可能存在类似的城防建筑。钓鱼城马面形制小、距离远等特征，表明其功能当以作为增强城墙稳定性的"墩台"为主，同时兼顾了抢占城墙前平地、避免为敌所用的作用，而在配合城墙防守、形成交叉火力方面的作用并不突出。

（二）雉堞

雉堞是城墙上部修筑的矮墙，又称女墙（女儿墙、女头墙）、埤堄。从其名称上可见其形制矮小，且有窥视敌人的功能。《释名》曰"城上垣谓之睥睨，言于孔中睥睨非常也；亦曰陴，言陴助城之高也；亦曰女墙，言其卑小，比之于城，若女子之于丈夫也"，基本上概括了雉堞的总体特征。宋代，雉堞已是城防必备设施。故《守城录》曰"筑城之制，城面上必作女头墙"②。

由于元初毁城及后代损废，钓鱼城现存雉堞多为现代修复。宋代雉堞发现两段，一是南一字城东城墙二期南端临江处，由于叠压于三期城墙之下，未完全揭露，故具体形制不明。从其残存下段基础可知，做法为于城墙顶部外缘先平铺压面厚石板一层，其上丁砌大石条。另一段位于城墙南一字城东城墙三期中南段，以不甚规整的条石构筑于城墙顶端，直壁墙体，残宽0.75~0.8、高0.4~1.1米。惜上部已残，形制不明。不过，据其暴露部分及绵延相连未有间隔的情况分析，应与《守城录》中"于城外边约地六尺一个，高者不过五尺，作'山'字样"的"旧制女头墙"不大一样③，可能为中留"品"状眼孔的"平头墙"。现存于城墙顶端的条石当为构筑平头墙下的"鹊台"所用。

（三）狗脚木

钓鱼城于南一字城东城墙中段紧靠城墙顶部雉堞内侧发现柱洞7个，顺城墙方向一字排开。柱洞形制大小较为一致，其中近圆形6个，直径0.18~0.3、深0.3~0.47米；方

---

① 曾公亮：《武经总要》前集卷之十二《守城》，《中国兵书集成（3~5卷）》，解放军出版社、辽沈书社，1988年，第525页。
② 陈规：《守城录》卷一《靖康朝野佥言后序》，《中国兵书集成（7卷）》，解放军出版社、辽沈书社，1988年，第132页。
③ 陈规：《守城录》卷二《守城机要》，《中国兵书集成（7卷）》，解放军出版社、辽沈书社，1988年，第150页。

形1个，边长0.33、深0.33米。柱洞间距1.15～1.65米（图四）。查《守城录》可知，雉堞附近与立柱有关的防御设施有"排叉木"与"狗脚木"两种。如"女头墙中间立狗脚木一条，每两女头中挂搭笆篱。惟可以遮隔弓箭，于砲石则难以遮隔"①；"万一敌砲不攻马面，只攻女头，急于女头墙里栽埋排叉木，亦用大绳实编，如笆相似，向里用斜木柱抢，砲石虽多，亦难击坏"②。同时，这两段文字也说明了两者的功能差别，即狗脚木主要用来"遮隔矢石"，"若御大砲，全不济事"，故《守城录》建议舍弃不用；而排叉木则"砲石虽多，亦难击坏"，当然，排叉木"用大绳实编，如笆相似"也有阻隔敌人的功能。另外，两者的使用范围也有较大差别，狗脚木主要在雉堞附近使用，而排叉木应用广泛且机动灵活，城楼、马面、女墙、羊马墙、月台附近皆可布置。

图四　钓鱼城南一字城东城墙柱洞

排叉木与狗脚木的第三个差别是间距，这个是我们判别钓鱼城所发现柱洞功能的重要依据。首先，关于排叉木的间距。《守城录》载"于女头墙里鹊台上，靠墙立排叉木，每空阔三四寸一根，通度枪刀向上，高出女头墙五六尺"，又如"于鹊台上靠墙，每相去四寸，立排叉木一条，高出女墙五尺，横用细木夹勒两道或三道"③，可知

---

①　陈规：《守城录》卷一《靖康朝野佥言后序》，《中国兵书集成（7卷）》，解放军出版社、辽沈书社，1988年，第132页。

②　陈规：《守城录》卷二《守城机要》，《中国兵书集成（7卷）》，解放军出版社、辽沈书社，1988年，第160页。

③　陈规：《守城录》卷二《守城机要》，《中国兵书集成（7卷）》，解放军出版社、辽沈书社，1988年，第151页。

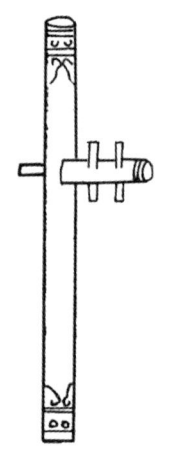

图五 《武经总要》中狗脚木形象

排叉木间距为三四寸（0.09~0.12米）。其次，关于狗脚木的间距。《守城录》无相关记载，而《武经总要》则明确指出"狗脚木，植二柱于女墙内，相去五尺，准墙为高下，柱上施横木钩挂"①（图五），可知狗脚木间距为五尺，约1.56米。结合两者的功能分析，这种间距差别的出现也不难理解，为达到"若要越过排叉木，必须用手攀缘，则刀斧斫之，枪刃刺之，无不颠仆"的目的，并可防砲攻，排叉木必须密集排列，且用粗绳编结，而狗脚木则不必要。

钓鱼城发现的柱洞间距为1.15~1.65米，显然与狗脚木较为接近，而与排叉木相去较远。故我们认为，其上立柱当为狗脚木之用。另外，类似的柱洞在较早时期的高句丽山城城墙上也有发现，但是关于其功能的认识学界并不统一，有人认为是树立滚木礌石的立柱用的，有人则认为是放置弩机的②。另有学者对以上说法均予以否定，另提出了"构筑战棚、排叉木及固定绲网"三种解释③。笔者的观点或许可为相关研究提供新的线索。

（四）暗门

暗门是城墙建设过程中设置的秘密通道，以备战时突袭或反击的需要。《武经总要》指出"暗门，更于兵出入便处潜凿城为门，外存尺余，勿透，以备出兵袭敌"④。《守城录》亦载："又于大城多设暗门，羊马城多开门窦，填壕作路，以为突门。大抵守城常为战备，有便利则急击之。"⑤可见暗门应当是宋代较为普遍的城防设施。

钓鱼城已发现的可能与暗门有关的设施为钓鱼山南的飞檐洞，其下临悬崖，草木繁茂，故较为隐蔽。与文献中记载的暗门不同的是，飞檐洞原为山顶石岩的一道天然裂缝，其上筑城墙后，形成一幽深、巨石夹峙的石洞，进深10余米，最窄处约0.5米，

---

① 曾公亮：《武经总要》前集卷之十二《守城》，《中国兵书集成（3~5卷）》，解放军出版社、辽沈书社，1988年，第543页。
② 魏存成：《高句丽遗迹》，文物出版社，2002年，第119页。
③ 赵俊杰：《试论高句丽山城城墙上石洞的功能》，《博物馆研究》2008年第1期。
④ 曾公亮：《武经总要》前集卷之十二《守城》，《中国兵书集成（3~5卷）》，解放军出版社、辽沈书社，1988年，第547页。
⑤ 陈规：《守城录》卷二《守城机要》，《中国兵书集成（7卷）》，解放军出版社、辽沈书社，1988年，第146页。

仅容单人通过。有学者考证，在开庆元年（1259年）的一次护国门守卫战中，宋军曾利用飞檐洞下50名"死士"，对蒙军实施了夹击并取得了胜利[①]。可见，飞檐洞在实战中确实发挥了"暗门"的作用，应是钓鱼城因地制宜、灵活运用城防手段的例证。

三、城　门

钓鱼城"城门有八，曰护国、青华、镇西、东新、出奇、奇胜、小东、始关"[②]，通过对山顶环城的调查及小东门的清理，发现钓鱼城现存的8处城门结构较为一致，均为双层石拱券门。出奇门的清理结果显示，钓鱼城现存城门均为元初毁城后复建，其下应存宋代城门基础（图六）。钓鱼城这种广开城门的做法，正是《守城录》"城门贵多不贵少，贵开不贵闭"[③]的真实写照。

宋代城门钓鱼城发现有两座，为钓鱼山南的一字城东、西门，根据门道两侧的地

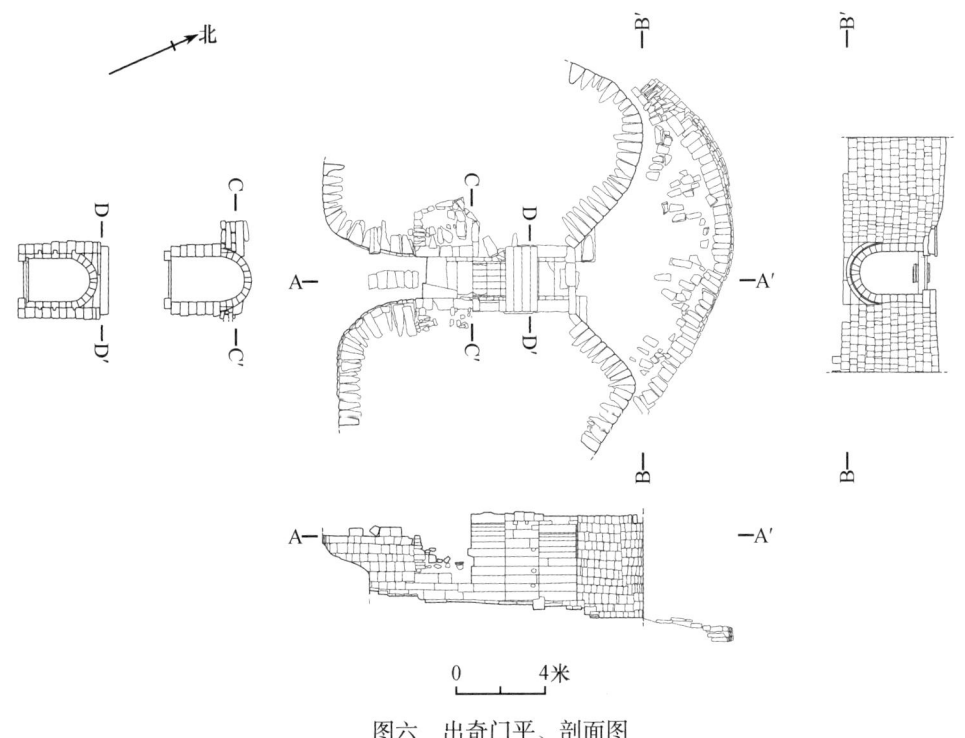

图六　出奇门平、剖面图

---

①　池开智：《合川钓鱼城——一座震撼古今的城塞》，重庆出版社，2009年，第110页。
②　无名氏：《钓鱼城志》，《宋末四川战争史料选编》，四川人民出版社，1984年，第474页。
③　陈规：《守城录》卷二《守城机要》，《中国兵书集成（7卷）》，解放军出版社、辽沈书社，1988年，第146页。

枕石及柱洞分析，这两座城门形制较为一致，均为梯形木构门洞。以西城门为例：该城门位于西城墙中段，东距现始关门约40米。坐东朝西，由门槛、门道、阶梯道路、八字挡墙及排水系统等几部分组成。门槛以三块修凿规整的条石连接而成，宽2.75、厚0.25、高0.25米。两端门枢孔保存较好，略呈半圆形；门道宽4.05~4.65、长6.05米，两侧地栿石上现存柱洞两排各10个，柱洞近方形，边长0.09~0.1、间距0.35~0.4米；阶梯道路位于门道东侧，东宽西窄，平面略呈梯形，长11、宽3.6~4.6米，共计踏步17级，踏步高0.15~0.25、宽0.55~0.75米，坡度16°；八字挡墙位于梯道两侧，以修凿规整的楔形条石构筑而成，左侧挡墙近弧形，长6、宽0.5~0.8、残高0.45~2.25米，右侧挡墙近长条形，长11.5、宽0.75~1.05、残高0.3~3.1米[①]。城门排水系统设计精巧、结构完善，由阶梯道路排水槽、八字挡墙基引水槽及门道下排水沟几部分组成（图七、图八）。

钓鱼城的宋代城门与后代复建城门形制差异，符合梁思成先生关于"宋代以前，城门不似明清城门用砖石券门洞，故施地栿，上立排叉柱以承上部梯形梁架"的相关论述[②]，其结构应与《清明上河图》《宋平江府碑》中的城门[③]及山东泰安岱庙门较为

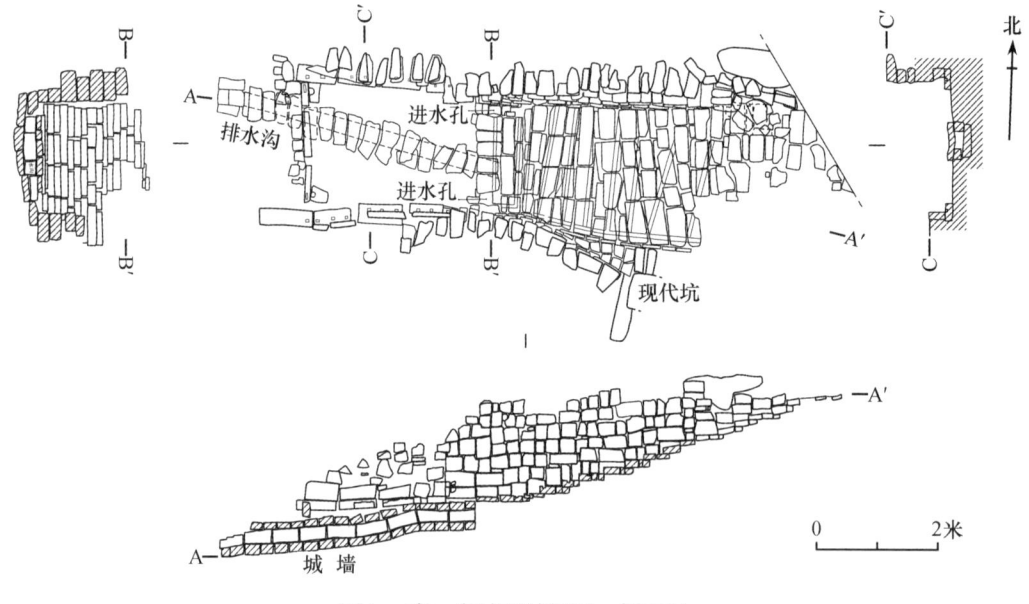

图七　南一字城西城门平、剖面图

---

① 袁东山、蔡亚林：《重庆合川钓鱼城南一字城遗址》，《中国文物报》2012年2月10日第4版。
② 梁思成：《营造法式注释》，《梁思成全集（第七卷）》，中国建筑工业出版社，2001年，第63页。
③ 刘敦桢：《中国古代建筑史》（第二版），中国建筑工业出版社，2003年，第181页。

图八 南一字城西城门

接近。不过,南宋时期确已出现了券顶门洞,如扬州宋大城西门①。近年来,有学者进一步提出了成都在晚唐时期就已出现拱券门洞的推测②。根据以上考古发现,结合渝北多功城、金堂云顶山城石拱券城门上存在南宋建城题记的情况③,推测钓鱼城山顶原宋代城门的形制可能为石拱券门。需要说明的是,在《静江府修筑城池图》中,也出现了羊马墙用平顶式城门而主城用券洞式城门的情况(图九)。可见,这种一座城用两种形制门的做法并不矛盾。

四、一字墙与一字城

钓鱼城发现的一字城墙有三道。其中,钓鱼山北一道,自出奇门顺山势北下,绕经大、小龙潭后止于嘉陵江边,全长约800米;钓鱼山南两道,一道起筑于飞檐洞以东约40米的峭壁之下,据山脊而下直至嘉陵江边,全长约400米(俗称"横城墙"),另一道自薄刀岭襟带阁西侧约10米的山崖下,至钓鱼山南二级山崖东折约160米后绵延而下,向南与嘉陵江边的南水军码头相接,全长约470米。

---

① 中国社会科学院考古研究所扬州城考古队、南京博物院扬州城考古队、扬州市文化局扬州城考古队:《扬州宋大城西门发掘报告》,《考古学报》1999年第4期。

② 蒋成:《论成都唐宋罗城1、2号门址》,《成都考古研究(一)》,科学出版社,2009年,第536~541页。

③ 胡昭曦、唐唯目:《宋末四川战争史料选编》,四川人民出版社,1984年,第646、653页。

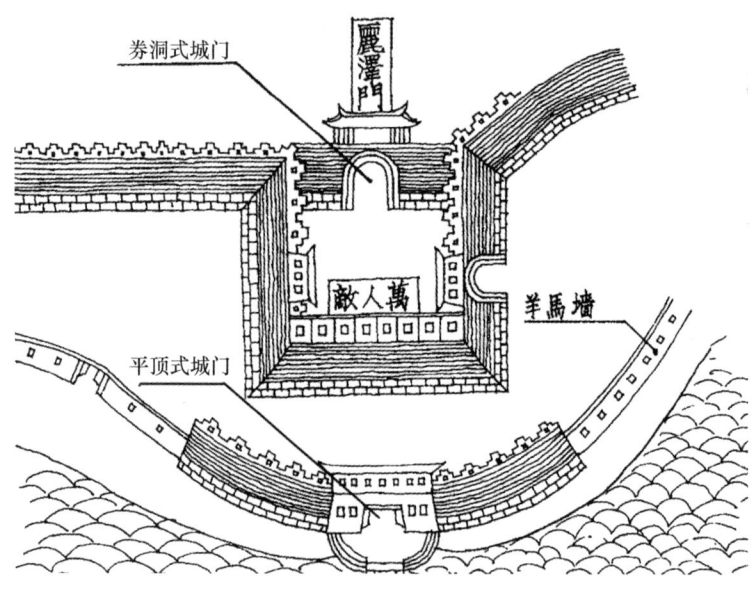

图九 《静江府修筑城池图》中羊马墙城门与主城门形制

一字城墙"既作为山城纵向的防御屏障,又是山城的给养运输通道"[1],其在城防中的作用是十分明显的。考察周边地形后,我们认为一字城墙应还具有坚壁清野、扩大战略纵深及配合水军码头,加强与周围军事据点联络的重要作用,为重新认识一字城墙的作用和钓鱼城整体防御体系提供了新的视野。

钓鱼城三道一字城墙中,值得注意的是钓鱼山南的两道一字城墙,其与北部山崖、南边嘉陵江形成一个相对比较封闭的形状,我们认为这个形状已不同于线性的"墙",而是一个平面的"城"的概念。上文提到的宋代东、西城门的发现,进一步明确了其性质(图一〇)。《元史·宪宗纪》载,1259年蒙古大汗蒙哥亲征钓鱼城,"二月丙子,帝自鸡爪滩渡江,直抵合州城下。辛巳,攻一字城"[2],此处的"一字城"当不是"一字城墙"的略写,而是真正意义上的"城",即钓鱼城南一字城。

钓鱼城南一字城除了加强对南水军码头的防守外,根据其位置不难发现,它还具有守护钓鱼山南始关门和护国门的重要作用,是这两道城门的外围屏障。这个作用,似说明钓鱼城南一字城还具有一定的"瓮城"性质。瓮城的应用在宋代已较为普遍。《东京梦华录》载:"东都外城……城门皆瓮城三层。"[3]考古发现的宋代瓮城遗址也

---

① 谢璇:《初探南宋后期以重庆为中心的山地城池防御体系》,《重庆建筑大学学报》2007年第2期。
② 宋濂等:《元史》卷三《宪宗纪》,中华书局,1976年,第53页。
③ 孟元老著,伊永文笺注:《东京梦华录笺注》卷一《东都外城》,中华书局,2007年,第1页。

图一○　钓鱼城南一字城示意效果图

不少，如东京城[①]、扬州城[②]等。当然，钓鱼城南一字城的规模较大，在形制上已接近一个独立的外城。但也不能排除，南一字城是钓鱼城结合自身地理条件对"瓮城"的灵活运用。正如《武经总要》所载"其城外瓮城，或圆或方，视地形为之"[③]。

需要补充说明的是，一字城墙与一字城虽是钓鱼城城防设施的一个重要特色，然而文献中却鲜有记载。已有学者考证，"一字城"的名称出现在历史文献中很晚，只在元明时期的文献中有关于它的记载，并且这些文献记载的对象基本上都集中在宋末元初，这之前和这之后文献中基本不见有"一字城"的踪迹[④]。另据学者统计，川渝地区南宋山城仅现存有明显遗存的约72处[⑤]。在这些城址中，除钓鱼城外，已发现一字城墙者有金堂云顶城、万州天生城、泸州神臂城、奉节白帝城、乐山三龟九顶城等，且一座城往往不止一道一字城墙，如云顶城就多达5道。可见，一字城墙并非钓鱼城独有，而是川渝南宋山城较为普遍采用的防御设施。这种情况的出现，应与川渝山城防御体系由官方统一组织，短时间集中修建有关。

---

① 邱刚：《北宋东京外城的城墙和城门》，《中原文物》1986年第4期。
② 南京博物院：《扬州古城1979年调查发掘简报》，《文物》1979年第9期。
③ 曾公亮：《武经总要》前集卷之十二《守城》，《中国兵书集成（3~5卷）》，解放军出版社、辽沈书社，1988年，第526页。
④ 孙华：《羊马墙与一字城》，《考古与文物》2011年第1期。
⑤ 薛玉树：《宋元战争中四川的宋军山城及其现状》，《四川文物》1993年第1期。

五、结　　语

　　通过考古学观察，钓鱼城踞山围城、依江为壕，充分利用三江环绕的地理形势构建多重防御体系。城墙选址依山就势、居高临下，并就地取材，采用厚重的条石垒砌。城墙内部夯土严格按官制造作，外部收分加大为高二收一，更加宽厚敦实，顶部设攻守兼备的平头墙，并立狗脚木以避箭矢。广开城门的同时，又灵活设置暗门。更创建一举多用的一字城墙及一字城，有效加强防守，扩大战略纵深。钓鱼城之所以能够经过实战的洗礼成为冷兵器时代战区城塞筑城体系的杰出代表，除了"万仞危岩环壁垒，百弘活水蓄层巅"的山水地形之利外，包括以上发现在内的优秀完备的城防设施应当为不可或缺的重要因素。

　　古代城防设施是绵延发展的建筑文化的重要组成部分，通过对钓鱼城相关城防设施的考古学观察不难发现，钓鱼城在建筑特点、防御手段方面有对既往传统的继承，也有对当时营造官制与守城理论一丝不苟的执行，更多的则是因地制宜的灵活运用与创新。

（原刊于《四川文物》2018年第5期）

钓鱼城遗址考古大事记

重庆市文物考古研究院

1957~1959年，西南师范学院师生多次实地考察钓鱼城遗址，搜集到不少宝贵资料，获得了钓鱼城宋元（蒙）战争史实初步的轮廓，并于1962年出版《钓鱼城史实考察》。

20世纪60年代初，重庆市博物馆对钓鱼城遗址进行了调查。1961年3月4日，钓鱼城遗址被列为四川省省级文物保护单位。

"文化大革命"期间众多历史文物遗迹遭到破坏，经重新调查后，1980年7月7日，钓鱼城遗址被重新公布为四川省省级文物保护单位。

1995年，重庆市博物馆对皇洞遗址进行了考古勘探、发掘，发现礌石、箭镞等遗物，误认为皇洞是一处兼有军事暗道功能的宋代水门遗迹。

1996年11月20日，钓鱼城遗址列入国务院公布的第四批全国重点文物保护单位。

2004年10~12月，为配合嘉陵江草街航电枢纽工程建设，重庆市文物考古所对库区进行了全面文物调查，将钓鱼城水军码头和一字城墙遗址作为库区地面文物重点保护项目。

2005年12月22日，关于嘉陵江草街航电枢纽工程文物范围认定及保护方案确定研讨会召开，确定钓鱼城水军码头由业主委托具有资质的设计单位进行"整体后移20米"的具体工程设计；钓鱼城一字城墙受淹部分坡脚进行修护脚墙加固处理，河道内一段采取适当考古发掘、留取资料的方式进行处理。

2006年4~5月，发掘钓鱼城古地道遗址，清理主道和六条支道，总长约27.6米。

2006年12月，对钓鱼城石照县衙遗址开展考古试掘，清理宋末元初、明清时期房址各1座。

2007年，在钓鱼城景区西市民居保护维修及整治工程调查中发现范家堰遗址，并进行了全面勘探，初步掌握了其时代和分布范围。

2007年7月，对草街航电枢纽工程淹没区进行了文物复查，新发现文物点3处。

2007年8月，对钓鱼城所在东城半岛进行重点调查，发现了遗址、墓葬、古建筑等重要遗迹41处，初步掌握了钓鱼城遗址周边的历史环境。

2008年9月20日，重庆市文物局组织专家对钓鱼城"水军码头"和"一字城墙"进行了现场踏勘和调研，确认该遗址不是单纯的地面文物项目，必须尽快开展抢救性考古工作，为整体保护方案的制定提供第一手资料。

2008年10月至2009年3月，对钓鱼城山顶环城进行了调查，发现了遗址、墓葬、摩崖造像、题刻等重要遗存，并探明了钓鱼城山顶环城城墙、城门的结构和布局。

2008年10月6日，嘉陵江草街航电枢纽工程淹没区重要地下文物点抢救性考古发掘田野考古工作结束，进入后期室内整理阶段。

2008年10月至2009年11月，发掘钓鱼城南水军码头及南一字城墙遗址，发掘总面积12416.5平方米。

2009年6月18日，《合川钓鱼城遗址水军码头及一字城文物保护方案》和《合川钓鱼城遗址水军码头及一字城展示设计方案》讨论会召开，各方就水军码头及一字城墙保护展示工作达成一致。

2009年8月31日，重庆市文物考古所与北京大学、河北省古代建筑保护研究所联合编制的《钓鱼城遗址南水军码头及南一字城墙文物保护方案》获得国家文物局审批通过。

2010年2月26日，钓鱼城南水军码头及南一字城墙遗址考古发掘与文物保护工作通过市文物局验收，这是重庆市首个考古发掘验收项目。该项目将考古发掘和文物保护工作有机结合起来，对钓鱼城遗址的研究、保护和利用具有重要意义。

2010年6月11日，在2009年全国十大考古新发现终评首轮投票中，钓鱼城遗址与河南曹操高陵、陕西吕氏家族墓地并列第十名，最终钓鱼城遗址在第二轮投票中抱憾未能入选该年度全国十大考古新发现。

2011年4月15日，钓鱼城南一字城城门遗址考古发掘通过市文物局验收。该次发掘是重庆市首个主动性发掘项目，东、西城墙中段两座城门是钓鱼城遗址首次揭露的宋代排叉柱式城门，具有重要的学术研究和展示利用价值。

2011年4~6月，对钓鱼城九口锅遗址开展考古发掘，发现具有叠压打破关系的四组遗存，其中大型"凸字形建筑群"营造于宋元（蒙）战争时期。

2012年，对范家堰遗址开展进一步复查，对遗存分布状况有了更深入的认识。

2012年4月6日，合川钓鱼城南水军码头及南一字城墙遗址荣获国家文物局2009~2010年度"田野考古奖三等奖"。

2012年9月1日，钓鱼城南一字城西城墙上段遗址考古发掘通过市文物局验收，该遗址对探讨钓鱼城的价值内涵、布局结构、功能分区有重要意义。

2012年9月，钓鱼城遗址列入《中国世界文化遗产预备名单》。

2013年5月27日，国家文物局印发《大遗址保护"十二五"专项规划》，钓鱼城列入"十二五"期间重要大遗址（150处）。

2013年12月18日，钓鱼城遗址列入国家文物局第二批国家考古遗址公园名单。

2014年1月24日，钓鱼城范家堰遗址（一期）考古发掘通过市文物局验收，首次清理揭露宋代大型高台建筑、水池及拱券顶排水涵洞，填补了钓鱼城相关遗产类型的空白。

2015年12月，对钓鱼城内城进行了考古调查，主要发现了内城东城墙。

2016年5月18日，钓鱼城遗址入选"重庆十大文化符号"。

2016年5月23日，范家堰遗址入选重庆市"十二五"期间十大考古发现。

2016年10月31日，国家文物局印发《大遗址保护"十三五"专项规划》，钓鱼城列入"十三五"时期大遗址（150处）。

2016年11月13日，钓鱼城范家堰遗址（二期）考古发掘通过市文物局验收，丰富了衙署文化内涵，有效探明了遗址性质。

2016年11～12月，对东城半岛部分区域开展进一步调查，新发现文物点20处，其中位于钓鱼城遗址保护范围内的文物点8处。

2016年，钓鱼城遗址考古发掘因故被停工一年。

2018年7月2日，钓鱼城范家堰遗址（三期）考古发掘通过市文物局验收，廓清衙署总体分区布局，基本厘清衙署排水系统。

2018年10月22日，钓鱼城范家堰遗址荣获国家文物局2016～2017年度"田野考古奖三等奖"。

2019年3月29日，钓鱼城范家堰遗址荣获国家文物局"2018年度全国十大考古新发现"。

2019年8月5日，钓鱼城范家堰遗址本体加固与保护展示项目正式动工。

2019年8～11月，对东城半岛开展全面调查和重点勘探，新发现文物点115处。

2019年10月15日，钓鱼城遗址考古工作站落成，工作站的建立为钓鱼城遗址考古发掘、整理、研究、保护和申遗工作顺利开展奠定了坚实基础。

2019年10月30日，钓鱼城范家堰遗址（四期）考古发掘通过市文物局中期验收，进一步廓清衙署的结构布局和功能分区，并对其营建细节有了更多的新发现、新认识。

执笔：袁东山

后 记

一十八载风和雨，多少青丝变华发。

围绕世界文化遗产申报、大遗址保护和国家考古遗址公园建设，我们对钓鱼城遗址开展了持续性的考古调查、勘探、发掘工作，取得了许多重要收获，不仅对作为军事山城的钓鱼城遗址在时代分期和格局分布等宏观问题上有了更加全面的认识，而且对营城技术、火器使用及动植物遗存等微观细节也进行了深入研究。特别是在对钓鱼城的山水格局和遗产要素的时空界定基础上，重新探索钓鱼城的申遗路径，千百年来"巴蜀一胜景"才是钓鱼城的常态，战争只是偶然状态，提出文化景观作为钓鱼城的申遗路径。与此同时，秉承文物保护设计施工一体化理念，积极推动文物保护与展示利用工作。

在国家文物局、重庆市文物局、重庆市文物考古研究院的指导和支持下，《钓鱼城遗址考古报告集》编写工作克服重重困难，历经数年艰辛，最终得以完成。付梓之际，颇感欢欣鼓舞！

本报告集由考古领队袁东山研究馆员主持编纂，参与考古工作的有蔡亚林、胡立敏、马晓娇、刘远坚、李凤、王胜利、赵振江、丁韦强、白新林、金鹏功、罗世聪、田素琼、韩继普、李双厚、师孝明、陈蓁等，绘图由赵振江、金鹏功、李双厚、师孝明等完成，田素琼、蔡远富负责文物修复，遗迹和器物照片由王胜利、赵振江、孙吉伟拍摄，韩继普、李双厚制作拓片，各项目具体负责人执笔。

合川区委、区政府领导十分重视钓鱼城遗址考古工作，多次莅临考古工地考察指导工作。区文旅委罗利旻主任，钓鱼城风景名胜区事务中心杨建春主任、杨胜副主任，钓鱼城遗址申报世界文化遗产事务中心付兆南主任对考古工作和报告集编写给予了大力支持。科学出版社王光明编辑为报告集出版付出了辛勤劳动，在此一并致谢！

编 者

2021年12月

图 版

图版一

钓鱼城遗址卫星图

图版二

钓鱼城遗址正射影像

图版三

东城半岛文物点分布

图版四

张官岛乌木埋藏点

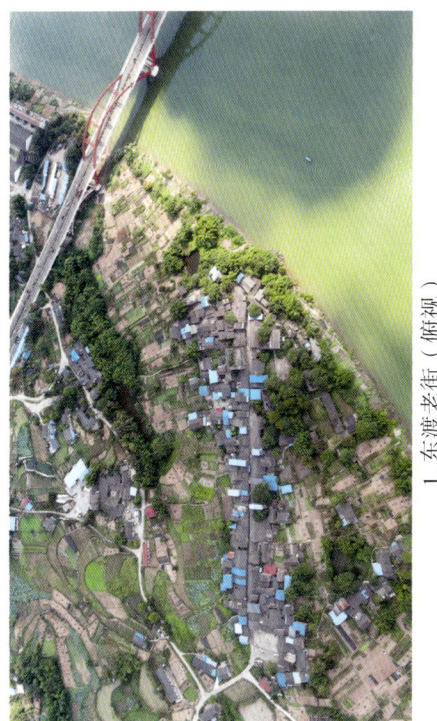

1. 东渡老街（俯视）

2. 东渡老街（近景）

3. 东渡老街（局部）

4. 东渡老街（街景）

东城半岛东渡老街

图版六

1. 东渡老街（城门洞）

2. 东渡码头

3. 东渡老街（饶白凯老宅）

4. 东渡老街（饶白凯老宅粮仓）

东城半岛东渡老街

图版七

1. 东渡老街（彭氏民居）

2. 东渡老街城门洞口语录碑

3. 钓鱼城北一字城墙露子崖段城墙（局部）

4. 露子崖城墙马面

东城半岛历史街区和军事防御设施

图版八

1. 槽田石墙

2. 槽田涵洞一

3. 小龙潭城墙涵洞

4. 大龙潭城墙马面

东城半岛军事防御设施

图版九

1. 施家祠堂

2. 施家祠堂（俯视）

3. 施家祠堂（正殿正脊纹饰）

4. 施家祠堂（厢房宝顶）

东城半岛施家祠堂

图版一〇

1. 八角亭

2. 小白塔

3. 熊兴发老宅（侧立面）

4. 熊兴发老宅（室内梁架）

东城半岛古建筑

图版一一

2. 颜家老宅（正房正立面）

4. 艾家大院石碾盘

1. 颜家老宅全景

3. 小河沟古桥

东城半岛古建筑

图版一二

1. 正房梁架结构

2. 门簪、门楣

3. 柱头雕花

4. 驼峰

东城丰岛颜家老宅

图版一三

1. 龙洞湾古井

2. 李子园古井

3. 黄泥嘴遗址

4. 河坝院子遗址

东城半岛古建筑和古遗址

图版一四

1. 小南沱遗址

2. 闸子湾遗址

3. 甘泉食府遗址

4. 甘家坝遗址

东城未岛古坪遗址

1. 邱家嘴遗址

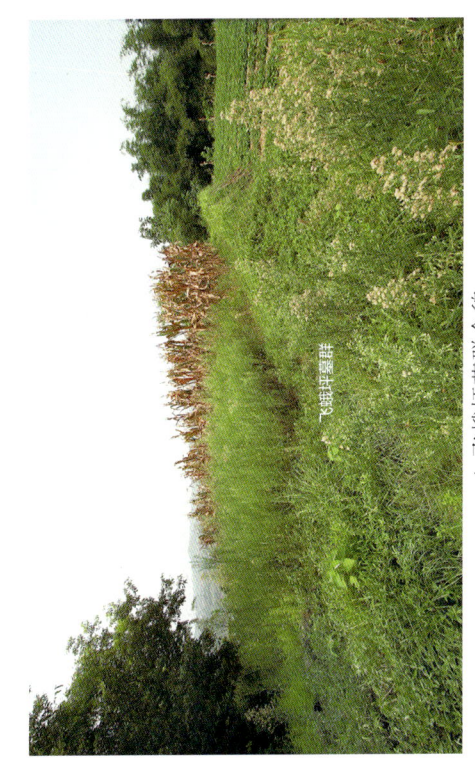

2. 甘家坝、甘泉食府、邱家嘴、河坝院子遗址

3. 小白塔遗址

4. 飞蛾坪墓群全貌

东城半岛古遗址和古墓葬

图版一六

1. 天泉洞洞穴遗址全貌

2. 天泉洞洞穴遗址洞穴内部

3. 黄家溪沟崖墓群全貌

4. 大溪沟崖墓全貌

东城半岛古遗址和古墓葬

图版一七

2. 艾家大湾、艾家小湾墓群全貌

4. 邓家坟墓地全貌

1. 东渡仓库墓群全貌

3. 糖房嘴墓群全貌

东城半岛古墓葬

图版一八

1. 渠口坝遗址采集陶片

2. 黄泥嘴遗址采集陶片

3. 围子湾遗址采集陶片

4. 甘泉食府遗址采集陶片

5. 甘家坝遗址采集瓷片

6. 邱家嘴遗址采集瓷片

7. 小白塔遗址采集瓷片

东城半岛古遗址采集陶、瓷片

图版一九

1. 南一字城宋代各期城墙剖面（南—北）

2. 飞檐洞东部宋、清、现代城墙（南—北）

3. 南一字城宋、清代城墙（北—南）

钓鱼城外城城墙

图版二〇

1. 加担土遗址远景（南—北）

2. 加担土遗址高台建筑（西—东）

3. 加担土遗址剖面（东南—西北）

4. 三龟石遗址远景（北—南）

5. 三龟石遗址建筑遗迹（南—北）

6. 三龟石遗址柱洞（南—北）

图版二一

1. 南一字城崖墓群远景（南—北）

2. 南一字城崖墓群近景（南—北）

3. 飞来寺崖墓（南—北）

4. 始关门古井（南—北）

5. 马鞍山古井一（东—西）

6. 马鞍山古井二（南—北）

钓鱼城外城崖墓（群）、水井

图版二二

1. 出奇门（东北—西南）

2. 出奇门（西南—东北）

3. 出奇门门槛（西南—东北）

4. 出奇门内道路（东南—西北）

5. 小东门（南—北）

6. 奇胜门（西—东）

钓鱼城外城城门

图版二三

1. 镇西门（西—东）

2. 镇西门内道路（西—东）

3. 镇西门门槛（东—西）

4. 镇西门顶部（北—南）

5. 青华门（北—南）

6. 青华门顶部（北—南）

钓鱼城外城城门

图版二四

1. 三龟石马面一（西北—东南）

2. 三龟石马面二（东北—西南）

3. 出奇门东马面（北—南）

4. 出奇门西马面（南—北）

5. 南一字城北部马面（北—南）

6. 马鞍山马面（南—北）

钓鱼城外城城墙附属建筑

图版二五

1. 水军码头城墙排水孔（西南—东北）

2. 青华门排水孔（东北—西南）

3. 孙家湾排水孔一（东—西）

4. 孙家湾排水孔二（东南—西北）

5. 出奇门排水孔（东—西）

6. 南一字城排水孔（南—北）

钓鱼城外城城墙附属建筑

图版二六

1. 飞檐洞（北—南）

2. 古地道（南—北）

3. 皇洞外口（东—西）

4. 皇洞外口（西—东）

5. 始关门古栈道（东南—西北）

6. 马鞍山小径（南—北）

钓鱼城外城城墙附属建筑和其他守城设施

图版二七

1. 马鞍山古井摩崖造像（北—南）

2. 马鞍山石刻（北—南）

3. 飞来寺题刻（西—东）

4. 镇西门南摩崖题刻一（西—东）

5. 镇西门南摩崖题刻二（西—东）

6. 镇西门下摩崖题刻（北—南）

钓鱼城外城摩崖造像、题刻

图版二八

1. 飞来寺造像龛一（南—北）

2. 飞来寺造像龛二（南—北）

3. 飞来寺造像龛二东记事碑（南—北）

4. 飞来寺造像龛二西记事碑（南—北）

5. 飞来寺造像龛二香炉（东—西）

6. 飞来寺造像龛三（西—东）

钓鱼城外城摩崖造像

图版二九

1. 古地道内填塞物

2. 古地道主道、支道

古地道遗址

图版三〇

1. 瓷盏（D1:1）

2. 瓷碗（D1:2）

3. 瓷碗（D1:3）

4. 铁凿（D1:4）

5. 铁镢（D1:5）

6. 铁雷残片（D1:6）

古地道遗址出土器物

图版三一

1. 石照县衙遗址地面建筑

2. F1

石照县衙遗址

图版三二

1. 黑釉瓷碗（TG1③∶5）

2. 黑釉瓷盏（TG1③∶3）

3. 试掘工作照

石照县衙遗址

图版三三

1. 钓鱼山南麓全景(南—北)

2. 南一字城遗址南水军码头区航拍(南—北)

钓鱼山南麓全景及南一字城遗址南水军码头区航拍

图版三四

1. 东城墙区南部航拍（东—西）

2. 西城墙区北部航拍（俯视）

南一字城遗址东、西城墙区航拍

图版三七

1. 西城墙南段08HDSQ1外墙（东南—西北）

2. 西城墙北段12HDXQ20一、二期城墙叠压关系（南—北）

3. 西城墙中段11HDXQ19（东南—西北）

4. 西城墙中段11HDXQ18（西南—东北）

5. 西城墙北段12HDXQ20一期、二期城墙外墙（东—西）

南一字城遗址西城墙

图版三八

1. 西城门11HDXCM1复原图

2. 西城门11HDXCM1（东南—西北）

3. 东城门11HDYCM2（西—东）

南一字城遗址东、西城门

图版三九

1. 西城墙南段08HDSQ1出土黑釉瓷碗
（08HDSQ1：5）

2. 西城墙南段08HDSQ1出土黑釉瓷碗
（08HDSQ1：5）

3. 西城墙南段08HDSQ1出土釉陶碗
（08HDSQ1：2）

4. 西城墙南段08HDSQ1出土釉陶碗
（08HDSQ1：2）

5. 西城门出土黑釉瓷碗
（11HDXCM1：15）

6. 西城门出土黑釉瓷碗
（11HDXCM1：15）

南一字城遗址出土器物

图版四〇

1. 西城门出土青白釉瓷芒口碗（11HDXCM1∶39）

2. 西城门出土青白釉瓷芒口碗（11HDXCM1∶39）

3. 西城门出土青白釉瓷芒口碗（11HDXCM1∶39）

4. 西城门出土缸胎碗（11HDXCM1∶25）

5. 西城门出土缸胎碗（11HDXCM1∶25）

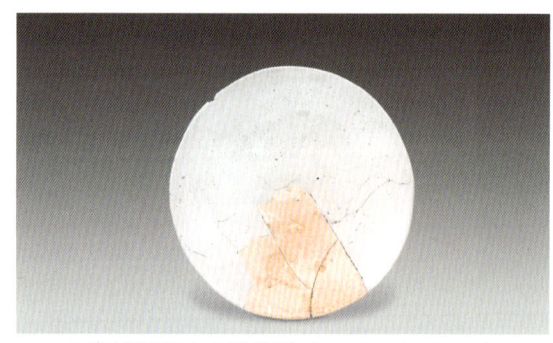

6. 东城门出土白釉瓷碗（11HDYCM2∶1）

7. 东城门出土白釉瓷碗（11HDYCM2∶1）

8. 东城门出土白釉瓷碗（11HDYCM2∶1）

南一字城遗址出土器物

图版四一

南一字城遗址西城墙水军码头08HDSMT1（西—东）

图版四二

1. 道路08HDSL1（东南—西北）

2. 道路09HDSL4（东—西）

3. 道路09HDYL3（南—北）

4. 道路12HDXL11（西—东）

5. 石臼08HDSJ1

6. 石臼08HDSJ4

南一字城遗址道路、石臼

图版四三

1. 西城墙水军码头出土礌石（08HDSMT1：13）

2. 护坡墙08HDSQ4出土青白釉瓷碗
（08HDSQ4：2）

3. 护坡墙08HDSQ4出土青白釉瓷碗
（08HDSQ4：2）

4. 护坡墙08HDSQ4出土青白釉瓷碗
（08HDSQ4：2）

5. 灰沟（排水沟）09HDSG5出土礌石
（09HDSG5：39）

6. 南水军码头区地层出土礌石（09HDST52②：2）

南一字城遗址出土器物

图版四四

1. 护坡墙08HDSQ4（南—北）

2. 石堆11HDXS4（东北—西南）

3. 西城墙北段12HDXQ20柱洞（北—南）

4. 灰沟（排水沟）09HDSG5（东—西）

5. 灰沟（排水沟）11HDXG8（南—北）

6. 灰沟（排水沟）12HDXG11（北—南）

南一字城遗址护坡墙、石堆、柱洞、灰沟（排水沟）

图版四五

1. 东城墙区地层出土黑釉碗
（09HDYT23⑩：2）

2. 东城墙区地层出土黑釉碗
（09HDYT23⑩：2）

3. 东城墙区地层出土黑釉灯盏
（09HDYT34⑥：3）

4. 西城墙区南部地层出土青白釉碗
（11HDXT87⑥：28）

5. 西城墙区南部地层出土青白釉碗
（11HDXT87⑥：28）

6. 西城墙区南部地层出土青白釉碗
（11HDXT87⑥：28）

7. 西城墙区南部地层出土青白釉杯
（11HDXT87⑥：27）

8. 西城墙区南部地层出土青白釉杯
（11HDXT87⑥：27）

南一字城遗址出土瓷器

图版四六

1. 白釉碗（11HDXT88⑥：15）

2. 白釉碗（11HDXT88⑥：15）

3. 黑釉碗（11HDXT88⑥：22）

4. 黑釉碗（11HDXT88⑥：22）

5. 青白釉盘（11HDXT87⑥：29）

6. 青白釉盘（11HDXT87⑥：29）

7. 黑釉盏（11HDXT91⑥：3）

8. 黑釉盏（11HDXT91⑥：3）

南一字城遗址西城墙区南部地层出土瓷器

图版四七

1. 青釉瓷盘（11HDXT87⑥：10）

2. 黑釉瓷盏（11HDXT91⑥：3）

3. 青褐釉瓷碗（11HDXT91⑥：8）

4. 青褐釉瓷碗（11HDXT91⑥：8）

5. 青褐釉瓷碗（11HDXT88⑥：9）

6. 黄釉瓷钵（11HDXT91⑥：13）

7. 陶钵（11HDXT88⑥：5）

南一字城遗址西城墙区南部地层出土器物

图版四八

1. 黑釉瓷碗（12HDXT98③∶1）

2. 黑釉瓷碗（12HDXT98③∶1）

3. 黑釉瓷碟（12HDXT96⑤∶33）

4. 黑釉瓷碟（12HDXT96⑤∶33）

5. 黑釉瓷碟（12HDXT96⑤∶33）

6. 陶板瓦（12HDXT94③∶10）

南一字城遗址西城墙区北部地层出土器物

图版四九

1. 白釉碟（12HDXT96⑦：40）

2. 白釉碟（12HDXT96⑦：40）

3. 白釉碟（12HDXT96⑦：40）

4. 青白釉碗（12HDXT96⑦：26）

5. 青白釉碗（12HDXT96⑦：26）

6. 青白釉碗（12HDXT96⑦：26）

南一字城遗址西城墙区北部地层出土瓷器

图版五〇

1. 西城墙区北部地层出土铁镞
（12HDXT103③：21）

2. 西城墙区北部地层出土铁镞（12HDXT99③：9）

3. 西城墙区北部地层出土铁镞（12HDXT96③：9）

4. 西城墙区北部地层出土铁镞
（12HDXT103③：13）

5. 西城墙区北部地层出土铁蒺藜
（12HDXT93⑧：30）

6. 明清时期青花瓷碗（09HDYT26⑩：2）

7. 明清时期青花瓷碗（09HDYT19⑬：1）

8. 明清时期青花瓷碗（09HDYT23⑩：6）

南一字城遗址出土器物

图版五一

1. 清代城墙08HDYQ2

2. 清代小东门08HDYCM1（西—东）

3. 清代小东门08HDYCM1（南—北）

4. 道路09HDSL6（西南—东北）

5. 灰沟09HDSG3（北—南）

南一字城遗址明清时期遗存

图版五二

南一字城复原图

图版五三

1. 九口锅遗址远景

2. 九口锅遗址航拍

九口锅遗址远景及航拍

图版五四

1. 圆形坑全景（北—南）

2. F4与AK4

3. F7与圆形坑

九口锅遗址圆形坑、房址

图版五五

1. F1全景（南—北）

2. F1局部（柱础）

3. F1、F4局部（南—北）

4. F1清理中（东南—西北）

5. 城门（CM1）（西—东）

6. 碾盘（P1）全景（南—北）

九口锅遗址房址、城门、碾盘

图版五六

1. 滴水（F1∶2）

2. 瓦当（F1∶5）

3. 滴水（F1∶7）

4. 滴水（F1∶13）

5. 滴水（F1∶15）

6. 滴水（F1∶17）

7. 瓦当（T1202④∶19）

九口锅遗址出土陶建筑构件

图版五七

1. 黑釉小碗（F1∶19）

2. 黑釉直口罐（F1∶12）

3. 黑釉灯盏（F1∶20）

4. 黑釉敞口盏（F1∶24）

5. 低温绿釉炉（T0502④∶2）

6. 黑釉敞口盏（T0503④∶1）

7. 白釉侈口盘（T0602④∶1）

8. 黑釉敞口盏（T0602④∶2）

九口锅遗址出土瓷器

图版五八

1. 黑釉瓷直口盏（T0602④：9）

2. 陶筒瓦（F4：1）

3. 陶筒瓦（T1202④：10）

4. 陶筒瓦（T1202④：10）

5. 陶筒瓦（T1202④：11）

6. 陶筒瓦（T1202④：11）

九口锅遗址出土器物

1. 黑釉灯盏（T0805④：2）

2. 青白釉敞口碗（T0805④：4）

3. 白釉敞口盘（T0805④：11）

4. 白釉侈口碗（T0805④：12）

5. 黑釉敞口大碗（T0805④：15）

6. 白釉敞口碗（T0805④：21）

九口锅遗址出土瓷器

图版六〇

1. 白釉侈口碗（T0905④：1）

2. 白釉敞口碗（T0905④：2）

3. 黑釉敞口大碗（T0905④：28）

4. 黑釉敞口大碗（T0602④：8）

5. 白釉敞口盘（T0905④：32）

6. 白釉敞口盘（T0905④：33）

7. 黑釉弇口盏（T0905④：49）

九口锅遗址出土瓷器

范家堰遗址正射影像

图版六一

图版六二

1. M2（俯视）

2. M2上层底板下（俯视）

3. M2中层底板下（俯视）

范家堰遗址墓葬

1. M2后龛（正面）

2. M2后龛复原（正面）

3. M2后龛右侧雕刻

4. M2后龛左侧雕刻

图版六四

1. L2（西—东）

2. WQ1（西北—东南）

3. WQ1（西南—东北）

4. WQ3局部（俯视）

范家堰遗址道路、围墙

图版六五

1. F47远景（北—南）

2. F47正面（西南—东北）

3. F47室内（西北—东南）

4. F47室内（东北—西南）

范家堰遗址房址

图版六六

1. F55（西北—东南）

2. F54（东北—西南）

范家堰遗址房址

1. L10（西南—东北）

2. L27（南—北）

3. L8（西北—东南）

4. L12（西北—东南）

范家堰遗址道路

图版六八

1. L18（西北—东南）

2. L4（西—东）

3. L6（南—北）

4. G21、G71（俯视）

5. G21、G72（俯视）

6. G38、G21（俯视）

范家堰遗址道路、水沟

图版六九

1. SC5（右）（西北—东南）

2. SC5石雕动物

3. G9局部（西北—东南）

5. SC5莲花纹镂空排水孔

4. G9、G16、G54、G57（南—北）

范家堰遗址水池、水沟

图版七〇

1. G52～G54（东—西）

2. SC1（俯视）

范家堰遗址水沟、水池

图版七一

1. 青白釉敞口碗（H32③：2）

2. 青白釉敞口碗（H32③：2）

3. 青白釉敞口碗（H32③：2）

4. 青白釉斗笠碗（G6④：57）

5. 青白釉斗笠碗（G60②：3）

6. 青白釉斗笠碗（G60②：3）

7. 青白釉斗笠碗（G60②：3）

8. 绿釉绣墩（F47②：7）

范家堰遗址出土瓷器

图版七二

1. 青白釉瓷芒口盘（H32③∶3）

2. 青白釉瓷芒口盘（H32③∶3）

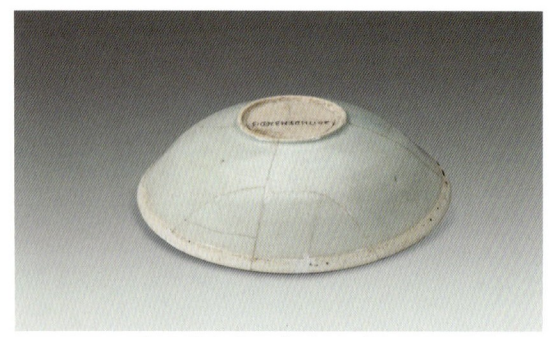

3. 青白釉瓷芒口盘（H32③∶3）

4. 黑釉瓷碗（SC5②∶1）

5. 黑釉瓷碗（SC5②∶1）

6. 黑釉瓷碗（SC5②∶1）

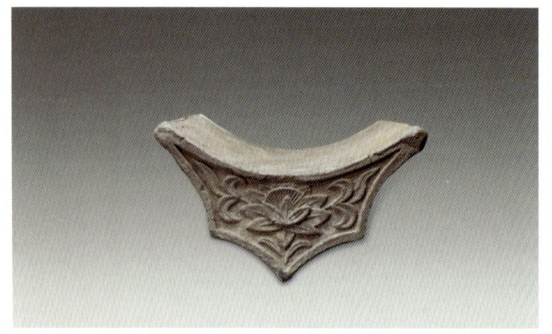

7. 陶滴水（SC5①∶61）

8. 铁火砲（SC6②∶12）

范家堰遗址出土器物

图版七三

1. 铜钱（采：1）

2. 铜钱（采：1）

3. 铜象棋子（N21W49④：1）

4. 铜象棋子（ⅣT0315⑩：2）

5. 石构件（ⅠT0320⑦：2）

6. 石构件（F47②：1）

范家堰遗址出土器物

图版七四

1. CS1（南—北）

2. M5（西—东）

3. Q25（西北—东南）

4. SC9（俯视）

5. NP1（西北—东南）

范家堰遗址明清时期遗存

图版七五

1. 稻谷（炭化）
2. 小麦（炭化）
3. 豌豆（炭化）
4. 桃（未炭化）
5. 李（未炭化）
6. 枸杞（未炭化）
7. 枣（未炭化）
8. 乌蔹莓（未炭化）

范家堰遗址出土植物遗存

图版七六

1. 西瓜籽（未炭化）

2. 栝楼（未炭化）

3. 南赤瓟（未炭化）

4. 萤蔺（未炭化）

5. 接骨草（未炭化）

6. 火炭母（未炭化）

7. 草茨藻（未炭化）

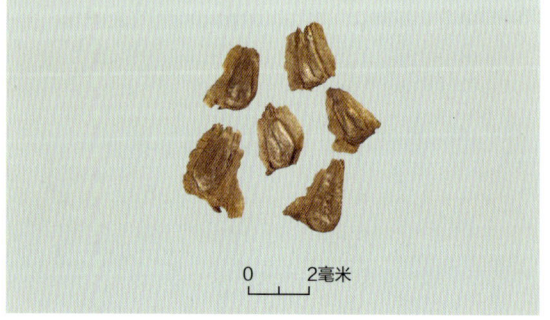
8. 野慈姑（未炭化）

范家堰遗址出土植物遗存

图版七七

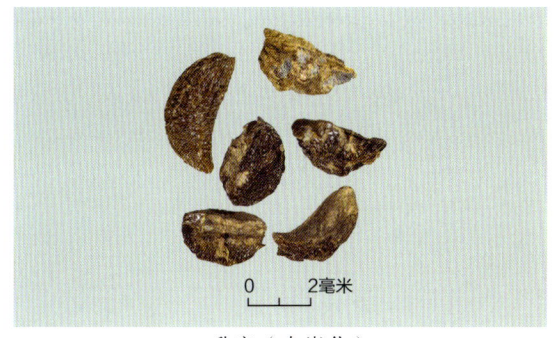

1. 升麻（未炭化）

2. 眼子菜（未炭化）

3. 石荠苎（未炭化）

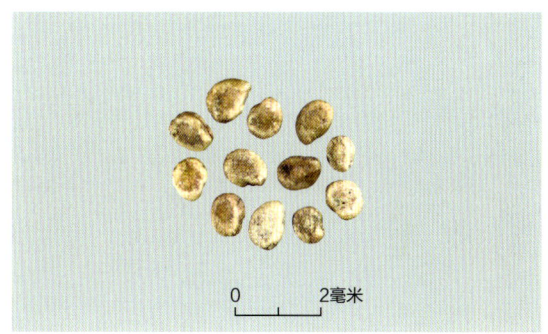

4. 华桑（未炭化）

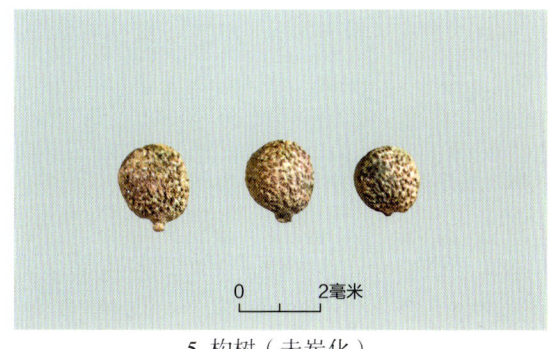

5. 构树（未炭化）

6. 花椒（未炭化）

7. 八角枫（未炭化）

8. 通脱木（未炭化）

范家堰遗址出土植物遗存

图版七八

1. 马桑（未炭化）

2. 黄荆（未炭化）

3. 乌桕（未炭化）

4. 悬钩子属（未炭化）

5. 葡萄属（未炭化）

6. 荚蒾属（未炭化）

7. 榕属（未炭化）

8. 山核桃属（未炭化）

范家堰遗址出土植物遗存

图版七九

1. 钓鱼城古地道遗址出土铁火雷残片（D1：6）

2. 钓鱼城范家堰遗址园林区景观水池出土铁火雷（H1⑦：4）内壁

3. 钓鱼城范家堰遗址园林区景观水池出土铁火雷（H1⑦：4）外壁

4. 钓鱼城范家堰遗址公廨区出土铁火雷（H27②：12）

5. 白帝城遗址庙坪发掘区出土铁火雷（S1①：9）

6. 白帝城遗址出土陶火雷（2000FBT203⑥：11）

7. 白帝城庙坪发现陶范

8. 火焰山营盘遗址出土铁火雷

重庆出土南宋球形火雷的初步研究

图版八〇

1. 白帝城遗址2003FBY1火膛流釉现象

2. 白帝城遗址2003FBY1窑床

3. 白帝城遗址樊家台发掘区H1出土铁火雷

重庆出土南宋球形火雷的初步研究